池尾恭一

青木幸弘

南知惠子

井上哲浩

New Liberal Arts Selection

マーケティング

Marketing: Consumer Behavior and Strategy

YUHIKAKU

有斐閣

はしがき MARKETING

本書は，大学学部高学年，大学院修士課程，そしてビジネスマンの方々を対象とした，マーケティングのテキストブックである。

マーケティングとは何かについては多くの定義がなされ，また本書第1章においても詳しく論じるが，マーケティングをどのように定義するにせよ，それが交換に関わるものであること，また典型的には貨幣との交換である販売に関わるものであることには，あまり異論がないであろう。では，その交換や販売は誰に対するものなのかといえば，マーケティング主体（主に企業）が標的に設定した買い手に対するものである。それだけに，マーケティングにおいては，標的である買い手の行動を理解することが重要な課題と考えられてきた。

企業のマーケティング担当者が買い手行動の把握に腐心し，また，マーケティング研究において膨大な研究エネルギーが買い手行動の解明のために投入されてきたも，そのためである。

ところが，多くのマーケティングのテキストブックにおいては，カバーすべき領域が多岐に及ぶこともあって，買い手行動の理解のために比較的僅かな紙幅しか割かれてこなかった。

だが，買い手行動の理解なしに，買い手の購買意思決定にその成果を依存するマーケティングのあり方を論じることは，原因・結果の関係を理屈なしに論じるブラックボックス・アプローチに陥る危険を孕（はら）み，誤ったマーケティングに結果する危険が少なくない。

とりわけ買い手が選択の目を厳しくしている状況や購買のやり方を変化させている状況では，買い手がなにゆえにある行動をとるかを理解することは，マーケティングのあり方を考えるうえできわめて重要だといわなければならない。

もともとわが国においては，1950年代半ばからの高度経済成長のなかでマーケティングが導入されてきたわけであるが，そこで展開されたマーケティングは，比較的単純なニーズを持った未熟な買い手を主たる標的としたものであった。

しかも，わが国の経済は，1950年代半ばから1970年代前半までの高度経済成長，そして1970年代前半から1990年代初めまでの安定経済成長を経験し，マーケティングは比較的恵まれた環境のもとに置かれてきた。

しかし，現在のわが国のマーケティングは，こうした時代と比べ，かなり厳しい環境に直面している。

第1に，未熟な段階からスタートしたわが国の買い手も，経済成長のなかでやがて豊かさに慣れ親しむとともに学習を重ね，ニーズを多様化させながら，判断力を高めてきた。

第2に，1990年代初頭のバブル経済崩壊以来，買い手は，単に判断力を高めただけでなく，購買に対してきわめて慎重になり，自らのニーズによりよく適合したものにしか反応しなくなってきた。すなわち，マーケティング主体としての企業の立場から見れば，買い手ニーズへのよりよい適合を図らなければ，販売に至らない，ということである。

そして，第3に，インターネットの普及による，買い手の保有情報と選択肢の増大である。インターネットは買い手にとって新たな情報源であるとともに，新たな購買場所でもあり，そのことにより，買い手にかつてないほどの情報と選択肢をもたらすことになった。

このような状況のもとで，企業がマーケティングによって買い手への販売を実現していくためには，買い手がどのような仕組みのもとで行動しているかを理解することが，決定的に重要になる。

また，今後も買い手がドラスティックに行動を変化させるという事態も，十分に想定できる。つまり，わが国における買い手行動は1990年代から2000年代にかけて劇的に変化したが，その変化はこれで終わりということにはならない。

だからこそ，われわれは，われわれの目の前に現れる買い手行動の変化に目を奪われるのではなく，その背後にある買い手行動の仕組みをよりよく理解し，その理解にもとづいて，マーケティングのあり方を考える必要がある。そうすることにより，マーケティングについて，何が変わり何が変わらないかを見極めることが可能になる。

そのため，本書では，買い手行動，なかでも，われわれにとって最も身近で，しかも研究が最も蓄積されている消費者行動に焦点を当て，それがいかなる仕組みにもとづいているかに，通常のテキストブックをはるかに上回る紙幅を充てた。こうした消費者行動の仕組みの理解にもとづいて，マーケティングのあり方を把握し，マーケティングを実践していくうえでの基本を身につけること，これが本書のねらいである。

また，それとともに，昨今急激に進化してきたマーケティングの姿をできる限りカバーすることにも気を配った。こうした意図は本書全体に関わるものであるが，とりわけ第Ⅵ部の諸章はそれを強く反映している。

もっとも，本書の執筆に参加した4名は，マーケティングの基本を身につけるためには消費者行動の理解が不可欠であり，消費者行動を強調したテキストブックが必要であることについては共通の見解を有していたが，消費者行動やマーケティングについて，共通の考えを持っているわけではなかった。そのため，2006年に本書の執筆作業が実質的にスタートして以来，前後9回にわたって，それぞれかなり長時間に及ぶ打ち合わせ会をもった。そのことにより，本書全体のまとまりは大幅に改善されるとともに，執筆者自身の認識も深まり，かなり読み応えのあるテキストブックに仕上がったと自負している。

本書が，これからの時代に求められるマーケティング理解の醸成に資することができるならば，これにすぐる喜びはない。

最後になったが，われわれ執筆者を粘り強く叱咤激励し，編集・校正でもお世話になった有斐閣書籍編集第2部の柴田守，尾崎大輔の両氏に，深甚なる謝意を表する次第である。

2009年12月1日

執筆者を代表して

池尾　恭一

著者紹介

池尾 恭一（いけお・きょういち）　〔第1・2・11・12・17章担当〕

1950年生まれ
1978年，慶應義塾大学大学院商学研究科博士課程退学
1991年，慶應義塾大学博士号（商学）取得
現　在，慶應義塾大学名誉教授
主　著，『消費者行動とマーケティング戦略』（千倉書房，1991年），『日本型マーケティングの革新』（有斐閣，1999年），『ネット・コミュニティのマーケティング戦略』（編著，有斐閣，2003年），『戦略的データマイニング』（共著，日経BP社，2008年），『入門・マーケティング戦略（新版）』（有斐閣，2022年）など。

青木 幸弘（あおき・ゆきひろ）　〔第3・4・5・6・7・15・16章担当〕

1956年生まれ
1983年，一橋大学大学院商学研究科博士課程修了
現　在，学習院大学経済学部経営学科教授
主　著，『ブランド・ビルディングの時代』（共著，電通，1999年），『ライフコース・マーケティング』（編著，日本経済新聞出版社，2008年），『消費者行動の知識』（日本経済新聞出版社，2010年），『消費者行動論』（共著，有斐閣，2012年），『ケースに学ぶマーケティング』（編，有斐閣，2015年）など。

南 知惠子（みなみ・ちえこ）　〔第18・19・20・21・22・23・25章担当〕

1960年生まれ
1988年，ミシガン州立大学大学院コミュニケーション研究科修士課程修了
1993年，神戸大学大学院経営学研究科博士後期課程退学
1998年，神戸大学博士号（商学）取得
現　在，椙山女学園大学現代マネジメント学部教授，神戸大学名誉教授
主　著，『リレーションシップ・マーケティング』（千倉書房，2005年），『顧客リレーションシップ戦略』（有斐閣，2006年），『生産財マーケティング』（共著，有斐閣，2006年），『サービス・イノベーション』（共著，有斐閣，2014年），『「製造業のサービス化」戦略』（共著，中央経済社，2017年）など。

井上 哲浩（いのうえ・あきひろ）　〔第8・9・10・13・14・24章担当〕

1965年生まれ
1996年，カリフォルニア大学ロサンゼルス校アンダーソン経営大学院 Ph. D.
現　在，慶應義塾大学大学院経営学研究科教授
主　著，『Webマーケティングの科学』（編著，千倉書房，2007年），『戦略的データマイニング』（共著，日経BP社，2008年），『費用対効果が23%アップする 刺さる広告』（共訳，ダイヤモンド社，2008年），『小売マーケティング研究のニューフロンティア』（共編著，関西学院大学出版会，2015年）など。

目次 MARKETING

第Ⅱ部 消費者行動の分析

第Ⅲ部 競争環境と流通環境

第Ⅳ部 マーケティング戦略の策定

第Ⅴ部　マーケティング意思決定

第17章 価格政策 439

第18章 プロモーション政策 464

●マス・コミュニケーションとパーソナル・コミュニケーション

◆ COLUMN

第 I 部

マーケティングとは

第 1 章 現代マーケティングと市場志向

プロダクト・アウトの時代から顧客志向，さらにその先へ。
マーケティングは進化する。
（時事通信社提供）

CHAPTER 1

マーケティングは 19 世紀末から 20 世紀初頭のアメリカでの登場以来，ビジネス環境の進展に応じて，その姿を進化させてきた。本章では，そうした進化の結果今日みられるマーケティングのあり方を概説するとともに，本書全体の構成が示される。

現代マーケティングの底流にあるのは，顧客志向の考え方であり，そこでは，作ったものをいかに売るかというプロダクト・アウトではなく，売れるものをいかに作るかというマーケット・インの発想が求められる。

顧客志向の考え方を実践するためには，何よりもマーケティングを取り巻く種々の環境をできる限り正確に把握して環境不確実性を低下させ，そのうえで 4P（Product, Price, Promotion, Place）に要約されるマーケティング諸手段を，顧客ニーズによりよく適合させていかなければならない。そのためのマーケティング諸手段の管理が，本書の主題としての，マーケティング・マネジメントである。

INTRODUCTION

KEYWORD
FIGURE
TABLE
COLUMN
EXERCISE

KEYWORD

マーケティング　顧客志向　マーケティング・マネジメント　交換
関係性マーケティング　顧客ニーズ　市場提供物　マーケティング戦略
マーケティング・フロー　4P　マーケティング・ミックス　3C

SECTION 1 マーケティングの考え方

マーケティングの端緒

マーケティングが生まれたのは，19世紀末から20世紀初頭のアメリカだと言われている。当時アメリカでは，フォードの自動車生産に代表される大量生産技術や大規模生産技術がさまざまな産業で次々と導入されていた。つまり，生産段階での効率の追求により，費用削減と競争力の強化が目指されたのであった。

しかし，供給体制への先行投資により競争優位が獲得されたとしても，それが成果として実を結ぶためには，生産された製品が販売されなければならない。マーケティングは，この先行投資のもとで，販売を体系的・効率的・効果的に支援する活動として，登場した。

たとえば，シンガーミシンは1880年代に大規模な生産設備を完成させて，実に全世界の75%のミシンを製造するとともに，それらの販売のためにより直接的かつ効率的な販売チャネルを採用していった。

また，P＆Gも同じころ，アイボリー石鹸等の包装製品を生産するために大規模な工場を建設するとともに，大規模な広告と販売支店網の創設に乗り出した（Chandler［1977］）。

こうした動きのなかのどれをもってマーケティングの原点とするかを見定めることは必ずしも容易ではないが，19世紀末のアメリカにおける供給能力の増大が販売問題の重要性を高め，やがてマーケティングを生み出すことになったという流れは，間違いないと言えよう。

生産技術革新の最も有名な例の1つは，フォード自動車の新しい組立ラインであろう。この組立ラインによる大量生産が，販売価格の大幅な切り下げを可能にした。

もっとも，フォードによるモデルTの価格切り下げは，顧客志向のものであった。つまり，低価格を実現すれば，大量販売が見込めるであろうというフォードの読みによるものであった。

価格が需要拡大のネックとなっているとき，フォードの例にみられるような，大量生産技術を背景とした価格の切り下げは，競争的観点のみならず，市場拡大の観点からも意味がある。また，いったいいくらまで価格が下がれば市場が爆発的に拡大するかの判断が，マーケティング上きわめて重要である場合は多い。フォードは，この判断がきわめて適切であったのであろう（Levitt [1962]；Chandler [1964]）。

しかし，仮に需要拡大のネックが価格にあり，大量生産技術の導入によって費用の削減が可能になったとしても，それだけで販売の拡大が可能になるとは限らない。販売の拡大には，販売を体系的・効率的・効果的に支援する活動が必要になることも多い。こうした活動をマーケティングと呼ぶならば，少なくとも当初のマーケティングは，生産技術の改良による費用削減を需要に結びつける活動という側面が強かったといってよいであろう。

顧客志向のマーケティング

アメリカにおいては，高圧的マーケティングと呼ばれた1920年代までのマーケティングは，生産技術の改良による費用削減を需要に結びつけるという色彩が強かったものと考えられる。それが，1929年からの大恐慌を迎えると，コペルニクス的転換と呼ばれたマーケティングの大転換により，顧客志向の低圧的マーケティングが登場する（森下 [1959a；1959b]）。

すなわち，売り手は大規模な生産設備を維持しているのに対し，大恐慌のもとで買い手の購買力は低下して需要が停滞すれば，売り手間の競争は激化する。しかも，大量生産体制のもとでの消費に慣れた買い手の製品判断力は向上していく。こうしたなかで，ライバルに打ち勝って買い手に選択されるためには，より買い手の立場に立ったマーケティングが必要になる。作ったものをいかに売るかというプロダクト・アウトではなく，売れるものをいかに作るかというマーケット・インの，顧客志向のマーケティングへの転換である。

ドラッカーの言葉を借りれば，こうした「マーケティングの目的は，顧客について十分に理解し，顧客に合った製品やサービスが自然に売れるようにして，セリングを不要にすること」なのである（Drucker [1974]）。

COLUMN 1-1 マーケティングの定義

マーケティングとは何かについては，多くの定義が試みられてきた。それらのなかで最も多く引用されてきた1つは，1985年にアメリカ・マーケティング協会（AMA：American Marketing Association）によって発表された，「個人や組織の目的を満たす交換の実現のために，アイデア，財，サービスの考案，価格づけ，プロモーション，流通を計画し，実行する過程」という定義であろう。

しかし，2004年になると，AMAの定義は，「顧客に対し，価値を創造・伝達・提供するとともに，当該組織とその利害関係者に資するやり方で顧客との関係性を管理するための，組織的機能ならびに一連の諸過程」と改訂された。この定義改訂の大きな特徴は，第1に，売り手にとっての交換の実現から，顧客のための価値実現に視点がシフトしていること，第2に，単なる交換ではなく，経時的な関係性の管理が強調されている点である。さらに，2007年になると，「顧客，得意先，パートナー，社会一般にとって価値のある提供物を，創造，伝達，提供，交換するための，活動，一連の諸機関，諸過程」と，AMAの定義は改訂された。

こうしたマーケティングの定義の変遷は，現実に実践されているマーケティングのあり方を反映したものである。古くは，1935年の「生産者から消費者への財やサービスのフローを方向づける，事業諸活動の遂行」というAMAの定義は，当時のマーケティングにおける流通の重要性を反映したものであろうし，それが交換から顧客価値・関係性，そして社会的観点へという流れは，まさにその後のマーケティングにおける関心のシフトに対応する。したがって，このような観点に立ったマーケティングの定義は今後も改訂を余儀なくされるであろう。

これに対して，わが国の学界においては，マーケティングは本来的な性格として，寡占製造企業によって行われる対市場活動であると考えられてきた。AMAにみられるように，マーケティングを現状に即してより広く定義するにしても，事実認識として，マーケティング活動の典型的な主体が寡占製造企業であることは間違いあるまい。また，マーケティングを寡占製造企業の対市場活動と定義した場合でも，それはあくまでもマーケティング活動が本来的には寡占製造企業によって行われるものとしているだけであって，対市場活動としてのマーケティングが，応用として，寡占製造企業以外の企業や企業以外の組織体によって行われることを否定するものではない。要は，新たな動きに目を凝らしながらも，本来的な性格を見失わないことであろう。

これが現代におけるマーケティングの考え方であり，そのための活動が現代のマーケティング活動である。そして，このマーケティングに関する管理が，マーケティング・マネジメントである。

わが国の場合，マーケティングが本格的に導入されるのは第二次世界大戦後の1950年代半ばのことであった。当時は折りからの高度経済成長のもとで需要の急激な伸びがみられ，供給がそれに対応できない場面も少なくなく，それだけに高圧的マーケティングの要素も少なくなかったように思われる。それが，1970年代中ごろからの安定経済成長期への移行，さらには1990年代のバブル経済崩壊後の経済の低迷を経て，現代的マーケティングの考え方の必要性が次第に高まってきたのであろう。

したがって，マーケティングやマーケティング・マネジメントの考え方自体は，1950年代半ばから導入されてきたが，顧客志向のマーケティングが本格的に求められるようになったのは，業界によって違いはあるものの，それほど古いことではないのかもしれない。

SECTION 2 交換とマーケティング

マーケティングの基礎としての交換

マーケティングが必要とされる状況の基礎は交換である。

交換が成立するためには，双方の交換当事者が，その交換によって，状況の改善を図ることができなければならない。つまり，交換が双方にとって価値を生むことが，交換成立の最低の条件である。交換の対象には，さまざまなものが考えられるが，マーケティングにおいて通常想定されているのは，製品やサービスと，貨幣の交換，すなわち貨幣取引である。

この貨幣取引において，買い手は，バリュー・フォー・マネー（支払金額と比べた製品の価値）の最大化を，また，売り手は，利潤の最大化を目指す，と考えるのが自然である。

しかし，貨幣取引において，売り手と買い手の双方とも，与えられた情報が不十分であることはむしろ常態である。そのため，買い手はよりよい購買のために情報を探索する。また，売り手にしても，交換の実現を促進するためには，どのようなニーズをもった買い手がどこにいるかを探り当てるための情報収集が必要であり，また自身の製品やサービスに関する情報を買い手に提供しなければならない。

したがって，マーケティングでは，こうした情報のやりとりが重要な役割を果たす。たとえば，売り手は，新製品の開発に際して，さまざまな方法を用いて買い手のニーズを調べる。マーケティング・リサーチなどはその典型であるし，近年では，インターネットを用いた買い手情報の収集も盛んである。さらに，新製品開発以外でも，買い手の購買場所や買い手による情報探索について知ることは，売り手のマーケティングにとって不可欠である。

また，マーケティングにおいて，売り手による広告のようなプロモーション活動や流通チャネルを通じての情報提供が重視されてきたのも，そのためである。

継続的取引関係

しかし，そうした活動が行われるにしても，とくに買い手は，限られた情報のなかで，どれを買うのかを決めなければならないことは少なくない。買い手は日々の生活のなかで膨大な数の購買決定を行う。そのすべてについて徹底的な情報探索を行うのは不可能である。しかも，不慣れな製品の場合は，情報を集めてもその意味を理解できないこともある。

そのため，これまでの経験のなかで信頼のおける売り手から購買を続けるというのは，めずらしいことではない。それがブランドに対するものであるならば，ブランド・ロイヤルティということになるであろうし，店舗に対するものであるならば，ストア・ロイヤルティということになるであろう。

たとえば，消費者は，あるメーカーの製品には信頼が置けるということになれば，多くの製品カテゴリーにおいてそのメーカーの製品を買い続けていれば安心だと判断するかもしれない。また，場合によっては，消費者が特定の小売店の品揃えに信頼を置き，その小売店で売っているものならば間違いはないと考えて，購買を続けるということもある。あるいは，特定小売店の店員に信頼を置いて，消費者がその店員のアドバイスに従って購買を続けるということもある。

買い手にとって信頼の置けるブランドや店舗や店員をみつけることができれば，購買は大いに効率化される。

こうした継続的な取引関係は，売り手にとっても，自らの情報を発信する必要を削減するし，買い手を探し回って獲得する必要も低下させるため，メリットは大きい。それゆえ，マーケティングにおいては，新規顧客の開拓とともに，既存顧客維持の重要性が強調されてきた。特定顧客の総購買金額に占める自社の割合としての顧客シェア，あるいは特定顧客が生涯にわたって自社にもたらす価値の合計としての顧客生涯価値（LTV: Life Time Value）といった概念が，注目されるのはそのためである。

つまり，1回1回の取引を離散的なものとみるのではなく，取引相手との長期にわたる良好な関係の維持を目指すわけである。

それにはもちろん，他社へのスイッチが簡単にできないような，スイッチング障壁の構築というやり方もある。たとえば，長年にわたって特定の航空会社を使い続けフリークエント・フライヤーの特典を得てしまうと，簡単には他の航空会社にはスイッチできない。あるいは，かつてVTRにVHS方式とベータ方式が並列し，VHS方式が優勢になりつつあったなかでも，ベータ方式で膨大なソフトを蓄積してしまうと，簡単にはVHS方式へ転換できない，といったごとくである。

関係性マーケティング

しかし，顧客維持のためにより重要なのは，やはり個々の取引における顧客満足度の向上による，長期的な取引関係の維持である。これが**関係性マーケティング**の考え方である。

もちろん，関係構築のために個々の取引における顧客満足度を向上させるといっても，それにはさまざまな方法が考えられるし，それらの方法にはそれぞれ一定の費用がかかる。したがって，関係構築のための満足度向上の方法は，状況によって異なるとみなければならない。

この関係構築のためにどれだけの費用を投じるかを考えるにあたり，コトラーとケラーは，次の5つの投資レベルを識別している（Kotler and Keller [2006]）。

① **基本型マーケティング**：販売員が単に製品を販売する。

② **受身型マーケティング**：販売員は製品を販売し，顧客に疑問，意見，不満があれば電話するよう勧める。

③ **責任型マーケティング**：販売員は顧客に，製品が期待に沿うものかをチ

TABLE 表 1-1 ● 関係性マーケティングのレベル

	高マージン	中マージン	低マージン
多数の顧客／流通業者	責任型	受身型	基本型もしくは受身型
中程度の数の顧客／流通業者	能動型	責任型	受身型
少数の顧客／流通業者	パートナーシップ	能動型	責任型

（出所） Kotler and Keller［2006］：邦訳，197 頁を一部修正して作成。

ェックすべく電話する。また，販売員は，製品やサービスの改良点や不満点を顧客に尋ねる。

④ **能動型マーケティング**：販売員は折りに触れて，顧客と連絡をとり，製品使用法の改善や新製品について提案する。

⑤ **パートナーシップ・マーケティング**：企業は，大規模顧客の業績改善に貢献すべく，継続的に協同する。

そのうえで，彼らは，顧客や流通業者の数，ならびにマージンの高低に応じた，関係構築のための投資レベルの指針を表 1-1 のように示している。

関係性マーケティングの考え方はさらに，情報通信技術の発展とも相まって，顧客別情報の蓄積により個別対応等を行い，顧客満足の向上と関係の維持を目指す，CRM（Customer Relationship Management）と呼ばれる経営手法への注目をもたらした。

CRM はもともと，顧客の個別識別がある程度容易な生産財やサービスの分野で採用が目立ったが，1990 年代中盤以降は，インターネットによる販売の普及により，消費財においても導入の試みがみられる。

SECTION 3 顧客ニーズと市場提供物

顧客ニーズの多様性と市場細分化

取引の実現や顧客の維持といったマーケティング目的を達成するうえで，まず必要なのは，**顧客ニーズ**の識別である。しかし，現実において多くの場合，顧客のニーズは一様ではなく，顧客間に多様性が存在する。こうした多様な顧客ニーズに対して，いかにマーケティング活動を展開していくかは，マーケティング・マネジメントのきわめて重要な要素である。

供給体制や調達体制における競争優位のために常に何らかの先行投資が必要とされるなかで，販売確率をより効率的に高めていくために，マーケティングではさまざまな工夫がなされてきた。現代マーケティングにおけるそのための1つの有力な方向は，製品をはじめとするマーケティング諸手段を，顧客ニーズによりよく適合させることである。顧客志向とかマーケット・インというスローガンのもと，製造業の製品政策においては，「作ったものを売るから，顧客が求めるものを作る」という方向転換の必要性が叫ばれてきたのも，この方向に沿ったものであると考えてよいであろう。

しかし，顧客が求めるものを作るといっても，多様な顧客が求めるものは互いに同じとは限らない。そこで，顧客をより細かくグループ単位で捉え，グループごとにマーケティング活動を適合させていこうという考え方が生まれてきた。これが，市場細分化である。つまり，似かよったニーズを有する顧客グループに市場を細分化し，それらのなかで1つないし複数の標的市場を設定するわけである。

顧客ニーズの階層

顧客が有するニーズ（欲求）は，人間が有する本質的な要求と考えられている。

人間は自分にとって望ましい状態から乖離（かいり）した状態に置かれると緊張を感じ，その乖離が一定の水準を超えると，それを埋めることに向けて，動機としてニーズを認識する。たとえば，空腹状態では胃が満たされた状態から乖離しているがゆえに，空腹感という緊張が感じられ，その緊張を解消するために，何かを食べたいというニーズが認識され，何かを食べることに動機づけられる。

FIGURE　図 1-1 ● マズローのニーズ階層モデル

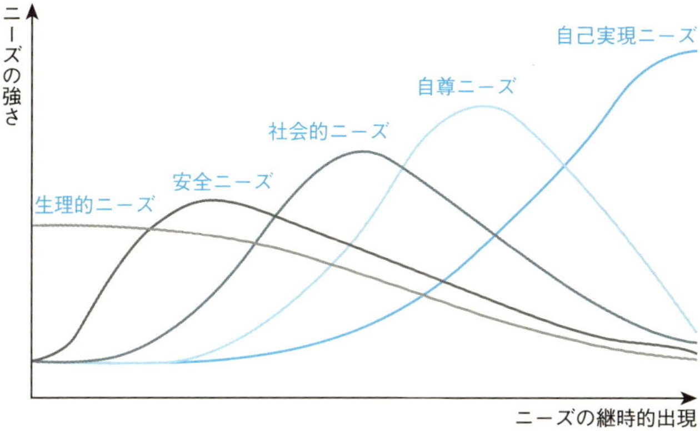

（出所）　秋山［1997］，136 頁を一部修正して作成。

かつてアメリカの心理学者 A. マズローは，そのニーズ階層モデルにおいて，人間の基本的なニーズを生理的ニーズ，安全へのニーズ，帰属と愛のニーズ（社会的ニーズ），自尊ニーズ，自己実現ニーズの 5 つに分類し，図 1-1 にあるように，人間はより低次のニーズが満たされるにつれ，より高次のニーズに重点を移すとともに，ニーズの強度も増すことを主張した（Maslow［1970］）。

もっとも，マズローがいうニーズの階層は，人間が有するニーズの大きな括りであり，たとえば生理的ニーズのなかには食欲もあれば睡眠へのニーズもあり，さらに食欲のなかには甘いものへのニーズもあれば，辛いものへのニーズもある。

こうしたニーズを満たすために特定の製品やサービスに向けられたものがウォンツである。たとえば，特定の社会集団に帰属したいというニーズを満たすために，それにふさわしい洋服へのウォンツを持つ，といったごとくである。

標的ニーズの識別

マズローのような分類は，もちろんマーケティングにとって大きな示唆をもたらすものではあるが，マーケティングにおけるより直接的な関心は，現在どのような人々の間でどの階層のニーズが重要性を増しているかとともに，それぞれの階層において，いかなるニーズがより重要なものとして顕在化しているかである。

しかも，顧客ニーズのなかには，従来から顧客が気づいているニーズもあれば，環境等の変化により新たに感じ始めたニーズもある。あるいは顧客自身がまだ自覚していないニーズもあれば，漠然とは感じていても明確には表現できないニーズもある。

いかなるニーズに注目すべきかは，製品の種類によっても異なるし，企業の体質によっても異なる。たとえば，エレクトロニクスのような業界では，新たな製品を生み出す新たな技術が次から次へと生まれてくることもあって，顧客自身がまだ自覚していないニーズの重要性が相対的には大きいのかもしれない。また，コスト競争力に優れている企業は，あえて新規の不確実なニーズに対応するよりも，すでに明確なニーズに低価格製品で応じたほうが望ましいということもあるであろう。あるいは，すでに特定セグメント（部分市場）の消費者の多くは認識しているが，企業側が気づいていないといったニーズもある。こうした場合こそ，各種の消費者調査が有効になる。

これらの要因をふまえたなかで，マーケティング・マネジメントにおいては，標的市場が有するニーズを特定化しなければならない。あるいは，場合によっては，対応すべきニーズをもった標的市場を識別するということもあるであろう。

市場提供物

いずれにせよ，標的市場におけるニーズが識別されたなら，次いで，それを満たすための差別的な**市場提供物**を設計する必要がある。ここで，市場提供物とは，企業が顧客に提供するすべてである。もちろんその中核には製品やサービスが位置するであろうが，それらに加えて，取引条件，付随サービスなど，顧客に便益をもたらすすべてが，市場提供物の中身を構成する。そして，市場提供物によって顧客に届けられる便益が，顧客ニーズとの関係のなかで価値を生む。

市場提供物には，顧客に便益をもたらすさまざまな要素が含まれるが，その中核にあるのは製品やサービスである。さらに，製品やサービスのさらに中核にあるのが，中核便益である。アメリカのマーケティング学者レビットによる有名な例を用いれば，ドリルの購入者が実際に購入している中核便益はドリルによって開けられる「穴」であり，この「穴」がニーズとの関係のなかで顧客に価値をもたらす（Levitt［1969］）。

SECTION 4 マーケティング・マネジメント

マーケティング戦略

マーケティングにおいて重要なのは，特定のニーズをもった標的市場に対して，差別的な価値を生む差別的な便益をいかに提供していくかである。そのための枠組みが，STP に要約される，**マーケティング戦略**である。S は Segmentation（市場細分化），T は Targeting（標的設定），P は Positioning（ポジショニング）である。

似かよったニーズを有する顧客グループに市場を細分化し，それらのなかで標的を設定するというのが，市場細分化と標的設定である。そのうえで，選ばれた市場標的に向けて，競争優位をもって，いかなる価値をいかなる方法で提供するかが決められなければならない。つまり，独自の価値を生むポジション，あるいは価値を独自のやり方で生み出すポジションの決定であり，これがポジショニングである。

この STP の枠組みによって，誰に対して，いかなる価値をいかに提供するかが方向づけられる。あるいは，この枠組みによって，差別的優位性という観点から，マーケティング活動に一貫性が提供されるといってもよいであろう。

マーケティング・フロー

しかし，顧客は自分のニーズを満たす製品やサービスについて，十分な情報を有しているとは限らない。他方で，顧客の周りにはさまざまな製品やサービスが溢れている。また，顧客は自分自身のニーズに気づいていない場合も少なくない。そのなかで，自社の製品やサービスの購買を実現するためには，売り手から顧客への情報の伝達が不可欠である。そのため，売り手は広告，販売員，インターネットなどさまざまな方法を用いて，顧客に対して情報を伝達しようと試みている。

さらに，メーカーの立場で考えたとき，消費財は言うに及ばず，業務用の製品であっても，顧客の数が膨大であることはめずらしくない。こうしたときには通常，メーカーが個々の顧客と直接取引したり，直接製品を配送したりすることは現実的でない。多くの場合は，メーカーと消費者の間に何段階かの中間業者が介入した，間接流通が必要になる。メーカーが卸売業者に販売し，卸売業者が小売業者に販売し，小売業者からわれわれ消費者が購買するというのは，消費財においてよくみられる例である。

しかし，われわれが消費者として小売店で何らかの製品を買う場合であっても，製品そのものはメーカーの物流センターから直送されてくるという場合もある。つまり，モノの流れと取引の流れは同じであることもあれば，そうではないこともある。

このように，メーカーによって生産された製品が最終消費者によって購買され，消費されるためには，情報流通，取引流通，物的流通の流れが形成されなければならない。すなわち，市場提供物について情報を伝達し，取引を実現し，製品やサービスを物理的に提供するための，**マーケティング・フロー**が必要となる。

マーケティング・フローとは，種々の機関によって行われるマーケティング機能を，連続的に捉えたものである。たとえば，取引は，メーカー→卸売業者→小売業者→消費者と流れるのに対し，物理的製品は，メーカー→小売業者→消費者と流れる，という場合もある。

情報についても，メーカー→消費者といった直接的フロー，あるいはメーカー→卸売業者→小売業者→消費者といった間接的フローなど，さまざまなフローが想定できる。さらに，情報のフローに関しては，たとえばメーカーからある消費者に情報が流れ，その消費者から他の消費者へ情報が広まるといった，消費者間のフローまで巻き込んだフローが大きな役割を果たすこともある。

売り手としてのメーカーと買い手としての消費者を想定した図 1-2 で言えば，両者の間に，販売・購買の取引フロー，情報フロー，物理的な製品・サービスのフローが存在し，それぞれのフローにおいて，さまざまな中間業者が存在し

FIGURE 図 1-2 マーケティング・フロー

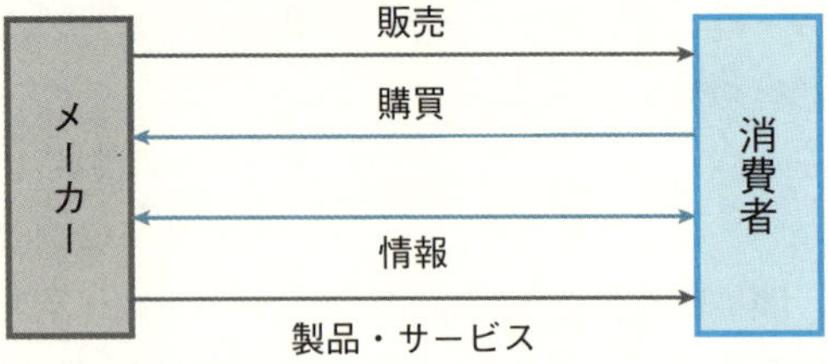

うるわけである。

こうしたマーケティング・フローのあり方は，マーケティングの成果にきわめて大きな影響を与える。それだけに，情報のフローの一部と取引のフローは流通環境の章（→第 11 章）やチャネル政策の章（→第 19 章）として，物的フローはサプライチェーンの章（→第 20 章）として，論じられる。また，情報のフローの一部は，プロモーション政策（→第 18 章）やインターネット・マーケティングの章（→第 24 章）でも論じられよう。

4P：マーケティング諸手段のカテゴリー

STP に要約されるマーケティング戦略が策定されたなら，そこで想定されている価値を標的顧客のもとで実現していかなければならない。そのためには，種々のマーケティング手段が必要になる。また，マーケティング・フローを選択したり，修正したり，あるいは新たに組織化したりすることも必要であり，それにも，種々のマーケティング手段が動員される。

通常，企業はマーケティング手段として，さまざまなものを有している。製品の性能や特徴，付随サービス，広告，営業担当者などは，その例である。マーケティング手段としては，このほかにも多くのものが考えられるが，それらは伝統的に，製品（Product），価格（Price），プロモーション（Promotion），流通チャネル（Place），の 4 つのカテゴリーに分類されてきた。これら 4 つは，それぞれの頭文字をとって，**4P** と呼ばれる。

マーケティング主体としての企業は，与えられた目標を与えられた資源によって最も効率的に達成すべく，4P に要約されるマーケティング諸手段の組合せを行う。この組合せを**マーケティング・ミックス**と言う。マーケティング戦略は，この 4P の組合せとしてのマーケティング・ミックスを方向づける役割を果たしていると考えてよいであろう。そして，これらを含めたマーケティング諸手段の管理が，マーケティング・マネジメントなのである。

SECTION 5 マーケティングと環境不確実性

いま仮に，ある製品について，特定のマーケティング戦略にもとづいてマーケティング・ミックスを計画しなければならないとしよう。そこでは，さまざまなマーケティング・ミックス案のなかから，最もうまく目標を達成しそうなものが選択される。

しかし，あるマーケティング・ミックス案の目標達成度は，当然その案によって可能になる売上に依存する。したがって，最適なマーケティング・ミックスを計画するためには，各マーケティング・ミックス案のもとで予測される売上を知らなければならない。

環境不確実性

ところが，この予測を不確実性なしに行うことは通常不可能である。

というのは，あるマーケティング・ミックス案の売上を構成するのは，結局は各顧客の購買決定であり，しかも顧客のほとんどは，当該企業のコントロールが及ばない企業外部の存在だからである。つまり，企業は，企業外部の存在である顧客に対しては，働きかけることはできても，コントロールすることはできない。したがって，標的顧客が市場提供物の価値をどのように評価するかをはじめ，種々のマーケティング手段にどのように反応するかには，常に不確実性がともなう。

さらに，仮に顧客の行動がある程度までわかったとしても，マーケティング・ミックスと売上の関係には，なお大きな不確実性が残る。なぜなら，各顧客の購買決定は，当該企業のマーケティング・ミックスがどのようなものであるかとともに，競合企業がどのように出てくるかにも，依存するからである。当然のことながら，競合企業の行動も，当該企業から見れば，企業外部のコントロール不能要因である。

このように，あるマーケティング・ミックスがいかなる売上をもたらし，それゆえ目標をどれだけ達成するかは，企業にとって直接はコントロールできない顧客や競合企業といった外部の環境要因に依存する。したがって，これらの環境要因に関する予測が外れれば，計画されていたマーケティング・ミックスも的外れのものになりかねず，その結果，売上の予測も狂いかねない。

それだけに，目標をよりよく達成するためには，顧客や競合企業といった外部の環境要因をできる限り正しく把握し，それに適合したマーケティング・ミックスを策定する必要がある。また，それは，外部の環境要因が変化したならば，それに応じてマーケティング・ミックスも変えていかなければならないことを意味する。マーケティングの核心が環境への適応にあると言われるのは，そのためである。

3C：主要環境要因

マーケティングを取り巻くさまざまな環境のなかで，しばしばきわめて大きな役割を果たすのが，顧客から構成される市場環境である。それだけに，顧客ニーズのあり方をできる限り正確に把握するとともに，ある製品をある顧客が買うか買わないかを規定する要因を理解する必要がある。本書がとりわけ消費者のような買い手の行動に焦点を当てるのも，そのためである。

さらに，競争圧力の存在も忘れてはならない。いかに新たなニーズを発見し，それに対応する製品を提供しても，競合企業がよりよい製品を提供すれば，あるいは同等の製品をより安い価格やより強力な流通を通じて提供すれば，十分な成果を達成することは困難になる。それゆえに，マーケティングにおいては，ライバル動向といった競争環境の把握，そしてライバルとの相対的な強みや弱みをふまえた戦略形成の重要性が，強調されてきた。

したがって，たとえば，とりわけ競争が厳しい環境では，競合企業による模倣や追随が困難な技術や製品があるならば，それを起点にニーズとのマッチングを図るという方向も当然考えられる。

もちろんこれは，プロダクト・アウトとか技術志向ということではない。大切なことは，製品や技術と，ニーズとの間で，いかによりよいマッチングを図っていくかであり，そのマッチングの起点を，製品や技術に置くというだけである。

経済が成熟化し，成長機会が限られ，競争が激しさを増している社会では，差別化による競争優位という観点から，こうしたシーズ起点のマッチングが求められる場合も少なくない。そうなると，自社の独自性こそが重要であり，その独自性が差別的な価値をもたらす顧客を探し出し，マッチングを図るというアプローチも考えられる。すなわち，競争優位を前提としたなかでの，マッチングである。

このように，競争環境については，競合企業と自社との相対的な強みや弱み，相対的な相違が重要になる。したがって，競争環境の把握においては，競合企業の状況とともに，自社の状況の把握も不可欠である。マーケティングを取り巻く環境を，**3C**（Customer，Competitor，Company）という形で要約することがあるのは，そのためである。

流通環境

マーケティングを取り巻く環境として，いま1つ忘れてならないのは，マーケティング・フローに関わるものである。

顧客との取引を実現するために必要なマーケティング・フローは通常，複数の企業によって構成される。それだけに，ともに流通チャネルを構成する流通業者の動向や，ともにサプライチェーンを構成する企業の動向も，マーケティング環境として，マーケティング成果に大きな影響を及ぼしうる。

戦後のわが国の場合は，他に類を見ない高度経済成長のなかで膨大な数の新製品が出現し，顧客が相対的に低い製品判断力のもとに置かれ，その結果，流通チャネルや営業ネットワークが，顧客の情報源として，それゆえにマーケティング手段として，きわめて重要な役割を果たしてきた。

また，競争対抗の側面から見ると，ある企業が囲い込みという形で，販売会社や卸売業者，あるいは場合によって小売業者から，排他的販売努力や優先的販売努力を継続的に引き出すことに成功してしまうと，他の企業は簡単には模倣できないことから，それが長期的にも重要な競争優位になる場合が少なくなかった。そのため，強みとしての流通を起点に，マーケティングを考えることも，めずらしいことではなかった。たとえば，系列の小売店網に強みがあるとすれば，その小売店網で取り扱うことができる製品を選択し，その小売店網で販売できる顧客を標的に選択するといったごとくである。

しかし，ある製品に適した流通チャネルや営業ネットワーク，あるいはある顧客に適した流通チャネルや営業ネットワークは，時代とともに変化していく。したがって，仮にあるメーカーが優れた系列小売店網をもっていても，時代が変われば，その有効性は低下してしまうかもしれない。場合によっては，それどころか，新たに登場してきた小売業態をむしろ重視しなければならないにもかかわらず，その新業態に圧迫されている既存系列小売店網が足かせになって，流通チャネル・シフトのタイミングを失するということさえありうる。すなわち，ある製品に適した流通チャネルや営業ネットワークが変わると，メーカーにとって従来までの強みが逆に重荷になるということもある。

したがって，ある製品に適した流通チャネルや営業ネットワーク，あるいはある顧客に適した流通チャネルや営業ネットワーク，さらには流通チャネルや営業ネットワークの集合体である流通機構がいかに変化していくかは，企業のマーケティングにとってきわめて重要な規定要因である。それだけに，マーケティング・マネジメントにおいても，マーケティング環境としての流通のあり方には，十分な目配りが必要になる。

サプライチェーン

さらに，近年では，部品や原材料の供給業者から成るサプライチェーンと，マーケティングの関係が深まっているケースも多い。たとえば，パソコンにおけるマス・カスタマイゼーションというやり方を考えてみよう。この場合，顧客はかなりの自由度をもって自分の好みの仕様のパソコンを注文する。メーカーは，一部の部品については，顧客からの注文を受けてから部品メーカーに発注し，ただちに納品を受けて製品を組み立て，顧客に発送する。この仕組みがうまくいけば，顧客は自分の好みに合った製品を短いリードタイム（待ち時間）で手に入れることができるし，メーカーは顧客の好みにきめ細かく対応していながら，部品在庫を低く抑えることができる。

こうした仕組みを実現するためには，もちろん製品設計の工夫など多くの要因が関わっているが，サプライチェーンを構成する多くの企業の協力が必要なことは言うまでもない。

サプライチェーンの構成企業もマーケティング環境の一部であるが，流通に比べ相対的にはコントロール可能な要素が強いため，マーケティング戦略の一側面と考えたほうがよい場合が多い。そのため，本書でも，サプライチェー

FIGURE　図 1-3　代表的なマーケティング環境

ン・マネジメントとして，マーケティング戦略の一側面という形で扱う。

こうした関係は，図1-3に示されている。図において，中央に位置するマーケティングにとって，最も色の濃い市場環境と競争環境は，最もコントロールが困難で環境不確実性が高いのに対し，薄いグレーのサプライチェーンはコントロールの可能性が高くて環境不確実性が低く，薄いブルーの流通環境がその中間に位置すると考えてよいであろう。

SECTION 6 本書の構成

ドラッカーによれば，「マーケティングの目的は，顧客について十分に理解し，顧客に合った製品やサービスが自然に売れるようにして，セリングを不要にする」ことであった。この目的のために行われる活動がマーケティング活動である。また，マーケティング活動をマーケティング目的の達成という観点からみれば，マーケティング手段と呼ぶことができよう。そして，さまざまなマーケティング手段の全体を方向づけるのがマーケティング戦略，さらに，マーケティング戦略の策定を含めたマーケティング諸手段の管理が，マーケティング・マネジメントであった。

こうしたマーケティングは，言うまでもなく，より上位の企業戦略のなかで行われる。では，企業戦略とはいかなるもので，そのなかで，マーケティングやマーケティング戦略はいかなる役割を果たすのか。第2章では，これらが論じられる。

マーケティング活動が対市場活動である限り，マーケティング活動の標的は市場であり，その成果は個々の顧客の購買意思決定に委ねられる。したがって，マーケティング活動の成果を高めるためには，市場環境をはじめとした，マーケティング環境の理解が不可欠になる。そのため，第Ⅱ部では消費者行動が，また，第Ⅲ部では競争環境と流通環境がそれぞれ論じられる。

第Ⅳ部はマーケティング戦略の策定プロセスを扱う。第12章では，その第一歩としての市場細分化と標的設定が論じられる。そのうえで，第13章では，マーケティング戦略策定の具体的な場面としての新製品開発が，また第14章では，マーケティング戦略のあり方の経時的変化が取り上げられる。

第V部の5つの章は，4Pに要約されるマーケティング諸手段の管理を扱う。なお，ブランド政策は，製品・サービス政策に含まれるが，近年における重要性の増大から，独立した章を設けている。

「マーケティング戦略の諸側面」と名づけられた第VI部では，マーケティング戦略のいくつかの注目すべき側面を取り上げる。第20章では，上述のサプライチェーン・マネジメントが詳述される。また，第21章では，顧客との関係性の構築と取引関係の維持を強調した，関係性マーケティングが取り上げられる。さらに，第22章と第23章は，取引対象の特性に注目して，ビジネス・マーケティングとサービス・マーケティングに充てられる。

第24章はインターネット・マーケティングである。1990年代の中ごろ以来，わが国においても急激に普及発展したインターネットは，経済社会のさまざまな面で大きな影響を与えてきた。マーケティングにおいても然(しか)りである。買い手行動1つとってみても，インターネットは新たな購買場所を提供するとともに，従来とは比べものにならないような豊富な情報の取得を可能にする。さらに，企業に新たなマーケティング・ツールを与える。したがって，今後のマーケティングのあらゆる場面において，インターネットはきわめて大きな影響を与えるとみなければなるまい。第24章では，こうしたインターネットとマーケティングの関わりが，論じられる。

そして，最後に第25章では，市場との関係を取り持つマーケティングの性格上，古くよりそして近年はとりわけ注目が集まっている，マーケティングにおける社会性と倫理性が論じられる。

Chapter 1 ● 演習問題　EXERCISE

❶ マーケティングとは何かを，自分なりに定義してみよう。

❷ わが国において，第二次世界大戦前にマーケティングが発展しなかった理由を調べてみよう。

❸ 高圧的マーケティングから顧客志向の低圧的マーケティングに転換した事例を探し，なぜそうしたことが起こったのかを調べてみよう。

第 2 章 企業戦略とマーケティング戦略

市場標的を絞り込み差別的な価値提供を実現した，
QB ハウスのマーケティング戦略。

CHAPTER 2

マーケティング戦略は，標的顧客における差別的優位性の構築・維持のために，マーケティング諸手段の組合せとしてのマーケティング・ミックスを方向づける役割を果たす。そのマーケティング諸手段が企業活動として行使される以上，マーケティング戦略も企業戦略ときわめて密接な関係を有する。

本章では，企業戦略，とりわけ企業の成長戦略や事業領域の定義との関係のなかで，マーケティング戦略の役割や性格を示すとともに，コスト・リーダーシップ，差別化，集中の戦略の基本パターンと，STP（市場細分化，標的設定，ポジショニング）と呼ばれるマーケティング戦略枠組みの関係を提示する。そのうえで，企業が有する独自資源と最終顧客価値実現場面の関連づけが，マーケティング戦略構築において重要な役割を果たすことが指摘される。

INTRODUCTION

KEYWORD

FIGURE

TABLE

COLUMN

EXERCISE

KEYWORD

成長マトリクス　経営資源の配分　ポートフォリオ分析　戦略事業単位（SBU）　事業領域の定義　企業戦略　マーケティング戦略　コア・コンピタンス　価値連鎖　価値提供ネットワーク

SECTION 1 成長戦略の類型

企業がその存続を維持するためには，常に新たな成長機会と収益源を模索する必要がある。

このような企業の成長経路を策定するに際し，よく用いられる枠組みの1つは，図2-1にある**成長マトリクス**である。

図において，まず，市場浸透とは，既存の市場に対して既存の製品をいっそう浸透させることにより，企業の成長を図ろうという方向である。このための方法としては，①既存市場のなかでいまだその製品を購買していない非ユーザーへの販売，②競合企業の顧客の吸引，③当該製品のより多くの機会での使用の促進，④機会当たりの使用量の拡大，が考えられる。

次に，既存市場に新製品を導入して成長を目指すのは，製品開発である。製品開発には，新たな特徴の追加，異なる品質の製品の導入，バリエーションの追加が含まれる。

携帯電話にカメラ機能を付けたり，音楽再生機能を加えたりするというのは，新たな特徴の追加の例である。また，異なる品質の製品の導入には，従来よりも高級な製品を導入する場合と，より廉価の製品を導入する場合がある。前者はトレーディング・アップと，後者はトレーディング・ダウンと呼ばれる。バリエーションの追加としては，たとえば，新たなフレーバーの缶ジュースの投入などが挙げられる。なお，製品開発の詳細は第13章で述べられる。

これに対して，既存製品を新市場に投入することによって成長を果たそうというのが，市場開発である。

たとえば，もともと日本国内でのみ販売をしていた製品を海外でも販売するというのは，まさにこの市場開発である。ユニクロの海外進出はその好例であ

FIGURE　図 2-1 ● 成長マトリクス

	既存製品	新製品
既存市場	市場浸透	製品開発
新市場	市場開発	多角化

（出所）　Ansoff［1965］：邦訳，137 頁を一部修正して作成。

る。

ただ，新市場というのは，何も地理的新市場に限られるわけではない。オフィス用品通信販売最大手のアスクルが，当初の中堅・中小企業向けの市場に加え，大企業向けの市場や一般消費者向け市場に進出するというのは，新たなセグメント（部分市場）への進出による市場開発である。

また，製品の新用途を開発して，市場開発を図る場合もある。かつて旭化成が，同社の食品包装用ラップフィルム「サランラップ」について，それまで主用途であった冷蔵庫のなかでの使用に加え，電子レンジでの使用を提案したのは，この用途開発の例である。

最後に，新製品により新市場を開拓するのは，多角化である。

企業が行う多角化には，さまざまな形態のものが考えられるが，それらは大きく，垂直的統合，集約的多角化，拡散的多角化に分けて考えるのが，有効であろう。

多角化の反対を専業とすると，専業企業がとりうる多角化の 1 つのパターンは，川上（かわかみ）の部品生産や素材生産に乗り出したり，川下（かわしも）の卸売業や小売業に乗り出したりするという，垂直的統合である。

しかし，もちろん多角化は従来事業の川上・川下のなかに限られるわけではない。従来事業の川上・川下を離れて，新たな分野に成長の機会を求めることも多い。そのとき，従来の保有経営資源の強みを生かすという観点が強い多角化は集約的多角化と，また，多角化によって保有経営資源に関して新たな強みを作っていこうという観点が強いものを拡散的多角化という。

SECTION 2 資源配分とポートフォリオ分析

経営資源の配分

市場浸透，市場開発，製品開発，多角化は，いずれも企業が成長のためにとりうる方向であるが，これらのなかでとくに大きな注目を浴びてきたのは多角化であった。これは，とりわけわが国の場合は，1970年代の安定成長期突入以降，多くの企業が，既存市場での成長率の低下と競争の激化のなかで，自社の成長維持のために多角化を志向したからだといえよう。

しかし，多角化したからといって，多角化先の市場で競争がないわけではない。むしろ，多角化先の市場が魅力的なものであるほど，より激しい競争を覚悟しなければならない。また，いくら企業の成長を維持していくために多角化が重要であるといっても，そのために従来からの製品や事業が忘れ去られてよいわけでは決してない。多角化を行うにしても，それと同時に，従来からの製品や事業について，市場浸透，市場開発，製品開発といった方向での成長が検討されるというのは，むしろ普通である。しかも，今日の多くの企業に見られるように，多角化を繰り返し，製品や事業の数が増えてくると，話はいっそう複雑になる。

つまり，このような場合，企業が抱えるさまざまな製品や事業の間で，期待される役割は異なるし，それによって，たとえば人材や資金といった経営資源の配分も違ってくる。したがって，企業としての成長を維持していくためには，まず，数多くある製品や事業それぞれにいかなる役割を期待し，それらのなかで，限りある経営資源をいかに配分するかが，決定されなければならない。

このような製品間や事業間での役割の設定や経営資源の配分に際して，有力な分析手段を提供するのが，製品（ないし事業）ポートフォリオ分析の枠組みである。以下では，ボストン・コンサルティング・グループによるこのポートフォリオ分析の基本的な考え方をみてみよう。

ポートフォリオ分析

ポートフォリオ分析の考え方の中心は，図2-2に表現されている。図において，縦軸に市場成

FIGURE　図 2-2 ● ポートフォリオ・マトリクス

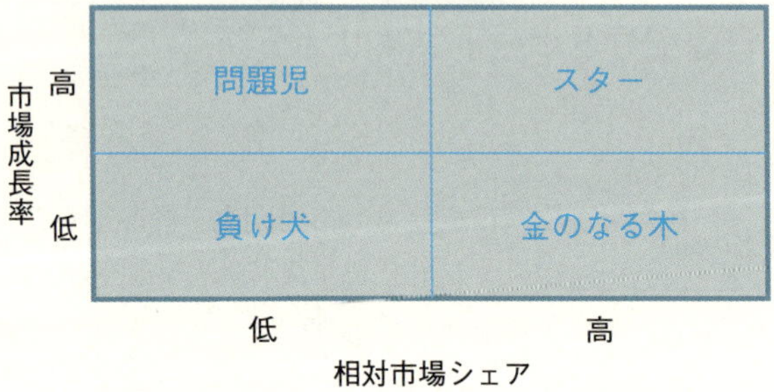

（出所）　Henderson［1979］：邦訳，236 頁。

長率とあるのは市場全体の年間成長率であり，これは資金の流出量を表している。すなわち，市場成長率が高い段階では，競争も激しく，また，市場成長に応じた設備投資や流通投資も必要であることから，資金需要が大きくなるのに対し，市場成長率が低下すると資金流出量は減少する。

他方，横軸の相対市場シェアとは，自社以外の最大の市場シェアに対する自社シェアの比率である。たとえば，業界 1 位の企業 A のシェアが 50%，業界 2 位の企業 B のシェアが 25% だとすると，A の相対市場シェアは 50/25＝2，B の相対市場シェアは 25/50＝0.5，ということになる。

この相対市場シェアは資金の流入量を表す。つまり，ある製品の単位当たり費用は，その操業規模が拡大するにつれて，また，事業を始めてからの累積生産量が増すほど経験が蓄積されて，低下していく。前者の効果を「規模効果」と，後者の効果を「経験効果」という。操業規模と経験量はいずれも市場シェアと相関するから，相対市場シェアが高くなると費用は相対的に低くなり，その結果，資金の流入量は大きくなる。

ある企業が有する製品や事業は，それぞれの資金流出量と流入量に応じて，図 2-2 に位置づけられる。たとえば，図の左上では，資金の流入量は少ないのに，需要量は多い。つまり，この位置の製品や事業は，資金状況がよくないわけであり，それゆえ，「問題児」と呼ばれる。これに対して，右上の「スター」の場合は，資金流入量も多いが，成長市場のなかでシェアを維持するための資金需要も大きい。これが，右下の「金のなる木」になると，シェアの維持に必要な資金需要を上回る資金の流入が期待できる。最後に，左下の「負け犬」は，資金需要は小さいが流入量も少なく，たいした資金源にはなりえない。

この枠組みから得られる1つの重要な帰結は，市場成長率と相対市場シェアによって与えられる位置により，期待される役割や経営資源の配分が異なるという点である。すなわち，多くの製品や事業は，一度は問題児を経験する。企業として注力すべきは，この問題児のなかで有望なものをスターに育てることである。スターに育て，それを維持することができれば，やがて市場成長率の低下にともない，それは金のなる木となって，余剰資金を生み出す。したがって，資金の流れでいうならば，金のなる木で得られた資金を有望な問題児に投資せよということになろう。これに対して，負け犬や将来性の低い問題児については，撤退が検討されることになる。

戦略事業単位

ポートフォリオ分析に関連していま1つ論じておかなければならないのは，図2-2でプロットされる製品や事業とは，どのような単位なのかである。ここで，しばしば用いられるのは，戦略事業単位（Strategic Business Unit：以下SBU）という考え方である。

SBUとは戦略を策定する際の組織上の単位であって，一般に，それは，①明確な競争業者と市場を有し，②利益センターとして，売上や利益の把握が可能であり，③一定の資源を裁量下において，独立性をもって戦略を策定できる，といった条件を満たす形で設定されるべきことが指摘されている（Abell and Hammond［1979］; 石井・奥村・加護野・野中［1996］）。

したがって，SBUは，たとえば花王という会社を例にとった場合，ビューティケア，ヒューマンヘルスケア，ファブリック・アンド・ホームケアといった事業分野ごとに設定されることもありうれば，衣料用洗剤，食器用洗剤，シャンプー，小児用紙おむつといった製品ラインごとに設定されることもありえよう。あるいは，場合によっては，1つの事業のなかで，日本，中国，アメリカ，ヨーロッパといった地域市場ごとに，SBUが設定されるかもしれない。

つまり，上記のような条件のなかで，いかに戦略策定に際して競争上の優位性を発揮できるような形でSBUを設定するかも，1つの戦略的な決定なのである。

SECTION 3 事業領域の定義

ポートフォリオ分析の枠組みは，企業が数多くのSBUを抱えるなかで，各SBUにいかなる役割を期待し，それらにいかに経営資源を配分するかについて，分析手段を提供するものであった。これに対して，成長マトリクスの枠組みは，企業全体にとって，あるいは各SBUにとって，考えられる成長の方向を示すものであった。

しかし，いかに成長のための方向が与えられたとしても，闇雲(やみくも)に製品開発や市場開発を行い，あるいは多角化していけばよいというわけではない。では，製品開発や市場開発や多角化は，いかなる範囲で行われるべきなのか。これを考えるための枠組みが，**事業領域の定義**の議論である。

事業領域定義の3つの次元

事業領域の定義に関して，最もよく知られている1つは，図2-3のように，顧客機能，代替技

FIGURE 図2-3 事業領域定義のための3次元

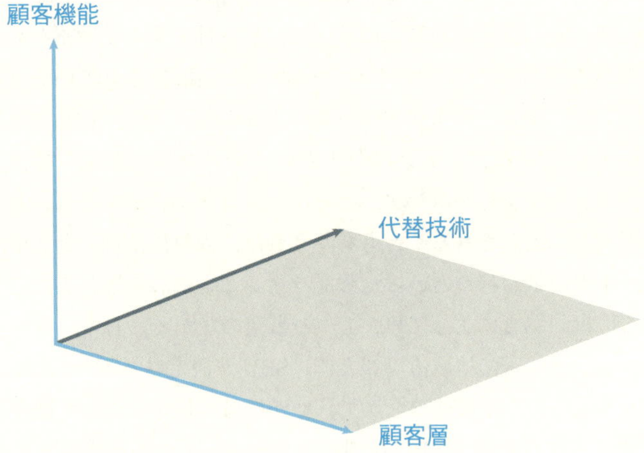

（出所） Abell［1980］：邦訳，37頁。

術，顧客層の3つの次元でそれを定義するというやり方である。

ここで，顧客機能とは，その企業が顧客に対していかなる機能を提供するかである。企業が提供する機能は，顧客が有する一定のニーズを充足する。したがって，顧客機能は，その企業が顧客のいかなるニーズに対応していくかだと考えられてよいだろう。たとえば，炊飯ジャーという製品の場合，提供している機能，つまり対応しているニーズは，炊飯と保温の2つである。企業として考えるべきは，このようなニーズのいかなる束を自社の事業領域として定義するかである。

次に，代替技術とは，特定の顧客ニーズを充足する方法（技術）が通常いくつかあるなかで，いかなるものを採用するかである。先の炊飯ジャーのうち，炊飯機能を取り上げれば，電気という方法もあれば，ガスという方法，あるいは圧力鍋という方法もある。事業領域の定義においては，こうした技術のなかで選択が行われる。

これに対して，顧客層とは，一定のニーズを一定の技術で充足するにしても，どのような顧客を対象にそれを行うかである。たとえば，炊飯というニーズをもつ潜在顧客としては，主婦，単身者，業務用ユーザーなどが考えられるが，このうちのどの部分を対象顧客とするかである。つまり，その企業が対応していくセグメントの選択である。

事業領域定義のための考え方

事業領域の定義における課題は，こうした3次元のなかで，いかなる定義を行うかである。

事業領域を狭く定義しすぎると，かつてレビットが指摘したように，鉄道会社が自社の事業を鉄道と考えて，鉄道事業の衰退のなか，他の輸送事業への進出に失敗したようなことになりかねない（Levitt [1962]）。だが，逆に，あまり広く定義すると，意味も勝ち目もない競争に巻き込まれたり，経営資源が分散してしまったりする。

したがって，事業領域を定義するにあたっては，2つの視点が必要になろう。1つはいわば短期的な視点であり，既存の人・物・金・情報といった経営資源から考えて，いかなる領域において自社が強みを発揮できるかである。これに対して，いま1つはより長期的な視点であり，自社のあるべき将来像から考えて，今後必要な経営資源を蓄積していくためには，いかなる事業領域での活動が必要になるかである。こうした考え方は，後に見るように，企業の持続的競争優位を規定するのは企業が有する経営資源であるという観点から，資源蓄積をどの領域で行うかを重視する資源ベース戦略論と，軌を一にする（Barney [2001]）。

事業領域の定義，つまり自社が活動を行うべき独自領域の決定は，この2つの視点をふまえて行われるべきであり，その意味で，企業戦略の最も基本的な要素なのである。

SECTION 4 企業戦略とマーケティング戦略

企業の全体としての事業領域と成長方向が決まり，さらに各SBUに果たすべき役割と経営資源が割り当てられると，個々のSBUとしては，そのような制約のなかで，役割から導かれる目標を達成していかなければならない。この目標の達成において重要な位置を占めるのが，マーケティング戦略である。

あるSBUに与えられた目標や経営資源がいかなるものであれ，即時撤退するのでない限り，売上を確保することは不可欠である。

通常，企業は，この売上を確保していくために，4Pに要約されるさまざまなマーケティング手段を動員する。これらマーケティング諸手段の組合せであるマーケティング・ミックスを計画するためには，顧客や競合企業の行動といった，マーケティング環境の理解が不可欠であることは，前章で述べたとおりである。

しかしながら，マーケティング・ミックスを環境に適応させるためには，マーケティング・ミックスに対する顧客や競合企業などの反応を知るだけでは十分ではない。それとともに，これらの反応をふまえて，競合企業に対して，積極的に優位性を構築・維持していかなければならない。これをSBUレベルで考えるならば，与えられた経営資源のなかで，いかに顧客が評価しうる強みを強調していくかである。

そのために求められるのが，マーケティング戦略である。

したがって，事業領域の決定，成長経路の識別，各SBUへの目標と経営資源の割り当てといったことが，全社レベルの企業戦略のなかで行われるのに対し，マーケティング戦略は，基本的にはSBU単位で検討されると考えられてよい。

しかし，マーケティング戦略の中心テーマである競争上の差別的優位性の構築・維持は，SBU レベルでのみの問題ではない。それは同時に，企業戦略の大きなテーマである。それだけに，企業戦略の策定においても，市場環境や競争環境の把握は不可欠である。その結果，従来一職能分野として企業と環境との関連を扱っていたマーケティングが，全社的な課題により深く関わるようになってきたのであった。

また，事業領域の決定，成長経路の識別，目標と経営資源の割り当ては，まず，全社レベルの企業戦略のなかで行われるが，組織のより下位のレベルにおいても，考えられる必要があろう。たとえば，SBU においては，全社レベルの企業戦略の枠組みのなかで，その SBU の事業領域や成長経路が検討され，さらに，それを構成する製品ラインや個々の品目あるいは市場セグメントに目標や経営資源が割り当てられることになる。そして，このことは逆に，マーケティング戦略のなかに企業戦略的要素を必要としていった。

今日，企業戦略とマーケティング戦略がきわめて密接な関連のなかで語られ，戦略市場計画，戦略市場経営，戦略的マーケティングといった名のもとに，両者を接合する議論が数多く見られるのは，こうした理由による。

SECTION 5 戦略形成の考え方

企業戦略については多くの定義が示されているが，ここでは，「企業が環境との関わりのなかで進んでいく際に方向づけを与える，長期的な基本シナリオ」と考えておこう。

独自ポジションと資源ベース

こうした基本シナリオを描くためには，2つの観点が大切である。1つは，環境との関わりのなかでの，ポジションの独自性である。

戦略は本来，保有資源や能力によって可能になるオペレーション効率とは，区別されるべきものである。さまざまな経営ツールや経営テクニックの採用により，ベスト・プラクティスを総動員して，オペレーション効率を最大化すれば，他社と同様の活動をよりよく行うことが可能になる。しかし，そうした経営資源や能力による優位も，競合企業によって追随されない保証はない。ベスト・プラクティスといえどもやがては模倣され，収益性は低下する。つまり，オペレーション効率の改善は卓越した収益性を実現するための必要条件にすぎず，十分条件こそが独自のポジションとしての戦略である（Porter［1996］）。

しかし，いかに独自のポジションを確立したとしても，厳しい競争圧力のもとでは，やがて競合企業に模倣・追随され，競争優位が持続しない可能性はある。それゆえ，強調されるのが，第2の観点としての資源や能力の蓄積である。こうした資源ベースの考え方をとる人々によれば，いかに独自の経営資源や能力を開発するかが持続的競争優位の確立には重要になる。競合企業からのキャッチアップが当分困難なほど独自な資源や能力を有することが可能であるならば，あるいはある方向で常に競合企業を上回る資源や能力を有していくことが可能であるならば，それを武器に持続的競争優位を目指すことも重要である。つまり，競合企業の追随が容易ではない独自の能力や資源を手に入れることによって競争優位に立つという，資源ベースの考え方である（Barney［2001］）。

さらに，こうした考えの流れのなかで，ハメルとプラハラードは，今後への飛躍のためには，自らが競争のリーダーシップをとれる未来を作り出していかなければならず，それには，未来において市場に何を提供すべきかをイメージし，その未来で競争上優位に立つために必要な能力をもつことが，あるいは作り出していくことが求められる，とする（Hamel and Prahalad［1994］）。その際，既存の業界の境界はあまり意味をもたないであろうし，取り組みも，事業部単位ではなく，全社的なものにならなければならない。ここで，大きな役割を果たすのが，**コア・コンピタンス**である。

コア・コンピタンスとは，他社が模倣できない自社ならではの価値を顧客に提供する，企業の中核的な力であり，一連のスキルや技術から構成される。したがって，現在のコア・コンピタンスでいかに未来を描くか，そして未来の市場のためにいかなるコア・コンピタンスを構築していくかが，重要な検討事項になる。

2つの観点の関係

確かに資源蓄積が圧倒的なものであるならば，またその資源や能力による顧客価値が圧倒的なものであるならば，それによって持続的競争優位を確保できる可能性はありうる。しかし，さらに大きな価値をもたらし，さらに大きな競争優位を得るためには，独自のポジション選択は不可欠である。

しかも，企業の独自の資源や能力は，顧客にとっての価値と結びついてこそ，競争優位となりうる。ところが，何を価値と認めるかは，顧客の間で必ずしも同じとは限らない。それだけに，いかなる方向で資源蓄積を図るかはきわめて重要な決定であり，それは独自のポジションを可能にするものでなければならない。

さらに，こうした議論は，事業領域の定義の議論とも深い関連をもつ。すなわち，短期的には保有資源や能力を前提としたうえで，事業展開すべきであり，そのなかで独自のポジションによる顧客ニーズへの対応は不可欠であるが，長期的には，いかなる方向でいかに資源を蓄積するかが重要であることは論をまたない。当然のことながら，保有経営資源が稀少で模倣困難であるほど，持続的競争優位をもたらす可能性は大きくなる。

したがって，これら2つの見方はいずれも戦略構築において重要であり，対立するものではない。むしろ両者の間でいかに力点を置くかの違いであろう。たとえば，能力や資源を主に内部調達に依存してきたこれまでのわが国においては資源ベースの考え方が強調される傾向にあり，能力や資源の外部からの調達がより容易なアメリカでは，独自ポジションの重要性がより強調される傾向にあったのかもしれない。

また，いかなる方向で資源を蓄積するかは，全社的な戦略問題であり，そこでは，独自の資源の蓄積がとりわけ重要になる。ただ，そこでも，資源蓄積を方向づけるものとして，市場との対応のなかで，ポジションの決定は重要な考慮事項となる。

これに対して，SBU 単位での市場問題を扱うマーケティングにおいては，与えられた経営資源のなかでの競争優位の実現を求められるという側面が強くなり，したがってポジション選択の重要性も高まる。しかし，そうしたマーケティングにおいても，資源蓄積に関わる部分もある。たとえば，マーケティング活動の結果蓄積されるブランド資産や顧客資産は，きわめて重要な経営資源であり，持続的競争優位の源泉となりうる。マーケティング戦略のなかで，資源ベース的な議論が行われるのは，そのためである。

SECTION 6 戦略形成の枠組み

SBU単位での市場問題を扱うマーケティングの戦略を考えるうえでは，ポーターによる，コスト・リーダーシップ，差別化，集中の戦略の基本パターンが有効である（Porter［1980］)。

まず，コスト・リーダーシップとは，経験効果や規模効果の活用，有利な原材料の確保等々，あらゆる面でコストの削減に努め，競合他社と比べ，コスト面での競争優位を確立していこうという戦略である。また，低コストを実現するための製品設計や工場配置，あるいは部品の共通化や幅広い顧客標的範囲が重要になる場合もある。

コスト・リーダーの地位を確保すれば，収益力の向上は言うに及ばず，顧客からの値引き要求や供給業者からの値上げ要求にも対応力を増す。

しかし，コスト・リーダーシップを有したからといって，品質やサービス水準が他社に劣ってよいというものではないであろう。品質やサービス水準で劣ると，より低価格での販売を余儀なくされ，せっかくのコスト優位が収益に反映されなくなる。ただ，コスト・リーダーシップ戦略においては，他社と同等以上の品質やサービス水準は求められるものの，方向性はあくまでも，他社を凌駕（りょうが）するコスト地位であり，そうしたコスト地位を可能にする強みの構築が何よりも重要になる。

次に，差別化とは，競合他社との間に，顧客にとって意味のある違いを作り，独自の魅力をもって競争優位を目指そうという戦略である。差別化の手段には，製品の品質や特徴，ブランド，顧客サービス，流通チャネルなど，さまざまなものが考えられる。差別化戦略では，これら差別化次元の1つあるいは複数において，他社の追随を許さない魅力が必要になる。したがって，コスト・リーダーシップ戦略では，ある業界で1つの企業のみがコスト・リーダーの地位を手にすることができるのに対し，差別化戦略は同一業界で複数の企業が成功を収めることが可能になる。

差別化戦略で成功し，顧客に独自の価値を提供する企業であると認識されれば，顧客の価格感度は低下し，割増価格が可能になる。また，場合によっては，

FIGURE 図 2-4 3つの基本戦略

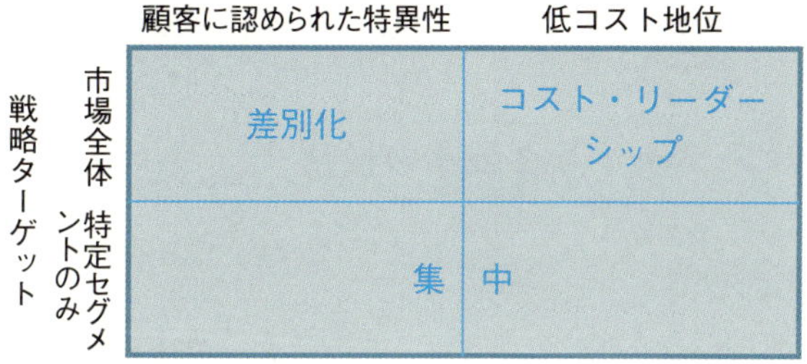

顧客に認められた特異性
低コスト地位
戦略ターゲット
市場全体
特定セグメントのみ
差別化
コスト・リーダーシップ
集中

（出所） Porter［1980］：邦訳，61 頁。

顧客のロイヤルティが形成されることもありうる。

それだけに，差別化戦略も収益性の向上を可能にするが，いかに差別化に成功し，顧客の支持を得たからといっても，顧客はそのために「金に糸目を付けない」ということは考えられない。つまり，差別化戦略においてもコスト削減努力は重要である。通常，差別化には割増コストが必要であり，その割増コストによってそれ以上の割増価格が実現されなければ，差別化戦略としての成功は難しい。

最後に，集中とは，特定の市場セグメントに焦点を当て，そこに経営資源を集中させることによって，競争優位を確保しようという戦略である。

集中戦略には，集中によってコスト優位を求めるコスト集中戦略と，差別化を求める差別化集中戦略がある。また，場合によっては，集中の結果，コスト優位と差別化の双方が達成されるということもありうる。集中戦略によって競争優位を得るためには，セグメント間に差違があり，市場全体を標的にしたコスト・リーダーシップ戦略や差別化戦略を採用する企業では，当該セグメントにうまく対処できない事情があることが必要である。

図 2-4 は，これら 3 つの基本戦略の関係を図示したものである。

すなわち，基本戦略の類型は，差別化対コスト・リーダーシップならびに集中対非集中という，2 つの次元から成り立っている。また，差別化対コスト・リーダーシップとか集中対非集中といっても，これらはいずれも二者択一ではない。差別化対コスト・リーダーシップにおける，あるいは集中対非集中における，相対的なポジションこそが重要である。したがって，3つの基本戦略のパターンは結局，図2-4においていかなるポジションを選択するかに還元することができよう。

SECTION 7 マーケティング戦略の役割

与えられた資源のなかでマーケティング目的を達成するのがマーケティングの役割であり，そのための活動であるマーケティング活動に，差別的優位性という観点から一貫性を提供するのが，マーケティング戦略である。

したがって，マーケティング戦略は，企業戦略のあり方から制約を受けるとともに，それに貢献する。つまり，企業戦略とマーケティング戦略の間には競争優位の形成という面で，密接な相互依存関係が存在する。

3つの基本戦略のパターンは，マーケティング戦略に関しても，選択肢を提供する。しかし，たとえば，差別化集中戦略をとるにしても，マーケティング戦略には，それを実現するためのより具体的な枠組みが必要になる。それが，STPと呼ばれる，市場細分化（Segmentation），標的設定（Targeting），ポジショニング（Positioning）の戦略枠組みである。

マーケティング戦略においては，まず，対象となる市場のなかで，競争上の優位性という配慮をふまえながら，どの部分を標的とするかが決められなければならない。つまり，市場細分化と標的市場の設定である。

すなわち，買い手のニーズはさまざまであろうし，同じ買い手であっても，場面によってニーズは異なる。こうした多様な購買をいくつかのセグメント（グループ）に分けて，セグメントごとにマーケティング諸手段を適合させていくというのが，市場細分化の考え方である。

表2-1は，基本戦略パターンとSTPの関係を示したものである。

マーケティング戦略においては，最初に何らかの基準によって，多様な購買をそれぞれのなかでは相対的に同質的ないくつかのセグメントに区分しなければならない。そのうえで，どのセグメント（単数もしくは複数）をマーケティング活動の標的とするかが決定される。これが標的設定であり，マーケティング活動の対象である標的市場が選択される。

TABLE 表 2-1 基本戦略パターンと STP

		基本戦略パターン			
STP	選択内容	非集中／コスト・リーダーシップ	非集中／差別化	集中／コスト・リーダーシップ	集中／差別化
市場細分化 標的設定	市場標的				
ポジショニング	提供価値				
	提供方法				

次いで，標的市場に評価され，競合企業に対して独自性と優位性を発揮しうる形で，価値を提供していかなければならない。ここで，いかなる価値をいかなる方法で提供するかがポジショニングである。

たとえば，非集中／差別化戦略をマーケティングの立場から実現していくためには，市場を何らかの基準で細分化し，セグメントのそれぞれに対して，独自の提供価値を独自のやり方で提供するための戦略が有効であろう。

また，集中／コスト・リーダーシップ戦略においては，自社の独自性により低コストを実現できる市場提供物をみつけ，さらにその市場提供物の価値を競合企業のものと同様に，あるいはそれ以上に評価するセグメントを探し出すという方法もあるであろう。

つまり，3つの基本戦略パターンは，マーケティング諸活動が進むべき大枠での選択肢を提供し，STP の枠組みは，その選択肢をマーケティング活動によって実現していくための具体的指針を与える。

この標的市場，提供価値，提供方法に関する計画がマーケティング戦略の具体的内容であり，4P に要約されるマーケティング・ミックスは，マーケティング戦略の実行手段にほかならない。

その際，提供方法が，他社の模倣・追随が困難な独自の資源や能力にもとづくものであるほど，単に標的市場や提供価値において隙間を突くだけの場合と

COLUMN 2-1 QB ハウスのマーケティング戦略

理髪店チェーン QB ハウスを運営する QB ネットは，1997 年にスタートして以来，順調に店舗数を増やし，2008 年には国内だけで 378 店，来客者数 1134 万人にまで成長した。QB ハウスの特徴は，10 分 1000 円という短時間低価格の理髪サービスであった。ただし，シャンプー，ブロー，シェービングのサービスはなく，椅子もリクライニングしない。

他方で 1 万円近い料金の理髪店もめずらしくないなか，QB ハウスの成長は，理髪店に関しても，世の中にはさまざまなニーズをもった消費者が存在していることを示している。だからこそ，マーケティング戦略の策定にあたっては，まず市場標的を設定しなければならない。世の中にはもちろん，理髪店でのシャンプー，ブロー，シェービングに価値を見出している顧客も多い。しかし，顧客のなかには，こうしたサービスにあまり価値を感じず，むしろ時間の無駄だと思いながらサービスに付き合っている顧客もいる。彼らにとっては，これらのサービスの削減は，さしたる価値の低下をともなわずに，コストと時間を削減する。すなわち，標的を絞り込むことで，サービスの削減によるバリュー・フォー・マネーの向上が可能になる。価格や時間を重視する顧客に対してはなおさらである。

QB ハウスの場合は，サービスよりもむしろ価格や時間を重視する顧客に標的を絞り込み，彼らに対して短時間低価格の理髪サービスという価値を提供し，さらにその価値を確実かつ効率的に実現するために，エアーウォッシャーや独自の管理システムといった差別的な価値提供方法を考案していったのであった。これらこそが，QB ハウスのマーケティング戦略である。

比べて，成果も大きなものになるであろう。つまり，独自資源や独自能力は，競争優位性の基盤として作用する。しかし，いかに独自の保有資源や能力にもとづいて市場提供物を送り出しても，その市場提供物に価値を認める標的市場が限られたものであるならば，あるいは標的市場にとってのその価値が小さなものであるならば，大きな成果を上げることは困難である。

したがって，とりわけ独自の資源や能力を有する場合は，それらと標的市場とのマッチングがマーケティング戦略にとって重要な課題となる。つまり，そうした資源や能力によって生み出される提供物にいかなる価値を見出すかは顧客の間で同じではないはずであり，その価値が最も大きくなる顧客を探し出し，標的とすることが，マーケティング戦略においては大切である。

いかなる資源をいかに蓄積するかが企業戦略上の重要課題であるにしても，そこにマーケティング上の配慮も求められるというのは，そのためである。

また，集中戦略において，提供価値や提供方法にトレードオフを含む場合には，資源や能力に独自性がなくとも，提供価値や提供方法の独自性，すなわち独自ポジションによる競争優位が期待できる。たとえば，多くのパソコン・メーカーが販売会社や小売店を経由した間接流通を行っているとき，デルコンピュータのように，間接流通を放棄して，直接販売のみに集中すれば，間接流通における販売会社や小売店への気兼ねがない分だけ，競争上優位な立場に立てるであろう。

あるいは，特定の用途に焦点を当てた製品を開発することにより，その用途に関しては，汎用品では追随できない価値を提供できるということもある。すなわち，ニーズと提供物のジャスト・フィットを図ることができれば，限られた市場においてではあっても，差別化と低コストの双方を追求することが可能になる。標的顧客ニーズに合っていない，すなわち標的顧客から求められていない性能や特徴は，コストはかかっても，価値は生まないのである。

SECTION 8 価値連鎖と価値提供ネットワーク

ある製品の価値は，顧客の価値実現の場面で評価される。たとえば，テレビという製品の価値は，最終顧客である消費者の消費場面で評価される。その価値の大きさは，消費者がそのテレビのために支払ってもよいと考える，支払意思価格（WTP: Willingness to Pay）で測定することができる。

通常，消費者はそのテレビを小売店で購入する。その価格が仮に10万円だとしよう。消費者はそのテレビが自分にとって10万円以上の価値があると考えるから，それを購入する。それゆえ，取引が成立し，10万円（場合によってはそれ以上）の価値物としてのテレビの所有権が消費者に移転する。

しかし，このテレビの10万円の価値は，それを販売した小売店のみによって生み出されたわけではない。もちろん小売店による流通サービスが10万円

FIGURE　図 2-5 ● 一般的価値連鎖

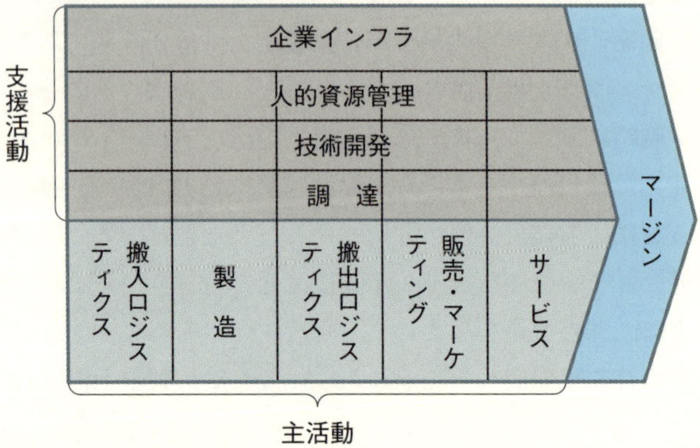

（出所） Porter［1985］：邦訳，49 頁を一部修正して作成。

に貢献していることは間違いない。しかしそれは，売価と仕入れ値の差額分であり，仕入れ値の部分の価値は，川上に位置する種々の企業によって生み出されたものである。

仮にこのテレビのメーカー出荷価格が 6 万円だとしよう。ただ，6 万円のすべてが，そのメーカーの付加価値であるわけではない。たとえば，液晶パネルやキャビネットは他社から購入されたものかもしれない。そうした他社で生み出された価値を 6 万円から差し引いた残りが，テレビ・メーカーの付加価値である。それが仮に 2 万円だとしよう。

このメーカーが 2 万円の価値を生み出すにあたっては，さまざまな活動が関わっている。これらの活動は，**価値連鎖**という形で整理される。図 2-5 はそれをまとめたものである。つまり，この価値をいかに提供するかを企業活動の全体から考えるのが価値連鎖である。

企業は，価値連鎖を構成するこれら 9 つの活動によって価値を作り出す。これらのうち，主活動は，価値の創出に直接関わる活動であり，支援活動は主活動を支援し，企業インフラは価値連鎖全体を支援する。企業が競争上の優位を実現していくためには，価値連鎖を構成する個々の活動をいかにうまく行うかとともに，これら相互の調整が重要になる。

販売価格から，購買原材料費用を差し引いたものとして計算される付加価値は，自社の価値連鎖の結果，どれだけの価値が追加されるかに対応する。付加価値を生み出すために価値連鎖を構成する種々の活動が行われ，それらの費用を付加価値から差し引いた残りがマージンとなる。

マーケティング戦略の観点から注目すべきは，自社の価値連鎖の結果としての提供価値は，最終的には，最終顧客の価値実現の場で評価されるということである。それだけに，いかなる標的にいかなる価値をいかに提供するかを示すマーケティング戦略は，価値連鎖のあり方を方向づけると考えられてよい。つまり，自社の製品やサービスが，目の前の直接顧客の提供価値を増大させるにせよ，費用削減に貢献するにせよ，自社の提供価値を高めるためには，直接顧客の価値連鎖がいかなる価値を生んでいるかの理解が不可欠である。直接顧客による提供価値はそのまた顧客によって価値を認められなければならず，そうした関係は結局，最終顧客の価値実現場面にたどり着く。

先のテレビの例は，この関係を示している。それゆえ，自社価値連鎖の結果としての提供価値を高めるためにも，あるいは提供価値に占める自社の割合を高めるためにも，目の前の直接顧客のみならず，最終顧客の価値実現場面まで見据えたマーケティング戦略が必要になる。そうした関係のなかで，高い価値の提供を強調するのが差別化戦略であり，低コストの実現を強調するのがコスト・リーダーシップ戦略ということになる。

価値提供ネットワーク

先のテレビの例に見られるような，一企業を越えた，企業間ネットワークのなかでの価値連鎖は，**価値提供ネットワーク**と呼ばれる。つまり，価値連鎖の集合体が価値提供ネットワークである。図 2-6 はそれを図示したものである。この図は，ある事業単位の価値連鎖が買い手に価値を提供し，さらにその価値に買い手の価値連鎖が加わって，最終顧客の消費場面で価値が実現されるという関係を示している。

消費財の場合，最終顧客の価値実現場面は，消費者の消費場面である。これに対して，生産現場やオフィスなどで消費される製品の場合は，すべての企業活動は価値連鎖と価値提供ネットワークを経由して最終消費者の価値に向かうと考えたほうが有効である場合もあるであろうが，差し当たりは目の前の直接顧客の消費場面を最終顧客の価値実現場面として想定したほうが現実的である

FIGURE 図 2-6 価値提供ネットワーク

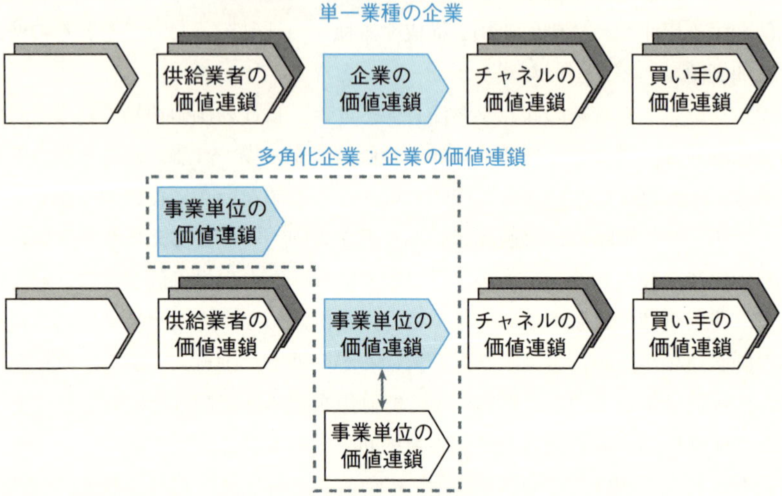

（出所） Porter［1985］：邦訳，46 頁を一部修正して作成。

場合も少なくない。

価値提供ネットワークを前提に自社の提供価値を高めるためには，最終顧客の価値実現場面の観点から，価値提供ネットワークの全体を方向づける必要があり，そこでもマーケティング戦略は大きな役割を果たす。いわゆるサプライチェーン・マネジメントにおいて，マーケティング戦略との関係が重視されつつあるのは，そのためである。

また，いかに最終顧客に大きな価値を提供する価値提供ネットワークに参加していても，自社の割合が小さくては仕方がない。最終顧客への提供価値に占める自社の割合を高めるためには，たとえ部品メーカーや素材メーカーであっても，最終顧客における価値実現場面を見据え，最終顧客にとっての価値という観点から価値提供ネットワークのなかで自社の価値連鎖を考え，競争優位を高めるためのマーケティング戦略が必要になる。すなわち，何がどのような価値をもつかを決めるのは最終顧客の価値実現場面であるだけに，価値提供ネットワークのなかで効率よく大きな価値を生むためには，最終顧客のニーズや用途を把握するとともに，最終顧客価値の観点から，価値提供ネットワークや価値連鎖を分析する必要がある。

リソース・アウトと資源パス

もっとも，最終顧客の価値実現場面を理解したとしても，その価値を差別的に高めることにつながる独自性を有していないと，持続的競争優位とはならない。しかし，変化の激しい最終顧客の価値実現場面との対応のなかで，こうした独自性を構築・維持していくことは，必ずしも容易ではない。そうなると，資源ベースの考え方に見られるように，企業が有する独自性や優位性から出発して，そうした強みが，自社の価値連鎖と企業間の価値提供ネットワークを経由して，最終顧客の価値実現場面においていかなる価値に結びつくかの検討が有効になる。

たとえば，ある部品メーカーが独自技術をもっていたとき，その技術によって可能になる部品がいかなる最終製品を可能にし，その最終製品によって最終顧客の価値実現場面でいかなる価値が実現されるかの検討である。

マーケティングでは古くより，「プロダクト・アウトからマーケット・インへ」というスローガンが叫ばれてきた。これは，当初のマーケティングが主に生産上の事情で効率よく大量生産されたものを売り込むといった性格が強かったなかで，市場が求めるものを作るという，「市場志向」「顧客志向」の重要性を訴えたものであった。確かに，「もの不足」ではなく，「もの余り」の時代においては，開発・生産の事情で作られたものを売り込むのではなく，顧客が求めるものを作っていかなければ，競争に打ち勝っていくことはできない。

しかし，逆にいかに顧客ニーズに合ったものを市場に投入したとしても，顧客ニーズの発見だけで特許をとれるわけではない。したがって，競争が厳しい状況では，やがて類似した競合製品の登場が予想され，顧客ニーズの発見だけで持続的競争優位を構築することは難しい。

そうなると，むしろ技術などの独自の資源を出発点に，独自資源をいかに最終顧客価値実現場面と結びつけるかという，いわば「リソース・アウト」といった発想も必要になろう。また，マーケティング上の課題としても，独自資源としての独自技術などをもとに，それからもたらされる価値が最大化される，標的市場とその標的市場における価値実現場面を探し出すことが，とくに重要になる。

この資源と最終顧客価値実現場面との間の経路を「資源パス」(Resources Path) と呼べば，とりわけ最終顧客ニーズの変化が激しく，競争が厳しい環境においては，資源パスを見定めたなかでのマーケティング戦略構築の必要性が高まるものと思われる。

Chapter 2 ● 演習問題　EXERCISE

❶ あなたが興味をもっている企業のポートフォリオを整理し，いま何が求められているのか，またそのためには成長マトリクス上のいかなる動きが必要なのかを考えてみよう。

❷ あなたが興味をもっている製品もしくはサービスのマーケティング戦略を表 2-1 の枠組みによって整理し，その戦略の有効性と問題点を検討してみよう。

❸ 自社が有している技術などの独自資源を出発点に，その独自資源と最終価値実現場面の結びつけを図るという，「リソース・アウト」の事例を探し，そうしたやり方が有効になる条件を考えてみよう。

チャンドラー，Jr.，A. D.（鳥羽欽一郎・小林袈裟治訳）［1979］『経営者の時代――アメリカ産業における近代企業の成立（上・下）』東洋経済新報社。

●アメリカの経営史をたどりながら，マーケティングをはじめとする種々の企業活動の性格を示した古典的名著。

コトラー，P. =K. L. ケラー（恩藏直人監修）［2008］『コトラー＆ケラーのマーケティング・マネジメント』ピアソン・エデュケーション。

●アメリカにおけるマーケティングの代表的なテキスト。通読するだけでなく，事典としても活用できる。

レビット，T.（土岐坤訳）［2006］『新版 マーケティングの革新――未来戦略の新視点』ダイヤモンド社。

●マーケティングの考え方を知るうえで最適の書。1962年の原書発刊ながら，その輝きはいまだに色褪せない。

ポーター，M. E.（土岐坤ほか訳）［1995］『新訂 競争の戦略』ダイヤモンド社。

●独自ポジションの重要性を強調した，企業戦略論の古典。企業戦略とマーケティング戦略の関係を考えるうえでも有効。

第 II 部

消費者行動の分析

第 3 章 消費者行動分析の基本フレーム

変わる消費者の購買行動。ネット通販のシェアは急増している。
（PANA 通信社提供）

KEYWORD
FIGURE
TABLE
COLUMN
EXERCISE

CHAPTER 3

企業の対市場活動としてのマーケティングを，効果的かつ効率的なものとするためには，市場を構成する消費者のニーズや行動について，深い理解と的確な分析とが必要となる。本章から始まる第Ⅱ部の各章では，消費者行動を理解し分析するうえでの視点，枠組み，手法などを提示し，解説していく。

まず，導入部分にあたる本章では，複雑で多様な現実の消費者行動を分析するための基本フレームとして，①分析対象となる消費者行動の広がりとマーケティング上の分析視点の確認，②消費者選択の階層性に着目した分析水準の設定，③消費者行動に影響する諸要因の確認と整理，④消費者行動をモデル化して分析することの意義とモデルの類型化，について検討していく。

INTRODUCTION

KEYWORD

消費社会　７つのＯ　消費者行動　個別行動　集合行動　個人行動　相互作用　集団行動　消費行動　購買行動　買物行動　使用行動　モデル化　包括的概念モデル

SECTION 1 市場の把握と消費者理解

日常生活のなかでの消費と購買

現代社会はさまざまな側面を持つが，その１つの特徴を言い表すために，よく消費社会（Consumer Society ないし Consumption Society）という表現が用いられる（間々田［2000］）。

『広辞苑（第６版）』によれば，消費とは「①費やしてなくすること。つかいつくすこと。費消。②欲望の直接・間接の充足のために財・サービスを消耗する行為」である。また，消費社会とは「消費の領域が拡大して，消費が生産を規定するかに見える社会」であるという。まさに現代社会はこのような社会にほかならない。

事実，われわれの日々の生活は，実にさまざまな製品やサービスを消費することによって成り立っている。それらは衣・食・住といった生活領域全般にわたり，食品や日用雑貨のように食べたり使ったりすればなくなってしまうもの（非耐久財），家電製品や自動車のように何度も，あるいは何年にもわたって使用できるもの（耐久財），さらには，外食やクリーニングのように人に何かをしてもらうこと（サービス：用役）や，コンサートや旅行のように何かを体験すること（サービス：経験）まで，その形態・特性・内容はきわめて多様である。そして，それらを組み合わせることによって日々の生活はできあがっている。また，それらのほとんどは企業によって生産され市場で取引されているため，われわれは，それらを購入し，使用（消費）し，処分しながら日々の生活を営んでいるのである。

当然，こうした日常生活に必要な製品やサービスを購入するためには，一定以上の所得が必要になる。多くの場合，われわれは１日24時間という生活時間の一部を労働に振り向け，その対価として得た所得を購入の原資としている。すなわち，われわれは企業に労働力を提供して所得を得，その所得を原資に企業から製品やサービスを購入し，それらを消費することによって，日々の生活を送っているのである。

このように，今日の市場経済（商品経済）社会においては，生産と消費が分離し，生活資源の一部である時間を労働に配分して所得を得，その所得によって購入した製品やサービスを，残った生活時間（広義の余暇時間）を使って消費している。つまり，われわれの生活には「労働者」の側面と「消費者」の側面が存在するが，本章以降で検討対象とするマーケティング上の関心事は，言うまでもなく，後者の「消費者」の側面であり，その行動（振る舞い方）である。

市場把握のための7つの視点

一方，市場に対して製品やサービスを生産し提供する側の企業は，効果的かつ効率的なマーケティングを行うために，市場を把握し顧客を理解する必要がある（市場によって顧客のタイプは異なるが，ここでは最終消費者に限定して議論を進める。なお，消費者の類型についてはCOLUMN *3-1* を参照）。

すでに，第2章で，STPの枠組みを紹介して説明したように，標的とすべき顧客セグメントを発見・確定するため，まずは，消費者ニーズの異質性を十分に把握し，次いで，標的市場を構成する消費者の購買行動上の特徴について，よく理解しなければならない。

これを「5W1H」として定式化すれば，誰が（Who），何を（What），なぜ（Why），どのように（How）購買するのかを解き明かし，場合によっては，さらに，いつ（When），どこで（Where）を把握することも重要である。

コトラーは，彼一流の語呂合わせで，これらを標的市場を理解するための「7つのO」として以下のように整理している（Kotler [1980]）。

(1) Occupants（主体）：誰が標的市場を構成しているのか　標的市場を構成する消費者の行動は，当然，その主体によって異なる。男性なのか女性なのか，あるいはティーン層・アダルト層・シルバー層のどれか，といった消費者のデモグラフィック属性，職業や所得といった社会経済的属性，パーソナリティやライフスタイルなどによる違いである。これら消費者属性ごとの消費者行動上の差異は，市場細分化や標的設定（→第12章）の際の基準として用いられる。

(2) Objects（客体）：何を購入するのか　消費者の行動は，もちろん，何

COLUMN 3-1 顧客と市場の類型化

本章から始まる第Ⅱ部では，基本的に，最終消費者を念頭に置き，その行動（消費者行動）を分析するための視点や枠組みについて，順次検討していく。

ここで，最終消費者（Ultimate Consumer）とは，個々の生活者として，自らが消費・使用する目的で製品やサービスを購入する購買者（Buyer）のことである。

これに対して，自らの企業活動を遂行する目的で，製品やサービスを購入する購買者も存在する。たとえば，自らの生産活動を行うために原材料・部品・設備・サービス等を購入する産業用購買者（Industrial Buyer），再販売のために他企業から製品やサービスなどを購入する再販売業者（Reseller：卸売業者，小売業者，商社など）などである。

さらには，学校，病院，介護施設などの非営利の機関購買者（Institutional Buyer），政府や地方自治体なども，公益的サービスの提供や行政機能を遂行する目的で，製品やサービスを購入する購買者である。

ここで，これらの異なるタイプの顧客（購買者）に対応する形で，市場を，①最終消費者市場，②生産者市場，③再販売業者市場，④機関購買者市場，⑤政府・自治体市場，という5つのタイプの市場に類型化することも可能である。

このうち，②〜⑤の市場は，基本的に，「公式的な組織」が購入の主体であることから組織購買者（Organizational Buyer）とも呼ばれる。

組織購買者の行動，あるいは，組織購買のプロセスについては，消費者行動とは違った分析の視点や枠組みが必要となる。たとえば，産業用購買者であるメーカーの場合には，購買部や資材調達部といった専門の「購買センター」（Buying Center）があり，また，再販売業者である小売企業の場合は，商品部が置かれ専門の商品知識を持つバイヤーが商品調達にあたるなど，一般消費者の購買行動とは大きく異なっているからである。

なお，産業用購買者を対象としたマーケティングについては，本書の第22章においてビジネス・マーケティングとして取り上げる。

を買うのかという購入対象によっても異なる。同じ人でも，購入対象が，モノ（製品）なのか，サービスなのかで行動は異なり，また，モノ（製品）であっても耐久財か非耐久財かで，その買い方も違ったものとなる。

(3) Objectives（目的）：なぜ購入するのか　消費者は自らのニーズやウォ

ンツを満たすために，製品やサービスを購入し，そして消費（使用）する。したがって，購買のなぜを問うことは，顧客ニーズを問うことであり，これまでにも，顧客ニーズの階層性（→第1章）やモチベーション・リサーチ（→第4章）など，さまざまな研究や議論が行われてきた。

(4) Organization（組織）：誰が購入に関与しているのか　家族で共有・共用される製品・サービスの場合には，その購買に誰がどんな形で関与するのかも重要なポイントとなる。意思決定のすべてが1人のなかで完結するパーソナル・ユースに対して，ファミリー・ユースの場合には，家族の誰が関わり，どのような役割を果たすのか，という役割分担が問題となる。

(5) Occasions（時期）：いつ購入するのか　製品やサービスによっては，毎日購入するものもあれば，一生涯に1度しか購入しないものもある。また，購入の頻度は人によっても違う。加えて，その製品やサービスの購入時期の問題，すなわち，一生・年・月・週・日といったタイム・スパンのどこで購入するのか，という問題もある。

(6) Outlet（販路）：どこで購入するのか　消費者は，店舗まで出向いて購入するのか，それとも通信販売等を利用して在宅のまま購入するのか。また，店舗まで出向くとして，どのような立地の，どのような業態の店舗で購入するのか，といった問題である。

(7) Operations（活動）：どのように購入するのか　消費者は，何をきっかけに購入を思い立ち，どのような情報を，どれくらい集め，どのようなブランドを比較し，どのようなルールで選択するのか。これらは，購買行動を意思決定プロセス（→第6章）として捉えた場合の問題である。

コトラーによれば，アルファベットの順番でOがPの前に来るように，4つのPの組合せ（マーケティング・ミックス）を構築するには，それに先立って標的市場の特徴として，これら「7つのO」の内容を明確化する必要があるという（図3-1参照）。

もちろん，そのためには，それらを消費者行動の問題として捉えて正確に理解するための視点や枠組み，そして，手法が必要になる。本章とこれに続く第Ⅱ部の各章では，これまでの消費者行動研究における理論や知見をベースにしながら，これらについて順次紹介していく。

FIGURE 図 3-1 標的市場を理解するための「7つのO」と「4つのP」

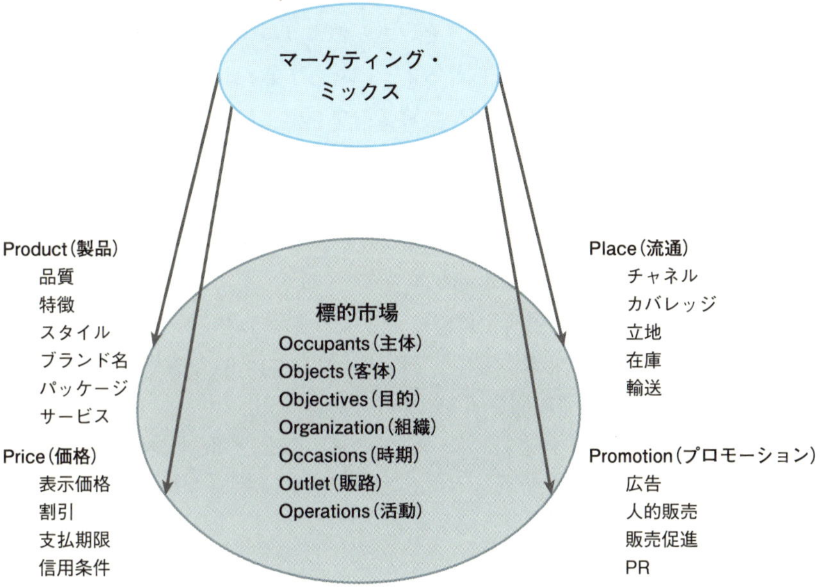

（出所） Kotler［1980］，p. 131 を修正して作成。

分析対象としての消費者行動の定義

前述のように，われわれの日々の生活は，さまざまな製品やサービスを購入し，消費（使用）し，処分することで成り立っている。改めて，こうした生活を維持するために消費者が行うすべての行動を指して，**消費者行動**（Consumer Behavior）と呼ぶことにしよう。

アメリカ・マーケティング協会（AMA）の定義によれば，消費者行動とは「製品やサービス市場における消費者ないし意思決定者の行動」のことであり，それはまた，「そのような行動を理解し記述することを企図した学際的で科学的な研究領域」を指す用語でもある（http://www.marketingpower.com/_layouts/dictionary.aspx）。

このように，消費者行動は，消費者としての行動そのものを指すだけでなく，それに焦点を当てた研究領域（消費者行動論，消費者行動研究）としても定義される。歴史を振り返ると，消費者行動研究は「人々はなぜ購買するのか」，あるいは「どのように購買するのか」という購買行動の問題に焦点を当ててきた。近年，それに加えて「人々はなぜ，そしてどのように消費するのか」という消費行動の問題にも，焦点が当てられるようになってきた。また，それにともなって，購買時点だけでなく購買前や購買後のプロセスにおいて生じるさまざまな事柄に対しても研究・分析の目が向けられ始めている。

こうした流れを受けて，最近の消費者行動論のテキストでは，消費者行動を，「人々が製品やサービスを取得し，消費し，処分する際に従事する諸活動」と定義したり（Blackwell, Miniard and Engel [2005]），あるいは，より詳細に，「消費者行動とは，ある意思決定単位によって，（時間的経緯のなかで）財，サービス，時間，アイデアの取得，消費，処分に関して行われる意思決定の総体である」と定義している（Hoyer and MacInnis [2009]）。

本章では，こうした消費者行動についての諸定義を念頭に置きつつ，まずは多種多様な消費者行動を，異なるレベルごとに区分・整理することから始めよう。

SECTION 2 消費者行動の分析レベル

前述のように，日常生活のなかでの消費や購買は実に多面的であり，また，われわれの消費者としての行動も時と場合によって多種多様である。しかし，多様なものを多様なままでは分析できず，分析のためには，目的に応じた視点や枠組みが必要となる。

ここでは，消費者行動分析の枠組み作りの出発点として，まずは「消費者行動の集計水準」と「消費者選択の階層性」という2つの基軸を拠り所に，異なる分析レベルを設定したうえで，多様性の問題に対処する方法について，整理しておきたい。

集計水準に着目した分析視点

マーケティング上の関心という観点で考えれば，当然，最大の関心は，第一義的には，市場総体での需要に向けられるが，現実的には，市場を構成する消費者個々人，あるいは，個々の世帯・家計の行動に分解して分析す

FIGURE 図 3-2 ● 消費者行動の集計水準

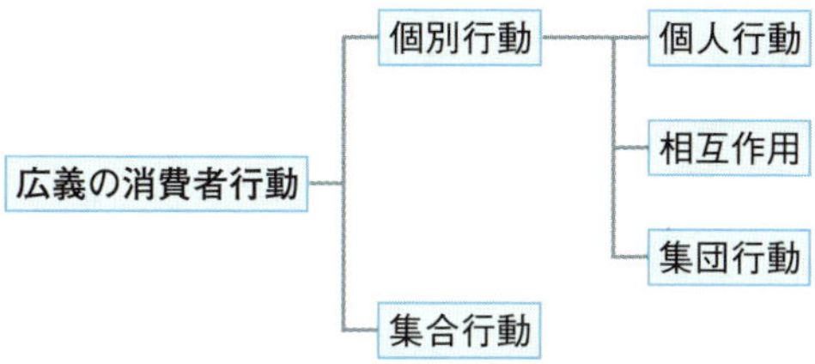

る間接的アプローチがとられてきた。

このような市場全体，あるいは社会全体としての消費（需要）の構造，動向を扱うのか，それとも個別消費主体としての個人あるいは世帯・家計に分解して扱うのか，を「集計水準」(Aggregation Level）の問題と呼ぶことにする。

図 3-2 は，このような集計水準の観点から，消費者行動における分析対象を分類・整理したものである。図示されているように，広義の消費者行動は，各消費主体ごとの個別行動に焦点を当てるのか，それとも，それら個別行動が集積された結果である社会過程に焦点を当てるのかによって，「**個別行動**」と「**集合行動**」とに大別される。そして前者は，さらに，「個」の捉え方によって，「**個人行動**」「**相互作用**」「**集団行動**」に類型化される。

(1) **個人行動**　消費者個々人の行動に焦点を当てた分析視点であり，多くの場合，商品選択やブランド選択をはじめとするさまざまな選択行動を取り上げ，そこでの意思決定プロセスや情報処理が分析対象となる。

(2) **相互作用**　個々人の行動ではなく，個人間の相互作用のプロセス自体に焦点を当てる分析視点である。2 人以上の個人が，ある時は行動の主体として，また，ある時は行動の客体として相互に依存し影響し合いながら展開する一連の相互作用系列（Interaction Sequence）を問題とする。たとえば，経済的価値と象徴的意味を互いに交換し合う「ギフト（贈答）」の分析などでは相互作用の視点が必要になる（南［1998]）。

(3) **集団行動**　構成員相互間の関係を含めて，それ自体を 1 つの統合的なシステムとして集団を捉えて分析する視点である。たとえば，家族・世帯の構成員間の役割分担を含めて，そこでの共同意思決定を分析する場合などは典型的な集団行動の分析となる。

(4) **集合行動**　多数の個人が個別に行った行動が集積された結果としての社会過程に焦点を当てる分析視点である。たとえば,「流行」や「普及」などは,集合行動(集合現象)として捉えるべき典型的な消費者行動である(普及と流行については第14章を参照)。その分析にあたっては,個々人の行動が連鎖的に伝播・拡大して一定の社会過程(社会現象)となっていく動的な様相に焦点が当てられる。

なお,これまでの消費者行動研究は,このような集計水準の観点からすれば,その圧倒的大多数は個別行動のレベル,なかでも個人行動レベルを分析の対象としてきた,といえる。

選択の階層性に着目した分析視点

これに対して,2番目の視点は,消費者行動における選択の階層性に着目して,分析レベルを設定する考え方である。

前述のように,広義の消費者行動とは,日々の生活に必要な製品やサービスを,取得し,消費し,処分するための行動である。そこには所得・時間・空間等の生活資源の配分に始まり,さまざまなレベルでの選択や意思決定が含まれる。

図3-3は,これらを(1)消費行動,(2)購買行動,(3)買物行動,(4)使用行動,という4つのレベルに階層化したものである(買物行動を購買行動に含める場合もある)。各レベルにおける消費者行動の内容と基本的な分析視点を示せば,以下のとおりである(青木[2005])。

(1) **消費行動(支出配分と消費様式の選択)**　われわれ消費者は,1日24時間という生活時間を,労働と(広義の)余暇時間とに配分し,労働の対価として得た所得を原資に,生活に必要な製品やサービスを手に入れる。このような所得配分に関わる行動,具体的には,①消費と貯蓄の配分,②消費支出の費目別配分,といった支出配分行動を指して**消費行動**(Consumption Behavior)と呼ぶ。現在の消費か,将来の消費(貯蓄)かの選択に始まり,製品(モノ)かサービスかの選択,あるいは,衣・食・住のどこにウェイトを置くのかなど,支出配分は消費者の価値意識を反映した生活様式・消費様式の選択結果でもある。第5章では,こうした消費行動の変化のメカニズムに焦点を当て,それを分析するための枠組みを提示する。

FIGURE　図 3-3 ● 消費者行動の階層性と分析レベル

```
消費者行動 ─┬─ 消費行動 ──┬─ ①消費と貯蓄の配分
           │             └─ ②消費支出の費目別配分
           ├─ 購買行動 ──┬─ ③製品カテゴリーの選択
           │             ├─ ④ブランドの選択
           │             └─ ⑤購入量・購入頻度の選択
           ├─ 買物行動 ──┬─ ⑥買物場所の選択
           │             └─ ⑦店舗の選択
           └─ 使用行動 ──┬─ ⑧消費・使用方法の決定
                         └─ ⑨保管・廃棄・リサイクルの決定
```

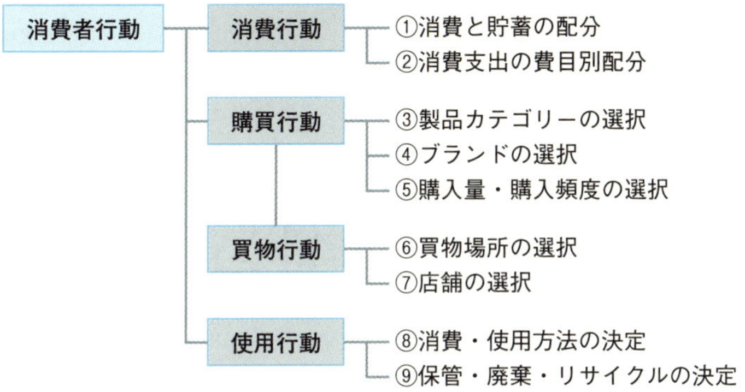

（出所）　井関［1974］，三浦［1992］，杉本［1997］を一部変更して作成。

(2)　**購買行動（製品・サービスの選択と調達）**　消費者行動のなかでも、具体的な形での製品・サービスの入手・調達に関わるレベルを指して、購買行動と呼ぶ。狭義には、③製品カテゴリーの選択、④ブランドの選択、⑤購入量・購入頻度の選択などが含まれ、広義には次の買物行動も購買行動に含めて考える場合もある。このような購買行動（Buying Behavior）は、企業（とくにメーカー）にとっては、自社製品・自社ブランドの売上やシェアに直結するマーケティング上の関心事であり、これまでブランド選択を中心にさまざまな研究が行われてきた。第6章では、購買行動を意思決定のプロセスとして分析する枠組みを提示する。

(3)　**買物行動（買物場所の選択と買物出向）**　上記の購買行動のうち、⑥買物場所の選択、⑦店舗の選択を内容とする部分を指して買物行動（Shopping Behavior）と呼ぶ。買物行動には、実際に店舗等に出向く地理的・空間的行動としての買物出向だけでなく、無店舗販売（ネットを含む通信販売）を利用したホームショッピングなども含まれる（COLUMN 3-2 参照）。さらに、買物行動は、銀座や新宿、渋谷といった商業集積間、あるいは、三越、伊勢丹といった店舗間で行われる店舗間買物行動と、特定の店舗内での売場間や売場内で行われる店舗内買物行動に分類される。

(4)　**使用行動（製品・サービスの使用と処分）**　言うまでもなく、消費者の

COLUMN 3-2 消えた19兆円？：変わる消費者の購買行動

「消えた19兆円：面倒嫌って店頭離れ」。“消費超流”と題した『日本経済新聞』のシリーズ記事，その第2回目の見出しは，このように目を引くものだった（2008年3月25日付朝刊）。

その内容は，経済産業省の商業動態統計によれば，2007年の小売業販売額は135兆800億円で10年間に10兆円強も減少した。しかし，内閣府の国民所得統計では，2007年の民間最終消費支出（名目）は293兆3900億円で，こちらは10年間に約9兆円も増加している。このような消費の伸びを取り込めなかった分も含めると，10年間で店頭から19兆円が消えた計算となり，加速度的に消費者の「店離れ」が進んでいる，というのが記事の主張である。多少乱暴な議論だが，消費者の買物行動の変化を考えるきっかけとなる数字ではある（ちなみに，2008年には小売業販売額はさらに300億円強減少している）。

それでは，消えた19兆円は，いったいどこへ向かったのであろうか。すぐに思い当たるのは，通信販売，それもネット通販であろう。店舗を持たないネット消費は，小売販売統計の対象外であり，数字として把握しにくい。

同じく『日本経済新聞』の報道によれば，2008年度の通販の全国売上高は推定8兆円，百貨店やコンビニの規模を抜いた模様だという（2009年6月26日付朝刊）。なかでも，ネット通販の割合は7割を超え，2000年度に比べて3倍以上に膨らんだらしい。

リアルな世界では，地方都市での大型スーパーの撤退やシャッター通り商店街が目立つ今日このごろである。しかし，ネット上の商店街「楽天市場」には約2万8000店が出店し，衣料品，家電製品から家具・インテリア，中古車まで約3560万点を揃え，2008年の売上高は前年比24％増の6638億円だという。

こうしたネット通販の急速な伸びの背景には，「巣ごもり消費」などとも呼ばれる最近の消費の傾向，すなわち，できる限り家を出ずに消費生活をするライフスタイルの登場や，それを可能にする宅配サービスなどの生活インフラの整備があることもよく指摘される。

これまでの歴史を振り返ると，百貨店からスーパー，スーパーからコンビニへと，消費者の買物行動の変化にともなって，小売業の主役は交代してきた。はたして，ネット通販が主役となる日は近いのであろうか。

行動は製品・サービスを購買するだけでは終わらず，それを消費・使用し，または処分・廃棄することで完了する。これら製品・サービスの購買後における⑧消費・使用方法の決定，⑨保管・廃棄・リサイクルの決定などの部分を指して使用行動（処分行動）と呼ぶ。

なお，購買という概念自体がモノ（製品）の消費を前提とし，その前段階としての準備行為を意味しているが，多くのサービスではサービスの生産と購買，そして消費は同時に行われる（サービス・マーケティングについては第23章参照）。そして，消費者が価値を認めるのは，消費にまつわる「経験」の部分であることが近年強調されている。このように，消費プロセスの分析の重要性は増している（詳しくは第15章で「経験価値」の問題として解説する）。

SECTION 3 消費者行動に影響を与える諸要因

消費者行動に影響を与える外的・内的要因の整理

これまで述べてきたように，現実の消費者行動は多面的であり，かつ複雑・多様である。前節では，このような消費者行動の多面性や複雑性に対処するため，まずは「集計水準」と「選択の階層性」に着目して分析対象を区分し，それらを異なる分析レベルとする考え方を提示した。

すなわち，どのレベルの行動や選択に分析上の焦点を当てるか，という観点での整理の枠組みである。たとえば，集計水準では個人行動のレベルを対象とし，選択の階層性においては購買行動（とくにブランド選択）のレベルに焦点を当てるという形で，分析対象を限定し特定化することになる（本書では，この枠組みを前提に，第5章では消費行動を，第6章では購買行動を取り上げる）。

ところで，たとえ分析のレベルを購買行動に設定したとしても，現実に観察される消費者の購買行動はきわめて多様であり，次には，このような多様性を説明・整理するための視点・枠組みが必要となる。この点，過去の消費者行動研究では，消費者行動に影響を与える外的要因群（主として，文化的・社会的要因）と個人差を生み出す内的要因群（主として心理的要因）とに着目し，消費者行動（とくに購買行動）の多様性を，体系的かつ系統的に整理・説明しようとしてきた。

実は，こうした要因整理の多くは，次節で取り上げる消費者行動の分析モデル（とくに，包括的概念モデル）を構築する作業のなかで行われている。たとえば，ニコシアやハワード＝シェス，エンゲルたちのモデルに始まり，社会学や心理学，あるいは社会心理学などの人間行動に関する諸科学（行動科学）の知見や概念・理論を積極的に取り込む形で，消費者行動に影響を与える外的・内的諸要因の整理は行われてきた（Nicosia［1966］; Howard and Sheth［1969］; Engel, Kollat and Blackwell［1968］）。

重要概念については，次章以降で繰り返し取り上げるが，ここでは，消費者行動の多様性を説明する外的および内的な要因群として，主なものを列挙し簡単に解説しておく。

多様性を生み出す外的要因群

ここで取り上げる外的要因のなかには，文化や下位文化のように，広範囲にわたって長期的な影響を及ぼすものから，状況要因のように局所的で短期的な影響に終わるものまでが含まれる。また，マーケティング環境のように，その一部がマーケターにとって直接的に操作可能なものも含まれている。

⑴ **文化**　ある社会の構成員である人々によって共有された価値観（Shared Value）を指して文化（Culture）と呼ぶ。共有された価値観としての文化は，規範意識や行動上の判断基準として作用し，われわれのすべての行動に対して広範囲な影響を及ぼす。消費者行動の文脈において，文化が果たす1つの役割は，どのような製品やサービス，あるいは行動（買い方，使い方等）を受容可能なものとみなすか否か，という境界線の提供である。たとえば，われわれは食べられる（食べても死なない）食材のすべてを食べているわけではない。われわれが何を食べるか食べないか，あるいは，何を食べておいしいと思うのかの線引きには，その食べ方も含めて「食文化」が大きく影響している。同様に，文化は人々の価値観に一定の枠を与えることで，衣・食・住などのあらゆる領域で消費に影響を及ぼしている。

⑵ **下位文化**　社会を構成する下位集団の人々によって共有されている価値観のことを指して下位文化（Sub-Culture）と呼ぶ（サブカルチャーと呼ばれることも多い）。たとえば，若者文化（Youth Culture）などは典型的な下位文化であるが，ほかにも，女性の文化，団塊世代の文化，オタクの文化，関西（人）

FIGURE 図 3-4 ● 消費者行動に影響を及ぼす外的要因

要　因	影響の範囲	時間的長さ	消費者への影響源
・文　化 ・下位文化 ・社会階層 ・家　族 ・準拠集団と友人 ・外的条件 ・マーケティング環境 ・状況要因	一般的 ↓ 特定的	長期間 ↓ 短期間	1つないし少数 ↓ 多　数

（出所） Wilkie［1986］, p. 18 を一部修正して作成。

の文化など，下位集団ごとに下位文化を考えることができる。若者文化は，若者という下位集団のなかで共有される価値観であり，そのなかでのみ行動様式，消費様式を規定しているが，結果的に，それが若者消費の特徴を説明する切り口として利用されることも多い（なお，文化や下位文化と消費者行動との関係については，堀内［1997］を参照）。

⑶ **社会階層**　職業，所得，教育水準などの変数による社会的な序列を指して社会階層（Social Stratification）と呼ぶ。これまで戦後の日本社会では「一億総中流社会」とか「階層なき社会」といわれてきたが，近年，経済格差の拡大が指摘され，社会階層の問題が意識されるようになってきた。たとえば，社会階層によって利用可能な経済資源等は異なるし，階層帰属意識（どの階層に属すると考えるか）によっても，生活・消費の仕方は大きく異なると考えられる。重要な外的要因の1つである。

⑷ **家族**　家族（Family）は，社会における最も基本的な単位であり，多くの場合，それは家計（Household）の維持単位でもある。消費の担い手としての家族・家計の役割については，第5章で詳述するが，家族の形態や家族ライフサイクル上の段階によって生活・消費の内容は大きく異なる。また，子どもは，家族のなかで，親や兄弟（姉妹）の影響を受けながら，消費者としての知識やスキルを身につけていく（これを消費者としての社会化〔Socialization〕と

呼ぶ)。親から子へと製品やサービスの選好が継承されたり，あるいは，反対に子から親への影響も存在するであろう（最近では，「母娘消費」「父子消費」などとも呼ばれている)。

(5) 準拠集団と友人　個人が，自身の判断や行動の拠り所とする集団（個人）を準拠集団（Reference Group）と呼ぶ。準拠集団は，個人がそこに所属する所属集団に限らず，非所属集団（所属しないがあこがれたり参加・所属を熱望する集団など）の場合もある。通常，学生のサークル，スポーツ選手，人気タレントなどは，準拠集団のよい例である。また，友人や幼なじみなどの仲間集団（Peer Group）も準拠集団として機能する。消費者行動の文脈では，製品・サービスの受容や特定ブランドの選択などの場面で，準拠集団は大きな影響を及ぼすと考えられる。

(6) 外的条件と状況要因　好況・不況，インフレ・デフレ，為替相場や金利水準などの経済環境に始まり，消費者が置かれている特定の環境・状況・文脈による影響も検討する必要がある。マクロな環境要因が消費行動に与える影響については第5章で取り上げ，また，ミクロな状況要因が購買行動に与える影響については第6章で解説する。なお，ベルクは，状況要因（Situational Factor）を，①物理的環境（気候，温度，音，店舗レイアウト，店頭陳列など)，②社会的環境（他の人の存在，その役割，相互作用など)，③時間的状況（季節，時間帯，購買間隔，時間的制約など)，④課題定義（買物の目的，購買者の役割など)，⑤先行条件（所持金，体調，雰囲気など）の5つに分類・整理している（Belk [1974; 1975])。

(7) マーケティング環境　消費者の購買意思決定に影響を与えようとして，日々，マーケターは努力している。具体的には，競合他社のマーケティング努力も含めて，マーケティング・ミックスを構成する4Pの施策群がマーケティング環境に該当する。また，消費者にとっての外的要因群という意味では，店頭で行われる小売業者のマーケティング活動もこれに含まれる（この点に関しては，店舗内購買行動との関連で，第6章において取り上げる)。

個人差を生み出す内的要因群

消費者行動の多様性には，上述した外的要因が生み出す部分に加えて，消費者自身に特有の諸条件，あるいは，内的で心理的な諸要因によって生み出される個人差的部分も含まれる。たとえば，次節で包括的概念モデルの例として取り上げるブラックウェル＝ミニアード＝エンゲル・モデル（BMEモデル）では，消費者行動を規定する個人差要因（内的要因）として，以下のものを挙げている（Blackwell, Miniard and Engel [2005]）。

⑴ **人口統計的属性，価値意識，パーソナリティ**　男か女かといった性別，子ども，若者，中高年といった年齢の違いは，当然，必要とする商品やサービスの違いを生み出し，同じ商品でも異なるブランドへの選好を生むであろう。また，性別や年齢といった人口統計的属性が同じであっても，価値意識やパーソナリティの違いによって，消費者行動には大きな違いや多様性が生まれてくる。なお，これらの要因は，これまでデモグラフィック要因，サイコグラフィック要因，ライフスタイル要因などと呼ばれてきたものであり，第5章で解説する。

⑵ **生活資源と情報処理能力**　一方では，さまざまな消費者行動を可能にするとともに，他方では，制約条件ともなるのが，時間や所得といった生活資源と情報処理能力である。1日24時間という生活時間は一見平等のようであるが，単身者であるかパートナーや家族と一緒に暮らしているかによって，利用可能な時間には大きな違いが出てくる。また，所得は職業・職位によって大きく規定されるし，同一生計を営む者の人数やその所得によって可処分所得額は大きく異なる。さらに，情報処理能力に至っては，非常に大きな個人差が存在する。このように，生活資源や情報処理能力における個人差は，消費者行動の多様性の重要な源泉であるが，その影響の仕方は，単に資源や能力の総量の面での個人差だけでなく，制約下での資源や能力の配分の仕方の違いによってさらに増幅される。第5章では生活資源の問題を取り上げ，第7章では個人の情報処理能力の問題に言及する。

⑶ **モチベーションと関与**　人間行動の背景には，人を行動へと駆り立てる要因（動因）が存在し，生理的欠乏から派生したさまざまな欲求を満たそうとするなかで動因は高まり，欲求を満たす誘因を得ることで低減する，と考えられている。購買行動の文脈では，消費者の欲求を満たす製品やサービスが誘因であり，それらを入手し消費・使用することで動因は低減していく。一方，生理的な欲求をベースに，経験や学習を通じて，より高次の欲求が獲得されていくが，それらの欲求を満たす誘因としての製品やサービスの価値も学習されていく。こうした一連のプロセスをモチベーション（動機づけ：Motivation）と

呼び，製品やサービスに対する消費者の行動を説明する重要なメカニズムとして考えられてきた。関与（Involvement）とは，こうした動機づけのメカニズムを前提に，製品やサービスと欲求や価値とが結びついて形成される動機づけられた状態のことである。たとえば，関与水準が高い場合（高関与）には，行動が賦活化され情報処理も活発に行われるが，低関与の場合には，行動や情報処理活動の程度は低水準に制約される。なお，関与については，第7章で解説する。

(4) **知識**　消費者の行動や情報処理活動は，モチベーションや関与水準の高さだけでなく，商品やサービスに関する知識（Knowledge）を，どの程度，どのような内容や構造で持っているかによっても大きく異なる。製品やサービス，あるいは買物場所としての店舗などについての知識は，経験や学習を通じて新たに獲得されるとともに，次第に構造化されていく。たとえば，単に個々の製品の特性・属性が経験や学習を通してバラバラに蓄積されていくだけでなく，それらはいろいろなタイプや消費目的の製品の知識としてカテゴリー化されていく。また，獲得されていく知識のなかには，商品の選び方や買い方といった手続き的知識も含まれる。これらについても第7章で取り上げる。

(5) **態度**　消費者は，経験や学習をとおして，選択対象であるブランドや店舗などに対して，「好き・嫌い」「良い・悪い」といった全体的評価（感情をベースにした「心理的な構え」）を形成していく。この全体的評価のことを態度（Attitude）と呼ぶ。それは当該対象に対する特定の行動（たとえば，「買う・買わない」）の準備状態，ないしは先有傾向（Pre-Disposition）となり，さらに意図（Intention）の形成につながり，行動を規定すると考えられる。このような考え方から，態度は消費者行動を説明・予測するうえでの重要な心理的要因として捉えられてきた。なお，態度が形成される対象はモノだけに限らずコト（事象）の場合もあり，それらが抽象化された結果が価値（価値意識）である。態度の形成プロセスについては，多属性態度モデルとの関連で，第6章において取り上げる。

SECTION 4 消費者行動の分析モデル

消費者行動をモデル化することの意義

前節で述べたように，消費者行動に影響を及ぼす要因としては，外的要因に加えて個人差を生み出す内的要因などがあり，きわめて多岐にわたる。それゆえに，それら諸要因の影響の仕方を正確に理解し，消費者行動のメカニズムを解明していくためには，何らかの形で要因間の関連性を整理し分析可能なものにする必要がある。ここで重要な役割を果たすのが，「モデル化」（Modeling）の考え方である。

一般的に，「モデル」（Model，模型）とは，「問題となる事象や対象を模倣し，類比・単純化したもの」であり，建築物等の形状・外観などを正確にかたどった縮尺模型やプラモデル（材質や素材は実物と異なる），服や服飾品を身に着けたときの様を表すファッション・モデル（実際に服を購入して着る人とは異なる），事象・対象の構造を抽象化したうえで論理的に形式化した理論モデル（問題となる側面，要因以外は捨象されている）など，さまざまなタイプのモデルが存在する。しかし，いずれのモデルも問題とする対象・事象のある側面，ある部分，ある関係だけを取り出してきている点で共通している。

もちろん，ここで取り上げるのは，いわゆる「理論モデル」（Theoretical Model）である。厳密には，「研究・分析の対象となる現象について，重要と思われる側面や要因を識別し，抽出し，それらの間の関係を何らかの形式で表現したもの」を指し，要因間の関係性の表現形式によって，言葉による言語モデル，フローチャートなどによる図式モデル，数式による数学モデル，などのタイプに分類される（阿部［1978］）。

したがって，「消費者行動をモデル化する」，あるいは「消費者行動モデルを構築する」といった場合，まず最初に必要となる作業は，①研究・分析の対象とする消費者行動を，前述した集計水準や選択の階層性の観点から特定化する，②組み込む要因（群）のタイプ（外的要因，内的要因など）と要因間の関係性のタイプ（相関関係か因果関係かなど）を特定化する，③要因間の関係性を表現する形式（言語，図式，数式など）を決める，の3つである。また，これら3つの

| FIGURE | 図 3-5 ● 消費者行動モデルの類型化

```
                購買意思決定の諸段階：モデル化されるプロセス
          ニーズの喚起  情報探索  知覚形成  選好形成  購買決定  購買後行動

ミクロ・レベ   ←――― 1. 包括的意思決定過程モデル ―――→
ルで包括的か
つ詳細
                            ←― 2. 知覚／評 ―→
モ                                  価モデル
デ
ル ミクロ・レベ          ←――― 3. 態度形成モデル ―――→
の ルで部分的か
守 つ詳細
備                                   ←― 4. 合理的選 ―→
範                                       択モデル
囲
                                         ←― 5. 確率過程 ―→
                                             モデル
  マクロ・レベ                            6. 市場―反応モデル
  ルで詳細
```

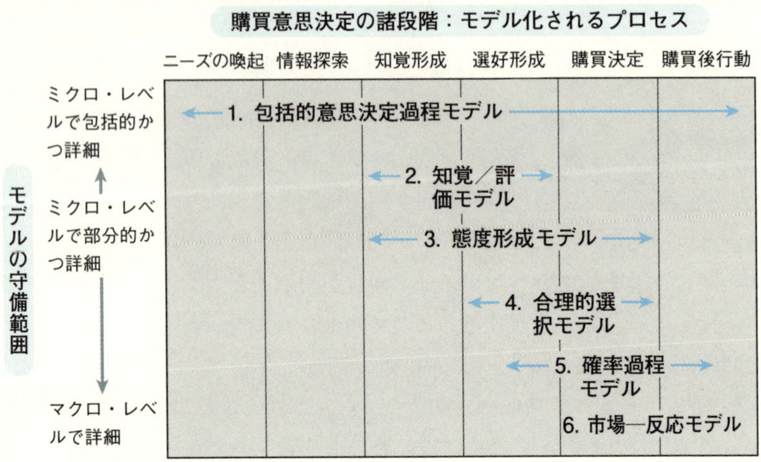

(出所) Lilien and Kotler [1983] p.205 を一部修正して作成。

ポイントによって消費者行動モデルを分類することも可能である。

消費者行動モデルの諸類型 リリアンとコトラーは，「集計水準と組み込む要因の広がり」および「モデル化する購買行動の段階」という2つの基準から，消費者行動モデルを次のような6つのタイプに分類している (Lilien and Kotler [1983]，図3-5参照)。

(1) **包括的意思決定過程モデル（大規模システム・モデル：Large-System Model）** 消費者の購買行動とそこでの意思決定プロセスの全体を包括的に説明しようとするモデルである。数多くの要因・変数を組み込み，それらの関係を統合的・体系的に取り扱うことにより，消費者行動についての体系的知識を獲得しようとしている点では評価されるが，経験的データと突き合わせて実証する際に，パラメータの推定や変数の測定上の問題を有する。したがって，その多くは図式的表現による概念的モデルの範疇に入る。心理学の知覚理論や学習理論の知見にもとづき，それらを総合してモデル化したハワード＝シェス・モデル (Howard and Sheth [1969])，認知心理学等の知見にもとづき消費者選択を情報処理視点からモデル化したベットマン・モデル (Bettman

[1979]），などが代表例である（この2つのモデルについては，第4章で紹介する）。

(2) 知覚／評価モデル（Perceptual/Evaluation Model）　主に，消費者が市場における複数のブランドを，どのように知覚し，選好しているか，という「知覚形成」と「選好形成」の部分に焦点を当てたモデルである。たとえば，消費者のブランド知覚空間を，消費者から得た評価・判断データを用いて多次元空間上に図示・再現しようとする知覚空間分析（通常は，「マッピング」とも呼ばれる），各ブランドへの選好をモデル化して測定する選好分析などがある（これらの手法については，第13章で解説する）。前者の知覚空間分析では，属性データを用いた因子分析などによる構成的技法，類似度データを用いた多次元尺度構成法（MDS）などの分解的技法のモデルが代表的であり，後者の選好分析では，選好回帰やコンジョイント分析などのモデルがある（片平［1987］）。

(3) 態度形成モデル（Attitude-Formation Model）　ブランドといった選択対象に対する態度がどのように形成されるかに焦点を当てたモデルである。前述のように，ここでいう「態度」（attitude）とは，対象に対する「好き・嫌い」「良い・悪い」といった評価的な感情をベースとした，当該対象に対する特定の行動（たとえば，「買う・買わない」）の準備状態，ないしは先有傾向（Pre-Disposition）のことである。この種のモデルは，態度の形成や変容に焦点を当てつつ行動の予測までを視野に入れたものである。代表的なものとしては，第6章で取り上げる多属性態度モデルやその発展系としての行動意図モデルなどがある（阿部［1978］；小島［1984］）。

(4) 合理的選択モデル（Rational Choice Model）　消費者個人が，ブランドなどの複数の選択対象に直面した際，それぞれの対象をどのような確率で選択するかを記述・予測することを目的としたモデルを，確率的選択行動モデルと呼ぶ（中西［1984］）。なかでも，合理的選択モデルは，「ルースの公理」と呼ばれる選択公理にもとづき，特定の選択対象が選ばれる確率を，選択対象の効用値の総和に占める当該選択対象の効用値の比率として定式化するモデルである。通常，選択対象の効用値は，選択対象が持つ複数の属性についての消費者の評価によって決まるとしており，多項ロジット・モデル（Multinomial Logit Model）などは，その代表例である（中西［1984］；片平［1987］）。

(5) 確率過程モデル（Stochastic Process Model）　確率的選択行動モデルのなかでも，とくに選択結果に注目し確率過程によって記述・予測しようとするモデルである。ベルヌーイ過程やマルコフ過程などを用いたモデルや線型学習モデルなどが代表例である（阿部［1978］; Massy, Montgomery and Morrison［1970］）。

(6) 市場ー反応モデル（Market-Response Model）　消費者行動を市場全体という集計水準において捉え，広告，価格（値引き），プロモーションといったマーケティング変数に対する反応（多くの場合は売上やシェア）を計量経済学的な手法によって記述・予測しようとするモデルである（片平［1987］）。

以上の諸類型のなかでも，(1)が消費者の意思決定過程全般を捉えた包括的概念モデルであるがゆえに，その多くが図式モデルであるのに対して，(2)〜(6)については，多くの場合，数式表現される数学モデルであり，さらに，その多くは，変数の測定やパラメータの推定を前提とした計量モデルである（阿部［1978］）。

意思決定過程の包括的概念モデル

前項で取り上げた消費者行動モデルの6つの類型のなかで，(1)の包括的意思決定過程モデルだけが，「ニーズの喚起」から「購買後行動」に至るまで，購買意思決定プロセスの全段階を対象としたモデルであり，（集計水準がマクロ・レベルである(6)の市場ー反応モデルは別として）(2)〜(5)の部分モデルと立場を大きく異にしている。

この種のモデルの代表例としては，1966年に発表されたニコシア・モデルに始まり，最も著名なハワード＝シェス・モデル（1969年），エンゲル＝コラット＝ブラックウェル・モデル（1968年），ハワードの新モデル（1977年），ベットマン・モデル（1979年）などがある。いずれも行動諸科学や消費者行動研究独自の研究成果にもとづき，複雑で多様な消費者行動を規定する要因間の関係性を整理し，それらを分析する枠組みを提示した点で，以降の研究の進展に大きく貢献をした（Nicosia［1966］; Howard and Sheth［1969］; Engel, Kollat and Blackwell［1968］; Howard［1977］; Bettman［1979］）。

しかし，ある意味では，消費者の購買意思決定プロセス全般，あるいは選択にまつわる情報処理プロセス全般を包括的にモデル化しようとしたがゆえに，経験的データと突き合わせるうえでの操作化や測定上の困難な問題に直面することとなった。結果的に，その多くは概念モデル，図式モデルの域を出ず，実際の具体的な消費者行動の説明・予測に寄与するというよりも，消費者行動の

FIGURE 図 3-6 購買意思決定の概念モデル（BME モデル）

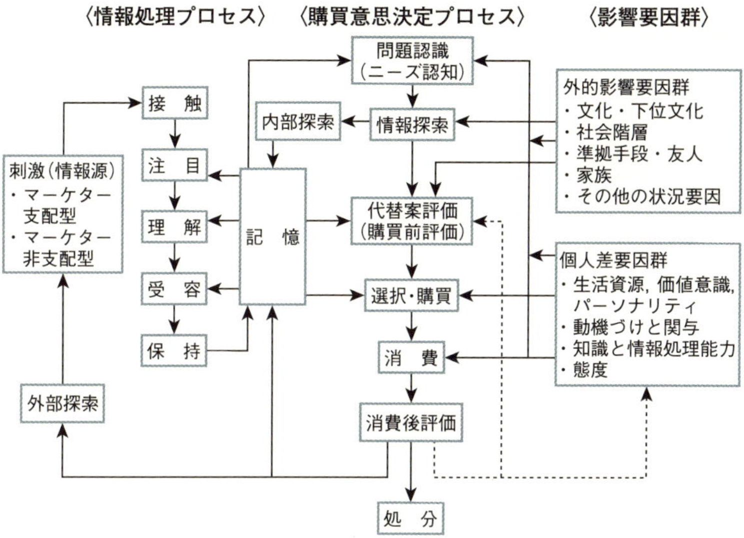

（出所） Blackwell, Miniard and Engel［2005］p. 85 を一部修正して作成。

全体像とそこに関わる諸要因間の関連性を理解するうえでの見取図・鳥瞰図（ちょうかん）としての役割を果たしている，というのが実状である（詳しくは第 4 章参照）。

ちなみに，図 3-6 は，2005 年に出版されたブラックウェル＝ミニアード＝エンゲルの教科書（第 10 版）のなかで，その全体を示す見取図として用いられている図表である。1968 年の初版以来，版を重ねるごとに進化してきたエンゲルたちのモデル（説明図式）は，「ニーズ認知」から「処分」に至る購買意思決定プロセスの諸段階を中核にして，その各段階に影響する「外的影響要因群」と「個人差要因群」，さらには，「情報探索」によって起動する一連の「情報処理プロセス」とさまざまなフィードバック・ループが組み込まれており，その全体を実証することは不可能であるが，少なくとも「鳥の目」で購買行動の全体像を捉えるうえで役立つものである。

Chapter 3 演習問題

EXERCISE

❶ 関心のある製品ないしサービスの市場を取り上げ，セグメンテーションを行ったうえで，各顧客セグメントごとに「7つのO」を考え，それぞれに対してマーケティング・ミックス（4P）がどのように違うかを考えてみよう。

❷ いま仮に10万円の臨時収入があったと仮定しよう。あなたは，この10万円をどのように使うか。消費か貯蓄かの選択に始まり，選択の階層ごとに，どのような選択肢が考えられるか分析してみよう。

❸ あなたにとって，消費や購買において準拠集団として作用する集団ないし個人は誰か。どのような影響を受けるかも含めて考えてみよう。

❹ スーパーやコンビニでの買物を念頭に置き，どのような状況要因が考えられるか列挙してみよう。また，その影響のされ方についても考えてみよう。

第 4 章

消費者行動分析の歴史

ネスレはアメリカでインスタント・コーヒーを発売するに際し，モチベーション・リサーチと呼ばれる手法でコーヒーの購買動機を探った。（PANA 通信社提供）

CHAPTER 4

消費者行動の科学的研究には比較的長い歴史があり，古くは 20 世紀初頭の広告心理研究や購買動機研究などに遡る。しかし，それが 1 つの独立した研究分野として認められ，本格的な研究が始まったのは 1960 年代以降のことである。

本章では，その萌芽期にあたる 1950 年代の研究から消費者行動分析の歴史を紐解き，①購買動機を探究したモチベーション・リサーチの系譜，②行動の測定と予測を試みたブランド選択モデルの系譜，③内的プロセスの解明を重視した消費者情報処理理論の系譜，という 3 つの視点で，研究の流れを整理し，跡づけていく。

近年，消費者行動研究の内容は広範囲に及び，また，研究成果も膨大であるため，その全貌を明らかにすることは困難である。ここでは，第Ⅱ部で取り上げる理論やモデルの背景を明らかにすることと，その意味や意義を研究の系譜のなかで捉えることに重きを置く。

INTRODUCTION

KEYWORD

FIGURE

TABLE

COLUMN

EXERCISE

KEYWORD

モチベーション・リサーチ　消費経験論　刺激―反応（S-R）アプローチ
ブランド選択モデル　ハワード＝シェス・モデル　消費者情報処理理論
ベットマン・モデル

SECTION 1 消費者行動研究の源流と系譜

消費者行動についてのアカデミックな研究の歴史は古く，伝統的なミクロ経済学の分野での消費者行動（家計行動）の理論を別にしても，その源流をたどれば，20 世紀初頭に行われていたスコットによる広告心理研究（Scott［1903; 1908］）や商品分類論で有名なコープランドによる購買動機研究（Copeland［1923; 1924］）などにまで行き着く。だが，独自の研究領域として「消費者行動」論の重要性が認識され，さまざまな分野にまたがる多数の研究者を動員しつつ組織的な研究が行われ始めたのは，アメリカでも 1950 年代の萌芽期を経て 1960 年代に入ってからだといわれている。

たとえば，エンゲルらがオハイオ州立大学の大学院で消費者行動論のコースを開設したのが 1965 年，講義を行ううえでテキストの必要性を痛感した彼らが *Consumer Behavior* の第 1 版を出版したのが 1968 年のことである（Engel, Kollat and Blackwell［1968］）。また，消費者行動研究のための学会である ACR（Association for Consumer Research）が設立されたのが 1969 年，そして，専門の学術研究雑誌 *Journal of Consumer Research*（JCR）誌が創刊されたのが 1974 年のことであった。

マーケティング理論の発展を学派別・領域別に整理・評価したシェスらの研究によれば，買い手行動学派（buyer behavior school）の研究の特徴は，その名が示すとおり，市場の顧客（買い手・消費者）に焦点を当て，「なぜ顧客は市場でそのように行動するのか」という「なぜ」の部分を強調した点にあるという（Sheth, Gardner and Garrett［1988］）。また，この時期（1960 年代以降）に急速な発展を遂げた理由として，①顧客志向の経営理念としてマーケティング・コンセプトが登場し，顧客を理解することの必要性が認識されるようになったこと，また，②行動科学関連の知識の体系化が進み，その知見や方法論を利用できるようになったこと，が挙げられている。

すなわち，顧客志向を前提としたマーケティング戦略の策定には，消費者行動の分析と理解が不可欠であり，また，そのためには心理学，社会学，社会心理学，文化人類学といった関連分野の理論や方法論を積極的に援用していく必要があった。そして，それを後押しするかのように，人間行動を理解するための関連諸科学の知識が，「行動科学」（behavioral science）として体系化されていった時代でもあった。

後述するように，カトーナの経済心理学（当初は心理経済学）に始まり，社会学の分野では，カッツとラザースフェルドのオピニオン・リーダーシップやパーソナル・インフルエンスに関する研究，ロジャースの普及理論（→第14章），社会心理学ではフェスティンガーの認知的不協和理論など（Katona［1953］; Katz and Lazarsfeld［1955］; Rogers［1962］; Festinger［1957］），この時期，数々の理論が初期の消費者行動研究に大きな影響を与えている（COLUMN *4-1* 参照）。また，関連分野から援用されたのは，理論や知見だけに限らない。たとえば，グループ・インタビューやフォーカス・インタビュー，パネル調査，実験法といった調査手法や方法論，さらには，数理科学の分野からは，確率過程論，線型計画法，最適化理論，シミュレーションなどのオペレーションズ・リサーチ（OR）の技法が導入されていったのである。

こうした一連の流れのなかで，マーケティング論における消費者行動研究は，経済学のような規範科学から実証科学としての行動科学へと理論的ベースの軸足を移し，また，分析単位も市場全体から市場を構成する消費者個々人へとシフトさせていった，とシェスらは指摘している（Sheth, Gardner and Garrett［1988］）。

SECTION 2 消費者行動研究の発展プロセス

年代史的整理

前述のように，消費者行動研究が本格化するのは，1950年代の萌芽期を経て1960年代へ入ってからのことである。しかし，その後，1970年代以降になると，消費者行動研究は飛躍的な発展を遂げ，きわめて広範囲かつ膨大な量の

COLUMN 4-1 1950年代の消費者行動研究

本文中でも述べたように，1950年代の消費者行動研究は，さまざまな分野の先駆的研究を取り入れる形で，行動科学的研究の基礎が築かれていった時期である。シェスらの研究レビューでは，この時期の主要な研究として，モチベーション・リサーチ以外では，「消費者行動の社会的規定因」に関する研究と「家計の購買意思決定」に関する研究，という2つの流れを指摘している（Sheth, Gardner and Garrett [1988]）。ここでは，前者の流れの研究として，ボーンの「準拠集団の影響」に関する研究（Bourne [1957]）とカッツとラザースフェルドの「パーソナル・インフルエンス」（対人的影響）に関する研究（Katz and Lazarsfeld [1955]），後者の流れに属する研究として，カトーナの「経済心理学」的研究（Katona [1953]）を取り上げ，簡単に紹介しておく。

(1) **準拠集団の影響**　一般に，「個人が自分自身の判断，好み，信念，行動を決定する際の拠り所として用いる集団」を準拠集団（Reference Group）と呼ぶ。ボーンの研究は，このような準拠集団が消費者の製品選択やブランド選択に与える影響を，製品別に比較検討したものである。

たとえば，準拠集団は，タバコのブランド選択と同様に喫煙するか否かの決定にも影響する。しかし，雑誌については，ブランド選択のみに影響し，雑誌を購入するか否かの決定には影響しない。また，ボーンによれば，準拠集団の影響が大きい製品群は，実質的な効用より表示的な効用（たとえば，人目につきやすい，流行している等）に着目して購入するタイプの製品群であるという。

その後，バーデンらの準拠集団の影響に関する研究では，製品が必需品であるか贅沢品であるか，製品の使用場面が公的な場面か私的な場面かなどの要因を組み込み，精緻化したモデルに発展させている（Bearden and Etzel [1982]）。

(2) **パーソナル・インフルエンス（対人的影響）**　カッツとラザースフェルドは，個人の選択行動に対する対人的影響の問題を取り上げ，政治行動，消費行動，流行行動を比較しながら精力的な研究を行った。

研究成果が，年々生み出されるようになる。このため，その全貌を明らかにすることは困難であるが，ここでは，先述のシェスらによる学説史的整理などを参考にしながら，まずは，その発展プロセスを概観することにしよう。ちなみに，清水は，1990年代までの消費者行動研究の流れを，図4-1のように整理たとえば，彼らが1940年の大統領選挙の際，投票者の意思決定行動から導いた「情報の2段階フロー・モデル」は有名である。このモデルで，彼らは，コミュニケーションにおけるオピニオン・リーダーの役割と情報の流れ方に着目し，「マス媒体→オピニオン・リーダー→フォロワー」という情報の流れ方の図式を提示して注目を集めた。すなわち，マスコミの効果は，通常考えられているほどには直接的ではなく，多くの場合，情報はオピニオン・リーダーを介在して多くの人に伝達されていく。そして，その過程において，オピニオン・リーダーは単なる情報の経路という以上に，フォロワーの選択に対して影響力を持つことが明らかにされた。

これらの概念は，その後，彼らの消費者行動研究においても，オピニオン・リーダーの特性や口コミ（Word of Mouth Communication）の効果に関する研究などへと受け継がれていく。

(3) **経済心理学**　カトーナは，ミシガン大学のサーベイ・リサーチ・センターで収集した家計データの分析にもとづき，経済心理学（初期のころは心理経済学とも呼ばれた）という独自の分野を開拓し，その後の消費者行動研究に大きな影響を与えた。

彼の経済心理学では，「自由裁量需要は購買能力と購買意欲の関数である」という基本命題から出発し，購買能力を表す「所得変数」と購買意欲を表す「態度変数」の2つを独立変数に，耐久財への支出額，クレジット残高，乗用車の販売台数等を従属変数として説明・予測を試みた。また，30～40項目の態度データを用いて「消費者センチメント指標」(Index of Consumer Sentiment)を作成し，これを独立変数とした分析なども行っている。

その後，この経済心理学の考え方や態度指標は，多くの国で採用され，たとえば日本でも，内閣府の消費者態度指数，日経産業地域研究所の日経消費予測指数（CFI）に受け継がれている。

している（清水［1999］。ただし，図4-1では1950年代を補い，一部修正している）。

なお，以下では，10年単位で大きく時代区分し，その年代史的な整理を試みる。

FIGURE　図 4-1 ● 消費者行動研究の発展段階

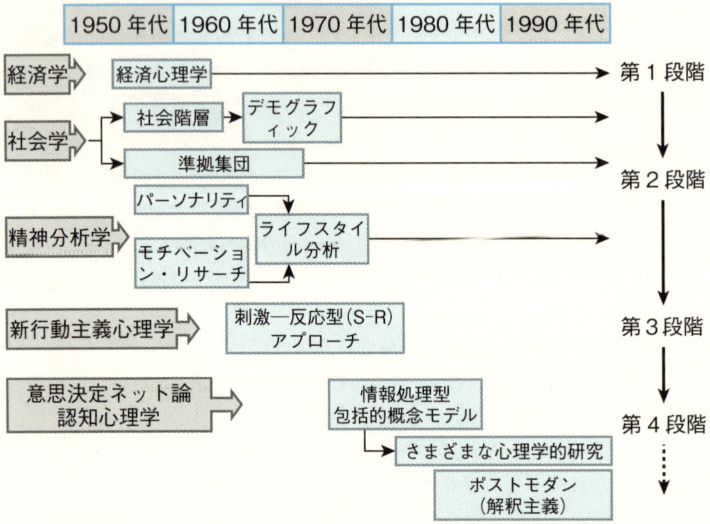

（出所）清水［1999］，27 頁を一部修正して作成。

1950 年代

第二次世界大戦後のこの時期，いち早く大衆消費社会に突入したアメリカでは，マーケティング実務上の要請を受け，さまざまな領域の理論や知見，方法論を援用しながら直接的に消費者行動を研究しようとする試みが盛んになる。なかでも，当時，一世を風靡（ふうび）したのがチェスキンやディヒターらを代表的研究者とする**モチベーション・リサーチ**（Motivation Research）であった（Cheskin［1951; 1954］; Dichter［1947; 1960］）。その名のとおり，この研究は，消費者を購買へと駆り立てるモチベーション（動機づけ）という心理的メカニズムを解明しようとするものである。詳しくは，第 4 節で解説するが，消費者の購買動機のなかでも，とくに，非合理的な動機や情緒的な動機に焦点を当て，精神分析学や臨床心理学の概念・手法を用いた点で特徴を持つ研究アプローチであった。

一方，この時期，社会学的な研究としては，**社会階層**（Social Class）と消費の関係を取り上げたマルティノーの研究，製品やブランド選択に対する**準拠集団**（Reference Group）の影響を扱ったボーンの研究，口コミの影響を含む**パー**

ソナル・インフルエンス（Personal Influence）についてのカッツとラザースフェルドの研究なども関心を集めている（Martineau［1958］; Bourne［1957］; Katz and Lazarsfeld［1955］）。また，社会心理学の領域では，フェスティンガーの認知的不協和理論（Cognitive Dissonance Theory）などが，この時期に，登場している（Festinger［1957］）。

他方，経済学の領域では，すでに，カトーナは1946年からミシガン大学のサーベイ・リサーチ・センターで家計調査を行い，消費者センチメント指標（Index of Consumer Sentiment）を作成していた。その結果が経済心理学（Economic Psychology）として体系化されていくのも，このころである（Katona and Mueller［1953; 1956］）。また，クラークらが家計行動に関する一連の実態調査を行ったのも1950年代のことである（Clark［1954; 1955; 1958］）。

その他，1950年代には，デュポン社がスーパーマーケットでの主婦の購買行動について大規模な調査を行い，衝動購買の実態を明らかにするなど，その後の店舗内購買行動研究の端緒となる研究が行われている（青木［1989］）。

1960年代

1960年代は異なる学問的背景を持った数多くの研究者が消費者行動の領域に参入し，研究が一気に進展していった時代である。また，包括的概念モデルの構築が試みられ，消費者行動に関する知識の体系化が始まるのも1960年代の特徴である。

まず，1950年代から続く研究の流れとして，買物日記式のパネル調査データを用いたブランド・ロイヤルティ研究が盛んになる。たとえば，すでに1950年代にブラウンやカニンガムが，『シカゴ・トリビューン（*Chicago Tribune*）』紙の日記式パネルの調査データを用いてブランド・ロイヤルティのパターン化や測度開発を行っている（Brown［1952-53］; Cunningham［1956］）。詳しくは，第5節で述べるが，その後，この分野の研究はORや経営科学の研究者を巻き込み，確率的ブランド選択モデルの構築へと発展していく。そして，1960年代の確率モデル研究の集大成ともいえる*Stochastic Models of Buying Behavior*をマッシーらが出版したのが1970年のことである（Massy, Montgomery and Morrison［1970］）。

また，この時期には，ハロウェイらによって実験室的手法も盛んに行われており，たとえば，認知的不協和理論をブランド選択行動に応用した研究なども行われている（Holloway［1967］）。ほかにも，生理心理学的測定法（瞳孔（どうこう）拡大や皮膚電気反射の測定など）を用いた広告効果実験なども行われ，今日の脳科学研究につながる研究のルーツを確認できる。なお，バウアーらのハーバード大学グループによる知覚リスク（Perceived Risk）に関する研究が行われたのも，この時期である（Bauer [1960]）。

最後に，1960年代後半の研究動向として，何よりも包括的概念モデルの構築を挙げておく必要がある。詳しくは，第5節で述べるが，まずは1963年にハワードがモデル構築の先鞭をつけ，続いてニコシア（1966年）やエンゲル，コラット，ブラックウェル（1968年）によって，相次いで購買行動（購買意思決定過程）の概念モデルが提示された（Howard [1963]; Nicosia [1966]; Engel, Kollat and Blackwell [1968]）。なかでも，1969年にハワードとシェスがその著書 *The Theory of Buyer Behavior* のなかで提示したモデルは，心理学におけるS-O-R型の学習理論をベースに認知理論や探索理論などを統合した包括的概念モデルであり，1960年代における消費者行動研究の1つの到達点であった（Howard and Sheth [1969]）。

1970年代

1970年代は，消費者行動研究が1つの独立した学問領域として確立された時代である。また，それと同時に，後述する認知革命（Cognitive Revolution）の影響を受けて消費者行動研究におけるパラダイム転換が起こり，消費者情報処理理論が主要な研究パラダイムとして台頭した時代でもあった。

前述のように，1960年代に入ると，アメリカの大学や大学院では消費者行動のコースが開設され始め，また，エンゲルたちの本のようなテキストの出版も相次いだ。そして，1969年にはハワードとシェスによって消費者行動の包括的概念モデルが提示され，また同年に，消費者行動研究の専門学会（ACR）も設立されている。さらに，1974年には専門の学術誌JCRが創刊されるなど，1960年代後半から1970年代前半にかけては，名実ともに消費者行動研究がアカデミックな領域として基盤を固めた時期であった。

まず，1960年代から続く研究の流れとしては，たとえば，ファーレイらがハワード＝シェス・モデルを連立方程式体系として検証した一連の研究（Farley and Ring [1970]; Farley, Howard and Ring [1974]），ブラットバーグらによる確率的ブランド選択モデルへのOR手法の適用とその精緻化（Blattberg and Sen [1976]），あるいは，バスやマハージャンらによる普及理論の数学的モデル化とその実証（Bass [1969]; Peterson and Mahajan [1978]）などがあり，それらは，1980年代以降，マーケティング・サイエンス系の消費者行動研究へとつながっていく（片平 [1987]）。

しかし，この時代に研究の主流に踊り出てくるのは，何と言っても，認知科学の影響を色濃く受けた消費者情報処理アプローチの研究であった。詳しくは，第6節で取り上げるが，フィッシュバインの多属性態度モデル（Multi-Attribute Attitude Model）に代表される態度構造や態度－意図－行動間の関係性に関する一連の研究（Wilkie and Pessemier [1973]）などから発展する形で，1970年代に入ると，消費者の情報探索行動に関する研究（Jacoby, Speller and Kohn [1974]），選択ヒューリスティクス（heuristics）に関する研究（Wright [1973]）などが行われていった。そして，これら1970年代における消費者情報処理研究の集大成ともいえるのが，1979年に出版されたベットマンの著作 *An Information Processing Theory of Consumer Choice* と，そこで提示されたベットマン・モデルであった（Bettman [1979]）。

なお，この時期には，ウェブスターとウィンドによる組織購買行動に関する研究，シェスとセティによる消費行動の異文化間比較研究，デイビスとリゴーによる夫婦間の共同意思決定に関する研究など，数々の端緒的研究がさまざまな分野で行われ始めている（Webster and Wind [1972]; Sheth and Sethi [1977]; Davis and Rigaux [1974]）。

1980年代

1980年代に入ってからの消費者行動研究は，多様化の様相を一気に強めていく。それは，情報処理理論が主要な研究パラダイムとして定着するなか，一方では，それを支持しその精緻化を試みる研究が行われ，他方では，情報処理理論への反論ないし異議申し立てとして，新たな研究アプローチが台頭してきた時代でもあった（Bettman and Sujan [1987]）。

まず，情報処理理論を支持し精緻化する試みとしては，ペティとカシオッポが提示した精緻化見込みモデル（Elaboration Likelihood Model : ELM）をベースに，消費者が行う情報処理の多様性を体系的に説明する枠組みづくりが行われていく（Petty, Cacioppo and Schumann [1983]; Petty and Cacioppo [1986]）。

すなわち，このモデルでは，説得的メッセージに直面したときに消費者が行う情報処理の水準と様式を，情報を処理しようとする「動機づけ」の強さと

「能力」の程度によって説明しようとする点に特徴がある。なかでも，動機づけ変数として関与（Involvement），能力変数として事前知識（Prior Knowledge）が取り上げられ，1980年代の情報処理研究は，この関与研究と知識研究（記憶研究）を主軸にして行われていくことになる（詳しくは，第7章を参照）。また，それらの一連の研究のなかから，精緻化見込みモデルをベースに，情報処理の動機（Motivation），機会（Opportunity），能力（Ability）という3要因（MOA）によって情報処理水準の違いを体系的に説明するモデルが出てくる。たとえば，マックイニスとジャウォースキーの統合モデルなどはその一例である（MacInnis and Jaworski [1989]）。

一方，情報処理理論に対するアンチテーゼの流れとしては，感情（Affect）や情動（Emotion）の役割を強調する非認知的（Non-Cognitive）モデルの台頭，あるいは，消費の経験的側面を強調する消費経験論の登場などが挙げられる。

たとえば，常に認知が感情に先行すると考える情報処理理論に対して，ザイアンスなどは，認知と感情とは別個の独立したシステムであり，しばしば感情のほうが支配的でさえあると主張している（Zajonc [1980]）。こうした主張を受け，1980年代には広告情報処理における「情動」（Emotion）や「気分」（Mood）の影響が研究されていく（岸 [1993]）。また，主に消費者行動を問題解決行動として捉え，選択・購買に焦点を当てる情報処理理論に対して，製品の消費・使用（維持・所有・活動への参加を含む）プロセスを重視し，そこでの感情経験である3つのF（ファンタジー：Fantasy，フィーリング：Feeling，ファン：Fun）に着目した「快楽消費」（Hedonic Consumption）研究がホルブルックとハーシュマンによって提唱される（Holbrook and Hirschman [1982]; Hirschman and Holbrook [1982]）。そして，それは，その後の消費経験論へとつながっていく（堀内 [2001]）。

ところで，1980年代は，新たなデータ収集方法やデータ解析技法の登場によって，消費者行動研究が方法論の面でも著しく進展した時代でもあった。

たとえば，POS（販売時点情報管理）システムの登場と普及により，スキャナー・パネル・データという形で，マーケティング変数の情報も含んだ詳細な購買データが分析できるようになり，多項ロジット・モデルなどを使った確率モデル研究が一気に進む（青木 [1993]）。こうした消費者行動の計量モデルの多くは，1982年に創刊された*Marketing Science*誌などに発表されており，主に，マーケティング・サイエンティストと呼ばれる研究者たちの手で精緻化されていくことになる。

一方，この時期には，共分散構造分析（Covariance Structure Analysis）などの統計的手法が開発され，直接的には測定が不能な構成概念（たとえば，態度など）を潜在変数として扱い，かつ，潜在変数間の因果関係を構造方程式の形で分析することが可能になった（Bagozzi［1980］; 奥田・阿部［1987］）。これにより，消費者行動の実証研究では，測定誤差の存在を前提にして，構成概念を測定する際に，信頼性や妥当性を確認する研究スタイルが定着していく。

1990年代～2000年代

1990年代以降，消費者行動研究は，ますます多様化し，その領域は広範囲に及ぶため，もはやその全体像を把握し，流れを概括することはきわめて困難である。

そこで，以下では，①消費経験論と解釈的アプローチ，②消費者のブランド知識構造研究，③インターネットと消費者行動，という1990年代以降の消費者行動研究における特筆すべき3つのトピックスに限定して，簡単に触れるに止めたい。

なおここで，とくにこれら3つを取り上げる理由としては，①は研究対象の拡張と方法論の問題，②は消費者行動研究とマーケティング戦略との融合の問題，③は消費者行動を取り巻く環境変化の問題と，それぞれ関連しているためである。

まず最初の消費経験論は，先述のように，1980年代初めのホルブルックとハーシュマンによる快楽消費研究を1つの契機とした消費者行動研究の新潮流であり，研究の対象を「購買」から「消費」へ，あるいは，「消費者行動研究」から「消費者研究」（Consumer Research）へと拡大する試みとして位置づけられる。

1970年代の消費者情報処理理論の登場により，消費者の製品選択・ブランド選択に関する理解は深められた。しかし，消費者行動には，そうした製品の獲得（選択・購買）プロセスだけではなく，消費や使用（維持，所有，活動への参加などを含む）プロセスも含まれており，そこでの「ファンタジー，フィーリング，ファン」（3F）といった感情経験に焦点を当てるのが，彼らの快楽消費研究における基本的立場であった。当初は，芸術作品や音楽などの消費を対象にしていたが，その後，他の製品やサービスの消費（使用）における経験的側面にも光を当て，その意味を解釈する研究へと発展していく。また，そのため，情報処理理論のような実証的アプローチではなく，主に，「解釈的アプローチ」（Interpretive Approach）などを多用するのも，その1つの特徴である（桑原［2006］）。

たとえば，石井は，こうした消費経験論の台頭を，消費者概念・消費概念・製品概念を深化・拡大するものとして高く評価している（石井［1993］）。その後，消費経験論は，シュミットらが提起した経験価値（Experiential Value）の議論とも重なり合い（Schmitt and Simonson［1997］; Schmitt［1999］），新たな段階に入っていくが，それについては第15章で再び議論することにする。

2番目のブランド知識構造研究は，1980年代後半から1990年代にかけて，ブランド問題への関心が高まるなかで活発化してきた研究の流れである。とくに，その契機となったのは，アーカーが提示したブランド・エクイティ（Brand Equity）概念であった（Aaker［1991］）。彼は，ブランドには資産的価値（エクイティ）があるとし，その構成次元であるブランドへのロイヤルティやイメージを，計画的に管理することの重要性を説いた。

その後，ケラーが，顧客ベース・ブランド・エクイティの概念を打ち出し，その中核にブランド知識構造を据えたことで，消費者行動研究の成果を戦略論に統合していくうえでの一定の枠組みが与えられた（Keller［1998］）。なお，消費者のブランド知識構造については第7章で取り上げ，そのブランド政策への展開については第16章で議論する。

最後に，1990年代後半からのインターネットの登場とその急速な普及は，消費者を取り巻く環境における大きな変化であり，消費者行動自体を変え始めている。とくに，ブログやSNS（ソーシャル・ネットワーキング・サービス）などに代表されるCGM（Consumer Generated Media）の台頭により，消費者の情報発信や消費者間での情報の共有が活発化した。また，さまざまな形のネット・コミュニティの登場は，消費者間の関係性を変え，その情報行動は急速に変化してきている（宮田［2000］; 池尾［2003］; 宮田・池田［2008］）。こうしたインターネットの影響については第24章で取り上げる。

SECTION 3 消費者行動研究の3つの系譜

前節では，消費者行動研究の歴史的展開を年代史的に整理することで，その全体的な流れを概観した。先にも述べたように，今日，消費者行動研究の内容は広範囲にわたり，研究成果の蓄積も膨大なものであるため，その全貌を明らかにすることはきわめて困難である。そこで，以下，本章では，次のような3つの視点で主要な研究の系譜をたどり，第Ⅱ部で取り上げる理論やモデルの背景を明らかにし，その意味や意義を各系譜のなかに位置づけるベースとしたい。

まず，第1の系譜は，1950年代に一世を風靡したモチベーション・リサーチの流れである。ここでは，消費者はなぜ購買するのかという素朴な疑問から出発して，情緒的あるいは非合理的な購買動機を分析するために，精神分析学の手法を用い，潜在意識ないし深層心理への接近が試みられた。しかし，その方法論上の問題点が指摘され，その後，消費者行動研究の表舞台からは姿を消すことになる。だが，そこで多用された定性的な調査技法は今日に至るまで脈々として受け継がれ，解釈主義アプローチの消費者研究や実務的にはコンシューマー・インサイトという形で再び脚光を浴びている。また，潜在意識や深層心理への関心は，第9章で取り上げるザルトマンのZMET（Zaltman Metaphor Elicitation Technique：ザルトマン・メタファー表出法）などにも受け継がれている（Zaltman [2003]）。そこで，次の第4節では，このような購買動機に着目し，潜在意識や深層心理を扱った研究の流れを見ていく。

次に，第2の系譜は，観察可能な消費者の顕示的行動に着目し，たとえば，消費者のブランド選択をモデル化し，予測しようとする研究の流れである（具体的には，ブランド・ロイヤルティの測定やブランド・スイッチングの結果としてのシェア変化の予測など）。この流れのなかには，初期のパネル調査データを用いたロイヤルティ研究からその後の確率的ブランド選択モデルに関する研究，あるいは，ハワード＝シェス・モデルに代表される包括的概念モデルまで，多岐にわたる研究が含まれる。第5節では，このような観察可能な行動（とくにブランド選択）に着目し，その説明と予測を目指した研究（現在では，その多くはマーケティング・サイエンス系の研究に引き継がれている）の流れについて見ていく。

最後に，第3の系譜は，消費者情報処理理論に依拠した研究の流れである。この流れは，「認知革命」を契機に，認知心理学や認知科学の影響を強く受け，行動主義的なS-Rアプローチへのアンチテーゼという側面を強く持つ形で登場した。消費者行動研究のパラダイム転換をもたらし，その後，研究のメインストリームを形成していく一連の研究である。それは，多属性態度モデルの研究に始まり，情報探索や選択ヒューリスティクスの研究を経て，ベットマン・モデルへと続く流れである。第6節では，このような内的プロセスの解明に強く照射した研究の系譜について見ていく。

以下，本章で取り上げる3つの視点と系譜は，それぞれ消費者行動のWhy（消費者はなぜ購買するのか），What（消費者は何を購買するのか），How（消費者はどのようにして購買に至るのか）に焦点を当てた研究の流れでもある。そして，これら3つの系譜が互いに影響し合いながら，今日までの消費者行動研究の骨格部分を形づくっていくのである。

SECTION 4 モチベーション・リサーチの系譜

購買動機の探求

隠された購買動機への着目

前述のように，1950年代のアメリカにおいて，一世を風靡した消費者行動の調査技法として，チェスキンやディヒターらが行ったモチベーション・リサーチ（動機づけ調査，購買動機調査とも呼ばれる）がある（Cheskin [1951; 1954]; Dichter [1947; 1960]）。

モチベーション・リサーチは，当時出現しつつあった大衆消費社会（大量生産－大量流通－大量消費を前提とした社会）という図式のなかで，「人はなぜモノを買うのか？」「どうすれば購買意欲を刺激できるのか？」といった素朴な問いかけに対して，ある意味では，真正面から向き合って答えを出すべく登場してきた研究アプローチである。すなわち，消費者の購買行動に関わる心理的要因のなかでも，とくに，潜在的欲求（タテマエではなくホンネ）の部分を明らかにすることを目的とし，「なぜ」の部分に強く光を当てることから別名「why research」と呼ばれることもある（島田 [1984]）。

また，その目的から，モチベーション・リサーチは，フロイト流の精神分析学を基盤として，潜在意識や無意識の世界に潜む一見非合理的ないし情緒的な動機と消費者の購買行動との関係を積極的に扱った点に特徴がある（ちなみに，代表的な研究者の１人であるディヒターは，ウィーンでフロイト流精神分析学の訓練を受けた研究者である）。

たとえば，モチベーション・リサーチでは，意識を，①意識，②前意識または潜在意識，③無意識の３つに区分し，後述する定性的調査技法を駆使して，②の潜在意識や③の無意識に根差す購買動機を探り出そうとした。また，従来の定量的調査技法では，①の意識領域における合理的動機しか解明できないとして，むしろ非合理的な動機や情緒的な動機の解明に取り組んでいったのである（飽戸［1994］）。

シンボルとしての消費

非合理的ないし情緒的な消費の典型的事例として，製品やブランドをシンボルとした自己表現のための消費，すなわち，シンボルとしての消費を考えることができる。

ここで製品やブランドのシンボル（象徴）的機能とは，ある事物がそのモノ自体以外の何者かを指し示す機能のことを意味する（たとえば，国旗は単なる色のついた布切れ以上の意味を持ち，ユニホームは単なる衣服以上の意味を持つ）。

自動車を例にとれば，それは単なる移動や運搬のための道具ではなく，社会的地位や経済力の象徴であり，ガール・ハントの道具であり，旅行の道具であり，家族団らんや贅沢の象徴でもある（Dichter［1960］）。また，自動車の車種ブランドは，その所有者の人となりや理想像を語る一番の手段であり，「自分が社交的で現代的と見られたい人々」はシボレーを，「派手に振る舞いたい，自我とモダンさを主張したい人々」はフォードを，そして，「人並み以上のステータスを表現したい人々」はキャデラックを購入したがる傾向がみられたという（Packard［1957］）。

同様に，われわれは身にまとう衣服によって（それで体を隠し，変形させ，あるいは，露出させることによって）何かを表現しようとしているし，何かを象徴する衣服や装身具，とくにブランドを身に着けることによって，そのような自己表現は促進され，官能的な喜びや楽しさが得られる。たとえば，モチベーション・リサーチの実践者であるマルティノーは，「私はピンクのシャツを着ることで，私自身について何かを語ろうとしている」（With a pink shirt, I am trying to say about myself）と述べているが，この彼の言葉などは製品やブランドの象徴的意味を重視する研究姿勢を如実に物語っている（Packard［1957］）。

定性的調査技法の採用

上述のように，消費者の潜在的な欲求を探り出すため，あるいは，製品やブランドのシンボリックな意味合いを映し出すために，モチベーション・リサーチはとくに定性的な調査技法を多用した。

ここで「定性的調査技法」とは，消費者の深層にある考えや感情，あるいはさまざまな刺激に対する反応を引き出すために用いられる構造化されていない（Ill-Structured）調査技法のことであり，具体的には，次のような技法が含まれる。

① **深層面接法**：ある事柄についての深層心理を探り出すため行われる個別面接の技法。精神分析学ないし臨床心理学の専門家が，1対1で時間をかけて面接する。

② **連想法**：刺激語を与え，それに対する反応語を調べる方法。

③ **文章完成法**：課題として文章を提示し，その欠けている部分を補わせる方法。

④ **絵画統覚テスト（TAT：Thematic Apperception Test）**：ある状況を描いた絵を見せて物語を語らせる技法。

⑤ **略画法**：人物の会話場面などを見せ，吹き出しのなかに言葉を記入させる技法（TATの簡略版）。

これらのうち，③～⑤は投影法（Projective Technique）と呼ばれる。投影法は，ややもすると抑圧されて回答として現れにくい被験者自身の観念や感情を，間接的な形で，あるいは，他者のものとして回答させるなかに映し出す（project）調査技法である。これによって「タテマエ」ではなく「ホンネ」を探り出すことができると考えられる。また，通常，これらの方法は，少数の被験者に対して，精神分析学や臨床心理学の専門家が，十分な時間をかけて面接し，詳細な事例の記録と考察を行う形で実施される。その点で，多数を対象にした定量調査に依存する従来の方法とは大きく異なるものであった（飽戸［1994］）。

ところで，実務的には，すでに1930年代からモチベーション・リサーチの手法が用いられていたといわれているが，それが研究として活字化されたのは1950年の*Journal of Marketing*誌の特集が初めてであった（飽戸［1994］）。この号では，技法の紹介や研究事例など4本の論文が掲載されているが，そのなかにはよく知られているヘアーによるインスタント・コーヒーの研究も含まれている（COLUMN *4-2* 参照）。

なお，モチベーション・リサーチの実践者としては，チェスキンやディヒターらが有名であるが，草分け的存在のチェスキンの場合，色彩研究の専門家として，あくまでも色彩にまつわる主題に対して，本格的な統計資料を駆使しつつ，深層心理アプローチを適用していくのが持ち味であった。一方，ディヒターの特徴は，深層面接，または，精神分析学的な面接をふんだんに活用して，人々の気づかないマーケティング戦略上の重要な問題を発見・提言していく点にあった，といわれている（飽戸［1994］）。ただ，いずれにせよ，多くの成功談が語られているにもかかわらず，名人芸的要素が多く，次に述べるような方法論上の問題点が指摘されることとなる。

方法論上の批判とその後の展開

1950 年代に一世を風靡したモチベーション・リサーチではあったが，その後，その方法論を中心として，次のような批判がなされることになる（島田［1984］; 飽戸［1994］）。

① 精神分析学の技法を消費者行動分析に安易に適用している（異常性研究のために開発された「精神分析学」を正常な行動の分析に提供するには，妥当性についての十分な吟味が必要となる）。

② 調査者の能力と直感に依存しすぎており，調査方法の標準化や結果の妥当化が困難である（調査者の主観が大いに入り，調査者間および調査時点間において同一の結果が保証されるとは限らない）。

③ 時間と費用がかかりすぎ，代表性を確保するための大量サンプルでの調査の実施が困難である（アイデアや何らかの洞察を得るための「探索的」調査としての性格が強い）。

以上のことから，その後，モチベーション・リサーチはアカデミックな世界における消費者行動研究の表舞台から姿を消していくことになる。しかしながら，前述したように，実務の世界においては定性的調査技法は引き続き多用され，最近では「コンシューマー・インサイト」などと呼ばれて再び脚光を浴びている。また，パーソナリティ研究との関連でサイコグラフィックスやライフスタイル研究（→第 5 章）へと一部受け継がれるとともに，製品のシンボリックな意味を重視する消費経験論にも取り入れられていく。

なお，最近では，潜在意識や深層心理への関心が高まるなか，脳科学研究な

COLUMN 4-2 インスタント・コーヒーを使うのは怠け者の主婦？

第二次世界大戦後，スイスに本社を置く食品企業のネスレは，アメリカでインスタント・コーヒーを発売しようとした。しかし，消費者の予想外の抵抗に直面して，頭を抱えてしまった。多くの消費者がインスタント・コーヒーの便利さを認めており，しかもレギュラー・コーヒーより安いのに，なぜか買わないのである。調査をすると，多くの消費者は「味がよくないから」と回答したが，ブラインド・テストの結果は，ほとんどの消費者はインスタントとレギュラーとを区別できないことを示していた。何か隠された理由があると確信したネスレのマーケターは，カリフォルニア大学のヘアー教授に調査を依頼することにした。

依頼を受けたヘアー教授は，インスタント・コーヒーに対する市場の強い抵抗の理由（隠された消費者の「買わない理由」）を明らかにするために，次のような巧みなリサーチ・デザインを考え，それを実施することにした（Haire [1950]）。

FIGURE 図 4-2 実験で提示された 2 つの買物リスト

買物リストA

挽き肉	1.5 ポンド
ワンダー印のパン	2 斤
にんじん	2 束
ラムフォード印のベーキング・パウダー	1 缶
ネスカフェ・インスタント・コーヒー	1 瓶
デルモンテ印の桃缶詰	2 缶
じゃがいも	5 ポンド

買物リストB

挽き肉	1.5 ポンド
ワンダー印のパン	2 斤
にんじん	2 束
ラムフォード印のベーキング・パウダー	1 缶
マクスウェルハウス・レギュラー・コーヒー	1 瓶
デルモンテ印の桃缶詰	2 缶
じゃがいも	5 ポンド

どとも結びつき，ザルトマンの ZMET などにも，その思想や手法が受け継がれているが（Zaltman [2003]），これらの技法については第 9 章において紹介する。

まず，彼は，1品目を除いてはすべて同じ内容の買物リストを2種類作成した（図4-2参照）。リストには7品目が書き上げられており，一方のリストAでは5番目の品目が「ネスカフェ・インスタント・コーヒー」，もう一方のリストBでは「マクスウェル・レギュラー・コーヒー」であった。

この2つのリストを用いて，主婦に対する面接調査が実施された。100名の主婦が50名ずつ2つのグループにランダムに分割され，一方のグループにはインスタント・コーヒーを含むリストAが，他方のグループにはレギュラー・コーヒーを含むリストBが手渡された。そして，主婦たちは，手渡された買物リストの内容を十分に検討するように求められ，その後に「このような買物リストで買物をする女性はどのようなタイプ（個性と性格）の女性だと思いますか」と尋ねられたのである。

この質問に対して，インスタント・コーヒーの入ったリストAを提示された主婦グループでは，多くの主婦が「このような買物をする女性は怠け者であまり賢くない女性だ」と回答したが，これに対して，レギュラー・コーヒー入りのリストBを提示されたグループでは，怠け者と回答した主婦が1人，賢くないと回答した主婦は6人にすぎなかった。

以上の結果から，インスタント・コーヒーに対する消費者の抵抗の真の理由は，味の問題などではなく，「インスタント・コーヒーを使うことで手抜きをしていると思われたくない」ということだと結論づけられた。

その後，ネスレは，ネスカフェ（インスタント・コーヒー）を使うことで，家族の要として家事に専念する時間，あるいは，朝の忙しい一時に家族と会話する時間が生まれること（けっして，自分の手抜きではないこと）を広告で訴求し，インスタント・コーヒーを市場に定着させ，ネスカフェ・ブランドの市場地位を確立することに成功した。

このようにモチベーション・リサーチは，投影法といった定性的技法を用いることで，消費者の隠された購買動機の解明を行っていったのである。

SECTION 5 ブランド選択モデルの系譜

行動の測定と予測

顕示的行動への着目

すでに，第2節で概観したように，1950年代から1960年代へと続く研究の系譜として，パネル調査データを用いたブランド・ロイヤルティ研究と，そこから発展した確率的ブランド選択モデルに関する研究の流れが存在する。

契機となったのは，当時，アメリカの新聞社や調査会社が中心となって整備を進めた買物日記式の消費者パネル調査の仕組みである。これに加えて，統計学の分野から確率モデルの考え方が導入されたことにより，これらの新しい調査データや分析技法を利用して，すでに1950年代の初めには，端緒的な試みが行われ始めていた。

たとえば，ブラウンは，『シカゴ・トリビューン（*Chicago Tribune*）』紙の日記式パネルから得られた100世帯分の購買履歴データを分析し，家計が特定のブランドに対して示すロイヤルティのパターン分類を行った（Brown [1952-53]）。また，カニンガムも，パネル・データから家庭内でのブランド・シェアを計算し，それをブランド・ロイヤルティの測度とすることを提案している（Cunningham [1956]）。

その後，1960年代にかけては，消費者のブランド選択行動を確率モデルで定式化し，シェアの予測に役立てようとする一連の研究が行われた。たとえば，買物日記パネルから得られる購買履歴データにマルコフ型の確率過程モデルを適用し，消費者（世帯）のブランド選択行動の記述と予測を試みたリップスタインの研究を先駆けにして（Lipstein [1959]），1960年代には，ベルヌーイ・モデルや線型学習モデルなど，さまざまな確率的ブランド選択モデルの構築が活発化していく。そして，こうした1960年代の確率モデル研究の集大成となったのがマッシーらの業績であった（Massy, Montgomery and Morrison [1970]）。

このように，1960年代における消費者行動研究の1つの特徴は，分析対象を観察可能な顕示的行動（Overt Behavior）に限定し，客観的で科学的な研究を行おうとした姿勢に求められる。こうした傾向は，ある意味では，潜在意識を扱ったモチベーション・リサーチ研究への反動の結果でもあったが，その後，行動主義心理学の影響を強く受けながら，刺激―反応（S-R）アプローチと呼ばれる流れを形成していくのである（COLUMN *4-3* 参照）。

S-R アプローチとブランド選択モデル

上述のように，1960 年代の消費者行動研究，なかでも，顕示的行動としてのブランド選択に着目した研究は，行動主義心理学の影響を受けつつ，**刺激―反応（S-R）アプローチ**と呼ばれる研究の系譜と重なっていく。

ここで刺激―反応（S-R）アプローチとは，人間（消費者）の行動を，刺激（Stimulus）とそれに対する反応（Response）という観察可能な 2 つの側面で捉え，「いかなる条件下において，いかなる刺激（価格，広告等）を与えた場合に，刺激の受け手としての消費者は，その送り手たる企業（その製品やブランド）に対して最も効果的に反応（選択・購買）するか」という問題認識のもとに，「与えられた刺激と消費者の反応との間の対応関係を説明・予測」しようとする研究アプローチの総称である。

ところで，本来，刺激―反応アプローチは，観察可能な顕示的行動のみに分析対象を限定し，内的・心理的なプロセスは対象としない点で，一種のブラックボックス・モデルを前提としていた。しかし，その後，心理学の分野で台頭してきた新行動主義の影響を受ける形で，媒介変数を導入した内部構造明示型のモデルが登場してくる。すなわち，ブラックボックス型の単純な S-R アプローチから S-O-R アプローチへの拡張である（ここで O は生活体〔Organism〕を表す）。

主に計量モデルの類型化を念頭に置いた整理ではあるが，阿部は，図 4-3（94 頁）に示すような形で，**ブランド選択モデル**を「反応注目型」モデルと「構造明示型」モデルに大別している（阿部［1978］）。この区分を参考にすれば，前者の反応注目型モデルは S-R アプローチに対応し，後者の構造明示型モデルは S-O-R アプローチに対応することになる。また，それぞれの特徴を整理すれば以下のとおりである。

(1) 反応注目型モデル（S-R アプローチに対応）　このモデルはあくまでも消費者の内的・心理的プロセスはブラックボックスとして扱い，結果としての選択行為そのものを重視するモデルと分析視点を指す。たとえば，確率モデルでは，特定の反応として選択が生じる確率を高い精度で予測することを目的と

COLUMN 4-3 心理学からの影響：行動主義から認知心理学まで

本文中でも触れたように，消費者行動研究は，行動諸科学の影響を受けつつ発展してきたが，なかでも，とくに強い影響を受けたのが心理学であった。1950年代に一世を風靡したモチベーション・リサーチと精神分析学の関係についてはすでに指摘した。その後，1960年代以降も，消費者行動研究は，⑴行動主義心理学，⑵新行動主義心理学，⑶認知心理学などの影響を受けつつ発展していく。以下では，これら影響を与えた3つの心理学について簡単に紹介しておく。

⑴ **行動主義心理学（Behaviorism）**　ワトソンは，科学としての心理学の研究対象は観察可能な行動に限定すべきであり，「刺激」と「反応」の対応関係で行動を記述し，予測しうる法則を確立することが心理学の研究目標であるとした。このような考え方を，行動主義と呼ぶ。

これは，それ以前の，意識心理学（直接経験としての意識内容を研究対象とする心理学）への異議申し立てでもあった。このようなワトソン流の行動主義心理学は，刺激（Stimulus）と反応（Response）の頭文字をとって「S-R心理学」とも呼ばれている。

⑵ **新行動主義心理学（Neo-Behaviorism）**　トールマンは，ワトソン流の行動を筋収縮や腺分泌などの観察可能な反応に還元しようとする「分子論的行動主義」を批判して，生活体の環境への適応行動を「全体的」で「目的的」

している。1950年代から1960年代にかけてのベルヌーイ・モデル，マルコフ・モデル，線型学習モデルや，その後の多項ロジット・モデルなどが該当する。なお，図4-3中で，刺激からの矢印が破線となっているのは，これらのモデルのなかには刺激の影響を明示的に扱わないモデル（たとえば，ベルヌーイ・モデルやマルコフ・モデルなど）も含まれているからである。

⑵ **構造明示型モデル（S-O-Rアプローチに対応）**　このモデルは消費者が特定の選択に至った内的・心理的なプロセスを解明することを重視するモデルと分析視点を指す。刺激と反応を結びつける媒介変数を導入することで明示的に内部構造を説明することを目的としている。さらに，このモデルは，部分的構造の明示を目的とする部分的モデルと，全体構造の明示を目的とする包括的モデルとに区分される。たとえば，前者の例としては多属性態度モデルが，ま

な行動として捉えることを提唱した（これを「目的的行動主義」〔Purposive Behaviorism〕と呼ぶ)。

たとえば，生活体の行動は，環境についての生活体の認知に依存するという「認知」(Cognition) 説の立場をとり，また，生活体の内的な過程を「媒介変数」(Intervening Variable) として操作的に取り扱おうとした。このアプローチは，その後，ハルらによって精緻化され，「S-O-R」アプローチと呼ばれる系譜を形成していく（O は生活体〔Organism〕の略)。

(3) 認知心理学（Cognitive Psychology） 行動主義心理学への反動として，1960 年代中ごろから台頭してくるのが認知心理学の研究パラダイムである。これは，人間は単に刺激に対して受動的に反応するだけではなく，刺激を能動的な形で取捨選択し，また，環境についての仮説や期待を持ち，環境に適応していく存在として認知面を重視する心理学である。

とくに，環境についての仮説を立てるためには，情報を収集し処理する必要があり，このような人間の情報処理の過程を重視することから「情報処理心理学」(Information Processing Psychology) とも呼ばれる。

なお，「認知心理学」というタイトルの書物を初めて公刊したのはナイサーだといわれているが (1967 年)，現在では，情報科学などの関連分野と連携して「認知科学」(Cognitive Science) と呼ばれる研究領域を作り上げている。

た，後者の例としては，次項で述べるハワード＝シェス・モデル（ただし，計量モデルとしては，その連立方程式モデル）などが該当する。

このように，S-R アプローチと S-O-R アプローチとの間には，少なからぬ隔たりが存在するが，どちらも基本的には消費者を刺激に反応する受動的存在として捉えていた点では共通している（この点は，後に消費者情報処理理論によって批判される点でもある)。

なお，図 4-4 は，主に選択モデルを中心に計量モデルを分類し，そのなかに，これらのモデルを位置づけたものである（阿部［1978］)。こうして新行動主義心理学の影響を受けた S-O-R アプローチへの拡張と包括的な構造明示型モデルの登場により，消費者行動研究は新たな段階へ入ることになる。

FIGURE 図 4-3 ● ブランド選択モデルの構造対比

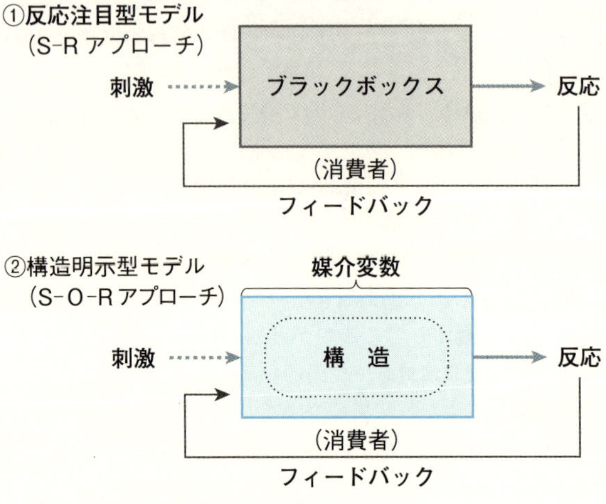

(出所) 阿部 [1978], 26 頁を一部修正して作成。

FIGURE 図 4-4 ● 消費者行動の計量モデルの分類

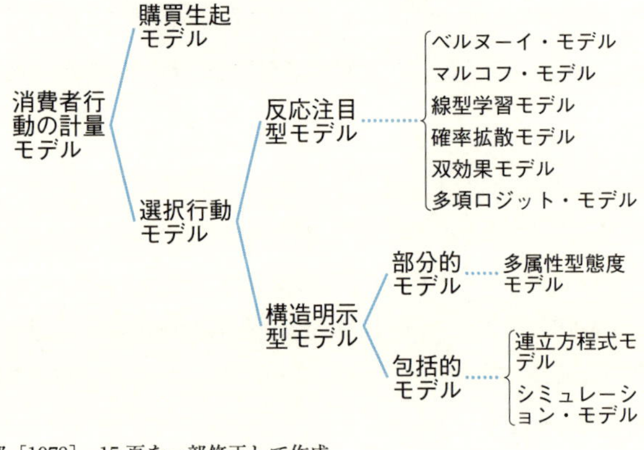

(出所) 阿部 [1978], 15 頁を一部修正して作成。

包括的概念モデルの登場：ハワード＝シェス・モデル

これも第2節で述べたように，ブランド選択に焦点を当てた包括的概念モデルの構築は，1963年のハワード・モデルに始まり，続いてニコシア・モデル（1966年）やエンゲル＝コラット＝ブラックウェル・モデル（1968年）が提示された後，1969年のハワード＝シェス・モデルへと発展していく（Howard [1963]; Nicosia [1966]; Engel, Kollat and Blackwell [1968]; Howard and Sheth [1969]）。

なかでも，1963年に発表されたハワード・モデルは，新行動主義の立場に立つハルの学習理論をベースにしており，S-O-R型の購買意思決定モデルの先駆けであった。また，このモデルにオズグッドの認知理論やバーリンの探索理論を盛り込んだハワード＝シェス・モデルは，1960年代に提示されたモデルのなかでも，最も代表的な包括的概念モデルとして位置づけられる。

そこで，以下では，このハワード＝シェス・モデルの構造と構成を簡単に紹介し，このようなS-O-R型のブランド選択モデルに，媒介変数として，どのような構成概念が導入されたかを確認しておこう（図4-5参照）。

(1) モデルの基本構造　S-O-R型の包括モデルであるハワード＝シェス・モデルは，入力変数としての刺激，出力変数としての反応，両者をつなぐ媒介変数である仮説的構成概念（知覚構成概念と学習構成概念），そして，（図中では省略されているが）仮説的構成概念に影響を与える外生変数，という4つの部分から構成されるフロー・チャート型の概念モデルである（ただし，後に連立方程式体系として計量モデル化も試みられている）。

ここで，入力変数としての刺激は，主として企業のマーケティング活動を反映した実体的刺激（実際の製品から得られる品質や価格などの情報）と記号的刺激（広告やカタログなどによってもたらされる情報），それに社会的刺激（家族，友人などの社会的環境が提供する情報）という3つのタイプに区分される。一方，出力変数としての反応は，購買意思決定の結果であるブランドの購買が，その主要な変数である（ただし，言語報告などの顕在的な行動として示された場合には，注意，理解，態度，意図なども出力変数として取り扱われる）。

また，入力変数と出力変数をつなぐ媒介変数である仮説的構成概念（Hypothetical Construct：理論やモデルの構築物として導入される仮説的概念）としては，入力された刺激情報を処理するための媒介変数群（知覚構成概念）と，購買決

FIGURE 図4-5 ハワード＝シェス・モデルの概要

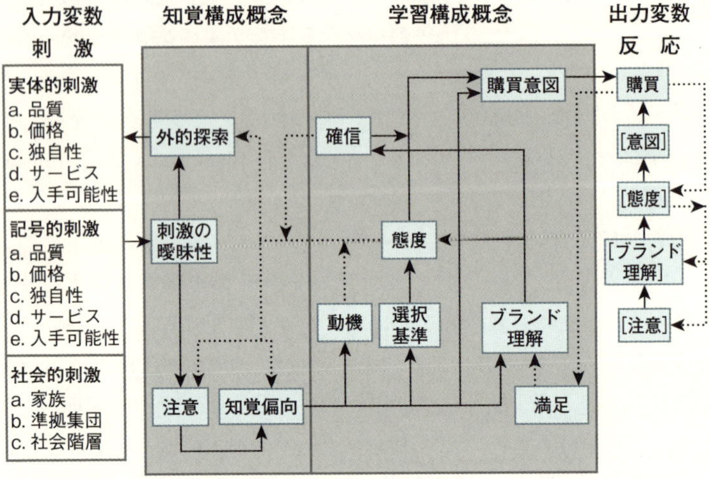

（注）実線は情報の流れ，点線はフィードバック効果を示す。

定を行うための概念形成に関わる媒介変数群（学習構成概念）の2つのタイプが想定されている。

最後に，知覚構成概念と学習構成概念に影響を及ぼす外生変数は，「購買の重要度」「文化」「社会階層」「パーソナリティ特性」「社会的・組織的環境」「時間的圧力」「財政状態」の7つである。

(2) 知覚構成概念　入力変数としての刺激と出力変数としての購買をつなぐ媒介変数群のなかで，購買意思決定に必要な情報の取得と意味づけに関わる部分は「知覚構成概念」(Perceptual Construct) と呼ばれ，「外的探索」「注意」「刺激の曖昧性」「知覚偏向」の4つの変数から成り立っている。

たとえば，入力変数として外から与えられた刺激情報は，その曖昧性が高い場合には外的探索を促進する。また，刺激情報には選択的な形で注意が振り向けられ，心的状態によって歪められることもある。そして，これらには，動機や態度，確信など，学習構成概念の媒介変数からの影響（フィードバック効果）もある。

(3) 学習構成概念　仮説的構成概念のなかで，知覚構成概念を経由した情報にもとづいてブランドに関する概念を形成し，購買意思決定のための判断に関わる部分は「学習構成概念」（Learning Construct）と呼ばれ，「動機」「ブランド理解」「選択基準」「態度」「確信」「購買意図」「満足」という7つの媒介変数によって構成されている。

まず動機は，購買状況に直面した消費者の目標であり，製品を購買し消費することと関係した生理的，心理的欲求から生じる。ブランド理解は，想起集合（Evoked Set）に含まれるブランドについての知識であり，選択基準は，消費者の動機を体系づけたり，構造化する機能を持ち，ブランド理解とともにブランドに対する態度（全体的評価）を形成する。ブランドに対する態度は確信の程度と相まって購買意図を形成し，それを受けて特定のブランドが購買される。そして，この出力変数としての購買は満足にフィードバックされ，ブランド理解が更新されていく。

(4) 購買状況の3段階　前述のようにハワード＝シェス・モデルは，ハルの学習理論をベースにしており，反復的な購買行動により，意思決定は単純化すると考える。具体的には，次のような3つの段階での購買状況の変化を想定している（通常は，購買経験が蓄積されることで，包括的問題解決→限定的問題解決→常軌的反応行動へと移行していくと考える）。

包括的問題解決（EPS：Extended Problem Solving）：反復的な意思決定における初期の段階に相当し，当該製品クラスの購入経験がまったくなく，ブランドについての知識もなく，選択基準すら形成されていない状況である。この状況では，まず選択基準づくりから始めなければならない。

限定的問題解決（LPS：Limited Problem Solving）：反復的な意思決定が何度か繰り返され，特定のブランドに対する強い選好はないが，選択基準やブランド態度は，ある程度形成されている状況である。

常軌的反応行動（RRB：Routinized Response Behavior）：繰り返し何度も意思決定が行われており，選択基準は明確な形で構造化され，特定のブランドに対する強い選好も形成されていて，そのブランドが繰り返し購買されるような状況である。

S-Rアプローチへの批判とその後の展開

S-Rアプローチにもとづく消費者の顕示的行動に焦点を当てた研究，あるいは，S-O-R型のブランド選択に関する包括的概念モデルの構築などは，消費者行動研究に一定の分析枠組みを与え，科学的で客観的な研究を促した点で大いに評価される。だが，同時に，これらのアプローチやモデルに対しては，後に，次のような限界ないし問題点が指摘されることになる（阿部［1984］；青木［1992］）。

① S-R アプローチは，消費者を刺激（価格，広告等）に反応する受動的な存在として捉えており，消費者行動の能動的な側面，とくに問題解決行動としての側面を無視しているか，十分に捉え切れていない。

② S-R アプローチは，消費者にインプットされる刺激とアウトプットとしての反応（言語報告などの顕示的行動として捉えられた媒介的反応も含む）との関係のみに焦点を当てる。しかし，実際には，同一の刺激であっても，どのように解釈されるかで刺激と反応との関係は異なり，普遍的な関係，一意的な関係を見出すことは困難である。

③ 実際の消費者行動には大きな個人差・状況差が存在する。このため，S-R アプローチで想定されているような普遍的・一意的な刺激ー反応間の関係を見出すことは困難である。

たとえば，とくに②の問題と関連して，スウェイヤーは，S-O-R 型の分析枠組みにもとづく広告効果研究では，刺激である広告への露出回数とその反応（多くの場合，媒介的反応としての「態度」など）との関係を確認するために，数多くの実験を行ってきたが，必ずしも両者の間に一意的な関係を見出せていない，と指摘している（Swayer［1977］）。

すなわち，彼が，広告の反復効果に関する研究をレビューしたところ，広告への露出頻度と態度変化との間には，図 4-6 に示されるように，「単調増加」型の関係（ただし，限界的な効果は逓減していく）と「逆 U 字」型の関係（ある時点で態度は極大となり，それ以降は下降していく）という 2 つの異なる実験結果が存在し，決着はついていないという。

このように，刺激と反応（媒介的反応も含む）との関係のみに注目する研究アプローチには限界があること。それを克服するためには，価格や広告などの刺激を情報として捉えたうえで，それが解釈されていく内的なプロセスの解明に重きを置くことが重要である，と認識されるようになった。そして，このような研究上の要請と相まって，新たな分析視角として台頭してくるのが，次節で取り上げる「消費者情報処理理論」であった。

FIGURE 図 4-6 広告の反復効果実験の結果

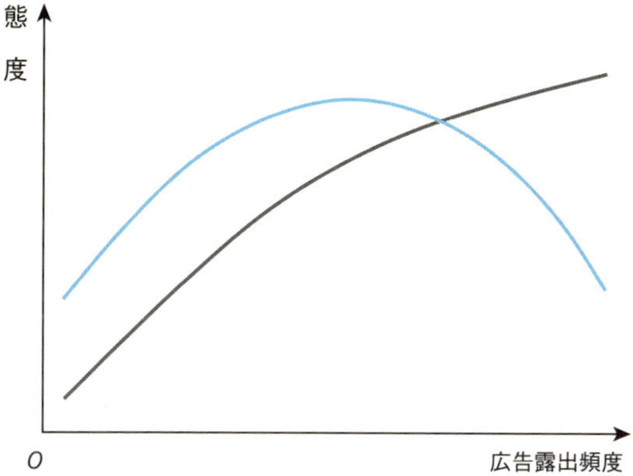

（出所） Swayer [1977], pp. 229-242.

また，先に，ブランド選択モデルを，反応注目型モデルと構造明示型モデルとに区分する考え方を紹介したが，ブランド選択モデルの系譜という観点からは，その後，この2つのタイプのモデルは，それぞれ異なった展開を遂げていくことになる。

まず，包括的概念モデルを志向する構造明示型モデルのほうは，上述のように，S-O-R 型への拡張を経て，情報処理理論をベースに内的プロセスの説明に力点を置くモデルへと移行していく。一方，反応注目型モデルのほうは，顕示的行動としてのブランド選択の予測に重きを置く形で，マーケティング・サイエンス系の研究へと発展していくことになる。

とくに，1980 年代には，スキャナー・パネル・データに多項ロジット・モデルなどを適用した確率モデルの研究が一気に進む（青木 [1993]）。その過程で，やがて，それは単に選択されるブランドの予測だけではなく，マーケティング変数の効果分析や，購買間隔や購買量の分析も行えるモデルへと発展していくのである。

SECTION 6 消費者情報処理理論の系譜

内的プロセスの解明

内的プロセスへの着目

前述のように，包括的概念モデルの登場によって全体的な枠組みを得た消費者行動研究は，1960年代後半から1970年代前半にかけて，「態度形成」(Attitude Formation) や「態度変容」(Attitude Change) などの中核概念に焦点を当て，新たな発展段階に入る。なかでも，「多属性態度モデル」に始まる態度形成（ないしは意思決定ルール）に関する研究は活発化したが，研究が蓄積されるに従って，新たな問題も浮上してきた。

たとえば，多属性態度モデルや一連の意思決定ルールに関する研究結果から，消費者の選択においては，常に態度の存在を前提とするわけではなく，態度を前提としない選択ルールも存在すること，そして，そのようなルールが用いられる最大の理由は，消費者の情報処理能力に限界があること，などが明らかにされた。

また，前述したように，当時行われていたS-O-R型の分析枠組みにもとづく広告効果研究では，必ずしも広告への露出回数と態度変化との間に一意的な関係を見出すことができず，広告情報を解釈するプロセスの解明が重要であると指摘されていた。

すなわち，消費者を刺激（価格，広告など）に反応する受動的な存在として捉え，刺激と反応（媒介的反応を含む）との関係のみに注目する従来の研究アプローチには限界があり，それを克服するためには，価格や広告を情報として捉え，それを解釈し選択へと結びつけていく内的なプロセスに焦点を当てた分析視角が必要であるとされた。

このような研究上の要請を受け，1970年代の中ごろ以降，消費者行動研究の新たな分析視角として急速に台頭してくるのが，本節で取り上げる**消費者情報処理理論**（Consumer Information Processing Theory）である。

情報処理パラダイムの分析視角

ここで消費者情報処理理論とは，認知心理学をはじめとする認知科学（Cognitive Science）の影響を受けつつ形成された，新たな認識方法と基礎概念を持つ消費者行動の分析枠組みのことを指す。すなわち，それは，ニューウェル＝サイモン流の「人間の問題解決行動モデル」をベースに，消費者を能動的な問題解決者として捉え，一定の能力制約下で，自ら進んで情報を探索・取得・処理し選択に結びつけていく，その内的なプロセスに焦点を当てた分析視角である（Newell and Simon [1972]）。

かつてクーンは，ある時代における圧倒的大多数の研究者によって依拠され，その時代のその分野における研究を基本的に方向づけるような中心的理論を「パラダイム」（Paradigm）と呼んだ。まさに1970年代の消費者行動研究では「刺激−反応」パラダイムから「消費者情報処理」パラダイムへというパラダイム転換が起こった時期である。後に，カサージャンが「認知革命」（Cognitive Revolution）と呼ぶ大きな転換点であった（Kassarjian [1982]）。

ところで，認知革命の端緒となる研究は，すでに1960年代から存在していたし，情報処理アプローチによる研究も1970年代の初めには行われていた（たとえば，Bettman [1970]）。また，すでに1970年代前半には，消費者情報探索行動に関する研究（Jacoby, Speller and Kohn [1974]）や選択ヒューリスティクスに関する研究（Wright [1973; 1975]）などが行われている。しかし，このパラダイムの基本的枠組みが本格的に検討され始めたのは，1970年代後半に入ってからであった。

たとえば，この時期，チェストナットとジャコビー，ミッチェル，ベットマンといった研究者たちが，情報処理パラダイムの基礎概念，基本命題，分析枠組みを整理している（Chestnut and Jacoby [1977]; Mitchell [1978]; Bettman [1979]）。それぞれに独自の角度からの整理ではあるが，このパラダイムに依拠した研究の共通部分を要約して整理すると，そこには以下のような基本的認識があるといわれる（Mitchell [1978]；小島 [1979]）。

(1) **問題解決行動としての消費者行動**　人間行動の下位行動としての消費者行動は，有限な能力と環境の制約下で行われる合目的的行動（目標達成行動）であり，環境の変化を契機に知覚される問題の解決を内容とした能動的な問題解決行動である。ここで解決すべき問題とは，環境変化の知覚によって生じた個人のある時点における現実の状態と目標の状態との間の乖離（ギャップ）のことであり，問題解決はこの乖離を解消し目標の状態へと移行するプロセスである（消費者行動の文脈では，製品ないしブランドの購買・消費・使用によって問題が解決されると考える)。

⑵　**情報処理行動としての消費者行動**　　人間の能力には限界がある。とくに人間が持つ情報は常に不完全であるため，問題解決行動は不確実性下での行動となる。この不確実性を少しでも削減するためには，意味のある追加情報が必要とされる。したがって，消費者行動は必然的に追加的な情報を探索し取得し処理する情報処理行動としての側面を持つことになる。

⑶　**満足化プロセスとしての消費者行動**　　製品ないしブランドの購買・消費・使用などの外的で顕示的な行動は，すべて内的で心理的なプロセスの結果であり，消費者行動にはその双方が含まれる。情報処理はとくに後者と強く結びついたプロセスであり，それゆえに，消費者行動はプロセスとして認識され分析される。ただし，人間の情報処理能力には限界があるため，このような内的な情報処理プロセスは最適化（Optimizing）ではなく満足化（Satisfying）原理に従う。

以上のように，消費者情報処理パラダイムにおける消費者は，従来の刺激－反応パラダイムにおけるような受動的な存在としてではなく，目標達成とそのための問題解決とを志向する能動的な存在として認識されている。すなわち，消費者の購買行動は欲求を充足するための能動的な問題解決行動として捉えられており，消費者はこの問題解決プロセスにおいて積極的に情報を探索・取得・処理する情報処理者として性格づけられ，その情報処理プロセスが分析対象として設定されるのである。

消費者情報処理の概念モデル：ベットマン・モデル

上述のように，情報処理パラダイムでは，消費者は能動的な問題解決者として捉えられ，その内的な情報処理プロセスのさまざまな側面について，研究が行われてきた。ベットマン・モデルは，これら1970年代における情報処理研究の集大成ともいえる。

そこで，以下では，図4-7に示された彼のモデルを簡単に紹介し，情報処理パラダイムの中核となる諸概念を確認しておこう（なお，消費者情報処理プロセスの詳細については，第7章を参照のこと）。

⑴　**情報処理能力**　　消費者の情報処理能力（Processing Capacity）には一定の限界があり，この限られた処理能力が複数の活動や課題に配分される。消費者が直面する選択課題は，往々にして，利用可能な処理能力に比して複雑すぎ

FIGURE 図 4-7 ● ベットマン・モデルの概要

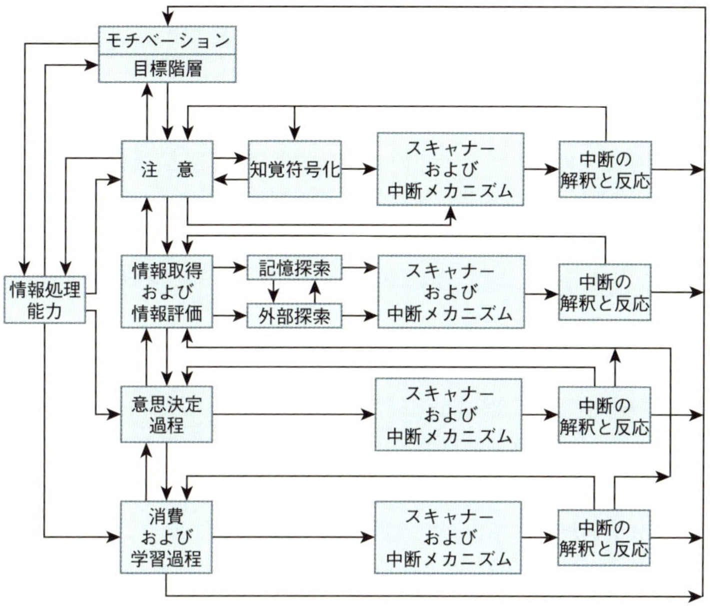

（出所） Bettman［1979］, p. 46.

るために，さまざまな単純化や簡便化が行われる。この処理能力の限界は，さまざまな場面で情報処理に影響を与える。

⑵　**モチベーションと目標階層**　　消費者は，常に，何らかの目標を持っており，この目標を達成するために選択を行う。達成されるべき究極の目標（消費者にとっての望ましい状態）は，それに至る中間的状態としての下位目標へと次々に分解され，それら一連の下位目標系列（手段ー目的連鎖）から成る目標階層（Goal Hierarchy）によって選択行動は方向づけられる。

⑶　**スキャナーと中断**　　目標階層は固定的なものではなく，しばしば環境変化のために目標の遂行が中断されたり，目標階層の変更や再編成を余儀なくされる。スキャナー（Scanner）と中断（Interrupt）は，こうした環境適応のためのメカニズムである。

⑷　**注意と知覚符号化**　　目標が与えられている場合，消費者はその目標の

達成に役立つような情報に対して積極的に注意（Attention）を払い（すなわち，情報処理能力を配分し），すでに記憶内に貯蔵されている情報（過去の経験から得られた知識）とそこでの文脈に照らしてその情報を解釈する（このような注意された情報の解釈・理解をする過程を知覚符号化と呼ぶ）。

(5) 情報の取得と評価　選択を行う際，消費者は関連情報を探索する。このような情報探索には，すでに記憶内に貯蔵されている情報を探索する内部探索（記憶探索：Memory Search）と，記憶内に十分な情報が存在しない場合に，外部の情報源から情報を探索する外部探索（External Search）とがある。

(6) 記憶　記憶（Memory）は消費者情報処理モデルの中核概念であり，感覚器官からの刺激情報が最初に貯蔵される感覚記憶（Sensory Memory），情報処理を行う短期記憶（Short-Term Memory），短期記憶で処理された情報を保持するための長期記憶（Long-Term Memory）の3つのタイプの記憶がある。なお，長期記憶に貯蔵される情報は，知覚符号化が施された意味情報や感覚情報であり，意味情報はネットワーク構造の形で貯蔵される。

(7) 意思決定過程　消費者は，取得した情報を処理するとともに，その情報にもとづいて代替案（ブランドや店舗）を評価し選択する。ただし，代替案の評価・選択にあたっては，情報処理能力の限界から，複雑な分析や包括的な処理は行わず，ヒューリスティクス（Heuristics）と呼ばれる単純なルールに従う（使用されるヒューリスティクスは，個々の消費者により異なり，また，同一の消費者であっても課題や状況によって異なる）。

(8) 消費と学習の過程　選択が行われ，選択された代替案が購買・消費された後には，その結果（Outcome）は1つの情報源として機能し，将来の選択に影響を与える。すなわち，購買結果の解釈に依存する形で，ヒューリスティクスの単純化や精緻化が行われ選択行動は変容していく。

情報処理理論への批判とその後の展開

以上のように，消費者情報処理理論は，従来のパラダイムでは十分に捉え切れなかった問題に対して新たな切り口を与え，消費者行動に関する個々の研究を情報処理という視点と枠組みで統合化・体系化を試みた点で，大いに評価されるべきものである。しかしながら，この理論に対しても，後に，次のような批判が加えられている。

① 情報処理アプローチは，個人差・状況差を強調するあまり，研究結果の

一般化を困難にしているという側面を持つ。すなわち，あまりにも個人差を強調しすぎると，X氏の情報処理から得られた研究結果はX氏にしか当てはまらず，また，ある特定状況Yについての研究結果はその状況Yにしか当てはまらないということになりかねない。

② 内的な情報処理プロセスの理解を重視し，予測よりも説明に研究の重点を置くという情報処理アプローチの性格は，研究結果の妥当化・一般化を困難なものとする。

③ 情報処理アプローチでは，代替案の選択に先立ち，代替案についての情報処理がなされたうえで全体的な評価が形成されるという順序関係（知→情→意）が想定されることが多い。しかし，認知（Cognition）と感情（Affect）とは独立に形成される，あるいは感情のほうが認知よりも先に形成される場合もあるという研究結果もあり，必ずしも認知のみが重要な要因とはいえない。

先述のように，1980年代以降の消費者行動研究は，ある意味で，消費者情報処理理論を支持しその精緻化を試みる研究と，反対に，異議申し立てのための新たな研究アプローチの提案，という2つの流れで進んできたといえる（Bettman and Sujan [1987]）。

とくに，前者の消費者情報処理理論を支持し精緻化する試みとしては，ペティとカシオッポが提示した精緻化見込みモデルをベースに，消費者が行う情報処理の多様性を体系的に説明する枠組みの構築へと発展していく。すなわち，消費者が行う情報処理の水準と様式を，情報を処理しようとする「動機づけ」の強さとそれを可能にする「能力」の程度によって説明しようとする枠組みである。多くの場合，それらの代理変数として「関与」と「知識」を用いた定式化が行われている。第7章では，知識構造と関与水準を主軸に据えて，精緻化見込みモデルをベースにしたその後の展開についても解説する。

Chapter 4 ● 演習問題

EXERCISE

❶ 消費者調査において，ホンネではなくタテマエの回答が出やすいのはなぜだろうか。投影法などを参考に，ホンネを引き出すためのポイントを考えてみよう。

❷ 1週間分の缶飲料（あるいは，ペットボトル飲料）の購買記録（いつ，どこで，どのようなブランドを，いくらで購入したか等）をとり，どのようなブランド選択のパターンを示すか分析してみよう。

❸ 広告の反復効果実験で，露出回数と態度変化との間に，単調増加型と逆U字型という異なった関係を示す結果が得られる理由について考えてみよう。

❹ 自ら積極的に情報を収集しようとする製品とそうでない製品を比較し，なぜそのような違いが生じるか考えてみよう。また，そこで収集する情報内容の違いも製品間で比較してみよう。

第 5 章

消費行動と消費パターンの分析

家族は消費行動を分析する基本単位。家族・世帯のあり方の多様化は続いていく。(毎日新聞社提供)

CHAPTER 5

本章と第６章では,「消費行動」と「購買行動」という消費者行動の異なる分析レベルを取り上げ，それぞれのレベルに対応した分析の視点と枠組みを提示していく。

消費行動のレベルに焦点を当てる本章では，単に所得配分としてだけでなく，時間などの他の生活資源配分も含めて消費行動を捉え，消費様式の選択と支出配分を規定するメカニズムについて検討する。

まずは，消費行動分析の基本フレームを確認したうえで，①ライフサイクル，②ライフスタイル，③ライフコースという３つの分析アプローチを比較し,「時間配分の理論」をベースにした消費様式選択の分析枠組みを提示する。

最後に，さまざまな環境要因変化と時間コストとの関係を取り上げ，その消費プロセスへの影響についても検討する。

INTRODUCTION

KEYWORD

FIGURE

TABLE

COLUMN

EXERCISE

KEYWORD

家族　家計　世帯　消費行動　支出配分　時間配分　生活行動　生活構造　生活意識　生活様式　消費様式　消費パターン　ライフサイクル　ライフスタイル　AIO　VALS　LOV　ライフコース　家計内生産　時間コスト　時間配分　家事の外部化　消費の多様性　豊かさのパラドックス

SECTION 1 分析単位としての家族・家計

第3章の「消費者行動分析の基本フレーム」で述べたように，この第Ⅱ部の各章では，基本的に，消費者個々人の行動に分析の焦点を当て，議論を進めていく。しかし，消費行動という分析レベルを扱う本章では，家族という社会単位，あるいは，家計という経済主体を分析単位として捉え，消費様式の選択と支出配分の問題を中心に検討する。

ここであえて，家族や家計という分析単位に着目して議論するのは，消費様式の選択では世帯人数といった家計の規模的な要因が大きく影響し，個人ベースの分析より家計（世帯）ベースでの分析が適しているためである。また，近年，家族のあり方が大きく変化し，それが消費構造の変化，とくに消費の多様化などに影響していると考えられることも理由として挙げられる。

そこで，議論の出発点として，分析の基本単位となる家族（Family）と家計（Household）という2つの概念を確認し，その異同について検討しておこう。

一般的に，「血縁または姻縁によって結ばれている人々の集合体」のことを「親族」（Kindred）と呼び，そのような親族のなかでも，共住・共食（1つ屋根の下に住み，一緒に食事をする），同一生計（1つの財布で暮らし財産を共有する）のものを家族と呼ぶ。

社会学者のマードックは，人間社会に存在する最小の親族集団として，1組の夫婦とその子どもから成る「核家族」（Nuclear Family）という概念を提示した。彼によれば，核家族とは，①居住をともにし，②家族成員の基本的欲求を満たすための最小限の関係（夫婦・親子・兄弟姉妹）を含み，③社会の存続のために不可欠の性・経済・生殖・教育という4つの機能を遂行する最小の社会集団である（Murdock [1949]）。

これに対して，家計とは，企業や政府とともに経済システムを構成する経済主体の1つであり，生計をともにして経済行動を行う最小の単位として捉えられる。すなわち，労働力を供給して賃金所得を得，あるいは，金融資産や不動産を所有する場合には，それらを運用して，利子・配当所得，家賃・地代所得を得て，それを原資として消費と貯蓄を行う経済主体が家計である（同時に，家計は，公共部門に対して税金を払い，社会保険料の拠出を行い，その給付も受ける）。

通常，これら2つの概念は大きく重なり合い，社会集団としての家族が経済主体としての家計のベースとなる場合が多いが，厳密にいえば両者は異なっている。また，国勢調査など統計上の概念として世帯があるが，血縁の有無に関わらず共住・同一生計の者は世帯員に含まれる。したがって，家族，家計，世帯という3つの概念は厳密には100％対応しているわけではないが，本章ではほぼ同義と考え，文脈に応じて使い分けていく（柏木 [2003]，13-15頁）。

なお，近年，家族のあり方自体が大きく変化してきており，それを反映して，世帯類型の多様化が進んでいる。この結果，いわゆる「標準世帯」（たとえば，「夫婦と子ども」からなる世帯）を想定して全世帯を代表させることは困難な状況にある（COLUMN *5-1* 参照）。

SECTION 2 消費行動の分析フレーム

生活資源配分としての消費行動

社会経済学者の坂井によれば，「home」（家庭）の古語である「ham」には，2つの河が合流する三角地帯に造られた自然の砦という意味があり，流動的な河と固定的な砦という2つの力のバランスのうえに成り立つ「家なるもの」を維持することが「household」（家計）の語源であるという（坂井 [1992]）。

また，生活経済学を専門とする御船によれば，家庭を拠り所として，さまざまな社会関係のなかで営まれるところの「家庭生活」とは，①生活主体である家族が，②家族を取り巻く状況や事象のもとで，③家族の生活資源を用いて，

COLUMN **5-1 個人化する家族，多様化する世帯**

これまで，大多数の個人にとって，「親が作り子どもとして生まれ育った家族」（定位家族）から巣立ち，新たに「自らが子どもを産み育てていく家族」（生殖家族）を持つという形で，生涯に各々1つずつの家族を経験するというのがごく普通の生き方であった。しかし，最近では，2つ以上の家族を経験することもまれではなくなり，明らかに家族ライフサイクルの複線化（本文参照）が始まっている。

こうした一連の変化を受けて，家族形態も大きく変化し，もはや「核家族」は典型的な家族形態ではなくなってきている。

図5-1に見られるように，全世帯に占める「夫婦と子ども世帯」（いわゆる「標準世帯」）の構成比は，1980年に42.1%であったものが，2005年には29.9%にまで低下し，2020年にはさらに24.6%まで低下すると予測されている。一方，「単独世帯」の構成比は，1980年の19.8%が2005年では29.5%となり，2020年には34.4%となると予測されている。また，「夫婦のみ世帯」の構成比も，1980年の12.5%が2005年には19.6%，2020年には19.9%になり，家族形態の多様化が一気に進展していく（ただし，長寿化によって，高齢者の単独世帯，とくに女性高齢者の単独世帯が急増している点には注意を要する）。

ところで，晩婚化による結婚時期の遅れ，あるいは晩産化による出産時期の遅れは，同じ「夫婦のみ世帯」や「夫婦と子ども世帯」であっても世帯主年齢の分散を大きくし，ますます多様な世帯を生み出していく。また，離婚や再婚の増加は「1人親と子ども世帯」の増加や，いわゆる「ステップ・ファミリー」（夫婦の一方あるいは双方が子どもを連れて結婚・再婚して作られる家族）といった家族形態を出現させることになる。さらには，パラサイト・シングル

④家族の生活欲求を満足させ，⑤家族の生活価値を実現させる生活行為の連続過程である，としている（御船［1996］）。

このような生活の場としての「家庭」という概念を念頭に置きつつ，日々の生活のなかでの消費の位置づけを整理すると，以下のようになるであろう。

すなわち，生活主体としての家族は，持てる生活上の諸資源（時間・所得・空間等）を用いて，日々，さまざまな生活上の課題を解決しつつ，生活自体を「再生産」していく。たとえば，最も基本的な生活資源である時間に着目した場合，1日24時間という生活時間を，労働と（広義の）余暇に配分し，労働に

がパラサイトしたまま本人と親が高齢化したりするなど，世帯の多様化は際限なく続く。

（参考文献）　青木幸弘・女性のライフコース研究会編［2008］『ライフコース・マーケティング――結婚，出産，仕事の選択をたどって女性消費の深層を読み解く』日本経済新聞出版社，17-18頁より抜粋。

FIGURE　図5-1　世帯数と家族類型別世帯構成比（単位：%）の推移

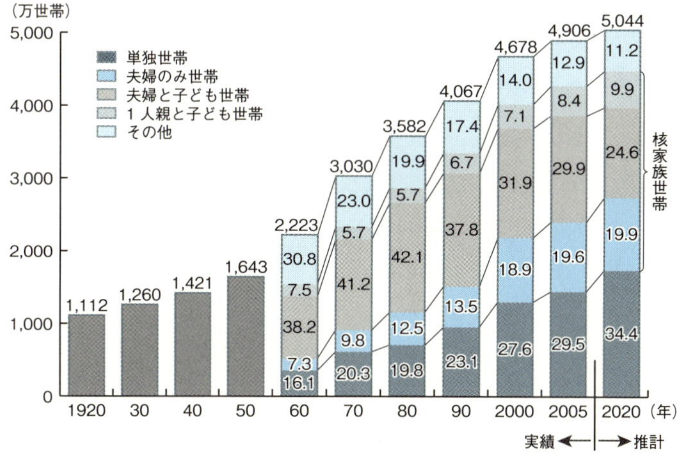

（出所）　総務省「国勢調査」（1930～2005年），国立社会保障・人口問題研究所「日本の世帯数の将来推計」（2008年推計）より作成。

よって得られた所得を消費と貯蓄（将来の消費）に配分する。そして，消費に配分された所得で購入した製品・サービスと余暇時間（＝24時間－労働時間），生活空間とを組み合わせることで，日々の生活を再生産していく（小島［1985］；青木［2005］）。

ここで，第3章で提示した枠組み（選択の階層性に着目した分析レベル）に従えば，本章で分析対象とする**消費行動**は，基本的には所得配分の問題に該当し，具体的な形では家計の**支出配分**（所得配分）の仕方として捉えられる。しかし，現実の消費は，単に所得配分だけでは完結せず，時間配分や空間配分と相まっ

FIGURE 図 5-2 ● 生活資源配分としての消費行動

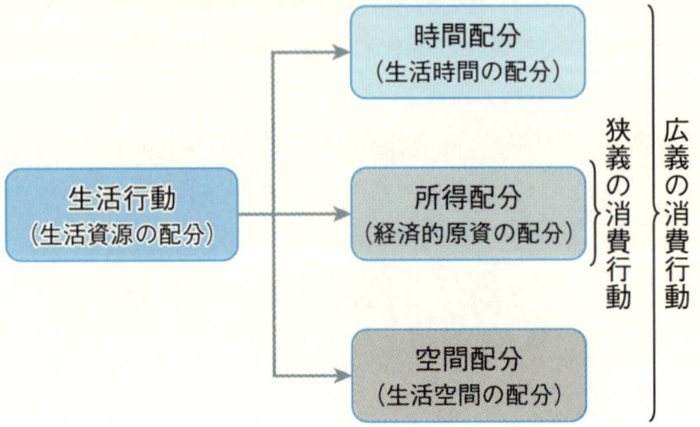

て，生活の実体部分を形作っていく。後述するように，消費は瞬間的に行われるものではなく，時間や空間も不可欠な要素であるが，本章では，とくに**時間配分**の問題と関連づけて消費行動を検討していく（図 5-2 参照）。

また，消費行動を生活資源配分の枠組みのなかで捉えることで，単にモノの費消にとどまらない消費の側面も見えてくる。たとえば，製品・サービスと余暇時間を組み合わせて行われる人的資本（技術，知識，身体能力等）の形成などは，表面的には製品・サービスの消費であるが，投資的側面を持った消費行動だともいえる。すなわち，それは将来獲得される所得の額や生み出される生活効用の水準などに影響を与えつつ，将来の消費を規定していく側面を持っているからである（後述するように，人的資本のなかには，消費を行うための技術＝消費技術も含まれ，それは生活効用のレベルに影響する）。

消費行動の規定メカニズム

上述のように，本章では，消費行動を生活資源の配分行動のなかに位置づけ，これを主に所得配分（支出配分）の側面で捉えながらも，必要に応じて時間配分や空間配分と関連づけて分析する，という立場をとる。このような消費行動の捉え方は，消費者行動全体をより上位の「生活行動」という視点で捉え分析する**生活体系アプローチ**の考え方に依拠したものである（青井［1971］; 井関［1969 ; 1974］）。

ここで，生活体系アプローチとは，ある生活主体の行動（生活資源の配分行動としての**生活行動**）は，資源の量と内容を決める生活の構造的側面（**生活構造**）

FIGURE　図 5-3 ● 消費行動の規定メカニズム：生活体系アプローチ

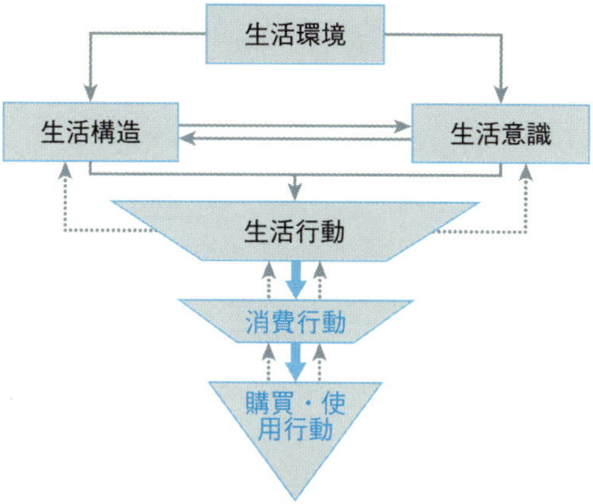

（出所）井関［1974］，67 頁を一部修正して作成。

と資源の使い方を方向づける生活主体の価値意識的側面（生活意識）によって規定されるという前提を置き，これを生活構造ー生活意識ー生活行動の 3 点セットで説明しようとする分析アプローチである。

図 5-3 は，このような生活体系アプローチの視点から，消費行動の規定メカニズムを図示したものであり（井関［1974］），図中における各構成概念の内容を簡単に示せば，以下のとおりである。

(1) **生活環境**　生活主体の行動に対して，生活構造や生活意識を経由して間接的な影響を及ぼすと考えられる環境要因。具体的には，人口構成や人口動態，経済動向，政治情勢，社会的風潮，社会制度，技術動向など。

(2) **生活構造**　生活資源の量や内容を規定する形で，生活行動を条件づけ，制約する生活主体の構造的側面。社会的な地位や役割，財・資産の保有パターンなど。短期的には安定しており，過去の生活行動の結果としてのストック的側面も持つ。具体的には，年齢，性別，家族構成，職業，所得，居住形態，財・資産の保有パターンなど。

(3) **生活意識**　生活構造と相互作用しつつ，生活行動を方向づける生活主体の価値意識的側面。具体的には，価値意識，生活信条，生活目標，生活設計，帰属意識，態度，動機，パーソナリティなど。

(4) **生活行動**　生活構造と生活意識からの直接的影響，あるいは，生活環境からの間接的影響を受けつつ，生活主体が見せる顕示的行動。具体的には，時間，所得，空間などの生活資源の配分行動として捉えられる。

(5) **消費行動**　生活行動のなかで，とくに所得配分に関わる行動。具体的には，消費と貯蓄の選択，費目別支出配分として捉えられる。時間配分，空間配分との相互作用も存在する。

(6) **購買・使用行動**　消費行動での支出配分を受け，製品・サービスを具体的に調達する行動（購買行動）と，調達された製品・サービスを実際に消費・使用・処分・廃棄する行動（使用行動）。

なお，図5-3中，双方向の矢印が示しているように，各要因間および行動レベル間には相互作用が存在する。たとえば，生活意識は，生活構造の変化を方向づけるが，それ自体，生活構造によって条件づけられる。また，生活行動は，生活構造と生活意識によって制約され，方向づけられ，コントロールされながらも，中・長期的には，それらを修正していく。そして，購買行動や使用行動の結果も消費行動，さらには生活行動へとフィードバック（点線の矢印で示されている）されていく。

分析対象としての消費様式と支出配分

上述のように，生活主体としての家族・家計の行動は，生活資源の配分に関わる生活行動のレベルでも，また，主に所得配分に関わる消費行動のレベルでも，日々の生活での反復によりパターン化され，一定の型や様式を持つようになる。いま，このような生活行動や消費行動における型や様式のことを，それぞれ**生活様式**および**消費様式**と呼ぶならば，その選択メカニズムを解き明かし，変化の方向性を把握することが，消費行動分析の眼目となる。

とくに，本章では，生活主体としての家族・家計の構造面や意識面との関連性を強調しつつ，消費様式の選択メカニズムや消費パターンを分析するうえでの視点や枠組みの整理を行う。

具体的には，次節では消費行動を分析する際の3つのアプローチを取り上げる。ライフサイクル・アプローチは，ライフステージに集約される生活構造の影響に着目した分析視角，ライフスタイル・アプローチは，主に生活意識（価値意識）をベースとした消費スタイルに注目した分析視角，そして，ライフコース・アプローチは，ライフコース選択に反映された価値意識とその結果としての生活構造に注目した分析視点，という特徴をそれぞれに持っている。

また，第4節では，主として「時間配分の理論」に依拠しつつ，消費様式の選択プロセスと消費パターンについて検討する。後述するように，消費パターンとは，「特定の消費様式や消費行為と結びついた製品・サービスの組合せ」のことであり，製品選択やブランド選択を方向づける枠組みとなるものである。

なお，所得配分としての消費行動は，具体的には，費目別の支出配分の形で把握されるが，COLUMN 5-2 は，家計調査データからみた支出配分構造の現状についての説明である。

SECTION 3 消費行動の3つの分析アプローチ

先述したように，ここでは，消費行動を分析する視点として，①ライフサイクル，②ライフスタイル，③ライフコース，という3つのアプローチを取り上げ，それぞれの特徴について整理する。これらのアプローチは，生活主体としての家族（ないし個人）の生活構造上ないしは生活意識上の特徴に着目し，その集約的標識としてのライフステージ，ライフスタイル，ライフコースと消費行動とを関連づけ分析・理解しようとするものである。

ライフサイクル・アプローチ

一般に，ライフサイクル（Life Cycle）とは，生物の一生にみられる，個体の発生から消滅に至るまでの循環のことであり，「生命周期」とも訳される。人間のライフサイクルも，出生ー成長ー成熟ー老衰ー死亡といった規則的な推移をたどるが，これを家族の生活周期として捉え直したものが「家族ライフサイクル」（Family Life Cycle）の概念である（「家族周期」とも呼ばれる）。

すなわち，家族それ自体は集団であって生命を持たないが，夫婦の結婚によって成立し，子どもの誕生によって構成員を増やし，また，子どもが成長して独立した後，やがて夫婦の一方が死亡することで，家族という集団は消滅していく。このような家族の形成ー発展ー衰退ー消滅という規則的周期とその各段階での生活行動や消費行動を分析対象とするのがライフサイクル・アプローチである。

COLUMN 5-2 家計調査データからみた支出配分の実態

所得配分（支出配分）の観点から家計の消費行動を分析する際に利用できるデータとして，総務省統計局が実施している家計調査がある。

2008（平成 20）年の家計調査によれば，全国・2 人以上の勤労者世帯（平均世帯人員 3.45 人，平均有業人員 1.68 人，世帯主平均年齢 47.4 歳）の 1 カ月当たりの平均収入（実収入）は，53 万 4235 円，このうち，世帯主の収入は 43 万 4066 円で，実収入の 81.3%を占めている。また，実収入から税金や社会保険料などの非消費支出 9 万 1486 円を差し引いた可処分所得は 44 万 2749 円となっている。

図 5-4 に示されているように，可処分所得のうち，消費に回される消費支出が 32 万 4929 円，黒字分が 11 万 7820 円で，この黒字分が預貯金，保険，ローンの返済に充てられる（可処分所得に占める消費支出の割合：平均消費性向は 73.4%）。

一方，消費支出の費目別構成比から支出配分の実態を見てみると，食料 21.9 %，住居 5.9%，光熱・水道 7.0%，家具・家事用品 3.2%，被服および履物 4.4 %，保健医療 3.6%，交通・通信 14.8%，教育 5.8%，教養娯楽 10.3%，その他 23.2%となっている（いわゆるエンゲル係数は 21.9%，最大の支出項目はその他の 23.2%である）。

FIGURE 図 5-4 ● 家計収支の現状（勤労者世帯，月平均）

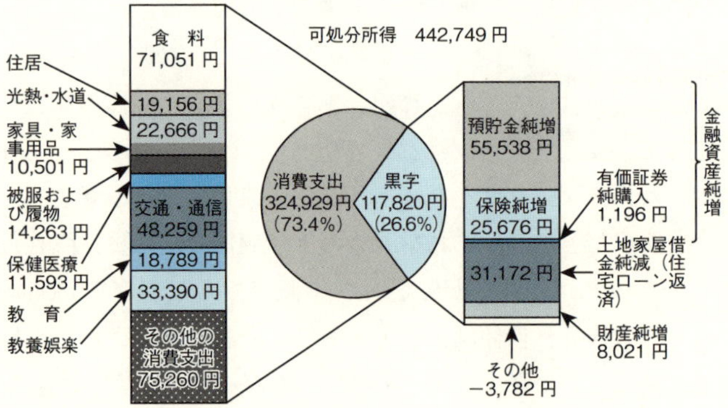

（出所） 総務省『家計調査』（平成 20 年）。

TABLE 表 5-1 ● 家族ライフサイクル上の主なステージ

ステージ	家族構成	家計の状況	消費の特徴
独身段階	結婚前の独身者	所得は低いが，負債もなく，貯蓄する必要性も感じていない。	車，ファッション，レジャー，外食などに支出。
新婚段階	子どものいない新婚の夫婦	共働きであれば可処分所得は増大。独身者より経済的に豊か。	車，ファッション，レジャーなどに支出。耐久財（家具や家電製品）も購入。
満杯の巣Ⅰ	末子が未就学の夫婦	子育てのため妻などが離職した場合には可処分所得は減少。子育ての支出が追加。	持ち家の購入（関連して，家具や装飾品）。ベビーフードや玩具など。
満杯の巣Ⅱ	末子が就学期に達した夫婦	夫の収入増，妻の復職などで可処分所得は増えるが，子どもの成長により消費額も増大。	子どもの成長にともない食品や衣服への支出の増大。自転車，レッスン料，スポーツ用品などに支出。
満杯の巣Ⅲ	まだ扶養する子どもを持つ中年の夫婦	夫婦の収入増，子どものアルバイト等で可処分所得は増大。大学進学等で教育費も増大。	家具や家電製品の買い替え。セカンド・カーの購入。教育費の増大。
空の巣Ⅰ	子どもが自立した夫婦（現役）	子どもの独立により，自由裁量的な所得が生まれ，より多くの貯蓄も可能に。	家の修繕，旅行，外食，SUV，セカンド・ハウス，孫のための支出。
空の巣Ⅱ	子どもが自立した夫婦（退職）	退職により可処分所得は減少。医療費などの支出が増大。	医療・健康器具，医薬品の購入。旅行，エクササイズやボランティアに時間を使う。
老齢単身Ⅰ	配偶者を亡くした高齢単身者（現役）	現役のため一定の収入が見込める。加えて貯蓄がある場合には利用可能。	食品などの支出は減少。ヘルスケア，疾病ケア，旅行，代行サービスなどへの支出の増加。
老齢単身Ⅱ	配偶者を亡くした高齢単身者（退職）	貯蓄の取り崩しによって生活。どれだけ支出できるかは貯蓄額に依存。	購買意欲の減少，医療費の増大などにより，消費支出は急速に減少。

（出所） Blackwell, Miniard and Engel [2006], pp. 492-494 の表にもとづき作成。

表 5-1 は，典型的なライフサイクル上の段階設定（これを「ライフステージ」と呼ぶ）を示したものである。「独身段階」から「新婚段階」,「満杯の巣段階」（フル・ネスト：Full Nest),「空の巣段階」（エンプティ・ネスト：Empty Nest）を経て「老齢単身段階」に至る，という流れが想定されている。ここで，ある段階と次の段階とを画するのは「ライフイベント」(Life Event）と呼ばれる出来

事であり（たとえば，「新婚段階」と「満杯の巣段階」を画する出来事は第１子の出生である），家族はさまざまなライフイベントを経験しながら次の段階へと移行していく。

同表に示されているように，各ステージごとに，家族構成や家計の収支状況といった生活構造は大きく異なり，また，結果的に，消費支出上の特徴も各ステージによって異なる。その意味では，消費行動を分析するうえでの有用な分析視角であることに間違いはない。

ところで，ライフサイクル・アプローチでは，人々は同じような形でライフサイクル上の段階を経験し，また，各段階には少なからぬ同質性が存在することを暗黙のうちに前提としていた。しかし，当然，同じ段階にいる家族でも価値意識は異なり，また，非婚化や晩婚化，あるいは，未婚の１人親の増加などにより，そもそも「結婚」から家族がスタートするという前提も揺らぎ始めている。こうしたなか，消費者行動研究やマーケティングの実務では，かなり早い段階から消費者の価値意識の違いに着目したライフスタイル・アプローチが登場している。また，単線型のライフサイクルを想定するアプローチの妥当性や有効性に疑問が投げかけられるなかから，ライフコース・アプローチが生まれることになる。

ライフスタイル・アプローチ

ライフスタイル（Life Style）という概念は，もともとは社会学にルーツを持つが，マーケティングや広告の実務で古くから多用されたため，すでに日常語化して広く知られているが，常に曖昧さが残る用語である。

井関によれば，ライフスタイルの概念は，古くは社会学者のウェーバーを起源として，特定の社会階層内部で共有される財の消費や価値観，生活態度に関する複合的なパターン（特定の生活様式で表現される財の消費原則）として捉えられてきたという（井関［1979］）。また，飽戸は，ライフスタイルを「生活空間，生活時間，そして価値観のすべてを包括した，その人の生活様式，生活スタイル」と定義し，ほぼ「生活様式」に近い概念として捉えている（飽戸［1999］）。

このように，ライフスタイルとは，人々の生活の仕方，その人の価値意識を反映し，具体的には，そのお金や時間の使い方，選択する財やサービス，行動の組合せの型（パターン）として捉えられる概念だといえる（飽戸・松田編著［1989］；中村［1994］）。

FIGURE 図5-5 ライフスタイル・アプローチの源流

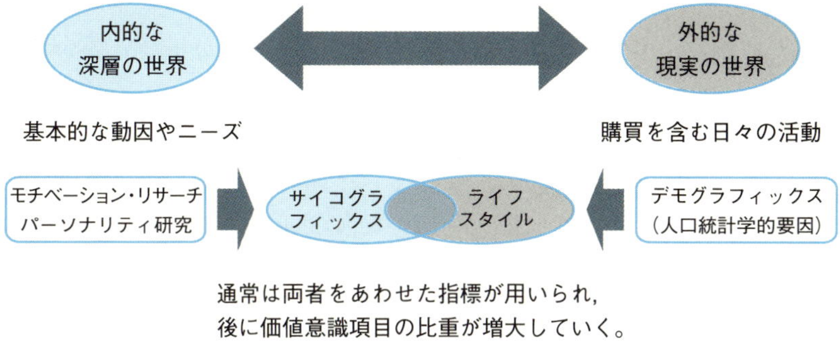

(出所) Wilkie [1986], p. 340 を修正して作成。

ウィルキーは，図5-5に示すような形で，ライフスタイル研究の歴史を整理し，その源流に，モチベーション・リサーチやパーソナリティ研究から発展した「サイコグラフィックス」(Psychographics) を位置づけている (Wilkie [1986])。

ここでサイコグラフィックスとは，「消費者を心理的次元上に位置づける定量的調査技法」の総称である (Wells [1975])。初期の AIO アプローチに始まり，その後は，消費者の価値意識に注目し，その持続性にもとづく生活行動や消費行動の一貫性といった観点からライフスタイルを測定し，類型化する試みへと発展していった。その代表例が，VALS 研究や LOV 研究などである。

(1) AIO アプローチ　ウェルズらによって提唱された初期の代表的分析手法であるが，ジフが提案したサイコグラフィックスとほぼ同義とみなされ，その具体的手法とされることも多い (Wells and Tigert [1971]; Ziff [1971])。

ここで AIO とは，Activities，Interests，Opinions の頭文字であり，「活動 (A)：どのようなこと (仕事，趣味，娯楽等) に時間を使っているか」，「関心 (I)：どのようなこと (ファッション，食事等) に興味・関心を持っているのか」，「意見 (O)：政治，社会問題等，さまざまな出来事をどう感じているか」といった3つの側面 (＋デモグラフィック特性) について質問することで，生活全般に関するライフスタイル，あるいは，特定の生活領域や製品カテゴリーに関するライフスタイルを測定しようとするアプローチである。

たとえば，プラマーは，300 項目もの AIO 項目を使って，クレジットカードの利用者と非利用者とのライフスタイルを比較していたが（Plummer [1974]），特定の領域ごとに膨大な数の質問項目を使った分析は実務的にも効率が悪く，1980 年代に入ると，次に述べる総合的なライフスタイル類型が登場することになる。

(2) VALS（Values and Lifestyles）　スタンフォード大学の研究センターで開発されたライフスタイル類型であり，約 800 問の価値やライフスタイル，消費行動に関する質問から 9 つの価値類型を抽出している（Mitchell [1983]; Mitchell, Ogilvy and Schwartz [1986]）。

VALS は，その理論的ベースをマズローの「欲求階層理論」やリースマンの「性格類型論」などに置いており，4 つに大別したグループ（欲求追随群，外部志向群，内部志向群，統合群）のなかを，さらに 9 つ（生存者型，受難者型，帰属者型，競争者型，達成者型，私は私型，試行者型，社会意識型，統合型）に類型化している。

その後，アメリカでは，1989 年に VALS 2 が開発され，資源とモチベーションにもとづく 8 つのライフスタイル類型が新たに提案された。また，日本でも Japan-VALS が開発されており，こちらはロジャースの普及理論と心理学の類似性理論にもとづき，10 類型が提示されている。

(3) LOV（List of Values）　VALS に対抗する形で，ミシガン大学調査研究センターが開発した手法であり，AIO アプローチや VALS と比較して，きわめて単純な調査によって対象者の価値意識を測定する点に特徴がある（Kahle [1983]; Kahle, Beatty and Homer [1986]）。

具体的には，「帰属意識」「人生の楽しみや喜び」「他人との温かい関係」「充足感」「他人からの尊敬」「興奮」「達成感」「安心感」「自尊心」という 9 つの価値意識項目を被験者に提示し，自分にとって最も重要な価値を 2 つ選択，9 つの価値意識項目の相対的な順位づけ，価値意識項目ごとの 9 段階評定評価の 3 つによって価値意識を測定している。

ライフコース・アプローチ

ライフコース（Life Course）とは，文字どおり“人生の道筋・軌跡”のことであり，「個人が一生の間に辿る道筋（人生行路）」を指さす概念である（嶋崎 [2008]）。もともとは，家族社会学の分野において，従来の「ライフサイクル」概念に代わるものとして，1970年代に登場した分析アプローチだが，近年では，個人の生き方の選択と社会変動とを結びつける分析視点として，多方面で注目されている。

この分野の基礎を築いたエルダーは，ライフコースを「ライフイベントや社会的役割の配列（Sequences）」として捉えたうえで，それらのライフイベントが，いつ（Timing），どれくらいの期間（Duration），どのような間隔（Spacing），順序（Order）で生起するかを，時間軸に沿って分析することが，ライフコース分析の眼目であるとしている（Elder [1978]）。

すなわち，人は一生の間に，就学，就業，結婚，出産といったライフイベントを経験し，そこでの選択にともなって，さまざまな社会的な役割を獲得していくが（たとえば，結婚にともなって夫ないし妻の役割，出産にともなって父親ないしは母親の役割を取得する，といった具合に），こうしたライフイベントの継起や役割の配列を，タイミングや間隔に注目しながら分析するところに，ライフコース研究の特徴がある。

先に紹介したライフサイクル・アプローチでは，最頻値として現れるモーダル・コース（典型的なコース）を念頭に置き，人は誰でも，独身，新婚，子育て（満杯の巣），子育てからの解放（空の巣），老齢単身という段階を踏んでいくことを想定していた。このため，典型的ではない家族（たとえば，子どものいない夫婦，離婚・再婚の夫婦など）をモデルのなかに取り込んで分析することは困難であった。

しかし，現実の社会に目を向ければ，単に離婚・再婚の増加にとどまらず，長寿化によって「空の巣」期間や「お一人様の老後」（Single Again）は延び，晩婚化や晩産化で結婚・出産のタイミングは遅れ，さらには，生涯未婚者や子どもを持たない夫婦が増加するなど，家族のライフサイクルは急速に複線化・多様化してきている。結果として，もはや，従来型のライフサイクル・アプローチでは現実に十分対応できないのが現状である。

この点で，まずは家族のなかでの個人の生き方（人生）に着目するライフコース・アプローチは，「家族の個人化」が進む現代社会に適した分析視点だといえる。また，「生き方の選択」が可能となり，選択したライフコースによって生活上の大きな違いが生まれる今日的状況において，必要不可欠なアプローチともいえる。

FIGURE　図 5-6 ● 現代女性のライフコースの木

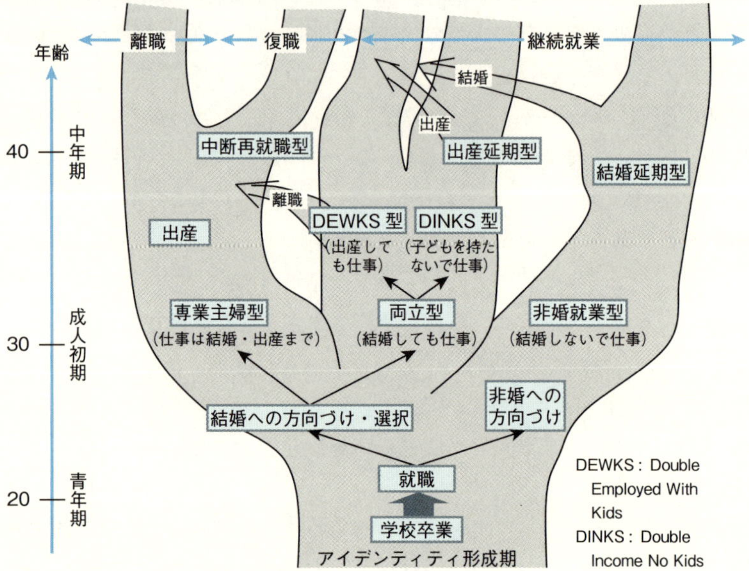

（出所）岡本・松下編［2002］，13 頁を一部修正して作成。

たとえば，図 5-6 は，現代女性のライフサイクルが複線化・多様化している様子を「ライフコースの木」として図示したものである。最終学校卒業後の就職，結婚，出産といったライフイベントでの選択の結果，さまざまに分岐していく女性のライフコースが見てとれる。専業主婦，ワーキング・マザー（DEWKS: Double Employed With Kids），DINKS（Double Income No Kids），ワーキング・シングルと，選択したライフコースに価値意識が反映されているとともに，各コースごとに生活構造（家族構成，家計収支等）は大きく異なる。

残念ながら，ライフコース視点での消費行動の分析事例はまだ数少ないが，生活構造と生活意識の問題を同時に検討する分析視点として，今後の活用が望まれる（青木・女性のライフコース研究会編［2008］）。

以上，①ライフサイクル，②ライフスタイル，③ライフコースという 3 つの分析アプローチを見てきたが，その特徴を比較・整理したものを表 5-2 に示す。

TABLE 表 5-2 ● 3 つの分析アプローチの比較

	ライフサイクル・アプローチ	ライフスタイル・アプローチ	ライフコース・アプローチ
概　要	家族ライフサイクル上のステージとそこでの生活構造の共通性に着目して消費行動を分析	価値意識の違いを反映した生活スタイルに着目して消費行動を分析	ライフイベントでの選択によって生じるライフコースの違いに着目して消費行動を分析
前　提	独身—結婚—出産……という典型的なコース，単線型のライフサイクルを想定	価値意識等によって生活行動・消費行動を説明する類型化が可能	ライフイベント選択によって生活行動・消費行動を説明するライフコースの類型化が可能
特　徴	生活構造の集約的標識	生活意識の集約的標識	生活構造（・生活意識）の集約的標識
分析単位	家　族	個　人	個　人

SECTION 4 消費様式の選択メカニズム

これまで述べてきたように，本章では，消費行動を単に所得配分だけの問題として捉えるのではなく，時間を含む生活資源配分の問題とも関連づけ，また，生活構造や生活意識の影響も考慮しつつ分析する立場をとる。このため，以下では，経済学における「時間配分の理論」に依拠しつつ，まずは，消費様式の選択メカニズムについて整理した後，消費パターンや支出配分の問題を検討していこう。

「時間配分の理論」：家計内での生産か外部化か

家計の消費行動を時間配分の問題と関連づけて分析する際，1つのキーワードとなるのが，「家計内生産」という考え方である。ここでは，夫婦と子どもからなる標準的世帯の家計行動を例にとり，この概念を説明することから始めよう。

いま仮に，夫は会社に勤めて所得を得，妻は専業主婦として家事・育児に専念する，という典型的な性別役割分業のパターンを考える。家庭内のことで見えにくく，また，金銭的評価もされないが，妻が行っている家事や育児といった活動も，ある意味では生産的活動であることに間違いはない。経済学者のベッカーは，これを**家計内生産**（Household Production）と呼び，その態様と消費行動への影響について，**時間コスト**と関連づけて理論化している（Becker [1965]）。

すなわち，彼の理論にもとづけば，ほとんどの消費活動には「家計内生産」の側面が含まれており，その部分を担っているのが家事活動である。たとえば，「食べる」という最も基本的な生活行為を取り上げてみても，肉や野菜などの素材はもちろんのこと，購入した食品をそのまま食べることは少ない。通常は，調理という形で手間や時間をかけ，あるいは，少なくとも温めるとか盛り付けるとかして，食材としての食品（Food）を食事（Meal）にすることで消費は完結する。このように，多くの消費には家計内での「最終加工過程」が含まれており，何らかの形で家計内生産を必要としているのである。

時として，家計は，家事の一部か全部を市場に委ねることもできる。たとえば，すべてを手作りする代わりに，調理済み加工食品を使うとか，弁当や惣菜などですませるとか，あるいは，外食サービスを利用するなどである（これらを「外部化」ないしは「市場購入」と呼ぶ)。同様に，育児についても，託児所や保育園・幼稚園などの保育サービスを利用する形で，外部化は可能である。

ここで重要なポイントは，消費は瞬間的に行われるものではなく，所得に加えて時間を必要とするという事実である。また，各家計が家計内生産と市場購入（外部化）のいずれを選ぶかは，当該家計にとっての時間コストの大きさが決め手となる，という点も重要である。すなわち，時間コストの低い家計は家計内生産を行うが，時間コストの高い家計は外部化することに積極的である，という図式が基本的に考えられる。

また，通常，時間コストは機会コスト（その時間働いた場合に得られた所得）で測られ，所得稼得能力の高い家計（高い所得稼得能力を持った構成員のいる家計）の時間コストは高いので，そのような家計では家計内生産ではなく外部化を選択することが予想される。

このように，家計内生産を行って時間集約型の消費を行うか，あるいは，家事を外部化して時間節約型の消費を行うか，さらには，労働時間を減らしてより多くの余暇時間を選択するかなどは，基本的には，所得と時間コストによって決まり，それらは**時間配分**（Allocation of Time）の問題として定式化することができるのである。

消費様式の選択問題

前述のように，消費は瞬時に行われるものではなく，多くの場合，家庭内生産による最終加工の段階を経て完結・完了する。

したがって，一方には，多くの生活時間を家庭内での最終加工に投じて，手間暇かけた消費を行うという時間集約的で家計内生産型の消費様式があり，もう一方には，できる限り家事は外部化し，加工度・完成度の高い製品（そのまま消費できる製品）やサービスを利用した消費を行うという時間節約的で市場購入（外部化）型の消費様式がある。そして，消費者はそれらを両極とする一定範囲の消費様式のなかから自分に合ったものを選択することになる。

先述したように，ここでいう「消費様式」とは，消費の仕方に見られる型ないしパターンのことであり，生活行動全般に見られる型である「生活様式」の下位概念として位置づけられるものである（本章では，これを限定的に，所得配分や支出配分の面で確認できる消費の傾向や型として捉えておく）。

たとえば，再び食事の例を用いれば，前者の家計内生産型の消費様式には，素材レベルの食材を購入し手間暇かけて調理して食事をとるという伝統的な「内食」のパターンが含まれ，後者の市場購入（外部化）型の消費様式には，レストランなどを利用する「外食」のパターンが含まれる。また，その中間には，レトルト食品といった加工度の高い食品，あるいは，弁当・惣菜の利用といった「中食」のパターンなどが存在するであろう。そして，どちらの消費様式がどの程度のレベルで選択され，結果的にどのような製品やサービスが購入されるのかは，当該家計にとっての時間コストの程度次第ということになる。

もちろん，このような消費様式の選択には，時間コスト以外の要因も直接的あるいは間接的に関係するであろう。先述のとおり，所得は予算制約といった形で直接的に，あるいは，時間コストを経由して間接的にも影響するだろうし，家計の規模（世帯人数）によっても，また，価値意識やライフスタイルによっても，当然，消費様式の選択の仕方は異なるであろう。

たとえば，よく見受けるように，単身者は食事の多くを外食や中食に頼りがちだが，毎食が外食では経済的負担も大きい。なかには，経済的理由からだけでなく，栄養のバランスなどを考えて，極力，外食を避ける単身者もいるであろう。また，どんなに忙しくても手作りする人もいれば，そもそも調理の腕前に自信のない人もいる，等々。同様のことは，なにも食や調理の領域だけに限らず，衣や住にまつわる他の生活領域にも当てはまるであろう。

このように，消費者が行う消費様式の選択には，さまざまな要因が影響しており，消費行動の分析においては，それら諸要因の影響を体系立てて整理することが重要である。

消費様式の選択プロセス

図5-7は，消費様式の選択問題を，まずは家計内生産型か市場購入型（外部化型）かという図式のなかで捉え，その選択プロセスに影響を及ぼす諸要因を，時間コストに焦点を当てつつ，家計内の経済的要因と非経済的要因，そして市場要因に区分したものである。

また，同図において，消費様式の選択結果として示される「消費パターン」とは，「特定の消費様式や消費行為と結びついた製品・サービスの組合せ」のことであり，単に選択される製品やサービスそれ自体のことではなく，その具体的な消費行為において投入される時間やその他の生活資源とセットになった概念である。

たとえば，素材を購入して家で調理するという内食の具体的な消費パターンは，調理するための時間や技術，そして器具・設備の存在を前提としている。また，冷凍食品やレンジ食品を利用して時間節約型の消費を行うためには，冷凍冷蔵庫や電子レンジといった器具・設備が必要となる，などである。

このように，消費者が購入する製品やサービスは，通常，特定パターンの消費行為と結びついており，反対に，特定の消費様式や消費行為のパターンを選択することで，製品選択やブランド選択は基本的に方向づけられる。

以下では，このような消費様式の選択プロセスにおいて，様式の選択を規定し，消費パターンに影響を及ぼす要因を検討する。

(1) **時間コスト**　これまで述べてきたように，家計内生産か市場購入（外部化）かという消費様式の選択において，最も基本的な要因は時間コストである。一般的に，時間コストの上昇は，時間節約型消費を促し，加工度の高い製品やサービス購入の割合を高める（時間コストの低い家計と比べて高い家計についても，同様のことがいえる）。反対に，時間コストの下落（あるいは，時間コストの低い家計の場合）は，家計内生産を中心とした時間集約型消費につながる。なお，次に述べる所得や家計規模などが消費様式選択に与える影響も，時間コス

FIGURE 図 5-7 ● 消費様式の選択プロセス

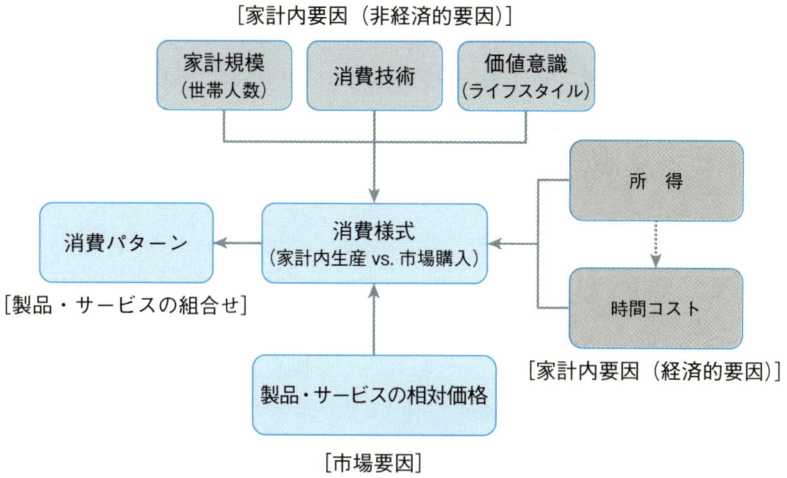

トを経由した間接的効果である場合が多い。

(2) **所得**　先述のように，通常，消費行為の時間コストは，放棄所得（その時間働かないことで失われる所得）などの機会コストとして測られる。このため，賃金率や所得水準の上昇は時間コストが上昇することであり，結果的に，時間節約型消費を促す。また，所得の増大は予算制約を緩めることになるので，財に対してサービスの相対価格が高い場合には，直接的な形でも消費のサービス化（時間節約型消費）を促す（戦後，永らく続いてきた所得水準の上昇は，このような2つの経路で消費のサービス化を促し，経済のサービス化を推し進めてきたといえる）。

(3) **家計規模（世帯人数）**　世帯人数に代表される家計の規模的要因も，消費様式の選択に影響を及ぼす。たとえば，単身者の場合，利用可能な生活時間は1日24時間に限定されており，そのなかで労働も消費も行わなければならない。これに対して，2人以上の世帯では，構成員の生活時間をプーリング（pooling）して活用できるので，時間的制約は世帯人数が増えるに従って緩和される。また，夫が勤めて妻が家事という役割分業を行うことで，家計内生産に集中配分できる時間が生まれる。それゆえ，他の条件が等しければ，世帯人数が少ない家計では，家事の外部化が志向され，市場購入型の消費が促される。なお，こうした時間コストの効果以外にも，世帯人数が増えることなどで規模効果が生まれ，家計内生産が促されることも考えられる。

(4) 消費技術（設備ストック） 消費様式の選択には，消費を行ううえでの知識やスキル，あるいは，保有する家電製品等の設備ストックも影響するであろう。たとえば，調理技術だけに限らず，さまざまな生活・家事領域での知識やスキルは，家計内生産の時間生産性や生み出される生活効用を高める。また，こうした人的資本の面に限らず，家計が保有する設備ストックは，その内容と使われ方で，家計内生産を促したり，反対に，市場購入による時間節約につながりもするだろう。

(5) 価値意識（ライフスタイル） たとえ所得水準や家計規模が同じであっても，価値意識やライフスタイルの違いを反映して，消費様式の選択は異なったものとなる。機会コストとしての時間コストだけでなく，消費行為に投ずる時間がもたらす経験価値の側面も考慮する必要がある。先にライフスタイル・アプローチに関して述べたように，価値意識に裏づけられたライフスタイルが消費行動に与える影響は大きい。

(6) 市場要因 最後に，家計内生産か市場購入（サービス消費）かの選択には，財とサービスの相対価格といった市場要因も影響を与える。先述したように，もしサービスが財に対して上級財として位置づけられるのであれば，その相対価格の下落は，代替効果と所得効果の双方を通じて消費のサービス化を促すことになる。たとえば，過去，外食産業では，システム化，マニュアル化，IT 化などをとおした徹底したコストダウンによって，相対価格を引き下げる（少なくとも据え置く）努力をしてきており，その結果として家計の外食化が進んだことは事実である。

以上の整理は，あくまでも概念的なものではあるが，時間コストを鍵概念として，ミクロ・レベルでの消費様式の選択とその結果としての消費パターンの選択に影響を及ぼす主要な要因を体系的に理解するうえでの手助けとなるであろう。

外部化の進行と消費の多様化

上述のように，家計内生産という考え方の背景には，ほとんどの消費は家計内における追加的な加工によって完結・完了するという基本的認

COLUMN 5-3 進む食の外部化

本文中でも述べたように，家計の消費行動において，時間コストの上昇は時間節約型の消費様式の選択を促し，結果的に，サービスの購入や完成度の高い製品の購買となって現れる。このことは，とくに食の領域において顕著であり，近年頭打ちになったとはいえ，これまで外食や中食といった形で「食の外部化」が進行してきた。

表5-3は，家計調査データ（全国勤労者世帯）にもとづき，食関連指標として，①外食率（食料費に占める外食費の割合），②中食率（食料費に占める調理食品の割合），③食の外部化率（①＋②），④エンゲル係数（消費支出に占める食料費の割合）を算出し，1965年以降を時系列に比較したものである。

同表から確認できるように，1965年以降，勤労者世帯のエンゲル係数は一貫して低下し，1965年の38.1%から2008年の23.2%へと43年間に15ポイント近く下落した。一方，同じ期間に，外食率は，6.6%から17.0%へと10ポイント強ほど増加，中食率も3.1%から11.5%へと3倍近くに増大している。この結果，外食率と中食率を合計した外部化率は，2008年時点で28.5%にまで達している。

ちなみに，同じく家計調査データを用いて単身者世帯の数値を算出してみると，2008年の外食率は35.0%，中食率13.9%，外部化率48.9%，エンゲル係数は23.0%となっている。また，外食産業総合調査センターが，マクロ・データ（国民経済計算）から算出した数値では，2007年の外食率は34.6%，外部化率は42.5%であった。

このように，世帯人員2人以上の勤労者世帯の外部化率28.5%に対して，単身者世帯のそれが48.9%と大きく上回っており，本文中で指摘した世帯規模と外部化の関係を裏づける結果となっている。

TABLE 表5-3 外食率，食の外部化率の推移（1965〜2008年，単位：%）

	1965年	1970年	1975年	1980年	1985年	1990年	1995年	2000年	2005年	2008年
外食率	6.6	8.9	10.2	12.7	14.1	15.6	16.2	16.9	16.7	17.0
中食率	3.1	3.6	4.4	5.8	6.5	8.1	9.4	10.8	11.8	11.5
外部化率	9.7	12.5	14.6	18.4	20.7	23.8	25.6	27.6	28.6	28.5
エンゲル係数	38.1	34.1	32.0	29.0	27.0	25.0	24.0	23.0	22.9	23.2

（出所） 総務省統計局『家計調査』（全国勤労者世帯平均）。

識がある。

何度も出している調理の例でいえば，家族の好みに合わせた味つけをする，レトルト食品や冷凍食品を食器に移してレンジで加熱（解凍）する，惣菜を皿に盛る，弁当を食卓に出す，といった家庭内での「最終加工過程」は，程度の差こそあれ何らかの形で存在する。近年，「食の外部化」が進んでいるが（COLUMN *5-3* 参照），味つけの好みや食べるタイミングなどに起因する消費の個別性・多様性に完全に対応することはきわめて困難である。

実は，家計が家計内生産という形で最終加工過程での調整を一切行わず，その部分を外部化して市場で購入する製品やサービスに委ねるということは，このような個別的で多様な消費に対応できるだけの多様性が製品やサービスの側にも求められるということである。もし仮に，消費者ニーズの多様性の程度自体に変化がなかったとしても，家庭内での最終加工過程で調整が行われるのか，それとも市場で多種多様な製品・サービスを購入するのかによって，顕在化する**消費の多様性**は，その程度において大きく異なってくる。

このように，消費と生産との境界は決して固定的なものではなく，その時々の状況によって変化する。それを消費様式の選択や消費パターンの変化と関連づけて捉えることにより，多様化をはじめとする消費構造変化を把握することができるのである。

SECTION 5 消費プロセスの変容と市場への影響

これまで本章では，消費行動のレベルに分析水準を設定し，主な分析アプローチや消費様式の選択プロセスなどについて，検討してきた。最後に，以上の議論をふまえたうえで，消費行動の変化が市場（需要）に与える影響について，もう少し踏み込んで考えてみたい。

ここでは，マーケティング学者のエトガーが提示した説明図式を用いて，検討を進める（Etgar［1978］）。彼は，本章で紹介した時間配分の理論をベースに，さまざまな環境要因の変化が時間コスト（価値）の増大を引き起こし，それが消費プロセスの変化を経由して新たな市場需要の創造につながる様を，図 5-8 のようなフロー図で整理している。少し古い論文ではあるが，今日でも十分に

FIGURE 図 5-8 ● 時間コスト変化の消費プロセスへの影響

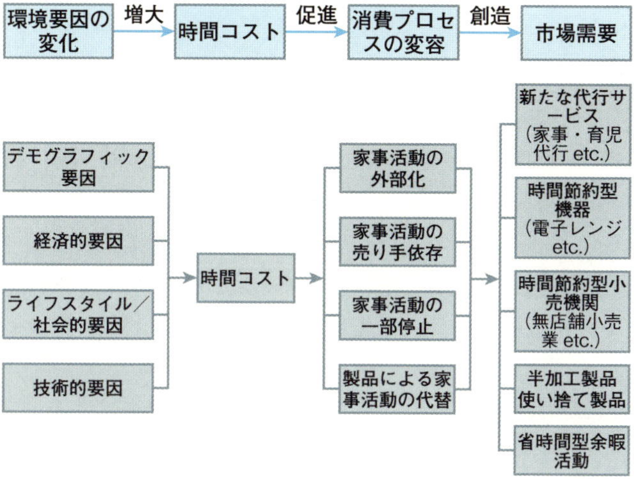

（出所） Etgar [1978], p. 91 を一部修正して作成。

通用する視点と枠組みなので，最近の状況も補いながら検討しておこう。

環境要因の変化

エトガーの説明図式における左サイドのボックスには，時間コストを増大させる環境要因が列挙されている。基本的に，その影響の仕方は，これまで説明してきたとおりであるが，要因ごとに改めて整理をすれば，以下のとおりである。

(1) **デモグラフィック要因**　晩婚や非婚，あるいは離婚や死別といったさまざまな理由による単独世帯の増加は，時間コストの増大につながる。また，出生率の低下は，女性を家事労働から解放し，その雇用労働者化を促す。結果として，女性にとっての時間の機会コストは上昇していく。

(2) **経済的要因**　所得水準の恒常的な上昇という従来の経済環境は，時間コストの増大に寄与してきた。その背景には，教育投資の結果としての所得稼得能力の増大，女性の雇用労働力化などの流れがある。また，豊かな生活の追求は，後述するように，放棄所得という観点から見た時間の機会コストを増大させている。

(3) **ライフスタイル**　家事労働に対する価値観の変化，余暇活動への関心の増大などは，家事労働の時間コストを高め，自由時間へ多くの価値を置く傾向を生み出してきた。また，多様化し多忙化するライフスタイルも時間コストを上昇させる要因である。

(4) 技術的要因　ICT（情報通信技術）に代表されるように，さまざまな技術革新は，われわれの生活を便利にさせると同時に忙しくもする。たとえば，インターネットや携帯電話の登場により，しばしば，24時間追い回されているような感覚に陥る。

豊かさのパラドックス

上述のように，さまざまな環境要因の変化が，時間のコストを上昇させているが，重要なことはそれらが複合して，生活の多忙性を高めているということである（矢野［1995］）。

かつて経済学者のリンダーは，豊かな社会は時間がますます不足する社会だとして，これに**豊かさのパラドックス**と名づけた（Linder［1970］）。

すなわち，われわれは24時間という限られた生活時間のなかで，余暇を楽しむどころか，財を消費するために振り回されている。より多くのものを消費するために必要な，より多くの所得を得るために，働き続けている。この悪循環の結果，時間はますます稀少なものと実感されるようになった。いまや状況はさらに悪化しているといえるが，ネット社会の到来により，24時間追い回される「時間にしばられた有閑階層」（The Harried Leisure Class）は急速に増大しているのである。

消費プロセスの変容

エトガーの説明図式において中核をなすのは，時間コストの増大によって引き起こされる消費プロセスの変容，すなわち，時間節約型消費プロセスへの変容の段階である。

ここでエトガーがいう消費プロセスとは，調達した製品を家庭内で消費し最終的な生活効用を生み出すプロセスのことである。先述したように，消費は時間と無関係な瞬間的な活動ではなく，多くの場合，最終段階での家計内生産のプロセスにおいて時間を必要とする。したがって，時間節約型消費プロセスへの変容とは，このような最終段階での処理時間をさまざまな形で節約することであり，具体的には，以下のような形で行われる。

(1) 家事活動の外部化　消費プロセスにおける時間節約の1つのパターンは，家事活動を外部化する形で行われる。これまで，伝統的に家庭内で行われてきた炊事，洗濯，育児などが外部化されて，外食，クリーニング，託児などのサービス利用が進んだ。時間コストの増大にともない，外部化されサービス消費によって代替される範囲は広がっていくであろう。

(2) 家事活動の売り手依存　消費プロセスにおける時間節約は，サービスを利用するだけではなく，製品の購入や小売機関の利用によっても可能である。たとえば，弁当・惣菜といった中食や冷凍食品・レンジ食品など加工済み食品を利用することで調理時間を省くことができるが，これらは小売機関やメーカーに消費プロセスの一部を委ねていくことになる。

(3) 家事活動の一部停止　場合によっては，家計は家事活動の一部または全部を停止したり，あるいは，その回数を減らすことで時間の節約を行う。もちろん，それによって生活効用が低下する場合もあるが，たとえば，アイロン不要の形態安定シャツなど生活効用を低下させずに手間を省く商品の登場にもつながる。

(4) 製品による家事活動の代替　多くの家電製品がそうであるように，家計は製品の購入によって家事活動を代替し，時間の節約を図ることができる。また，電子レンジや全自動洗濯機などは，さらなる時間の節約に貢献してきた。ある意味で，これらは家計内での設備投資により家事労働の時間生産性を高めることだと考えることもできる。

市場需要への影響

上述のような消費プロセスの変容，時間節約ニーズから生まれる市場需要は多岐にわたるが，おおむね次の5つの領域に整理することができる。

(1) 新たな代行サービス　家事の外部化ニーズに対応する従来型のサービス（外食，クリーニング，託児など），時間節約のためのさまざまな分野の代行サービス（買物，送迎，手続きなどの代行）など。

(2) 時間節約型機器　消費プロセスでの省力化による時間節約（フード・プロセッサー，食器洗浄機など），処理時間の短縮化による時間節約（電子レンジ），自動化，予約機能，遠隔操作による時間節約など。

(3) 時間節約型小売機関　コンビニエンス・ストアなどの24時間営業の小売店，通販・ネット通販などの無店舗小売業，さまざまな宅配サービスなど。

(4) 半加工製品・使い捨て製品　消費プロセスでの処理（調理）時間の節約につながる調理済み食品，廃棄・処分の手間の省略につながる使い捨て製品。

(5) **省時間型余暇活動**　より高速な交通手段を利用した短期間の旅行，都心のジムでのアスレチックなど。

Chapter 5 ● 演習問題　EXERCISE

❶ 今後も世帯の多様化は進み，そのなかでも単独世帯の割合は増加していくと予測されている。ただし，その内訳は，若年の単独世帯だけではなく，高齢者の単独世帯，それも女性高齢者の単独世帯の増加が見込まれている。同じ単独世帯でも，若年層と高齢者層，男性と女性とでは消費行動はどのように異なるかを考えてみよう。

❷ ライフサイクル，ライフスタイル，ライフコースという3つの分析アプローチは，市場細分化の切り口を考えるうえでも有用である。関心のある製品やサービスの市場を取り上げ，これら3つのアプローチを用いて，有効な細分化基準を考えてみよう。

❸ 2人以上の世帯では，時間以外にも生活資源のプーリングが可能である。どのようなものがあるかを考えてみよう。また，そのようなプーリングができない単独世帯の場合には，消費行動の面でどのような特徴が出てくるかもあわせて考えてみよう。

❹ 時間コストが増加するなか，食の外部化は進んできたが，近年では外食率は低下傾向にある。内食，中食，外食という食領域での消費様式選択に影響を及ぼす諸要因を列挙し，今後の動向について考えてみよう。

❺ 時間コストの増加にともなう消費プロセスの変容は，新たにどのようなニーズや需要を生むか。本文中の説明を手がかりにして，自分なりに考えてみよう。

第 6 章　購買行動と意思決定プロセスの分析

狭いフロアに数多くの製品・ブランドが陳列されるコンビニ。
複雑で多様な消費者の購買行動プロセスを分析。

CHAPTER 6

すでに，第３章で議論したように，消費者が直面する選択問題にはさまざまな階層があり，そのなかで，製品やサービスの取得・確保に関わる部分を購買行動と呼ぶ。具体的には，どのブランドを，いつ，どこで，いくつ購入するかといった，ブランド選択，購入時期選択，購入場所選択，購入数量選択などの選択問題が該当する。本章では，このような購買行動にまつわるさまざまな選択を，意思決定プロセスとして捉え，分析する枠組みを提示する。

具体的には，とくにブランド選択に関わる意思決定プロセスに焦点を当て，主要な段階ごとに概要を整理する。また，意思決定の具体的側面として，多属性態度モデルや選択ヒューリスティクスなどのトピックスも取り上げ説明する。最後に，多様な購買行動の状況を分類・整理する枠組みを紹介し，関与や知識を扱う次章への導入とする。

INTRODUCTION

KEYWORD
FIGURE
TABLE
COLUMN
EXERCISE

KEYWORD

選択の階層性　製品カテゴリー選択　ブランド選択　買物出向　空間行動　意思決定　問題認識　情報探索　代替案評価　ヒューリスティクス　選択・購買　非計画購買　購買後評価　包括的問題解決（EPS）　限定的問題解決（LPS）　常軌的反応行動（RRB）　アサエルの購買行動類型

SECTION 1 消費者選択の階層性

先に第3章で分類・整理したように，消費者行動の分析においては，大別して，消費行動，購買行動，買物行動，使用行動という4つのレベルを設定することができる。本章では，このうち，購買行動と買物行動のレベルを取り上げ，その分析上の視点や枠組みについて検討していく。

ここで購買行動とは，文字どおり，製品やサービスの購買をとおして，それらを取得・確保する行動の総称である。すなわち，消費行動が，消費様式の選択や支出配分の決定をとおして，消費内容の大枠を決める行動であるのに対して，購買行動は，その枠内で，何を，いつ，どこで，いくつ購入するのかを決め，消費内容を具体化していく行動である。

いま，これを**選択の階層性**という観点から整理するならば，広義の購買行動には，以下のような5つの選択が含まれる（図6-1参照）。

製品カテゴリーの選択

後述するように，購買行動（あるいは，購買意思決定）は，日常生活のなかでのニーズの喚起や問題認識（理想とする状態と現実の状態との間のギャップの認識）を契機として開始される。このとき，まずは，喚起されたニーズの充足ないし問題解決の手段として，どのような製品カテゴリーが選ばれるかが，第1の選択レベルである（**製品カテゴリー選択**）。

たとえば，夏の暑い日に喉の渇きを感じて，何か飲料を購入して渇きを癒そうとする。このとき，ペットボトルの緑茶にするか，缶ビールにするか，といったレベルでの選択がこれに当たる。あるいは，1人で昼食をとるときに，ハ

FIGURE 図 6-1 ● 消費者選択の階層性（購買行動関連）

```
製品カテゴリーの選択
      ↓
  ブランドの選択
      ↓
  買物場所の選択
      ↓
購入数量（＋時期・頻度）の選択
      ↓
  支払い方法の選択
```

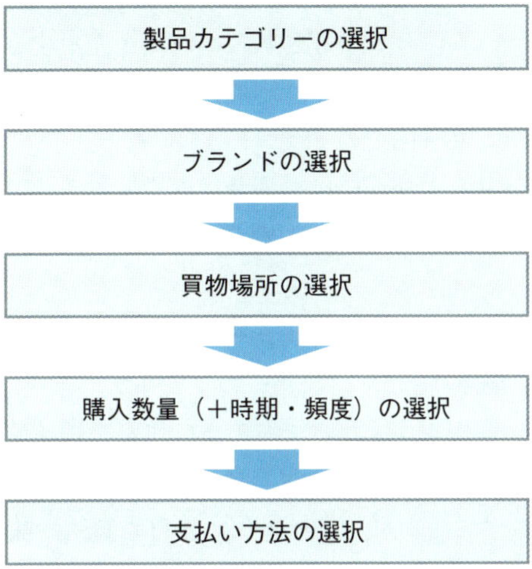

ンバーガーにするか，コンビニ弁当にするか，古くなったパソコンを買い替えるとき，デスクトップ型にするか，ノート型にするか，などは，ジャンルやカテゴリーのレベルは異なるが，どれも製品カテゴリーの選択である。

　すでに，第5章で，消費パターン選択の観点から言及したように，製品カテゴリーの選択は，消費行動と購買行動の境界に位置しており，特定の消費様式や消費パターンを選択することで，自ずから製品カテゴリーの選択範囲は限定されてしまう（たとえば，TPOに応じた飲食のスタイルや情報行動のスタイルによって，購入する飲料のカテゴリーやパソコンの型は限定されるであろう）。

　また，製品カテゴリーには階層構造が存在し，消費者の製品カテゴリー選択は，サブカテゴリーのレベルにも及ぶ。たとえば，飲料であれば，まずはアルコール飲料とノン・アルコール飲料に大別され，アルコール飲料のなかが，ビール系飲料，酎ハイ，ワインなどに分かれ，さらに，ビール系飲料のなかも，ビール，発泡酒，第3のビールなどに分かれる。同様に，ノン・アルコール飲料でも，茶系飲料が，さらに，緑茶，紅茶，ウーロン茶などに分かれ，また，緑茶のなかにも混合茶などのサブカテゴリーがあったりする。このように製品カテゴリーの階層構造は複雑であるが，消費者は自らのカテゴリー知識を用いながら，これらの各レベルにおいてカテゴリー選択を行っていく。

なお，消費者のカテゴリー知識については，第7章で，再び解説する。

ブランドの選択

喚起されたニーズを充足するための手段として，ある特定の製品カテゴリーが選択されたなら，次は，その製品カテゴリー内でのブランド選択である。

通常，製品カテゴリーのなかには，消費者の選択をめぐって競合関係にある複数のブランドが存在し，それぞれに異なる特徴（差別化ポイント）を訴求している。

たとえば，ビールという製品カテゴリーであれば，アサヒの「スーパードライ」，キリンの「一番搾り」，サントリーの「モルツ」，サッポロの「ヱビス」などのブランドが，選択対象となるであろう。また，緑茶飲料のカテゴリーであれば，伊藤園の「お～いお茶」，キリンビバレッジの「生茶」，サントリーの「伊右衛門」などのブランドが，それぞれに独自の製法や味を訴求している，といった具合にである。

そして，消費者は，過去の購入・使用経験を通して蓄積したブランド知識，あるいは，新たな情報探索で取得したブランド関連情報を手がかりに，自らの評価基準に照らして，ブランド選択を行う。通常，購買行動（ないしは購買意思決定過程）の分析とは，このようなブランド選択に焦点を当てた分析のことであり，そこで用いられる選択の基準や意思決定ルールの解明に主眼を置くものである。以下，本章でも，ブランド選択を中心に議論を進めていくが，それは消費者選択のごく一部にすぎないことに注意する必要がある。

なお，一口にブランドといっても，そこには企業レベルのブランド（アサヒ，キリン，サントリー等）と個別の製品レベルのブランド（「スーパードライ」，「一番搾り」等）といった階層性が存在するが，製品レベルでのブランド（製品ブランド）の選択を中心に考えていく。

買物場所の選択

上述の2つの選択レベルをとおして製品カテゴリーとブランドが確定したならば，次の段階は，それらを入手・確保する方法の決定である。通常，製品を手に入れるためには，実際に店舗にまで出向いて買物するか，あるいは，通信販売や訪問販売などの方法に頼らざるをえない。いずれにせよ，どこかに出向くか，あるいは，在宅のままか，という買物場所の選択が問題となる。いま，自宅も含めた買物場所

FIGURE 図 *6-2* ● **買物場所選択の階層性（買物出向行動）**

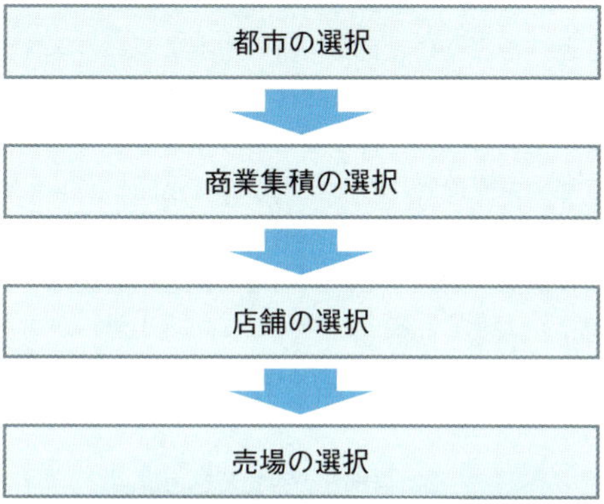

の選択に関わる消費者の行動を（広義の）「買物行動」（Shopping Behavior）と呼ぶならば，それは，とくに「どこで」（where）に重点を置いた消費者行動分析という特徴を持つ。

また，実際に店舗に出向く行為を買物出向（Shopping Trip）と呼び，これを狭義の買物行動とするならば，そこには，都市，商業集積，店舗，売場といったさまざまなレベルでの買物場所の選択が含まれる（図 6-2 参照）。

たとえば，週末のショッピングでの買物場所の選択であれば，新宿，渋谷，銀座といった地域の商業集積が選択の対象となるであろうし，毎日の買物であれば，近隣の商店街やスーパーなどの店舗レベルでの選択から始まるであろう。また，場合によっては，このような店舗間での買物行動とは別に，特定の店舗内での買物行動，たとえば，売場の選択や売場内での商品選択なども分析の対象となる（前者を「店舗間買物行動」，後者を「店舗内買物行動」あるいは「店舗内購買行動」と呼ぶ）。

いずれにせよ，具体的な形での買物出向には，空間移動にともなうさまざまなコスト（通常は，消費者の居住地から目的地までの距離に比例する）が発生するため，消費者は，そのようなコストと買物場所の魅力度などを比較考量して選択するはずである（COLUMN *6-1* 参照）。

なお，このような買物出向という形での消費者の空間的な動きに着目した分

COLUMN 6-1 消費者空間行動の分析

本文中でも述べたように，買物場所の選択に関わる購買行動（買物行動）の分析は，買物出向という消費者の物理的・地理的な移動を対象とする点に特徴があり，消費者空間行動の分析などとも呼ばれる。ここでは，このような買物出向における移動距離に着目した空間行動の分析モデルを紹介する。

いま仮に，買物出向の起点である消費者の居住地から見て，近くだがあまり魅力的ではない店舗（規模が小さく品揃えが悪い店舗）と，遠くにあるが魅力的な店舗（規模が大きく品揃えが充実している店舗）があった場合，消費者はどちらの店舗を選択するであろうか（図 6-3 参照）。

FIGURE 図 6-3 ● 店舗との距離と魅力度

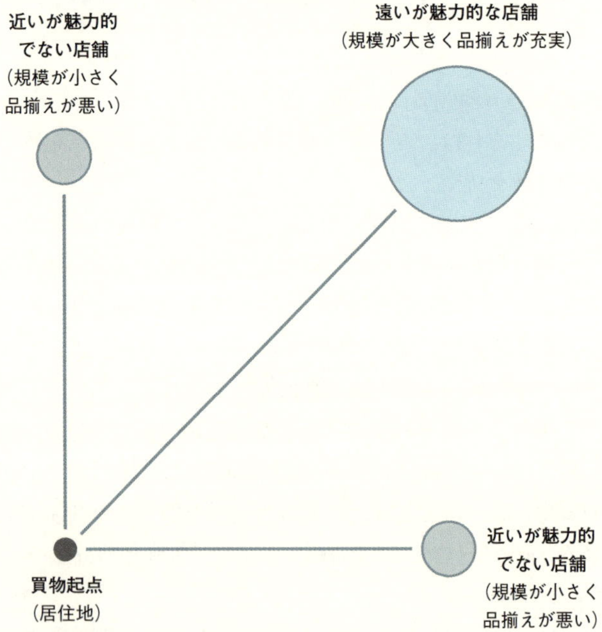

もちろん，店舗の魅力度（品揃えやサービスなど）が同じであれば，消費者は近くの店舗を選ぶであろうが，それ以外の場合，店舗の魅力度と当該店舗までの出向にかかる費用とを比較考量して選択するであろう。すなわち，消費者がより遠くの店舗まで買物に出向く（店舗がより遠くから消費者を吸引できる）のは，その店舗の魅力度が買物費用を上回っているからにほかならない。

一般的に，買物起点から店舗までの出向に要する買物費用（金銭的，時間的，心理的費用）は，その距離に比例すると考えられる。ここで，これを距離抵抗と呼ぶならば，消費者は店舗までの距離抵抗が大きいほど出向をためらい，店舗の魅力度が大きいほど出向意欲も高くなる，という想定が成り立つ。さらに，一定の仮定を置くことで，消費者の店舗選択にともなう空間行動を，以下のようにモデル化することができる（池尾［1989］）。

まず，買物起点 i に居住する消費者が小売店舗 j へ出向する程度は，当該店舗の小売吸引力（消費者を店舗に引きつける力）DP_{ij} に依存し，それは魅力度に比例し，距離抵抗に反比例すると仮定する。すなわち，

$$DP_{ij}=\frac{A_j}{R_{ij}} \qquad (1)$$

このとき，この消費者が店舗 j へ出向する確率 π_{ij} は，

$$\pi_{ij}=\frac{DP_{ij}}{\Sigma DP_{ij}}=\frac{A_j/R_{ij}}{\Sigma A_j/R_{ij}} \qquad (2)$$

という形で定式化される。

ここで，R_{ij} は起点 i から店舗 j まで出向するのに消費者が感じる距離抵抗，A_j は店舗 j の魅力度である。すなわち，このモデルによれば，ある消費者が小売店舗 j を選択する確率は，その消費者にとっての店舗 j の吸引力を，選択可能なすべての店舗の吸引力の和で割ったものに等しく，さらに，ある店舗の吸引力（drawing power）は，その魅力度に比例し，そこに出向する際の距離抵抗に反比例するということである。

なお，上記の(1)式および(2)式によって，消費者の空間行動を説明しようとするモデルは，小売吸引力モデルと呼ばれ，商圏問題の分析などで活用されている（中西［1983］）。

析は，空間行動（Spatial Behavior）の分析とも呼ばれている（中西［1983］）。

購入数量や支払い方法の選択

製品を取得・確保するという意味での購買行動では，購入数量や購入頻度，そして購入時期の決定も重要である。

たとえば，食料品や日用雑貨などの購入頻度の高い製品については，必要なときに必要な分量をその都度に購入するか（「小口当用買い」），あるいは，特売などの価格の安いときに一度に大量に購入するか（「まとめ買い」）という，購入数量と購入頻度についての選択，そして，購入時期の選択が問題となる。

もちろん，家電製品の買い替えのタイミングや住宅の購入時期の決定など，購入頻度の低い製品についても，購入時期の問題は重要である。

また，支払い方法の選択については，現金（キャッシュ）で支払うか，クレジットカード（信用販売）を利用するか，また，クレジットカードの場合でも，一括払いか，リボ払いか，などが問題となる。近年，電子マネーやネット上での電子決済など，新たな決済方法が登場し，消費者の選択肢はますます増える傾向にある。

以上，消費者選択の階層性について，製品カテゴリー選択から順序立てて説明してきたが，もちろん，これらの選択の順序は時として逆転することもある。たとえば，買物場所としての店舗選択が先に行われ，その店舗で入手可能な範囲のなかからブランド選択が行われる，といった購買行動も現実にはよく見受けられるところである。

以下，本章では，そのような購買行動の多様性を念頭に置きつつも，まずはブランド選択の問題に焦点を当て，それを意思決定プロセスとして，検討していくことにする。

SECTION 2 購買行動の分析フレーム

購買行動と意思決定

前述のように，本章では，購買行動における選択を，意思決定問題として捉え，整理・検討していく。ここで意思決定（Decision-Making）とは，“複数の選択肢（代替案）のなかから，1つ（ないしは複数）の選択肢を選ぶこと（選択すること）”を指し，通常は，それにともなうさまざまな判断（選択肢を評価する基準についての判断や用いる決定ルールの判断など）も含めた概念である（印南［2002］）。

たとえば，ある消費者がパソコンの購入を検討している場合，彼／彼女は市場に複数存在するパソコンの機種やブランドのなかから，どれを購入するか決めなければならない。また，通信販売も含めて，そのパソコンをどこで購入するかも決めなければならない。このように，通常の購買状況において行われるブランドや店舗の選択に関わる意思決定を，ここでは「購買意思決定」と呼ぶことにしよう。

さて，パソコンの機種やブランドを選択しようとするとき，ほとんどの消費者は，価格や機能・性能（CPUの処理速度，メモリやハードディスクの容量等），デザイン，付属ソフト，保証期間といった製品属性について比較・検討するであろう。また，製品を購入する店舗を選択する場合には，立地や品揃え，値引きの程度や接客態度，無料配送サービスの有無などの店舗属性について比較・検討するであろう。このように，ブランドや店舗といった購買行動における選択肢（代替案）は，通常，複数の属性（Attribute）を有しており，それらの複数の属性を比較考量したうえで行われる購買意思決定のことを，「多属性型意思決定」（Multi-Attribute Decision-Making）と呼んでいる（竹村［1996］）。

最後に，自動車や住宅といった大型の製品を購入する場合，意思決定の主体は個人ではなく，夫婦とか家族であることも多い。この種の主体による意思決定を，共同意思決定（Joint Decision-Making）ないしは集団意思決定（Group Decision-Making）と呼ぶが，本章では，議論を単純化するために，個人が単独で行う意思決定（個人的意思決定：Individual Decision-Making）に限定して話を進めていく（夫婦間の共同意思決定については，COLUMN *6-2* を参照）。

なお，とくに断らない限り，以下では，意思決定（選択）の対象をブランドに限定して（すなわち，ブランド選択に関する意思決定に限定して）議論していくことにする。

購買意思決定のプロセス

意思決定の視点から購買行動を捉えた場合，それは単なる一時点での「購買行為」（支払いをして製品・サービスを手に入れるという直接的行為）のみに限定すべきではなく，その前後で行われるさまざまな活動を含めて，一連の「プロセス」として捉える必要がある。

COLUMN 6-2 夫婦間の共同意思決定

通常，消費者行動研究において検討対象となる購買意思決定は，そのほとんどが個人が単独で行うものに限定されている。もちろん，夫婦が行う共同意思決定や家族という単位での集団意思決定も重要な分析対象ではあるが，研究例はそれほど多くはない。

FIGURE 図 6-4 夫婦間の共同意思決定

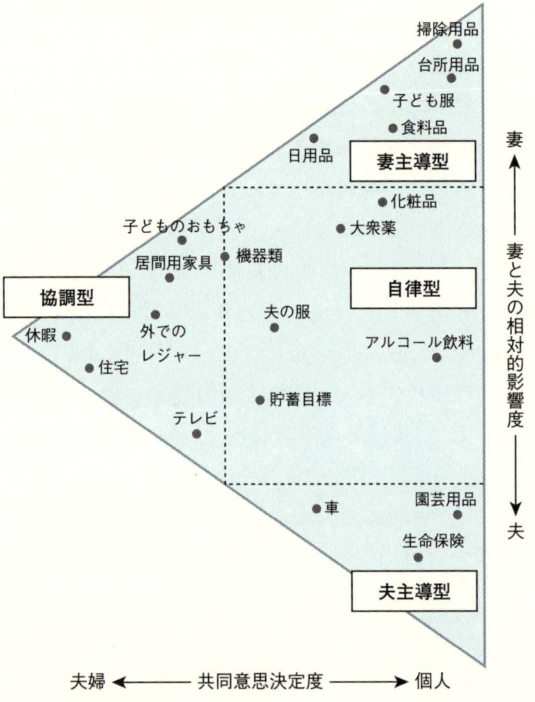

（出所） Davis and Rigaux [1974], p. 54.

ここでプロセスとは，互いに関連したいくつかの段階が継起的（連続的）に生起する有り様ないし道筋を捉えた概念のことである。購買行動を，このようなプロセスとして捉えた場合，それを購買前（Pre-Purchase）活動，購買（Pur-

この点に関して，デイビスとリゴーの研究は，さまざまな製品・サービスの購買意思決定において，夫婦間で，どのような役割分担がなされ，あるいは，共同意思決定が行われているかを検討しており，興味深い事例である（Davis and Rigaux [1974]）。

図 6-4 は，彼らの調査結果を図示したものである。図中，縦軸は，当該製品・サービスの購買意思決定における夫と妻の相対的影響度を示しており，上に行くほど妻の影響度が高く，下に行くほど夫が主導権をとって購買する傾向が強い。一方，横軸は，左へ行くほど夫婦が共同で意思決定し，反対に，右へ行くほど個人ベースで意思決定する傾向が強いことを示している。そして，この 2 軸の組合せのなかで描かれる三角形において，以下のような 4 つの領域が存在することを，彼らは指摘した。

① **夫主導型意思決定**（Husband-Dominant Decision）：単独で意思決定されることが多く，なかでも，夫が主導権をとって意思決定する製品・サービスの領域（生命保険，車，園芸用品など）。

② **妻主導型意思決定**（Wife-Dominant Decision）：単独かつ妻が主導権をとって意思決定する製品・サービスの領域（台所用品，掃除用品，子ども服，食料品，日用品など）。

③ **自律型意思決定**（Autonomic Decision）：その時々において，夫が行う場合や妻が行う場合もあるが，基本的に単独で意思決定される製品・サービスの領域（夫の服，アルコール飲料など）。

④ **協調型意思決定**（Syncratic Decision）：夫と妻が共同で意思決定を行う製品・サービスの領域（休暇，住宅，外でのレジャー，居間用家具，子どものおもちゃなど）。

もちろん，これらは相対的な類型化の試みであるが，意思決定が単独であるか共同であるか，あるいは，主導権が夫にあるか妻にあるかで，たとえば，マーケティング・コミュニケーション上の働きかけ方は大きく変わるであろう。さらに，掘り下げた検討が必要な研究領域である。

chase）活動，購買後（Post-Purchase）活動という 3 つのフェーズに分けて考えることが多く，さらに，そのなかに，①問題認識，②情報探索，③代替案評価，④選択・購買，⑤購買後評価という 5 つの段階を設定するのが一般的である

FIGURE 図 6-5 ● 購買意思決定プロセスの諸段階

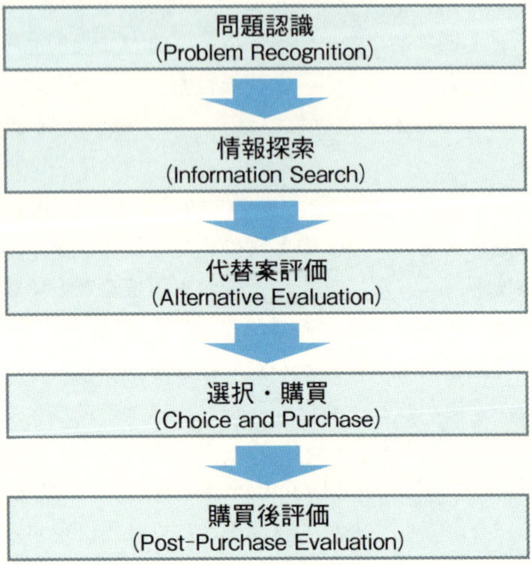

(図 6-5 参照)。

購買前活動：購買行動の契機となる「問題認識」に始まり，選択に必要な情報を取得するための「情報探索」に至るまでのフェーズ。

購買活動：購入すべきブランドを決めるための「代替案評価」をふまえて，実際の「選択・購買」が行われるフェーズ。

購買後活動：購入後の製品の使用にもとづく「購買後評価」を含むフェーズ（広義には，製品の処分・廃棄を含む）。

これら購買意思決定プロセスの諸段階については，次節で詳しく説明するが，5 つの段階のすべてが，常にこの順序で生起するとは限らず，そこには次の第 7 章で詳しく取り上げる関与水準や購入経験の程度などによっても違いが生じる。すなわち，低関与の場合には，問題認識の段階から十分な情報探索や代替案評価が行われないまま選択・購買に至ることも考えられるし，高関与の場合であっても，第 4 節で述べるように，購入・使用経験が蓄積されるにつれて意思決定プロセスの簡略化が起こることも考えられる。たとえば，ある製品カテゴリーでブランド選択が繰り返し行われ，結果的に特定のブランドが反復的に購入されるような場合（いわゆるブランド・ロイヤルティの形成）などは，このような簡略化のケースである。

なお，意思決定プロセスの諸段階として，購買後活動のなかの処分・廃棄などのステップを含めて考える場合もあるが，ここではブランド選択に関わる購買意思決定それ自体に焦点を当てることとし，これを除外して考える。

購買意思決定と情報処理　消費者の購買行動は，予算制約や時間制約のもとで行われる選択行動であり，意思決定論の視点からは，複数ある代替的ブランドのなかから1つを選ぶために，評価基準や決定ルールに関して，どのような判断が行われて選択に至るかが問題となる。また，第4章で紹介した消費者情報処理理論の知見によれば，問題解決にあたって，消費者自らが能動的に情報を探索・取得するとしても，その取得された情報の処理（統合）のされ方が，意思決定の結果（選択結果）に大きな影響を及ぼすと考えられる。

したがって，購買意思決定プロセスについての分析では，消費者の情報処理メカニズムに関する知見と結びつけて理解する必要があり，これまで多くのテキストでもそのような形で記述と説明が行われてきた（たとえば，その代表例である第3章で紹介したブラックウェルたちのBMEモデルでも，そのような説明図式になっている）。

そこで，まず本章では，購買意思決定プロセスの流れや各ステップの概要について検討し，次の第7章において，それらを情報処理の側面から跡づけることにする。

SECTION 3 購買意思決定プロセスの諸段階

前述のように，消費者の購買行動は，最終的な購買行為（対価を支払い製品・サービスを手にする行為）だけでなく，それに先立つさまざまな活動や，その後の活動も含む一連のプロセスとして捉えるべきものである。通常，このような購買意思決定のプロセスは，問題認識→情報探索→代替案評価→選択・購買→購買後評価という5つの継起的段階に分けて議論される（本節以降では，処分・廃棄の段階は除外して考える）。以下，各段階について，その概要を見ていこう。

FIGURE 図 6-6 ● 問題認識の生起メカニズム

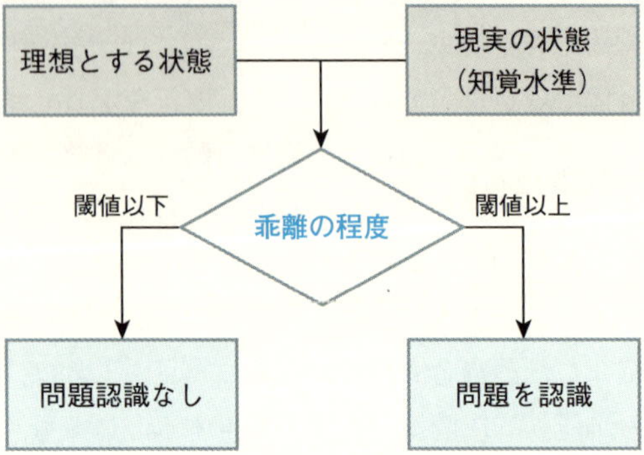

問題認識

購買意思決定を問題解決の視点から捉えた場合，その一連のプロセスは，まずは彼／彼女が解決すべき何らかの問題を認識することから始まる。

ここでいう**問題認識**（Problem Recognition）とは，消費者が「現実の状態」と「理想とする状態」との間に乖離（ギャップ）が存在することを知覚し，それが解決されるべき問題であると認識することである（図 6-6 参照）。そして，このギャップを埋める（問題を解決する）ための手段として，製品やサービスの購買と消費が検討され始める（それゆえに，この段階は「ニーズ喚起」とも呼ばれる）。

たとえば，「現実の状態」として「空腹」を感じた消費者は，「理想とする状態」としての「満腹（空腹でない状態）」になるために，外食サービスを利用するか，食品を購入して食事をとろうとする。あるいは，子どもが大きくなって家が手狭になった家族は，より広い家を購入するか借りるかして引っ越しするであろう。さらには，その引っ越しを契機に，新居に合った家具や家電製品の買い替えが行われるかもしれない，などなど。

多くの場合，消費者は過去の経験や知識から問題解決に必要な行動が何であるかを学習している。したがって，通常，「問題認識＝特定の製品・サービスについてのニーズ喚起」であり，そこからブランド選択をめぐる意思決定プロセスが開始されることになる。

FIGURE 図 6-7 ● 情報探索のプロセス

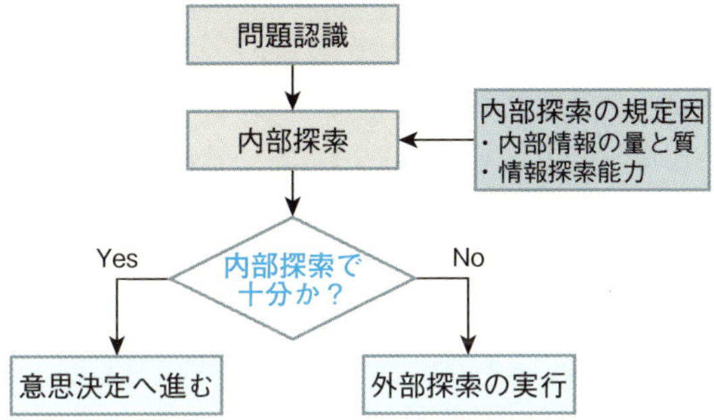

再び，図 6-6 に戻って，購買意思決定プロセスが開始される条件を考えると，それは①理想とする状態のレベルが上がるか，②現実の状態のレベルが下がるか，あるいは，③その両方が同時に起きるかであり（いずれの場合も知覚上の変化でよい），両者間のギャップの大きさが許容範囲を越えたとき，消費者は，購買意思決定へと駆り立てられることになる。ここで重要なことは，理想とする状態あるいは現実の状態の知覚レベルに影響を与える要因の把握であり，企業からのマーケティング・コミュニケーションは，そのような規定要因の1つにほかならない。

情報探索

購買意思決定プロセスの第2段階は，購買しようとする製品・サービスのカテゴリーにおいて，どのようなブランドが代替案として存在し，それぞれが，どのような特徴を持っているのかを把握するための**情報探索**（Information Search）である。

消費者の情報探索は，どのような情報源を探索するかにより，まずは記憶内の関連情報を探索する「**内部探索**」(Internal Search）と，外部の情報源を探索する「**外部探索**」(External Search）とに大きく区分される。通常，購買状況に直面した消費者は，まず最初に過去の購買経験をとおして蓄積された記憶内の関連情報の探索から始めるであろうし（内部探索），もし，記憶内に十分な情報が存在しないと判断した場合には，広告，セールスマン，友人・知人といった外部の情報源から追加的な情報を取得するかもしれない（外部探索）。

このとき，消費者が内部探索のみで意思決定を行うか否かは，内部情報（既存知識）の量や質と情報探索能力に依存する（図6-7参照）。また，内部探索に加えて，どの程度の外部探索を行うかは，情報を探索・取得するためのコストと，入手される追加情報の価値を比較考量することで決められるであろう。ここで，前者の探索コストには，時間的・金銭的・肉体的コストに加えて，情報探索する間の意思決定の遅れなどが含まれる。一方，後者の追加情報の価値としては，意思決定の適切性や結果への満足度などが考えられる。

また，外部探索については，これを購買前探索（Pre-Purchase Search）と継続的探索（Ongoing Search）に区分することがある。前者は，特定の製品・サービスの購買を前提とし，それに先立って行われる情報探索であり，後者は，日常的に継続して行われる情報探索である。たとえば，家電製品を購入する際，家電店に出向き店員の説明を受けたり，製品カタログをもらって読んだりするのは前者の例であり，自動車マニアが，当面購入する予定もないのに自動車雑誌を定期購読して情報を収集するなどは後者の例に当たる。

なお，探索され取得された情報が，処理・統合されていく内的プロセスの詳細については，次の第7章で検討する。

代替案評価

消費者は，情報探索によって得たさまざまな情報を用い，自らの評価基準やルールに照らして，代替案としてのブランドを比較・評価していく（代替案評価：Alternative Evaluation）。

ここで評価基準とは，さまざまな代替案を比較し評価するための標準であり，ブランド選択においては，製品属性ごとにみた消費者にとっての望ましさの程度である。たとえば，自動車という製品カテゴリーで考えれば，消費者のニーズないし購買動機と結びついた製品属性として，価格，経済性，居住性，操縦性，走行性，快適性，プレステージ，などが考えられる。消費者は，これらの製品属性を望ましさの程度に応じて重みづけ，自動車の車種ブランドを選択する。

第4章で紹介した構造明示型モデルの1つである多属性態度モデル（Multi-Attribute Attitude Model）では，消費者のブランドに対する全体的評価としての態度は，当該ブランドが属性 i を持つという信念の強さと，その属性の評価的側面（当該属性の重要度）との積の総和によって決まると仮定している。すなわち，数式で表せば，

FIGURE　図 6-8 ● 評価ルールの諸類型

- 補償型ルール
- 非補償型ルール
  - 連結型ルール ┐ ブランド別処理
  - 分離型ルール ┘
  - 辞書編纂型ルール ┐ 属性別処理
  - 逐次削除型ルール ┘
  - 感情参照型ルール

$$Ab = \sum B_i a_i$$

ただし，Ab：ブランドに対する態度

B_i：当該ブランドが属性 i を持つという信念の強さ

a_i：属性 i の評価的側面（属性重要度）

この式で表される評価ルールは，ある属性のマイナス面（価格が高い）を他の属性のプラス面（燃費がよい）が相殺する（償う）ことを許す構造になっており，かつ，線型の関係式で表されることから線型補償型（Linear Compensatory）ルールと呼ばれている（すなわち，各属性の評価値を属性の重要度で重みづけて全体的評価値を計算し，その値の最も高い代替案を選択するルール）。

線型補償型の評価ルールは，各製品属性ごとに全ブランドの特徴を比較考量し，属性の重要度で重みづけするなど，消費者にかかる情報処理の負荷が大きい。実際のところ消費者は，代替案の比較・評価にあたって，こうした情報処理上の負荷を軽減するために，ヒューリスティクス（Heuristics）と呼ばれる簡略化された評価ルールを用いると考えられている。また，多くの場合，それらの評価ルールは，属性間での相殺を認めない非補償型（Non-Compensatory）のルールであるといわれている（COLUMN 6-3 参照）。

図 6-8 は，これまでに取り上げられてきた代表的なヒューリスティクスを列挙したものである（Wright［1975］; Bettman［1979］; 阿部［1984］）。その概要は，以下のとおりである。

COLUMN 6-3 非補償型ヒューリスティクスの選択例

意思決定に直面した消費者は，しばしばヒューリスティクスと呼ばれる経験的に発見され簡略化された決定方法を用いることがある。確実に解を導く手続きである「アルゴリズム」（Algorithm）とは違って，ヒューリスティクスは，必ずしも最適解を保証するものではないが，容易に適用でき，短い時間で解が得られる利点を持つ。ここでは，非補償型の選択ヒューリスティクスに焦点を当て，仮説例を用いて，それぞれの特徴を確認しておこう。

表 6-1 は，マンションの物件選択を仮説例として，価格，間取り，通勤時間（立地）という 3 つの属性ごとに，4 つの物件を比較したものである。以下，この表の数値例を使って，ブランド別に情報が処理される連結型と分離型，属性別処理の辞書編纂型と逐次削除型の 4 つのルールを比較する。

まず，連結型ルールでは，各属性ごとに，必要条件として最低限満たすべき切捨点が設定される。たとえば，価格は 4000 万円以下，間取りは 3LDK 以上，通勤時間は 60 分以内という切捨点が設定されたとしよう。このとき，物件 1 は間取りと通勤時間が条件を満たさず棄却される。また，物件 4 も，価格の面で棄却され，結果的に物件は 2 と 3 に絞り込まれる。

TABLE 表 6-1 マンションの仮説例

	価　格	間取り	通勤時間
物件 1	3300 万円	2LDK	70 分
物件 2	4000 万円	3LDK	50 分
物件 3	4000 万円	4LDK	60 分
物件 4	4900 万円	4LDK	50 分

① **連結型（Conjunctive）ルール**：代替案の各属性ごとに必要条件として最低限満たすべき基準（切捨点：cut-off point）を設定し，1 つでもこの基準に満たない属性を持つ代替案は，他の属性の如何を問わずに棄却する。

② **分離型（Disjunctive）ルール**：代替案の各属性について十分条件として受容可能な基準（この値は連結型の切捨点よりは大きい）を設定し，1 つでもこの基準を満たす属性を持つ代替案は，他の属性の如何を問わずに選択する。

これに対して，分離型ルールでは，各属性について，この条件をクリアすれば他の属性の値に関わらず選択という十分条件が設定される。たとえば，価格で3500万円以下，間取りで4LDK以上，通勤時間で50分以内という条件が設定されたとしよう（通常，この条件は切捨点より厳しい）。もし，このとき，物件1から検討を始めたとするならば，3300万円という価格は条件を満たしているので選択される（多少手狭で通勤に不便でも価格が安い）。同様に，検討の順序によっては，物件2，3，4も選択される可能性がある。

一方，属性別処理の辞書編纂型と逐次削除型では，1つひとつの属性ごとに各物件の属性値が比較されていく。すなわち，辞書編纂型では，まず1番重要な属性に着目し，そこで最も高い属性値を持つ物件が選択される。もし，同順位の物件が複数あれば，次に重要な属性へと検討が進む。たとえば，属性の優先順位が通勤時間，間取り，価格という順であれば，通勤時間では物件2と物件4が50分で同じため，次に重要な間取りが検討され，4LDKの物件4が選択されるであろう。

最後に，逐次削除型では，連結型と同様に切捨点が設定されるが，検討は属性別に行われる点で異なる。たとえば，最も優先順位の高い通勤時間では物件1が削除され，次に重要な間取りでは3つの物件ともクリアして残るが，最後の価格で物件4が削除されて，結果的に物件は2と3に絞り込まれることになる。

本文中でも述べたように，1つのルールが終始一貫して用いられるとは限らず，段階別に選択的に用いられることもある。たとえば，連結型や逐次削除型などの切捨型のルールで代替案を絞り込み，分離型や辞書編纂型，あるいは補償型のルールで代替案を選択するという段階別方略が用いられることも考えられる。

③ **辞書編纂型（Lexicographic）ルール**：重要性にもとづいて属性を順序づけ，最も重要性の高い属性で最高点を持つ代替案を選択する。もし，同順位の代替案がある場合には次に重要な属性，そこでも同順位である場合にはさらに次に重要な属性という具合に検討していく。

④ **逐次削除型（Sequential Elimination）ルール**：連結型と同様に，各属性ごとに必要条件としての切捨点を設定し，この基準を満たさない代替案を逐次削除していく。連結型と類似しているが，属性別に処理を行う点が異な

る。

⑤　**感情参照型（Affect Referral）ルール**：過去の購買・使用経験から最も好意的な態度（感情）を形成している代替案を選択する。すなわち，代替案について属性の検討は行わず，単に記憶からすでに形成されている各代替案についての全体的評価（イメージ）を取り出すだけである。

もちろん，実際には，これらのルールのいずれかが終始一貫して用いられるというよりも，意思決定の段階別に選択的に用いられることも多いであろう。たとえば，まず最初に非補償型ルールで代替案を絞り込み，少数になった代替案について補償型ルールが用いられるといった適用の仕方も考えられる（これを段階別方略：phased strategy と呼んでいる）。

選択・購買

消費者は，代替案評価の段階において形成されたブランドに対する態度や購買意図に従って，特定のブランドを**選択・購買**（Choice and Purchase）する。ただし，ブランドの選択・購買が，常に，事前の購入意図どおりに行われるとは限らず，時として，状況要因の影響等により意図と行動（購買）との間にはズレが生じる。

たとえば，ある小売店舗に来店した消費者が当該店舗内で行った意思決定の結果として，来店前の意図や予定になかった商品を購入する場合，そのような購買は**非計画購買**（Unplanned Purchasing）ないしは「衝動購買」（Impulse Purchasing）と呼ばれる。

図 6-9 は，こうした非計画購買の実態を明らかにするために，来店時の購買意図のレベルや実際の購買内容，購買理由を組み合わせて，購買の類型化を行ったものである（青木［1989］）。各購買の内容は，以下のとおりである。

①　**計画購買**：来店時に特定ブランドの購入が予定されており，実際にも当該ブランドがそのとおりに購買されるケース（狭義の計画購買）。

②　**ブランド選択**：来店時の購入予定は製品カテゴリーのレベルであり，ブランドの選択を店舗内で行うケース。

③　**ブランド代替**：来店時に特定ブランドの購入を予定していたが，実際には別のブランドを購入するケース。

④　**想起購買**：その製品カテゴリーやブランドの購入予定がまったくなかったわけではなく，店舗内で購入の必要性を想い出して購買するケース。

⑤　**関連購買**：購入された別の製品やブランドとの関連で，来店時の予定に

FIGURE 図6-9 ● 非計画購買の諸類型

```
計画購買       (11.0%)
ブランド選択   (10.8%) ┐
                       ├─ 店内刺激による誘導部分
ブランド代替   ( 2.1%) ┘   12.9%                  ┐
想起購買       (27.8%) ┐                          │
関連購買       ( 6.4%) │                          ├─ 広義の非計画購買
                       ├─ 店内刺激による誘発部分   │   89.0%
条件購買       (26.8%) │   76.1%                  │
衝動購買       (15.1%) ┘  （狭義の非計画購買）    ┘
```

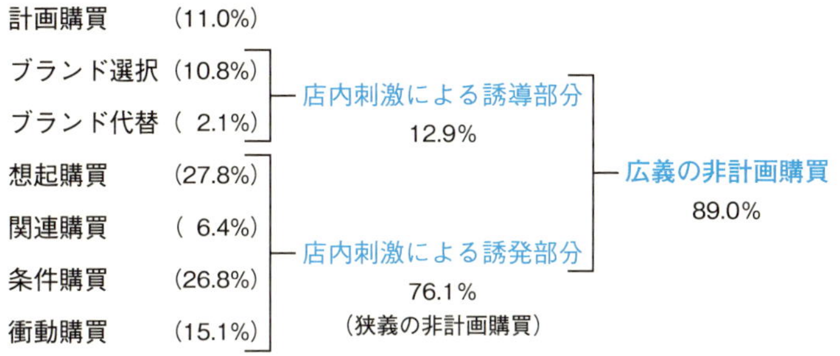

(注) カッコ内の数値は，流通経済研究所の1983年調査による各購買の割合。
(出所) 青木［1989］，73頁を一部修正して作成。

なかった製品が購入されるケース。

⑥ **条件購買**：来店時には必ずしも明確な形で購買予定はなかったが，たとえば何割引であったら買うというような日頃決めている購入条件に照らして購入されるケース。

⑦ **衝動購買**：上記の3つに属さない非計画購買であり，商品やブランドの新奇性等により衝動的に購買されるケース。

これらのうち，④〜⑦を，狭義の非計画購買（製品カテゴリー自体の購買予定がなかった場合）と呼び，さらに②③（少なくとも製品カテゴリー・レベルでの購買意図はあった場合）を加えて広義の非計画購買と呼ぶ。同表に示されているように，非計画購買の割合は思いのほかに高く，このことは店頭でのマーケティング施策の重要性を物語っている。

なお，第1節で説明したように，非計画購買のメカニズムをはじめとして，店舗内での消費者行動の分析は，店舗内購買行動研究の領域に含まれる問題である。

購買後評価　購買意思決定プロセスの最後の段階は，選択・購買したブランドを実際に消費（使用）したうえでの評価，すなわち，購買後評価（Post-Purchase Evaluation）である。このような事後的な評価においては，選択・購買されたブランドへの事前の期待と成果が比較され，その結果としての満足あるいは不満足という感情的反応やヒ

FIGURE 図 6-10 ● 購買後評価のプロセス

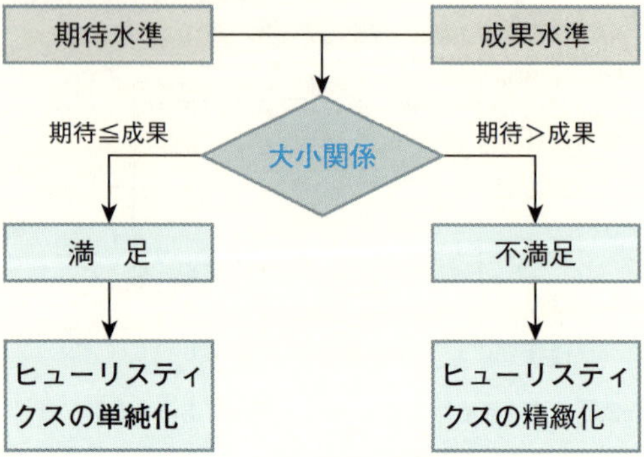

ューリスティクスの修正をとおして，次回の購買機会へとフィードバックされる（図 6-10 参照）。

図示されているように，購買後評価は，まずは購買前の期待水準（Expectation）と製品の使用・消費によって得られた成果水準（Performance）とを比較することから始まる。もし，後者が前者を上回っている場合には，消費者は満足（Satisfaction）し，その結果，ヒューリスティクスは「単純化」（Simplification）されていく。反対に，後者が前者を下回る場合には不満足（Dissatisfaction）となり，ヒューリスティクスは「精緻化」（Elaboration）されることになる。

たとえば，選択・購買したブランドに満足した消費者が，そのブランドを反復して購買するようになるブランド・ロイヤルティの形成は，ヒューリスティクスの単純化が起こる場合の一例である。反対に，選択・購買したブランドに対して不満を感じた消費者は，利用する評価ルールを非補償型から補償型へ変えるなど，ヒューリスティクスを精緻化するかもしれない。

FIGURE　図 6-11 ● 購買意思決定プロセスの変容

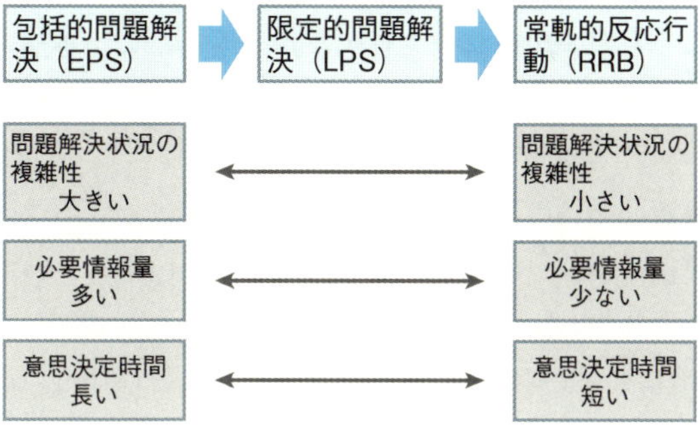

SECTION 4　購買意思決定プロセスの変容

消費者の購買意思決定は，多くの製品カテゴリーで，繰り返し行われるものである。そして，反復的な意思決定の繰り返しのなかで，消費者は関連情報を蓄積し，購買状況における複雑性を減少させるとともに，そのプロセスを単純化していく。

たとえば，第4章で紹介したように，ハワード＝シェス・モデルでは，消費者の問題解決状況を，①**包括的問題解決**（EPS），②**限定的問題解決**（LPS），③**常軌的反応行動**（RRB）の3類型に大別したうえで，購買・使用経験が蓄積されるなかで，①→②→③という順序での単純化が起こることを想定していた（Howard［1963］; Howard and Sheth［1969］）。

このような問題解決状況の分類や意思決定プロセスの変容についての考え方は，その後，用語法や状況分類の細部では異なるものの，消費者行動論の主要なテキストに引き継がれ，今日に至っている（Blackwell, Miniard and Engel［2006］; Peter and Olson［2005］）。

これは消費者の購買行動を分析するうえで重要な視点であるので，以下で，改めて各問題解決状況の概要を整理しておこう（図6-11参照）。

(1)　包括的問題解決（EPS）　消費者が当該製品カテゴリーについての知識をほとんど持たず，まずは選択基準づくりから始める必要がある状況。当然，どのようなブランドが選択代替案として存在するのかも，また，各ブランドが，どのような特徴を持つのかも知らない。結果的に，必要とされる情報量は多く，意思決定に費やされる時間も長い。

このような複雑な問題解決状況のなかで，消費者は，問題認識→情報探索→代替案評価→選択・購買→購買後評価という5つの段階について，そのすべてに時間をかけて取り組む。とくに，情報探索と代替案評価については，選択基準づくりのために，かなりの努力量が投入されることになる。また，購買後評価についても，次の購買機会へフィードバックするために，時間をかけた検討が行われることが多い。

(2)　限定的問題解決（LPS）　すでに製品カテゴリーについて，ある程度の知識はあり，また，選択基準も形成されている状況。ただし，前回の購買機会以降に市場に投入された新規ブランドの情報などは十分ではなく，このため選択基準の修正なども含めて，追加情報を必要とする。

包括的問題解決の状況と比べれば，複雑性の程度は低いものの，限定的問題解決の状況においても，それなりの認知努力と意思決定時間を必要とする。また，意思決定プロセスの諸段階において，情報探索や代替案評価の段階は，省かれはしないが必要最小限なものへと簡略化されていく。また，購買後評価においても，結果が満足いくものであった場合には，ヒューリスティクスの単純化が進む。

(3)　常軌的反応行動（RRB）　すでに製品カテゴリーとブランドの双方について十分な知識を持っており，選択基準も確立している状況。場合によっては，すでに特定のブランドに対するロイヤルティが形成されており，そのブランドが反復的に購買されている。したがって，新たに必要とする情報はほとんどなく，意思決定に要する時間は非常に短い。

意思決定プロセスにおいても，情報探索や代替案評価の段階を経由せず，問題認識→選択・購買という単純化が進んでいる。場合によっては，ロイヤルティが形成されているブランドが，問題認識段階でニーズが喚起されると同時に，ほぼ自動的に購買されたりもする。

もちろん，これらの3つの状況区分は，あくまでも相対的なものであり，購買意思決定プロセスの変容の仕方も，製品カテゴリーによって異なる。たとえば，それほど購入頻度の高くない製品カテゴリーにおいては，購買間隔があくために限定的問題解決の状況が長く続くかもしれない。また，購入頻度が高いカテゴリーでは，常軌的反応行動の状況に速やかに移行するであろう。

SECTION 5 購買行動状況の諸類型

以上，本章においては，消費者行動の分析レベルのなかでも，購買行動に焦点を当て，それを意思決定プロセスという側面から検討してきた。もちろん，現実に観察される消費者の購買行動は，さまざまな要因の影響を受けて多様であり，これを整理する枠組みが必要になる。

この点に関して，アサエルは，多様な購買行動を類型化する1つの試みとして，製品（あるいはその購買・使用）に対する関与の程度とブランド間の知覚差異の程度という2つの軸を用いて，消費者の購買行動を「情報処理型」「不協和解消型」「バラエティー・シーキング型」「慣性型」という4つの類型に区分することを提案している（Assael［1987］）。以下，このアサエルの購買行動類型の概要を述べれば，次のとおりである（図6-12参照）。

情報処理型購買行動

消費者の製品カテゴリーそれ自体やその購買・使用に対する関与が高く，かつ，既存のブランド間に大きな差異があると知覚している場合（図中の左上のセル），消費者の購買行動は複雑なものとなり，集中的・包括的な情報処理がなされる。

たとえば，高価な製品，購買頻度の低い製品，自己表現の手段となるような製品やその購買に際しては，一般的に消費者の関与は高くなる傾向があり，かつブランド間に差異があるものと知覚されている場合には，この類型の購買行動が生じる（例：パソコン，AV機器，自動車，高級アパレル等）。

すなわち，このような状況においては，消費者はまず最初に製品カテゴリー内の各ブランドについての信念（ブランドについてのイメージや理解）を形成し，次に態度（ブランドについての全体的評価）を形成し，最後に具体的な購買行動を起こすというように，消費者行動研究が従来から想定してきた認知的な学習

| FIGURE | 図6-12 ● アサエルの購買行動類型 |

<table>
<tr><td rowspan="2"></td><td rowspan="2"></td><td colspan="2">製品関与・購買関与の程度</td></tr>
<tr><td>高</td><td>低</td></tr>
<tr><td rowspan="2">ブランド間の知覚差異</td><td>大</td><td>情報処理型
(Complex Decision Making)</td><td>バラエティー・シーキング型
(Variety Seeking)</td></tr>
<tr><td>小</td><td>不協和解消型
(Dissonance Reduction/
Attribution)</td><td>慣性型
(Inertia)</td></tr>
</table>

（出所） Assael［1987］, p.87 を一部修正して作成。

プロセスに従うであろう。また，消費者は店舗を訪ねる前に広告等の店舗外情報を収集・処理するだけでなく，店舗内においても積極的な情報処理を行うことが予想される。

不協和解消型購買行動　　時として，消費者は製品カテゴリーそれ自体やその購買・使用に対しては関与しているが，ブランド間の差異をほとんど認めていない（客観的には差異があってもそれを知覚できない）ことがある（図中の左下のセル）。このような場合，消費者は入手可能なブランドを調べるために事前にかなりの程度の情報収集を行うが，基本的にはブランド間には差異はないと考えているため，購買自体は手速くすませようとするであろう。そして，むしろ彼の情報処理能力は主として購買後に生じる認知的不協和の解消に向けられることになり，まず最初に購買行動があり，次にそこで選択されたブランドを支持するような信念が形成され，最後に当該ブランドを好ましいものと考える評価（態度）が形成されるというプロセスが考えられる。

たとえば，電気冷蔵庫や電気洗濯機といった白物家電製品を考えてみると，時間的に余裕のある消費者は事前に広告やパンフレット等の情報を検討するであろうが，店内では「価格が手頃であるか（あるいは予算の範囲内か）」とか

「在庫があってすぐに手に入るか」といった簡単な検討で手速く購買をすませるであろう。そしてむしろ購買後に，別のブランドの広告を見たりそれを買った友人の話を聞くことにより自分が購入したブランドに不安を感じ（認知的不協和），その不安を解消する努力をするというのが一般的な図式であろう。

バラエティー・シーキング型購買行動

製品カテゴリーそれ自体やその購買・使用に対する関与は低いが，ブランド間の差異は知覚されているという状況（図中の右上のセル）においては，消費者はいくつかの異なるブランドを使用し，また，ブランド間のスイッチを繰り返すであろう。すなわち，このような状況においては，当該製品カテゴリーに対する関与が低いために他ブランドへのスイッチにともなう心理的リスクが小さく，加えてブランド間の差異が強く意識されているためにスイッチが起こる。ただし，この種のスイッチは，過去に使用したブランドに対する不満が原因というよりは，むしろ飽き，ないし新奇性欲求にもとづくスイッチングである。

たとえば，スナック菓子や即席麵，清涼飲料といった製品カテゴリーにおいては，特定ブランドに対して強固な選好が形成されていることはまれであり，通常は店内でとくに目についたブランドが買われることが多く，場合によっては，意識的に購入するブランドを変えて，できるだけ多くのブランドを試してみようとする消費者もいるであろう。また，事前の情報処理はきわめて簡単なものであり，店舗に行く前には単にブランド名だけ，ないしはブランドの特徴を漠然と知っているだけで，当該ブランドに対する評価（態度）はそれが購入され消費されている最中に形成されることになる。

慣性型購買行動

上述の3つの行動類型に対して，現実にはかなり多くの製品が，ブランド間の知覚差異もなく関与も低いような状況（図中の右下のセル）で購買されている。すなわち，「どれもこれも似たり寄ったりだし，いずれにしても大した問題ではない」という心理的状況での購買行動がこれに該当する。

たとえば，トイレット・ペーパーやティッシュ・ペーパー，電球・電池，防虫剤といった製品カテゴリーにおいて，特定ブランドに対して強固なブランド選好を形成しているような消費者はごくまれにしか存在せず，多くの消費者は「価格が安いから」「最初に目についたブランドだから」「知っているブランドだから」という単純な理由でブランドを選択し購入しているのが実情である。

また，仮にある特定ブランドを反復的に購入している消費者がいたとしても，それは単なる「慣性（Inertia）」（「このブランドをずっと使っているし，他のブランドに変えるのも面倒だ」）に支配された「見かけ上のロイヤルティ」にしかすぎない。つまり，これらの製品カテゴリーについては，消費者は能動的な情報収集はほとんど行わず，店内においても必要最小限の情報処理しか行わない（消費者は単にブランド名の知名ないし漠然としたブランド理解といった状態で購買行動を起こし，当該製品に関与していないので，購買後に購入したブランドの評価さえしないかもしれない）。

Chapter 6 ● 演習問題　EXERCISE

❶ 実際の購買行動においては，ブランド選択と店舗選択とが相互依存的である場合も多い。ブランドを選択すると選択できる店舗が固定されるケース，あるいは，店舗を選択すると選択できるブランドが固定されるケースを，具体的に考えてみよう。

❷ 外部情報源として利用できるものを列挙し，それぞれの特徴を比較してみよう。そのなかで，インターネットに関連するものを取り出し，その特性を検討してみよう。

❸ 特定の製品ないしサービスのカテゴリーを選んで，ブランド別に属性情報を整理し，非補償型ヒューリスティクスを用いた場合に，どのような選択結果になるかを検討してみよう（COLUMN *6-3* を参考にして，属性の優先順位や属性ごとの切捨点などを設定した上で検討すること）。

❹ 図 6-12（アサエルの購買行動類型，160 頁）を使って，本文中で取り上げた製品以外で，4 つの類型に該当しそうなものを考えてみよう。

第7章 知識構造と関与水準の分析

さまざまな場所に掲示され，何気なく目にする広告。
広告は記憶され，知識となって消費者の選択に利用される。

CHAPTER 7

既述のように，購買意思決定において，消費者は，さまざまな情報源から必要な情報を取得し，それを代替案の評価に利用することで，選択へと至る。このような消費者選択と結びついた情報処理において，とくに重要な役割を果たすのが，記憶と知識である。

すなわち，消費者は，広告などの情報を一時的に記憶したうえで既存の知識に照らして解釈する。また，過去の経験から得られた知識は長期的に記憶され，次の購買機会に利用される。

本章では，このような消費者情報処理における記憶と知識の役割について，とくに，製品知識やブランド知識の構造的側面に着目しつつ検討していく。また，主に情報処理の能力的な規定要因である知識に加えて，その動機づけ面での規定要因である関与の水準にも焦点を当て，情報処理の多様性を整理するための枠組みを紹介する。

KEYWORD
FIGURE
TABLE
COLUMN
EXERCISE

INTRODUCTION

KEYWORD

多重貯蔵庫モデル　感覚記憶　短期記憶　チャンキング　長期記憶　製品知識　ブランド知識　作動記憶　知覚符号化　専門知識力　カテゴリー化　製品知識　手段―目的連鎖　想起集合　ブランド・カテゴライゼーション　製品関与　ブランド・コミットメント　購買関与　精緻化見込みモデル

SECTION 1 情報処理と記憶のメカニズム

第6章では，消費者の購買行動を意思決定プロセスとして捉え，問題認識→情報探索→代替案評価→選択・購買→購買後評価という各段階ごとに，その具体的な内容を検討した。本章では，このような購買意思決定プロセスと同時進行する情報処理に焦点を当て，さらに掘り下げた検討を行う。

既述のように，消費者情報処理理論においては，消費者の行動を「情報処理システム」のアナロジーで捉え，外部の情報源から必要な情報を探索・取得・解釈・統合・貯蔵するプロセスに焦点を当てる（→第4章）。このとき，記憶装置（メモリー）のないパソコンがただの鉄の箱にすぎないのと同様に，これら一連の情報処理が行われるうえで不可欠な役割を果たすのが，記憶であり，そこに貯えられた知識である。

すなわち，消費者は，広告などの情報を一時的に記憶したり，新たに取得した情報をすでに持っている知識に照らして解釈したりする。また，購買経験や消費経験で得られた知識は，長期的に記憶され，次の購買機会に利用される，といった具合にである。

このため，従来から，記憶のメカニズムは情報処理プロセスを定式化する際の中核的な構成物として位置づけられてきた（Olson［1978］; Bettman［1979］）。たとえば，図7-1に示された記憶の**多重貯蔵庫モデル**（Multiple Storage Model）などは，その際に用いられる典型的な概念モデルの1つである。ここでは，まずは記憶にまつわる基本的な概念・用語を整理しつつ，そのメカニズムを把握することから議論を始めよう。

FIGURE 図 7-1 ● 記憶の多重貯蔵庫モデル

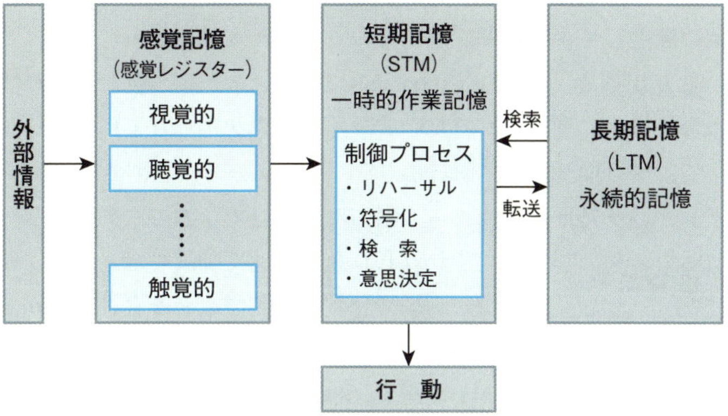

(出所) Bettman [1979], p. 140 を一部修正して作成。

多重貯蔵庫モデル

一般的に，人間の記憶とは，過去の経験を保持し，後にそれを再現して利用する機能であり，記憶の情報処理モデルでは，これを符号化（記銘），貯蔵（保持），検索（想起）という 3 つの段階ないし処理操作に分けて考える（森 [2004]；高橋 [2008]）。

また，ここで取り上げる多重貯蔵庫モデルは，入力された外部情報が処理されていくプロセスにおいて，①感覚器官から受容した情報を瞬間的に保持する「感覚記憶」（ないし「感覚レジスター」），②一時的に情報を保持して符号化などの処理をする作業領域としての「短期記憶」，③大量の情報を永続的に貯蔵する役割を果たす「長期記憶」，という 3 種類の貯蔵庫の存在を想定している点に特徴がある（図 7-1 参照）。

すなわち，まず最初に，目や耳といった感覚器官が受容した外部情報は，これを瞬間的に保持する「感覚レジスター」を経由して記憶システムの内部に取り込まれる。そして，この入力情報のなかでとくに注意が向けられ情報処理能力が割り当てられた情報のみが「短期記憶」へと送られる。次に，短期記憶内に一時的に保持された情報は，必要に応じて長期記憶内の既存知識（内部情報）を使った意味づけ・解釈などの処理操作によって「内部情報」へと「符号化」（Coding）される。そして，その一部が「長期記憶」へと「転送」（Transfer）

され，永続的な形で「貯蔵」(Storage) されることになる。

このように，「長期記憶」に貯蔵されている内部情報（知識）は，必要に応じて作業領域としての「短期記憶」に取り出されて利用されており，このような情報の取り出しを「検索」(Retrieval) と呼ぶ。また，検索された情報は，入力情報の符号化に利用されるだけでなく「意思決定」などにも用いられる。したがって，「短期記憶」と「長期記憶」という2つの記憶は，情報の「転送」と「検索」という処理操作によって緊密に連携しているのである。

感覚記憶

われわれを取り巻く環境のなかには，視覚的な刺激や聴覚的な刺激などが存在するが，それらが目や耳といった感覚器官（Sensory Organ）によって受容されたとき，瞬間的に保持する機能を果たすのが**感覚記憶**（Sensory Memory）である。ここでは五感に対応して異なる保持様式を持った「感覚レジスター」(Sensory Registers) が貯蔵庫としての役割を果たし，入力情報を瞬間的に保持する。たとえば，視覚刺激に対応した感覚記憶はアイコニック・メモリー（Iconic Memory）と呼ばれ，その保持時間はわずか数百ミリ秒以内である。また，エコイック・メモリー（Echoic Memory）と呼ばれる聴覚刺激の感覚記憶の場合でも，保持時間は数秒以内ときわめて短い。このように瞬間的であるが，直前に起こった感覚事象の明瞭なイメージが保持されている点に感覚記憶の特徴がある（棚橋[1997]）。

なお，感覚記憶に瞬間的に保持された入力情報のうち，注意が向けられた情報のみが次の短期記憶へと送られていく。

短期記憶（STM）

感覚レジスターから取り込まれた情報が一時的に保持され，処理操作が行われる記憶領域を**短期記憶**（Short-Term Memory: STM）と呼ぶ。

通常，短期記憶内の情報は，意識的に止め置くか，あるいは，長期記憶へ転送しない限り，15～30秒程度ですぐに消滅してしまう。このために行われる処理操作が「**リハーサル**」(Rehearsal) であり，それは入力情報を一時的に保持しておくための維持リハーサル（たとえば，電話番号を調べてダイアルするまで反復する）と，短期記憶内にある入力情報と長期記憶にある知識とを関連づける精緻化リハーサルとに大別される。

とくに，後者の精緻化リハーサルと関連して，入力された外部情報を記憶内の知識（内部情報）を用いて意味づけ（解釈）する処理操作を「知覚符号化」と呼ぶ。この結果，入力情報は内部情報化され，長期記憶へと転送されて，日常的な意味での記憶や知識となる。

ところで，短期記憶に保持できる情報の量には限界があり，それは7±2チャンク程度の情報だとされている（Miller［1956］)。ただし，ここでいう「チャンク」(Chunk）とは，処理の単位となる情報の「固まり」を指し，7±2という制約を受けるのは「チャンク」の数であって，そのなかに含まれる情報の量ではない。人間の情報処理能力の限界は，1つには，このような短期記憶における容量の限界に由来する。そして，この限界を克服するために，人間の情報処理プロセスでは，関連する複数のチャンクを単一のチャンクへと「再符号化」(Re-Coding）し，情報の縮約を図っているという（たとえば，cat や dog をアルファベット3文字と見るならば3チャンクだが，これを一語の単語と見るならば1チャンクとなる。さらに，1つの文をチャンクとすることも可能である)。

なお，このような入力情報を有意味な単位に再符号化する処理操作はチャンキング（Chunking）と呼ばれており，後述するように，製品知識やブランド知識（とくに，ブランド・イメージ）の形成において重要な役割を果たしている。

長期記憶（LTM）

短期記憶から転送された情報を永続的に貯蔵するためのほぼ無制限の容量を持った記憶を長期記憶（Long-Term Memory: LTM）と呼ぶ。

永続的な情報貯蔵庫としての「長期記憶」には，上述のような処理操作を経て「短期記憶」より転送された内部情報が，意味的に関連づけられた形で貯蔵されており，それらの一部は必要に応じて「短期記憶」へ取り出され，新たに入力された外部情報の知覚符号化やさらに進んだ情報処理に用いられる。

この結果，長期記憶には，膨大かつ多様な情報が貯蔵されることになり，それらは図7-2のような形で区分される（森［2004］)。

まず，長期記憶は，その内容によって，命題記憶（Propositional Memory）と手続記憶（Procedural Memory）に区分される（Tulving［1983］)。ここで，命題記憶とは，言語により命題の形式で記述できる事実に関する記憶を指す。これに対して，手続記憶とは，たとえば「自動車の運転の仕方」のような手続きに関する記憶で，必ずしも言語的に記述できるとは限らない。

さらに，命題記憶は，エピソード記憶（Episodic Memory）と意味記憶（Se-

FIGURE 図 7-2 ● 記憶の類型

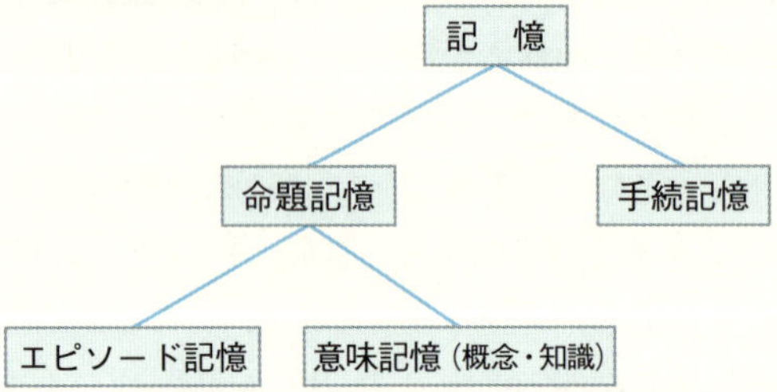

mantic Memory）に区分される。ここで，エピソード記憶とは，特定の時間的・空間的文脈のなかに位置づけされる出来事（エピソード）の記憶であり，一方の意味記憶は，概念（Concept）ないし知識（Knowledge）についての記憶である。たとえば，「妻の誕生日に近所の花屋でバラを買ってプレゼントした」というのはエピソード的な記憶や知識であるが，「バラはバラ科の植物で，6月の誕生花，花言葉は愛」というのは概念的な知識であり意味記憶に該当する（COLUMN *7-1* 参照）。

後述する**製品知識**や**ブランド知識**は，製品やブランドに関する意味記憶として貯蔵されている概念や知識のことであり，その意味的に関連づけられた構造のあり方が問題となる。

このほか，長期記憶には，個人の過去に起こった出来事や経験などの個人史的な記憶である**自伝的記憶**（Autobiographical Memory），未来の出来事を展望し，それに備えるための**展望的記憶**（Prospective Memory），記憶全般に関する判断プロセスとしての**メタ記憶**（Metamemory）などがある。

作 動 記 憶

上述のように，短期記憶は容量の面でも保持時間の面でも限界がある一時的な記憶ではあるが，意識的な操作が可能な状態で情報を保持できる記憶でもある。このような情報を積極的に処理する作業領域であることに着目して，短期記憶を**作動記憶**（Working Memory）ないし「作業記憶」と呼ぶこともある。

また，「短期記憶」と「長期記憶」との区別については，必ずしも両者が物理的に異なる記憶部位であることを前提としているわけではなく，最近の記憶

COLUMN 7-1 記憶区分と知識類型

本文中でも述べたように，記憶研究の第1人者であるタルビングは，人間の記憶（長期記憶）を，「命題記憶」と「手続記憶」とに大別したが（Tulving [1983]），このような二分法的な考え方は，古くはライルが，人間の知性に関する哲学的考察において「knowing」を「knowing that」（内容を知る）と「knowing how」（方法を知る）とに二分したことに由来する（Ryle [1949]）。その後，ウィノグラッド（Winograd [1975]）が，この考え方を人工知能の知識表現に利用し，前者を「宣言的」表現，後者を「手続的」表現と呼んだことから，「宣言的知識」（Declarative Knowledge）と「手続的知識」（Procedural Knowledge）という知識類型が定着するようになった。

また，命題記憶は，さらに，「エピソード記憶」と「意味記憶」に区分されるが，エピソード記憶の本質は，それが事象の記憶であり，かつ自己の経験に関する記憶という点にある。これに対して，意味記憶は，エピソード記憶のなかから状況（時と場所）の部分が切り離され純粋に意味情報化されたものを内容としている（太田 [1988]）。それゆえ，このような2つの記憶内容に対応する知識類型としては，「エピソード的知識」（Episodic Knowledge）と「概念的知識」（Conceptual Knowledge）といったものが考えられている（青木 [1993]）。

以上の基本的な記憶区分と知識類型の対応関係を示せば，表7-1のとおりである。

TABLE 表7-1 記憶区分と知識類型

記憶区分	知識類型
命題記憶	宣言的知識
エピソード記憶	エピソード的知識
意味記憶	概念的知識
手続記憶（非命題記憶）	手続的知識

理論では，長期記憶のうち活性化されている部分を短期記憶とする考え方もある。

以上，多重貯蔵庫モデルを取り上げ，記憶のメカニズムについて概観してきたが，次節では，ここでの議論を前提として，知識と関与を分析するフレームワークを検討していく。

SECTION 2 知識と関与の分析フレーム

消費者情報処理の分析モデル

元来，消費者情報処理の概念モデルとは，ブランド選択や店舗選択といった顕示的行動としての消費者選択を，その背後にある情報処理プロセスに焦点を当てながら記述・説明しようとするものである。たとえば，第4章で紹介したベットマン・モデルなどは，その代表例である。また，近年の包括的概念モデルのなかには，第3章で取り上げたBMEモデルのように，購買意思決定と同時進行する情報処理プロセスもモデルのなかに組み込み，短期記憶（ないしは作動記憶）での入力情報の処理操作や長期記憶が果たす役割も明示的に扱ったものもある。ただし，ここでは，一連の情報処理のアウトプットでもあり，また，情報処理の水準や様式を規定する知識の役割を検討するため，図7-3に示すような簡略化された分析モデルを用いることにする。

この分析モデルは，購買意思決定の流れに沿って，作動記憶（短期記憶）上で展開される主要な情報処理操作の内容と，それらの処理操作を規定する要因との関係を示したものである（新倉［2005］)。その主要な構成部分の概要を示せば，以下のとおりである。

(1) 情報処理の規定要因　情報処理のプロセス，あるいは，作動記憶（短期記憶）上において行われる情報処理操作を規定する要因としては，大別して，外部要因と内部要因の2つに類型化される。

まず，図7-3の左側に位置する外部要因としては，主に「外部情報」や「コンテクスト」によって規定される「情報処理の機会」を挙げることができる。ここで，外部情報とは，消費者にとって取得可能な外部情報源からの情報（その量や内容，提供方法）であり，コンテクストとは，提供される外部情報の背景，あるいは，情報を処理する消費者が置かれた状況や文脈のことである。とくに，消費者関連のコンテクストとしては，時間的圧力，予算的制約，社会的ネットワークなどが挙げられる。

一方，図中右側に位置する内部要因としては，情報処理操作を推進したり抑制したりする要因，あるいは，制約する要因である「動機づけ」と「能力」が

FIGURE 図 7-3 ● 消費者情報処理の分析モデル

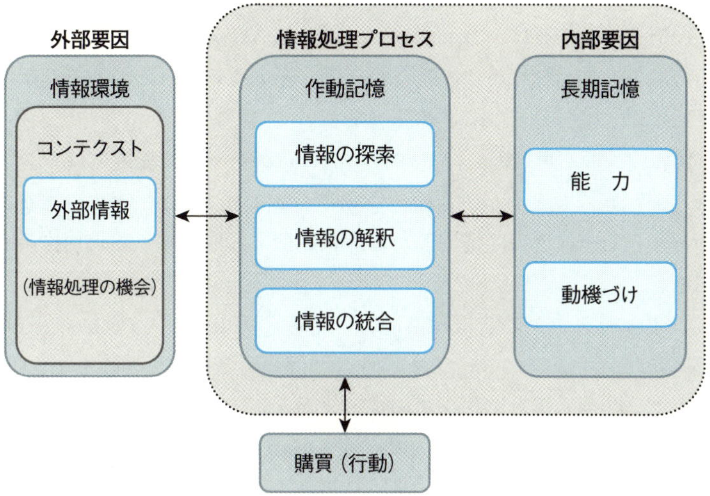

（出所） 新倉［2005］，7頁を一部修正して作成。

考えられる。

まず，動機づけ要因では，消費者の目標やニーズ，価値観などが，その根源的な要因であるが，後述するように，多くの場合，それらの代理変数として「関与」水準が用いられてきた。また，情報処理を規定する能力要因としては，過去の購買・消費経験をとおして蓄積された知識が主要な要因として考えられる。これについても，後述するように，近年，知識構造を含めた消費者の専門知識力に関心が向けられており，情報処理プロセスの規定要因として取り上げられている。

基本的に，これらの内部要因は，関与を含めて長期記憶の一部，あるいは，それらが活性化された状態として捉えられるものであり，本章では，それらをすべて知識構造の観点から検討していくことにする。

なお，このような形で，消費者の情報処理プロセスを，「動機づけ」「能力」「機会」という3要因（MAO: Motivation, Ability, Opportunity）で分析する枠組みは，近年一般的なものとなっている（Hoyer and MacInnis［2008］）。

(2) 情報処理のプロセス　第1節で「記憶のメカニズム」に関して概説したように，短期記憶は単に記憶の短期的な貯蔵庫というだけでなく，そこでさまざまな情報処理の操作（Operation）が行われる作業領域でもあり，作動記憶としての性格を強く持つ。このような作動記憶上で行われる情報処理操作として重要なのは，「情報の探索」「情報の解釈」「情報の統合」の3つである。

① **情報の探索**：購買機会に直面した消費者が行う情報探索には，過去の購買・消費経験をとおして記憶内に蓄積した情報を探索（検索）する「内部探索」と新たに外部の情報源から情報を探索・取得する「外部探索」とがある。

いずれのタイプの情報探索においても，その程度や内容は，前述した「動機づけ」「能力」「機会」という3要因の影響を強く受けることになる。とくに，関与水準は情報探索の規定要因として注目されてきたが，主に購買関与が「購買前探索」（Pre-Purchase Search）に影響を与えるのに対して，製品関与が高い場合には，購買前に限らず「継続的探索」（Ongoing Search）が行われる傾向がある。

② **情報の解釈**：情報探索によって取得された外部情報は，それが得られた文脈や利用可能な内部情報（既存知識）に照らして意味づけられ，有意味な内部情報へと変換されていく。すなわち，知覚符号化と呼ばれる一連のプロセスである。

たとえば，1個1000円といった価格情報に対して，消費者は，当該ブランドが属している製品カテゴリーや他のブランドの価格，あるいは自らの経済的状態や購入経験等を考慮して「高い」とか「安い」という形で意味づけを行う。また，そのような符号化のプロセスでは，品質などについての「推測」（Inference）も行われる（たとえば，「安かろう悪かろう」といった推測）。このように，情報の解釈とは，新たな知識形成のための意味づけ（Sense-Making）のプロセスなのである。

③ **情報の統合**：一連の処理操作によって，主観化され解釈（意味づけ）された入力情報は，さまざまな形で統合されたうえで，内部情報として長期記憶内に貯蔵される。あるいは，選択や購買のための意思決定に利用されたりする。たとえば，ブランドに対する「信念」や「態度」は，このようにして形成された知識であるし，また，第6章で解説したヒューリスティ

クスなどは，情報統合のためのルールである。

(3) 情報処理のアウトプット　図7-3に示した分析モデルが明示的に想定しているアウトプットは，意思決定の結果としての購買などの顕示的行動である。しかし，そのような意思決定にともなう一連の情報処理プロセスのなかで生み出される知識は，より直接的なアウトプットだといえる。

冒頭でも述べたように，本章では，このような知識形成プロセスに焦点を当てつつ，情報処理のアウトプットとしての知識や知識構造のメカニズムについて，情報処理プロセス自体を規定する主要な能力要因として検討していく。また，情報処理を規定する動機づけ要因である関与についても，知識構造の問題と関連づけて，そのメカニズムを検討する。

以下は，知識形成プロセスや知識構造，関与水準を分析するにあたっての基本的事項の整理である。

知覚符号化と製品知識の形成

すでに繰り返し述べているように，取得された外部情報は，それが得られた文脈や利用可能な内部情報（既存知識）に照らして意味づけされ，主観化された有意味な内部情報へと変換されたうえで，長期記憶に貯蔵される。このような一連の情報変換プロセスを**知覚符号化**（Perceptual Encoding）と呼ぶ。

既述のように，知覚符号化は，処理能力（容量）の限界を克服するために行われる情報の縮約プロセスであり，チャンキングと呼ばれる符号化や再符号化の処理操作を核としている。たとえば，消費者情報処理の文脈では，個々の製品やブランドが持つ客観的ではあるが細々した特性情報は，そのままの形では処理が困難なために，ニーズと結びついた属性情報へとチャンキング（縮約）され，さらには，当該ブランドがもたらす便益情報へとチャンキングされる，といったプロセスが考えられる（図7-4参照）。

ここで**特性**（Characteristics）情報とは，製品の組成・構造・機能に関して客観的に測定可能な特性に関する情報のことを指す（中西［1984］）。これに対して，**属性**（Attribute）情報とは，消費者が持つ複数のニーズに対して，当該製品（ブランド）がそれを充足できるか否かについての主観的な判断（あるいは信念）のことである。さらには，**便益**（Benefit）情報とは，そのような属性に関わるニーズの充足によってもたらされる便益についての情報である（図中では，便益情報はさらにチャンキングされて態度が形成される）。

FIGURE　図 7-4 ● 知覚符号化のプロセス

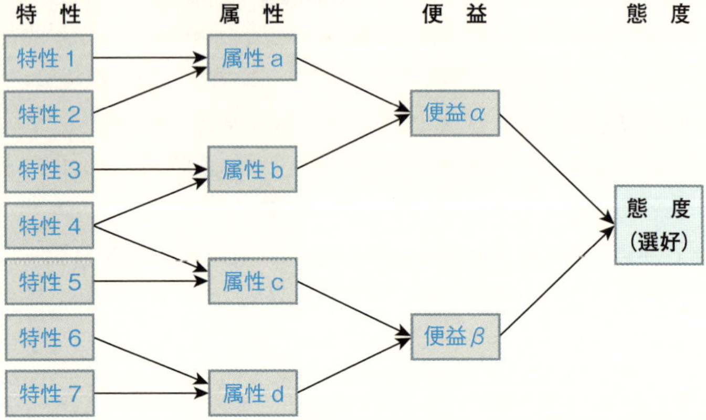

なお，中西がいうように，知覚符号化とは「客観的特性の『かたまり（＝Bundle)』である商品が1つの目的の達成に寄与するかどうか（つまり1つの属性を持つかどうか）を消費者が判断するプロセス」である（中西［1984］)。また，このような視点からすると，ブランド知識形成の中核となる「ブランド・イメージ」(Brand Image）は，ブランド名という情報要素のもとで当該ブランドにまつわる属性情報や便益情報がまとめられ1つのチャンクになったものとして捉えられる。

能力要因としての知識

前述のように，消費者の情報処理プロセスを規定する内的要因は，主に能力要因と動機づけ要因の2つに大別される。このうち，前者の能力要因として，本章では「知識」や「知識構造」を取り上げる。とくに，アルバとハッチンソンが提示した「消費者の専門知識力」(Consumer Expertise）という概念と分析枠組みを手がかりに，知識構造が果たす役割について検討していく（Alba and Hutchinson［1987］)。

従来，知識に関しては，1次元的な構成概念として，主に，製品に関連した経験量を内容とする「精通性」(Familiarity）や「事前知識」(Prior Knowledge）などの概念・変数が用いられてきた。これに対して，アルバらは，当該製品に

FIGURE 図 7-5 ● 精通性と専門知識力

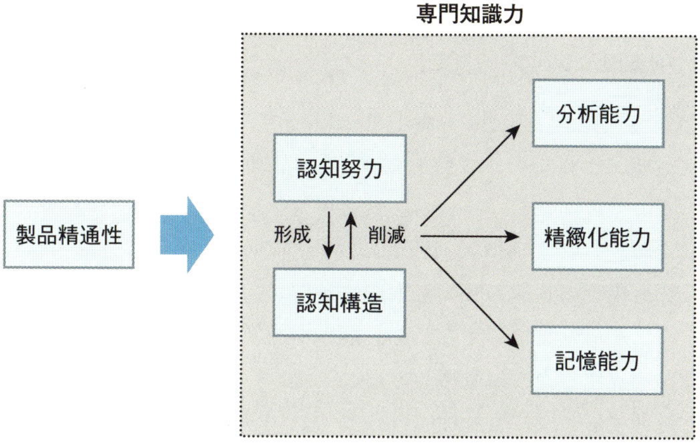

（出所） Alba and Hutchinson [1987] にもとづき作成。

関連する課題を上手に達成する能力として**専門知識力**を概念規定し，その主な次元として，①認知努力（Cognitive Effort），②認知構造（Cognitive Structure），③分析能力（Analysis），④精緻化能力（Elaboration），⑤記憶能力（Memory）という 5 つの次元を想定している（図 7-5 参照）。

同図に示されているように，消費者の専門知識力は，経験量としての精通性が増大するとともに高まっていく。それはさまざまな形で行われる認知努力の結果として，認知構造が発達したためであり，これにより，分析能力，精緻化能力，記憶能力も高まる（一方，認知構造の発達の結果，認知努力は削減される）。

ここで，専門知識力の核となる認知構造とは，消費者が製品に関して有している体制化された知識であり，次節で取り上げる知識構造とほぼ同義である。

本来，認知構造ないし知識構造は，意思決定に役立つ形で体制化されている必要があるが，ウォーカーらは，知識のある**熟達者**（Expert）と知識のない**初心者**（Novice）の知識構造を比較する基準として，①次元性（Dimensionality），②分節性（Articulation），③抽象性（Abstraction）を挙げている（Walker, Celsi and Olson [1987]）。すなわち，彼らによれば，知識のある消費者とは，単に経験や知識の量が豊富なだけでなく，より多くの属性評価の次元を持ち，それらの次元がより細かく分節化されており，さらには，諸概念をまとめる抽象化の程度の高い人である，という。

動機づけ要因としての目標と関与

情報処理プロセスを規定する動機づけ要因としては，これまで目標・価値・関与といった要因が取り上げられてきたが（新倉［2005］），本章では，規定要因としての「目標」や「関与」，なかでも関与水準に焦点を当てて検討していく。

第6章で解説したように，消費者の購買意思決定プロセスは，目標（理想）とする状態と現実の状態の間にギャップを感じ，それを解決すべき問題として認識することから始まる。すなわち，問題を認識した消費者は，ギャップを埋めて目標を達成するように動機づけられ，また，その過程において必要な情報を取得し処理するようにも動機づけられる。

従来，こうした情報処理における動機づけのメカニズムは，「目標階層」（Bettman［1979］），「手段ー目的連鎖」（Reynolds and Olson［2001］），「関与水準」（Peter and Olson［2005］）などの概念モデルを用いて説明されてきた。

たとえば，図7-6は，バゴッジとドラキアによる目標階層（Goal Hierarchy）と手段ー目的連鎖（Means-End Chain）の説明例を示したものである（Bagozzi and Dholakia［1999］）。図中，目標階層は，上位目標，中心目標，下位目標という3階層で示されており，また，それぞれの階層に対応した手段と目的の連鎖的構造が具体例で示されている。すなわち，「減量する」という中心目標に対して，「エクササイズをする」や「ダイエットをする」といった下位目標は手段の関係にあり，これに対して，「長生きする」「自信をつける」「見た目と体調をよくする」といった上位目標は，中心目標を手段として達成される上位の目標として位置づけられる。そして，このような目標階層と手段ー目的連鎖が，情報処理プロセスを駆動し方向づける全体的な動機づけ要因の役割を果たしている。

一方，目標によって動機づけられた消費者は，活性化された内部状態としての「関与」を感知する。ここで「関与」とは，「対象，状況，課題といった諸要因によって活性化された個人内の目標志向的な状態」であり，「情報処理の水準や内容を規定する状態変数」として概念規定される（青木［1989］）。すなわち，関与水準の高低によって，情報処理の水準やその内容が規定されるので

FIGURE 図 7-6 3階層の目標階層と具体例

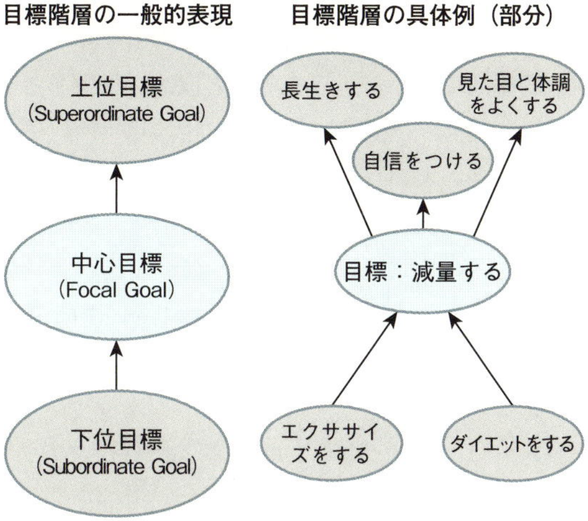

（出所） Bagozzi and Dholakia [1999], p. 24 を一部修正して作成。

ある。

なお，後述するように，手段ー目的連鎖は，消費者の製品知識と自己知識とを関連づける知識構造と対応しており，両者の結びつきが強いほど関与水準も高いと考えられる。

以上の議論をふまえたうえで，次節以降では，認知構造（知識構造）の役割を明らかにするために，カテゴリー構造やネットワーク構造，および手段ー目的連鎖といった消費者知識の構造的側面について検討していく。さらに，情報処理プロセスにおける関与水準の役割についても検討する。

SECTION 3 消費者知識の構造的側面

知識構造の理解

前節で検討したように，知識は情報処理の結果であるとともに，情報処理プロセスそれ自体を規定する主要な能力要因の1つでもある。また，知識は記憶内において，決してバラバラな形で保持されてはおらず，互いに関連づけられて体制化（組織化）され，知識構造（Knowledge Structure）と呼ばれるものを形成している。したがって，とくに情報処理の視点から消費者行動を理解するためには，まずは，消費者知識の構造的側面について，その内容と機能を理解する必要がある。

たとえば，既述のように，製品への精通性の高い消費者（熟達者）は，単に経験が豊富で知識量が多いというだけではない。専門知識力の面でも優れており，独特の情報処理を行う。すなわち，彼（女）らは，専門知識力の低い消費者（初心者）と比べて，多くの次元で評価し，細かな違いに気がつき，かつ，抽象化して情報を統合する能力を持っている（Walker, Celsi and Olson［1987］）。これは，このような情報処理を可能にする知識構造が，認知的発達の結果として存在するからである。

ところで，われわれは，対象が物理的には個々に異なっていても，それを1つの概念（Concept）として捉え，言語や思考のなかで扱うことができる。また，対象が物理的に存在しない場合でも，それについて考えることができる。これは概念が対象の心的表象として記憶のなかに貯蔵されているからである（川崎［1995］）。ここで「心的表象」（Mental Representation）とは，対象についての情報を符号化して取り込み，記憶内に保持している心的対応物の総称であり，概念や一般的知識に始まり，消費者行動分析で議論される信念，態度，イメージなどは，いずれも表象の一部である。

これまでの消費者行動研究では，知識構造の表象形式として，以下のようなものを仮定して議論がなされてきた（COLUMN 7-2 参照）。

① **カテゴリー知識構造**（Categorical Knowledge Structure）：対象を既成のカテゴリー（範疇）に仕分けしたり，新たなカテゴリーを設けることをカテゴリー化と呼び，その結果形成される知識構造がカテゴリー知識構造である。分類学的カテゴリー構造，グレード化されたカテゴリー構造，アドホック・カテゴリー（目的志向カテゴリー）構造などが考えられている。

② **意味ネットワーク**（Semantic Network）：概念間の関係をネットワーク構造で表した表象形式が意味ネットワークである。概念はノード，概念間の関係はリンクで示されている。

③ **スキーマ**（Schema）：構造化された複数の概念の集まりを指し，認知対象を意味づける際の内的枠組みがスキーマである。情報を取り込み，再構

COLUMN 7-2 知識の構造化とスキーマ

知識は単に蓄積されるだけでなく，行動やそれに先立つ情報処理において利用されるものである。それゆえに，個々の経験それ自体についての知識よりも，それらを一般化・抽象化し，構造化（体制化）した知識のほうが利用価値は高い。たとえば，時間の経過や反復的な検索の結果としてエピソード知識から時間的・空間的なタグが落ち，それらは純粋な意味情報として蓄積されていく。また，このような意味情報の蓄積プロセスのなかで，対象や事象についてのカテゴリー化（Categorization）が行われ，さらに，それらの意味情報が一般化・抽象化されることにより，外界の等価な対象や事象についての「総称概念」(Generic Concept）が形成される（すなわち，「犬」や「猫」，「机」や「イス」といった概念の形成)。

ところで，われわれの情報処理が既存知識の影響を受けることについては，本文中でも触れたが，対象や事象のカテゴリーに関して構造化（体制化）された知識の単位であり，われわれの認知に一定の枠組みを与えるような知識のことを「スキーマ」と呼ぶ。すなわち，ここでいうスキーマとは，対象や事象の具体的側面が抽象化された後の一般的特性を内容とする枠組みとしての知識であり，特定の対象や事象を一般的なカテゴリーに割り当てる際に利用する構造化（体制化）された知識のことである。

消費者行動の文脈においては，製品カテゴリーを認識する際の枠組みとしての製品スキーマやブランドらしさを認識する際のブランド・スキーマなどがとくに重要である。たとえば，第16章で取り上げるブランド・アイデンティティの明確化とは，消費者の知識構造のなかでブランド・スキーマを形成していくことだといえる。

成するプロセスを含む。

④ **スクリプト**（Script）：状況と出来事（行動）の因果関係の連鎖からなる一体化された知識構造がスクリプトである。演劇の台本になぞらえてこう呼ばれる。

ここでは，これらの知識構造の表象形式のなかでも，とくに製品知識やブランド知識と関連するものとしてカテゴリー知識構造と意味（連想）ネットワークを取り上げ，さらに，知識構造の別の側面として，手段−目的連鎖とブランド・カテゴライゼーションについて，個別に検討していく。

カテゴリー知識構造

一般的に，ある種の概念は，同じ特徴を持った個々の対象の集まりという側面を持つが，このような同じ特徴を持った対象の集まりをカテゴリー（Category：範疇）と呼び，対象をカテゴリーに分けることを**カテゴリー化**（Categorization）と呼ぶ（高橋［2008］）。

たとえば，毎日の買物で，消費者は多種多様な製品に直面するが，それらの属性や特徴を手がかりにして，より少ないカテゴリーに分類・整理している。このように，たとえ未知の対象であっても，それを既知のカテゴリーと結びつけることで，消費者は複雑な環境を単純化し，認知努力を節約することができる（認知的経済性）。また，カテゴリー化は，カテゴリーに関する既存の知識を利用することで，対象についての消費者の理解を促進することができる（たとえば，製品に「健康飲料」と書いてあることで，「健康飲料」に関する知識を使って，その特徴の多くを理解することができる）。さらには，カテゴリー概念が共有されて社会性を持つことで，消費者間のコミュニケーションも円滑になる（新倉［2005］）。

前述のように，カテゴリー知識構造については，①分類学的構造（Taxonomic Structure），②グレード化された構造（Graded Structure），③アドホックな構造（Ad Hoc Structure）という3つの表象形式のモデルが考えられている（新倉［2005］）。

(1) 分類学的カテゴリー構造　分類学的カテゴリーとは，カテゴリー間の差異を明確化する特性を定め，対象を分類していくカテゴリー構造である。各カテゴリーに含まれる対象（カテゴリー・メンバー）が備えるべき特性は，「定義的特性」（Defining Feature）と呼ばれ，これによってカテゴリー間には明確な境界線が引かれ，カテゴリー・メンバーは等しくこの特性を有するものと仮定されている。

たとえば，図7-7は，飲料についての仮説例であるが，分類学的カテゴリー構造においては，上位レベル，基礎レベル，下位レベルという3つのレベルで階層化されている（下位レベルのカテゴリーに各特性を持つカテゴリー・メンバーが組み込まれている）。

一般的に，学習によって最初に獲得されるのは基礎レベル（Basic Level）のカテゴリーであって，当該カテゴリー全体を反映した鮮明な心的イメージが形

FIGURE 図 7-7 ● 分類学的カテゴリー構造の例

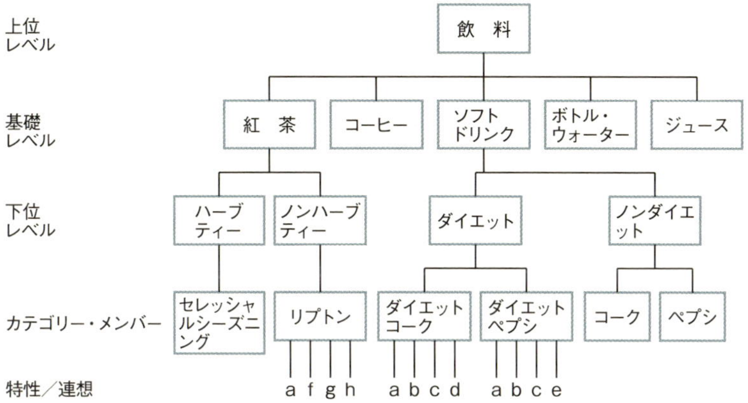

（出所） Hoyer and MacInnis［2008］, p. 100 を一部修正して作成。

成されており，カテゴリー・メンバーをすばやく認識できるとともに，最も一般的に使用される名称となる（紅茶やコーヒーなど，日常よく使用するカテゴリー名称は，このレベルである）。

この基礎レベルが獲得された後，精通性の増大にともなって，上下の両方向でカテゴリーの構造化が行われていく。すなわち，上方の階層に向かっては，「飲料」という形で，一般化・抽象化された上位レベル（Superordinate Level）のカテゴリーが構造化されていく（この結果，選択時により適切な選択肢を求めて，基礎レベルのカテゴリーをまたがる形で，異質な選択肢が考慮集合に含まれてくる可能性が生じる）。

一方，下方の階層へ向かっては，「ダイエット」と「ノンダイエット」という形で，特殊化・具体化された下位レベル（Subordinate Level）のカテゴリーが構造化されていく。

(2) グレード化されたカテゴリー構造　グレード化されたカテゴリー構造とは，カテゴリー間に明確な境界線を仮定するのではなく，そのカテゴリーを代表する度合いとしての「典型性」(Typicality)，あるいは，カテゴリーのメンバー同士が互いに持ち合わせる特性の共有度である「家族的類似性」(Family Resemblance) によって捉えられるカテゴリー構造である。典型的なカテゴリー・メンバーは「プロトタイプ」(Prototype) ないし「エグゼンプラー」(Exemplar) と呼ばれることから，プロトタイプ・モデルなどとも呼ばれる。

プロトタイプは，定義的特徴ではなく，家族的類似性を構成する性格的特性 (Characteristic Feature) にもとづいており，また，この典型的なメンバーを中心にして，カテゴリー構造は典型性の程度によって認識される。消費者行動の文脈では，どの製品やブランドが，当該カテゴリーのプロトタイプないしエグゼンプラーとなるのかが重要である。

(3) アドホック・カテゴリー構造　アドホック・カテゴリー構造とは，あらかじめ記憶のなかにカテゴリー構造が形成されているとは考えず，消費者が購買状況に直面したときに，その時点ではじめて構造化される表象形式のモデルである。たとえば，「仕事や勉強の最中に眠気覚ましのために飲む飲料」「気分転換やリフレッシュのために飲む飲料」「気分を落ち着けるために飲む飲料」といった目的で形成されるカテゴリー構造などがこれに該当する (「目的に導かれるカテゴリー」〔Goal-Derived Category〕とも呼ばれる)。

ただし，アドホック・カテゴリー構造も，同じような場面・状況が繰り返されて精通性が増大するにつれて，次第に，その目的に適ったふさわしいメンバーを基軸にしてグレード化された構造へと変容していく可能性もある (新倉 [2005])。

連想ネットワーク・モデル

知識構造の表象形式としてのネットワーク・モデルはよく知られており，とくに消費者行動研究においては，ブランド・イメージの構造を連想ネットワーク (Associative Network) の形式で表現する方法が，伝統的にとられてきた。

もともと，このような表象形式での知識構造の記述は，コリンズとキリアン (Collins and Quillian [1969]) が，人間が保有する知識体系を「意味記憶」の名のもとに研究し，人工知能のモデルを参考に階層的なネットワーク・モデルを提唱したことに端を発するといわれている (岡 [2000]。それゆえに，「意味ネットワーク」とも呼ばれている)。

このモデルにおいて，各概念は，ネットワーク上のノード (Node) として表され，概念間の関係はリンク (Link) によって表現される。また，リンクの先には属性や特性が付与されるという形式をとっていた。その後，コリンズとロフタスが，階層構造に代えてリンクの長さで関係性の強さを表現し (関係が強

FIGURE　図 7-8 ● マクドナルドの連想ネットワーク

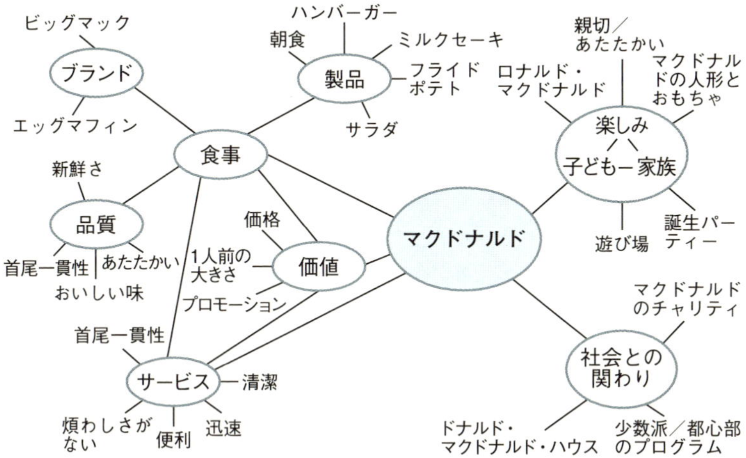

（出所） Aaker [1996]：邦訳書，119 頁を一部修正して作成。

いほどリンクは短い），また，ある概念に注意が向けられると対応するノードの活性化（Activation）が起こり，それがリンクを伝わって拡散していく「活性化拡散モデル」（Spreading Activation Model）を提唱した（Collins and Loftus [1975]）。

図 7-8 は，マクドナルドを例に，活性化拡散モデルを図示したものである。同図では，「マクドナルド」というブランド名を中心に，そこに「食事」「価値」「サービス」などの属性概念がリンクによってつながり，その先に細々した特性が派生する構造になっている。いま仮に，ブランド名である「マクドナルド」に注意が向けられ活性化が起こると，それはリンクを伝わって，「価値」や「食事」「サービス」などの属性概念に拡散していくことになる（すなわち，ネットワーク上を連想が拡がっていく）。

なお，COLUMN 7-3 に紹介したように，ブランド知識の構造を整理したケラーによれば，このような活性化の拡散（連想の拡がり）を前提に，望ましいブランド知識の構造とは，強くて好ましく，かつユニークな連想イメージであるとしている（すなわち，再生されるのに十分なブランド連想の強さと連想される内

COLUMN 7-3 ケラーによるブランド知識構造の整理

第16章で解説するように，近年，ブランドに無形の資産的価値を認め，それを戦略的に管理することの重要性が認識されるようになった（いわゆる「ブランド・エクイティ」論の登場）。このブランドの資産的価値の源泉を顧客のブランド知識（正確には，その知識構造）に求めるのが，「顧客ベース・ブランド・エクイティ」（Customer-Based Brand Equity）の考え方であり，その理論的基盤がブランド知識構造論である。

たとえば，その代表的な論者であるケラーは，本文中で述べた連想ネットワーク型の知識構造の考え方をベースに，図7-9に示すような形で，ブランド知識の構造的側面を整理している（Keller［1998］）。

図示されているように，消費者のブランド知識構造は，「ブランド認知」（Brand Awareness）と「ブランド・イメージ」（Brand Image）という2つの構成次元から成り立っている。

ここでブランド認知とは，さまざまな状況下において消費者が当該ブランドを識別できるかどうかに関わる概念であり，さらに，「ブランド再認」（Brand Recognition）と「ブランド想起（再生）」（Brand Recall）という下位次元で構成されている。すなわち，前者のブランド再認は，ブランド名やロゴ，シンボル・マークなどの手がかりが与えられた場合に，すでに知っているブランドであることを確認でき，他のブランドから明確に識別できる能力である。これに対して，後者のブランド想起（再生）は，このような手がかりが与えられない状況においても，当該ブランドを想い出す（再生する）能力のことである。

一方，ブランド・イメージとは，ブランドから連想されるもののすべてであり，それらは「属性」「便益」「態度」という3つのタイプに分類される。

ここで属性とは，製品やサービスを特徴づける記述的性質のことであり，製品のパフォーマンスや性質のレベルを規定する製品関連属性と，その購買や消費の過程に影響を与える価格，使用者イメージ，使用イメージなどの製品非関連属性に区分される。また，便益（ベネフィット）とは，製品やサービスの属

容の好ましさ，そして，他のブランドの連想内容とは異なるユニークさが必要である）。

手段－目的連鎖モデル

先に，情報処理プロセスを方向づける動機づけ要因として，そのメカニズムを紹介したように，消費者の目標階層は手段－目的連鎖によって具現化・具体化される。すなわち，

性に消費者が付与する個人的な価値や意味のことであり，それは機能的便益（製品属性に対応した内在的な利便性），象徴的便益（使用者イメージなどの製品非関連属性に対応した外在的な便益），経験的便益（製品やサービスの利用経験を通じて感じる便益）という3つのタイプに分かれる。そして，態度とは，ブランドに対する全体的な評価のことである。

消費者に選択されるという意味で資産的価値の高いブランドとは，強いイメージ，好ましいイメージ，そしてユニークなイメージを持つブランドであり，それらをベースに肯定的な態度が形成されているブランドだといえる。

FIGURE 図7-9 ブランド知識の次元と構造

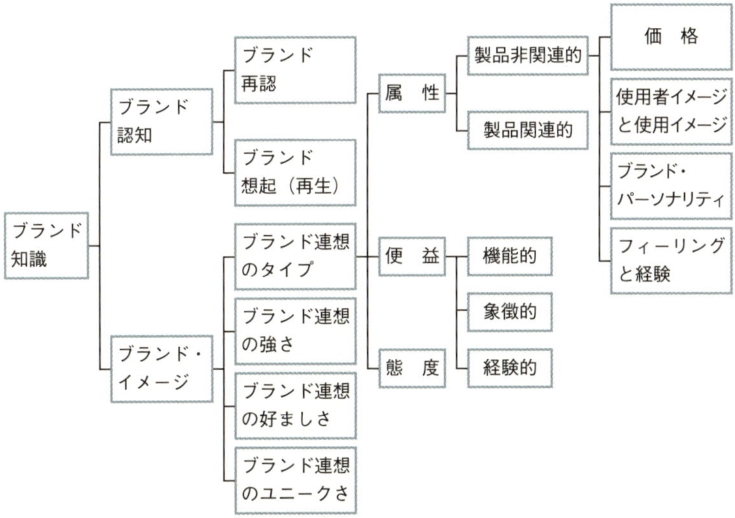

（出所） Keller［1998］：邦訳書，132頁を一部修正して作成。

目標を達成するための手段は下位目標として位置づけられ，さらに，その下位目標を達成するための手段へとブレークダウンされていく。一方，知覚符号化と知識形成のプロセスに関して述べたように，消費者は，チャンキングという処理操作によって，特性情報→属性情報→便益情報という形で意味づけと情報の縮約を行い，製品知識（Product Knowledge）を形成していく。

図7-10に示した手段ー目的連鎖（Means-End Chain）の概念モデルは，このような情報処理の結果として形成される製品知識の構造を，目標階層を規定する消費者の価値体系と結びつけ，統合的に説明しようとした分析の枠組みである（Gutman ［1982］; Peter and Olson ［1987］; Reynolds and Gutman ［1988］; Reynolds and Olson ［2001］; 新倉 ［2005］）。

手段ー目的連鎖モデルの階層構造は，大きくは3段階になっており，抽象化レベルの低いほうから高いほうにかけて（具体的から抽象的に向けて），製品の「属性」（Attributes），その属性から得られる「結果」（Consequences），その結果によって実現される「価値」（Values），という構成になっている。また，図7-10では，3つの段階のそれぞれを，さらに下位の具体的レベルと上位の抽象的レベルに分けて，最終的に6つの階層が設定されている（3つの段階のなかで「結果」の段階のみを2つに区分して，4つの階層設定をする場合もある）。自動車の例で示せば，「エアバッグが標準装備」（属性）→「運転していて安全」（機能的結果）→「自分も安心，家族もくつろげる」（心理社会的結果）→「家族を大切にする」（価値）といった手段ー目的連鎖が考えられる（丸岡 ［2000］）。

先に知覚符号化のプロセスで説明したように，手段ー目的連鎖の一部分は，特性情報→属性情報→便益情報というチャンキングによる情報縮約の結果として形成される。この考え方にもとづきピーターとオルソンは，6つの階層のうち，具体的属性から機能的結果までを「製品知識」と対応させるとともに，心理社会的結果から究極的価値までは，消費者自身の個人的な価値を反映した「自己知識」であるとした（Peter and Olson ［1987］）。

また，これと関連して，ラークソネンは，手段ー目的連鎖モデルを知識構造の側面から捉え，製品関与の認知的な基盤を説明するものだと指摘している（Laaksonen ［1994］）。すなわち，後述するように，手段ー目的連鎖をとおして，製品知識が，より抽象化レベルの高いところで消費者の中心的価値を反映した自己知識と結びついているほど，消費者はその製品に関与して（まさに巻き込まれて）いくことになる（製品関与の認知的基盤については次節で再び述べる）。

なお，手段ー目的連鎖の具体的構造を明らかにするための調査技法としては「ラダリング」（Laddering）といった方法が用いられるが，これについては第9章で解説する。

FIGURE 図 7-10 ● 手段—目的連鎖モデルと知識内容

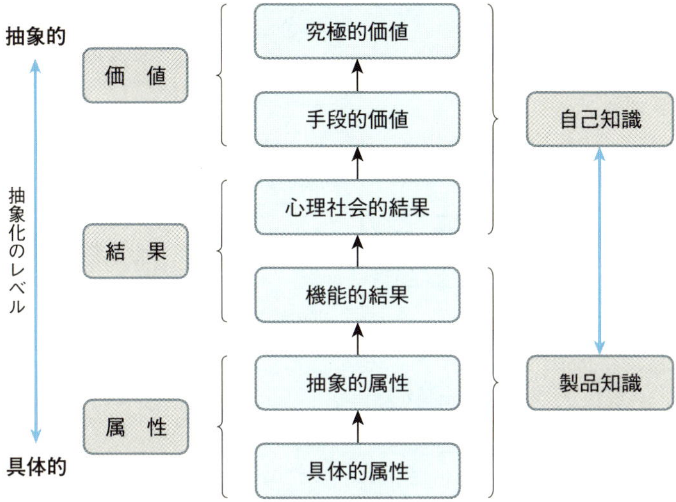

（出所）新倉［2005］，24 頁を一部修正して作成。

ブランド・カテゴライゼーション

かつてハワードは，ある製品カテゴリー内において，すでに知名されているブランドの集合（知名集合：Awareness Set）のうちで，購買時に検討の対象として想起されるブランドの集合を**想起集合**（Evoked Set）と呼び，知られてはいるが想起されず検討対象とならないブランドの集合（非想起集合：Non-Evoked Set）と区分することを提唱した（Howard［1963］）。

すなわち，彼の考え方によれば，市場に存在し入手可能なブランドの全体集合（入手可能集合：Available Set）は，消費者がその存在を知っているか否かで，知名集合と名前すら知らない非知名集合（Unawareness Set）に大別され，知名集合のなかが，さらに購入の検討対象として購買時に想起される想起集合と対象外として想起されない非想起集合に分けられる，ということである。

このような想起集合の考え方は，その後，いくつかの修正・改良を経て，今日では図 7-11 に示されるような**ブランド・カテゴライゼーション**（Brand Categorization）の概念モデルへと発展してきている（Brisoux and Laroche［1980］）。

FIGURE　図 7-11 ● Brisoux = Laroche 型のブランド・カテゴライゼーション・モデル

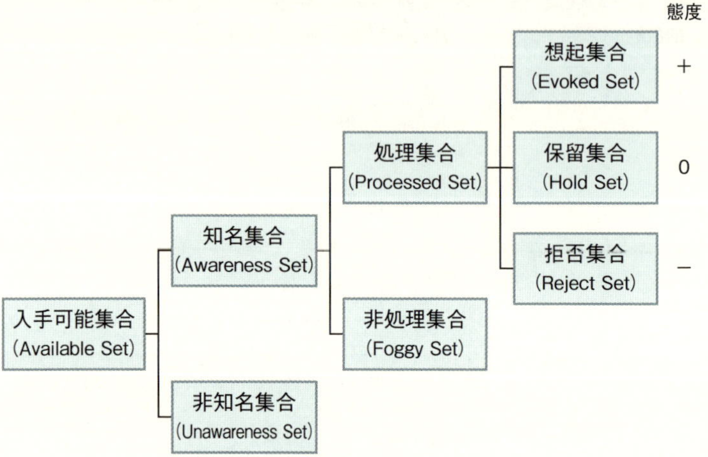

（出所） Brisoux and Cheron [1990] を一部修正して作成。

すなわち，このモデルでは，知名集合の下位集合として，新たに，当該ブランドが持つ製品属性上の特徴まで理解されている（ブランド情報が処理されている）処理集合（Processed Set）と，名前は知っているが製品属性までは理解していない（その意味では霧がかかったような状態の）非処理集合（Un-Processed Set，あるいは Foggy Set）の 2 つが設けられている。さらには，処理集合のなかに，想起集合に加えて，否定的な態度が形成されていて検討対象とはならない拒否集合（Reject Set）と特徴は理解されているが明確な態度形成がなされてはおらず，これも検討対象とはならない保留集合（Hold Set）の 3 類型が設けられている。

なお，これまでに行われた実証研究の結果からは，製品カテゴリーによるバラツキはあるものの想起集合の大きさはおおよそ 3 ブランドくらいであり，また，関与水準が高いほど想起集合のサイズが小さくなる傾向があることが見出されている（恩蔵 [1995]）。

SECTION 4 消費者関与の水準と効果

関与水準の理解

ここで取り上げる関与（Involvement）は，消費者の情報処理プロセスを規定する動機づけ要因のなかでも，最も頻繁に用いられる構成概念の1つである。

元来，この用語は，社会心理学における自我関与（Ego-Involvement）概念を出発点とし，「事象ないし対象と自我領域との間の関連性の程度」（Sherif and Cantril［1947］），あるいは，「個人にとっての事象や対象の重要性ないし目的関連性」（Sherif and Sherif［1967］）を指すものとして用いられていた。

これが消費者行動研究の分野では，クラグマン（Krugman［1965］）が広告効果研究において初めてこの用語を使用して以来，研究者の間で急速に普及し，かつ広範囲な文脈のなかで用いられていった。すなわち，当初は，コミュニケーション効果との関連で研究されていた関与概念であるが，次第に消費者の情報処理全般に影響を及ぼす媒介変数として重要視されるようになり，さらに今日では，関与の水準により意思決定過程自体を高関与型と低関与型とに類型化する考え方も存在する（たとえば，第6章で紹介したアサエルの購買行動類型を参照のこと）。

たとえば，クラグマンの研究では，テレビ広告は，新聞広告などの印刷媒体と比べて低関与であること，そのような低関与コミュニケーションでは，オーディエンスは受け身的にメッセージを受容するうちに，態度は変容しないが，認知構造が変化して購買に影響を及ぼすことが指摘された（これをクラグマンは低関与学習と呼んだ〔Krugman［1965］〕）。その後，日用雑貨などの多くの製品に対して，一般的に消費者の関与が低いこと，また，同じ製品の購買においても関与が高い場合と低い場合があることなども指摘され（堀［1997］），低関与型の消費者行動という分析視点の重要性が論じられるようになった（Kassarjian［1978］）。

このように，関与に関する議論の出発点は，主に低関与型行動への着目であったが，その後の関与研究の焦点は，低関与型行動の性質から，関与それ自体の概念の理解，あるいは，関与を媒介変数として，その水準によって情報処理や意思決定の違いを説明するモデルの構築へと移っていった（Laaksonen［1994］）。すなわち，認知的な情報処理が行われる高関与型の行動に加えて，低関与型の行動も含めた分析枠組みへの展開である。

この節では，関与概念の整理を行いながら，情報処理プロセスの分析視点としての関与水準について，知識構造と関連づけて検討していく。

消費者関与の概念規定と類型化

前述のように，元来，社会心理学における自我関与を出発点とする関与概念ではあるが，消費者行動研究の分野に導入されて以降は，きわめて広範囲な文脈のなかで用いられ，結果的に，多種多様な定義が生み出されることとなった（Laaksonen［1994］）。

このような混乱した状況に鑑み，パークとミタルは，消費者関与を「目的志向的な処理能力の喚起状態」（Goal-Oriented Arousal Capacity）として捉えたうえで，①消費者の価値と動機とを基盤とし，②動機づけにより喚起された目標志向的状態であって，③情報処理能力の活性化水準を示す構成概念であるとして，この概念を再規定することを提案した（Park and Mittal［1985］）。また，これをふまえて，青木は，関与を「対象や状況といった諸要因によって活性化された消費者個人内の目標志向的状態」と概念規定し，「消費者個人内の価値体系の支配を受け，対象や状況に関わる情報処理や意思決定の水準や内容を規定する状態変数」として特定化している（青木［1989］）。

いずれにせよ，関与概念を，このように「何らかの要因によって活性化された状態」として再規定した場合，その活性化の契機となった要因に注目することにより，消費者関与の概念は，図7-12のように，「対象特定的関与」と「状況特定的関与」という2つのカテゴリー（ないし階層）に大別することができる（青木［1989］）。

ここにおいて，前者の「対象特定的関与」とは，文字どおり，ある特定の対象（object）に対して向けられる関与のことであり，当該対象と消費者個人の価値体系との関わり合いをベースにした関与のタイプを指す。それは，また，対象の捉え方によってさまざまな下位概念に区分することも可能であり，たとえば，製品カテゴリーに対する関与である**製品関与**（Product Involvement）や特定ブランドに対する関与としての**ブランド・コミットメント**（Brand Commitment），あるいは，特定の広告媒体に関する関与や特定の店舗に対する関与，

FIGURE 図 7-12 ● 消費者関与の類型化

消費者関与の階層	持続性	状況特定性	具体的な関与概念
対象特定的関与	永続的	状況横断的	製品関与 ブランド・コミットメント
	↕	↕	
状況特定的関与 （課題特定的関与）	一時的	状況特定的	購買関与 コミュニケーション関与

（出所） 青木［1989］，129頁を一部修正して作成。

なども想定することができる（COLUMN *7-4* 参照）。

これに対して，後者の「状況特定的関与」とは，ある特定の状況における課題達成を契機として喚起される関与のタイプであり，契機となる状況や課題の捉え方，あるいは，情報処理プロセスの特定の仕方によって，これもさまざまな下位概念に区分することができる。たとえば，購買意思決定上の課題達成を契機とした**購買関与**（Purchase Involvement）やコミュニケーション過程に関わる「コミュニケーション関与」などは，その代表例である。

製品関与と知識構造

前述のように，「対象特定的関与」とは，消費者個人がある特定の対象（製品，ブランド，店舗，広告媒体など）に対して示す関与であり，当該対象と消費者個人の価値体系との関わり合いをベースにしたタイプの関与である。

すなわち，このタイプの関与は，当該対象が個人の価値体系のなかで中心的で重要な価値の実現に関わっているほど，その関与水準は高くなるという点で，「対象特定的」であり，かつ「価値関連的（目的関連的）」な性格を持っている。

たとえば，このような対象特定的な関与の代表例が，製品カテゴリーを対象とする「製品関与」であり，それは「当該製品を消費・使用・所有することが消費者個人の価値体系と強く結びついているために喚起される関与」として定義される。

したがって，価値体系のなかで中心的で重要な価値の実現と深く結びついた製品カテゴリーに対して，消費者は高いレベルの関与を示すと考えられる。た

COLUMN 7-4 製品関与とブランド・コミットメント

製品関与に近接する概念として，しばしば，その異同が問題とされるものにブランド・コミットメントの概念がある（青木［2004］）。

すなわち，ここでブランド・コミットメントとは，「ある製品カテゴリー内の特定ブランドに対する感情的ないし心理的な結びつき」（Lastovicka and Gardner［1978］），あるいは，「当該製品カテゴリー内の唯一受容可能な選択肢として，消費者の心に強く根差している程度」（Traylor［1981］）として捉えられる概念である。

本文中でも述べたように，「製品関与」と「ブランド・コミットメント」は，ともに対象特定的関与という同じ類型枠に含まれる点では類似した性格を有するが，基本的には，関与の対象が「製品カテゴリー」であるか，それとも製品カテゴリー内の特定の「個別ブランド」であるか，という点で区分されるべきものである。

初期の研究では，「製品関与」と「ブランド・コミットメント」を別個の概念として捉えるだけでなく，前者を後者の規定要因（すなわち，高い製品関与の存在がブランド・コミットメントの前提となる）とする立場もあったが，現在では，必ずしもそのような想定を置かない場合も多い。たとえば，図7-13は，製品関与とブランド・コミットメントを互いに独立した次元として捉え，それらを基本軸とした消費者の分類モデルである（Cushing and Douglas-Tate［1985］）。

また，製品関与との異同のみならず，ブランド・ロイヤルティとブランド・コミットメントの異同も常に問題とされるが，現在では，前者は行動的指標，後者は態度的指標として区別するのが一般的である。

このように，ブランド・コミットメントを態度的な概念として捉え，それを顧客と特定ブランドとの間の絆（Bond）という観点から考えたとき，そこには主として2つの源泉が存在するといわれている（Amine［1998］）。すなわち，

だし，当該製品カテゴリーが中心的価値の実現と本来的に関わり合いを持っていても，そのような製品カテゴリーと価値や目標との関連性（Relevancy）を，消費者自身が十分に認識していなければ，関与は低いものとなる。その意味では，先に手段－目的連鎖に関して述べたように，製品関与は，製品知識と自己知識という2つの知識構造の結びつきを前提としたものなのである（Peter and

1つは，ブランドに対する愛着（Attachment）や情動的なフィーリングといった感情的な源泉であり，もう1つは，知覚リスクや競合ブランド間での品質・性能に関する知覚差異といった認知要素である。

前者は「感情的コミットメント」，後者は「認知的コミットメント」（あるいは「計算的コミットメント」）と呼ばれ，多次元的なブランド・コミットメントの構造を考える際の主要な構成次元となっている（井上［2009］）。

FIGURE　図7-13　製品関与とブランド・コミットメントによる消費者類型

ブランド・コミットメント ＼ 製品関与	高	低
高	**ブランド忠誠者** ・「ベスト」を望む ・製品もブランドも気になる ・お気に入りのブランドがある ・他のブランドは使わない	**常軌的ブランド購買者** ・「ベスト」でなくてもよい ・低い情動的愛着 ・ブランドは気になるが，製品は気にならない ・お気に入りのブランドがある ・他のブランドは使わない
低	**情報探索者** ・「ベスト」を望む ・製品は気になるが，ブランドは気にならない ・いろいろなブランドを試す ・情報を探索する	**ブランド・スイッチャー** ・「ベスト」でなくてもよい ・情動的な愛着はない ・いろいろなブランドを購買する ・製品もブランドも気にならない ・価格に反応する

（出所）Cushing and Douglas-Tate［1985］, p. 249 を一部修正して作成。

Olson［1987］)。

この点と関連して，ラークソネンは消費者関与の認知的基盤を説明する概念図として図7-14を提示している（Laaksonen［1994］)。図中，製品関与は，製品を使用した結果としての便益が消費価値の実現と結びついている程度として規定される。一方，自我関与は，消費価値が包括的な価値の実現と結びついて

FIGURE 図 7-14 ● 関与の認知的基盤

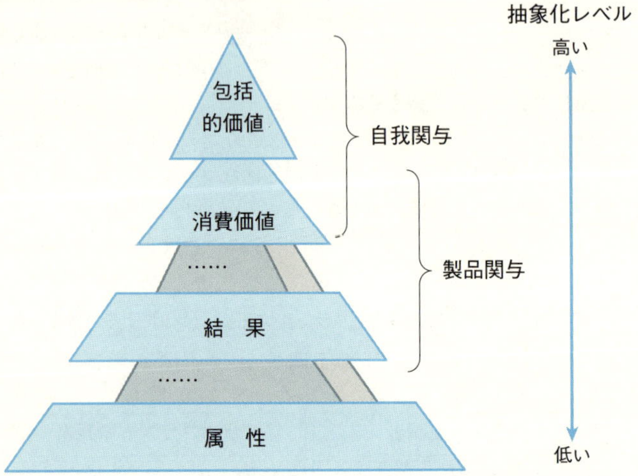

（出所）　Laaksonen［1994］：邦訳書，145 頁。

いる程度として規定されている。このように，関与の概念は，消費者の動機づけと認知（知識）とを橋渡しする構成概念でもある。

関与水準と情報処理

関与水準は，重要な動機づけ要因の１つとして，情報処理プロセスを方向づけるものであるが，最後に，能力要因としての知識とも関連づけながら，情報の探索，解釈，統合への影響について整理しておこう。ただし，紙幅の関係から，以下での整理は，重要なポイントごとの指摘にとどめる。

(1)　感知された関与と情報処理水準　　先に，関与概念の類型化に際して見たように，関与の対象により，動機づけの基盤により，さまざまなタイプの関与が想定されるが，情報処理プロセスに影響を与えるのは，それらの総体である。このような考え方から，「感知された関与」(Felt Involvement) という概念でさまざまなタイプの関与の効果を括り，情報処理水準との関係を捉えようとする試みがある（Bloch and Richins［1983］; Celsi and Olson［1988］; Peter and Olson［1987］)。すなわち，活性化された状態のベースが製品関与であれ購買関与であれ，感知された関与が高水準の消費者は，情報をより意識的，集中的，かつコントロールされた方法で処理するように動機づけられる（これを深い情報処理；Deep Processing と呼ぶ）。これに対して，感知された関与水準が低い消費者は，情報処理において努力しようとせず，最小限の精緻化と表層的な意味づけにとどまるものと考えられる（これを浅い情報処理；Shallow Processing と呼ぶ）。

(2) **一時的関与と永続的関与**　関与は動機づけの結果として活性化された状態であるが，それらは持続性の点で多様である。たとえば，製品関与に代表される対象特定的関与は，対象の価値体系上の位置づけが変化しない限り持続する傾向があるので，これを「永続的関与」（Enduring Involvement）と呼ぶ。これに対して，状況特定的関与の場合には，まさに目の前の課題達成などの状況ごとに変化する「一時的関与」（Temporal Involvement）である。また，既述のように，関与の情報探索への影響を考えた場合，購買関与は，購買前探索の程度を規定するが，製品関与は，これに加えて継続的情報探索にも影響を与える，といった具合に，その持続性によって，情報処理プロセスへの影響の仕方は異なる。

(3) **認知的関与と感情的関与**　さらには，関与の動機的基盤の違いによっても，情報処理様式への影響は異なったものとなる。たとえば，パークとミタルは，関与の基盤となる動機の種類に着目して，「認知的関与」（Cognitive Involvement）と「感情的関与」（Affective Involvement）という類型化を提案した（Park and Mittal [1985]）。すなわち，彼らによれば，認知的関与とは「製品使用をとおした実質的な価値の実現・追求という功利的／機能的動機ないしは認知的な動機を基盤とする関与」であり，これに対して，感情的関与とは「製品使用をとおした自我の維持・強化といった価値表現的ないし感情的動機を基盤とする関与」である。このような動機的基盤の違いから，認知的関与が高い場合には，属性ベースでの分析的（Analytical）な情報処理が，また，感情的関与が高い場合には，全体的で類比的（Analogical）な情報処理が行われるという。

(4) **関与水準と二重過程モデル**　動機づけ要因としての関与水準だけでなく，能力要因も含めてのことではあるが，消費者の情報処理（たとえば，説得的コミュニケーションによる態度変化など）を2つのルートやプロセスによって説明しようとする「二重過程」（Dual-Processes）モデルがある。たとえば，消費者行動の文脈においては，「**精緻化見込みモデル**」（ELM：Elaboration Likelihood

COLUMN 7-5 精緻化見込みモデル

ペティとカシオッポが提案した「精緻化見込みモデル」(ELM，精査可能性モデルとも呼ばれる）では，説得的コミュニケーションによる態度変化は，メッセージ内容を入念に検討（精緻化）する見込みがあるか否かで，中心的ルート（Central Route）を経由する「中心的態度変化」と周辺的ルート(Peripheral Route）を経由する「周辺的態度変化」に二分されるとしている(Petty and Cacioppo [1986])。

ここで中心的態度変化とは，メッセージ内容を精緻化したうえで生じる態度変化であり，そこではメッセージ内容に対する認知的反応（好意的な考えや否定的な考え）によって態度変化の方向性が決まり，また，認知構造の変化をともなう場合には，強固で安定した態度が形成される。これに対して，周辺的態度変化とは，メッセージ内容の精緻化なしに，たとえば，メッセージの送り手の魅力や信憑性・専門性といった周辺的手がかり（Peripheral Cue）の影響を受けて生じる態度変化であり，一時的で影響を受けやすい態度が形成される。

図7-15は，これら2つのルートでの態度変化のプロセスを図示したものである。同図に示されているように，説得的メッセージの内容を精緻化する動機づけや能力が高ければ精緻化の見込みは高くなり，中心的ルートによる態度変化が生じる。反対に，動機づけや能力が低い場合には，周辺的ルートによる態度変化が生じることになる。

たとえば，例としてパソコンの広告を考えてみると，まずは広告内容を精緻化する動機の有無が問題となる。もしパソコンへの関与度が低く精緻化する動機がない場合には，周辺的手がかりの有無が問題となる。この場合，有名なメーカーのパソコンであったり，好きなタレントが広告に登場していれば，それが周辺的手がかりとなって，周辺的態度変化が生じる（手がかりがなければ，態度変化は生じない)。

一方，精緻化の動機がある場合には，次に，広告内容を精緻化する能力の有無が問題となる。もちろん，パソコンについての知識がまったくなければ精緻化することはできないし，メッセージの内容が難しくて理解困難な場合も，精緻化することはできない。この場合にも，周辺的手がかりの有無に依存し，手

Model）などが有名である（COLUMN 7-5 参照)。すなわち，ペティとカシオッポが提案した精緻化見込みモデルでは，関与の水準が高くて精緻化の動機づけがあり，また，能力もある場合には，中心的ルートでの態度変化が生じ，それ

がかりがある場合には周辺的態度変化が生じる。

最後に，精緻化する動機と能力がある場合には，中心的ルートでの態度変化へ入るが，そこではパソコンの性能等についての情報が詳細に吟味されることになる。この中心的ルートでは，広告内容についての認知的反応や認知構造の変化を経由して中心的態度変化が生じる（認知的反応が中立的であったり，認知構造に変化がない場合には，周辺的態度変化となる）。

なお，このような2つのルートでの態度変化のうち，中心的態度変化のほうが強固で安定的であると考えられている。

FIGURE 図7-15 精緻化見込みモデル

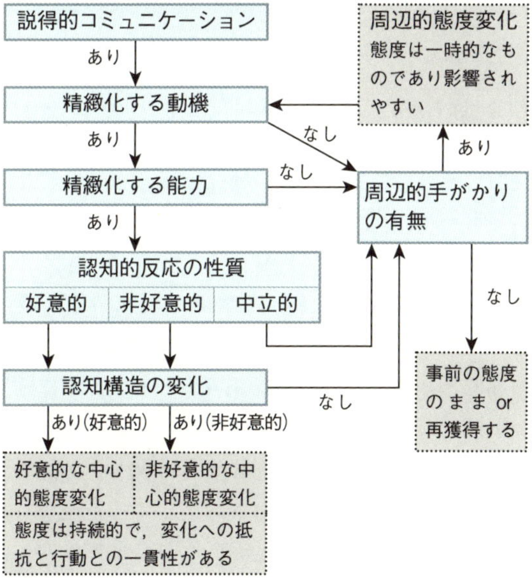

（出所） Petty and Cacioppo［1986］.

はもう1つの周辺的ルートでの態度変化に比べて，強固で安定しているといわれている（Petty and Cacioppo［1986］）。

(5) 関与水準と知識構造　最後に，情報処理プロセスを規定する内部要因

FIGURE 図 7-16 ● 情報処理への関与と知識の効果

関与と知識の水準	低関与－低知識	低関与－高知識	高関与－高知識	高関与－低知識
基本的動機づけ	最少の努力で適切な製品を選択	適度な努力で満足いく製品を選択	最善の製品を選択：満足の最大化	最善の製品を選択
最終目標	望ましい機能的結果の獲得	望ましい機能的結果の獲得	望ましい価値や満足の獲得	心理的結果ないし価値の獲得
目標階層	単純な目標階層	単純な目標階層	より複雑な目標階層	不明確な目標階層
選択基準	少数の具体的属性を使用	少数の抽象的属性を使用	広範囲な製品知識を使用	重要な選択基準が不明確
意思決定プロセス	習慣的（or きわめて限定的）問題解決	限定的問題解決	限定的（中間的）問題解決	包括的（or きわめて限定的）問題解決

（出所） Peter and Olson [2005], p. 183 を一部修正して作成。

としての関与と知識について，ピーターとオルソンが，図 7-16 のような包括的な整理をしているので紹介しておこう（Peter and Olson [2005]）。同図においては，関与水準の高低と知識水準の高低を組み合わせて 4 つに購買状況が類型化されているが，習慣的ないしはきわめて限定的な問題解決状況によって特徴づけられる低関与－低知識のパターンから始まり，関与と知識の水準が高まることによって意思決定プロセスの類型も変わっていく。ただし，高関与－高知識のパターンでは限定的問題解決にとどまる。包括的問題解決となるのは，高関与－低知識のパターンであるが，同時に，この状況では知識水準の低さゆえに，きわめて限定的な問題解決となることもある。

Chapter 7 ● 演習問題 EXERCISE

❶ 図 7-6（177 頁）を参考にして，目標階層の具体例を手段―目的連鎖の形式で考えてみよう。

❷ 図 7-7（181 頁）を参考にして，特定の製品カテゴリーについて，分類学的カテゴリーやアドホック・カテゴリーについて考えてみよう。

❸ 図 7-11（188 頁）を参考にして，特定の製品カテゴリーについて，ブランドのカテゴライゼーションを行ってみよう。

第 8 章 消費者データの収集と分析

賑わう百貨店の化粧品売場。
日々の消費における選択も，定量的な分析でとらえる。

CHAPTER 8

市場を理解せずにマーケティング戦略を構築することは不可能であろう。そして，その市場の理解のためには，情報が必要である。マーケティングに関する情報は，消費者に関する情報と端的に考えてしまいがちであるが，マーケティング戦略を構築するために必要とされる情報は，常に消費者に関する情報とは限らない。競合他社に関する情報，マーケティング環境に関する情報，そして時には自社の売上に関する情報が必要とされる場合もある。本章では，これらの戦略構築に必要とされる情報をどのように入手すべきかというマーケティング・リサーチを紹介する。

INTRODUCTION

KEYWORD
FIGURE
TABLE
COLUMN
EXERCISE

KEYWORD

マーケティング・リサーチ過程　意思決定問題　リサーチ問題　ベイズ理論　期待利益　事前確率　条件つき確率　事後確率　リサーチ・デザイン　探索的リサーチ　記述的リサーチ　因果関係リサーチ　調査仮説　実験　妥当性　調査票　質問票　観察票　母集団　標本抽出　尺度水準　記述統計　相関分析　回帰分析

SECTION 1 消費者行動とマーケティング・リサーチ

消費者は，能動的に問題解決する際に，自身の保有する内部情報である記憶では不十分な場合，外部情報を収集し，内部情報とあわせて意思決定を行う，という点は，第Ⅱ部のいくつかの章ですでに述べられてきた。消費者対応が1つの鍵であるマーケティング・マネジメントにおいて，消費者が必要としている情報，消費者が探索しようとする情報，消費者が意思決定を行う情報などを管理することは，マーケターにとって必要なことである。

マーケティング・リサーチは，マーケターの側から市場そしてマーケティングに関する情報を収集し，分析し，そして意思決定を支援する情報を提供する一連の過程と考えることができる。マーケティング・リサーチの例を挙げると，「どんな人々が自社製品を購入しているのか？」「彼／彼女のデモグラフィック特性（居住地域，家族数，世帯年収，ペット）は？」「どのような製品デザインが，最も成功しそうか？」「製造原価が低下するにつれ，自社製品の価格も下げるべきか，それともより高品質の製品を開発するべきか？」「どのような立地でどのような販売員を通じて，自社製品を販売するべきか？」「いくら広告に投資すべきか？」「顧客は，自社製品に満足しているか？」などである。本章では，これらの問いに答えるべく，どのような情報を入手すべきかを，伝統的なマーケティング・リサーチの枠組みにもとづいて紹介したい。

アメリカ・マーケティング協会（AMA：American Marketing Association）は，1988年に，以下のような定義を行っている。

マーケティング・リサーチとは，以下を遂行する機能である：

・マーケティングの機会および問題を識別し定義するために用いられる情報を通じて，消費者，顧客，大衆をマーケターとリンクする
・マーケティング活動を創出・洗練・評価する
・マーケティング成果をモニターする
・過程としてのマーケティングの理解を改善する

マーケティング・リサーチは，以下の事項を遂行するために必要とされる情報を特定化する：

・問題を明言する
・情報収集方法をデザインする
・データ収集過程を管理・執行する
・結果を分析する
・結果および含意を理解する

このアメリカ・マーケティング協会の定義の前者において興味深い点は，マーケティング・リサーチの遂行機能すべてに「マーケティング」という語があることである。このことから，マーケティング・リサーチにおいてマーケティング意識がなければ，マーケティング・リサーチではなく単なる調査であるという点を読みとることができる。また定義にあるように，マーケティング・リサーチの核は，情報にある点も興味深い。

このアメリカ・マーケティング協会の定義を参考に，チャーチルらは，マーケティング・リサーチ過程を以下の6つのステップから構成している（Churchill and Iacobucci [2004]）。

Ⅰ　問題の設定
Ⅱ　リサーチ・デザインの決定
Ⅲ　データ収集方法・形式のデザイン
Ⅳ　標本デザインとデータ収集
Ⅴ　データ分析と解釈
Ⅵ　調査報告書の準備

本章では以下，この6つのステップに従い順に説明することとする。

SECTION 2 問題の設定

マーケティング問題の定義

第1ステップの問題の設定において，重要な点は2つある。第1は，解決すべきマーケティング問題を注意深く正確に定義することである。この点は，以下で詳細に述べることにする。

解決すべきマーケティング問題を注意深く正確に定義するために，まずは問題を**意思決定問題**と**リサーチ問題**に分解することが，大切である。つまり大きな解決すべきマーケティング問題をいきなり明らかにしようとすると，どこから手をつければよいのか，どのように段取りをつければよいのか，など頭を悩ませてしまう可能性が大きい。そこで，意思決定問題という大問題をまず設定し，その大問題を構成する中程度の問題としてリサーチ問題を複数想定するのである（図8-1参照）。意思決定問題とリサーチ問題の関係は，たとえば，新製品のパッケージ開発という意思決定問題に対して，代替パッケージ・デザインの有効性の評価や競合他社のパッケージ・イメージの調査などをリサーチ問題と考えることができる。また，来店客数の増加という意思決定問題に対しては，現在の店舗イメージの測定や店舗内カテゴリーごとの客数分布などをリサーチ問題として考えることができる。

ブランド・マネジャーやプロダクト・マネジャーなどが，意思決定問題の意思決定者であることが多い。しかし，これらマネジャーが，マーケティング・リサーチ自体を統括する担当者である可能性は高くない。むしろマーケティング・リサーチ担当者は，組織内の調査部門や組織外の調査会社などである場合が多い。このようにマーケティング・リサーチ担当者を専門職として取り扱う場合が多いのは，ややもすれば担当ブランドに偏り過ぎる可能性があるマネジャーと客観的な立場でコミュニケートすることの重要性や，競合他社や市場情報などのマーケティング環境を常に更新しつつ，直面するマーケティング問題と統合することの重要性，そしてこれらの重要性を考慮して意思決定問題をリサーチ問題に具現化する機能がリサーチ担当者に期待されているからである。

このようにしてマーケティング・マネジャーとリサーチ担当者により，大問

FIGURE　図 8-1 ● 意思決定問題のリサーチ問題への分解

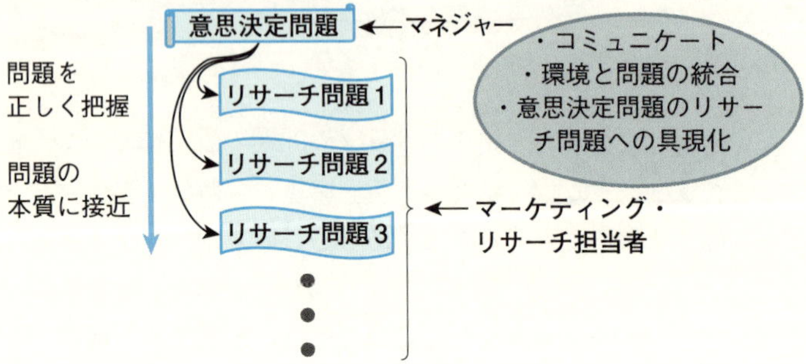

題としての意思決定問題が，中程度の問題としての複数のリサーチ問題に分解されることにより，解決すべきマーケティング問題が正しく把握され，注意深く正確に定義され，そしてその問題の本質に接近することができるのである。

調査を行うか否かの事前評価

第2は，調査が行われるべきか否かという根本的な問いを，いま一度検討することである。調査を行う前に，まだ行っていない当該の調査を行うべきか否かを決定することは容易でない。この問いに示唆を与える方法の1つが，**ベイズ理論**である。端的に言えば，事前の**期待利益**あるいは期待価値を計算しておき，ベイズ理論を用いて事後確率を推定し，初めに計算した調査による期待利益あるいは期待価値を，事後確率をふまえて再計算する。この期待利益・価値の増分が調査コストの見積りを上回るならば，調査を行うべきであり，下回るならば調査しても十分な見返りがないため調査をすべきでない，と判断する。

ある新製品に関して，高価格を設定すべきか，低価格を設定すべきかという価格戦略の例を用いて説明しよう（図 8-2）。調査を行う事前の状態（図 8-2(a)）でのマーケティング・マネジャーやリサーチ担当者の予想が，80% であると予想される市場規模が小規模の場合に，新製品に対して高価格戦略を行えば200（百万円）利益があり，低価格戦略を行えば 50（百万円）利益があると考え，20% であると予想される市場規模が大規模の場合に，新製品に対して高価格戦略を行えば 100（百万円）利益があり，低価格戦略を行えば 400（百万円）利

FIGURE 図8-2 ● 事前に調査すべきか否かのベイズ理論にもとづく意思決定の例

(a)（百万円）	市場規模		
	小規模	大規模	（事前確率）
	80%	20%	期待利益
高価格戦略	200	100	180
低価格戦略	50	400	120

(b)	市場規模	
	小規模	大規模
仮調査成功	20%	70%
仮調査不成功	80%	30%

(c)	市場規模		条件つき確率	同時確率		条件つき確率
仮調査成功	小規模	80%	20%	16%	仮調査成功	53.3%
	大規模	20%	70%	14%	30%	46.7%
仮調査不成功	小規模	80%	80%	64%	仮調査不成功	91.4%
	大規模	20%	30%	6%	70%	8.6%

(d)（百万円）	市場規模			
	小規模	大規模	（事後確率）	
仮調査成功	53.3%	46.7%	期待利益	30%
高価格戦略	200	100	153.3	
低価格戦略	50	400	213.3	64
仮調査不成功	91.4%	8.6%	期待利益	70%
高価格戦略	200	100	191.4	134
低価格戦略	50	400	80.0	
				198

益があると考えているとしよう。つまり，大規模な場合にはマスをねらった浸透価格戦略を，小規模な場合にはニッチャーをねらった上澄み吸収価格戦略を考えるとしよう。この場合，高価格戦略を採用した場合の期待利益は，

$$200\ (\text{百万円}) \times 0.8 + 100\ (\text{百万円}) \times 0.2 = 180\ (\text{百万円})$$

となり，低価格戦略を採用した場合の期待利益は，

$$50\ (\text{百万円}) \times 0.8 + 400\ (\text{百万円}) \times 0.2 = 120\ (\text{百万円})$$

となる。したがって，調査を行わない場合，高価格戦略を採用することになり，その際に得られるであろう期待利益は 180（百万円）となる。なお，この事前に特定化された 0.8 と 0.2 という確率は，事前確率と呼ばれる。

次に，仮に調査を行った場合を想定し，マーケティング・マネジャーやリサーチ担当者によって，調査結果が成功となるか不成功となるかを，市場規模に応じて，予想したとしよう。その予想結果（図 8-2(b)）は，市場規模が小さい場合に仮に調査を行えば成功という調査結果を得る確率は 20% で不成功という調査結果を得る確率は 80%，市場規模が大きい場合では仮調査結果が成功となる確率は 70% で不成功となる確率は 30% であった。

この図 8-2(b)の予想を用いて，図 8-2(a)の市場規模に関する予想（80% と 20%：事前確率）を，ベイズ理論を用いて更新し，事後確率を推定してみよう（図 8-2(c)）。調査を行わない場合，いずれの市場規模になるかは図 8-2(a)の予想に従い 80% と 20% となる。仮に調査を行えば，図 8-2(b)の情報を用いて，仮調査結果が成功であることを条件とした場合に市場規模が小規模である確率は 20% で大規模である確率は 70%，同様に，仮調査結果が不成功であることを条件とした場合に市場規模が小規模である確率は 80% で大規模である確率は 30% となる。

したがって，「仮の調査結果が成功であり，小市場規模である」ということが同時に起こる確率は，

$$0.8 \times 0.2 = 0.16$$

となり，「仮の調査結果が成功であり，大市場規模である」ということが同時に起こる確率は，

$$0.2 \times 0.7 = 0.14$$

となり，市場規模は小さいか大きいしかないので，仮調査の結果が成功となる確率は，両者を合計した，

$$0.16 + 0.14 = 0.30$$

となる。同様に，「仮の調査結果が不成功であり，小市場規模である」ということが同時に起こる確率は，

$$0.8 \times 0.8 = 0.64$$

となり，「仮の調査結果が不成功であり，大市場規模である」ということが同時に起こる確率は，

$$0.2 \times 0.3 = 0.06$$

となり，市場規模は小さいか大きいしかないので，仮調査の結果が不成功となる確率は，両者を合計した，

$$0.64 + 0.06 = 0.70$$

となる。

次に，図 8-2(c)の最終列の**条件つき確率**を考えよう。これはまだ調査を行っていないが，仮に調査を行ったとして市場規模が小さいか大きいかの確率を考えることである。つまり，「仮の調査結果が成功である」という条件のもとで，市場規模が小さい確率は

$$0.16 \div 0.30 \fallingdotseq 0.533$$

となり，そして「仮の調査結果が成功である」という条件のもとで，市場規模が大きい確率は，

$$0.14 \div 0.30 \fallingdotseq 0.467$$

となる。同様に，「仮の調査結果が不成功である」という条件のもとで，市場規模が小さい確率は，

$$0.64 \div 0.70 \fallingdotseq 0.914$$

となり，そして「仮の調査結果が不成功である」という条件のもとで，市場規模が大きい確率は，

$$0.06 \div 0.70 \fallingdotseq 0.086$$

となる。この時点で，まだ調査は行っていないが，仮に調査を行った場合に，その結果に応じて市場規模の大小に関する確率が更新されていることが必要である。

これらの更新された確率を用いて図 8-2 (a) を更新したものが，図 8-2 (d) である。図 8-2 (a) で行った各価格戦略の期待利益を，ここでは仮調査の結果に応じて計算し直す必要がある。「仮の調査結果が成功」であった場合，高価格戦略を採用した場合の期待利益は，

$$200\ (\text{百万円}) \times 0.533 + 100\ (\text{百万円}) \times 0.467 = 153.3\ (\text{百万円})$$

となり，低価格戦略を採用した場合の期待利益は，

$$50\ (\text{百万円}) \times 0.533 + 400\ (\text{百万円}) \times 0.467 = 213.3\ (\text{百万円})$$

となる。よって，「仮の調査結果が成功」であった場合は低価格戦略を採用することになり，その際に得られるであろう期待利益は 213.3（百万円）となる。

次に「仮の調査結果が不成功」であった場合，高価格戦略を採用した場合の期待利益は，

$$200\ (\text{百万円}) \times 0.914 + 100\ (\text{百万円}) \times 0.086 = 191.4\ (\text{百万円})$$

となり，低価格戦略を採用した場合の期待利益は，

$$50\ (\text{百万円}) \times 0.914 + 400\ (\text{百万円}) \times 0.086 = 80.1\ (\text{百万円})$$

となる。よって，「仮の調査結果が不成功」であった場合は高価格戦略を採用することになり，その際に得られるであろう期待利益は 191.4（百万円）となる。ここで，仮調査の結果にかかわらず，高・低価格戦略それぞれが大・小市場規模それぞれにおいて取得される利益は同じであることに留意すべきである。そして，仮調査結果である追加情報を用いて更新され事後的に得られた｛0.533 と 0.467｝そして｛0.914 と 0.086｝は，**事後確率**と呼ばれる。

これらの仮に調査を行った場合の各結果に応じて期待利益を計算すると，「成功」という調査結果を得る確率は 0.3 で，「不成功」という調査結果を得る確率は 0.7 であるので，仮に調査を行った場合であるので，各結果に応じた期待利益にこの確率をかけると，

$$213.3\ (百万円) \times 0.3 + 191.4\ (百万円) \times 0.7 = 198\ (百万円)$$

となり，まだ調査を行っていないが仮に調査を行ったとすると得られる期待利益を得ることができた。

一連の手続きで重要な点は，第1に，調査を行わない場合には180（百万円）だった期待利益が，仮に調査を行えば198（百万円）の期待利益が得られることが見込まれるから，調査を行うことによって18（百万円）の利益の増分が見込まれるという点である。第2に，もし調査費用が18（百万円）未満であれば調査を行うことは有用であるが，もし費用が18（百万円）を上回るようであれば，調査を行うことでかえって損失が発生することになり，調査は行われるべきではない，ということになる。このようにベイズ理論は，追加情報を想定し，その追加情報を用いて，既存情報を更新し，事前に得られるであろう追加情報を評価することを可能にする方法である。

SECTION 3 リサーチ・デザインの決定

本節では，リサーチ・デザインの決定について見ていく。マーケティング・リサーチは，**探索的リサーチ**，**記述的リサーチ**，**因果関係リサーチ**の3つの種類に分けることができる。第1の探索的リサーチは，アイデアや洞察を発見することを目的としたリサーチである。第2の記述的リサーチの目的は，ある事象の頻度や2変数間の関係を明らかにすることであり，一般的なリサーチがこれにあたる。第3の因果関係リサーチは，原因と結果の関係を明らかにしようとするリサーチであるが，この因果関係を導くのは困難であり，簡便法として最も用いられる方法が実験である。順に紹介しよう。

探索的リサーチ

探索的リサーチは，5つの方法からなる。なお，探索的リサーチのうち，すでに存在している，当面の調査目的ではないその他の目的で収集されたデータを活用する場合がある。これらの既存データを2次データと呼び，次節以降で具体的に当面の調査のために収集されるデータを1次データと呼び，両者を区別することがある。

探索的リサーチの第1の方法は，文献検索である。文献には，紙媒体と電子媒体がある。紙媒体には，書籍や論文，白書などの官公庁出版物，新聞や雑誌などがある。電子媒体には，日経テレコン21や朝日新聞社の聞蔵（朝日DNA）やLexisなどのデータベース，そして巨大な地球レベルのデータベースとしてのインターネットがある。

第2の方法は，経験調査やキー情報の調査である。これは業界関係者や関連する政府や地方公共団体の関係者やコンサルタントなどに対するヒアリング調査である。

またこれらに対してエキスパートではなく標的セグメントの顧客や競合他社の顧客などに対するインタビューがあり，これが第3の方法のフォーカス・グループ・インタビューである。フォーカス・グループ・インタビューにより，後に計量的にテストされる仮説を構築することを本章では推奨したい。またフォーカス・グループ・インタビューでは，インタビュアーの役割は非常に大切であり，インタビュアーに望まれる資質には，理解が速いこと，フレンドリーであること，よい聞き手であること，感情移入しすぎないことなどがある。詳細は，第9章で述べよう。

そして，第4の方法に，参与観察がある。元来は，人類学や社会学で開発された方法で，リサーチ対象者（社）の社会や組織に，一定期間滞在し，その社会や組織の構造やルールを明らかにしようとする。

最後に第5の方法は，類似した過去の事例や示唆を与える過去の事例を考察する，洞察刺激ケースの分析がある。

これら5つの方法を複数あるいはすべて用いて，より微細にリサーチ問題を明示化し，そして各リサーチ問題ごとに**調査仮説**を構築することが，この探索的リサーチの最大の課題である。調査仮説に関して，2つの注意点がある。

第1に，調査仮説とは，「…は…である」といった明確に是非が問われる文章で明記された仮説でなければならない。「…は…であろう」や「…は…かもしれない」などの肯定も否定もできない概念は仮説でなく，曖昧さを排除し「…は…である」と表現されるまで，5つの探索的リサーチ方法を用いて明らかにされなければならない。

第2に，既知の事実を確認するようなマーケティング・リサーチにより得られる追加情報は，意思決定の改善にほとんど役に立たない。調査仮説は，未知であり，マーケティング・リサーチによって新たに検証されるべき仮説でなければならない。

探索的リサーチを介して調査仮説を各リサーチ問題ごとに構築することで，リサーチすべき，また解決すべきマーケティング問題のコンセプトがより明確になる。またマネジャーやリサーチャーは，調査のための優先順位を設定することができ，そして非実践的なアイデアを削除することもできるようになる。

記述的リサーチ

次に，記述的リサーチである。記述的リサーチは，ある事象の頻度や平均値，ある変数と別の変数間の相関関係などを明らかにすることである。一般的なリサーチがこれにあたるため，以降の節で詳述することにする。ただ本節において大切なことは，記述的リサーチを，即「消費者に対するアンケート調査」と考えないことである。記述的リサーチの方法には，2通りある。1つは，質問票を用いる質問法であり，通常，フランス語のアンケート（enquate）にちなんでアンケート調査と呼ばれているものである。もう1つは，観察票を用いる観察法である。探索的リサーチの結果，各リサーチ問題ごとに構築された調査仮説を検証するのに，質問法と観察法のいずれが効率的で効果的であるかを検討し，適切な方法が選択されるべきである。

因果関係リサーチ

最後に，因果関係リサーチである。マーケティング・リサーチにおいて因果関係を検討する際に気をつけなければならないことが主に3つある。まず，ある事象に関してただ1つ原因があるのではなく，マーケティング・リサーチにより，いくつかある因果関係の原因や構造のうちせいぜい1つを明らかにすることができるということである。第2に，マーケティング・リサーチが考える因果関係は，決定的ではなく，確率的であるということ，第3に，部分的であり確率的であるがゆえに，マーケティング・リサーチは，ある因果関係を証明するのではなく，その因果関係の存在を許容し，その関係について推論することが許容される程度であることである。このように，マーケティング・リサーチにおいて因果関係を明らかにすることは困難であり，実験が簡便な方法として用いられることが多い。

実験は，実験統制要因を含む調査と考えることができる。つまり，ある実験統制要因を与える（例：広告を見せる）グループと与えない（例：広告を見せない）グループに対して，調査を行えば，実験となる。実験には，研究室や人為的に操作された環境で行うラボ実験と，通常の自然な環境で行うフィールド実験がある。そして実験を行うか否かは，探索的リサーチの結果構築された各リサーチ問題ごとの調査仮説を検証するのに，実験が効率的で効果的であるかを検討し，実験を行うか否かが決定されるべきである。

いずれの実験を行うかは，妥当性の見地から考えることができる。すなわち，観測された効果を実験変数にのみ関連づける程度としての内的妥当性と，観測された効果を他の状況に一般化する程度としての外的妥当性である。ラボ実験は，統制された環境で実験を行うため実験変数のみを統制することができることから高い内的妥当性を確保することができるが，一般的な環境での調査でないため外的妥当性は低くなる。たとえば，ある菓子製造業の新菓子開発研究所において，湿度や温度，そして実験が開始される3時間の水分や糖分の摂取量を統制して，ある成分を含むか否かを実験統制要因とし，この成分を含むお菓子と含まないお菓子ではいずれが選好度が高いかの実験を行ったとしよう。他の環境要因が統制されているために，この成分包含有無の選好度に与える効果の内的妥当性は高いと考えることができる。他方，この結果が，湿度も温度も変化し，そして自由に飲食できる顧客に対して同じような効果が測定されるかどうかという一般化可能性が高い保証はなく，外的妥当性は低いかもしれない。

他方，フィールド実験に関しては，一般的な環境で実験を行うため，一般化の程度は高く，外的妥当性は高いが，実験統制要因以外の効果も結果に包含されるため，実験統制要因の効果に関する内的妥当性は高くない可能性がある。

以上，探索的リサーチ，記述的リサーチ，因果関係リサーチを説明したが，本節の鍵は，マーケティング問題を，大問題としての意思決定問題と，中程度の問題としてのリサーチ問題に分解し，そして各リサーチ問題ごとに探索的リサーチを通じて調査仮説群を構築し，それら調査仮説を検証するのに効率的で効果的なリサーチ・デザインを設計することである。つまり，調査仮説群を発見する文脈で用いられるのが探索的リサーチであり，確認を目的とするのが記述的リサーチと因果関係リサーチである。具体的には質問法と観察法からなる記述的リサーチと実験を行う因果関係リサーチの4つの組合せ，すなわち実験をともなう質問法，実験をともなう観察法，実験をともなわない質問法，実験をともなわない観察法のなかから，調査仮説を検証するのに効率的で効果的な調査方法を1つ選択することが鍵である（図8-3参照）。

FIGURE 図 8-3 ● リサーチ・デザインの決定の構図

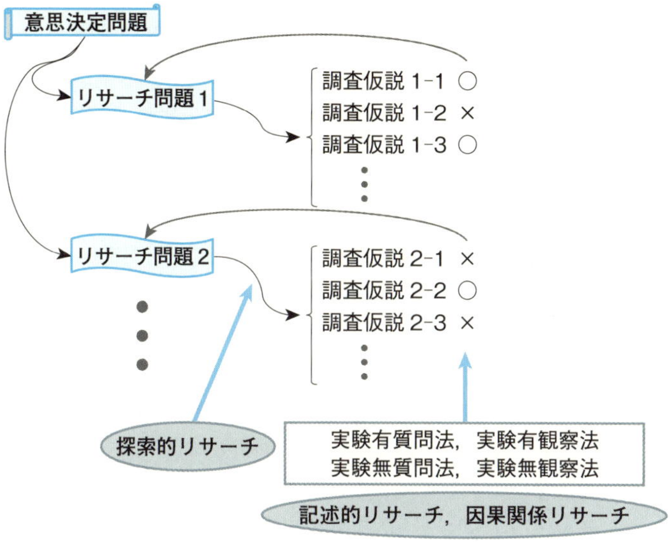

SECTION 4 データ収集方法・形式のデザイン

調査仮説を検証するリサーチ・デザインが決定したならば，具体的にデータを収集する**調査票**をデザインすることになる。調査票は，リサーチ・デザインに応じて，実験をともなう質問票か観察票，実験をともなわない質問票か観察票のいずれかである。質問票を用いる質問法と観察票を用いる観察法において決定すべき項目は，実験をともなうかともなわないかに関わらず，同じであるので，以下では質問法の作成を主として説明する。

まず質問票において測定するデータ（当該調査のために収集されるデータであるので，1次データ）のタイプには，性別，年齢，職業，教育水準，未既婚などのデモグラフィック・社会文化的特性，内向的・外向的などの心理的・ライフスタイル特性，製品や広告に対する態度や意見などがある。そのほかに，認知や知識が問われることもあり，これには製品認知，特性認知，広告認知，価格認知，製造業者認知など多岐にわたる。また，購買意図，購買の動機，そして買ったか否かやどこで誰と買ったかなどの行動に関する質問が測定されることもある。

質問票における質問の形式は，構造化するか構造化しないか，偽装するか偽装しないか，の2側面の組合せで4つに類型化することができる。第1の質問形式は，下記のような構造化一非偽装質問であり代替質問固定形式と呼ばれる。

問：エスプレッソは好きですか？

非常に好き	やや好き	どちらでもない	やや嫌い	非常に嫌い
[　]	[　]	[　]	[　]	[　]

この代替質問固定形式は，分析や管理が容易であり，信頼性が高く，質問の理解を助けるといった長所があるが，一方で質問によるバイアスが発生したり，選択肢以外の回答を排除する可能性があり，妥当性が高くないかもしれない。

第2の質問形式は，下記のような非構造化一非偽装質問であり，自由回答形式と呼ばれる。

問：エスプレッソについてどう思われますか？

[　　　　　　　　　　　　　　　　　　　　]

この自由回答形式は，分析者が経験豊かであれば，豊かで正確な回答あるいは回答の理解を導出できるが，要求される経験の程度は状況に依存するものであり，また自由回答自体を計量的に分析するのは，通常は困難であり，テキストマイニング技法など特殊な技術が要求されることもある。

第3の質問形式は，構造化一偽装質問であり，投影法と呼ばれ，言語連想法や下記の文章完成法や物語完成法（マンガ完成法，絵画解釈法など）や第三者技法（ロールプレイングなど）がある。

問：都市生活に関して，私は＿＿＿＿＿＿＿＿＿＿＿＿と思う。

第4の質問形式は，非構造化一偽装質問であり，これは1950年代，60年代に用いられたモチベーション・リサーチ手法と呼ばれる，回答者自身も気がついていないような意識下での動機や態度に対する質問形式であるが，今日ではあまり使われないため，説明は割愛する。

質問法調査の管理方法には，主に4つの方法がある。第1の方法は，人が介在する方法であり，代表的なものに家庭訪問調査や商業集積地での調査などがある。調査員が存在するため，非常に回答率は高く，回答者が質問に対して曖昧な場合も明確にすることができ，視覚音声情報やサンプルなど多様な調査が可能である。しかしながら，費用が最もかかる方法であり，また調査員の存在が逆にバイアスを与える場合もある。

第2の方法は，郵送法である。回答者のペースで，回答者が好きな時間に回答でき，また広範囲の調査が可能である。しかしながら，質問を回答者が十分に理解していない場合に追加説明ができず，回答者のスピードを統制できないなどの短所もある。

第3の方法は，電話法である。電話法も広範囲での調査が可能であり，相対的に高い回答率であり，また近年ではコンピュータ制御の電話法調査も可能となっている。一方で，時間的制約が強く10分以上の調査は困難であり，視覚情報を用いることができないなど調査方法に制約がある。

第4の方法は，インターネットによる方法である。これは電子メールによる方法とサイトにアクセスして回答してもらう方法に大別することができる。いずれにせよ，回答者はインターネット環境が整っていればどこでも回答することができ，データの管理やその分析が容易である。また調査を行う企業側においても，コストが低い，動画やインタラクティブな調査など多様な仕組みを調査に包含できるなど，長所も多い。しかしながら，パソコンやインターネットにある程度通じていなければ調査対象者とならず，またそうであってもインターネット調査に積極的に参加する性向のある調査者の存在などバイアスがしばしば批判されることもある。しかし今日では傾向スコアなど，そのバイアスを考慮する技法も発展している（→第24章）。

観察法においても，質問法と同様に形式を決定しなければならない。第1に，構造化するか否かを決めなければならない。観察項目を構造化すれば，複数の観察者の間で一貫性を確保でき，信頼性を高めることができる。他方，構造化によるバイアスや設定された反応以外への対応ができないといった短所もある。

第2に，偽装しないか偽装して観察するかを決める必要がある。偽装しなければ観察者の存在が被観察者に知られるため，行動にバイアスが発生する可能

FIGURE 図 8-4 ● 質問法と観察法の管理方法

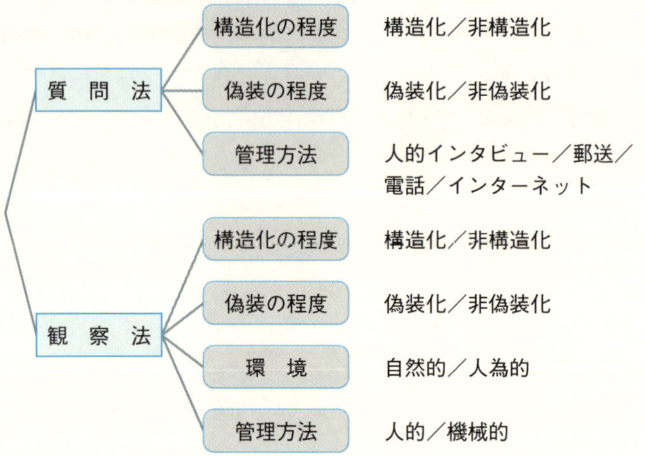

性を否めない。

第 3 に，研究室や人為的に操作された環境で観察するか，通常の自然な環境で観察するかを決定しなければならない。これは上述のラボ実験とフィールド実験と同様に，前者の人為的な観察環境の場合，外生要因を統制でき内的妥当性が高く，また多様な装置を活用できるなどの利点がある。一方，後者の自然な環境での観察の場合，外的妥当性が高いのが大きな長所である。

第 4 に，観察手段として，人的に観察するか，機械的に観察するかを決めなければならない。機械的に観察する際の装置として，検流計，瞬間露出器，アイ・カメラ，脳波分析などがある。

以上，質問法と観察法の管理方法をまとめたのが図 8-4 である。

最後に，調査票の具体的な作成手順を説明する。まず第 1 に，調査すべき情報を改めて特定化して確認することである。これは図 8-3 にある，意思決定問題，リサーチ問題，調査仮説の再確認である。

第 2 に，調査票のタイプや管理方法の決定であり，これは図 8-4 にまとめられている項目である。

そして第 3 に，具体的な各質問項目内容の決定である。その際に，単一回答

図 8-5 ● 調査票の具体的な作成手順

1. 探索情報の特定化
2. 質問票のタイプ・管理方法の決定
3. 各質問項目内容の決定
4. 各質問項目の回答形態の決定
5. 各質問の文章の決定
6. 質問順序の決定
7. 質問票の体裁の決定
8. ステップ1～7の再検討
9. プリテスト

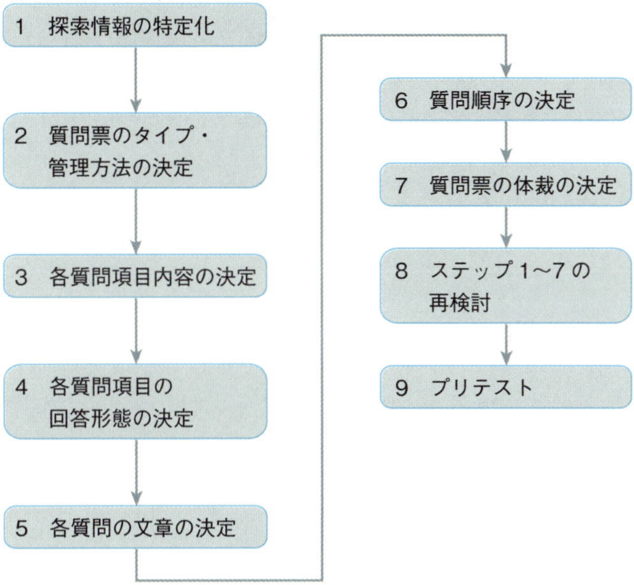

か複数回答か，回答者が十分な知識や情報を保有しているか，タイミングは合っているか，などに気をつける必要がある。

　第4に，各質問項目の回答形態を決めなければならない。回答者の負荷が高いと判断されるならば構造化が好ましく，複数選択肢形式の場合にはすべての場合を網羅しているかを確認する必要がある。また回答を序列づけるか，単一回答か，複数選択かなどを明言化することが好ましい。

　第5に，各質問の文章を決定する。その際に，単純で短い言葉や文章を使用し，曖昧な言葉や表現そしてヒントを与える質問を回避する必要がある。また暗黙的に回答を設定したり，暗黙的に回答者が質問を理解しているといった一般化や推測を回避することが重要である。

　第6に，質問順序に関して決める必要がある。これは，単純で興味を引く質問から開始し，広範な質問から特定の質問へ，そして個人的な質問は後にしたり，時系列の質問は時代順に問い，製品やブランドあるいは使用方法などトピックごとに質問をまとめる工夫や，階層的質問にはフロー・チャートを明示するといったことが大切である。

そして第7に，質問票の体裁を決定し，回答が容易な体裁を保持することが基本である。そして最後に，以上1～7の各ステップをいま一度再検討し，プリテストすることが必要である。以上のステップをまとめたのが図8-5である。

SECTION 5 標本デザインとデータ収集

具体的な調査票が決定すれば，次はどのようにデータを収集すべきかを考えるステップとなる。第1ステップは，**母集団**の定義であり，検証すべき調査仮説に応じて，適切な母集団が，個人か，世帯か，地域か，日時や曜日か，企業か，自社店舗か，従業員かなどを定義する必要がある。

第2ステップは，**標本抽出**単位のリストを準備することである。母集団が世帯ならば全国世帯リストを，母集団が自社店舗ならば店舗リストを用意することになる。

第3ステップは，標本抽出手順の選択である。標本抽出手順は，確率的に行わない非確率的標本抽出と，確率的に行う確率的標本抽出に類型化することができる。非確率的標本の代表的なものに，便宜標本があり，これは友人や知人，知り合いの企業など便宜的な標本に対して行うものである。また，雪だるま標本（Goodman［1961］）と呼ばれるものもあり，たとえばある与党に有利な結果を得るために，与党集会への参加者に対して調査を行うものである。また母集団の特性比率，たとえば，男女比率や年齢構成比率にあわせて，標本構成を揃えるよう非確率的に収集する割当標本と呼ばれる手順もある。

非確率的標本抽出の問題は，統計的推論ができない点にある。マネジャーやリサーチャーは本来，母集団全体に関してデータを収集し，その母集団特性にもとづき意思決定を行いたいと願っているはずである。しかしながら，予算制約，時間的制約，空間的制約などから母集団全体ではなく，その一部である標本から収集したデータにもとづかなければならない。そしてこのデータから，実際にはデータ収集できなかった母集団全体での特性を統計的に推論することの妥当性を裏づけるのが，中心極限定理であり，それは母集団分布に関わらず，標本平均の分布は，標本数が十分に大きければ，正規分布に従う，というものである。そしてこの中心極限定理が適用されるためには，標本の無作為抽出，つまり確率的標本抽出が必要である。これが，確率的標本抽出が非確率的標本抽出より好ましい根拠である。

統計的推論を可能にする確率的標本の基本的な方法に，単純ランダム標本がある。この方法では，各標本単位は同じ確からしさで選択される。たとえば，5人（A，B，C，D，E）からなる母集団から誰か1人を抽出する単純ランダム標本では，0から1の間のどの値も同じ確率で生じる標準一様乱数を発生させると，

もし標準一様乱数の値が0から0.2未満であればAが抽出
もし標準一様乱数の値が0.2から0.4未満であればBが抽出
もし標準一様乱数の値が0.4から0.6未満であればCが抽出
もし標準一様乱数の値が0.6から0.8未満であればDが抽出
もし標準一様乱数の値が0.8から1未満であればEが抽出

されることになる。

しかしながら，母集団の標本単位数が多くなるほど，そして目指す標本数が多くなるほど，この単純ランダム標本は，非常に手間がかかることになる。この問題に対応する2つの確率的標本抽出法がある。第1は，層化標本抽出である。ここでは，母集団が相互に排他的で全体としてすべてをカバーしている部分集合（層）に分割され，各部分集合からある1つの標本単位が抽出される。たとえば，5人（A，B，C，D，E）からなる母集団を，部分集合1（A，B）と2（C，D，E）に分割し，各部分集合から1つの標本単位を抽出することを層化標本抽出では考える。具体的には，0から1の間のどの値も同じ確率で生じる標準一様乱数を発生させると，

もし標準一様乱数の値が0から0.5未満であればAが抽出
もし標準一様乱数の値が0.5から1未満であればBが抽出
もし標準一様乱数の値が0から0.33未満であればCが抽出
もし標準一様乱数の値が0.33から0.66未満であればDが抽出
もし標準一様乱数の値が0.66から1未満であればEが抽出

FIGURE 図 8-6 ● 標本抽出の手順

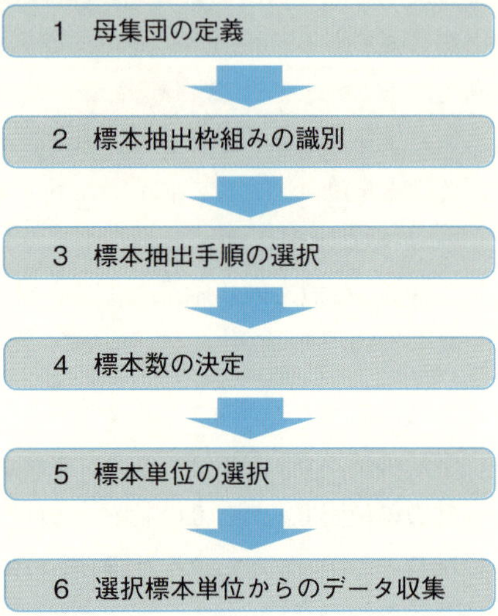

されることになる。この層化標本抽出は，単純ランダム標本より精度が高く誤差が小さい，特定グループの特性の検討が可能である，といった特徴がある。そして層内の標本単位の同質性を高めれば，さらに層化標本抽出の精度を高めることができる。

もう1つの方法が，クラスター標本である。層化標本抽出同様に，母集団を相互に排他的で全体としてすべてをカバーしている部分集合に分割するが，異なる点は，ある1つの部分集合そのものが抽出される点である。たとえば，5人（A，B，C，D，E）からなる母集団を，部分集合1（A，B）と2（C，D，E）に分割し，部分集合全体を，クラスター標本では抽出することを考える。具体的には，0から1の間のどの値も同じ確率で生じる標準一様乱数を発生させると，

もし標準一様乱数の値が0から0.5未満であれば部分集合1（A，B）が抽出
もし標準一様乱数の値が0.5から1未満であれば部分集合2（C，D，E）が抽出

されることになる。クラスター標本において大切なことは，各部分集合である

クラスターは，母集団のミニチュアであるべきである点である。クラスター標本は，層化標本や単純ランダム標本より，統計的に効率性が劣るが，経済的に効率的であるため，大規模調査で頻繁に利用される。

第4ステップは，標本数を決めることである。標本数決定ルールは，非統計的ルールと統計的ルールに大別することができる。非統計的ルールには，予算制約内の可能な範囲で標本数を決定するコスト・ルール，クロス類型（例：男女×年齢区分）の各セルが埋まるように標本数を決定するクロス類型ルール，過去に用いてきた標本数から決定する歴史ルールがある。

統計的ルールの場合，第3ステップの標本抽出方法に依存して標本数が決定される。しかしながら，基本的な考え方としては，標本数が多いほど精度が高くなるという特性にもとづき，標準誤差をまず推定し，そして必要とされる精度を達成するのに必要な標本数を確保する，というものである。

そして，第5ステップでは実際に標本単位を特定化して選択し，第6ステップにおいて，データを収集することになる。以上の標本抽出の手順をまとめたのが，図8-6である。

SECTION 6 データ分析と解釈

データ分析を行う前に，欠損値や異常値の確認が必要である。欠損値が多ければ，分析対象としてよいかどうかを検討すべきである。異常値の確認も同様に重要で，異常値を包含したままデータ分析すると，まさに異常な結果しか得られないこともある。よくあるケースは，データを読み込む際に桁ズレが発生し，本来の変数とは異なる別の変数の値が割り当てられるという場合である。

またデータ分析を行う際に，変数の**尺度水準**を理解しておくことが必要である。尺度には，名目尺度，序列尺度，間隔尺度，比尺度の4つの水準がある。名義尺度とは，男女という性別，××市という居住市などのカテゴリー尺度を指す。序列尺度とは，選好の順序や甘さの順序などの順番を測定した尺度を指す。これら名目尺度と序列尺度のことを，ノンパラメトリック尺度や離散尺度と呼ぶ。間隔尺度とは，SD法と呼ばれる形容詞の対（たとえば，非常に好き～非常に嫌い）などで活用される5点尺度（あるいは5件法）が代表的な尺度であ

FIGURE 図 8-7 ● 平均とさまざまな分散の正規分布

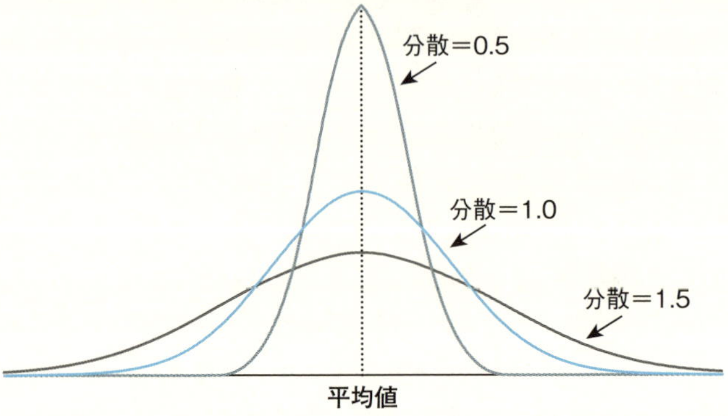

る。比尺度は，絶対 0 が存在する尺度であり，重さや長さなどの尺度である。これら間隔尺度と比尺度のことを，パラメトリック尺度や連続尺度と呼ぶ。各尺度水準により，後に述べるデータ分析手法が異なることが重要な点である。

データ分析において，最初に行うべきことは，**記述統計**を計算することである。比尺度や間隔尺度の場合，平均値，中央値，分散，最大値，最小値などが記述統計であり，これらは要約統計とも呼ばれる。データ全体を用いてある変数に関して平均値を計算することは，ある種そのデータのその変数に関する代表的な値を知ることであり，データの概要を理解することができる。また分散を計算することで，データの変動の幅を理解することができる。図 8-7 に示されるように，分散が小さければ変動の幅は小さく正規分布は尖り，一方，分散が大きくなれば変動の幅は大きく正規分布はなだらかになる。

序列尺度や名目尺度の場合，平均値，分散，最大値，最小値は無意味であり，中央値や最頻値が記述統計や要約統計となる。

記述統計を計算した後に，統計的分析を行うことになる。統計的分析は，平均値の差の検定（t 検定や分散分析），クラスター分析，因子分析，判別分析など多岐にわたるので，本節では，**相関分析**と**回帰分析**のみを説明する。

比尺度や間隔尺度の場合の相関分析とは，たとえば，あるブランド A の売上と B の売上の関係を分析することである。ブランド A の売上が増えればブ

FIGURE 図 8-8 ● 相関分析の例

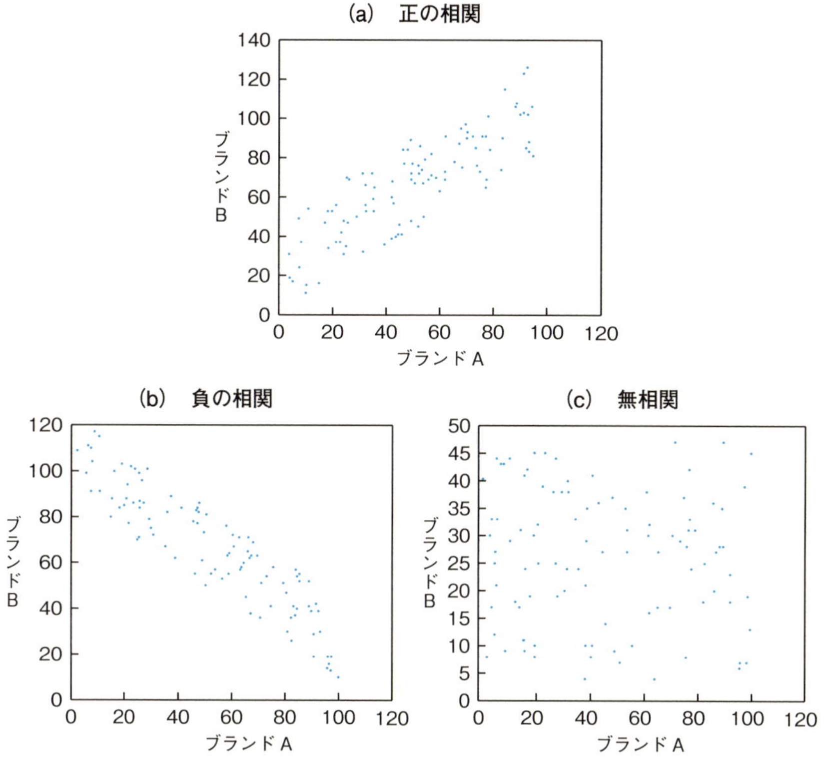

ランドBの売上も増える場合，正の相関があるという。ブランドAとBが補完的な場合が，これにあたる。逆に，ブランドAの売上が増えるとブランドBの売上は減る場合，負の相関があるといい，ブランドAとBが代替的な場合である。そしてブランドAの売上の増減とブランドBの売上の増減が無関係の場合，無相関という。相関分析は，相関係数を計算することで行われる。相関係数は，ブランドAの売上 S_A とBの売上 S_B の共変動を表す共分散をブランドAとBそれぞれの標準偏差で割ることで，

TABLE 表 8-1 ● 2 重クロス表の例：納豆の購入とチーズの購入

		チーズの購入 Yes	No	
納豆の購入	Yes	45	10	55
	No	25	20	45
		70	30	100

$$
\text{相関係数} = \frac{S_A\ \text{と}\ S_B\ \text{の共分散}}{S_A\ \text{の標準偏差} \cdot S_B\ \text{の標準偏差}}
$$

と計算される。相関係数は図解的に理解しやすい。図 8-8 (a) は正の相関，図 8-8 (b) は負の相関，図 8-8 (c) は無相関の場合の相関分析の例である。正の相関があれば右上がりとなり，負の相関があれば右下がりとなり，無相関であれば一様に分布することが理解できる。

序列尺度や名目尺度の場合の相関分析は，2 重クロス表を用いて行われる。例として，納豆の購入の有無とチーズの購入の有無の相関関係を考えよう（表 8-1）。納豆の購入もチーズの購入も有無（Yes または No，1 または 0）しか値を持たない名目尺度である。表 8-1 において，納豆もチーズも購入する消費者が 45 名，納豆のみ購入する消費者が 10 名，チーズのみ購入する消費者が 25 名，いずれも購入しない消費者が 20 名である。

もし納豆の購入とチーズの購入に相関関係が一切なければどのような現象が観測されるだろうか。納豆の購入の有無に関係なく，チーズの購入の有無が発生する状態を考えればよいので，

チーズの購入は 0.7（＝70/100），　非購入は 0.3（＝30/100）

という確率に従い，同様に，

納豆の購入は 0.55（＝55/100），　非購入は 0.45（＝45/100）

という確率に従うと考えられる。なお，これらの確率はチーズか納豆の購入にのみそれぞれ依存するので，周辺確率と呼ばれる。

TABLE 表 8-2 ● 無相関な状態の例：納豆の購入とチーズの購入

		チーズの購入 Yes	チーズの購入 No	
納豆の購入	Yes	38.5	16.5	55
	No	31.5	13.5	45
		70	30	100

次に相関関係がない状態，つまりチーズの購入と納豆の購入の間に関係がない状態ということは，単純にチーズの購入確率と納豆の購入確率のみを考えればよいことになる。具体的には，

チーズも納豆も購入する消費者は 38.5 名（＝100×0.7×0.55）
チーズは購入せず納豆のみ購入する消費者は 16.5 名（＝100×0.3×0.55）
チーズは購入し納豆は購入しない消費者は 31.5 名（＝100×0.7×0.45）
チーズも納豆も購入しない消費者は 13.5 名（＝100×0.3×0.45）

と表 8-2 になることが想定される。この無相関の状態が帰無仮説であり，表 8-1 のデータがこの帰無仮説と統計的に有意に異なるか否かを検定するのが，χ^2（カイ二乗）検定である。

検定は，2 重クロス表の各要素において，(観測値－無相関理論値)^2/無相関理論値，を計算し合計して得られる χ^2 値（$=(45-38.5)^2/38.5+(10-16.5)^2/16.5+(25-31.5)^2/31.5+(20-13.5)^2/13.5=8.13$）の，ある自由度（＝(行数－1)×(列数－1)＝(2－1)×(2－1)＝1）のもとでの確率を算定し，その値を得る確率が 0.05 より小さければ，データは無相関の状態とは有意に異なり，有意に無相関ではない，有意な相関がある，という結論を導く。

以上の相関分析は，ブランド A 対 B の売上，あるいは納豆の購入とチーズの購入のように 1 対 1 の相関に関する分析であった。しかし，複数の変数間の相関関係に関心がある場合のほうが，一般的かもしれない。

回帰分析は，ある変数と複数の変数間の相関関係を検討する分析である。たとえば，図 8-9 に示されたようなブランド A と，ブランド B に加えてブランド C の売上の関係に興味があるとしよう。回帰分析を行うと，

FIGURE 図 8-9 ● 回帰分析の例

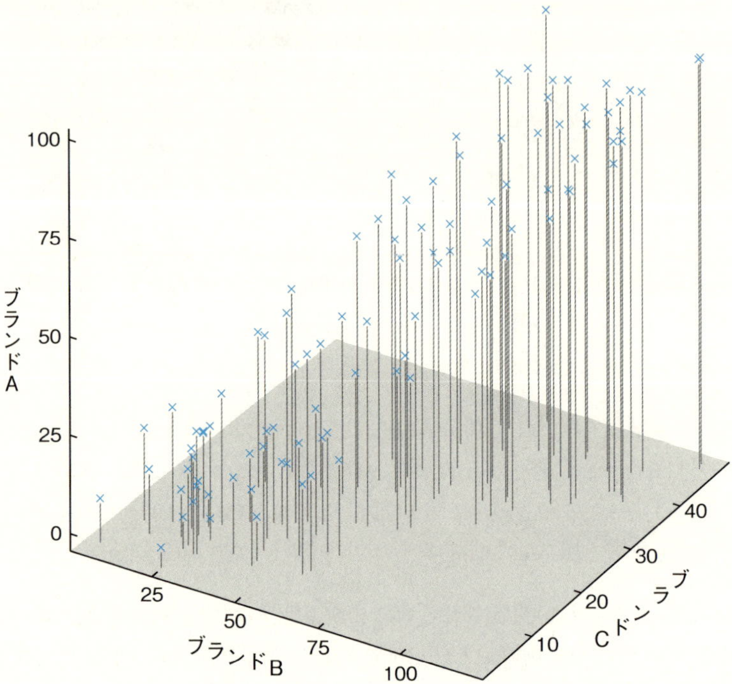

ブランドAの売上 = −14.6+0.17×ブランドBの売上+1.99×ブランドCの売上

という結果を得ることができる。ここで−14.6は切片項と呼ばれるもので，右辺にある変数の値が0のときの左辺の値を示す。例では，ブランドBとCの売上が0のときのブランドAの売上のことである。0.17と1.99は回帰係数と呼ばれるものであり，解釈の仕方は基本的に相関係数と同じである。ブランドBとCの売上はともに，ブランドAの売上と正の相関があることがわかる。さらに，その大きさからブランドAの売上には，ブランドBの売上（0.17）よりCの売上（1.99）のほうが，強い相関関係があることがわかる。

SECTION 7 調査報告書の準備

マーケティング・リサーチは，データを収集し，データを分析して終わりではない。解決すべきマーケティング問題に関する意思決定を支援するために，有用な情報を提供しなければならず，それを明記した調査報告書を完成して，マーケティング・リサーチは完了する。

すべての報告書にあてはまることであるが，明瞭で，簡潔で，正確に，記述することが重要である。また調査報告書の読者にあわせて，たとえばエグゼクティブに対してはポイントのみを示すというように，報告書の量や編集方針も変更することが必要かもしれない。

COLUMN 8-1 非助成知名と現在使用との関係：陸［2009］より

マーケティング・リサーチの分野で著名な方は多い。千葉商科大学教授（2009年時点）の陸正氏は，その1人である。花王株式会社で，国内外問わず，多様な製品カテゴリーにわたって数多くの調査に関わってきた氏の知は，卓越している。売上予測は，マーケティング・リサーチが担うべき大きな課題の1つであり，陸氏は，この大マーケティング問題に対して，非助成知名そして現在使用との関係から調査を行い考察し，その要約を陸［2009］にて述べている。本COLUMNでは，これを紹介しよう。

＊　＊　＊

「非助成知名は，次期のマーケット・シェアを予測するための重要な指標です」という説明がいまだに耳に残っている。1980年，調査部に配属になり，ベンチマーク調査の担当者から受けた調査項目の細部の説明の1コマである。

その後，広告理論について学んだが，知名に関する部分は，おおよそ次のようにまとめることができる。

非助成知名は，商品カテゴリーだけを与えて再生されたブランド名である。たとえば，新製品であれば「この6カ月間に発売された新製品のブランド名を挙げてください」という質問で上がった回答を忠実に書き取り，コーディング・ブックを作り，その定義に従い確定していくという手続きをとる。助成知名は，ブランド名を示して再認させる方法でとる。いずれも広告のコミュニケーション効果測定の重要な指標である。とくに非助成知名のうち，「最も最初に想起されるもの（Top of Mind，第1想起）は，次回の購入決定に大きな影響を与えると考えられる」という（八巻俊雄編［1994］『広告用語辞典』東洋経済新報社，238頁）。

実践面では，種々の商品カテゴリーの実際のデータを頻繁に見る機会があったし，分析，比較をしたことも多々あったが，非助成知名の背景にある消費者心理のあやをすっきりと了解することはできないまま時が過ぎていった。

1995年から大学の教員として学生に講義する立場になったが，ビジネスの世界で実際に経験した個別の実例のうち，普遍性を持つ事例を取り上げて話すことを心がけてきた。ここ数年，インターンシップという講座で年1回だけ，エクセルを使ったマーケティング統計という講義を担当している。企業に実習に行って，データのグラフ化，パワーポイントでのプレゼンテーション資料の作成ができるスキルを身につけることが目標である。2008年に，エクセル2007に変わり，2003に比べ大幅にその操作が変更された。これを機会にデー

FIGURE 図8-10●「アタック」のコミュニケーション効果

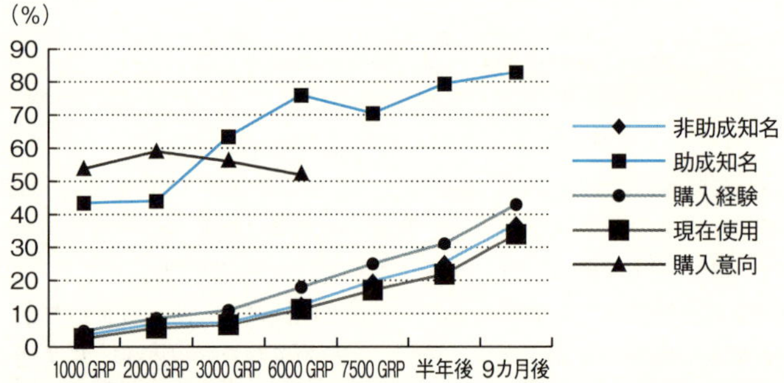

（注） GRP（Gross Rating Point：のべ視聴率）のこと。到達率と平均接触回数の積で表され，総視聴でもあり，広告主の出稿量も示している。

TABLE 表8-3●「アタック」発売後のコミュニケーション効果

(%)

	1000 GRP	2000 GRP	3000 GRP	6000 GRP	7500 GRP	半年後	9カ月後
非助成知名	3.7	6.9	6.7	12.5	19.7	25.1	36.8
助成知名	42.7	43.6	63.3	75.4	70.1	79.0	82.2
購入経験	4.3	7.3	10.4	17.5	24.1	30.8	41.9
現在使用	2.0	5.3	6.4	11.4	16.7	21.7	33.7
購入意向	53.1	59.1	56.4	51.7			
	(電話)	(電話)	(訪問)	(訪問)	(訪問)	(訪問)	(訪問)

タを各人のコンピュータに送り，グラフ化をメインに教えることにした。データの入力をなくし，グラフ化からわかるデータの裏側にある意味を読み取ることに力点を移すことにした。その予習をしているプロセスで新たな発見があった。

1987年4月に発売された新型バイオ洗剤「アタック」のコミュニケーション効果を9カ月後までトラッキングしたデータの折れ線グラフ作成を例題の1つに使うことにした（図8-10）。

表8-3の調査項目の順序は，調査の質問の順序になっている。図に変換すると数値の近いものが近い位置にくる。一瞥（いちべつ）して，非助成知名と現在使用，購入経験がほぼぴったり同じ推移を描いているのがわかる。その背後には何が隠されているのだろうか。非助成知名と現在使用との相関係数をとってみた。99.8％である。購入経験も同じような推移を示している。非助成知名と購入経験との相関係数は，99.4％である。広告投入によりブランドの認知が高まるという因果関係があるので，擬似相関ではない。したがって，これらの事実の裏側にある論理は，次のようになる。

現在気に入って使っているブランドがTop of Mindになる。非助成知名に現在使用ブランドが挙がってくるのは自然である。現在使用ブランドの次に購入経験ブランドが出てくるのも了解できる。ただ数字的にこれほどきれいに出てくるのは，めったにない。「アタック」が短期間に洗濯用洗剤のカテゴリを塗り替える50年に1度の既存製品カテゴリでの大型成功製品であったから，しかも通常では実施しない頻度でトラッキング・サーベイを行ったこともこうした消費者心理の深部を浮かび上がらせた理由ともいえよう。

まさに目からうろこであった。教える立場になってはじめてひらめいた知見であった。30年近く意識下で疑問に思っていた広告理論のすっきりしない一面についての，経験知からの新しい理論的解釈の発見であった。

ちなみに非助成知名がマーケット・シェアを予測する指標であるという点に関しては，調査時点，調査対象，調査の方法の違いから直接の比較はできないが，表8-4からコミュニケーション効果の測定対象とほぼ同じSCI（全国消費世帯パネル調査）のデータ（世帯の購入データからの算定）で見ると，発売から半年後のマーケット・シェアが21.1％である。表8-3の「半年後」の列にあるように，現在使用が21.7％，非助成知名が25.1％であり，現在使用のほうがマーケット・シェアに近い。非助成知名のほうは，現在使用していない購入経験者が加わる分，高くなると思われる。

結論として，非助成知名はマーケット・シェアを予測する指標ではあるが，現在使用のほうがよりマーケット・シェアに近い数値を示すといえよう。

＊　＊　＊

有用な情報を提供する調査には，分析手法に関するスキル以上に，マーケテ

ィングに関する知が必要であることを示唆する事例である

（参考文献）　陸正［2009］「非助成知名と現在使用の関係」『マーケティング・ホライズン』6月号，14-16頁。

TABLE　表8-4●「アタック」のマーケット・シェアの推移

（%）

1987/88年	4月	5月	6月	7月	8月
SCI	1.7	7.0	10.2	15.1	17.3
1987/88年	9月	10月	11月	12月	1月
SCI	20.6	21.1	23.3	26.4	28.5

Chapter 8 ● 演習問題

EXERCISE

❶ ある製品やサービスを取り上げ，マーケティング問題を1つ設定し，既存の2次データを用いて，調査仮説リストを構築してみよう。

❷ ❶で構築した調査仮説を検証するのに，最も効率的な調査方法（質問法・観察法，実験の有無）を考えてみよう。またどのような標本抽出を行うべきかも考えてみよう。

❸ ❷で計画されたリサーチ・デザインを実施し，仮にデータが与えられたとすると，どんな分析を行えば，❶の調査仮説を検証できるかを考えてみよう。そして仮の分析結果を想定し，❶のマーケティング問題にどう応えることができるか，マーケティング戦略についてどのような示唆を与えることができるかを考えてみよう。

❹ 図8-2（205頁）の事前確率が｛0.8と0.2｝でなく｛0.9と0.1｝した場合に，事後確率と事後の期待利益がどうなるか計算してみよう。｛0.8と0.2｝の場合の事後確率と事後の期待利益と比較し，なぜそのような結果になったかを考察してみよう。

第 9 章 消費者行動把握における定性調査法

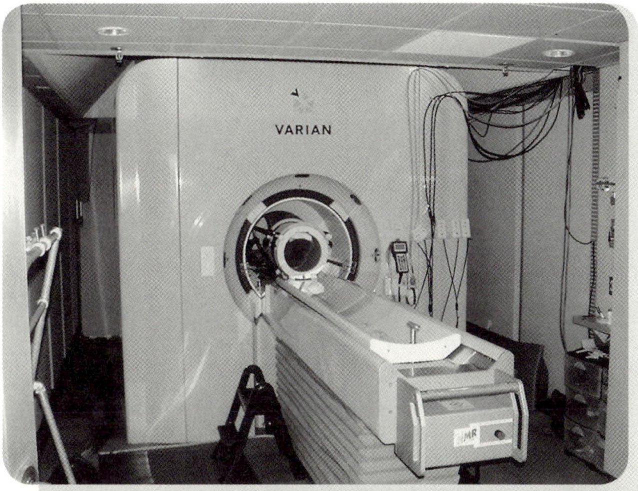

fMRI を用いて脳内血流を測定。消費者の生体反応を調査・分析するニューロ・マーケティングの研究も進んでいる。

CHAPTER 9

情報は大きく，数値データなどの定量的な情報と，テキストや画像などの定性的な情報に大別することができる。第 8 章と本章はともに調査方法を紹介した章であるが，第 8 章が定量調査法に関するものであるのに対して，本章は定性調査法に関するものである。情報が異なれば調査方法や分析アプローチ方法は異なる。いくつかの文献や立場では，定量調査と定性調査は代替的であると捉えられているが，本書では補完的な関係にあると考え，定性調査法を紹介することにする。

INTRODUCTION

KEYWORD
FIGURE
TABLE
COLUMN
EXERCISE

KEYWORD

定量調査　定性調査　定性情報　集団面接法　個人深層面接法　直接法　フォーカス・グループ・インタビュー　間接法　投影法　連想法　完成法　構成法　表現法　エスノグラフィック法　参与観察　事例調査　テキストマイニング　ZMET　生体反応調査

SECTION 1 定性調査の概要

定量調査の主たる目的の１つは，サンプリングした多数の対象者を調査し，その結果を数値として，全体である母集団の傾向を把握し推論することである。これに対して，定性調査は，インタビュー，画像，テキストなどの定性情報を用いて調査するが，比較的少数の調査対象者を詳しく調査する傾向にあり，時間と経費のかかる規模の大きい定量調査の実施前に行われ，「仮説探索」を目的としたり本格的調査の予備調査として行われる場合がある（たとえば，本多・牛澤［2007］；上田［2008］）。定性調査では，正式なサンプリング理論にもとづいて対象者を抽出することは実際には皆無であり，また対象者数も限られていることから，調査結果を母集団に拡大することはなく，定量化することも少ない。そして定性調査の結果は，統計数値ではなく，言葉やイメージで表現されることが多く，またその調査方法は多数存在し，その分析手順も標準化されていないものが多数である。しかしながら，定性調査の結果が，たとえば新製品開発などのマーケティング意思決定の方向を決定することも少なくなく，定量調査の結果と補完的に活用することで，よりよいマーケティング意思決定が行われることも少なくない。以上をまとめたのが，表 9-1 である。

定性調査において，インタビュアーやモデレーターと呼ばれる司会者の質問の投げかけ方や結果の導き方，そしてそれらの解釈は主観的であるので，定性調査の成功は，これらをいかに首尾よく行うかに大きく依存しており，下手すれば，結果の有用性が低いばかりでなく，誤った意思決定に導く危険性もある。インタビュアーそして司会者は，この見地から専門性が高い技能を要求されるマーケティング職の１つであるといえよう。

TABLE 表 9-1 ● 定性調査と定量調査の比較

	定性調査	定量調査
予備的調査	◎	▲
標本数	少　数	多　数
標本抽出	非統計的	統計的
分析手法	多　様	標準化
結果出力	言語やイメージ	数　値
結果活用	非母集団推論	母集団推論

ディロンらによれば，すばらしい司会者に必要とされる資質は，①理解が速い，②フレンドリーである，③よく知っているが全体は知らない，④記憶力がすばらしいこと，⑤よい聞き手である，⑥進行係だが役者ではない，⑦柔軟性を保有すること，⑧感情移入しすぎないこと，⑨全体像を把握できる，そして，⑩よい書き手であることが指摘されている（Dillon, Madden and Firtle［1993］）。このような側面に注意して，構造化された質問で聞いても得られない相手の気持ち，考え，意向などを把握し，成功裏に定性調査を運び，有用な調査結果を導出することが大事である。

SECTION 2 定性調査の目的と分類

定性調査の手法は標準化されておらず，同様にその目的も標準化されているとはいえないが，大まかに定性調査の目的を3つに分けることができる。第1は，予備的調査を目的として行う定性調査である。マーケティング・リサーチは，多くの場合，特定の問題を解決するために行われるが，その特定のテーマの構造や問題を明らかにし定式化や構造化を予備的に試みることで，本調査で導出されるであろう結果の有用性を高めることができる。また予備的に特定分野について調査することで，とくに未知あるいはあまり精通していない場合，得られる基礎知識は，それ以降のマーケティング意思決定に有効に活用することができるようになる。あるいは，すでに完成している本調査の調査票を，事前にプリテストすることで，実際の調査状況下におかれなければ気づかない点や問題点が明らかになる場合もある。

第2の目的は，新たな発見や仮説を構築するために定性調査を行おうとするものである。調査対象となっている問題や現象に関して新しい仮説を発見したり，逆に対立する仮説を創設したり，その他の考えられる仮説を精緻化することは大切である。典型的な事例に触れることで，顕著な行動や態度を発見することができ，以降のリサーチ・デザインにその発見を活用することができることも多々ある。とくに新製品の場合，新たな発見を必要とすることが多く，生の消費者の言葉を発見することで，新製品のアイデアやコンセプトが創出されることも少なくない。そして新製品同様に，広告のスクリーニングやテストを定性調査を用いて行うことも多々ある。また既存製品の場合でも，たとえば因子分析のような多変量解析を用いてブランド・マップを作成して，消費者のブランドに対する認知構造を理解しようとする際に，認知や態度を構成する設問は包括的でなければ有用なマップや認知構造を得られない。そこで，定性調査を用いて，より多くの認知や態度次元を明らかにする調査も少なくない。また通常の調査では質問しにくく，発見もしにくい，アルコール依存やドラッグ常習の有無，借金，セックス，犯罪などデリケートな問題に定性調査を用いて，新たな発見や仮説を構築する試みもある。

第3の目的は，消費者の深遠な理解である。第5章にて述べられているように，消費者は問題解決のために，情報を収集し，代替案を比較し，各代替案に対して態度を形成し，最も選好するブランドを購入するが，購買行動と態度が必ずしも一致するとは限らない。そこでより深遠な購買動機を深く探り，安定した根底にある理由を明らかにするために定性調査が用いられることがある。あるいは定量調査の結果を，より詳細にそしてより深く理解するために，その結果に関する定性調査を行うこともある。

以上の目的から行われる定性調査を類型化すると，図9-1のようになる(Malhotra [2004])。

この類型化では，まず定性調査の方法を，調査目的を明示する直接的なものと，調査目的を暗示あるいは偽装する間接的なものに分類している。前者の直接法はさらに，面接対象者の数で分類され，4～10人を対象に行われることが多い**集団面接法**と，1対1で1人の対象を深く理解しようとする**個人深層面接法**に分けられる。後者の間接法は，投影法と呼ばれ，投影する方法により，連

FIGURE 図 9-1 定性調査の類型化

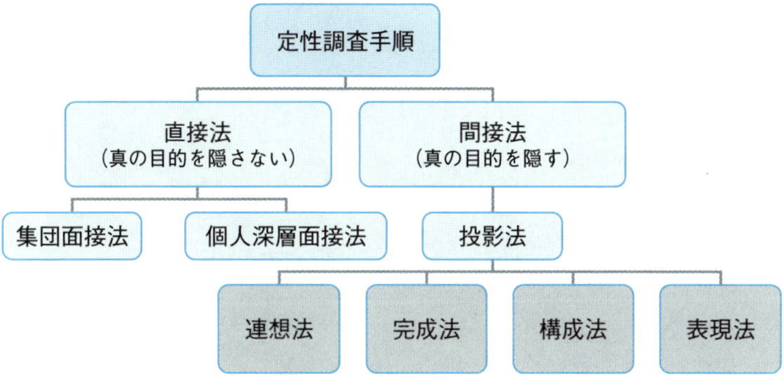

（出所） Malhotra［2004］：邦訳書，201-235 頁より。

想法，完成法，構成法，表現法に整理される。以降，これらを順に説明することにしたい。

SECTION 3 直 接 法

集団面接法

直接法である集団面接法は，訓練された司会者（モデレーター）が，非構成的で自然な方法で小規模な調査対象者の集団に対して行うインタビューであり，フォーカス・グループ・インタビューとも呼ばれている。この集団面接法＝フォーカス・グループ・インタビューは，4～10 名ぐらいの調査対象者を会場に集めて，特定の調査テーマについて自由に討議してもらう調査方法である。

図 9-2 にあるように，会場は，30～50 m^2 程度の一室で，中央に円卓などがあり，その机上あるいは会場内の棚などに対象製品や競合製品が置かれ，1～2 名の司会者の進行に従い，お互いに意見を聞き発しながら，1～3 時間ぐらい行われることが多い。なお図 9-2 では，スーツを着た男性が司会者として，5 名の女性参加者を対象にフォーカス・グループ・インタビューが約 2 時間行われた。

FIGURE　図 9-2 ● 集団面接法＝フォーカス・グループ・インタビューの例

フォーカス・グループ・インタビューは，たとえば競合製品をかつて使用しており自社製品に戻った顧客と，逆に自社製品から他社製品にスイッチした顧客を比較するといった，ある特定の目的のために用意された話題に関して，その目的や条件に合致するよう集められた少数のグループで話し合う，といった特徴がある。フォーカス・グループ・インタビューの鍵は，司会者にあるといっても過言ではない。熟練した司会者は話し合いの進行係であり，なるべく自由な雰囲気で活発な意見が出るように参加者の発言を促すことが大切である。また，司会者は，集団面接の長所を活用して，グループ・メンバーが互いの意見から触発されるような状況へと導くような雰囲気を作り出すことが重要である。意見交換である討議は，おおよその調査項目は決めるが，原則的に「非構成的」手順によって進行することが多く，司会者には個人個人の活発な発言を促す役割が要求され，この過程で得られた発言や態度を総合し，調査目的に沿った分析を行い，調査結果として報告される。この過程での相互作用的発言が調査データであり，フォーカス・グループ・インタビューの様子は，テープレコーダーやビデオに録音・録画されることがほとんどである。また会場の背後

にある隠しミラーで仕切られた裏部屋から，調査依頼主の担当者が，一連のフォーカス・グループ・インタビューの過程を観察することも多い。

フォーカス・グループ・インタビューが用いられるマーケティング問題の例はさまざまである。新製品開発の初期段階で消費者ニーズを探究する場合，ある製品コンセプトがどの程度受け入れられるかの受容性を確認する場合，あるいは開発以前の段階で新しいニーズを発見しようとする場合，既存商品の改良点についてのアイデアを収集する場合，テレビCMや新聞広告の印象に関する調査あるいはそれら広告の代替案の評価を行う場合など，多様なマーケティング問題に利用されている。

適用は多様であるが，フォーカス・グループ・インタビューを，その具体的な方法によってさらに以下の3つのタイプに整理することができる。

探索型フォーカス・グループ・インタビューは，リサーチの初期の探索段階に，所定のテーマとなっている問題の定義づけをしたり，その後の調査のための仮説の発見やコンセプトの開発などに活用されるものである。

分析型フォーカス・グループ・インタビューは，最も科学的な形の定性調査の1つで，人の真の動機や感情は潜在意識のなかにあるという前提で，これらを科学的に把握しようとする。この分析型調査は，モチベーション・リサーチ（購買動機調査）の一例として，位置づけることができる。

体験型フォーカス・グループ・インタビューは，上述のリピート顧客とスイッチ顧客の比較や，インタビュー中に商品A，商品Bなどを実際に使用してもらう，という調査方法である。

フォーカス・グループ・インタビューの長所には，自由なグループ討議によって，個別面接調査では聞き出せないことも調査できる点，グループ討議によって参加者相互の間にグループ・ダイナミックスが働き，他の人の発言で忘れていたことを思い出したり，深層心理と呼ばれる心の奥にある本当の動機を認識し本音が導出される点，さらにこれら発言時の微妙な態度（語気，しぐさ，表情）が観察できる点などがある。一方，短所には，出席者の選定に調査結果が左右される点，同様に調査結果が司会者の技量に依存する点，フォーカス・グループ・インタビューによって収集された相互作用的発言データの分析には確立された分析法がなく，分析者の立場や主観が分析に影響する点，などが指摘されている。

個人深層面接法

ある1人の調査対象者に対して行う直接法が，個人深層面接法である。通常，質問やその順序などを構造化せず，司会者があるトピックに関して，1人の調査対象者の根底にある動機，信念，態度，感情を明らかにするために行う。また質問の投げかけにおいて，対象となっている製品の象徴的な意味を，その対極にあるものと比較して導出する場合もある。消費者は自分自身のことをすべて知っているわけではない。個人深層面接法は，消費者自身もはっきりとは自覚していない購買動機などを，司会者との相互作用を通じて，司会者が解明することを目的とした調査方法であり，これがこの調査方法が持つ最大の価値でもある。

適用例には，消費に良心や罪悪感がともなう酒やタバコのような嗜好品を対象とした調査，隠された価値や明瞭化が好ましくない誇示のような価値を含意するダイヤモンドや高級ブランド品などを対象とした調査，心の奥底にある個人的な懸念や関心に購買や消費が関連している製品やサービスを対象とした調査，購買行動に多数の要因が関連するためその選好構造を明示化しにくい商品を対象とした調査などがある。

個人深層面接法は，消費者の心の深層に隠された感情や意見を調査するという点では優れた調査法であるが，調査対象者は面接にあたってある程度の訓練を必要とする一方で司会者にも高度な専門技能が必要である点，表面化していない深層的側面を明らかにするため事前に適切な対象者の選定が困難である点，1対1で行うため時間的制約や予算的制約から対象者の総数が小数になる傾向にある点，結果の解釈が難しく客観性を保持しにくい点などの問題がある。

これらの問題点を克服しようとする試みとして，詳細面接法と呼ばれるものがある。これは，深層面接調査の問題点を解決するための調査法であり，通常の個人深層面接法における質問を，追及質問として工夫した方法である。個人深層面接法と同様に，質問やその順序はあまり構造化せず，簡単な調査項目とその流れを示すだけにとどめ，自由回答を中心として，深層にある購入理由や購買動機を追及しようとする方法である。「……はどうしてですか？」「なぜ……ですか？」「具体的には……はどのようなことでしょうか？」などのプロービングと呼ばれる追及質問によって掘り下げて，日頃は明確に意識しない心の奥の理由や動機を明らかにすることを目的とする方法である。すぐ後に説明するブランド価値構造を識別するための方法であるラダリング法は，この詳細面接法の1つである。

調査方法自体による問題の克服に加えて，調査対象者をサンプリングする際に，ある程度の人数30～100人程度の対象者を，性別・年齢・職業あるいは使用状態といったマーケティング意思決定問題に関連した次元でグループ化し，確率的サンプリングによる割当法によって，最終的な調査対象者を選定することで，バイアスを軽減したり，一般化の程度を高めようとする試みもある。その他，個人深層面接法による調査結果を分析する際に，定性データとして分析しつつ，ある程度の人数をベースに収集された定性データを，本章5節で紹介するテキストマイニングによって，定量的に分析することもできる（上田・黒岩・戸谷・豊田編［2005］）。

深層面接調査の全盛期であろう1960年代以降，その実施頻度は減少傾向にあるが，依然として積極的に活用されている調査方法である点は疑う余地がない。さらに，この手法の新しい適用と進展として，ラダリング法がある。1990年代以降，マーケティングの分野でブランド・マネジメントが積極的に議論されるようになってきたこともあり，ラダリング法によりブランド価値構造を明らかにすることが行われるようになってきた（丸岡［1997］）。詳細面接法をブランド価値構造の識別という側面から焦点を当てた方法とも言えるラダリング法は，「なぜ……が重要なのですか？」「なぜ……があなたにとって意味があるのですか？」といった，なぜを基礎とした一連の質問の反復により，ブランドの特性や属性から，消費者が機能的に知覚する便益，消費者が情緒的に知覚する便益，そして消費者の根本にある価値へと上っていき（＝ラダリングし），ガットマンにより提唱された手段－目的連鎖の枠組みで，ブランドの価値構造を明らかにしようとする方法である（Gutman［1982］）。

SECTION 4 間接法

集団面接法にせよ個人深層面接法にせよ調査目的が明示される直接法に対して，調査目的が明示されない**間接法**は，**投影法**と呼ばれる。

投影法も，集団面接法や個人深層面接法と同様に，質問やその順序の構造化の程度が低い，非構成的で間接的な質問形式から成る。調査対象者を励まし刺激しつつ，関心が持たれている問題に関して調査対象者が根底に持つ動機，信念，態度，感情を投影するよう導出する方法である。自分の態度，欲求，習慣が抑圧されている場合，それを自分以外の人や物に自由に表明させることを心理学では「投影」といっている。この心理の働きを利用して，たとえば，対象者に購入理由を直接質問しないで「それを使うのはどんな人だと思うか」と間接的に質問するような方法がこの手法であり，モチベーション・リサーチの一種である。

間接法には，連想法，完成法，構成法，表現法などがある。これらを順に紹介しよう。

連想法

連想法で最も用いられている方法が，言語（語句）連想法である。これは，刺激語に足して，直感的に思い浮かぶ連想語を回答してもらう調査法であり，最も古く開発された投影法である。適用例として，製品名やブランド名などのイメージや「製品の認知特性」を確認するための調査に使われることが多い。また連想語を記録するだけでなく，反応に要した時間なども記録し，分析に用いることもある。連想した言葉の頻度，回答に要した時間，許容時間内に回答できなかった回答者数，などを分析するが，たとえば回答に要した時間は，「回答者が社会的に容認される回答を探している時間」であり，購買動機の重要な手がかりを与えることができる。

完成法

完成法には，文章完成法，問題状況法，ゲステストなどがある。文章完成法は，物語完成法とも呼ばれ，不完全または未完成の文章を提示して，思いのままに文章を補完してもらう調査方法である。たとえば，「大学というところは，＿＿＿＿＿」「クルマは，＿＿＿＿＿が一番大切だ」などの未完成の文章を提示して，空白部分「＿＿＿＿＿」に適当な言葉を加えて，文章を完成してもらう。文章完成法の基礎にある理論には，人間は一般的に，不完全な状態にあるものを完成させたいという心理的圧力（フラストレーション）を感じ，このとき思わず本音を漏らすという考えがある。質問調査法の一種で，比較的多くの対象者を調査できるので，回答をコード化して，定量的に分析することもできる。

ただし，刺激語に関して注意すべき点がいくつかある。刺激語が長すぎると，回答は簡単なものになる傾向にある点，刺激語が短いほうが回答者の回答は変化に富んだものになる点，刺激語の主語には，明確にした表現と曖昧にした表現があり，その表現によって回答が異なる点，が挙げられる。そしてとくに，「私」のような第1人称の主語を頻繁に使うと，回答者が防衛的になりやすく，真の回答が得られにくい点も重要である。質問形式には，自由完成法と制限完成法があり，自由完成法の場合は，回答者によって，回答に長短があるが，それなりに有効な回答が得られる。ただし，回答の分析が複雑になるという問題点もある。これらの点に留意して，文章完成法を用いることが重要である。

完成法の2つ目は，問題状況法である。これは特殊な問題を設定して，その状況における考え方や実際の行動を推測してもらう調査法である。問題状況法の基礎にある理論は，人間は問題状況に直面した他者を見ると，その人物に自分を投影し，フラストレーションを感じ，それを解消するために，思わず本音が出る，という考えである。

完成法の第3の方法は，ゲステストである。これは，ある属性を持った人物像を提示して，その人物像に関連すると思われる諸特性を回答してもらう方法である。たとえば，「会社を買う人は，＿＿＿＿＿な人である」「クラシック音楽の好きな人は，＿＿＿＿＿な人です」といった質問である。ラダリング法と同様に，このゲステストは，ブランド・パーソナリティ（Aaker [1996]）などの側面を明らかにする際に，今日では頻繁に用いられているようである。たとえば，「ブランドxxxを人にたとえると＿＿＿＿＿な人である」「ブランドxxxをあこがれの人にたとえると＿＿＿＿＿な人である」といった質問により，ブランドの人格的側面を導出しようとする調査がある。これは後述する，表現法における擬人化法の1つとして活用されている。

構成法

構成法には，主題統覚テスト，ロールシャッハ・テスト，絵画反応法，略画法などがある。第1に，主題統覚テストは，調査対象者に「意味が曖昧でいろいろな受け取り方ができる絵画（1人または複数の人物が登場する）」を示して，そこから想像されるストーリーや解釈を回答してもらう調査方法である。発展初期の定性調査法として使われていたが，その解釈に専門的知識・経験が必要である点に注意が必要であり，またこの点が問題視されてきた。分析者によって解釈が異なるなどの問題があり，現在では後述する略画法や表現法に分類される擬人化法などの新しいタイプの投影法に置き換えられている傾向にある。

ロールシャッハ・テストも代表的な表現法の1つである。非常に抽象的な図版（何色かのインクのシミを対称形ににじませた図版）を使って，それから想像されるイメージを語ってもらう調査法である。主題統覚テストよりもさらに曖昧な刺激となり，調査対象者の想像力を強く刺激する点が長所の1つである。ロールシャッハ・テストでは，物語や回答態度から，対象者の内面にある「葛藤」や「行動の動機」などを正確に診断できると考えられている。

絵画反応法は，主題統覚テストやロールシャッハ・テストよりも，主題が明確な図版（製品やサービスなどの写真やそれを使用している場面）を提示して，その場面から想像される物語を語ってもらう調査法である。絵画反応法は調査に用いる素材により，さらに類型化できる。

コラージュ法は，新聞記事・広告・写真などの断片を組み合わせた図版を利用して，物語を作る調査法であり，ライフスタイルや価値感をある個人に関して明らかにしようとするペルソナ分析（COLUMN *9-1* 参照）と呼ばれる，近年発展した手法は，このコラージュ法の延長にある。モディファイド主題統覚テストは，広告する予定の製品について，ブランド化されていない図版を提示し，この図版から，対象者にイメージを作成してもらう方法である。具体的には，「この人たちは何を考えているのでしょうか？」「この人たちはどう感じているのでしょうか？」「この人たちは次に何をするのでしょうか？」という質問を投げかけ，図版から受ける感情や連想を引き出そうとする方法である。図版にブランド名や広告文を追加して同様の質問をしたり，複数の広告バージョンを提示したりし，結果を比較することも多い。

第4の方法は，略画法である。絵画反応法と同様に，主題統覚テストよりも簡略化された図版を使う調査法であり，吹き出しテストとも呼ばれている。図版では，一方の人物が他方の人物に語りかける話の内容を書いて，他方の人物の回答（あるいは会話）の内容は，空白の吹き出しで提示する。この図版の雰囲気や状況と会話の内容から，他方の人物の回答（あるいは会話の内容）を答えてもらう調査方法である。略画法の特徴として，主題統覚テストと比較して調査対象者により興味をもたらすことができる点や何か調査されているという感じを与えない点がある。また図版が太い線で略画的に作られ人物の表情などの詳細な描写を省略しているため，未完成な図版としての印象が強く調査対象者の素直な回答が得られやすい点もある。さらに，小中学生のように成人でない調査対象者にも使える点や，調査構造が簡略なため多数の調査対象者を調査することもできる点などがある。

表 現 法

表現法には，ロールプレイングや第三者技法，そして擬人化法などがある。ロールプレイングは，ある役割を担当し演じてもらい，その対応から定性情報を収集しようとする方法である。たとえば，シャンプーの調査において，調査対象者にブランドAの広告宣伝担当者を演じてもらい，どのようにブランドAを売るか，ブランドAのよい点はどこかなどを語ってもらう。さらには，競合のブランドBと比較しつつ，ブランドAのBと比較して優れている点などを表現してもらうこともある。またブランドBの使用者に対して，ブランドAの使用者であることを強制的に演じてもらい，その表現からブランドAの短所などを導出することもある。

ブランドAの広告担当者というような特定の役割を演じてもらう依頼をすることもできるが，単に，調査対象者の知り合いでブランドAを使用している知人というような特定化の程度が低い第三者を演じてもらうのが第三者技法である。知人を演じ連想することで，一般的なセッティングで，考えや意見を表現してもらう方法である。

ロールプレイングや第三者技法が対象者にある人を演じてもらうのに対して，たとえばブランドを擬人化し，演じてもらう方法が擬人化法である。擬人化法は，ゲステストを拡張しブランド・パーソナリティなどを導出しようとした方法の1つの形態と考えることができる。ある特定のブランド調査課題に対して，調査対象者が抱いているイメージを1人の人物に置き換えて，その人物の具体像を語らせたり，時にはブランドそのものを人格化してもらうこともある調査方法である。

投影法の問題点

投影法の問題点として，次のような点が指摘されよう。第1に，投影法では，刺激語や図版の作成に慎重な配慮が必要であるため，微妙な表現の違いによって回答が異なることがある。第2に，投影法の結果の多くは，「文章」や「言葉」という定性情報であり分析法が確立されておらず結果の解釈が難しい。ただし，テキストマイニングを用いたり，上位下位関係分析法などにより，解釈を容易に導出したり，客観性を高めたりする方法もある。第3に，一般に投影法では多くの調

COLUMN 9-1 定性調査による隠れたニーズの発見例

定性調査を用いて，消費者の隠れたニーズを明らかにしようという事例がいくつかある。紙への印刷を主たる業務としてきた大日本印刷は，紙に代わる新しいメディアの設計を，定性調査により発掘しようとした。都市部における19～25歳の若者を対象とした情報発信を検討していた大日本印刷のチームは，東京の繁華街で若者の行動を観察し，インタビューやアンケート調査を実施した。その結果，東京に遊びに来ている若者らは，実は訪れた場所の周囲に何があるかよく知らない，ということを発見した。そしてこの若者らは，新技術に抵抗感はないが，ただ煩雑な操作を嫌うことも発見されたため，いちいち検索しなくても，そのときのユーザーの要望に即した当該エリアで近隣にある店舗や娯楽施設を自動的に推薦してくれるシステムを発案し，2007年秋に試作システムを完成した。このときに用いた方法が，エスノグラフィック法であった。

大日本印刷が行った調査は，まずブレーンストーミングから始まった。この段階では，将来，紙媒体が電子媒体に置き換わったときに，印刷の事業に代わる事業を探ることが検討され，19～25歳の若者に向けた街中での情報発信や情報収集を対象にすることが決められ，ペルソナと呼ばれる代表的ユーザーとして無意識の部分まで取り込んだ架空の人物像を作成し，このペルソナを利用するシナリオを練った。

そして次に，利用シナリオの実現可能性を探るために実地調査が実施され，渋谷など東京の繁華街で若者の行動などを観察し，16～33歳の32人に詳細なインタビューを，また同程度の年齢の367人に対し，10～20分の簡単なインタビューを，そしてオンライン・アンケートで19～25歳の699人の意見を収

査対象者を集めることが困難である。このため，個々の調査結果を詳細に分析し，本格的調査のための予備調査として利用されることが多い。しかし，言語連想法や文章完成法などでは，刺激語や回答を構造化して数値化処理を行うことで，比較的多くの調査対象者を集めて統計的に分析することもできる場合がある。第4に，投影法の結果は，一般的に個人差が大きい。このため，適切な対象者の選定が重要であるが，対象者選定の明確な基準がない。したがって，調査を正しく企画・運営し，分析できる熟練した専門家が多くないことは，投影法を行ううえでの制約となっている。

集した。その他にも，仕事や勉強など寝る以外の行動を電子メールで答えてもらう「ケータイ日記」で21人の行動の確認も行った。そして紙などで作った試作機に触れてもらい，インタビューで意見を聞いた。

これらの観察結果から，日本の若者は遊びに行った先の街のことをよく知らない，日本の若者は場所ごとに適した情報を提供するアイデアを気に入った，口コミやテレビ，パソコンで集めた情報などに頼る，情報源として友人や家族からの口コミは最も信頼度が高い，時間だけではなくて曜日によって行動が異なり，たとえば，映画やカラオケといった遊びは土曜日には午後や夕方に多く，日曜日には午前8時〜午後6時の間に多い，といったことが発見された。

これらのエスノグラフィック法をベースとした調査の結果，街中で時間や場所に応じて，店舗やレストランなどを推薦するシステムを提案することにし，プロトタイプの開発を決定した。日本の若者は，現在いる場所の情報を携帯電話機から得ることが比較的少なく市場はまだあると判断し，ユーザーが望む行動を推測するために日時を利用できるが，推測の確度を高めるためその人の実行動のデータを蓄積することが望ましいとも考えられ，また他人の口コミ情報を通信する機能が重要である，と考えられた。

今後，大日本印刷は，被験者を集め，プロトタイプを実際に街中で利用してもらう実験を，そして機能の細部を詰める実験をそれぞれ予定しており，事業化へと一歩一歩進めている。

（参考文献）　『日経エレクトロニクス』2008年1月号。

その他の方法

間接法のその他の方法として，まずエスノグラフィック法を紹介したい。この方法は，専門の調査員がターゲットとする消費者の生の生活シーンや消費シーンに入り込んで，それらの事態を詳細に調べる方法である。人間の自然な状態や環境に対して，音声テープやビデオカメラで記録したり，綿密なインタビューを行うために，他の定性調査では提供しえない，詳細でリアルな情報がよりホリスティック（全体論的）に得られるなど，利点も多い（COLUMN *9-1* 参照）。

次に紹介する参与観察は，社会学において比較的古くから用いられてきた調査方法である。調査対象とする集団・組織・地域社会に入り込み，人々と活動や生活をともにしながら，主として質的データの原料を収集する方法である。生活に密着した多様なデータの原料や材料に触れるチャンスが多く，また調査者自身の体験さえもデータの原料とすることができる。他方，ポストモダン社会学以降の新しい方法として，ガーボロジーがある。ガーボロジーは，参与観察における存在がバイアスを与えるという批判を前提に，生活の最後の処理であるごみを分析することで，その生活を推論しようとする方法である。

また，**事例調査**や典型例調査と呼ばれる，ごく少数の調査対象者・事象を調査する方法や，ドキュメント分析と呼ばれる，個人的記録や公的記録という質的データの材料に着目し，それらを収集する調査技法もある。

SECTION 5 新しい定性調査法

テキストマイニング

本節では，いくつかの比較的最近開発された新しい定性調査の方法を紹介することにする。まず初めに，**テキストマイニング**を紹介しよう。図 9-3 は，上田らによるテキスト・データの数値化処理の基本フローである（上田・黒岩・戸谷・豊田編［2005］)。まずテキスト情報からキーワードのリストを，人的処理か，形態素解析かを用いて作成する。あるマーケティングのキャンペーン企画に対して，消費者から下記のようなコメントを収集したとしよう。

ID5001「プロジェクトの成功を祈っています」
ID5002「素晴らしいプロジェクトだと思います」
ID5003「良い企画だと思います」
ID5004「社会貢献することは素晴らしい」
ID5005「社会のために役立つことができてうれしい」
⋮

このテキスト・データを形態素解析にかけると，ID5001 と 5002 のコメントは，それぞれ

FIGURE 図 9-3 テキスト・データの数値化処理の基本フロー

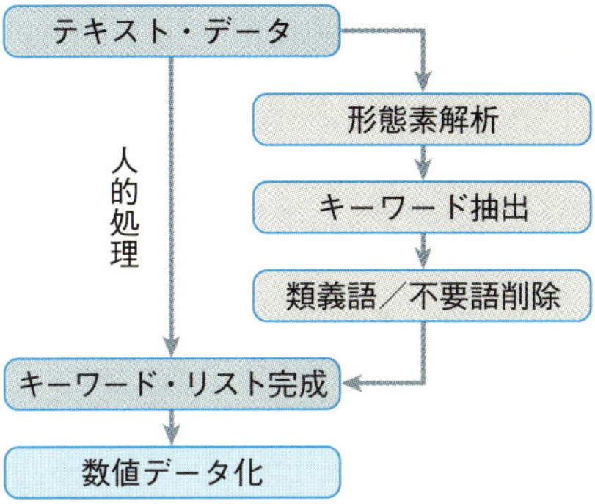

（出所） 上田・黒岩・戸谷・豊田編［2005］，21 頁を加筆修正して作成。

プロジェクト の 成功 を 祈っ て います
素晴らしい プロジェクト だ と 思い ます

という名詞，形容詞，動詞，助詞などの最小の語彙単位に分解することができる。IBM SPSS 社の PASW Text Analytics for Surveys（バージョン 3）を用いて ID5001～5005 のコメントデータを分析すると，図 9-4 のように品詞ごとに形態素解析結果をまとめることができる。

図 9-4 においては，すでに格助詞，係助詞や接続助詞などの助詞は除かれているが，さらに用言（動詞，形容詞，形容動詞）から動詞のみをキーワードとして用いたり，体言（名詞）のみをキーワードとして用いたり，あるいは係り受け分析を行い形容詞＋名詞に注目しキーワードとして分析を行うこともできる。以下では例示のため PASW Text Analytics for Surveys で〈良い〉という肯定的に評価された形容詞（良い，素晴らしい）と名詞に注目し，下記をキーワード・リストとする。

プロジェクト　企画　社会　貢献　良い　素晴らしい

以上の手順を形態素解析にて行うこともできるが，人がコメントを見ながらキーワード・リストを人的処理として作成することもできる。いずれにせよキ

FIGURE 図 9-4 ● 品詞ごとの形態素解析結果

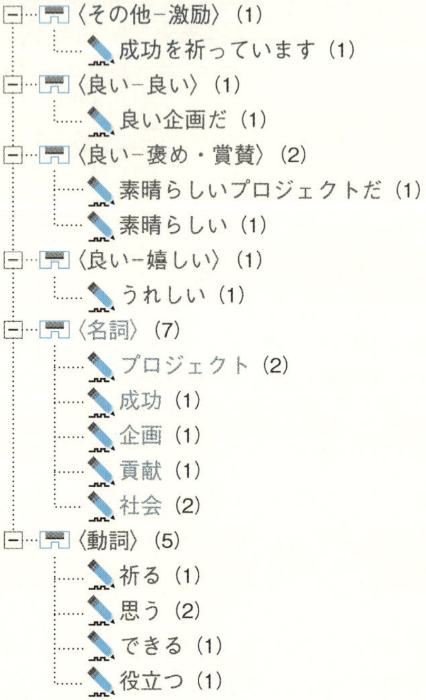

ーワード・リストが完成したならば，当該キーワードがコメント内にあれば 1，なければ 0，という数値データへと各回答を編集することになる（表 9-2）。

元来は定性的なテキスト・データであった ID5001～5005 の一連のコメントは，表 9-2 に表されているとおり数値データへと定量化された。したがって，第 8 章にて紹介したような定量データに用いる分析手法を適用することができる。たとえば，キーワード間の相関分析を行い，相関の高いキーワードをまとめて，より上位の意味や構成概念に要約することができる。キーワード数が数百にも及ぶことはまれではなく，より上位の意味概念で回帰分析などを用いることは有用であると思われる。

第 24 章で紹介するようなインターネットを介したソーシャル・ネットワーキング・サービス（SNS）や電子メールなど，今後インターネット環境が進捗

TABLE 表 9-2 数値データ化

ID	プロジェクト	企　画	社　会	貢　献	良　い	素晴らしい
5001	1	0	0	0	0	0
5002	1	0	0	0	0	1
5003	0	1	0	0	1	0
5004	0	0	1	1	0	1
5005	0	0	1	0	0	0

するにつれて，消費者行動を把握するうえで活用すべきテキスト情報はいっそう増加する傾向にあろう。テキストマイニングは，消費者行動を理解し把握するために価値ある分析手法の1つである。

ZMET

消費者行動を深く理解することは，容易ではない。**ZMET**（Zaltman Metaphor Elicitation Technique：ザルトマン・メタファー表出法）はザルトマンにより提唱された，消費者が無意識に持つ暗黙知を，意識的な知に転換するメタファーに焦点を当てた新しい調査法である（Zaltman［2003］）。ザルトマンは，メタファーを直喩，類比，ことわざなどすべてを含むと広く定義し，言葉それ自体が持つ以上の認知プロセスを表現する手段としてメタファーを考えている。この見地から，言葉だけでは表現しきれない，あるいはまったく捉えることができない，重要な思考を掘り起こすことができるとし，従来からの定性調査法とZMETを区別している。

ザルトマンは，メタファーのカテゴリーとして，「生きる」「頭」「働きすぎ」などの人間に関するメタファー，「根を張る」「不毛の」「ひと皮むける」などの植物・野菜に関するメタファーをはじめとし，スポーツやゲーム，戦争・戦闘，液体，歩行・走行，植物・飲物，お金，衣服・服飾，動作・変形，乗り物，天候，視覚，場所などに関するメタファーを整理している（Zaltman［2003］）。

具体的なZMET調査法は，Zaltman［2003］を熟読する必要があるが，本章では一例として，そこで紹介されたクレジット・カード会社に関するZMET調査の結果を簡単に紹介しよう。回答者は，クレジット・カード会社について思うことや感じることを表す写真や絵を雑誌や新聞などから収集するよう依頼され，ZMETインタビューはこれらの写真や絵をもとに進められた。そして，ある女性回答者は肉切り包丁の写真を持参しており，「彼らは私の皮を剥がそうとする」とこの企業とのやりとりでの経験をもとに「犠牲者」としての側面を表現した。そしてインタビューの後半では，その包丁は，その企業から彼女自身を守る武器としての側面を表現することも明らかになった。そしてインタビューの最終ステップでは，他の写真と組み合わせてコラージュを作成した際，彼女はその包丁でクレジット・カードを切っているように配置した。そして何かの「犠牲者」であるところの消費者（彼女）が，その包丁を持っており，このコラージュによって彼女は，その企業との戦いに勝った「勝利者」としての側面を表現していた。

ZMET 調査法は，おそらく誰でもできるというものではなく，それなりのトレーニングを必要とするであろう。消費者の深遠な理解が必要とされる一方で，深遠な理解を導出する調査法に絶対的なものが存在していない状況において，ZMET 調査法のような新しい方法の出現に期待が高まる。

生体反応調査

生体情報をマーケティング調査に活用しようという動きが，2008 年ごろから見られるようになってきた（**生体反応調査**）。ニューロ・マーケティングという言葉で表現されることもあり，山本は，マーケティング・インプットに対する消費者の知覚・認知・感情反応を生体情報から測定し，分析するアプローチの総称，としている（山本［2008］）。近年，測定技術の精度が向上し，手法の簡易性が向上し，価格の低下が急激に進展したことから注目を集めている。

表 9-3 は，マーケティング調査に用いられている生体情報とその測定技術をまとめたものである。生体情報には，fMRI を用いて測定される脳内血流，EEG を用いて測定される脳波，GSR を用いて測定される皮膚電位，そしてアイ・カメラを用いて測定される視線や瞳孔がある。これら以外にも生体情報はあり，今後，消費者調査に用いられていくであろう。

生体情報は定量的であるが，定性的な側面を測定するのに適した方法であると期待される。しかしながら，現時点ではまだ進展の途中であり，確固たる情報そして測定手法はまだ確立されていない。既存の定量的そして定性調査法と補完的に，生体情報が活用されることが望ましいあり方であろう。まずは，生体情報のマーケティング調査への適用例を蓄積し，検証し，その有用性を検討することが急務と考える。

TABLE 表 9-3 ● マーケティング調査に用いられる生体情報とその測定技術

生体情報	測定技術
脳内血流	fMRI（functional Magnetic Resonance Imaging）
脳　波	EEG（Electro Encephalo Graphy）
皮膚電位	GSR（Galvanic Skin Response：皮膚電気反射）
視線・瞳孔	アイ・カメラ

（出所） 山本［2008］より。

SECTION 6 定性調査法の今後の課題

定性調査法の今後の課題としては，消費者行動の理解が重要であることは言うまでもない。そしてその重要性は増しており，インサイトの導出などの表現で，実務においても，研究においても，語られることが多い。朝野は，マーケティング・リサーチの変化として，次の 4 点を述べている（朝野［2008］）。第 1 に，「意識化されている消費者の意見の聴取」から「消費者の無意識をインサイトする」変化，第 2 に，「仮説検証こそが正しい調査」から「仮説発見を重視する」変化，第 3 に，「言語反応」から「ノンバーバル（非言語的）な反応」への変化，そして第 4 に，「構成的な調査票」から「生活者の自発的な反応の解析」への変化，である。

これらの変化に応えるべく，定性調査法は今後さらに発展することが望まれる。そのための課題として 2 点述べたい。第 1 に，定性調査法により得られた情報の「豊かさ」の保障である。この保障を確保するためには，定性調査法における信頼性と妥当性が重要となる。まず信頼性を達成しなければ，妥当性は確保されない。定性調査法は，調査手法自体が広範であり多様であるが，各定性調査法それぞれの信頼性を検討することが肝要であろう。信頼性が検討されたならば，同一定性調査法に関する妥当性，そして複数定性調査法間での妥当性が確保される必要がある。さらにこれらの妥当性は，内的なものと外的なものの両側面で検討されねばならない。定性調査法が，単なる手法の多様化にとどまらず，「豊かな」情報を提供する調査法として発展するためには，信頼性と妥当性の確保が必要である。

第2の課題は，定性調査法と定量調査法の融合である。最後に紹介したテキストマイニングや生体反応調査に代表されるように，定性情報の定量化がさまざまな分野で今後，発展することが期待される。静止画や動画の情動の側面からの解析，文脈に関する心理学的解析など，消費者行動を理解するうえで鍵となる側面が，定性のみならず定量的にも調査されえることで，マーケティング戦略に対してより有用な示唆を与えることができるようになるであろう。

Chapter 9 ● 演習問題　EXERCISE

❶ ある製品・サービスに関して，新たな使用状況や使用方法などを発見するために，30分程度の簡単なフォーカス・グループ・インタビューを行ってみよう。その際に，異なる属性（性別，年齢，使用ブランド，使用頻度など）から構成される4〜6名のグループを複数招集し，それぞれから導出される新たな使用状況や使用方法を比較し，考察してみよう。

❷ 新聞記事や雑誌広告，写真などの資料をいくつか準備し，ある製品・サービスに関して，その資料をベースに，新たなニーズの可能性を語ってもらおう。

❸ 同一の製品・サービスに対して，同一の仮説を設定し，ある定量調査法で分析した結果と，ある定性調査法で分析した結果について，類似した点や異なっている点などを議論してみよう。

第3章

杉本徹雄編著［1997］『消費者理解のための心理学』福村出版。

●その題名のとおり，消費者心理学の立場から編まれたテキストであるが，消費者行動に関する基本的な話題はほぼ網羅されている。消費者理解のために，まず読むべき1冊である。

竹村和久編集［2000］『消費行動の社会心理学――消費する人間のこころと行動』北大路書房。

●消費者行動における価値志向，個人内過程，個人間過程，コミュニケーション，地域性，文化的影響を扱った7つの部によって構成されており，消費者行動に影響を与えるさまざまな要因が取り上げられている。

田中洋［2008］『消費者行動論体系』中央経済社。

●最近の研究動向をふまえて書かれた体系的書籍。章構成は，消費者心理学（認知心理学・社会心理学を含む）をベースにした標準的なものであるが，「消費の起源」「欲望」「交換」といった根源的概念に関する記述もある。最終章のマーケティング戦略への示唆も参考になる。

田中洋・清水聰［2006］『消費者・コミュニケーション戦略』有斐閣アルマ。

●4Pの各領域ごとに書かれた教科書シリーズのなかの1冊。コミュニケーションと消費者行動とを関連づけた構成になっており，また，「消費者間の相互作用」「ポストモダン消費者研究」「グローバル消費者研究」など，他の日本語のテキストには余り見られないテーマの章も含まれている。

第4章

吉田正昭・村田昭治・井関利明共編［1969］『消費者行動の理論』丸善。

●古い書籍ではあるが，1960年代中ごろまでの消費者行動研究の歴史を概観するためには格好の文献である。とくに，消費者行動の社会学的研究を扱った第4章は，詳細なレビューにもとづく貴重な論文である。

中西正雄編著［1984］『消費者行動分析のニュー・フロンティア――多属性分析を中心に』誠文堂新光社。

●多属性態度モデル，Lancasterの新需要理論，消費者情報処理理論，コンジョイント測定法，確率的選択行動モデルといった1970年代における消費者行動研究の展開を概観した一冊。副題が示すとおり多属性分析に焦点を当てているが，消費者行動分析の歴史を知るうえで必読の文献である。

清水聰［1999］『新しい消費者行動』千倉書房。

●1980年代以降も含めて，従来の消費者行動研究の成果を，発達史，外的要因の理論，包括的意思決定モデル，情報処理理論と要領よくまとめた後，マーケティング・サイエンス分野での消費者行動研究も紹介している。消費者行動の計量的分析に関心を持つ読者にお薦めする。

堀内圭子［2001］『「快楽消費」の追究』白桃書房。

●消費経験論も含めて快楽消費研究の系譜を整理した文献。快楽概念を明確化したうえで，欲求としての快楽消費，経験としての快楽消費，価値としての快楽消費という3つの視点で整理を行っている。

第5章

牧厚志［1998］『日本人の消費行動――官僚主導から消費者主権へ』筑摩書房。

●経済学的視点から戦後日本における消費構造の変化を，消費者の消費パターンの変化，消費行動の変化と結びつけて解説した文献。手軽な新書判なので読みやすい。

飽戸弘編著［1994］『消費行動の社会心理学』福村出版。

●消費行動を分析するためのライフスタイル・アプローチや経済社会学的アプローチの紹介にはじまり，価値観，国民性，経済動向と消費意識との関連性についても論じられている。

青木幸弘・女性のライフコース研究会編［2008］『ライフコース・マーケティング――結婚，出産，仕事の選択をたどって女性消費の深層を読み解く』日本経済新聞出版社。

●多様化する現代女性のライフコースに着目し，その消費行動をパネル調査データにもとづき比較分析した文献。消費行動の新たな分析視点としてのライフコース概念についても解説されている。

第6章

杉本徹雄編著［1997］『消費者理解のための心理学』福村出版。

●先に第3章の参考文献としても取り上げたが，購買意思決定プロセスに関連した同書の第3章（問題認識），第4章（情報探索と選択肢評価），第5章（購買決定後の過程）は本章においても参考になる。

竹村和久［1996］『意思決定の心理――その過程の探究』福村出版。

●意思決定プロセスに関する心理学的研究の成果が，著者が行った実験的研究を中心にまとめられている研究書。

田島義博・青木幸弘編著［1989］『店頭研究と消費者行動分析――店舗内購買行動分析とその周辺』誠文堂新光社。

●書名の副題が示すように，店舗内購買行動分析に関する数少ない書籍である。既存研究のレビューにはじまり，動線分析や店舗内でのブランド選択過程の分析など，店舗内実験の結果も紹介されている。

第7章

新倉貴士［2005］『消費者の認知世界――ブランドマーケティング・パースペクティブ』千倉書房。

●消費者情報処理理論に依拠する形で，消費者の認知のメカニズムとそのダイナミクスが解説されている。カテゴリー知識を中心とする消費者知識の問題やブランドに関する情報処理についても取り上げられている。

ラークソネン，P.（池尾恭一・青木幸弘監訳）［1998］『消費者関与――概念と調査』千倉書房。

●関与概念について，包括的かつ詳細に検討した文献の翻訳書。関与概念を理論的・体系的に整理するとともに，製品知識と関連づけた検討も行っている。

清水聰［2006］『戦略的消費者行動論』千倉書房。

●消費者情報処理理論の視点から購買意思決定プロセスを取り上げた研究書。目標階層，記憶力と広告効果，知識カテゴリー，考慮集合などについて，既存研究のレビューとともに，筆者自身の実証研究の結果が紹介されている。

第8章・第9章

髙田博和・上田隆穂・奥瀬喜之・内田学［2008］『マーケティングリサーチ入門』PHP研究所。

●マーケティング・リサーチの全体像を理解するのに役立つ入門書。はじめてマーケティング・リサーチを学ぶ方にも読みやすい構成。

マルホトラ，N.K.（小林和夫監訳）［2006］『マーケティング・リサーチの理論と実践（理論編）』同友館。（三木康夫，松井豊監訳）［2007］『マーケティング・リサーチの理論と実践（技術編）』同友館。

●多くのアメリカのビジネススクールで教科書として採用されているマルホトラの *Marketing Research: An Applied Orientation* の邦訳本。理論編と技術編に分冊されていることで，マーケティング・リサーチの全体系を把握するのに最適であるばかりでなく，分析技法の理解にも最適である。

片平秀貴［1987］『マーケティング・サイエンス』東京大学出版会。

●マーケティング分野に統計学・工学・数学などからアプローチした，マーケティング・サイエンスの名著。さまざまな定量分析法をマーケティングの視点から学ぶにも，マーケティング・モデリングの考えを学ぶにも最適な書。

大谷信介・木下栄二・後藤範章・小松洋・永野武編著［2005］『社会調査へのアプローチ――論理と方法（第2版）』ミネルヴァ書房。

●マーケティング・リサーチの調査デザインを考える際に必要な「調査」そのものに対する考えを理解するのに役立つ書。はじめてマーケティング・リサーチを学ぶ方にも読みやすい構成。

ザルトマン，G.（藤川佳則・阿久津聡訳）［2005］『心脳マーケティング――顧客の無意識を解き明かす』ダイヤモンド社。

●さまざまな定性調査法のなかで今後最も期待される ZMET（ザルトマン・メタファー表出法）を紹介した書。研究書的な性格も強いが，実務書としても十分活用できる優れた内容である。

第 III 部

競争環境と流通環境

第10章 競争環境の分析

アナログカメラからデジタルカメラへ。
競争の次元と環境はダイナミックに変化する。
（富士フイルム／時事通信社提供）

CHAPTER 10

KEYWORD
FIGURE
TABLE
COLUMN
EXERCISE

マーケティング戦略の立案において，標的セグメントの選好や情報処理の方策など顧客に関する側面は重要であるが，加えて，競合に関する側面を理解しなければ，自社の競争優位性そしてその持続性を実現することは困難である。本章では，マーケティングをとりまく経済や技術などの環境，そして脅威や戦略地位などの競争環境に関して，市場構造の視点を加えて考える。

INTRODUCTION

KEYWORD

経済的環境　人口動態的環境　物的環境　技術的環境　政治・法的環境　社会・文化的環境　マーケティング・マクロ環境　業界内の競合他社　潜在的参入者　移動の脅威　買い手の交渉力　供給業者の交渉力　代替品の脅威　戦略グループ　競争地位　リーダー　チャレンジャー　フォロワー　ニッチャー　市場の定義　競争市場構造分析　代替性　スイッチング　競争空間

SECTION 1　マーケティングをとりまく環境

マーケティング戦略を構築する際，競争環境と流通環境に関する分析を無視することはできない。企業の外部環境を，顧客（Customer），自社（Company），競合他社（Competitor）の3Cで把握するアプローチもあるが，ここでは，顧客は，潜在顧客も含めて大衆として捉え，また社会を構成しているメンバーである大衆として考える。そして競合他社は，同業界内，潜在的参入者，代替品，供給業者，買い手の5つの側面から考え，自社の製品・サービスを具現化し顧客に届ける川上と川下の流通環境の分析は次章，第11章にて紹介する。

これら自社をとりまく，中間業者，供給業者，競合他社，顧客，大衆，これらすべては，大きなマクロ環境のなかで，相互作用しながら存在している。世界的な経済危機は，自社のみならず，競合他社も，中間業者も，顧客にも大きなマクロ的な影響を与えることになる。このような**経済的環境**に加えて，大きなマクロ環境には，**人口動態的環境**，**物的環境**，**技術的環境**，**政治・法的環境**，**社会・文化的環境**がある。以上のマーケティングをとりまく環境をまとめたのが，図10-1である。まず次節で，**マーケティング・マクロ環境**について詳述することにする。

FIGURE 図 10-1 ● マーケティングをとりまく環境

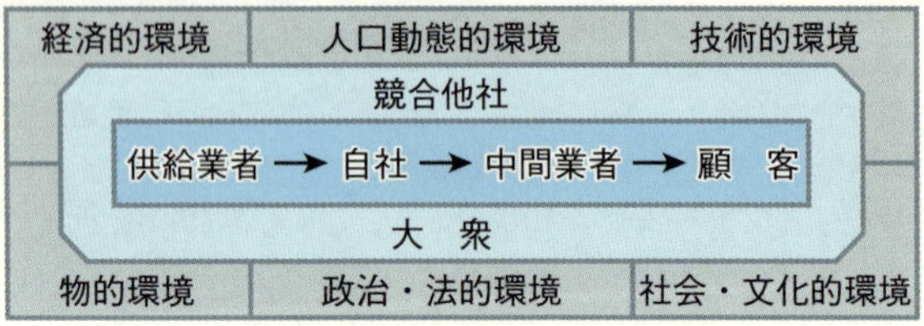

SECTION 2 マーケティング・マクロ環境

人口動態的環境

売上を予測する際に，とくに消費財においては人口が基礎となることが少なくない。消費財の場合には人口の大きさが，そのまま市場の大きさを反映することが多々あるからである。たとえば，薄型テレビの場合には，1 世帯に 1 台か 2 台が基本であるので，世帯数が市場規模を算定する際の鍵となる。同様に，ハミガキや家庭用洗剤なども世帯数が市場規模のベースとなる。ランドセルの場合には，すでに小学校以上に就学している子どもはもはや新規顧客ではないので，当該年度に就学する児童数が鍵となる。粉ミルクの場合にも，ある程度の年齢に達した子どもに粉ミルクを飲ませる可能性はかなり低いので，新生児数や乳児数が鍵となる。この分析単位としての，人口動態的環境は，すでに第 5 章で議論されているので，本節では割愛することにする。

経済的環境

市場を構成する顧客の所得は，市場規模を考慮してマーケティング戦略を構築する際の鍵の 1 つである。日本国内においても，一億総中流といわれた時代から，所得格差社会へと様相が変わりつつあるともいわれている。また，日本以外の海外市場へのマーケティング戦略をデザインする際，まずは各国市場の所得分布を検討することは大切である。

所得と同様に大切なのが，貯蓄や家計資産額である。貯蓄は金融資産であり，銀行預金や証券，債券など流動性や資産リスクなどに応じて多様な金融商品が存在している。住宅や宅地などの不動産は，世帯によっては最大の家計資産であり，また地域の購買力を表す指標としても採用されることがある。その他の家計資産には，耐久消費財やゴルフ場やクラブなどの会員権がある。高級嗜好品を製品として売り込む場合など，総家計資産額のうち，この種の耐久消費財等資産に注目し，戦略の枠組みを構築することもあろう。

1世帯当たりの人数という家族形態や核家族化の程度は，所得や支出額そしてその支出対象となる製品・サービスに関連しており，世帯や個人レベルの所得は，マーケティング戦略に影響を与える経済的側面の1つである。2008年の家計消費状況調査（総務省）によると，月間の総世帯の世帯人員別消費支出は，1人世帯（単身世帯）は約19万円，2人世帯は計約30万円で1人当たり約15万円，3人世帯は計約36万円で1人当たり約12万円，4人世帯は計約40万円で1人当たり約10万円，そして5人世帯では計約43万円で1人当たり約8.6万円となっている。世帯員1人当たりの消費支出という見地から，単身世帯の支出額は5人世帯の2倍強と大きな市場であることが読み取れる。

さらに，金額や市場規模のみならず，選択対象となる製品やサービスも単身世帯と，子どもを持つ3人以上の世帯では，大きく異なることが多く，洗濯機の容量や仕様，スーパーなどでの生鮮食料品の比率や1パック当たりの大きさなどがその例である。さらに，若年単身世帯は携帯電話やパソコンに支出傾向があるのに対して，高齢単身世帯はルーム・エアコンなどに支出傾向があるなど，企業のマーケティング戦略に，世帯構成の構造は大きな影響を与えている。

所得以外にも，物価や消費税など，経済政策の影響を濃く受ける側面も注視しなければならない。経済状態がインフレかデフレか，あるいはスタグフレーションかに応じて，マーケティング戦略を策定するスコープやROI（投資利益率）などの成果評価期間が大きく影響を受ける。このような企業サイドへの影響のみならず，消費税率のように直接的に顧客の消費行動に影響を与えるものも少なくない。

政治・法的環境

経済と政治は，政経という語にあるように，密接な関係がある。経済政策という見地に加えて，企業が活動を行うのに，行政からの認可や許可が必要な産業が存在している。たとえば，日本の周波数帯を管理しているのは総務省である。総務省は，周波数割り当ておよび電波利用料制度を抜本的に見直し，電波を最大限有効利用するための電波開放戦略のもとに，電波行政を展開している。たとえば，地上波テレビ放送は，その周波数上限を710 MHz（52チャンネル）にするか，722 MHz（54チャンネル）にするかどうかについて，議論されている。これらの議論により，メディア企業としてのテレビ局の経営戦略は左右されることになる。

また他の例として，携帯電話の普及が第2世代から第3世代に急速に発展し移行するにつれ，総務省が1.7 GHzおよび2 GHzのTDD方式の周波数を追加割り当てを行うことにより，新規事業者が携帯電話サービス産業に参入ができるようになった。

総務省のみならず，他の省庁もマーケティング戦略に大きな影響を与える。たとえば，厚生労働省による介護保険制度のあり方は，高齢者を対象とした製品・サービスを提供している企業のマーケティング戦略に，ある新薬の認可は新薬開発と，そしてその新薬に関連する医薬品のマーケティング戦略に，直接的に多大な影響を与えることになる。

また工場の進出や地場名産を用いた製品開発などでは，地方自治体の協力なくして，実行することは難しい。また地方の条例を遵守して行う必要がある。政治・法的環境は，マーケティング活動の競争環境における礎の1つの側面である。

物的環境

企業，とくに製造業にとって，原材料の価格は，製造原価と直結しているだけに，マーケティング戦略を構築する際に，考慮しなければならない。原材料は概して同質性が高いため，価格は供給量と関係している。たとえば，原油価格は原油生産量と，チタンなどのレアメタルの価格はその供給量によって決まっているといっても過言ではない。

これらの物的環境は，価格という貨幣的コストの側面のみならず，環境保護やエコロジーなどの社会的コストの見地からも重要である。1997年の京都議定書などの政治・法的環境とも関連しながら，CO_2排出量取引などは，考慮すべき新たな物的環境の側面といえよう。

技術的環境

大阪と東京間の移動手段として想起されるのは，飛行機や新幹線であろう。しかし東京オリンピックが開催されるまでは，夜行列車が主たる移動手段であり，その昔は船あるいは馬であった。将来は，現在のような形でない自動車かもしれないし，ロケットのようなものかもしれない。これらの変遷は，大きく技術革新の影響を受けてきた。交通産業のみならず，真空管からトランジスタへ，そして集積回路への電気伝導技術が情報機器，電化製品，自動車産業などに与えた影響は計り知れない。

技術進歩により，従来とは異なる業界に属する企業が競合相手となることも多々ある。たとえば，飛行機の機体は，かつては鉄やアルミであった。この時点では，鉄鋼業界内での競争が生じていたが，近年の機体の素材には炭素繊維複合材料が用いられており，今日では炭素繊維強化プラスチックを製造する繊維業界が鉄鋼業界と競合するという競争環境を観察することができる。

社会・文化的環境

マーケティング・マクロ環境の最後は，社会・文化的環境である。物的環境で述べた環境やエコロジーが与える企業経営への影響の程度は，社会的かつ文化的に大衆が持つこれらに対する意識の程度に大きく依存し，この価値観はまさに社会・文化的環境の1つといえる。

意識の程度や価値観は多様であり，空間的にも世代的にも異なる。関西と関東間で，味に対する好みや被服に対する好みが異なること，売れ筋の書籍が異なることなどは頻繁に語られる。団塊の世代，団塊ポスト世代，団塊ジュニア世代など，世代間でも価値観が異なっており，またそれら世代内での同質性がある程度存在しているからこそ，これらの呼称が活用されているのである。

社会・文化的環境も人口動態的環境と同様に，第5章と密に関連している。これらの章との相互参照を推奨する。

SECTION 3 マーケティング競争における脅威

競争環境を分析する目的の1つは，収益性を評価することである。ポーターは『競争優位の戦略』(1985年；邦訳1985年) において，市場の長期的収益上の魅力を規定する5つの競争要因として，**業界内の競合他社**（セグメント内の競争），**潜在的参入者**（**移動の脅威**），買い手（**買い手の交渉力**），供給業者（**供給業者の交渉力**），代替品（**代替品の脅威**）を挙げている（図10-2)。

FIGURE 図 10-2 ● 長期的収益上の魅力を規定する5つの競争要因

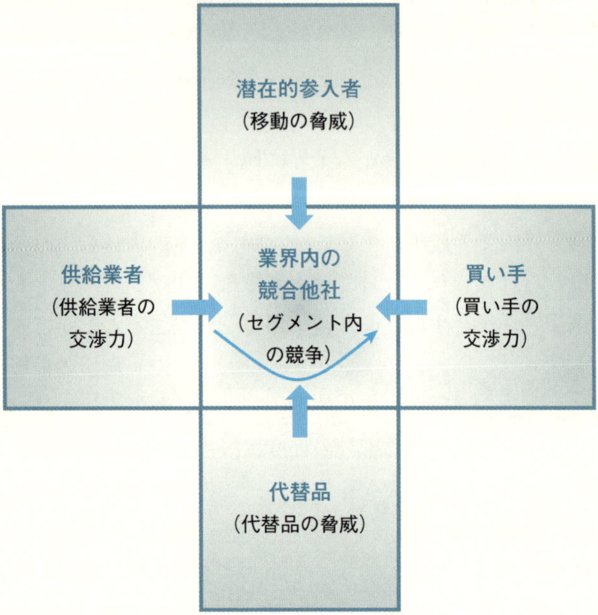

（出所） Porter [1985], p. 5.

業界内の競合他社

まず，業界内の競合他社であるが，競争は，競合企業間で顧客に関して行われるものであるので，デマンド・サイドからは，セグメント内での競争と言い換えることもできる。あるセグメントの規模を所与とすれば，競合企業数が多いほど，競争は激しいと考えられる。また競合企業間の製品やサービスの差別化の程度が，同質か異質かにも競争の程度は依存する。この売り手の数（独占・寡占・競争）と差別化の程度（純粋・差別化・独占化）で，業界構造をいくつかに分類することができる（Kotler [2000]，第8章）。

純粋独占とは，東京電力や関西電力などの地域の電力会社を例とした，特定の製品やサービスを提供する企業が1社しかない場合である。寡占業界とは，少数の企業によって業界が構成されている場合であり，石油や水素などの場合のような同質性の高い製品やサービスの場合は純粋寡占，自動車や薄型テレビなどの場合のような差別化がある程度なされている製品やサービスの場合は差別化寡占と呼ばれる。競争業界とは，多数の競合企業が業界に製品やサービスを提供している場合であり，同質性が高ければ純粋競争，完全に差別化がされていれば独占的競争と呼ばれる。なおこれら独占，寡占，競争業界については，競合企業の数のみならず，そのほかに，提供している製品やサービスの同質性，情報の完全性，そして参入・退出が自由であるという条件によっても規定され，ポーターの枠組みは，独占状態ではないことを前提としている。

売り手の数が増えるほど，すなわち独占より寡占，寡占より純粋競争のほうが，価格競争に陥りやすく，非価格競争への鍵が差別化の程度であり，同質的な純粋状態より，差別化あるいは独占化された製品やサービスのほうが価格競争を回避できる程度が高い。

潜在的参入者と移動の脅威

ポーターの5つの競争要因の2つ目は，潜在的参入者である。これは，参入障壁や移動障壁（退出障壁）と関連しており，移動の脅威とも考えられる。一昔前は，口腔衛生製品は，ハミガキとハブラシのみであったが，液体ハミガキ，マウスウォッシュ，歯間ブラシなどに拡張され，さらにデンタルガムも市場に導入されている。従来のハミガキやハブラシの企業のみならず，この口腔衛生製品市場の拡張にともない，製薬会社や製菓会社もこの市場に参入してきた。競争環境を幅広く捉えなければならない一例であろう。

参入障壁の高さは，当該業界の初期投資の大きさやコスト構造に依存する。投資額が大きければ，一度参入すると，その固定費回収のための期間も長くなる傾向にある。また，特許や独自の技術がすでに存在する業界であれば，新規参入者にとって参入障壁は高くなる。また，流通チャネルが製造業者によって垂直的に統合されているなど，流通チャネルの閉鎖性も参入障壁を規定する要素の1つである。その他の参入障壁の要因として，先述の，総務省による周波数帯の管理に示されるように，政府の規制や認可が参入障壁を形成している場合もある。

ある業界への参入の困難さを示したのが参入障壁であるが，逆に，一度ある業界に参入したことで，その業界からの退出あるいは関連した業界への移動が困難になる場合がある。これらが，退出障壁あるいは移動障壁と呼ばれるものである。男性用化粧品業界において上位の企業が女性用化粧品業界に参入しにくい例や，インフラやチャネル関係の構築などに多額の設備投資を行ったため退出が困難となった例などが挙げられる。移動や退出が困難であれば，すでに参入している企業間での競争の程度は高くなることが予想される。

買い手と供給業者の交渉力

買い手からの脅威や供給業者からの脅威は，取引の流れの見地からすれば，川下から，そして川上からの脅威と捉えることができる。川下からの脅威としては，食品や日用雑貨などの消費者向けパッケージ製品の場合に，いくつかの大手流通業の取り扱い高が当該企業の売上の相当な割合を占めている際，価格交渉力の優位性が製造業者ではなく流通業者にある例などが該当する。この買い手である川下の流通業者の交渉力は，価格のみならず，場合によっては製造業者の製品戦略にまで影響することもあり，流通業者からの依頼に応じて製品が製造されたり，仕様が変更されたりすることもある。

川上の供給業者が，価格や供給製品の提供量に関する交渉力を持つ場合もある。技術革新の進捗が速いICT（情報通信技術）業界では，特定の部品を提供する企業の生産能力にあわせて市場での供給量が決定され，そしてその企業が主導して価格が決定されることもある。

また価格などの交渉力のみならず，流通業者がOEM（Original Equipment Manufacturing）企業と連携し流通業者のブランドであるプライベート・ブランド（PB）で業界に参入することもある。同様に供給業者が，直接，完成品や半完成品を製造し業界に参入することもある。買い手や供給業者といったパートナー企業が，直接の競合企業となる場合も考慮して，競争環境を分析することが重要である。

代替品の脅威

ポーターの5つの競争要因の最後は，代替品からの脅威である。提供されている製品やサービスの代替性が高ければ，より低価格であるなどの理由で容易に代替品に顧客は流れるため，その業界の魅力は低く，高い収益性が見込める可能性は低い。たとえば，同じぐらいの低価格帯の小麦を用いる即席食品と用いない即席食品を想定すると，代替性は両者間でかなり高いことが予想される。為替相場の急変により原材料の輸入小麦の価格が高騰し小売価格に反映させなければならなくなれば，値上がりした小麦ベースの即席食品から，小麦を用いていないため価格が維持された即席食品に顧客は流れるであろう。そのため，代替品に関する競争環境は，常に監視する必要性がある。

代替性は，技術革新により突然，高まることもあり，これまで代替品と考えられてこなかった業界の企業が競合企業となる場合もある。原油価格が高騰したり環境意識が高まることで，石油燃料からバイオ・エタノールのような技術革新により可能となった農業燃料への移行が進捗すれば，石油メジャーと穀物メジャーは，燃料供給の見地から代替性が高まり，互いに競合企業となる。また繊維産業においても技術革新により，炭素繊維を加工した炭素繊維強化プラスチックが開発され，強度を向上させつつ重量を低下させることが可能となり，アルミ合金などの業界と特殊繊維業界は代替性が高まり，競合関係が発生するに至っている。上述の飛行機の機体素材が，その一例である。

以上のように，競争環境は，同一業界内での競合を把握することはもちろん，さらに幅広い競争環境の分析が重要である。競合は，多面的であり，パートナーが競合企業になることもあれば，技術革新によって競合企業が突然出現することもある。経時的に柔軟に競争環境を分析することが大切である。

SECTION 4 競争の構造と戦略グループ

ポーターは『競争の戦略』(1980年；邦訳1995年）で，特定の標的市場において，同じ戦略をとっている一群の企業を**戦略グループ**として定義している。戦略グループを識別する次元は，ブランド資産の蓄積の程度，組織形態，移動障壁の源泉など多様な軸があるが，石井らは，産業の垂直的な連関のなかで事業の範囲を捉えた「垂直統合の程度」と，企業が取り扱う製品やサービスのカテゴリーの広がりを捉えた「製品ラインの広がり」という2軸で家電産業を分析している（図10-3，石井・栗木・嶋口・余田［2004］，第8章)。

深い垂直統合と広い製品ラインを提供している図10-3右上の戦略グループは，広い製品ラインを維持し他社製品の参入を防ぎ，革新的な製品開発より2番手追随型の新製品を先行企業に遅れずに市場へ投入し，大量の広告と販売促進によるパワー・マーケティングを展開することがマーケティング戦略の特徴である。他方，左側の，垂直統合は深いが製品ラインは狭い戦略グループは，特定の装置や分野に絞って革新的な新製品を開発し，高いブランド・イメージ

FIGURE 図 10-3 ● 家電産業の戦略グループ

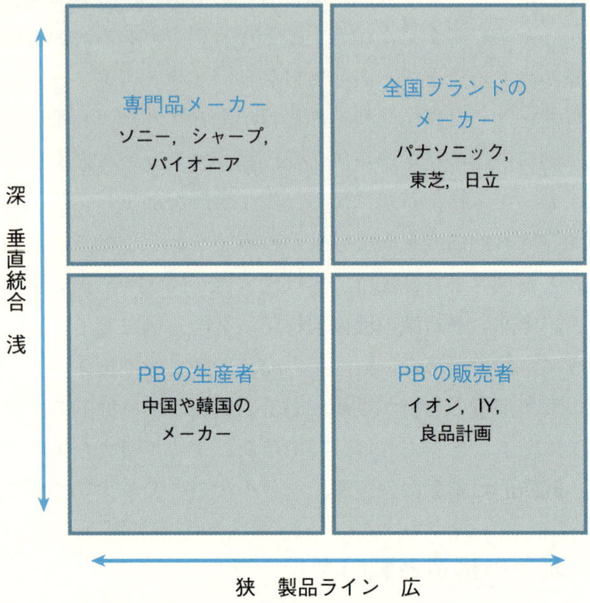

（出所）石井・栗木・嶋口・余田［2004］，254頁より作成。

を強みとする，マーケティング戦略を展開してきた。

垂直統合が浅い企業の，広い製品ラインを特徴とする戦略グループには，大手流通企業があり，技術革新の余地の小さくなった扇風機などの製品群を対象に，基本機能に絞った製品を企画するマーケティングを行っている。一方，狭い製品ラインを特徴とする戦略グループは，PBと呼ばれるプライベート・ブランドの製造を請け負う中国や韓国などの新興国のメーカーがある。

次に，戦略グループを，競争の重層的な構造の見地から考察してみよう（図10-4）。

1層目は，一般的な市場を意味しており，消費者にせよ企業にせよ，顧客の財務状態あるいは自由裁量なサイフの範囲内で集計され，全体的な一般的市場が存在している，という含意である。2層目は，そのサイフにおいて，ある金額を支出しようとする際に対象となる需要の同一性に関するもので，同一性が

FIGURE 図 10-4 ● 競争の重層的レベル

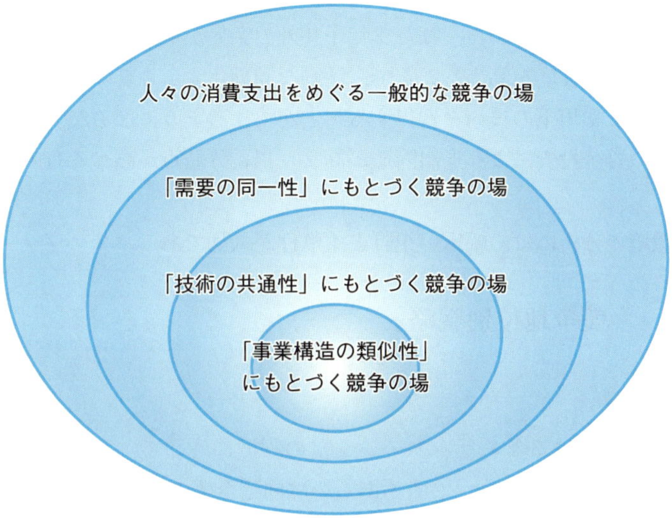

（出所） 石井・栗木・嶋口・余田［2004］，239 頁より作成。

高ければ競争が存在している，という含意である。たとえば，ある地点から別の地点への移動するための手段や，のどの渇きを癒す飲み物に対する需要に関する競争の場としての業界である。3 層目は，共通の技術を用いた製品・サービス間での競争であり，自動車産業や化粧品産業といった，自動車製造に関する技術や美容技術に関する競争の場としての業界である。しかし，これら 3 つの層は依然として抽象度が高く，競争環境を分析するには粗いと感じられよう。ここで重要なのが，4 層目の，事業構造が類似しており，企業が直接のライバルとして認識する競合グループである。

この枠組みにもとづき，競合グループを考える際，その下に事業構造のベースに技術要件や需要要件がある，という点に注目したい。ある時点での競争環境において，事業構造が類似しており，直接の競合関係であっても，技術要件が変化すれば，その事業構造の類似性も緩み，別の企業との事業構造の類似性が競争上重要になり，新たな競合グループが誕生する可能性がある。需要構造の変化も，同様である。人口動態的環境や物的環境や社会・文化的環境などのマーケティング・マクロ環境の変化により，需要構造が変容すれば，従来の競合グループとは異なる競合企業が，同一業界内からか，代替業界からか，あるいは川上や川下の業界から，はたまた予想外の業界から，出現する可能性がある。垂直統合の程度を高めることで，活動を同期化することによりコストが削減でき，川上や川下の技術を習得することができるようになるが，一方で統合化のための資金投資により退出障壁が高まり損益分岐点が高まる負の側面もある。

競争環境の分析には，幅広い視野と柔軟性が大切である。

SECTION 5 競争地位別戦略

ある業界におけるマーケット・シェアの程度に応じて，**競争地位**は，シェア・トップ企業の**リーダー**，2番手あるいは同等企業の**チャレンジャー**，3番手もしくはそれ以下の**フォロワー**，そしてその業界内の特定の機能やセグメントに特化した**ニッチャー**の4つに分類することができる（表10-1）。これらの競争地位別にマーケティング戦略が異なってくる。

マーケット・シェアが重要な理由は，Marketing Science Institute が1970年代後半から実施した，「PIMS: Profit Impact of Market Strategies プロジェクト」の発見事項に拠る（よ）ことができる。PIMS プロジェクトは，市場戦略が収益性に与える影響に関する研究プロジェクトであり，事業間の資源配分問題や，収益性を決める要因などに関する分析を行った。その結果，相対的マーケット・シェアが高くなると，投資収益率とキャッシュフローのいずれもが増加する，事業間でマーケット・シェアが10ポイント違えば，税引前利益率は平均5ポイント異なる，といったものであった。つまり，マーケット・シェアは，マーケティング戦略の収益性に大きな影響を与える要因であり，その地位別の戦略を理解することは重要である。

リーダーの戦略

マーケット・リーダーの戦略は，まずは自社が享受している最大のシェアを確保し維持し続けることである。PIMS の発見に従えば，そうすることで最大の利益が確保され維持されるはずである。これに加えて，リーダーは，業界の市場規模を拡大す

TABLE 表 10-1 ● 競争地位別戦略

競争地位	市場目標	競争戦略	事業領域	策定定石
リーダー	・最大シェア確保と維持 ・最大利潤の確保と維持 ・市場の拡大 ・名声の確保と維持	全方位 （オーソドックス）	経営理念 （顧客機能中心）	・周辺需要拡大 ・同質化 ・非価格対応
チャレンジャー	・最大シェアの達成	差別化 （非オーソドックス）	顧客機能と独自機能の絞り込み （対リーダー）	・上記以外の政策（リーダーとの差別化）
フォロワー	・生存利潤の確保	模　倣	通俗的理念 （良いものを安く社会に奉仕など）	・リーダーやチャレンジャー政策の観察と迅速な模倣
ニッチャー	・利潤の確保 ・名声の確保と維持	集　中	顧客機能，独自能力，対象市場の絞り込み（対リーダー，チャレンジャー）	・特定市場内でミニ・リーダー戦略

（出所）嶋口・和田・池尾・余田［2004］，48 頁より作成。

るよう戦略を計画することも重要である。競争環境は動態的であり，ある業界のシェア 1 位のリーダーであっても，技術革新や需要の変容などにより，1 位である業界が魅力的でなくなり，たとえば代替的な他業界に顧客が流れれば，リーダー企業が得ることのできる利潤は魅力的でなくなる。リーダー企業は，新用途開拓や新規ユーザー開発など周辺需要を拡大し，シェア 1 位である業界を拡大する努力が必要である。そして，シェアに関して 1 位であることに加えて，名声に関しても 1 位であり続けることも重要であり，価格競争より非価格競争が望ましい。

したがって，リーダー企業は，全方位の競争戦略をとることが多い。そして，第 2 章で紹介された事業領域（ドメイン）については，経営資源に関して他者より優位にあるリーダー企業は，競争対応というより顧客機能を反映させる形で自社の経営理念を中心に統一化されることが大切である。

チャレンジャーの戦略

チャレンジャー企業の戦略は，対リーダーの競争対応戦略であり，リーダー企業からシェアを

COLUMN 10-1 フィルム・ベースのアナログカメラから光学センサー・ベー

「カメラ」という語を聞いて，光学レンズでアナログ的にフィルムを活用するカメラと，光学レンズを通した画像を光学センサーでデジタル的に処理し保存するデジタルカメラと，いずれを想起されるだろうか。1990年代前半までは，デジタルカメラの普及度は低く，フィルムを用いるカメラが大半であった。しかし2001年時点で，カメラ映像機器工業会によるとデジタルカメラの出荷台数は483万1000台であり，フィルムを活用するカメラの301万8000台を追い越し，2009年時点では，ほとんどの人が，カメラと聞けば，デジタルカメラを想起するであろう。

フィルムを活用したカメラの競争は，いわゆるカメラ光学機器メーカー間で行われていた。例を挙げれば，ニコン，キヤノン，オリンパス，ペンタックス，リコー，富士フイルムなどである。まさに光学技術が競争次元となっていた時代であり，レンズの性能である球面収差，歪曲収差，コマ収差などの収差補正，焦点距離，光透過性が競争次元であった。また時には，シャッター音や写真の温かみなどの主観的なアナログ的な側面が，競争次元となっていることもあった。

マイクロソフトの『エンカルタ総合大百科』によれば，最初の電子式のカメラ（電子スチルビデオカメラ）は，1981年にソニーがCCDを使い，直径2インチのフロッピーディスクに画像を磁気データ（アナログFM）として記憶させる「マビカ」であった。その後1988年に，富士写真フイルムがDS-1Pという，画像をデジタル方式で記録する現在主流のデジタルカメラを最初に発売した。1995年には，カシオ計算機がQV-10という25万画素CCD解像度で初めて液晶ファインダー搭載した普及型デジタルカメラを6万5000円という低価

奪い，リーダー企業となることが戦略目標である。リーダー企業と差別化するようなオーソドックスでない戦略により，リーダー企業からその顧客をスイッチさせなければ，シェア向上は望めない。したがって，戦略事業領域は，対リーダー対抗の顧客機能と差別化した独自機能の絞り込みとなる。さらに，リーダーの製品やサービスに対抗した価格引き下げや販売促進の強化，サービス品質の向上，廉価品あるいは高級品といった製品拡大や製品革新によって，対抗することもしばしばある。ただチャレンジャー企業は，収益性を確保するために流通や生産システムの革新を試みることが大切である。ただし，対リーダー

スのデジタルカメラへの変遷と，競争次元そして競争環境の変化

格で発売し，大ヒットした。その後，パナソニックなどの家電メーカーもデジタルカメラに参入することになる。

デジタルカメラの分野では1990年代中盤以降，光学センサー（CCD，CMOSなど）画素数，デジタル化処理技術，記録媒体（CFカード，スマートメモリー・カード，SDカード，SDHCカードなど），液晶ディスプレイのサイズ，ズーム・サイズ，重量，乾電池式対充電式，動画性能，互換性などが，競争次元となり，より高性能化が進んでいった。

このフィルム・ベースのアナログ・カメラから光学センサー・ベースのデジタルカメラへの変遷の例で，第1に，ニコンやオリンパスなどのカメラ光学機器メーカー間のみの競争から，ソニー，カシオ計算機などの家電・電子機器メーカーも競争に参入するという，競合企業が変化したことが興味深い。実際2006年に，光学機器メーカーのミノルタは，一眼レフ・ブランドである「α」をソニーに譲渡している。第2に，光学技術からデジタル処理技術へと競争次元が変化していることも興味深い。この変化にともない，質感などのアナログ的側面が競争次元から減少していったことも，デジタル処理技術が競争の中心となった結果であろう。そして第3に，その結果，フィルム・メーカーはプリンター・メーカーや記録媒体メーカーと競争し，町の写真屋は現像業務に加えて，デジタル印刷業務へと拡張せざるをえなくなるという，価値連鎖の他の要素にも競争環境の変化が波及している点が興味深い。

競争環境は多岐にわたっており，競争次元，競合相手，競争期間など視野を広げて，競争環境を分析することが重要である。

のマーケティング戦略に過敏になりすぎるのは，とくにその他の同規模のチャレンジャー企業が存在している場合には，危険である。

フォロワーの戦略

フォロワーの戦略は，基本的に模倣であり，過剰な投資をせず，生存利潤を確保することにある。ただ市場の変化に乗り遅れることは許容されないので，リーダー企業やチャレンジャー企業のマーケティング活動をモニターし，必要であれば迅速な模倣を行う必要がある。チャレンジャーは対リーダーとの競争対応戦略が明白であるが，フォロワーは対抗戦略とは基本的に異なるため，元来，報復的競争戦略を競合企業から受ける可能性が低く，基本的には防御的な姿勢である。ただ，単なる模倣だけでは，とくに市場の進展が速い場合，市場の大部分の顧客がすでに他者の顧客となっており，予想に見合った売上を達成できない場合もある。また中長期的には，模倣だけで存続十分な利潤を確保できるとは限らないため，成長の道筋を明確にする必要がある。

ニッチャーの戦略

最後に，集中戦略をとるニッチャーは，顧客機能，独自能力そして対象市場すべてに関して絞り込んだ事業領域をベースに，マーケティング戦略を展開する。独自のセグメントに集中するため，その特定セグメントではリーダー企業であり，またそうでなければならない。したがって，高い名声を確保し維持することが大切である。事業領域を絞り込み，集中戦略をとる際，顧客の規模や立地，顧客が必要とする機能，またある製品品質やサービスに特化することもある。たとえば部品や金型あるいは受注生産への特化のように，第 2 章で紹介された価値連鎖の集合体である価値システムの特定の段階への集中戦略もある。

SECTION 6 市場の定義

本章のこれまでの説明は，市場はわかっている，定義されている，という暗黙の前提で議論してきたが，市場の境界は常に明確であるとは限らない。この**市場の定義**の問題は，**競争市場構造分析**や単に市場構造分析と呼ばれることもある。この問題を，1970 年代および 1980 年代前半では製品自体を関連させてより詳細に市場を定義しようとする「製品ー市場の定義」として捉えて研究が行われてきた。しかしながら，製品ー市場の定義に関する研究が進展するにつれ，1980 年代後半から 1990 年代にかけて消費者選好構造の視点がより注目されるようになり，市場構造分析と呼ばれるようになった。

自動車産業，家電産業のような産業政策上一般的に受け入れられてきた産業分類（SIC : Standard Industrial Classification）があるが，マーケティング意思決定，とくに製品やブランドに関する意思決定が遭遇する多様な局面において，これら産業分類は実務的ではないこともある。マイヤーズとタウバー（Myers and Tauber［1977］）以降の競争市場構造分析の分野に大きな影響を与えてきたのが，デイらの2類型である（Day, Shocker and Srivastava [1979]）。これらにもとづき，井上は，需要サイドから選好やカテゴリーに注目し，市場の定義を行っている（井上 [2003]）。具体的には，**代替性**にもとづく手法，**スイッチング**にもとづく手法，**競争空間**にもとづく手法である。これらを順に紹介しよう。

代替性にもとづく競争市場構造分析

経済学にその基礎をおく弾力性は，マーケティングの分野においても古くから代替性の尺度として活用されてきた。自社ブランド i の価格のそのマーケット・シェアに関する（自己）弾力性は，

$$\text{マーケット・シェアの弾力性} = \frac{\text{マーケット・シェアの変化量}/\text{マーケット・シェア}}{\text{価格の変化量}/\text{価格}}$$

として表される（詳細は，第17章3節参照）。すなわち，価格の変化率に対する自社ブランドのシェア変化率の比として解釈される。たとえば，5%の価格上昇により自社シェアが10%減少するならば，自己弾力性は－2となる。

しかしながら，競争市場構造を分析するとなると，単なる自己弾力性ではなく競合ブランドからの影響を示す交差弾力性が問題となる。（ブランド i ではなく）他社ブランド j の価格が自社ブランド i のマーケット・シェアに与える効果を示す交差弾力性は，

$$\text{ブランド}\ j\ \text{の価格がブランド}\ i\ \text{のマーケット・シェアに与える弾力性} = \frac{\dfrac{\text{ブランド}\ i\ \text{のマーケット・シェアの変化量}}{\text{ブランド}\ i\ \text{のマーケット・シェア}}}{\dfrac{\text{ブランド}\ j\ \text{の価格の変化量}}{\text{ブランド}\ j\ \text{の価格}}}$$

で与えられ，競合ブランドの価格変化率に対する自社ブランドのシェア変化率の比として解釈される。

たとえば，表10-2のような仮説的に構築された価格弾力性行列を得たとしよう。交差弾力性は，通常，正の値をとる。すなわち，ブランドAが価格を下げれば，ブランドBの売上は，通常，減少し，逆にブランドAが価格を上げればブランドBの売上は上昇するのである。交差弾力性の値の大小により，まさに当該ブランド売上の競争の程度を比較することができる。

表10-2において，ブランドAが価格を上げればブランドBのシェアが上が

TABLE 表 10-2 ● 仮説的価格弾力性行列

	ブランドA	ブランドB	ブランドC	ブランドD
ブランドA	−1.2	0.6	0.05	0.1
ブランドB	0.8	−1.4	0.1	0.1
ブランドC	0.05	0.05	−1.6	0.8
ブランドD	0.1	0.05	0.9	−1.8

り，ブランドBが価格を上げればブランドAのシェアが上がる。ところが，ブランドAとBが価格を上げても，ブランドCとDのシェアはそれほど変化しない。この現象は逆の場合にもあてはまり，ブランドCが価格を上げればブランドDのシェアが上がり，ブランドDが価格を上げればブランドCのシェアが上がる。ところが，ブランドCとDが価格を上げても，ブランドAとBのシェアはそれほど変化しない。このことから，ブランドA，B，C，Dと4ブランドを一括りにするより，ブランドAとBで一括りにし1つの市場として，ブランドCとDで一括りにし1つの市場として定義するほうが，マーケティング戦略の構築上，有用であることが察せられる。

スイッチングにもとづく競争市場構造分析

選択データをブランドに注目しつつある一定の期間にわたって同一のパネルで集計し，たとえばブランドiからブランドjにスイッチしたパネル数を計上することで，スイッチング行列を作成することができる。ここでは，このスイッチング行列から，相互にスイッチが多いものをまとめて1つの市場とし，スイッチが相互にそれほど高くないものから切り離し，市場を定義しようとするアプローチを説明する。

まずスイッチング行列の構築に関して，顧客番号10001の購買履歴が，

2009年9月1日にブランドAを購買
2009年9月3日にブランドBを購買
2009年9月5日にブランドAを購買
2009年9月6日にブランドCを購買
⋮

とすると，A→Bスイッチングが1回，B→Aスイッチングが1回，A→Cスイッチングが1回カウントされる。別の顧客番号10002の購買履歴が，

2009年9月2日にブランドBを購買
2009年9月3日にブランドAを購買
2009年9月4日にブランドBを購買
2009年9月6日にブランドAを購買
⋮

とすると，A→Bスイッチングが1回，B→Aスイッチングが2回カウントされる。ある期間にわたって顧客ごとにカウントされるスイッチングを集計することで，表10-3のようなスイッチング行列が作成される。

井上と中西は，スイッチング行列を分析し，図10-5のような市場の定義を焼き菓子業界に関して行っている（井上・中西［1990］）。この分析結果にもとづけば，焼き菓子市場は4つのサブマーケットから構成されている。それらは，プレート・サブマーケット，ファンタジー・サブマーケット，スティック・サブマーケット，パイ・サブマーケットである。このようにプレートやスティックといった形状によりマーケットが複数のサブマーケットに分割される構造を，形状主導で市場が定義される，と考える（例：Urban, Johnson and Hauser［1984］）。ある焼き菓子ブランドの購入を検討している消費者は，プレート形状，ファンタジー形状，スティック形状，パイ形状のいずれを選択するかの意思決定を最初に行う。そして次に，たとえばファンタジー形状を選択したならば，そのサブマーケットを構成している4つのブランドから1つを選択する。したがって，これら4つのブランドは，他のサブマーケットに属しているブランドよりは激しい競争を互いにしている競合グループを構成していることになる。

ブランドの担当者は，当該の業界がどのように市場の定義がなされ，自分の管理対象ブランドがどのサブマーケットに属し，そしてどのブランドとより激しく競争しているのかを理解したうえで，マーケティング計画をデザインすべきである。

競争空間にもとづく競争市場構造分析

ここでは，因子分析や多次元尺度構成法などの分析手法を用いてブランド・マップを作成し，得られた競争空間にもとづき，ブランド間の競争の程度を判断しようとするアプローチを説明する。通常は，ブランド・マップ上で，類似した布置にあるブランドは，類似して知覚されているため，類似

TABLE 表 10-3 ● 仮説的スイッチング行列

	ブランドA	ブランドB	ブランドC	ブランドD
ブランドA	4702	3317	991	771
ブランドB	3586	3219	628	932
ブランドC	908	803	4212	3298
ブランドD	641	925	4509	4396

FIGURE 図 10-5 ● 焼き菓子市場の定義の例

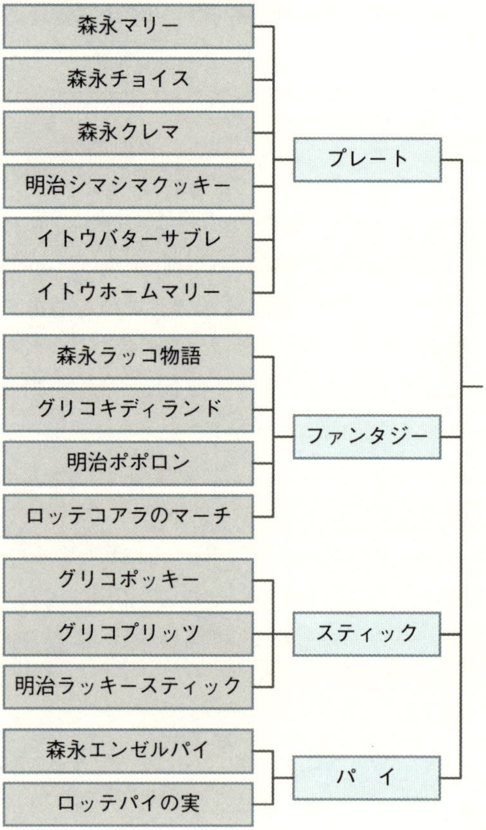

（出所） 井上・中西［1990］，14 頁。

FIGURE 図 10-6 ● ブランド・マップの例

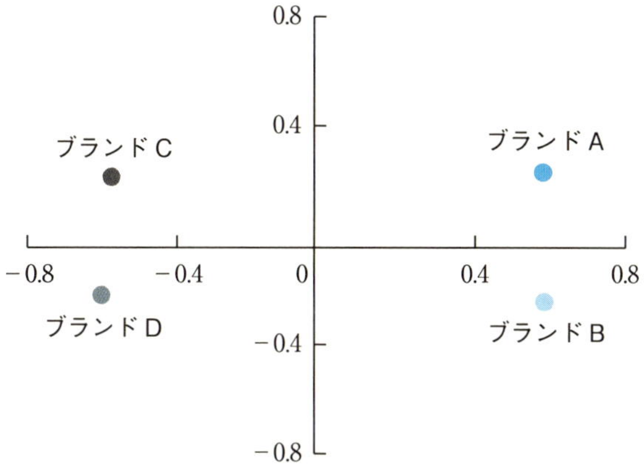

の選好を反映し，したがって，類似のニーズを保有する消費者セグメントから選択対象とされるため，競争が相互に激しい，という論理にもとづく。したがって，類似した布置にあるブランド群を1つの市場とし，別の類似した布置にあるブランド群を別の市場として，定義しようとするアプローチである。

表 10-3 のスイッチング行列に関しても，ブランド間の類似性が高ければ相互のスイッチングの頻度が高く，逆に類似性が低ければ頻度が低い，と仮定することができる。この仮定にもとづき，表 10-3 を類似度から構成される距離行列として多次元尺度構成法でブランド・マップを構築したものが，図 10-6 である（構築手順は，池尾・井上［2008］を参照）。

図 10-6 において，ブランド A と B は隣接しており，同様にブランド C と D が隣接している。またブランド A と B の群と，ブランド C と D の群は，距離が離れていることがわかる。したがって，ブランド A と B は類似して知覚されており競合が激しいことが，同様にブランド C と D も競合が激しいことが含意され，そして A と B 群と C と D 群との間の競合は，距離が離れていることから，それほど激しくはないことが示唆される。このことから，ブランド A，B，C そして D という 4 ブランドから構成される業界として市場を定義するより，ブランド A と B で 1 つのサブマーケット，ブランド C と D でもう 1

つのサブマーケットとして定義するほうが，競争環境をより適切に分析することになるかもしれない。

Chapter 10 演習問題 EXERCISE

❶ ある業界を取り上げ，その業界に関する人口動態的環境，経済的環境，政治・法的環境，物的環境，技術的環境，そして社会・文化的環境がどうなっているかを整理してみよう。

❷ ある業界において，同一業界内の競合企業，新しい技術を持った潜在的参入企業の可能性，代替品の脅威，そして供給業者と買い手の交渉力の影響について，考察してみよう。

❸ ある業界でのリーダー企業，チャレンジャー企業，フォロワー企業，そしてニッチャー企業を挙げてみよう。

❹ 時間の推移にあわせて，ある業界での競争次元がどう変遷し，参入あるいは退出した企業を挙げ，競争環境の変化を具体的に考えてみよう。

第11章 流通環境の進展

ダイナミックに変動する流通環境。
百貨店も激しい小売構造の変化に対峙している。

CHAPTER 11

生産された製品が消費者によって消費されるためには，取引や輸送・在庫といった流通機能が遂行されなければならない。こうした流通機能を果たす流通業者のなかには，厳密には生産者や消費者も含まれ，それらを除いた部分が，中間業者と呼ばれる。メーカーによって生産された製品は，中間業者を通じて消費者に販売されることが少なくない。それだけに，メーカーのマーケティングにとって，中間業者のあり方は，きわめて重要な環境要因を形成する。

本章は，この中間業者を中心に構成される，流通環境を取り上げる。具体的には，まず，中間業者の役割ならびに彼らとメーカー・マーケティングの関係を述べたうえで，小売業者と卸売業者のあり方を検討する。次いで，インターネットの流通手段としての役割やインターネット販売による流通の特性が論じられ，最後に，小売業の全体が小売店舗のどのような分布から成り立っているかという小売構造が，種々の見地から説明される。

INTRODUCTION

KEYWORD
FIGURE
TABLE
COLUMN
EXERCISE

KEYWORD

中間業者　流通　取引数削減原理　情報縮約　流通系列化　小売業者　小売ミックス　小売の輪の理論　真空地帯理論　卸売業者　ネット販売　規模構造　業態構造　業種構造　空間構造

SECTION 1 マーケティングと商業

中間業者の役割

消費財メーカーのマーケティングを想定したとき，そうしたメーカーが直接消費者に販売するというのは，むしろ稀である。多くの場合，メーカーと消費者の間には，小売業者や卸売業者といった**中間業者**が介在する。

なぜ，これら中間業者は存在するのであろうか。なぜ，メーカーは消費者に直接販売しないのであろうか。中間業者がいなくなれば，彼らが手にしていたマージンの分だけ，消費者が支払う価格は安くならないのであろうか。

中間業者の存在意義の基礎となるのは，メーカーによって生産された製品が消費者に消費されるために遂行されなければならない，流通機能の存在である。

分業によって生産者と消費者が別々になれば，たとえば取引が行われ，製品の所有権なり使用権が移転されなければならない。また，生産と消費が時空的に異なったところで行われれば，在庫や輸送といった活動が必要になる。これらの活動によって，分業の結果生じた生産と消費の間の乖離(かいり)を埋めることが，**流通**の機能である。

流通の機能は，ある程度普遍的なものと考えられてよい。たとえば，分業によって生産と消費が別個の人格によって行われる限り，それによって生じた人格的な乖離を何らかの方法で埋めなければならない。

問題は誰がどの機能を最も効率的に遂行することができるかである。つまり，流通機能の分担である。流通機能を果たす流通業者のなかには，厳密には生産者や消費者も含まれるが，そのなかから生産者と消費者を除いた部分が，中間業者であり，その代表が小売業者や卸売業者である。

仮に，p 人の生産者と c 人の消費者の間で取引が行われるとしよう。すべて

FIGURE 図 11-1 中間業者介入による取引数の削減

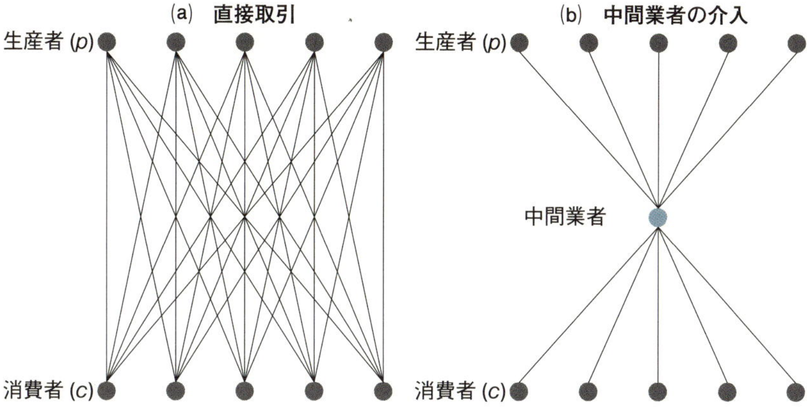

の消費者がすべての生産者の製品を必要とし，それらを直接の取引によって手に入れようとすれば，必要な取引の数は図 11-1 (a) のように，$p \times c$ である。これに対し，生産者と消費者の間に中間業者が介在すると，必要取引数は，図 11-1(b)のように，$p+c$ に削減される。これが，中間業者の存在意義に関してしばしば指摘される，取引数削減原理と呼ばれるものである。

この原理ゆえに，中間業者が介入したほうが，取引活動はより効率的に行われる。また，中間業者介入による効率改善の程度は，生産者や消費者の数が多くなるほど大きくなる。

上記の例では，各消費者がすべての生産者と取引するものと想定されていた。しかし，実際には，消費者は自分のニーズを満たすのに必要な生産者の製品のみを必要としている。ところが，生産と消費が人格的に乖離しているときには，個々の消費者は自分が必要としている製品をどの生産者が生産しているかがわからない。また，生産者も，自分が生産している製品を必要としている消費者がどこにいるかがわからない。つまり，生産と消費の人格的な乖離は，同時に情報についての乖離ももたらしてしまう。

さらに，いざ取引を行うとなると，取引条件について，生産者と消費者の合意が必要になる。しかし，生産者と消費者が別人である以上，ある製品がどれだけの価値があるかについて両者の評価が一致する保証はない。すなわち，評価に関する乖離である。

したがって，生産者と消費者は，互いに取引相手を探索し，取引条件に関して，交渉を行わなければならない。中間業者の介入による取引の集中化は，単に必要な取引数を削減するだけでなく，この探索と交渉の過程を効率化する。

生産者は，中間業者に販売することによって，個々の消費者への販売問題から解放される。他方，消費者は，多くの生産者を探し回ることなく，中間業者のところで種々の生産者の製品を一気に見比べ，最もニーズに合ったものを手に入れることができる。

しかも，取引の集中化によって，需要と供給が一堂に会するため，いわゆる市場メカニズムが作用し，評価の妥協が図られて，取引条件が決定される。その結果，生産者と消費者の双方とも，中間業者の介入により，取引を完結させるために必要な探索と交渉の労力を大幅に削減することができる。

もっとも，現実の世界においては，個々の中間業者が取り扱いうる商品数や対応しうる商圏の広さに限界がある。そのため，同じ小売段階に複数の小売業者が存在するのが普通である。つまり，すべての生産者とすべての消費者の取引が単一の中間業者に集中するということはなかなかない。

そうなると，中間業者は，取引先生産者の製品を求める消費者をみつけなければならず，また，標的となる消費者のニーズに合った製品を集めなければならない。これが，中間業者によるマッチング機能である。

また，中間業者としての小売業者の数が多くなると，今度は生産者と小売業者の間にさらに中間業者が介入する必要が生じる。卸売業者の登場である。この卸売業者の数が多くなると，卸売業者が多段階に及ぶ（たとえば一次卸，二次卸）こともめずらしくない。つまり，個々の中間業者における取扱品目数や商圏の限界から，存在する小売業者の数が多くなれば，生産者から消費者に至る流通チャネルは，段階が多くなり，長くなる。個々の中間業者は，このなかでそれぞれマッチング機能を果たすことにより，流通業者の全体からなる流通機構によるマッチング機能に貢献する。

製品ユニバースと情報縮約

たとえば，時計なら時計について，全世界で販売されているすべての品目から成る集合を時計の製品ユニバースと呼ぶ。時計の小売業者は，この時計の製品ユニバースのな

FIGURE 図 11-2 ● 製品ユニバースと情報縮約

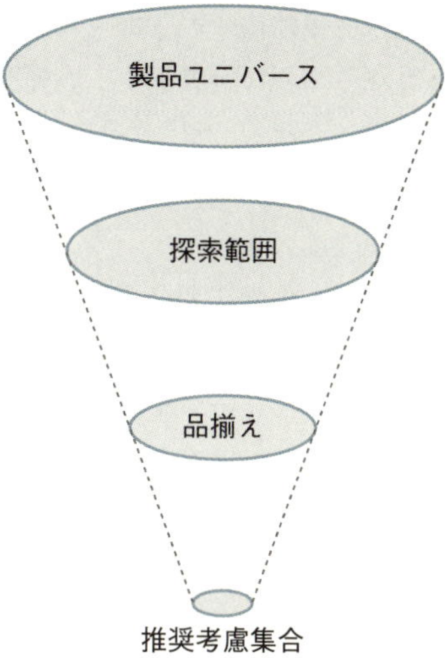

かから標的顧客のニーズによりよく適合する商品を選び出さなくてはならない。

その際セルフサービスの小売業者ならば，時計の製品ユニバースから，個々の標的顧客のための選択対象としての品揃えを選び出し，消費者はその品揃えのなかで購買の検討を行う。もちろん，消費者はその品揃えのなかに気に入ったものがなければ，他の店に向かうであろう。つまり，小売業者は，この選択対象としての品揃えをいかに標的顧客のニーズに適合させるかを巡って，競争している。

また，対面販売の小売業者では，標的顧客全体のために選択された品揃えのなかから，さらに個々の顧客に応じた考慮集合の提案が行われうる。つまり，製品ユニバース→当該小売業者による探索範囲→品揃え→顧客別の考慮集合の推奨，といった形で，ニーズ対応が図られる。この関係は図 11-2 のように描くことができる。

こうした関係のなかで，製品ユニバースのなかから顧客に代わってニーズに合った製品を探し出し，推奨するという中間業者の購買代理機能は，**情報縮約**機能ともみることができる。すなわち，世の中に存在する膨大な数の製品に関する情報を，標的顧客のニーズとの適合という観点から，縮約しているわけである（田村［2001］）。

小売業者を含む流通機構の情報縮約の程度は，対象とする製品ユニバースが大きいほど，またそのユニバースのなかでより広い範囲にわたって，より偏りなく探索が行われるほど，大きくなる。また，同じように顧客のニーズに的確に応えることができるのであれば，より少ない品目から成る品揃えや推奨考慮集合のほうが，情報縮約の程度は大きい。

それゆえ，情報縮約の程度は，小売業者が，個々の標的顧客のニーズをどれだけ正確に把握しているかに大きく左右される。つまり，標的とする顧客ニーズの把握が正確であるほど，顧客にとってより魅力的な商品に出会うことができるであろうし，さらに場合によっては，顧客別に商品の推奨を行うことも可能になる。

商業と流通系列化

中間業者のなかで，社会的な存在として，特定の売り手の立場に偏ることなく，ニーズと製品のマッチングを行う者を，とくに商業者という。消費者のための情報縮約という観点からは，よりオープンな品揃えを有する，商業者としての中間業者のほうが望ましい。

しかし，売り手としてのメーカーの立場からは，中間業者としての卸売業者や小売業者を自らの販売代理業者として囲い込み，彼らの品揃えを自社製品中心に制約し，彼らの優先的販売努力を確保すれば，マーケティング上の有用性は大きい。いわゆる**流通系列化**である。

ただ，流通系列化により，中間業者の行動を特定のメーカーが制約し，中間業者が販売代理業者としての側面を強めていけば，マッチング機能における社会性は失われていく。したがって，流通系列化は，メーカーの立場から見ても，系列下中間業者の顧客に対する魅力度が失われていくという側面を持つ。

メーカーの立場からいえば，系列下中間業者に関して，自己の販売代理業者としての専属性や個別性と，商業者として社会性や顧客魅力度を，それぞれどのように重視するかは，マーケティング・チャネル政策上の重要な課題である。

SECTION 2 小売業と小売競争の特質

流通機構のなかで，最も消費者に近いところに位置するのは小売業者である。小売とは，元来は，大ロットで仕入れた商品を小口に分割して販売することを意味する。しかし，現在では，最終消費者である一般家庭への消費財の販売として考えるのが普通である。小売業者とは，この小売を主たる業務とする流通機関であり，彼らによって営まれる小売取引による事業を小売業という。したがって，小売業は，流通機構のなかでも，あるいは経済機構全体のなかでも，われわれの生活に最も身近に関わる部分だといえる。

小売業者は流通機構の一員であり，それゆえ，各種の流通機能を遂行する。そして，この流通機能の遂行をとおして，産出物をもたらす。

われわれは日々の生活のなかで，さまざまな小売業者が，さまざまな商品を販売しているのを目にすることができる。しかし，そこで売られている商品自体は，小売業者の流通活動の産出物ではない。それらは，多くの場合，生産者の産出物である。確かに，小売業者が同時に製造業を営むこともある。しかし，そうして生産された商品はその小売業者の生産活動による産出物であって，流通活動による産出物ではない。

小売業者の流通活動による産出物は，流通サービスである。小売業者は，自分の店によく来るタイプの消費者が気に入りそうな商品をあらかじめ仕入れて店頭に並べ，あるいは一部を倉庫に在庫する。そして，消費者が来店したなら，その消費者が興味のある商品カテゴリーにはどのような商品があるかを示し，必要に応じてアドバイスを与え，販売し，さらに場合によっては配達も行う。こうした活動によって生み出されるサービスこそ，小売業者の産出物にほかならない。

もちろん，消費者が小売段階で享受することができる流通サービスは，小売業者のみによって生み出されるものではない。それは，その背後も含めた流通機構全体の産出物である。しかし，小売業者がそれに大きく貢献していることは間違いない。

小売業者が消費者に提供する流通サービスおよびその提供条件は，多くの側面を持つ。したがって，小売業者間の競争は多元的である。

前節では，メーカーのマーケティングと商業の関係を見てきたが，そのなかで，1つの重要な要素は，中間業者のマッチング機能であった。中間業者としての小売業者は，このマッチング機能によってよりよい品揃えを提供し，標的顧客に対する魅力度を維持・向上する必要がある。しかし，小売業者の顧客魅力度を構成する要因は，品揃えだけではない。価格，サービス，店舗の雰囲気，立地など，多くの要因が関わっている。

われわれの周りを見渡してみると，より多くの消費者を引きつけようとする小売業者のさまざまな試みを目にすることができる。たとえば，われわれがワインを買う場合に，ある小売業者は豊富な品揃えと行き届いたサービスを提供しているのに対し，別の小売業者はこれらの点では劣るが価格は安いということがある。こうした流通サービスとその提供条件の組合せは，**小売ミックス**と呼ばれる。換言すれば，流通サービスの個々の要素や個々の提供条件が小売ミックスの要素である。

ある小売業者の小売ミックスがいかなる顧客魅力度をもたらすかを左右するのは，消費者の好みである。それゆえ，各小売業者は，多様な消費者需要のなかで自らの標的を設定し，顧客魅力度の維持・向上によってより多くの需要を引きつけるべく，標的とする消費者の好みにあわせて小売ミックスを形成する。われわれが実際に目にするさまざまな立地や特徴をもった小売業者の姿は，こうした競争努力の結果である。つまり，小売業者は，各消費者の買い物起点（自宅や通勤，通学先など）からの距離という制約のなかで，より多くの消費者の愛顧を獲得すべく，小売ミックスにおいて競合相手に対する差別的優位性を追求しているといってよい。

SECTION 3 小売業態の動態

小売業者の競争努力の結果である各小売店の小売ミックスは，大きくいくつかのパターンに分類することができる。このパターンが小売業態である。百貨店，食品スーパー，コンビニエンス・ストアなどはいずれも業態の1つである。

小売業の歴史のなかでは，さまざまな業態が生まれ，発展してきた。このような時間の経過にともなう小売業態の変遷，つまり小売業の動態をいかに説明するかは，小売研究における重要なテーマであった。

小売の輪の理論

小売業の動態を説明しようとした試みのなかでおそらく最も有名なものの１つであるマクネアの**小売の輪の理論**（McNair［1958］）は，小売店舗間の競争過程という見地から，価格と，サービスに代表される他の小売ミックス要素の関係についての小売業の動態を説明しようとしたものだといえよう。

この理論の要旨は次のごとくである。すなわち，新しい小売業態は多くの場合，低サービスと低費用をともなった革新的な営業方法ないし運営システムによって低価格を実現し，これを売り物に登場してくる。革新者のこの価格訴求は，革新の結果可能になった，既存店舗とは異なる費用構造によるものであるため，既存店舗はそれにただちには十分対抗できず，したがって多くの顧客を引きつける。しかし，革新者がひとたび革新的方法で成功すれば，やがて模倣者が現れる。この模倣者は革新者と類似した費用構造を持つだけに，もはや価格は有効な差別化手段たりえず，彼らは低回転高マージン品目の取扱いを含む品揃えの拡大と高級化，配達や掛売りなどのサービスの拡大，店舗の内装や外観の改善といった，非価格競争の道を歩む。つまり，当初は低サービス，低マージンを特徴として出発したこの新業態は，競争過程をとおして，次第に高サービス，高費用，高マージン，高価格の業態へと格上げを余儀なくされる。この結果，低サービス，低費用，低マージン，低価格の新たな業態の参入機会が生じるが，そこに登場する革新的新業態もやがては競争過程をとおして格上げへと向かい，同様のことが繰り返される。

小売の輪の理論は小売業の動態，とくにアメリカにおけるそれをきわめてうまく説明したものであった。たとえば，当初低価格を売り物に登場した百貨店が，その後の格上げの結果，ディスカウント・ストアなどからの低価格の攻撃にさらされている姿は，まさにこの理論を裏づけるものだといえよう。

しかし，小売の輪の理論には，いくつかの論点も提示されている（Hollander［1960］）。そのなかで最も重要なのは，アメリカにおいてもあるいは他の資本主義諸国においても，必ずしも小売の輪の理論では十分に説明できない現象が生じている点である。たとえば，発展途上諸国においては，スーパーマーケットや他の近代的な店舗は主に中高所得層向けに，高価格をもって導入されたし，日本では，20世紀のはじめに30年間にわたって，百貨店間で激しい価格競争が行われた。また，アメリカにおいても，郊外型ショッピング・センターは中高所得層を対象に高価格で出発したし，コンビニエンス・ストアも高価格で参入した。

真空地帯理論

これに対して，ニールセンによって示された**真空地帯理論**（Nielsen［1966］）は，より一般的な説明を用意することにより，小売の輪の理論のこのような問題点を解消しようとしたものだといわれている。以下では，ニールセンによる真空地帯理論の考え方にもとづいて，小売店舗間の競争過程という見地から，価格と他の小売ミックス要素の関係についての小売業の動態を説明してみよう。

いま，ある特定地理的市場における特定業種を想定し，そこでの消費者の店舗間選択にかかわるストア・イメージの次元が，経済性と，小売ミックスの他の要素を反映したサービスの2つから成るとしよう。市場を構成する個々の消費者は，したがって，経済性とサービスをそれぞれ一定の比率で重視して，どの店舗を愛顧するかを決定する。

次に，この市場にはほぼ同一とみなしうる立地をもった3つの小売店があり，それぞれのストア・イメージが図11-3のように与えられているとする。なお，ここでは，消費者は各店舗の小売ミックスについて十分な情報を持つものと想定されている。図より明らかなように，小売店1は低価格・低サービス，小売店3は高価格・高サービス，小売店2は中間型の店舗である。したがって，経済性を重視する消費者は小売店1を，サービスを重視する消費者は小売店3を，また両者のバランスを求める消費者は小売店2を愛顧することになるだろう。

さらに，この経済性とサービスに対する消費者の重視度の比率を原点から右上がりの直線で表す。選好ベクトルと呼ばれるこの直線の傾きは，〔サービスの重視度／経済性の重視度〕である。ある消費者にとっての各小売店のストア・イメージの魅力度は，それぞれのストア・イメージの位置からその選好ベクトルに垂直に交わる直線を引けば，それらの交点によって与えられる。したがって，図において，重視度の比率がOXの傾きの消費者にとって，小売店1と2の魅力度は等しい。同様に，重視度の比率がOYの傾きの消費者にとって，小売店2と3の魅力度は等しい。それゆえ，OXよりも（右側の）緩やかな傾きの選好を持つ消費者は，小売店1を選好し，OXとOYの間の傾きの選好を

FIGURE 図 11-3 流通技術フロンティアと小売競争

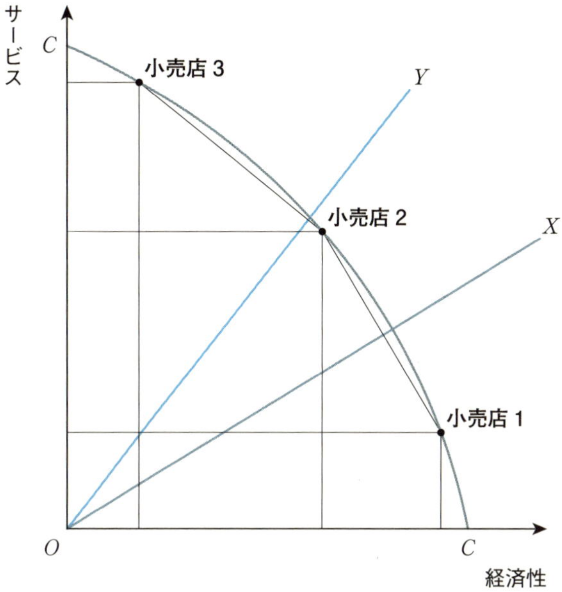

持つ消費者は，小売店 2 を選好する。また，*OY* よりも（左側の）急な傾きの選好を持つ消費者は，小売店 3 を選好する。

そこで，現在の流通技術のもとで各小売店にとって可能なストア・イメージの位置が，図 11-3 の *CC* 線（流通技術フロンティア）上に限定されるものとしよう。すなわち，サービスを高めるためには価格も高めなければならず，逆に，価格を低めるためにはサービスも低めなければならない。したがって，現在の流通技術のもとで両者を合理的に組み合わせる限り，いずれの小売店のストア・イメージも *CC* 線上の点に限られる。しかし，いずれの小売店もこの *CC* 線上ならば別の点に瞬時に自由に移動できるとはいえないだろう。そのため，*CC* 線上の移動には，とりあえずその距離に応じて一定の時間を要すると考えておこう。

いま，図 11-3 において，小売店 1 がストア・イメージを *CC* 線上に沿って左上方へ移動させたとしよう。つまり，格上げである。その結果，図 11-3 の

COLUMN 11－1 大型小売店規制

小売業のあり方は，われわれ消費者の生活と深く関わるだけに，公的な規制の対象となることが少なくない。わが国における小売業への規制の代表的なものは，1974年3月，当時，成長著しい量販店をにらみながら，旧百貨店法に代わるものとして施行された，大規模小売店舗法（大店法）であろう。

大店法の本来の目的は，①消費者利益の保護，②中小小売業の事業機会の適正な確保，③小売業の正常な発達にあった。しかし，その実質的な内容は，店舗面積1500 m^2（政令指定都市では3000 m^2）以上の小売業の新増設を届出制にし，届出に際して，通商産業大臣により，開店日，店舗面積，閉店時刻，休日日数を事前審査によって調整するというものであった。ただ，この調整は，実際には，各市町村に設置される「商業活動調整協議会」（「商調協」）に委ねられ，その場で，地元商業者代表，消費者代表，学識経験者から成る委員によって話し合われることになっていた。

しかし，さまざまな立場や考えを持つ商調協の委員の間では，意見の対立はめずらしくないであろうし，しかも，通産省は行政指導によって商調協の結論について全会一致を原則としたため，決められた期間内で調整ができないことも十分に生じうる。それゆえ，現実には，正式の商調協に入る前に，事前商調協が開かれ，実質的な審議はここに移された。さらに，事前商調協の議論をスムーズに運ぶために，出店者側による地元商業者への事前説明会（事々前商調協）が持たれるという事態に至った。

大店法はさらに，1979年5月には，強化の方向で改正され，その調整対象は店舗面積500 m^2 以上にまで拡大された。加えて，この改正前後から，大店法とは別に，地方自治体が独自により小規模な小売店舗まで規制したり，あるいは新規出店の凍結を宣言したりする自治体まで現れてきた。そして，1982年2月からは，通産省の行政指導による出店規制も強化され，特定地域への出店の自粛や特定大企業による出店の自粛が求められるようになった。

ところが，1989年6月，通産省は，日米貿易委員会の議論などを受けて，一転して「90年代の流通ビジョン」において流通規制の緩和を打ち出し，翌1990年5月には，大店法運用適正化通達を出して，従来，場合によっては10年以上もかかっていた出店調整期間を最長1年半にするとともに，地方自治体による独自規制の是正にも乗り出した。1991年には，大店法の改正が行われ，出店調整期間はさらに短縮されて最長1年になるとともに，事前説明や商調協は廃止されて，調整は通産大臣の諮問機関である大規模小売店舗審議会に一本化された。

1998年になると，ついに大店法は廃止され，改正都市計画法，中心市街地活性化法（中活法），大規模小売店舗立地法（大店立地法）から成る，いわゆる「まちづくり三法」が制定された。

まちづくり三法のうち，改正都市計画法は，都市計画の観点から大型小売店の立地を規制・誘導することを目的とし，これによって，都市地域の市街化区域については，市町村の判断により，特別用途地区の設定という形で，土地の利用規制を行うことが可能になった。また，大店立地法は，大型店による負の外部効果として，交通混雑，騒音，廃棄物といった周辺住民の生活環境に対する影響を想定し，出店にあたってこれらへの配慮を求めたものであった。これに対して，中活法は，1990年代に入ってとりわけ地方都市で目立ち始めた中心市街地の衰退に歯止めをかけ，活性化を図ろうという，振興政策を担っていた。

しかし，人口の郊外転出とともに，ショッピング・センターをはじめとする商業施設の郊外進出が顕著化するなか，まちづくり三法も意図どおりには機能せず，中心市街地の衰退はその後も進んでいった。そうした状況をふまえて，まちづくり三法の見直しが図られ，2006年に都市計画法と中活法の改正が行われた。

この改正により大規模集客施設（床面積1万m^2超の店舗，飲食店，映画館等）は，市街化区域の「近隣商業地域」「商業地域」「準工業地域」でしか認められず，また準工業地域においては，とくに地方都市では立地の抑制が図られることとなった。これは，従来，原則自由，例外抑制であった大規模集客施設の立地が，都市構造の観点から適切な場合にしか認められないという，都市計画体系の大転換であった（矢作・瀬田編［2006］）。

他方，衰退する中心市街地の活性化と都市機能の再生のためには，中活法の改正により，より効率的な体制の整備が図られた。

こうして，かつては大型店対中小店という対立軸のなかで展開してきた小売店規制は，都市構造の変化のなかで，中心地の活性化を軸としたまちづくりを志向したものになっていった。

OX の傾きはより立ったものになり，小売店 1 の売上は拡大する。すなわち，小売店 1 は，図 11-3 で自店より右下方に他の店舗がない以上，選好ベクトルの傾きが *OX* より小さな消費者に対しては独占的立場にある。それゆえ，*CC* 線に沿っての左上方への移行は常に，小売店 1 の売上拡大をもたらす。

同様に，小売店 3 にとっては，*CC* 線に沿っての右下方への移行は常に売上を増加させる。したがって，小売店 1 と小売店 3 は，小売店 2 との違いが識別される範囲で，また，小売店 2 が反撃に出ても小売店 1 の場合ならば小売店 1 の右下方には容易に移動できない範囲で，できる限り小売店 2 に近づこうとする。

ところが，このような小売店 1 と小売店 3 の動きは，他方で，選好ベクトルの傾きが両端に近い消費者の不満を高める。たとえば，経済性をサービスと比べて非常に重視している人々は，他に適当な小売店がないからやむをえず小売店 1 を選んでいるのであり，彼らに満足のいく形で対応できる小売店はもはや存在しない。ここに真空地帯が生じる。

そのとき，図 11-3 で小売店 1 の右下方に参入しても，小売店 1 が簡単にはそのさらに右下方には移行できず，しかもその位置で十分な売上が期待できるならば，新たな小売店の参入機会が生じる。この参入が図 11-3 の右下に生ずれば，それは低価格・低サービスを特徴とするものになるであろうし，図 11-3 の左上に生ずれば，高価格・高サービスを特徴とするものになろう。

このような *CC* 線上のすき間の真空地帯をねらった参入に対して，競争相手は直ちには追随できない。しかし，*CC* 線上のものである限り，つまり流通技術上の革新をともなうものではない限り，その参入は，遠くない将来に他業態からの反撃を呼び，同じ流通技術のもとでの競争に遭遇するため，結果として相対的には小さな利潤しか手にすることはできない。

これに対して，等しく真空地帯に参入するにしても，既存の *CC* 線の外側に何らかの流通上の技術革新を持って参入した場合には，事情は異なる。つまり，それは技術革新をともなったものだけに競争上の優位性を有し，もちろんいつかは追随されるにしてもそれまでの時間はより長くなるだろうし，それまでに獲得される利潤は，創業者利潤と呼びうる，より大きなものになるであろう。

百貨店，通信販売，スーパーマーケットなど，大きなインパクトを持った小売業態の登場は，いずれも明らかに大きな流通技術上の革新をともなったものであり，原点からみて CC 線上の外側への参入とみなすべきであろう。また，わが国におけるコンビニエンス・ストアも同様である。

現実の小売業の動態は，CC 線上での移行や参入とそれから離れた革新とが織り合わさって展開しているものと思われる。

SECTION 4 卸売流通の介在

メーカーが生産した製品が消費者に至るまでには，小売業者とともに，**卸売業者**を経由することも少なくない。

卸売には，消費者以外へのあらゆる販売が含まれる。したがって，卸売は，小売業者向けの販売以外にも，企業や官公庁に対する販売など，多くのものを含む。ただし，本章の関心は消費財マーケティングを取り巻く流通環境にあるため，この節でも，生産者と小売業者の間に介在する卸売に焦点を当てる。もっとも，小売業者向けの卸売に焦点を当てたとしても，それはさまざまな機関によって行われうる。メーカー自身が販社による垂直統合という形で行うこともあれば，小売業者が仕入本部を設置して担当することもある。また，もちろん，専門の中間業者が卸売を行うこともある。卸売を専門に行う，こうした中間業者のことを卸売業者と呼び，さらに卸売活動を特定の供給業者や特定の顧客のためにではなく，社会的な存在として行う商業者を，卸売商業者（卸売商）という。

社会において卸売業者が存在する理由は，第1節で述べた中間業者の役割によるものである。つまり，それは，分業の結果生じた生産と消費の間の乖離を埋めるという，流通の機能に対応する。中間業者としての個々の小売業者が取り扱いうる品目数や対応しうる商圏には限界があり，その数が多くなると，生産者と小売業者の間に卸売業者が介入する余地が生じ，さらに卸売業者の数が多くなれば，卸売段階は多段階化する。

一般に，卸売業者の介入余地は，①生産部門の状態，②小売部門の状態，③生産部門と小売部門の対応の状態，④商品特性などに依存する（田村［2001］）。すなわち，①生産者の数が多く，地理的に分散し，特定製品の生産に専門化しているほど，②小売業者の数が多く，地理的に分散し，取扱商品が多くの生産者に及んでいるほど，③生産と消費の時間的ずれと空間的距離が大きく，両者の品揃えが異なるほど，④商品の物理的寿命や心理的寿命が短く，商品属性が少なくて技術的に単純なものであるほど，卸売業者の介入余地は大きくなる。

たとえば，生産者が大規模・集中化し，標準化された数多くの種類の製品を大量に生産すれば，卸売業者の活動範囲は相対的には狭くなる。また，小売業者が大規模・集中化したり，特定メーカーに偏った製品から成る品揃えを有していたりする場合も，卸売業者の役割は小さくなる。つまり，これらの条件が変われば，卸売業者の介入余地も変わってくる。

しかも，卸売機能は，卸売商のみによって担当されるわけではない。メーカーや小売業者といった他の機関が卸売機能を遂行することもめずらしくない。また，卸売商が卸売機能を担当する場合であっても，たとえばメーカーがその卸売機能の遂行に干渉するということもある。その代表的な形態が，卸売商に対する流通系列化である。

本来，卸売商は，社会的な存在として流通機能を遂行するため，特定メーカーの製品を優先的に販売する立場にはない。しかし，メーカーとしては，卸売商を自らのマーケティング手段として囲い込めばメリットも大きい。したがって，卸売商による優先的な販売努力の有効性が大きいほど，メーカーが卸売商を囲い込む動機は強まる。その典型的な事情は，大規模生産体制の確立にともなう販売問題の重要性の増大である。それゆえ，わが国でも，とりわけ戦後になると，大規模メーカーにおいてマーケティングの一環として中間業者による優先的販売努力を確保する必要性が高まり，彼らによる卸売流通の囲い込みが，多くの製品分野で見られるようになった。

しかし，メーカーの流通系列化が卸売商の品揃えをあまりに制約すると，社会的な存在としての卸売商の魅力が低下してしまう。しかも，系列化された卸売業者が，他方で，社会的存在としての独立卸売商との競争に直面することもある。そのため，場合によっては，系列化された卸売業者であっても，競争力を維持するためにあえて競合メーカーの製品を扱うという場面も生じてくる。これが品揃えのオープン化である。

さらに，小売業者が力を増すと，卸売商のなかには，特定小売業者との関係を深めるものも生まれてくる。わが国の卸売商はメーカーの流通系列化政策のもとで，特定メーカーとの関係を深めたものが多かったため，卸売流通がメーカー別に編成されるといった傾向が強かった。このような状況では，小売業者は品揃えを形成するために，数多くの卸売業者と取引を行う必要があった。

それが，1990年代以降は，大規模化した小売業者（小売チェーン）の要請もあって，卸売商が取引メーカー数を増やして特定メーカー色を薄め，むしろ小売業者との関係を深める傾向も見られるようになった。つまり，卸売商の売上から見ると，従来は特定メーカー製品のシェアが高く，各小売業者との取引シェアはいずれもさしては高くなかったものが，今度は特定メーカーへの取引依存度は低下する反面，特定小売業者との取引シェアが上昇するという傾向である。

こうして卸売商は，社会的品揃えにもとづく存立基盤を有しながらも，生産者からの個別的優先的販売努力の要請と，小売業者からの個別的優先的調達努力の要請のなかで，生き残りと成長の道を模索することになる。

SECTION 5 インターネットによる影響

ネット販売の発展

わが国においてインターネットによる通信販売（以下ネット販売）に，注目が集まってきたのは，1990年代後半のことである。

消費者向けネット販売は，消費者にとってはパソコンから簡単に注文ができる便利な買い物方法である。

さらに，販売企業から見れば，家庭におけるパソコンや携帯電話（スマートフォンを含む）が急増しているなか，それらから簡単に接続できるネットワーク上に通信販売用のカタログを掲載することにより，膨大な数の消費者への販売機会が生まれる。しかも，ネットワークへのカタログの掲載，商品の配送，代金の決済だけならば，流通コストも大幅に削減されるし，カタログには，画像・音声・映像なども載せられる。また，誰でも容易にカタログの掲載ができるだけに，通信販売のみならず，流通機構全体にも大きな影響を与えかねない。

実際，わが国における消費者向けネット販売の売上は，1997年ごろには数億円規模で，無視できる存在であったものが，2013年には11兆1660億円と急増している（経済産業省『2013年度我が国のIT利活用に関する調査研究』）。

さらに，2000年代中ごろになると，携帯電話を用いたモバイル通販の成長も加速し，モバイル・コンテンツ・フォーラムの調査では，2013年で1兆9359億円の規模に達している。

そのうえ，インターネットは取引完結のための手段であるとともに，消費者が購買にあたって用いうる，情報源の1つでもある。したがって，取引の完結場面は店頭や対面で行われるにしても，それに至る情報探索において，インターネットが活用されることもある。こうした場合まで含めれば，おそらくほとんどの製品のマーケティングや流通にインターネットは関係してくるのであろう。

ネット販売と需給マッチング

取引完結手段としてのインターネットに注目したとき，1つの大きな特徴は，膨大な種類の商品が消費者に提供されることである。ただ，インターネットが膨大な数の商品を提供できるといっても，店員の援助なしに選択を行うとなると，消費者には結構大きな負担が強いられる。

先に述べたように，店頭販売においては，世界中から顧客のニーズに合いそうなものを探し出してくるという作業を，小売業者がその背後に控える流通機構の助けを借りながら行っている。

これに対して，インターネットでは，あらゆる地域のとてつもない数の生産者と消費者が，サイバー・スペースのなかで直接に向かい合ってしまう。それだけに，供給と需要に横断面的な多様性あるいは時系列的な多様性が存在するほど，インターネットは威力を発揮するわけであるが，消費者の立場からすると，ネット販売が普及すればするほど，掲載される商品の数は膨大になる。確かに，インターネット上では，消費者が必要とする製品の生産者と直接接触することは比較的容易である。しかし，インターネット上で提供される膨大な種類の商品のなかで，自分の欲しい製品を探し出すことは，いかに検索のためのソフトウェアなどがあっても，簡単ではない。

つまり，探索や交渉の労力，それに輸送のコストを考えれば，とくに購買関与度が低い製品に関しては，多くの直接の接触と取引は効率が悪い。したがって，インターネット上の取引においても，個々の消費者に代わって魅力的な製品を探索する，生産者と消費者の間のマッチング・ビジネスとしての中間業者が必要になるケースが少なくないであろう。すなわち，全世界の製品のなかから標的顧客のニーズに合った製品を取り揃え，さらにそのなかから，個々の顧客別に考慮集合を提案していく，といったイメージである。

他方で，ネット販売では顧客の個別識別が前提であり，個別対応が相対的に容易である。それだけに，とりわけネット販売においては，データベースやデータマイニングを活用した顧客の囲い込みが注目される。

ネット販売と顧客の買回り

ネット販売における顧客の囲い込みは，相対的に低い購買関与度を前提に，広い品揃えによるワンストップ・ショッピングの利便性・効率性を提供するとともに，顧客ニーズの個別把握にもとづいて情報縮約の程度を高めていくことによって可能になる。

しかし，ネット販売での顧客囲い込みは同時に，ネット上での買回コストの低さゆえに，常に活発な買回りの可能性にさらされている。すなわち，インターネットにおいては，パソコン上で買回りが行われるため，現実の小売店舗の場合と比べれば，買回コストはただでさえきわめて低い。そのうえ，検索を容易にするソフトウェアの発達・普及，あるいはポータルサイト（グーグルやヤフーに代表されるネット上で情報検索サービスを提供するサイト）やインフォメディアリー（価格.comのように情報を仲介することによって需給のマッチングを図るサイト）などの発展は，ネット上での消費者の買回りを容易にし，買回傾向を加速する。

このように，ネット販売においては，消費者が商品や取引条件について容易にきわめて多くの情報を持ちうるだけに，またその結果，容易に市場の透明性が高まり，製品間やサイト間の価格をはじめとする競争が激化しうるだけに，たとえ顧客の囲い込みに成功したとしても，そこには常に不安定さが隣接している。したがって，ネット販売においては，情報活用による顧客囲い込み努力とともに，価格の合理性に関する信頼感の醸成も不可欠となる。

これに対して，購買関与度が高い場合，とりわけネット上では顧客の買回りは不可避であり，したがって，購買関与度が低い場合のように，ワンストップ・ショッピングの利便性・効率性や情報縮約にもとづいて顧客の囲い込みを行うというのは，相対的には期待しにくい。

これは，1つには，購買関与度が高くなれば，消費者によるサイト間の買回りが活発化するからである。つまり，製品特性と消費者特性によって規定される，購買の特性に応じて，消費者の買回意欲は増大する。また，それとともに，購買関与度が高い製品には一般に単価が高いものが多く，そのため，配送費が製品価格と比べて低く，単独配送が可能になる場合が少なくない。そうなると，消費者は個々の購買ごとに，別々の購買場所を選ぶことが可能になる。したがって，顧客の購買過程を簡略化させ，競争を事実上排除するという意味での顧客の囲い込みは相対的には困難になる。つまり，関与度が高い購買を標的とするサイトほど，品揃えを構成する個々の商品について，透明度の高い市場での競争に勝ち抜いていくために，標的顧客ニーズとの適合という観点から，価格競争力やブランド力を含めた製品力のある商品を取り揃える必要性が相対的には高まる。

SECTION 6 小売構造

小売構造とは，日本なら日本の小売業が，小売店舗のどのような分布から成り立っているかだと考えられてよい。

小売構造を考えていくにあたっては，最初に，それを構成する個々の単位をどのレベルで捉えるかを明確にしておく必要がある。すなわち，小売業者を分析単位とするか，小売店舗を分析単位とするかといったことである。

これについては，わが国における小売業の最も包括的な統計である商業統計をはじめ，事業所を分析単位とすることが多い。ここで，事業所とは，通常は店舗を意味する。したがって，単一の企業が複数の小売店舗を所有している場合は，事業所はその店舗数だけあることになる。ただ，寄り合い百貨店のように，単一の店舗で複数の小売業者が営業をしている場合は，これらの小売業者は，別々の事業所として数えられる。以下では，この事業所を分析単位として設定し，小売店舗というときも，事業所を指すことにしよう。

しかし，小売構造を事業所レベルで捉えるにしても，それは必ずしも一元的なものではない。つまり，小売構造は，いくつかの側面を持つ。たとえば，わが国の小売業がどのような規模の小売店舗から成っているかは，規模構造と呼ばれる。同様に，業態の分布は業態構造と，業種の分布は業種構造と，空間的分布は空間構造と呼ばれる。

TABLE 表 11-1 わが国小売業における従業員規模別の店舗数シェア(1958〜2007年)

(単位：%)

従業員規模	1958	1964	1970	1976	1982	1988[1]	1994	1997	2002	2007[2]
1-2 人	70.00	70.28	63.94	61.93	60.18	53.98	50.99	49.94	46.42	44.28
3-4 人	21.40	19.23	22.47	23.68	23.97	26.06	24.73	24.67	22.89	22.21
5-9 人	6.83	7.53	9.63	10.28	10.92	13.21	14.84	14.96	16.82	17.74
10-19 人	1.28	2.02	2.66	2.70	3.15	4.35	5.98	6.58	8.83	10.05
20-29 人	0.25	0.48	0.63	0.69	0.86	1.18	1.76	1.94	2.52	2.84
30-49 人	0.12	0.29	0.39	0.42	0.55	0.76	1.04	1.11	1.38	1.51
50-99 人	0.05	0.12	0.19	0.20	0.26	0.33	0.48	0.56	0.80	0.95
100 人以上	0.02	0.05	0.09	0.10	0.11	0.13	0.19	0.23	0.34	0.41
総店舗数(1,000)	1,245	1,305	1,471	1,614	1,721	1,608 1,620	1,500	1,420	1,300	1,138

(注) 1) 商業統計の調査対象には，1988 年より新たに，会社や学校などの構内にある別経営の事業所と無店舗販売を行う事業所が加わった。ただし，1988 年の総店舗数については，新たな調査対象の部分が分離可能なので，これらを除いた数字を上段に，これらを加えた数字を下段に，それぞれ示している。1988 年以降の店舗数シェアならびに 1994 年以降の総店舗数は，いずれも新たな調査対象を加えた数字である。

2) 2007 年より新たに駅改札内および有料道路内にある別経営の事業所が対象に加えられた。

(出所) 通商産業省，経済産業省『商業統計表（各年版)』。

規模構造

小売構造を論じる際に，最も頻繁に言及されるものの１つは**規模構造**であろう。わが国小売業の特徴として，零細過多を挙げるとき，それは規模構造に関して述べている。もちろん，小売店舗の規模といっても，それにはいくつかの指標がある。たとえば，従業員数，売上高などはよく用いられる指標である。

表 11-1 と表 11-2 は，わが国小売業における従業員規模別の店舗数シェアと売上高シェアを時系列的に比較したものである。この表より，わが国の小売業は圧倒的な数の零細小売店から構成されているが，売上面では少数の大規模小売店がかなりの比率を占めていることがわかる。また，長期的な流れとしては，零細小売店の比率が低下し，代わりにより大規模な小売店の比率が高まっている。

このように，小売業の構造的特徴は，規模分布を見ていくだけでも，かなりのところまで把握できる。しかし，より細かな特徴を知るためには，これに加

TABLE 表 11-2 わが国小売業における従業員規模別の売上高シェア(1958～2007年)

(単位：%)

従業員規模	1958	1964	1970	1976	1982	1988[1)]	1994	1997	2002	2007[2)]
1-2 人	24.89	21.75	15.49	14.78	14.03	11.17	9.30	8.45	6.53	5.38
3-4 人	26.75	20.72	18.92	19.30	18.86	16.76	13.99	13.25	9.96	8.83
5-9 人	22.26	20.34	21.22	21.46	21.95	20.98	20.23	19.33	18.06	17.83
10-19 人	9.18	11.50	12.94	12.48	12.55	14.76	16.62	17.63	19.62	20.41
20-29 人	2.93	4.46	5.45	5.70	6.11	7.35	8.49	8.81	9.28	9.45
30-49 人	2.19	4.19	5.66	5.74	6.45	7.45	8.20	8.25	8.65	9.00
50-99 人	1.74	3.72	6.15	5.81	5.74	6.53	6.98	7.50	9.70	10.87
100 人以上	10.05	13.32	14.16	14.73	14.32	15.00	16.18	16.78	18.21	18.24
年間総売上(10 億円)	3,549	8,350	21,773	56,029	93,971	113,927 114,840	143,325	147,743	135,109	134,705

(注) 1) 商業統計の調査対象には，1988 年より新たに，会社や学校などの構内にある別経営の事業所と無店舗販売を行う事業所が加わった。ただし，1988 年の年間総売上については，新たな調査対象の部分が分離可能なので，これらを除いた数字を上段に，これらを加えた数字を下段に，それぞれ示している。1988 年以降の売上高シェアならびに 1994 年以降の年間総売上は，いずれも新たな調査対象を加えた数字である。

2) 2007 年より新たに駅改札内および有料道路内にある別経営の事業所が対象に加えられた。

(出所) 通商産業省，経済産業省『商業統計表（各年版)』。

えて，業態構造，業種構造，空間構造といった，小売構造の他の側面も考える必要がある。

業態構造

業態構造においては，百貨店，総合量販店といった個々の業態が，小売業全体のなかでそれぞれどれだけの比率を占めるかが取り上げられる。もちろん，容易に推測されるように，小売店の業態はその規模とかなり関係している。したがって，業態構造の動きは，規模構造の動きを見ることによって，ある程度まで類推できる。たとえば，表 11-1 や表 11-2 に見られる大規模店舗の成長は，量販店の成長によるところが少なくあるまい。

ただ，厳密には，大規模店舗には量販店のほかに百貨店も含まれるし，量販店の中身も総合量販店と専門量販店に区別される。また，コンビニエンス・ストアの成長も，業態構造そのものを検討することによって，よりよく見えてくる側面であろう。

小売業態の展開を理論的に説明した第3節の考え方は，こうした業態構造の動きを理解するうえで，有効なものと思われる。

業種構造

これに対して，小売業における業種の分布は業種構造と呼ばれる。すなわち，業種構造という観点からは，食料品店，衣料品店といった各業種に，それぞれどれだけの小売店が含まれるかが問題となる。

一般に，実質所得の上昇は，人口当たりの店舗密度を高める効果を持つが，それと同時に，消費市場の拡大により，大規模な小売店を成立させ，小売店における生産性の向上と店舗密度の低下をもたらす効果も持つ。このうち，後者の効果は必需品で顕著に見られ，前者の効果は贅沢品で大きくなる。したがって，実質所得の上昇があるところでは，必需品を扱う小売店の店舗密度は低下し，贅沢品を扱う小売店の店舗密度は上昇することになる。これをフォード効果という。フォード効果は20世紀初頭のイギリスを観察対象に導かれた経験命題であるが，戦後のわが国小売業においても観察されている。

しかし，業種構造に関しては，単に従来の業種分類のなかで小売店の分布を考えるだけでは，十分といえない部分もある。というのは，従来，業種は，用途や素材の類似性によって分類されてきたが，実際の小売店の品揃えは，こうした業種の区分に必ずしもとらわれずに進展しうるからである。

たとえば，消費者のワンストップ・ショッピングの便宜のために，食料品と衣料品を同じ小売店で扱うということもある。このような傾向が進むと，従来の分類による業種構造においては，各種の商品を扱う総合型の小売店が増えることになる。

業種構造のなかの，総合店対専門店という部分は，従来はむしろ業態構造のなかで扱われることが多かった。アコーディオン理論（Hollander [1966]）と呼ばれる考え方は，総合店と専門店が交互に優勢になると主張するものであるが，このアコーディオン理論にもとづいて考えれば，わが国の小売業は，もともとは専門店主体であったものが，戦後の1960年代から1970年代は総合店の時代となり，その後遅くとも1990年代には専門店の時代になっていったといってよいのであろう。

しかし，わが国の小売業が1990年代に専門店の時代を迎えていたとしても，専門店のすべての業態が成長していたわけではない。1990年代に伸びていたのは専門量販店である。しかも，専門量販店はあらゆる商品分野で伸びていたわけではない。そして，この専門量販店が伸びている商品分野を知るためには，業態構造との関わりのなかで，業種構造を把握する必要がある。

空間構造

小売構造は，小売店の空間的分布からも考えることができる。つまり，小売業の空間構造である。小売業の空間構造においては，地域や地区の間で，小売店がいかに分布しているかというだけでなく，そこでいかなる規模，業態，業種の小売店が分布しているかも，検討の対象になる。そして，こうした小売空間構造を考えるにあたっては，商業集積の存在に注目する必要がある。

言うまでもなく，小売店はきわめて多様な場所に立地している。しかし，それらは多くの場合，何らかの集積を形成している。このような商業集積は，規模的には，非常に大きなものから，ほんの数軒の小売店が集まっているものまでさまざまであり，通常は，規模が大きいほど，より大規模な店舗あるいはより専門性の高い店舗を含むとともに，より遠方から顧客を吸引する傾向にある。

とはいえ，消費者は常に大規模な商業集積に買い物に行くわけではない。消費者は買い物目的に応じて，種々の規模の商業集積を使い分けるのが普通である。つまり，専門性の高い商品や重要性の高い商品の買い物には，多少遠くとも大規模な商業集積へ出かけるが，重要性が低く，購買頻度の高い日用品のような買い物は，小規模でも手近な商業集積ですませてしまう。

このことは，ある商業集積にいかなる業態や業種の小売店が含まれるかは，ある程度までその集積の規模に依存することを意味する。逆にいえば，ある小売店がどのような商業集積に立地するかは，その小売店の規模，業態，業種によって左右されるわけである。

また，そうした消費者の行動は，それぞれの都市圏において，商業集積が，より大規模なものを頂点に，より小規模なものまで，階層的な構造を成すことを意味する。ちなみに，商業集積は中心地とも呼ばれ，商業集積間のこうした階層的関係の全体は中心地体系と呼ばれる。さらに，東京や大阪のようなきわめて多くの人口を抱える都市圏においては，大規模な商業集積を頂点にさまざまな規模の集積が階層を構成するのに対し，人口の少ない都市圏では，頂点に立つ集積の規模も小さく，したがって，立地しうる小売店の規模や専門性の程度も限られてくることになる。

各業態や業種がそれぞれ一定の都市基盤を有しているというのは，このためである。

Chapter 11 ● 演習問題　EXERCISE

❶ 最近のわが国における小売業態の展開を，第3節で学んだ理論を用いて，整理してみよう。

❷ 下のグラフの調査結果をもとに，特定の商品やサービスがなぜ他のものよりもインターネットで購入・取引されるのかを検討するとともに，今後どのような商品やサービスの購入・取引がインターネットで伸びていくかを考えてみよう。

インターネットにより購入・取引した商品・サービス（平成20年末；複数回答；対象：15歳以上の商品・サービス購入経験者及び金融取引経験者）

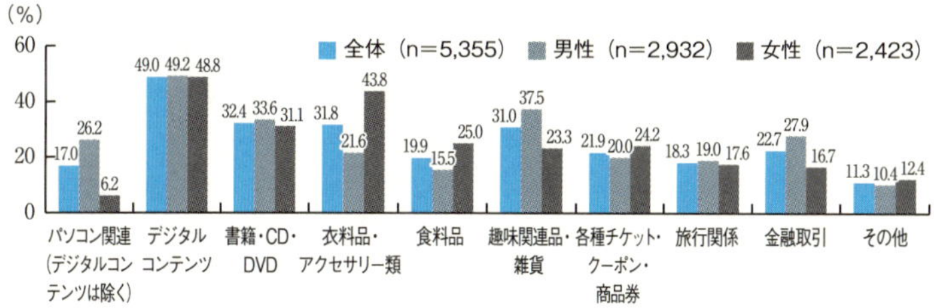

（出所）総務省『平成20年通信利用動向調査』。

❸ 表11-1（301頁）や表11-2（302頁）にあるように，わが国においては，従業員規模1-2人の零細小売業者は減少傾向にあるが，これらのなかで，今後も生き残っていくと思われるのは，どのような業種や業態のものであろうか。また，こうした零細小売業者の立場で考えたとき，今後存続・成長していくためには，何をなすべきであろうか。

第10章

ポーター，M. E.（土岐坤ほか訳）［1995］『競争の戦略（新訂版）』ダイヤモンド社。

●本章で紹介した競争環境分析の中心理論の１つであるポジショニング理論の大家，ポーターの競争戦略の考え方を示した名著。下記のバーニーと対比させて読むと，競争戦略に関する理解がさらに深まる。

バーニー，J. B.［2001］（岡田正大訳）［2003］『企業戦略論――競争優位の構築と持続（上：基本編，中：事業戦略編，下：全社戦略編）』ダイヤモンド社。

●経営資源に注目したリソース・ベースド・ビューの大家バーニーの訳書。企業戦略論を包括的に体系化し，VRIO アプローチを紹介した名著。

レビット，T.［1991］（有賀裕子＝DIAMOND ハーバード・ビジネス・レビュー編集部訳［2007］『T. レビット　マーケティング論』ダイヤモンド社。

●マーケティング戦略の枠組みに大きな影響を与えた「マーケティング近視眼」などの古典的論文を世に提供したレビットの名著。マーケティング戦略に対する考え方をより広範なものとする書。

第11章

石原武政［2000］『商業組織の内部編成』千倉書房。

●伝統的商業論をふまえながら，商業組織がなにゆえにそうあるのかを説明した研究書。

田村正紀［2001］『流通原理』千倉書房。

●流通システムに関する本格的なテキスト。初学者を対象としながらも，高度な内容も含む。

矢作敏行［1994］『コンビニエンス・ストア・システムの革新性』日本経済新聞社。

●コンビニエンス・ストア基点に展開された流通システムの革新を解明した研究書。

第Ⅳ部

マーケティング戦略の策定

第12章 市場細分化と標的設定

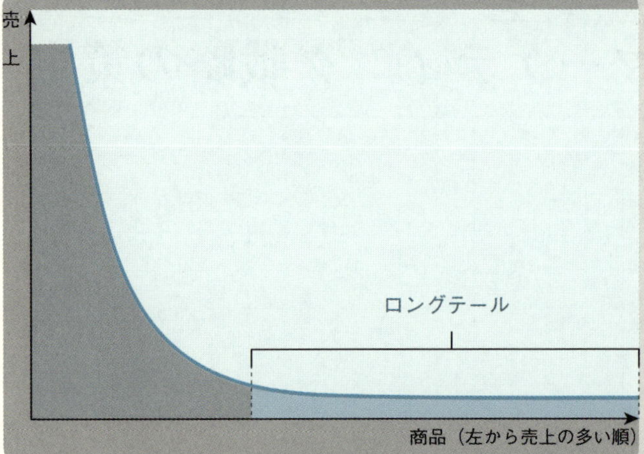

ネット書店は，店頭に陳列しきれない膨大な商品を揃え，
ロングテール曲線で表現される膨大な選択肢を提供。

CHAPTER 12

マーケティングでは古くより発想の原点としての顧客ニーズの重要性が強調されるとともに，その顧客ニーズの多様性が認識されてきた。したがって，顧客のグループごとにマーケティング・ミックスの適応を図るという市場細分化の考え方は，マーケティング・マネジメントの最も重要な柱の１つであると考えられてよい。ただ，顧客ニーズに対する過度の適応は，費用の上昇を招く。そのため，市場細分化にあたっては，いかなる基準で細分化を行うかとともに，市場においていくつのセグメントを設定し，そのうちのいくつを標的とするかが重要な検討課題となる。本章では，これらの課題が論じられるとともに，市場細分化のあり方と密接な関連を有する購買利便性のあり方を組み込んだ戦略形成，さらには市場細分化の延長に位置づけられる個別対応型マーケティングが論じられる。

INTRODUCTION

KEYWORD
FIGURE
TABLE
COLUMN
EXERCISE

KEYWORD

市場細分化　セグメント　市場細分化の程度　標的範囲　無差別マーケティング戦略　差別的マーケティング戦略　集中マーケティング戦略　購買利便性　個別識別・個別対応　ロングテール

SECTION 1 需要の多様性と市場細分化

マーケティングにおいては古くから，顧客志向とかマーケット・インといったスローガンのもと，顧客が求めるものを提供することの必要性が強調されてきた。しかし，顧客が求めるものを作るといっても，顧客が求めるものは互いに同じとは限らない。そこで，顧客を市場セグメントというより細かなグループ単位で捉え，そのグループごとにマーケティング活動を適合させていこうという，**市場細分化**の考え方が生まれてきた。したがって，市場**セグメント**とは，当該製品のマーケティングの観点から類似した特性を持つ，部分市場と考えてよい。

しかし，厳密に言うならば，ある市場においてまったく同じ特性を持った顧客は2人といないであろう。したがって，カスタマイズとかオーダーメードと呼ばれる状況を別にすれば，各顧客グループの中心に向けて，この適合は図られる。

たとえば，極端なマス・マーケティングの場合，単一品目で全市場に対応するということもある。かつてのフォード自動車のモデルTは言うに及ばず，わが国においても，当初のカルピスやコカ・コーラなど，そうした例は少なくない。単一品目で全市場に対応する場合，その品目は市場の中心に向けられたものになる。

では，市場を3つに細分化した場合はどうなるか。今度は，それぞれの中心に向けて，3通りの製品が用意される。しかし，単一品目で全市場に対応しようと，市場を3つに細分化しようと，いずれの場合であっても，市場のなかには，製品によりよく合った特性を有する買い手とそうではない買い手が存在することに変わりはない。したがって，市場細分化といっても，よりバラツキの小さな顧客グループを作り，各グループの中心に向けて適合を図るという意味で，あくまでも相対的に各買い手の特性によりよく適合させるということになろう。

そもそも，市場細分化という用語は，「市場を細かく分ける」というニュアンスを持っているが，まったく同じ特性を持った顧客は2人といないという意味での，需要本来の多様性を念頭におけば，実際に市場細分化で行われていることは，異質な需要をむしろまとめて山を作っていると考えたほうがよいのかもしれない。すなわち，本来バラバラの需要それぞれにピンポイントで対応するためにはカスタマイズが必要になる。しかし，カスタマイズするには，顧客側に多大な費用，能力，労力が求められる。それゆえ，多くの場合は，本来バラバラの需要をいくつかの山にまとめることが有効になる。その極端な場合が，山を1つしか作らない，モデルT流のマス・マーケティングということになる。

さらに，市場セグメントとしての需要の山をいくつ作るにしても，競合企業と比べた自社の強みや弱み，各セグメントの自社にとっての魅力等を考えると，すべてのセグメントを市場標的することが適切であるとは限らない。場合によっては，それらのうちのいくつかに絞って，力を集中させるという判断に至ることもある。そのため，マーケティング戦略の形成においては，市場細分化によって形成されたセグメントのなかで，どれを標的としてマーケティングの対象とするかが，重要な決定になる。これが標的の設定である。

市場細分化が，買い手の特性に応じて，効率を考えながら，マーケティング諸手段をきめ細かく適応させるものであることを考えれば，市場細分化のあり方は厳密には，マーケティング手段によって異なる。たとえば，セグメント間で製品は共通だが，流通は異なる，ということもあれば，セグメント内でさらに細かなサブセグメントが設けられ，サブセグメントによってサービス水準が異なるということも考えられよう。

本章では，こうした市場細分化本来のあり方を念頭に置いたうえで，議論を過度に複雑化しないために，主に製品を操作対象に想定した市場細分化が，標的設定とともに論じられる。

SECTION 2 市場細分化の例

属性間相対重視度による細分化

知覚の構成

いま，ある消費者がある製品カテゴリー（たとえばデジタルカメラ）において，購買を考えているとしよう。こうしたとき，消費者は当該製品カテゴリーのなかの購買候補と目される各ブランドについて，それらがいかなるものであるかの知覚を構成すると考えられる。

たとえば，デジタルカメラについて，ある消費者が各ブランドを知覚するのに用いる属性次元が「携帯性」と「画質」の2つに限られ，購買候補のブランドが4つあったとすれば，その知覚は図12-1のように示される。こうした図を知覚マップという。もちろん，消費者の知覚を構成する次元は2つとは限らず，このほかにも，経済性，操作性といった属性が含まれてくる可能性は十分に考えられる。図12-1は，あくまでも例示のためのものである。

評　価

次いで，消費者は，知覚にもとづいて，各代替ブランドを評価する。消費者が用いる評価規則としてはいくつかのものが考えられるが，デジタルカメラのような耐久消費財の場合は，しばしば加重平均型（マーケティング用語では線型代償型という）が想定される。つまり，

ブランドAの望ましさ＝携帯性重視度×ブランドAの携帯性の水準
　　　　　　　　　　＋画質重視度×ブランドAの画質の水準

である。消費者は各ブランドに関するこの望ましさにより，ブランド間の選好順位を決めると想定されている。

消費者によるこのような代替ブランド間の選好順位の形成において，企業の製品政策や価格政策は，図12-1の知覚に反映される。これに対して，知覚にもとづいて消費者が各ブランドを評価する際の属性間の相対重視度は，消費者の評価基準を表している。そして，この相対重視度は，消費者間で同じとは限らない。すなわち，同じ製品・価格政策であっても，相対重視度が異なれば，それに対する評価は消費者によって異なる。

FIGURE 図12-1 ● 知覚マップ

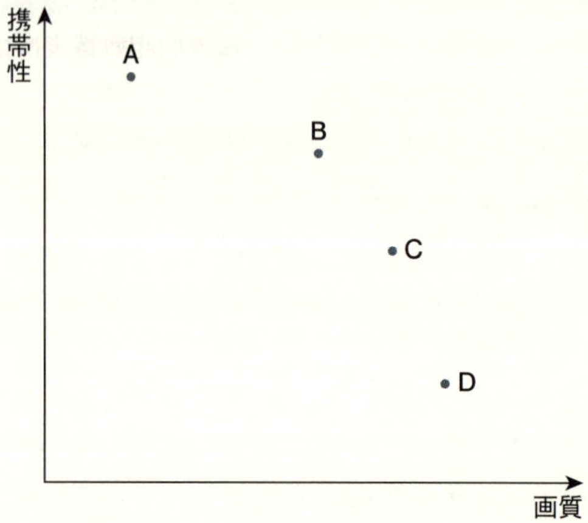

そこで，仮に携帯性と画質という2つの属性の間の相対重視度が，ある市場のなかで図12-2のように分布していたとしよう。この場合，携帯性を相対的に重視するセグメント5の人々は図12-1のブランドAを好み，画質を相対的に重視するセグメント1や2の人々はブランドDを好み，さらに両者への重視度が拮抗しているセグメント3や4の人々はブランドBやCを好むことは，容易に理解できよう。

市場細分化

図12-2において与えられたセグメント内部では，属性間の相対重視度は，消費者間で類似しているのに対し，セグメント間では互いに異なったものになる。さらに，デジタルカメラに関する消費者の評価軸（属性次元）は，必ずしも2つとは限らないし，それが増えればセグメントの区分もより複雑なものになりうる。そのような場合，種々の属性による多様なセグメントに向かい合っている企業のなかには，多様な製品によって市場に対応しようとするものも現れてくるであろう。

また，仮にある時点で，携帯性がデジタルカメラに対する消費者の知覚の重要な次元で，細分化の基準になったとしても，競合メーカー各社が同じようにそれに対応した製品を出すと，知覚における携帯性次元の重要性は相対的には低下してしまう。そうなると，携帯性を強調した新製品を出しても，消費者の

FIGURE 図 12-2 ● 相対重視度の分布

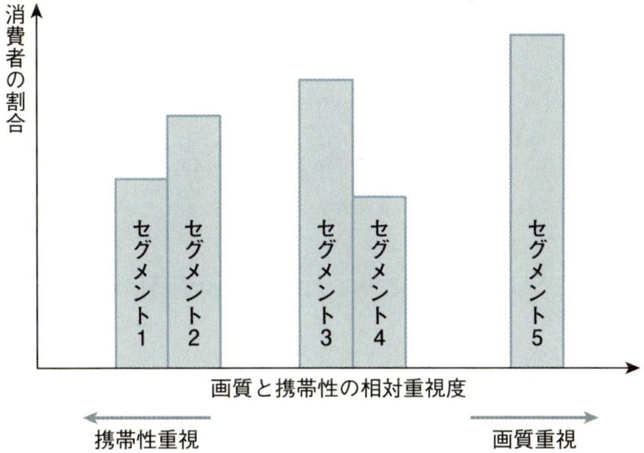

知覚にはあまりインパクトを与えない。こうした場合には，携帯性以外の細分化基準が求められるわけで，さらに多様な製品が市場に登場することになる。

また，一般に，市場におけるある製品の普及が高まってくると，その製品に対する買い手の判断力も相対的に高まり，彼らの好み（重視度のパターン）も多様化する。しかも，メーカー間の競争も，ある段階までは，製品の普及とともに激しさを増すのが普通である。

そのため，普及率の拡大とともに，買い手の好みの多様化に対応して，あるいは激しい競争に対処するために，市場の細分化が進み，さまざまな特徴をもった製品が現れてくる。

そのうえ，市場細分化の基準は，買い手の属性重視度に尽きるわけではない。

市場細分化とは，本来，製品，価格，プロモーション，流通チャネルといったマーケティング諸手段に対する反応が相対的に類似している買い手を何らかの規模でグループ化し，このグループごとにマーケティング諸手段を適合させようとするものである。

したがって，属性間の相対重視度の類似性によって形成されたセグメント内部でも，たとえば当該製品カテゴリーに関する知識水準やよく接触する情報源などの違いによって，さらに細かな区分が必要な場合もありうる。

SECTION 3 市場細分化の基準

市場細分化は，マーケティング諸手段に対する反応の違いにもとづくものである。そうである以上，細分化の基準は，理想的にはマーケティング諸手段に対する反応ということになる。しかし，マーケティング手段にはさまざまなものが含まれるし，それらに対する顧客の反応を事前に見極めるというのは，通常容易ではない。

そのため，マーケティング諸手段への反応を規定する変数が，細分化基準として想定されてきた。それらのなかで最も直接的なものの1つは，顧客が当該製品やサービスに関して求める便益（ベネフィット）である。

前節の例は，この求めるベネフィットによって市場を細分化するという，ベネフィット・セグメンテーションの考え方にもとづくものである。

市場細分化のための顧客特性

しかし，実際にマーケティング戦略を作成するとなると，採用した細分化基準によって，各市場セグメントを構成する人々を識別し（識別性），その規模を測定し（測定可能性），種々のマーケティング手段によりそれらのセグメントに到達しなければならない（到達可能性）。

たとえば，図12-2におけるセグメント5を標的にするとしたとき，いかにしてこのセグメントを識別し，規模を測定し，それに到達するためのマーケティング諸手段を計画すればよいのか。もちろん，標的顧客を直接識別できる場合もある。しかし，多くの場合は，各セグメントを特徴づける別の顧客特性の把握が有用である。仮に携帯性重視対画質重視という細分化基準が，なんらかの事情により，年齢と強い関係を持っているならば，携帯性と画質をそれぞれどの程度重視しているかを調べなくとも，顧客特性としての年齢を調べるだけで，細分化を行い，標的を識別し，各標的に到達するためのマーケティング諸手段を計画することが可能になる。

市場細分化のための代表的な顧客特性としては，地理的特性，人口統計的特性，サイコグラフィック特性，行動特性などを挙げることができよう。

地理的特性とは，顧客が居住する地域，都市の規模，人口密度，気候などであり，人口統計的特性には，年齢，性別，世帯規模，家族ライフサイクル，所得，学歴，職業などが含まれる。サイコグラフィック特性としては，活動（Activities：仕事や趣味でどのような活動に従事しているか），関心（Interests：何について関心を持っているか），意見（Opinion：政治問題や社会問題についてどのような意見を持っているか）によって測定されるライフスタイル，あるいは価値観や個性が考えられる。また，行動特性としては，ブランド・ロイヤルティ，使用場面，使用頻度などが用いられる。

顧客特性の分類

市場細分化のための顧客特性は，それらが製品特定的か一般的（汎用的）かによって，また観察可能か観察不能かによって，表12-1のように，大きく4つの範疇（はんちゅう）に分類することができる。上記で取り上げた諸特性のうち，地理的特性と人口統計的特性は左上の「観察可能／一般的」に，サイコグラフィック特性は左下の「観察不能／一般的」に，ブランド・ロイヤルティ，使用場面，使用頻度といった行動特性は右上の「観察可能／製品特定的」に含まれる。さらに，選好順位，購買意図，価格弾力性，あるいは前節の例における属性間相対重視度などは，右下の「観察不能／製品特定的」に属する。

表12-1の分類のなかでは，右下の「観察不能／製品特定的」に属する特性の，市場細分化基準としての有効性が高いことは明らかである。しかし，これらは汎用的ではなく，観察も難しい。それゆえに，これらの特性と強い相関を持つ，他の範疇の特性を探し出す必要が生じることも，少なくない。

セグメント形成の方法

市場細分化においては，マーケティング諸手段に対する反応が互いに似通った人々の間で，共通の顧客特性を識別してセグメントを形成する必要があり，その観点から顧客特性の探索が行われる。こうした探索に際して，表12-1の右下の「観察不能／製品特定的」な特性においては，マーケティング諸手段への反応が同質的な集団をいかに記述するかが焦点になる。これに対して，これらの特性と強い相関を持つ，他の範疇の特性を探し出す際には，「観察不能／製品特定的」な特性によって形成されたセグメントへの所属を他の変数によっていかにうまく予測するかが焦点となる。つまり，セグメント形成の方法は，そのための特性の探索において，記述が強調されるか予測が強調されるかによって，大別される。

TABLE 表 12-1 ● 顧客特性の分類

	一般的（汎用的）	製品特定的
観察可能	地理的特性，人口統計的特性	行動特性：ブランド・ロイヤルティ，使用場面，使用頻度
観察不能	サイコグラフィック特性：ライフスタイル，価値観，個性	属性間相対重視度，選好順位，購買意図，価格弾力性

（出所） Wedel and Kamakura［2000］をもとに作成。

さらに，セグメント形成の方法は，セグメントをいかに形成するかという観点からも，2 つに大別することができる。1 つは，あらかじめ演繹的にセグメントの数と特性を決定するアプローチであり，いま 1 つは，データ分析の結果から，セグメントの数と特性を事後的・帰納的に抽出するアプローチである。

その結果，セグメント形成の方法は，記述的対予測的，そして演繹的対事後的という 2 つの分類軸により，表 12-2 のように分類される。ただし，こうした分類は排他的なものではなく，あくまでも相対的なものと，理解されるべきであろう。

まず，演繹的で記述的なアプローチの場合，たとえば前節のデジタルカメラの例のように単純に市場を属性間相対重視度で分けたり，あるいは属性間相対重視度と接触情報源の 2 つの特性で分類したりするといったやり方が考えられる。これが，演繹的であっても予測的なアプローチになると，あらかじめマーケティング諸手段に対する反応の違いをもとに市場セグメントを形成し，そのうえで，ある顧客がそれらセグメントのなかのどこに所属するかをうまく説明する，別のより測定が容易な変数群（たとえば観察可能で一般的な顧客特性）を探索する。

事後的で記述的なアプローチにおいて最もよく見られるのは，顧客サンプルに関して一連の顧客特性を測定し，それらの特性をもとにクラスター分析のような統計手法を用いて，セグメント内では同質性が高く，セグメント間では異質性が高くなるように，セグメントを形成するといった方法である。さらに，事後的で予測的なアプローチでは，こうして形成されたセグメントについて，

TABLE 表 12-2 セグメント形成の方法の分類

	演繹的	事後的（帰納的）
記述的		
予測的		

（出所） Wedel and Kamakura［2000］より抜粋。

演繹的なアプローチの場合と同様に，ある顧客がそれらセグメントのなかのどこに所属するかをうまく説明する，別のより測定が容易な変数群を探索することになる。

SECTION 4 市場細分化への制約

顧客ニーズ適合と効率追求

市場細分化は，個々の顧客に対するマーケティング諸手段の適合の度合いを高めることをねらったものであるが，反面，市場細分化の推進は，生産や仕入れ，物流，プロモーション，販売などさまざまな面で，費用の増大をもたらすことが多い。同じ 100 個の製品を生産・販売するにしても，製品の種類が増えれば，製造費用も割高になれば，在庫も増大するし，プロモーション活動の効率も悪くなれば，販売にも余計に手間がかかる。また，細分化を行って多品種となれば，どのタイプの製品に対して，どれだけいつ需要があるかまで予測する必要が生じ，需要予測はいっそう難しくなる。

したがって，いかに顧客の好みが多様化し，競争圧力が高まったからといっても，むやみに市場を細分化し，製品をはじめとするマーケティング・ミックスの多様化を図ればよいというわけではもちろんない。

他方では，むしろ市場細分化を抑制することで販売の単純化と費用削減を図り，そのことによって競争優位を求めていくという動機も常に働いている。つまり，ここでは，製品や商品の顧客ニーズ適合と，効率追求は，トレードオフの関係にある。

少衆化論・分衆化論への反省

わが国では，1980年代中盤に，消費者の好みの多様化に呼応して，いわゆる少衆化・分衆化の議論が高まり，多くの企業が製品の多様化に乗り出した。しかし，その後1990年ごろになると，逆に，製品ラインの削減を行っているところが少なくなかった。

これは，消費者の好みの多様化に対応して製品の多様化を図った結果，予想以上に費用が上昇したり，経営資源が分散したりして，個々の製品の競争力に支障が生じたためだといえよう。

この理由は，1つには，消費者ニーズの多様化のなかで多くの企業が製品種類の多様化を図った結果，その効果が飽和化したことであろう。また，競合する各メーカーが製品種類を多様化させても，結局どのメーカーも同じような製品種類を持つことになり，細分化されたそれぞれの市場をめぐる競争が激化したことにもよるだろう。

逆に，製品種類の多様化に対する抑制要因が顕著になってきたことも指摘できる。たとえば，多様化が新製品の質を低下させ，短サイクル化が収益を悪化させるということもある。また，急速な多様化に物流をはじめとする支援体制がついていけなかった，プロモーション努力や営業努力が多くの品目に分散して効果が低下した，小売業者による取扱品目の絞り込みの結果潜在市場の小さな製品は不利になった，等々である。

とりわけ，POS（Point of Sales）データ分析の発展は，小売業者における厳しい売れ筋の管理と死に筋の切り捨てをもたらした。すなわち，1990年ごろには，大手の小売業者は，POSデータを活用して，売場効率の改善と消費者にとっての買い物のしやすさといった観点から，取扱品目数の削減に乗り出し，そのことがメーカー側の製品種類の削減に拍車をかけたといわれている。

製品種類多様化とバリュー・フォー・マネー

製品種類多様化の目的は，製品種類の多様化を通じてのバリュー・フォー・マネー（支払金額と比べた製品の価値）の改善にある。つまり，製品種類の多様化をとおして，個々の顧客ニーズにより近い製品を提供し，そのことによって，顧客に平均としてより高いバリュー・フォー・マネーをもたらすことである。

企業が製品種類を多様化させて，各製品の顧客ニーズへの適合度を高めていけば，顧客にとってのそれらの価値は高まっていくであろうが，同時に品目当たり売上数量は低下して，費用は上昇する。逆に，品目数を削減し，品目当たりの売上数量を確保して費用の削減を図ろうとすれば，顧客にとっての平均的な価値は低下する。製品種類の数の決定は，この費用と平均的価値との間のバランスのなかで行われる。

顧客は，いかに自身のニーズに合致した製品をみつけたからといっても，そのために多少余分な費用をかけるかもしれないが，決して金に糸目をつけないわけではない。したがって，製品種類の多様化を図って製品と顧客ニーズの適合を高めても，それによってもたらされる価値の増加を上回る費用上昇があれば，メリットはない。また，費用を抑えての製品種類の多様化に成功しても，各製品が顧客の多様化したニーズにうまく適合していなければ，バリュー・フォー・マネーを改善させることはできない。

そのうえ，多様化が進めば，品目当たりの需要は減少するため，標的セグメントでのシェアを増加させないと，品目当たりの売上は低下する。ところが，競合する各企業が同じように製品種類を多様化させたとすると，結局は細分化されたより小さなセグメントを分け合うことになり，品目当たりの売上は低下し，費用だけが増加してしまう。こうした費用増は，それが価格に転嫁されれば，顧客にとってのバリュー・フォー・マネーを低めるし，企業が吸収すれば，採算の悪化を招く。あるいは，プロモーションなどの費用を多様化した品目間で分散させれば，やはり品目当たりの売上を低下させる。

1970年代から80年代にかけての製品種類の多様化は，確かに消費者ニーズの多様化傾向に合致したものではあった。ただ，製品種類の多様化を進めていくにつれ，1990年ごろになると，バリュー・フォー・マネーの改善を提供できないケースが目立ってきたものと思われる。そして，この傾向は，バブル経済の崩壊によって，さらに助長されたのであった。

つまり，市場の細分化にあたっては，市場を区分する基準を識別するとともに，どの程度まで市場を細かく区分するのか，そして区分されたセグメントのうちどれだけの部分を標的にするのかという，市場への対応方法が決定されなければならない。これらが，戦略課題である。

SECTION 5 市場対応戦略

市場細分化の程度と標的範囲

この戦略課題に対応する市場対応戦略は，図12-3のように整理することができる。

図12-3において，横軸の**市場細分化の程度**は，市場をどの程度きめ細かく捉えているかを示している。したがって，これは，市場を細分化した結果得られたセグメントの数によって測定されると考えてよい。

これに対して，縦軸の**標的範囲**は，市場全体のなかのどれだけの部分を標的とするかを示している。したがって，標的範囲は，市場を細分化した結果得られたセグメントのなかで，どれだけの数のセグメントを標的とするかによって測定される。設定されたセグメント数を上回る数のセグメントを標的とすることはありえないから，45度線の右下のみが意味を持つ。

市場対応戦略の3類型

マーケティングのテキストブックではしばしば，このような市場への対応の仕方を，無差別マーケティング戦略，差別的マーケティング戦略，集中マーケティング戦略という3つの類型に分類している。

第1の**無差別マーケティング戦略**とは，顧客間の差異よりもむしろ共通部分に注目し，より少ない種類の製品とマーケティング・ミックスで，最大多数の顧客に対応しようとするものである。

この戦略のねらいの1つは，生産，物流，プロモーション，管理などの面での標準化によるコスト削減である。そして，これらの結果可能になった低価格を武器に，市場とシェアの拡大を図り，さらに，第2章で説明した規模効果や経験効果を活かしたいっそうのコストの低下，いっそうの価格の切下げ，いっそうの市場やシェアの拡大，という図式に乗っていこうとするわけである。

しかし，反面，この無差別マーケティング戦略は，過去の経験や投資を無効にする新技術の登場，あるいは市場の成熟化にともなう顧客の価格意識の低下や好みの多様化に対してリスクを負うとともに，各競合企業が最大多数の顧客を目指した場合には，激しい競争に直面する可能性を持つ。

FIGURE 図 12-3 市場細分化の程度と標的範囲

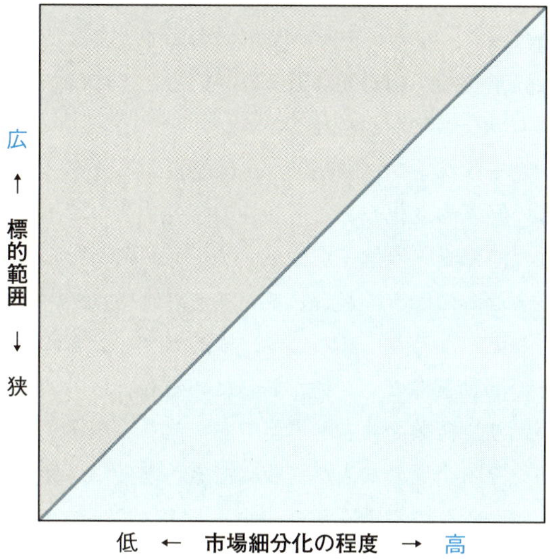

第2の**差別的マーケティング戦略**では，全体市場がいくつかのセグメントに区分されたうえで，そのなかの複数のセグメントが標的とされ，標的セグメントそれぞれに向けて，別々の製品やマーケティング・ミックスが設計される。つまり，各セグメントにおいて顧客の好みにより細かく対応することで，競合企業に対する差別的優位性を確立しようとするものである。

ただ，差別的マーケティング戦略については，先に見たように，この戦略の採用の結果，生産，物流，プロモーション，管理などさまざまな面にわたってコストが上昇する傾向にあること，そして，企業の経営資源が分散して有効な活用が妨げられるおそれがあることが指摘されなければならない。

したがって，この戦略においては，多品種少量化のなかでコスト削減の方法を探索するとともに，標的セグメントの選別や各セグメントのポートフォリオ上の位置づけの明確化をとおして，メリハリのきいた資源配分を行うことが求められる。

第3の**集中マーケティング戦略**は，市場を細分化したうえで，1つないし少数のセグメントに標的を絞り，それぞれに製品やマーケティング・ミックスを適合させようとするものである。すなわち，大きな市場のなかの小さなシェアに甘んじるのではなく，少数のセグメントにおいて大きなシェアを得ようとするわけであり，経営資源が相対的に限られているときには，それらを集中できるため，とくに有効な戦略だとされている。

しかし，集中マーケティング戦略では，標的とするセグメントが限られているだけに，顧客の好みの変化やそこへの強力競合企業の参入が生じたときの危険は大きい。また，たとえば無差別マーケティング戦略をとる競合企業と比べ，いかに標的セグメントの好みに適合していても，価格差が開きすぎていれば，顧客を奪われることになろう。あるいは，標的セグメントに向けた生産やマーケティングなどの活動と他のセグメントのためのそれらの活動の間で，必要資源が類似していたり，経験の共有が可能であったりするときには，差別的マーケティング戦略をとる企業の参入が脅威になる。さらに，標的となるセグメントの内部に，なおかなりの異質性が存在するときには，いっそうの集中化による，つまりセグメント内の一部のみをねらった参入も考えられよう。

市場対応戦略 3 類型の位置づけ

無差別マーケティング戦略，差別的マーケティング戦略，集中マーケティング戦略という市場対応に関する 3 つの戦略は，あくまでも 1 つのタイプ分けであって，必ずしも厳密なものではない。要は，市場をどこまで細かく区分し（市場細分化の程度），そのうちどれだけのセグメントを標的とするか（標的範囲）である。

この市場対応戦略の 3 類型を，先の図 12-3 に当てはめると，それらは，図 12-4 のように，位置づけることができるであろう。

顧客ニーズが多様化すれば，市場をより細かく捉え，細分化の程度を高めることが有効になるが，それは必ずしも，広い標的範囲を維持することを意味するものではない。つまり，細分化の程度を高めても，標的範囲を絞り込めば，つまり差別的マーケティング戦略ではなく，集中マーケティング戦略の方向に向かえば，製品種類の数を抑えることも可能である。

問題はこのなかでどの点を選択するかである。3 つの戦略類型は，こうした選択に際しての 1 つの目安と考えることができよう。

FIGURE 図 12-4 市場対応戦略の 3 類型

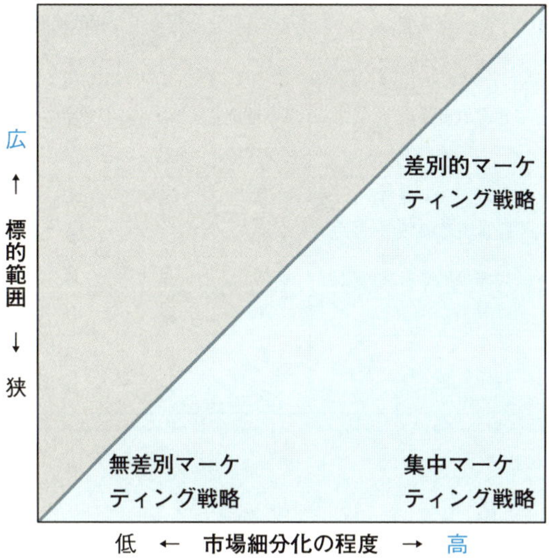

SECTION 6 市場対応戦略の規定要因

一般に，この細分化の程度と標的範囲がいかにして選択されるのかは，Abell［1980］にもとづいて，表 12-3 のようにまとめることができよう。これらはいずれも，他の条件を一定としたときの，市場対応戦略との関係である。

第 1 の顧客の重視点とは，一般的趨勢として，価格，基本（中核）機能，2 次機能のいずれが顧客によって重視されているかである。もし顧客の価格意識が高いならば，低い細分化の程度と広い標的範囲が適切になろう。また基本機能が重視されるときには，その遂行にともなう属性のうちどれが重要かについて顧客間で異質性が増すが，2 次機能が重視されているときと比べれば，異質性の程度はより限られたものであろう。したがって，もし顧客の重視点が価格から基本機能，2 次機能と移行していったとしたら，望ましい市場細分化の程

TABLE 表 12-3 ● 市場細分化の程度と標的範囲の規定要因

規定要因	状　態	市場細分化の程度	標的範囲
顧客の重視点	価　格	低	広
	基本機能	中	中
	2次機能	高	狭
セグメント間での必要経営資源の類似性	高	高	広
	低	低	狭
規模効果や経験効果の程度	大	低	広
	小	高	狭
利用可能な経営資源	多	高	広
	少	低	狭

度は高く，標的範囲は狭くなっていくものと思われる。

第2は，各セグメントでの活動に必要とされる経営資源の類似性である。すなわち，セグメントを細かく区分していくたびに，それぞれのセグメント間で必要とされる経営資源が異なるならば，細分化の程度は低く，標的範囲は狭くならざるをえまい。逆に，セグメント間で必要な経営資源が相対的に類似しているほど，高い細分化の程度と広い標的範囲が可能になる。

規定要因の第3は，規模効果や経験効果の程度であった。規模効果や経験効果が市場対応戦略に与える影響は，前述のセグメント間の必要な経営資源の類似性の水準とも関係し，必ずしも単純には割り切れない部分もある。しかしながら，多くの場合については，生産，物流，プロモーションなどの諸活動において規模効果や経験効果が強く働くほど，細分化の程度は低く，標的範囲は広くなるといえよう。

第4は，自社にとって利用可能な経営資源，あるいは当該製品に投下しうる経営資源である。言うまでもなく，経営資源が豊富であれば，より高い市場細分化の程度とより広い標的範囲が可能になる。しかし，資源の効率的配分という見地からは，これは単に可能というだけであって，いかに経営資源が豊富であっても，細分化の程度や標的範囲はコストと売上増との関係で評価されるべきであろう。

このほか，後に述べるように，顧客の購買関与度が高いほど，また製品判断力が高いほど，市場細分化の程度を高めることが有効になる。

SECTION 7 市場細分化と購買利便性

購買利便性の役割

標的範囲を一定としたとき，市場細分化の程度の決定は，ニーズ適合と費用の間のトレードオフであり，それは第2章で述べた差別化戦略とコスト・リーダーシップ戦略の関係に対応すると考えてもよいであろう。

もっとも，費用削減は，必ずしも常に価格切り下げに向かうとは限らない。しかし，以下では，戦略次元間の関係を浮き彫りにするために，他の条件は一定と想定し，費用の削減は価格低下を，また，費用の増大は価額上昇を意味するものとして，議論を進めていく。

したがって，費用の削減は買い手にとっては低価格という形で還元される。ところが，たとえば消費者がビールを買う場合，同じ価格であっても，1本からすぐに配達してくれる小売店と，1ダース単位で，しかも買いに行かなければならない小売店ならば，便利な分，前者が選ばれるであろう。

仮に売り手をメーカー，買い手を小売店と想定した場合，小さな発注単位から配達してくれる場合と大きな発注単位からしか配達してくれない場合を比べると，買い手である小売店にとっては在庫費用が変わってくるため，総費用（トータル・コスト）が影響を受ける。つまり，費用を総費用と考えると，買い手にとっては，価格だけでなく，購買の利便性も重要である。とりわけ，今日のわが国においては，この購買利便性が，消費者におけるだけでなく，小売業者への販売や業務用用途での販売においても，サプライチェーンという形で，注目を集めてきた。

バブル経済が崩壊し，費用意識が高まった1990年代は，効率的なサプライチェーンへの関心が高まった時期でもあった。そして，90年代以降の市場細分化戦略は，この点とも深く関わっている。

デルコンピュータの事例

たとえば，デルコンピュータに見られるような，メーカー自身による直接販売を想定しよう。

デルの大きな特徴は，メーカーによる直接販売であるとともに，受注生産である。もちろん受注生産に用いられる部品のバリエーションにはかなりの制約があるが，それでも最終製品のバリエーションの数からいえば，市場細分化の程度はかなり高いといってよいであろう。

ところが，受注生産であるとともに，パソコンの場合は，汎用部品を中心とした組立生産工程の特性から，顧客にかなりの数のバリエーションを提供しても，費用が禁止的には上昇しない。むしろ，使用部品の種類を制限すれば，部品メーカーへの交渉力が高まるとともに，部品需要予測の精度の向上や部品メーカーにおける汎用部品の集中在庫により，費用が低下する部分も多い。いわゆるマス・カスタマイゼーションである。

さらに，これらを背景に，多頻度小ロットの部品調達を実現すれば，部品発注のタイミングをできる限り延期し，デルにおける部品在庫を削減することによる費用削減も可能になる。また，受注生産により顧客の個別識別が行われるため，この面からも需要予測の精度の向上が期待される。

こうしたやり方を採用し，効率を追求していけば，かなりの製品バリエーションを確保しながら，費用を削減し，また顧客への納期を短縮していくことが可能になる。

とはいえ，単品生産に比べれば，もちろん費用は割高であろう。また，受注生産である以上，納期がある程度長くなることも不可避である。

逆にいえば，納期を度外視すれば，受注生産によって顧客ニーズへの適合を図りながら費用削減を図ることが可能な場合も少なくない。ただもちろん，多くの場合，納期を度外視することはできない。したがって，現代の市場細分化戦略においては，細分化の程度と費用の関係だけでなく，あわせて納期や販売拠点数のような購買利便性を，考慮に入れることが現実的である。

市場細分化の程度・価格・購買利便性

納期を一定とすれば，細分化の程度を高めれば費用は上がり，細分化の程度を低めれば，費用は低下する。次に，細分化の程度を一定とすれば，納期を短くすれば費用は上がり，納期を長くすれば費用は低下する。最後に，費用を一定とすれば，細分化の程度を高めれば納期は長くなり，低めれば納期は短くなる。

図 12-5 は，この関係にもとづき，アパレルとしては限られた品種で多店舗

FIGURE 図 12-5 ● メーカー直販における戦略パターン

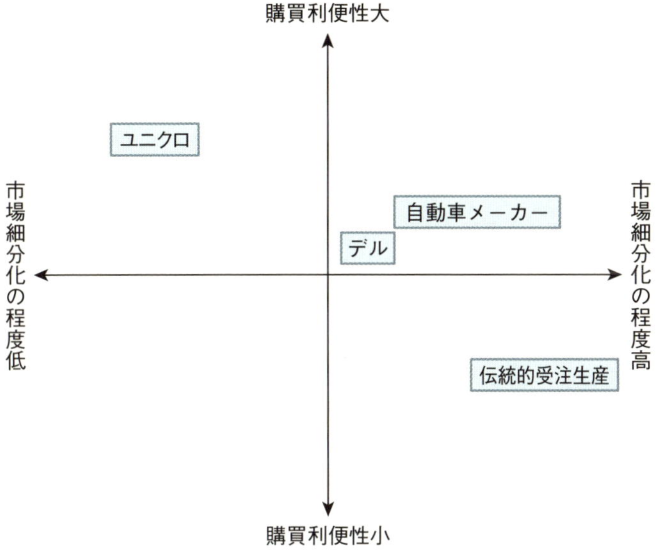

展開するSPA（Specialty Store Retailer of Private Label Apparel）型製造小売としてのユニクロ，そして伝統的受注生産との対比で，デルのようなやり方の相対的位置関係を図示したものである。また，系列チャネルを用いた自動車メーカーのやり方も，デルに近いものと考えてよいであろう。

図において，左下の細分化の程度低・利便性小のところで，費用は最も安くなり，他の条件が等しい限り，それより細分化の程度を高めるにつれて，また，利便性を高めるにつれて，費用は増大する。さらに，費用を一定とすれば，上述のとおり，左上の細分化の程度低・利便性大と，右下の細分化の程度高・利便性小は，トレードオフの関係にある。

市場細分化の程度・価格・購買利便性の規定要因

図12-6は，市場細分化戦略が，これら3者の組合せのあり方を土台としていることを示している。問題は，3者の組合せとしての，どのような位置が，どのような場合に適切になるかである。もちろん，この位置の選択には，表12-3で取り上げた要因をはじめ，多くの要因が影響を与えうる。

FIGURE 図 12-6 市場細分化の程度・価格・購買利便性

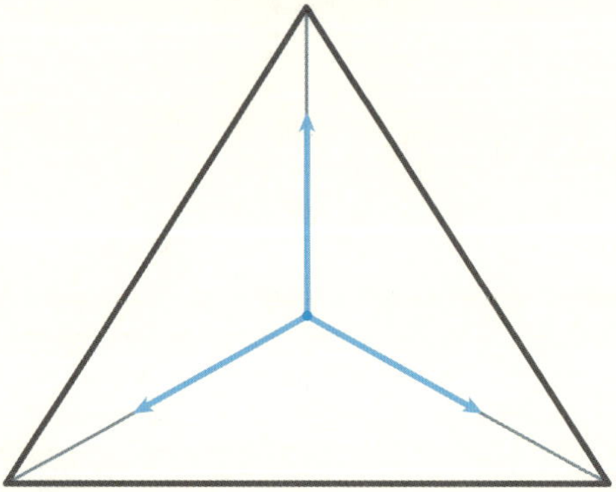

以下では，それらのなかで最も大きな役割を果たすと思われる，顧客の行動特性に注目し，さらにその規定要因として，顧客の購買関与度と製品判断力を取り上げる。

市場細分化の程度は，顧客行動との関係でいえば，まず，標的顧客の製品判断力に依存する。つまり，判断力が高いほど，高い細分化の程度が，逆に判断力が低いほど，低い細分化の程度が，それぞれ望ましい。とくに個別対応となると，判断力が低い顧客は自分自身のニーズを特定化できないことさえあり，ましてニーズと製品仕様の関連づけは簡単にはできない。デルコンピュータがその標的をハイエンドの顧客からスタートさせたのは，このことを物語っている。

また，市場細分化の程度は，購買関与度とも関係する。なぜなら，高い細分化の程度のもとでは，多様な品種のなかから選択するにせよ，カスタマイズで発注するにせよ，より多くの労力が必要になり，関与度が低い場合，顧客はこうした労力を厭(いと)う傾向にあるからである。それゆえ，市場細分化の程度は，標的顧客の関与度が高いほど，高くなるとみることができよう。

次に，価格に関して，顧客の立場からは，製品判断力が高いほど，バリュー・フォー・マネーへの関心が，また購買関与度が低いほど，価格の絶対的な安さへの関心が，それぞれ高まるものと考えられる（池尾［1999］）。

TABLE 表 12-4 市場細分化の程度，価格，購買利便性の規定要因

	製品判断力	購買関与度
市場細分化の程度	正	正
価　格	負	正
購買利便性	——	負

最後に，購買利便性の大小は，顧客の購買関与度に依存する。一般に，顧客は関与度が高いほど，購買にあたって労力を厭わないことが知られている。それゆえ，図 12-6 の枠組みでは，標的顧客の購買関与度が低いほど，購買利便性が求められ，逆に関与度が高いほど，利便性への要求は低くなる。

これらの関係は，表 12-4 のようにまとめることができよう。

SECTION 8 個別対応型マーケティング

消費の個別化や関係性マーケティングの議論の高まりを受けて，顧客の個別識別や個別対応に注目が集まっている。

もともと顧客の**個別識別**や**個別対応**は，一部の業務用製品メーカーやサービス業では，めずらしいことではない。また，一部の小売業でも，小規模ながら，そうした対応は行われてきた。たとえば，ベテランの小売店員ならば，きわめて多くの顧客情報を記憶し，それを活用して推奨販売を行うということもあるであろう。

それが，近年では，独自カードの導入やインターネット販売を含めた通信販売の発展もあって，サービス業や小売業においてより大規模な形で，顧客の個別識別・個別対応が行われようとしている。

また，先のデルコンピュータのように，メーカー自らが最終顧客に対して，マス・カスタマイゼーションを展開するケースも，必ずしもめずらしいものではなくなってきた。

小売業における展開

まず，近年の個別対応型マーケティングの典型として，小売業者のマーケティングに注目しよ

う。小売業者のマーケティングにおいて，顧客の個別識別が行われれば，優良顧客の抽出・優遇はもとより，個別顧客ニーズの把握とそれに対する個別対応が可能になる。あるいは脱落可能性の高い顧客をいち早く識別し，対策を講ずるということも考えられる。

もっとも顧客の個別識別や個別対応は，あらゆる小売業者にとって実行可能というわけではない。何よりも，個々の顧客が何らかの形で識別されなければならない。そこで，とりあえず個別識別や個別対応の典型的な事例として，インターネットによる通信販売（以下ネット販売）を想定しよう。

店頭販売の場合は，仮に個別識別が行われても，品揃えは，標的顧客層に向けて，あるいはせいぜいそのなかのグループ別に形成されるものであり，個々の顧客別ということはありえない。それでも，店員による説明販売が行われる場合は，推奨という形で，顧客別の考慮集合の提案も可能になる。しかし，セルフサービスの場合は，それも困難であり，したがって個々の顧客は，標的顧客層全体に対して，あるいはそのなかのグループ別に提供された品揃えのなかで，自ら考慮集合を形成しなければならない。

これに対して，ネット販売で特徴的なのは，個々の顧客が識別されたうえで，購買履歴が蓄積されるため，全顧客について，人手に頼ることなしに，顧客別の推奨，つまり考慮集合の提案が可能になる点である。さらに，場合によっては，顧客によって品揃え（カタログ）を変えるという事態も想定できる。

個別識別・個別対応の有効性が高まる条件

個別識別・個別対応が顧客にもたらすメリットは，それが適切に行われれば，よりよくニーズに適合した商品の購買が可能になること，あるいはそうした購買にともなう顧客の労力が軽減されることであろう。

顧客にとって，買い物に際し，購買を予定しているそれぞれのカテゴリーや用途について，適切な商品をみつけだすのは，かなり面倒である場合が少なくない。そこで，売り手側が，よりニーズに合った品揃えを用意したり，買い物候補を提案したり，ある品目の購買にともなう併買リストを提示したりしてくれれば，顧客の労力は軽減される。あるいは，同じ労力でよりよい購買にたどり着くことができる。

前節までの購買利便性が保有在庫量や買い物出向努力といった「購買タイミングの延期」に関わるのに対し，この労力は，探索・選択努力に関わると考え

COLUMN 12-1 ロングテール

ビジネスの世界では，長らく80対20の法則が，幅をきかせてきた。たとえば，ある小売店の売上の80%は20%の商品で稼いでいるというのが，典型である。これに対して，アメリカのジャーナリストであるクリス・アンダーソンは，ロングテールという言葉を用いて，80対20の法則に関わる新たな現象を取り上げ，注目を集めた（Anderson [2006]）。

ある小売業者について，縦軸に売上，横軸に左から売上高が多い順に商品を並べると，右下がりの曲線が描かれる。この曲線は右へいくに従いゼロに近づく。この部分がロングテールである。たとえば，書籍のネット販売では，在庫を集中させることによって，1つ1つの販売部数は少ない，膨大な数のタイトルの販売が可能になり，全体としてのそれらの重要性は，ベストセラーにも引けをとらない。

ただ，ロングテールにおける膨大な選択肢の提供は，新たな問題を派生させる。通常の本屋では，店頭に陳列できる書籍の数に限りがあるため，仕入れ担当者が販売可能性の高い書籍を厳選して店頭に並べている。つまり，あらかじめ消費者の選択対象となる商品を選別している。これに対して，ネット販売におけるテールでは，消費者は膨大な選択肢のなかで選択を行わなければならず，しかもネット販売の場合は，小売店頭におけるような店員の支援も得られない。そのため，この市場を活性化させるには，個々の消費者が望むものを容易にみつけられるような手立てが必要になる。口コミやユーザー適応型推奨といった集合知がさまざまな形で活用されるのは，そのためである。

もちろん，こうしたロングテールの考え方が有効ではない場合も多い。しかし，情報通信技術の進歩，インターネットの発展，サプライチェーンの改善，顧客の好みの多様化といった傾向を考えると，ロングテールが重要になる部分は，今後ますます広がっていくように思われる。

てよいであろう。以下では，この探索・選択努力に関する利便性を探索・選択利便性と呼ぶことにしよう。

問題はこうした探索・選択利便性の向上がどのような場合に高く評価されるかである。

その1つは，市場細分化の程度が高いときである。つまり，細分化の程度が高く，検討対象となる商品カテゴリーや用途に関わる取扱品目数が多くなれば，そのなかでどれが最も自分のニーズに合っているかを見定める労力は大きくなり，それゆえに，この労力を削減させる個別対応のメリットは大きい。

もっとも，検討のための労力が大きいとしても，顧客がそれを惜しまないときには，個別対応のメリットは相対的には小さくなる。そうだとすれば，顧客が自分のニーズに最も合った商品の見定めの労力を惜しむほど，個別対応のメリットは大きくなるであろう。これは，顧客の購買関与度が低い状況，すなわち顧客が他方で購買利便性を求める状況にほかならない。

ただし，購買関与度が低くなれば，他の条件が等しい限り，望ましい市場細分化の程度は低くなる。したがって，個別識別・個別対応の効果が大きくなるのは，低購買関与であるにもかかわらず，他の事情によって細分化の程度を高めることが望ましい場合，典型的には，低関与ながら判断力が高いような購買である。それゆえ，図 12-6 においては，より高い細分化の程度とより大きな購買利便性が求められる右上の方向に向かうほど，個別識別・個別対応の効果は大きくなる，ということができるであろう。

小売業者のマーケティングを想定した個別対応型マーケティングのこれまでの議論は，メーカーのマーケティングの場合にも，当てはまる。すなわち，顧客の個別識別・個別対応の効果は，高い市場細分化の程度と大きな購買利便性が求められるほど，大きくなる。したがって，図 12-5 でいっても，右上の方向に向かうほど，個別識別・個別対応の効果は大きい。

もっとも，メーカーが最終顧客を直接識別し，直接対応するというケースは，めずらしくもないが，それほど一般的でもない。しかし，将来を見据えたとき，メーカー自身がインターネットを用いた直接販売に，より本格的に乗り出す可能性は決して少なくない。そうなると，メーカーにとっても，個別識別・個別対応のマーケティングの重要性ははるかに高まっていく。

ただ，その場合であっても，個別識別・個別対応の費用対効果は常に認識されるべきであり，その効果がより高まるのは，図 12-6 や図 12-5 の右上方向，つまりより高い細分化の程度とより大きな購買利便性が求められるときなのである。

すなわち，消費がますます個別化していくときだからこそ，消費者がどこにこだわり，どこにこだわらないかを見定め，競合状況もふまえながら，個別化した消費にいかに効率よく対応するかを検討することは，マーケティング戦略の形成において不可欠な作業となる。

個別対応のマーケティングにおいても，供給側の事情により何が可能になったかだけではなく，需要側の事情によりいかなる場合に有効になるかの条件を見極めることが，きわめて重要であるように思われる。

Chapter 12 演習問題 EXERCISE

❶ アイスクリーム市場の動向を調べ，さらなる市場細分化を行ううえで，どのような基準が有効かを考えてみよう。

❷ 無差別マーケティング戦略を採用して成功している事例を探し，それがなぜうまくいっているのかを整理してみよう。同様に，差別的マーケティング戦略や集中マーケティング戦略についても，成功事例を探し，それぞれの成功理由を整理してみよう。

❸ 個別対応が今後増えていくのはどのような製品カテゴリーかを考え，さらにそこでの成功の条件を検討してみよう。

第 13 章 新製品開発

新製品開発

顧客にとっての「快い」とは何かを徹底的に考えぬく，
小林製薬の“ドロドロ製品開発”アイデア会議。
（小林製薬株式会社提供）

CHAPTER 13

企業の存続・成長にとって，売上そして利潤を上げることは必須である。もし当該企業が提供するすべての製品やサービスが，次章で述べる衰退期を迎えるならば，新たな製品やサービスを導入せずに存続・成長することは難しい。また新製品の開発には新たな技術要素や生産要素，そしてマーケティング要素などの適用が必要であり，新たな技術，生産そしてマーケティングなどに従事する従業員の活性化や維持という組織内への効果も持つ。本章では，企業が存続・成長していくうえで重要な意味を持つ新製品開発をどのように行うべきかを紹介しよう。

KEYWORD
FIGURE
TABLE
COLUMN
EXERCISE

INTRODUCTION

KEYWORD

新製品アイデア　新製品デザイン　新製品コンセプト　テスト・マーケット　製品知覚マップ　コンジョイント分析　リレー型開発　ラグビー型開発

SECTION 1 新製品開発の難しさと新製品開発過程

第2章1節の成長戦略の類型において紹介されたアンゾフの成長マトリクス（既存・新市場×既存・新製品）にあるように，企業の存続・成長には，新製品の開発そして市場導入が必要である。しかし新製品の開発は，容易なものではなく，たとえば導入からわずか2，3週間でコンビニエンス・ストアやスーパーマーケットの棚から消えていく，といった市場において失敗する新製品も少なくない。

表13-1は，コトラーによる，1つの新製品の市場導入は64の新製品アイデアから生まれる，というものである（Kotler［2003］）。まず最初のアイデア・スクリーニングの段階で64あるアイデアのうち，次のステップに採用される比率の1：4にもとづき16のアイデアが次の段階へと進む。この段階でのアイデア当たりのコストは1000ドル程度であり，64アイデア全体では6万4000ドルとなる。そして次のコンセプト・テストの段階で16あるアイデアのうち，次のステップに採用される比率の1：2にもとづき半数の8つのアイデアが次の段階へと進む。この段階でのアイデア当たりのコストは2万ドル程度であり，16アイデア全体では32万ドルとなる。次の製品開発段階で8あるアイデアのうち，半数の4つのアイデアが採用され，この段階でのアイデア当たりのコストは20万ドルと開発をともなう分跳ね上がり，8アイデア全体では160万ドルとなる。製品開発されテスト・マーケティング段階にある4つのアイデアのうち，半数の2つのアイデアが採用され，この段階でのアイデア当たりのコストはさらに50万ドルと増加し，4アイデア全体では200万ドルとなる。そして最終段階の全国導入段階では2つのアイデアのいずれかが採用され，この段階でのアイデア当たりのコストは500万ドルと膨大で，2アイデア合計では

TABLE 表 13-1 ● 各開発段階における採用率とコスト

開発段階	アイデア数	採用率	製品アイデア当たりコスト	総コスト
アイデア・スクリーニング	64	1：4	$1,000	$64,000
コンセプト・テスト	16	1：2	$20,000	$320,000
製品開発	8	1：2	$200,000	$1,600,000
テスト・マーケティング	4	1：2	$500,000	$2,000,000
全国導入	2	1：2	$5,000,000	$10,000,000
		合　計	$5,721,000	$13,984,000

（出所） Kotler［2003］，p. 359 に加筆修正して作成。

1000 万ドルとなる。

この表が示唆することは，第1に，新製品を全国に導入することは容易ではなく，そのために 64 のアイデアを必要としている。年間に 30 の新製品を全国展開しようとするならば，約 2000 のアイデアが年間に必要であり，月当たり 160 の新しいアイデアを，1 日に約 6～7 個の新しいアイデアを創出しなければならない。これは至難の業といえるだろう。

第 2 に，開発の初期のアイデア・スクリーニング段階では，アイデア当たりのコストは 1000 ドルと低いが，開発段階が進捗するにつれ増加していく。したがって，失敗しそうなアイデアは早期の段階で識別し，対象から除去すべきである。

アーバンとハウザーは，新製品の失敗の原因と対策をいくつか述べている (Urban and Hauser［1993］)。たとえば，「対象市場が小さい」ということが失敗の理由の場合，当該製品に対する市場の需要があまりないことが原因であり，市場機会の発見およびコンセプト・テストの段階で市場を定義し，市場規模を推測することを対策として提案している。「真のベネフィットが欠如している」ということが失敗の理由の場合，既存品と比較して優れた商品力がないことが原因であり，**新製品デザイン**段階で，実際の製品使用テストだけでなく，**新製品コンセプト**が消費者にどう受け止められるのかについてもテストすることを

FIGURE 図 13-1 ● 新製品・サービス開発過程

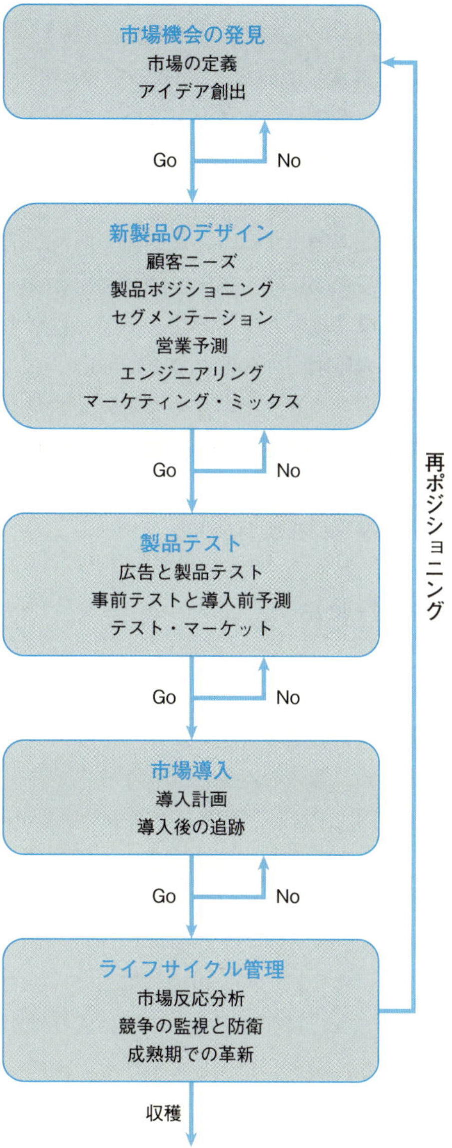

（出所） Urban and Hauser［1993］, p. 38 より作成。

対策として提案している。「予測の誤り」が失敗の理由の場合，過大な売上予測が原因であり，製品デザインのコンセプト・テスト，製品開発のプリテスト，テスト・マーケットの各段階で，系統だった手法により，どの程度受け入れられるかを予測する対策を提案している。「投資収益率が不十分」ということが失敗の理由の場合，利益性が悪く，コストが高いことが原因であるので，慎重な市場の選択，売上とコストの予測，市場反応分析を通じて利益の最大化を図ることを提案している。

多くのアイデアを継続的に創出することは困難であり，創出されたアイデアを首尾よく市場に導入するためには，新製品開発過程をしっかり管理することが必要である。また低い成功確率のアイデアを早期に識別すること，また膨大なコストがかかる全国導入段階での失敗リスクに対応することは，開発コストを軽減する意味からも重要であり，そのために新製品開発過程をしっかり管理することが必要である。アーバンとハウザーは，図 13-1 のような新製品・サービス開発過程を提示している（Urban and Hauser [1993]）。次節以降で順に，この新製品・サービス開発過程を説明しよう。

SECTION 2 市場機会の発見

新製品・サービス開発過程の第 1 ステップは，市場機会の発見であり，参入すべき最善の市場を定義し，参入の基礎となりうるアイデアを創出することである。最善の市場を識別するには，第 10 章で紹介された市場の定義や，次章で述べる製品ライフサイクルなどが密接に関連する。これらの章や節を相互に参照されることを推奨しつつ，本節では標的とする市場としての望ましい特性について触れることにする。

市場の魅力度の査定

魅力的な市場の第 1 の一般的特性は，市場の成長性である。市場の成長性が乏しければ，参入に値しないかもしれないし，参入したとしても，その後に十分な収益性が見込めなければ，いずれ退出を余儀なくされてしまう。この市場の成長性の測度には，市場規模，売上成長率やライフサイクルなどがある。

市場規模を予測するのに頻繁に用いられているものの 1 つが，バス・モデルである（Bass［1969］）。バス・モデルは，ある任意のタイミング，t 期において，未購入の顧客が当該製品を購買する確率を考えるモデルである。この確率は，初期の採用確率と，t 期にすでに当該製品を購買している人の割合，そしてその人が未購入者に与える影響度の和として定式化される。市場規模とこの未購入顧客の t 期での製品採用確率がわかれば，t 期の売上が予測できる，というモデルである。バス・モデルは，初期採用確率と影響度，そして市場規模がわかれば，t 期の売上を予測することが可能である，という点が優れている。

第2の特性は，早期の参入である。次章で紹介するように，第1参入者や先行者には先発優位性があるといわれている。市場を早期に開拓することで，市場を代表する製品として顧客に認知されたり，代替案を評価する際にベンチマークにされるといった優位性である。早期参入の程度を測定する尺度には，文字どおり参入序列に加えて，地位を確立するまでの期間，製品の優位性やマーケティングの優位性などがある。製品やマーケティングの優位性を検討する際，重要なのが，第15章で述べられる顧客価値のデザインや第16章で述べられるブランド構築の枠組みである。ポジショニングや価値提案の規定は，これら優位性にとって非常に大きな役割を担うことになる。

第3の特性は規模の経済である。規模の経済が効くような業界は，魅力的である。その市場に残っている限り，生産量は累積され増加し，結果として単位当たりの原価が低減したり，より効率的に生産あるいはマーケティングを行うことができるようになるのである。累積生産量や学習の程度，経験曲線の有意性などによって，この規模の経済の特性を測定することができる。

第4の市場特性は，競争上の魅力である。競争の程度は市場成長性に影響を与えず独立であると仮定するなど，諸条件を一定とすれば，競争の程度が低い場合にはその市場の魅力度は向上する。潜在的な市場におけるシェアの見込みや競争の程度，攻撃のされやすさなどで，この競争上の魅力度を測定することができる。

第5の特性は，投資の程度である。この投資の程度は，金額のみならず，技術資源の投資の程度，原材料調達コスト，マーケティング資源や一般的な経営資源の投資の程度などで測定される。

第6の特性も同様に財務的なものであり，収益性である。利益やROI（投資収益率），価格設定構造の競争の程度などで収益性を測定することができる。

必要とされる投資が少ないほど，収益性は高く，またROIが高いほど，市場は魅力的である。

最後に考慮すべき第7の市場特性は，リスクである。とくに既存市場ではなく，新製品にとって，市場に関する情報が少なければ少ないほど，リスクは高くなり，参入に関してより慎重にならざるをえない。市場の安定性や損失が生じる可能性，競争的報復の可能性，保護されている特許の程度，技術変化の程度，政府規制の可能性などでリスクは測定される。

これら7つの市場特性と自社の能力との適合性は，市場参入すべきか否かを考える際の1つの重要な側面である。自社の核となる技術スキルと適合しているか，必要とされる財務資源を保有しているか，物的流通システムは適合しているか，マーケティング能力の適合度はどの程度か，既存の営業部隊を活用できるか，技術要件を完成できる可能性はどの程度か，製品そしてサービス能力はどの程度か，他の製品との互換性はどうか，参入を検討している市場に関する経営スキルや経験は十分か，過去にこの市場で活動したことがあるか，既存の原材料供給チャネルとの親和性はあるか，などの確認である。そして，7つの市場特性と自社の能力との適合性を検討し，市場参入に関する意思決定への1つのステップとして考慮することが求められる。

市場の定義

市場の定義は，すでに第10章6節で述べたので，重複を避けるために，ここでは簡潔に述べるだけにとどめる。詳細は第10章6節を参照されたい。市場は明示されたものではなく，マーケターが定義するものである。自動車市場と捉えるのか，環境対応自動車市場と捉えるのか，ハイブリッド自動車と完全電動自動車市場を区別して捉えるのか，これらの市場の定義の仕方によって，競合相手も，標的顧客も，そして競争次元も変化する。

市場を定義する方法にはさまざまなものがあるが，第10章6節では，代替性にもとづく手法，スイッチングにもとづく手法，競争空間にもとづく手法が紹介された。

代替性にもとづく手法では，価格の（自己）弾力性に加えて，競合ブランドからの影響を示す交差弾力性にもとづいて分析が行われ，交差弾力性の値の大小により，当該ブランド売上の競争の程度を比較することができる。そしてその競争の程度に応じて，市場をどの程度の水準で定義すべきかの示唆を得ることができる。

スイッチングにもとづく手法も同様に，製品間のスイッチングの程度の大小により，それら製品の競争の程度を推測することができ，市場をどの水準で定義すべきかの示唆を得ることができる。スイッチングそのものを用いることもできれば，第10章で紹介されたマーケティング・モデルを適用し，より詳細に市場の定義を行うことができる。

ブランド・マップなどの競争空間は，因子分析や多次元尺度構成法などの分析手法を用いて作成することができる。得られた競争空間での布置の類似性が，製品間の競争の程度を示しており，相互に隣接した製品で改めて市場を定義したほうがよい，などの示唆を得ることができる。

アイデア創出過程：アイデア源

市場の魅力度や収益性などを検討し，市場の定義を行ったならば，具体的なアイデアを創出し，次のステップである新製品のデザインにつなげることが課題となる。アーバンとハウザーは，図13-2のようなアイデア創出過程を提示している（Urban and Hauser [1993]）。

アイデア源にはさまざまなものがある。第1に，技術，とくに新技術はアイデアの源である。バイオ・テクノロジーは，医薬品開発や個体識別など，多くの分野に新しいアイデアを提供してきた。また物性に関する化学や物理学も，たとえば炭素繊維強化プラスチックの開発技術などにより飛行機の機体が鉄から新しい素材へと変化するなどの応用分野が広がってきている。

市場のニーズや顧客が望んでいる問題を解決するためのソリューションも，豊かなアイデア源である。ネットワーク・システムやネットワーク・ソフトウェアの開発などは，顧客と一緒に開発することがあり，その際，まさに顧客からの要望が，開発すべき新サービスの源泉となっている。フォン・ヒッペルは，科学装置の改良イノベーションの源泉を調べ，ガス色層分析では82％が，核磁気共鳴分光計では79％が，紫外線分光度計では100％が，透過型電子顕微鏡では79％がユーザーによるイノベーションであると示している（von Hippel [1988]）。

自社の製品やサービスがアイデアの源となることは少なくない。既存製品やサービスの問題点や品質改善点などはアイデアの宝庫かもしれない。あるいは競合企業や他業界の企業にアイデア源がある場合もある。競合の新サービスあ

FIGURE　図 13-2 ● アイデア創出過程

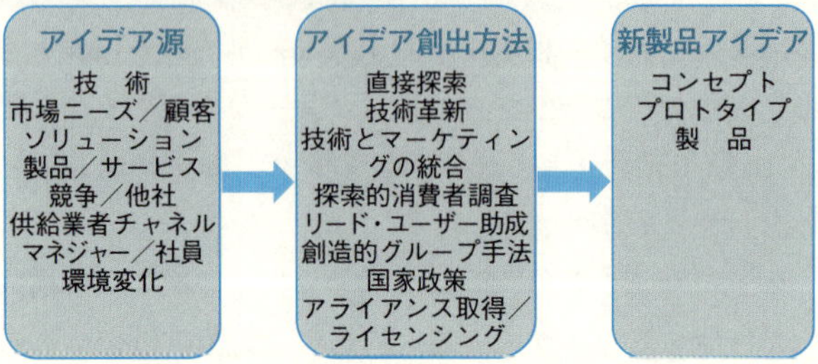

（出所）　Urban and Hauser [1993], p. 118 より作成。

るいは他業界の新サービスがきっかけとなり，新製品開発へと発展する場合もあろう。極端な場合，他業界企業を買収し新製品を開発することもありえる。

自社のマネジャー，経営者そして従業員も高い創造性を秘めている。新製品開発を担うマーケティング部署である商品開発部以外の部署の従業員が，アイデアや洞察を保有している場合もある。組織横断的な意見交換の機会も有用であろう。

マーケティング環境が変化することで洞察を得る場合もある。たとえば，高齢化という環境変化に対応し，従来，バリアフリー商品やユニバーサル・デザインを考慮してこなかった企業が，新たにこの種の対応を行う例や，個人世帯化に対応した少量の調味料の開発アイデアなどの例が，そうであろう。

アイデア創出過程：アイデア創出方法

さまざまに新製品のアイデア源があることを示したが，これらを活用できるマーケティング組織づくりや機能を保有することは重要である。ここでは，アイデア創出の方法を順に説明することにする。

まずは，直接対象から情報を収集する方法である。たとえば，競合の技術情報源に関して情報を収集する際に弁護士や弁理士を介する方法，競合のマーケティング活動に関する情報を収集する際に展示会やセミナーに参加する方法，あるいは営業部隊が取引先に出向し，その取引先から情報を収集する方法などがある。

新しいアイデアを得るための技術革新を探索するには，研究開発部門が創造的であることが必要である。第1に，技術情報の流れを把握することが重要である。多くの先進的なアイデアは，研究開発部門にある。注意すべきは，社内の研究開発部門のみならず，社外の，そして時には業界外の他社の研究開発部門の動向を把握し，技術情報の流れを把握しておくことも重要である。第2に，技術予測を行うことも重要である。しかしこれは非常に難しい問題であり，とくに技術の革新性が高ければ高いほど，予測は困難である。頻繁に用いられる方法には，トレンドの外挿法と専門家判断がある。半導体は，消費財そして産業財のいかんにかかわらず非常に多くの製品に必要なものであるが，技術革新も非常に速く，単位当たりコストは日々変動している。半導体技術の予測を正確に行うことは，単にコスト縮減のみならず，自社の新製品の新たな可能性を創出するアイデアの源泉にもなる。トレンドを把握し外挿したり，それらが困難であれば業界あるいは当該技術の専門家に意見を聞き，技術予測を行うことが大切である。

また研究開発部門とマーケティング部門との間のコミュニケーションが円滑であることも必要である。人事配置により相互にコミュニケーション可能な人材をどちらかの部門に配置したり，研究開発部門からマーケティング部門に人事異動を行ったり，あるいはそれぞれの部門の意思決定者や鍵となるゲートキーパーを密に接触させたりすることで，両部門の円滑なコミュニケーションは達成されるかもしれない。あるいは施設の点からは，同じ建物やフロアーに両部門を設定することも有効かもしれない。

探索的に消費者を調査することは，市場のニーズを反映させたアイデアを得るのに有用な方法の1つである。第8章や第9章で紹介したグループ・インタビューは，この種の方法のうち，頻繁に用いられているものの代表例である。一般的な顧客の意見や問題点を相互作用的に導出できるので，豊かなアイデアを得ることができる。あるいは先端的なユーザーの意見を収集することで，新製品のアイデアを創出することもできる。先端的なユーザーの希望する問題解決のためのソリューションは，技術的には挑戦的かもしれないが，豊かなアイデアを包含している。リード・ユーザー分析は，①リード・ユーザーの指標を，市場あるいは技術トレンドや潜在的な便益測度にもとづいて特定化し，②そのグループを識別し，③リード・ユーザーとコンセプトを創出し，④それから創出されたコンセプトをテストすることからなる。

創造的グループ手法には，ブレーンストーミング，形態学（morphological）分析などの方法がある。ブレーンストーミングは，グループ全員で多様なアイデアをたくさん出すようにする。したがって，他人のアイデアの批判は厳禁で，他人のアイデアをもとによりよいアイデアを出していく方法である。形態学分析は，5つのステップからなり，問題を明示的に定式化し，パラメータを特定化し，パラメータのすべての可能な組合せリストを作成し，すべての代替案の実行可能性を検討し，そして最善の代替案を選択するというものである。創造的グループ手法において大切な点は，オープン性を維持し，参加意識を確立すること，多数のそして多様なアイデアを助長すること，相互のアイデアに立脚すること，問題に向かって志向すること，そして討議の運営を司るリーダーを活用することである。

自社，競合，顧客などに加えて，政府の支援を得ることもアイデア創出にとって有用な方法である場合もある。また企業戦略として，先端技術を活用するライセンシングを取得したり，アライアンスを組むという方法によって，不可能であったアイデアの実現可能性が高まり，新製品アイデアが創出される場合もある。

アイデア創出過程：アイデアの管理

多様なアイデアの源に対して，適切なアイデア創出方法を適用することで，多種多様なアイデアが創出されるであろう。これらのアイデアを管理するには，アイデアを選択し，その数を管理することが必要である。アイデアを選択する最も簡単なやり方は，市場の魅力度を測定した方法と同じ方法をアイデアに適用する方法である。もう1つの方法は，アイデアの魅力度を測定する方法であり，たとえば，

$$\text{魅力度} = \frac{\text{技術開発成功確率} \times \text{商業的成功確率} \times \text{利益}}{\text{開発コスト}}$$

である。ここで，商業的成功確率は技術開発が成功したことを所与としており，利益は商業的成功が実現したことを所与としている。

アイデア数の管理の方法の1つは，アイデアに対する潜在的利益の分布を考えることから始まる。そしてある1つのアイデアのみしか存在していなければ，分布の平均値の利益を得ることになるが，複数アイデアがあれば，アイデア間

のシナジーが発生し，単一の場合以上の利益を期待できる場合もある。したがって，複数のアイデアを創出し，それらの相互作用を首尾よく管理することが大切である。

この時点でとくに注意すべき点は，優れたアイデアを削除してしまうというドロップ・エラーを最小化すること，そして陳腐なアイデアを遂行してしまうゴー・エラーを最小化することである。

SECTION 3 新製品のデザイン

新製品開発過程において，市場機会の発見ステップの次は，新製品のデザインである。デザインとは，第1に，その新製品が顧客に提供するであろう鍵となる便益を識別し，第2に，その便益を競合製品と比較しながらポジショニングし，そして第3に，その便益を実現する製品を具体的に開発し，マーケティング戦略やサービス政策などを構築することである。この便益に関するポジショニングや価値提案の規定は，第15章での顧客価値のデザインや第16章でのブランド構築と密接な関係があるので，相互に参照してほしい。新製品のデザイン過程をまとめたのが，図13-3である。

新製品デザイン過程

マーケターは，新製品のデザインに関して，図13-3の左ブロックに示された，市場機会の発見，改善，そして評価という3つの意思決定を行わなければならない。そしてそれらは，図の右ブロックに示された顧客に関する，消費者測定，消費者のモデル化，市場行動の予測という3つのステップを考慮しなければならない。マーケター・サイドの3つのステップは一方通行ではなく相互に見直されるべきであり（図13-3の図中の矢印1，A，B，2），たとえば市場機会の発見を行った後，消費者を測定しモデル化したことで，市場の定義に改善が必要であることがわかれば，再び市場機会の再検討そして再発見が必要になることもある。また，たとえば市場行動の予測の結果にもとづき評価を行うことで，改善する余地が発見され，市場機会を再検討する必要性が生じることもある。

消費者の測定において，2つの側面が測定されなければならない。1つは，問題発見のための定性的測定であり，もう1つは，モデル・インプットのため

FIGURE 図 13-3 ● 新製品デザイン過程

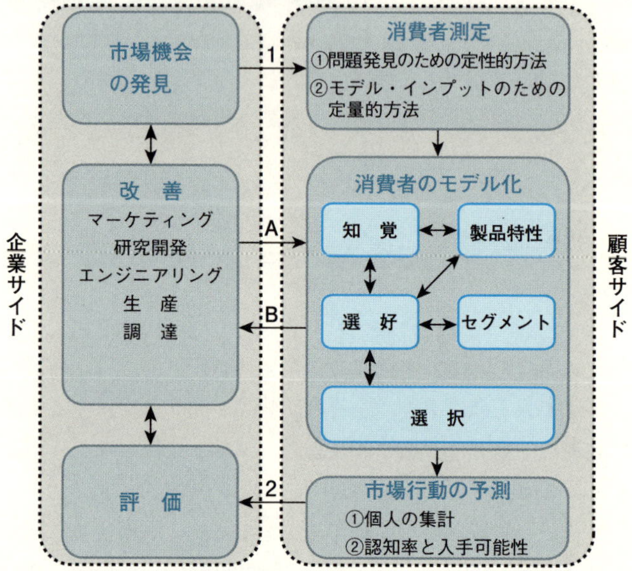

（出所） Urban and Hauser [1993], p. 167.

の定量的測定である。これらはいずれか単独で十分というものではなく，両者の測定が必要であり，相互補完的である。これらの手法は多様であり，第 8 章のリサーチ手法と第 9 章の定性的手法を参照してほしい。

消費者のモデル化には，5 つの要素が関連している。第 1 の要素は知覚であり，どのような便益を提供すると認知されているかということであり，そして第 2 の要素は選好である。知覚も選好も，第 3 の要素である製品特性に関して行われる。たとえば，ある製品特性がどのような品質や程度であると知覚されているか，そしてその製品特性はどれぐらい重要であり，どの程度選好に影響を与えるか，ということである。そしてこれらは，第 4 の要素であるセグメント間で異なっており，最終的に，選択されるという結果になる。これが第 5 の要素である。

各個人の選択を集計したものが，売上となる。したがって，市場行動の予測には，まず個人の選択行動を集計することが必要となる。また，売上という結果に至る前段階としての認知率や流通上の入手可能性なども，予測に重要な側面である。

このデザイン過程のキー・ポイントには，6つの点がある。第1に，製品は物理的な存在であると同時に心理的なポジショニングでもある。デザインとは，単に物理的な特性を明確に述べるだけでなく，それ以上の意味や価値提案を包含するものである。

第2に，デザイン過程は相互に関連している。いずれのステップも一方向で完結せず，逐次的に相互に行ったり来たりするものである。

第3に，新製品のデザインは，統合的である。マーケティング部門のみならず，研究開発，エンジニアリング，生産，調達など他の部門との統合がなければ，定義された価値提案の実現は不可能である。

第4に，予測と理解の両方が必要である。予測のみを目的としては機械的・無機的なものとなるかもしれず，他方，理解のみを目的としては現実性から離れていくかもしれない。予測の制御性と理解の包括性の両者が重要である。

第5に，分析のレベルは，市場提供のタイミングの適切性と完結性のトレードオフを反映しなければならない。完結で完全な製品は時間を要するが，市場がその時を待ってくれる保証はない。また市場で受け入れられるタイミングに注視しすぎると，完結性は不完全なものとなる。両者は常にトレードオフ関係にあるといえ，この関係を考慮した意思決定が望まれる。

第6に，デザイン過程は，マネジャーの定性的技法と定量的技法の両技法でもって，意思決定されるものである。定性的側面も定量的側面も重要であり，いずれかのみに偏ることは正道を踏み外す可能性があることを常に考慮すべきである。

消費者測定

消費者を測定する方法には，定量的方法と定性的方法がある。定量的方法には，第8章で紹介された平均や分散，頻度や中央値などの記述統計，相関分析，クロス表連関分析，回帰分析などがある。定性的方法には，第9章で紹介された，集団面接法，個人深層面接，投影法の連想法，完成法，構成法，表現法などがある。これらの方法によって，市場機会を発見することが，第1のステップとなる。

消費者のモデル化：知覚

消費者測定の具体的な対象は，製品特性に関する，セグメントごとの知覚，選好，そして選択

COLUMN 13-1 小林製薬株式会社：通称“ドロドロ開発”

「“あったらいいな”をカタチにする」というブランド・スローガンを掲げる小林製薬株式会社は，独特の新製品開発を行っている。それは，通称“ドロドロ開発”と呼ばれている。「ブルーレットおくだけ」「ナイシトール」「消臭元」「アイボン」「熱さまシート」「トイレその後に」「命の母A」など，多数のヒット製品そしてロング・ライフ製品を有する小林製薬の新製品開発は，特筆に値するものである。

1886年に，小林忠兵衛によって，名古屋市中区門前町に合名会社小林盛大堂を開業し，創業された。当時は，雑貨・化粧品・洋酒の店として事業を開始した。1888年に，薬品卸部門を設立し，1919年に大阪市西区に創立された株式会社小林大薬房の製剤部門を1940年に分離し，小林製薬株式会社を設立した。後の1956年に，両社は合併している。歴史のある小林製薬は，小林豊代表取締役社長自らホームページで「ずばり『面白い会社』です。……当社は製薬会社ですが医薬品以外にも芳香消臭剤，オーラルケア製品，栄養補助食品などいろんな製品を扱っています。決まった枠の中におさまるのではなく，常に新しいもの，お客さまが喜ぶようなものを追い求めているので社内にも躍動感があります」と述べているほど，品揃えや新製品開発など独特のマーケティング活動を展開している。

全社員が会社の経営に関わろうという主旨の「社員提案制度」があり，年間3万5000件以上の新製品提案や業務改善のアイデアが社員から出され，製品化される制度である。顧客に喜ばれる製品は，あやしい響きのある“ドロドロ

である。これらを測定することによって，ターゲット・セグメントの見直しやコミュニケーション戦略の再検討といったマーケティング戦略上の改善，研究開発に関する改善，さらにはエンジニアリングや生産上の改善などが行われる。そしてこれらの測定による消費者のモデル化と改善は，一度で終わるというよりも，相互作用的に何度も行われる点に留意すべきである。

まず知覚の測定方法を説明しよう。「あなたはどのようにこの製品を思っていますか？」というような直接的な設問に答えることのできる消費者は，常に製品のことを比較し検討している相当興味や関与の水準を保有した消費者であり，稀有であることのほうが多い。したがって，直接的ではなく間接的に回答

開発”という言葉に秘密がある。これは，開発担当者たちが顧客にとっての「快い」とは何かと問い続け，考え，もがき苦しみ，さらに考えぬく開発現場の様子を表す言葉であり，顧客の期待に応え，さらに期待を超えるような優れた製品は，それほど簡単には作れないんだということを社員1人ひとりが，あらためて肝に銘じるための言葉でもある，と同社は表現している。

製品開発を常に消費者のニーズを探ることから始めるため，一般の顧客の協力を得て，本当に顧客が求めているものを発見する消費者インタビューをまず行う。アイデア会議では，社員がそれぞれアイデアを持ちより，いろいろな角度から話し合いを行い，この会議から新しい製品の芽が生まれる。中央研究所において，製品化される前に徹底的に実験を行い，さまざまな実験や調査をクリアできたもののみが製品化される。これで終わりでなく，社長をはじめ経営陣に対して新製品のアイデアを説明することで，本当にお客さまにとってよい製品なのか，厳しい質問が経営陣から飛び出て，製品化の意思決定が行われる。

何よりも「わかりやすさ」をモットーとする小林製薬株式会社は，常に目新しい製品を作っているため，どのような製品かがすぐ伝わるCMや効能・効果が想像しやすいネーミングにこだわっており，わずか15秒のCMにおいても，まず問題提起し，その答えとして新製品を提案する問題解決型がベストだと考えている。それを「シンプル・イズ・ベストが基本なのです」と表現している。

（参考）　小林製薬株式会社ホームページ（http://www.kobayashi.co.jp/index.html）。

できる設問で，製品の知覚を明らかにする必要がある。知覚を明らかにする手法にはさまざまなものがあるが，頻繁に用いられているものには，製品の属性評価にもとづき製品知覚マップを明らかにする因子分析を用いる方法と，製品間の距離にもとづき製品知覚マップを明らかにする多次元尺度構成法がある。以下では，前者の因子分析にもとづく方法のみを説明し，因子分析や多次元尺度構成法などの具体的な分析手法に関する説明は割愛する。興味のある読者はマーケティング・サイエンスの基本書（たとえば片平［1987］など）を参照されたい。

因子分析による**製品知覚マップ**の目的は，消費者の製品知覚を明らかにし，さらにその根底にある次元や概念を明らかにすることにある。まず製品に関わる属性リストを準備する。たとえば，車の場合，「加速がよい」「しっかりした走りである」「運転しやすい」「インテリア・デザインがよい」「乗り心地がよい」「デザインがよい」などの属性リストを準備し，各製品に対してこれら属性ごとに「非常にそう思うならば5点，まったくそう思わないならば1点をつけて下さい」というような設問で，評価を行ってもらう。合計設問数は，製品数×属性数，となるので，製品が7つで属性が12あれば，合計84の設問を消費者に回答してもらうこととなる。

次に，これらの属性は，通常，互いに独立すなわち無相関ではなく，相関しているため，より少数の独立した相関のない根底にある評価次元に縮約することが望ましい。たとえば，「加速がよい」「しっかりした走りである」「運転しやすい」などは，相互に相関している可能性が高く，「運転性能便益」というような根底にある評価次元としてまとめることができる。またより少数にまとめることで，マネジャーは製品に関する知覚を容易に理解することができるようになり，また独立性の高い冗長性を除いた評価次元で理解するほうが実質性が高いと想定できる。因子分析によって，このより少数の，より独立した，根底にある概念を抽出することが可能となる。

因子分析を用いて，高級車に関する製品知覚マップを行った例が，図13-4である。横軸は「加速がよい」「しっかりした走りである」などの属性があるので「運転性能便益」として，縦軸は「静かである」「広い室内である」などの属性があるので「快適性便益」として，解釈することができる。これら2つの根底にある評価次元空間において，BMWは運転性能が高く知覚され，レクサスとベンツは快適性が高く知覚されていることが示されている。またレクサスとベンツのポジションが近いことから，両者は類似のイメージで知覚されており，快適性がその競争次元であることが示唆されている。

このような知覚が明らかになった際，新製品開発としては，たとえば，[0.2, 0.2] 座標の辺りの，運転性能便益がBMWよりやや劣るが快適性便益が優れているように知覚されている製品が少ないことがわかる。これにより，新製品開発の1つのチャンスは，このような製品にあることが示唆され，「室内居心地のよさ」や「乗り心地のよさ」などの製品属性を鍵として，新車がデザインされることの必要性が明らかにされよう。

FIGURE 図 13-4 高級車に関する製品知覚マップの例

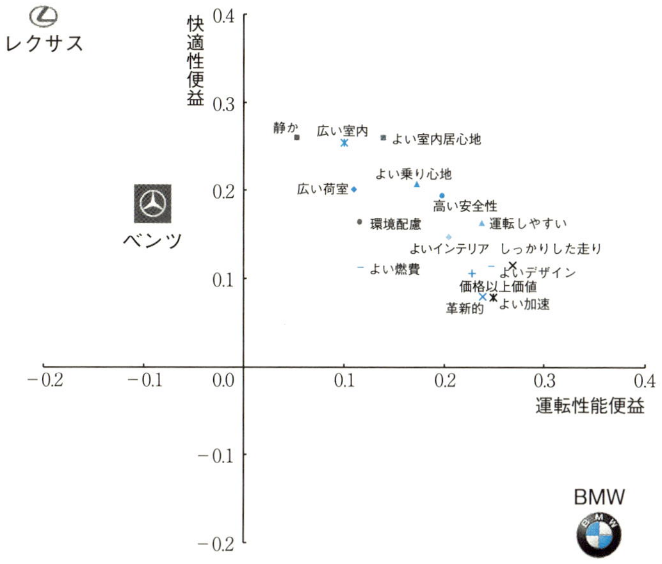

（出所） 高木・井上［2007］，7 頁より作成。

消費者のモデル化：選好

消費者にどのように知覚されているかを把握したならば，消費者がどのように選好を形成しているかをモデル化する必要がある。図 13-4 の製品知覚マップ内に，理想の製品像を表す理想点を推定し布置することも可能である。消費者は各製品の理想点からの距離に応じて，距離が近ければ近いほど理想の製品に近いため当該製品を選好し，逆に距離が遠いほど理想の製品からかけ離れており当該製品を選好する程度は低くなる。たとえば，［0.1，0.1］座標の辺りに理想点が推定されたならば，ベンツが最も理想点に近いことから，最も選好される製品となるはずである。

具体的な製品を対象に選好を検討するならば，この種の理想点をマップに布置する方法も可能であるが，新製品の場合には，消費者は具体的な新製品を知らない場合が多く，理想点を推定する方法を用いることが困難である。そこで，具体的な製品を特定化する代わりに，製品を構成する属性を具体的に特定化することで，どのような属性がどの程度重要視されているか，という選好構造を明らかにする方法が，**コンジョイント分析**である。

コンジョイント分析は，元来は計量心理学の分野で1960～70年代に研究されてきたコンジョイント測定法をベースに，マーケティングの領域で適用されてきたものである。もととなっているコンジョイント測定法では，「各製品コンセプトを好きな順序に並べて下さい」というような質問で測定される序列尺度を対象とした。しかし，序列尺度は特殊な統計分析を必要とするため，近年では「どの製品コンセプトが一番好きですか？」という名目尺度や「各製品コンセプトをどれぐらい好きですか？ 非常に好きならば10点，まったく好きでなければ0点とし，0～10点の間で評価して下さい」という間隔尺度で測定されることが多い（序列尺度，名目尺度，間隔尺度などについては，第8章6節を参照されたい）。ここでは，間隔尺度でのコンジョイント分析を紹介しよう。

どれぐらい好きですか，という間隔尺度で設計されたコンジョイント分析は，統計分析でいえば回帰分析である。ただ通常の回帰分析は，標本すべてを集計したデータに対して行われるのに対して，コンジョイント分析は，個人ごとの非集計データに対して行われる点が異なる。

たとえばノート・パソコンの新製品開発を考えてみよう。ノート・パソコンを構成する製品属性として，重さ（700gと800g），画面サイズ（13インチと15インチ），ハードディスク・ドライブ・サイズ（500GBと800GB）の3つのみを想定しよう。各3つの属性に関して，それぞれ2水準あるので，

(700gと800g) × (13インチと15インチ) × (500GBと800GB)

の8つのノート・パソコン（A～H）を考えることができる。それぞれに関する選好度を「非常に好きならば10点，まったく好きでなければ0点」とし，0～10点の間で評価した結果を，ある個人に関して以下のように得られたとする。

パソコンA = {700g，15インチ，800GB}
パソコンB = {700g，15インチ，500GB}
パソコンC = {700g，13インチ，800GB}
パソコンD = {700g，13インチ，500GB}
パソコンE = {800g，15インチ，800GB}
パソコンF = {800g，15インチ，500GB}

パソコンG＝{800 g，13インチ，800 GB}

パソコンH＝{800 g，13インチ，500 GB}

そうすると，パソコンA～Hに関する選好度を従属変数，重さ，画面サイズ，ハードディスク・ドライブ・サイズを独立変数とした回帰分析で，その個人の選好構造を各3つの属性の相対的重要性で表すことができる。

ある個人が上記8つのパソコンA～Hの選好度を｛10，7，9，6，8，5，7，4｝という順に間隔尺度で回答したとすると，その個人に関して，重さ700 gの重要度は2.00，画面サイズ15インチの重要度は1.00，ハードディスク・ドライブ・サイズ800 GBの重要度は3.00として回帰分析で推定される。したがって，この個人は，ハードディスク・ドライブ・サイズを最も重要視しており，次に重さ，そして最も重要でないものは画面サイズとなる。なお各属性内のもう1つの水準（800 g，13インチ，500 GB）の重要度は簡便上0に制約を課している。

消費者のモデル化：セグメンテーション

個人ごとに，どの属性をどれぐらい重要視しているかという選好構造が明らかになれば，この選好構造の類似性にもとづきセグメンテーションを行うことができる。たとえば，重さを最も重要視するセグメント，画面サイズを最も重要視するセグメント，ハードディスク・ドライブ・サイズと画面サイズを重要視するセグメントなどである。

選好構造にもとづくセグメンテーションを行うことができれば，識別された各セグメントの特徴を，より接近可能な人口動態的変数（性別，年齢，居住地域，所得，家族構成など）で記述すれば，その新製品の市場導入が決定した際のマーケティング戦略を構築しやすくなる。たとえば，20代前半の女性が当該セグメントであるとすれば，彼女たちが観る，あるいは購読する可能性が高いテレビ番組や雑誌への広告の出稿や，彼女たちが利用する可能性が高い百貨店や地域に流通配荷を増加するなどの具体案を検討しやすくなる。選好構造にもとづくセグメンテーションは有用なセグメンテーション方法の1つであるが，この種のセグメントの特徴づけを行うことを忘れては，その有用性が減少することに注意が必要である。

消費者のモデル化：選択

新製品が市場に投入された後にどの程度の売上見込みがあるかは，製品コンセプト代替案を評価し取捨選択する際に重要な基準となる。この段階で売上予測をする方法にはいくつかあるが，最も用いられる方法が，先のコンジョイント分析によって推定された各製品属性の重要度にもとづく方法である。重さ 700 g の重要度は 2.00，画面サイズ 15 インチの重要度は 1.00，ハードディスク・ドライブ・サイズ 800 GB の重要度は 3.00 という個人を例にして，

案 1 ＝ {700 g，13 インチ，500 GB}

案 2 ＝ {800 g，15 インチ，800 GB}

案 3 ＝ {800 g，13 インチ，800 GB}

の 3 つの代替案を検討しているとする。案 1 の魅力度は 2.00（＝2.00＋0＋0），案 2 の魅力度は 4.00（＝0＋1.00＋3.00），案 3 の魅力度は 3.00（＝0＋0＋3.00）となり，案 1 を選択する確率は，すべての代替案の魅力度の合計に比例すると考えれば，

$$\text{選択確率，案 1} = \frac{2}{2+4+3} = \frac{2}{9} \fallingdotseq 0.222$$

となる。同様に，

$$\text{選択確率，案 2} = \frac{4}{2+4+3} = \frac{4}{9} \fallingdotseq 0.444$$

$$\text{選択確率，案 3} = \frac{3}{2+4+3} = \frac{3}{9} \fallingdotseq 0.333$$

となる。

これらの選択確率を対象セグメントを構成している個人に適用すれば，売上予測を行うことができる。

すべての代替案の魅力度の合計を考慮した上記の方法と異なるもう 1 つの考え方は，最も魅力度が高いもののみが選択され，それ以外は選択されない，というものである。この考えに従えば，最も魅力度が高いのは案 2 であるので，

選択確率，案 1＝0

選択確率，案 2＝1

選択確率，案 3＝0

となる。いずれの考えが好ましいかは，業界構造や製品カテゴリーの特性（関与，購買間隔など）などに依存して検討されるべきである。

市場行動の予測　新製品の評価は，その製品を市場に導入した際，どのように消費者が受け入れてくれるか，という側面によって行われる。直接的な指標は，売上である。売上を予測する1つの方法は，個人ごとに推定された選択確率を集計する方法である。全代替案の魅力度を合計したものの比で選択確率を特定化する方法の場合にせよ，最も高い魅力度を保有する製品の確率を1とし残りを0とする方法の場合にせよ，個人ごとの確率を集計すれば，売上の予測を行うことができる。

ところが新製品の場合には，評価を直接的な指標である売上で行うことが困難な場合が発生しうる。非常に新しい技術を保有する新製品の場合，その便益を製品に対する実体験がないまま理解することは難しいであろう。また流通が，そのようなまったく新しい製品を採用するかどうかも定かではなかろう。このような場合に予測された売上は，不確実性や予測誤差がある程度存在しているため，評価指標として採用するには無理があることも考えられる。そのような場合に，消費者の認知率や流通カバレッジである入手可能性などの間接的な指標で，製品評価を行うほうが好ましいこともあることに注意が必要である。

売上を予測し，予測売上数量にもとづき利益を予測することも重要である。たとえば，固定費が6億円で単位当たり変動費が2万円とし，設定価格を3万2500円とすると，6億円の固定費を単位当たり1万2500円（=3万2500円－2万円）で按分すれば，損益がちょうどゼロとなるので，固定費を（価格－変動費）で割った，6億円÷(3万2500円－2万円）から，4万8000台が損益分岐点となることがわかる。この条件のもとでは，4万8000台以上の売上予測があれば黒字になるので，Goという意思決定になり，逆に4万8000台未満の売上予測であれば赤字になるので，No Goという意思決定になるであろう。

SECTION 4　製品のテスト

製品をテストする際に，プロトタイプと呼ばれる試作品を開発しなければならない。テストに先立つデザインの段階で，具体的にプロトタイプを開発できるような方法でデザイン設計されたならば，試作品の開発は比較的容易であるが，常にそうであるとは限らない。とくに顧客が求める便益の側面を中心に製

FIGURE 図 13-5 ● テスト・マーケットのタイプ

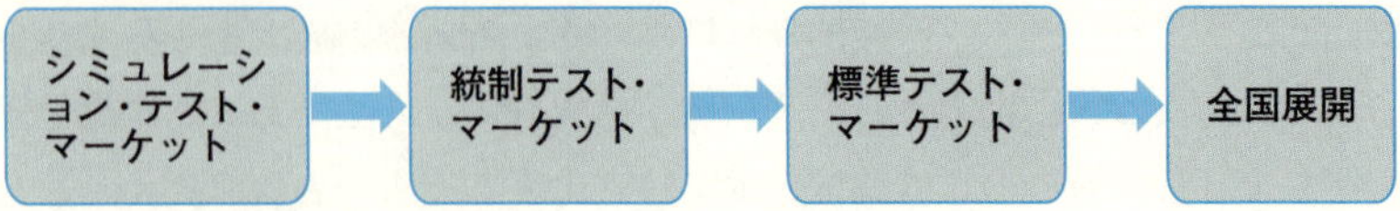

品デザインの開発が行われたならば，具体的にどの特性をどう特定化すればその便益を提供することができるかを決定しなければならず，プロトタイプ開発は容易に行うことはできない。そのような場合，品質機能展開（QFD: Quality Function Development）と呼ばれる方法を用いることがある。品質機能展開は，技術特性と要求特性の 2 次元の表で構成される。顧客の便益を反映した要求特性を設計品質を反映した技術特性に変換するための検討を支援する表である。要求特性の重要度そして技術特性の重要度を考慮し，製品の品質を決定するよう設計技術要素が特定化され，プロトタイプの開発が支援される方法である。

産業財（生産財）にせよ消費財にせよ，マーケティング・コミュニケーションによって適切に製品の便益をターゲット・セグメントに伝達することが肝要である。産業財の場合，適切なパンフレットの作成，展示会や営業における適切な製品説明などをテストする必要がある。消費財の場合，とくに非耐久パッケージ製品の場合，テレビや新聞などのマスメディアを活用した広告展開を相当なマーケティング予算のもとで執行することも多く，製品と広告をあわせてテストすることも少なくない。このように製品のみならず他のマーケティング・ミックスを包含したマーケティング戦略のテストは，規模の程度によって，いくつかのタイプに類型化することができる（図 13-5）。

まず最初のレベルは，シミュレーション・テスト・マーケットである。これは社内でも行うことができるし，調査機関を通じて実行することもできる。シミュレーションが仮想的に行われるのに対して，実際に広告の A 案と B 案を統制し，ターゲット・セグメントを対象に，限定された地域と期間でマーケティング計画をテストするのが統制テスト・マーケットである。その次のテストは，標準テスト・マーケットと呼ばれるものであり，たとえば静岡市や広島市といった規模で，メディアを実際に活用して広告を配信し，流通も既存の店舗に協力してもらい棚に配荷するといったものである。これらは徐々に移行するにつれ，より多くの投資が必要となってくる。また投資のみならず，競合他社に製品情報やマーケティング計画情報が漏れるリスクも考慮しなければならない。これらを順に経て，あるいはいくつかのテスト・マーケットを経て，全国に展開される。

SECTION 5 導入計画とライフサイクル管理

市場機会を吟味し，製品のデザインが行われ，製品テストが首尾よくいったならば，具体的な導入計画を検討することになる。どのターゲット・セグメントに対して，価値提案をどのようにポジショニングし，どのようなマーケティング・ミックス戦略で当該新製品を市場に導入するかのマーケティング計画の策定である。具体的な売上や利益目標，マーケット・シェア目標，ROI 目標などを，予算案を構築すると同時に行わなければならない。これは，まさに本書全体に関わることなので，本書を通読した後に，改めて導入計画を検討してみてほしい。

また導入段階におけるマーケティング計画は重要であるが，導入段階のみでは十分とはいえない。第 14 章で紹介する製品ライフサイクルを考慮し，ライフサイクル全体を見渡した中長期的視点から製品を管理することが大切である。詳細は第 14 章を参照されたい。

SECTION 6 新製品開発における課題

製品の同質化，市場の飽和化，インターネットの普及，企業と顧客間の情報非対称性の減少など，今日のマーケティング環境は企業にとって容易でない。とくに，製品の同質化が進展し市場が飽和するにつれ，「新」製品開発が困難になりつつある。大きな技術革新が期待されにくい業界や開発された技術がすぐに模倣されたり飽和化したりする業界では，マイナーな改良を行った「新」製品が市場に導入されることも少なくない。あるいは「新」製品としてではな

TABLE 表 13-2 各開発段階に要する期間

開発段階	平均期間（月）	幅（±標準偏差）
市場機会の発見	5	4～ 8
新製品のデザイン	6	2～15
製品テスト：プリテスト・マーケット	3	2～ 5
製品テスト：テスト・マーケット	9	6～12
市場導入の準備	4	2～ 6
合計期間	27	18～35

（出所） Urban and Hauser [1993], p. 63 より作成。

く，新たなアイテムとして製品ラインに追加されたり，同じアイテムとして再ポジショニングされることもある。いずれにせよ，何らかの新しさがあることは必須であるので，企業サイドからの新しさと顧客サイドからの新しさのいずれか，あるいは両方を備えることが大切である。

アーバンとハウザーによると，新製品開発の各開発段階に要する月数は，表 13-2 のようになっている（Urban and Hauser [1993]）。「幅（±標準偏差）」という意味は，約 69％ の確率でその幅のなかの月数を要するということである。第 1 ステップの市場機会の発見に平均 5 カ月，デザインに平均 6 カ月，テストに合計 12 カ月，そして市場導入の準備に 4 カ月で，合計 27 カ月も要してしまう。しかし市場が飽和化し，流通から新製品導入のリクエストが増加するにつれ，この開発期間の短縮化の必要性は増大している。

開発期間を短縮化するためには，製品開発を行う組織の体系が 1 つの鍵となる。大きく 2 つの体系に類型化することができ，1 つは製品開発過程に重複がない**リレー**（シーケンシャル，逐次）**型開発**であり，もう 1 つは重複がある**ラグビー**（コンカレント，並行）**型開発**である（図 13-6，Urban and Hauser [1993]）。重複がなければ各段階が逐次的に執行されるため，表 13-2 にあるように 27 カ月を要してしまう。これに対して，重複を許容すれば，6 カ月短縮され合計 21 カ月で市場導入計画を準備することが可能となる。この期間短縮という長所は明らかであるが，短所がないわけではない。並行して製品開発段階が執行されるため組織的協働が重要になる。ブランド・マネジャーあるいはプロダクト・マネジャーは，開発過程の管理業務において，この組織間調整も業務範囲とな

FIGURE 図 13-6 ● 製品開発組織の体系

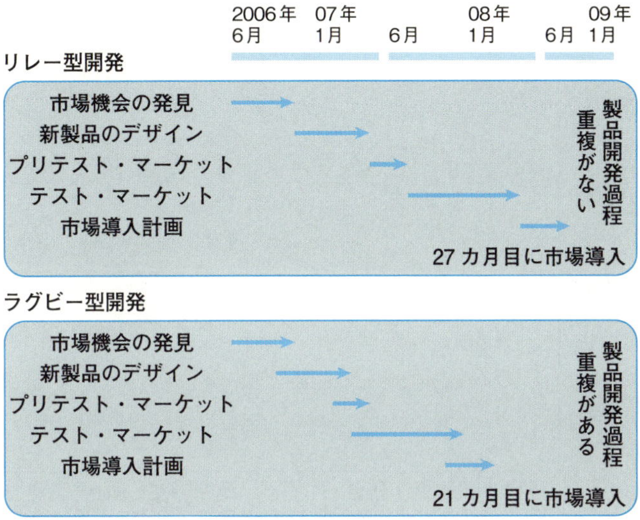

（出所） Urban and Hauser [1993], pp. 70-71 に加筆修正して作成。

る。またこの組織間調整を首尾よく行い，新製品開発チームが首尾よく機能するためにも，開発能力を蓄積する必要性があり，組織的学習も重要な業務対象となろう。

図13-7は，新発売されたブランド数である（水野［2006］）。新発売ブランド数の急増現象に驚かれる読者も少なくないのではなかろうか。近年，新製品開発に対する要求，とりわけその成功要求は高まっていることは明らかである。新製品開発は，アイデアに関するリスク，デザインに関するリスク，売上予測に関するリスク，導入マーケティング戦略に関するリスクなど，リスク管理が重要となる。成功する可能性が低いアイデアやコンセプトを早期の段階で識別し，成功する可能性が高いものに絞って，新製品開発過程の後期まで検討するようにしなければならない。

FIGURE　図 13-7　新発売のブランド数

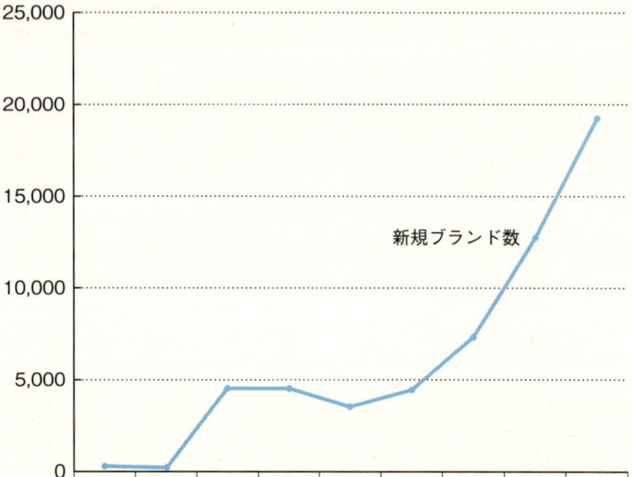

1965 年	1970 年	1975 年	1980 年	1985 年	1990 年	1995 年	2000 年	2004 年
374 件	297 件	4,613 件	4,636 件	3,597 件	4,521 件	7,391 件	12,821 件	19,252 件

（出所）　水野［2006］，82 頁より作成。

Chapter 13　演習問題　EXERCISE

❶　ある製品カテゴリーを1つ選んで，1年以内にどのような新製品が市場に導入されたかを整理してみよう。

❷　新製品のアイデアを，さまざまなアイデア源，アイデア創出方法を用いて考えてみよう。

❸　成功したと考えられる新製品を取り上げ，どのような製品特性で，どのような知覚そして選好が，どのターゲット・セグメントに関して形成されたかを検討してみよう。

❹　ある新製品が，どのようなマーケティング計画で市場に導入されたかを，広告戦略，価格戦略，流通戦略などに関して整理してみよう。

第 14 章 製品ライフサイクル

1981 年，IBM PC の登場。コンピュータを支えてきたハードディスク産業も業界動態のうねりの中。
（AFP＝時事通信社提供）

CHAPTER 14

白黒テレビ，ブラウン管テレビ，音声多重放送対応テレビ，衛星放送受信対応テレビ，25 インチ大画面テレビ，いや 40 インチ大画面テレビ。すべてテレビであるが，現存している白黒テレビは稀であろう。音声多重放送未対応テレビも稀であろう。ところが，これらのテレビが，当時の新製品として注目された時代があったことは事実である。このようなテレビ業界あるいはテレビ市場の進展が，本章で取り上げる製品ライフサイクルである。市場に導入して間もない製品をどうマーケティングするべきか。対前年度比売上を確実に超えて成長している製品の場合，逆に対前年度比 50% まで売上が減少している製品の場合は，どうマーケティングすべきか。本章では，これらの状況に対応するマーケティング戦略について考えてみたい。

INTRODUCTION

KEYWORD
FIGURE
TABLE
COLUMN
EXERCISE

KEYWORD

導入期　成長期　成熟期　衰退期　普及理論　採用　トライアル　リピート　スタイル　ファッション　ファッド　波型パターン　計画的陳腐化　先発優位性　差別化　業界標準

SECTION 1 製品ライフサイクルの概要

製品ライフサイクルの4つの時期

世に提供されたすべての製品には，その製品が最初に導入された時期がある。近年，欠品の可能性を少なくするといった流通業者との取引関係から，あるいはテスト的な導入をまず試みる目的から，全国同時販売ではない場合も多いが，いずれにせよすべての製品には，最初に導入された時期がある。そして逆に，世に提供されなくなったすべての製品には，その製品が最終的に撤去された時期があり，おそらくこの撤去時期はほとんどの消費者が気づかないうちに，そして流通業者には通達されるが実質的影響がないうちに，行われる。このように，製品にも一生があることを前提にライフサイクルが論じられ，そのライフサイクルをいくつかの段階に分割し，期ごとのマーケティング戦略のあり方を論じるのが，本章の目的である。

本章では，PLC（Product Life Cycle）と略されることもある製品ライフサイクルという通常用いられる表現を用いるが，この製品ライフサイクルは「製品」に関するものではなく，業界や市場の発展段階としてのライフサイクルに関するものである点も重要である。図14-1は，製品ライフサイクルと密接な関係にある主要耐久消費財に関する世帯普及率の推移のグラフである。

また第10章で紹介した，競争地位別戦略，すなわち，リーダー，チャレンジャー，フォロワー，ニッチャーの戦略は，製品ライフサイクルのどの段階にあるかに依存している。この点は次節以降で詳述することにする。

製品ライフサイクルは，**導入期**，**成長期**，**成熟期**，**衰退期**の4つの時期に分割されることが多い。そして各期は，図14-2のように，売上高と利益高によって特徴づけることができる。

FIGURE 図 14-1 ● 主要耐久消費財に関する世帯普及率の推移

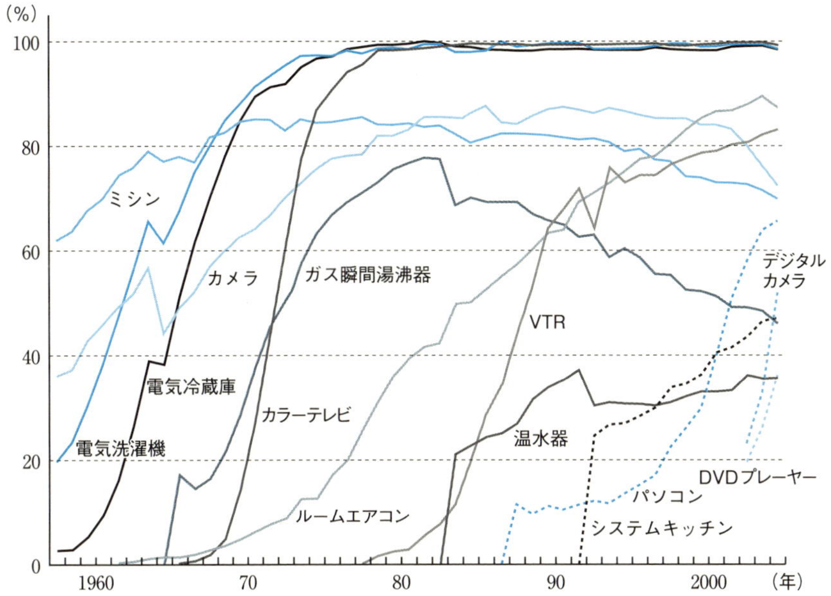

（出所） 石井・栗木・嶋口・余田［2004］，349頁。

売上がわずかな導入期では，利益はまだ黒字にはならない。そして，売上の増加率が高い成長期になると利益が出始めるが，売上の増加が停滞する成熟期に入ると利益は徐々に減少し始め，売上高が減少に転じる衰退期になると再び利益はほとんどなくなる。これが一般的なライフサイクル上の，売上高と利益高の推移である。

製品ライフサイクルと普及理論

この製品ライフサイクルと，第4章1節でも紹介されたロジャースの**普及理論**（図14-3）は，マーケティング戦略を策定するうえで関連している。第1に，ともに横軸は時間軸であるが，縦軸が異なっている。製品ライフサイクルの縦軸は売上高・利益高であるが，普及理論の縦軸は当該製品の新規採用者数である。したがって第2に，売上高を縦軸とする製品ライフサイクルでは，ある顧客が反復購買すれば複数回カウントされるのに対して，**採用**の

FIGURE 図 14-2 ● 製品ライフサイクル

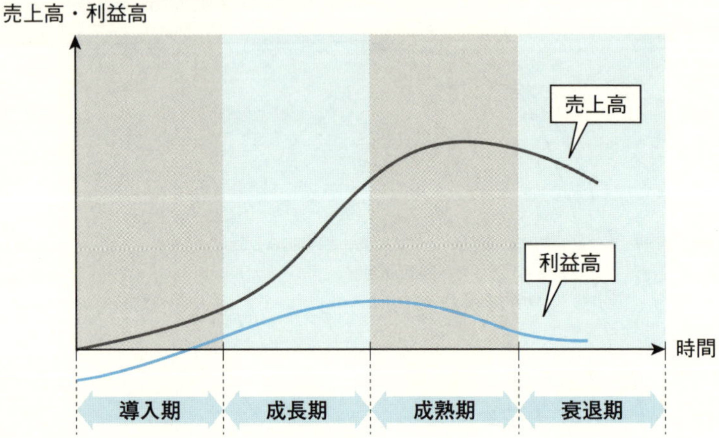

（出所） 和田・恩蔵・三浦［2006］，179 頁。

FIGURE 図 14-3 ● ロジャースの普及理論（Rogers〔1983 年〕）

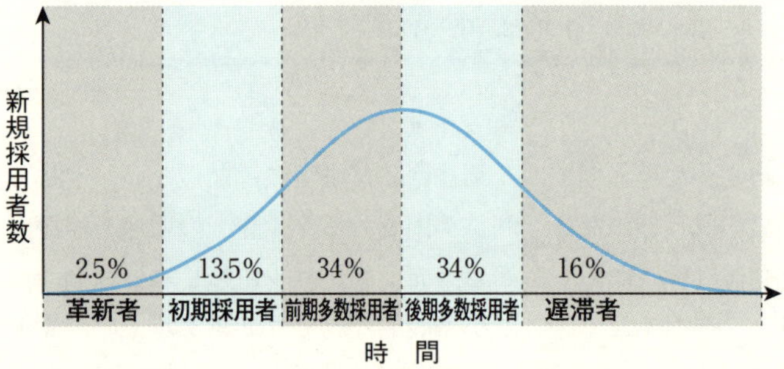

（出所） 嶋口・和田・池尾・余田［2004］，69 頁。

有無を縦軸とする普及理論では一度「採用者」としてカウントされれば二度とカウントされることはない。第 3 に，ともに何年といったカレンダー的な絶対的な時間が明記されてはいないが，普及理論は革新者は 2.5%，初期採用者は 13.5%，前期多数採用者は 34% といったように各期の領域が明確であるのに対して，製品ライフサイクルの各期の領域は明確に区別されるわけではない。

むしろ製品ライフサイクルの各期をマーケティング戦略で変えていこう，というのが本章の主張である。

しかしながら，製品ライフサイクルの推移とともに，普及理論のいくつかの側面が関わってくる。導入期や成長初期の顧客は，革新者でほとんど構成されると考えられる。知識も豊富で，関与水準も高い革新者により，業界は牽引（けんいん）されるのである。そして時間の経過とともに，初期採用者，そして前期多数採用者が，当該製品やサービスを採用し，そして革新者を含めた試用者のうち，次の試用であるリピートも加わって，製品ライフサイクルの段階は進捗していく。そしてこの変容において，第6章4節にて紹介された，包括的問題解決，限定的問題解決，そして常軌的反応行動という，顧客側での購買意思決定過程の変容が関わってくる。

また，採用という普及理論の側面でトライアルした消費者が，いつ，どのようにリピートするかが，売上に大きな影響を与える。このトライアルとリピートにもとづき，売上を予想しようと試みるアプローチが，1970～80年代に多く開発された（たとえば，Silk and Urban［1978］のアセッサー・モデル）。つまり，ある時期の売上は，初めてその製品を購入したトライアル・セグメントの売上と，過去にすでに製品を購入し2回目以降の購買であるリピート・セグメントの売上から構成されると考える。そして，トライアル・セグメントの売上とリピート・セグメントの売上をそれぞれ予測することで予測精度を高め，集計としての売上予測の精度も高くなることをねらったのが，アセッサー・モデルなどのモデルである。

製品ライフサイクルとスタイル，ファッション，ファッド

製品ライフサイクルは，常に図14-2のような形状をとるとは限らない。詳細は本章の最後に触れるが，ここではとくに，コトラーとケラーが紹介しているスタイル，ファッション，ファッド，そして波型パターンと製品ライフサイクルの違いを述べておきたい（図14-4，Kotler and Keller［2006］，第10章）。製品ライフサイクル同様，すべて横軸は時間，縦軸は売上であるが，形状がそれぞれ異なっており，ライフサイクルのパターンを異にしている。

まずスタイルは，世代を越えた，長期的で基本的なものであり，人為的な努力や行為によってなされるものである。たとえば，「アイビー」と呼ばれるスタイルは，アメリカ北東部に位置する8つの大学（ブラウン，コロンビア，コー

FIGURE 図 14-4 ● スタイル，ファッション，ファッド，波型パターン

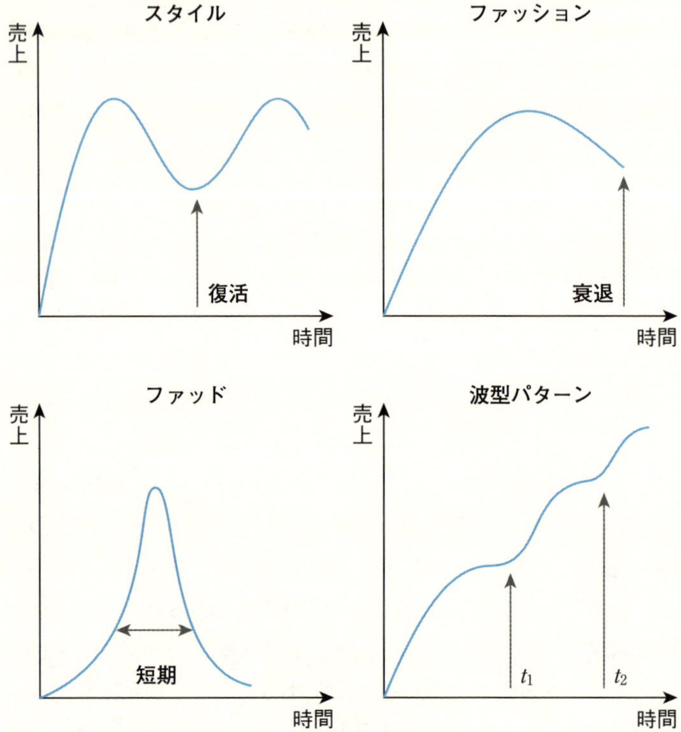

（出所） Kotler and Keller [2006], p. 323 を加筆修正して作成。

ネル，ダートマス，ハーバード，プリンストン，ペンシルバニア，イェール）の学生の間で広まっていた，上品でトラディショナルなスタイルである。日本でも 1960 年代に「みゆき族」の間で広まったのが端緒である。しかしその後，一時廃れ，再び流行した。このような復活を含む盛衰を繰り返しながら，いまもなお世に受け入れられるものがスタイルである。

次にファッションは，スタイルと異なり，ある程度の期間で衰退する（した）ものである。「マルキュー」と略される渋谷 109 は，1990 年代の渋谷系ファッションを創出してきたが，そのうち，1990 年代中ごろから後半，中高生を中心に流行したのが「コギャル」ファッションである。制服であるにもかか

わらず，ミニスカートがその象徴であった。しかし2000年ごろから真っ黒に顔を化粧した「ガングロ」が象徴となるころから，「コギャル」は衰退し，「ヤマンバ」ファッションが到来した。これに例示されるように，ファッションとはある期間に衰退する（した）流行である。

3つ目のファッドは，超短期に，一時的に，熱狂を集めるものであり，「ぶら下がり健康器」や「ルービックキューブ」などがその例であろう。これらの製品は，数カ月で売上がピークに達し，そして数カ月で売上が急減したファッドの例である。

ファッドが自然に発生する場合もあれば，マーケターにより意図的に行われる場合もある。これは，**計画的陳腐化**（Planned Obsolescence）と呼ばれる。たとえば，デジカメなどのコモディティ化（→第15章）が進捗した業界では，毎年のように新しいモデルが市場に導入され，棚に新製品として陳列される。ただし，注意深くこれらの新製品の仕様を検討してみると，大した改良もなく新モデルとしてコミュニケーションされている場合も少なくない。しかしながら，消費者からすれば新モデルなので，何か新しい機能が，何か品質改良がされていると知覚される可能性が高い。このような新製品や新モデルを計画的に市場に導入することで，旧製品や旧モデルを陳腐化させ，旧製品や旧モデルのライフサイクルを衰退させることで次の新製品や新モデルの購買を刺激し，全体としてライフサイクルを延命あるいは拡張させようとするマーケティング戦略が，計画的陳腐化である。

最後に，スタイル，ファッション，そしてファッドなどの異なる形状に加えて，製品の改良や改善を通じて，製品ライフサイクル自体が衰退することなく，成長し続けることもある。それが波型パターンである。図14-4の波型パターンでは，まずt_1期に製品改良が行われ，そしてこの製品改良が市場に受け入れられ衰退期へと移りかけていた製品ライフサイクルが再び成長期へと変貌し，またt_2期にも再び製品改良が行われ，衰退期から成長期へと復活していることが示されている。最後にも述べるが，製品ライフサイクル自体は予測されるものではなく，むしろ戦略によって変更され修正されるべきものである。

近年の情報通信技術（ICT）ならびにインターネットの普及により，第24章にて述べるように，立ち上がりが急に高く，その後ピークを迎えることなく，衰減していくパターンを描く製品も少なくない。たとえば，ゲームのソフトウ

FIGURE **図 14-5 ● 製品ライフサイクルの期ごとのマーケティング戦略**

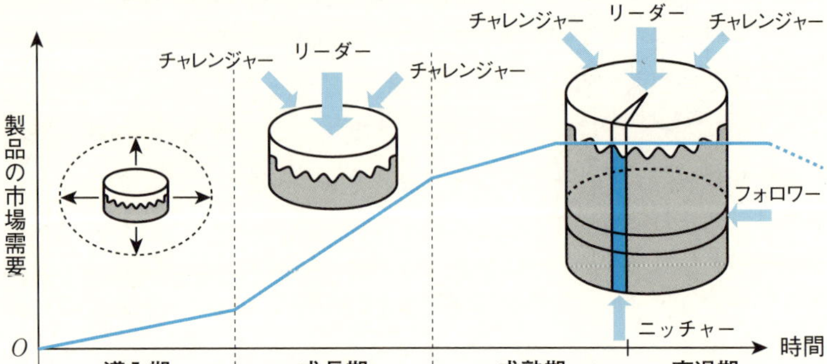

	導入期	成長期	成熟期	衰退期
競争形態	独　占	寡　占	多　占	
戦略課題	新規需要拡大努力	差別化努力	地位別優位化努力	
競 争 者	リーダーのみ	リーダーとチャレンジャー	リーダー，チャレンジャー，フォロワー，ニッチャー	

（出所） 嶋口・和田・池尾・余田［2004］，57 頁。

ェアはその一例である。発売直後の 1～2 週間に急激に売上が上昇し，それがそのゲーム・ソフトの売上ピークとなり，以降は徐々に減少していくのである。また映画のライフサイクルも同様であるが，とくに近年インターネット上での口コミ量が増加するにつれ，封切直後の立ち上がりとピーク後の衰滅のパターンが際立ってきているように感じる。逆に，電子商取引上での一部の書籍の売上のように，成熟期と衰退期の境目が曖昧で，ある程度の売上が常に計上される息の長い製品（ロングテール）も存在するようになってきている。

これらの製品ライフサイクルの多様性をふまえたうえで，次節では標準的な議論として，図 14-5 のように市場規模をケーキに模してまとめられた，製品ライフサイクルの期ごとのマーケティング戦略のあり方を紹介する。

SECTION 2 導入期のマーケティング戦略

導入期は売上高がまだ小さく，市場に参入している企業も少ないか，皆無であり，独占状態である。したがって，基本的にはリーダーしか市場に存在しておらず，自ずとリーダー型のマーケティング戦略を採用することになる。ここでの戦略課題は，この製品ライフサイクルが，後続の成長期そして成熟期へと発展するよう，この新規の需要を創造し拡大するように努力することである。具体的には，潜在的顧客に製品とその便益を告知することで認知してもらい，試用を促進し，流通など中間業者での取扱いを確保し常に配荷することが大切である。

導入期で気をつけるべき戦略資源に，先発優位性（First Mover Advantage）がある（たとえば，Lieberman and Montgomery [1988]）。これは，先発者である早期参入者は競争優位性を享受する，という概念である。日清のカップヌードルやYahoo!は，その例である。カーペンターとナカモトは，アメリカ市場において1923年時点でリーダーであった25企業のうち，19社は60年後の1983年時点でもリーダーであることを紹介し，その理由としてカテゴリーの認知的重心，すなわちカテゴリーの第一想起として先発ブランドが認知されていることを論じている（Carpenter and Nakamoto [1989]）。また先発優位性のその他の根拠として，累積生産量の大きさに由来する規模の経済，技術優位性，特許取得などが考えられる。

しかしながら，先発優位性は，常に存在するとは限らず，2番手がリーダーとなる例も少なくない。日本市場においてYahoo!はリーダーであるが，その他の地域では後発のGoogleがリーダーであることも多い。また表計算ソフトは，かつてLotus 1-2-3が市場を席巻していたが，いまやマイクロソフトのExcelが最大のシェアを確保している。またインターネットのブラウザーは，Netscapeが先発であるが，近年Netscapeを使用している顧客は非常に少なくなり，2008年3月に公式サポートも終了した。先発者が常にその先発優位性を発揮できない点に関して，ゴールダーとテリスは，先発者を一括りにせず，新製品を開発し特許を保有した発案者（Inventor），実用製品をはじめに開発した製品開拓者（Product Pioneer），その新製品市場で初めて販売を行った市場開拓者（Market Pioneer）に区別する重要性を提案している（Golder and Tellis [1993]）。そして長期的な市場でのリーダーシップを発揮するための要因として，マス・マーケットについてのビジョン，持続的一貫性（Persistence），絶え間ないイノベーション，財務的投資，資産レバレッジを挙げている。

導入期において，大きく2つのターゲット・セグメントのいずれかをねらうかで，価格政策に関して意思決定が求められる。1つの価格政策は，比較的マスのセグメントをねらうために，市場での浸透を考慮して，低価格で製品導入する意思決定である。これは，浸透価格戦略と呼ばれる。もう1つの価格政策は，マスではなく，少々高価格でも購入するコアな上層のセグメントをねらった，上澄み吸収価格戦略あるいは上層価格戦略である。またいずれのセグメントをねらうにせよ，その普及の速度を速めるために，価格政策上のプロモーションを仕掛けることもある。したがって，プロモーションを仕掛けない，これら浸透価格戦略や上澄み吸収価格戦略に加えて，プロモーションを付随させる高速浸透価格戦略や高速上澄み吸収価格戦略が考えられる。

SECTION 3 成長期のマーケティング戦略

製品が市場に受け入れられると，とくに革新者から初期採用者へと普及の段階が進展するにつれ，製品ライフサイクルは成長期へと移行する。初期採用者そして前期多数採用者が新しい機能や性能を保有する新製品を採用するための促進要因として，コトラーやシューメーカーとショーフは，5つの要因を挙げている（Kotler [2003]；Shoemaker and Shoaf [1975]）。

第1の要因は，相対的優位性である。既存の製品の機能や性能と新製品のそれらが同じ程度であれば，顧客が採用する可能性はそれほど高くないが，新製品の性能や機能が優れていれば，採用される可能性は高くなる。

しかしながら，単に優れていればいるほど可能性が高くなるというわけではなく，第2の要因である互換性，そして第3の要因である単純性・複雑性が鍵になる。使用方法が大きく異なれば，顧客は新たに使用方法を習得しなければならず，その学習は顧客にとってコストや負担となるため，採用の可能性が低くなる。とくにソフトウェアなどは，この種の互換性がなければ，非常に使用しにくいものとなり，非互換性は普及にとっての大きな障害となろう。また優れた性能や機能であっても，使用しにくい，活用しにくいものであれば，再び使用方法や活用方法の習得は顧客にとってのコストや負担となるため，採用に対して負の効果を与える可能性が高い。

第4の要因は，試用可能性や分割可能性である。新しい製品が試用できれば，あるいは全体として，たとえば全システムにではなく一部のシステムに分割試用できれば，その新製品の採用の可能性は高くなるであろう。システム全体を置換するのは，コストがかかるのみならず，リスクも生じるため，試用あるいは分割試用できれば，採用の促進となることが考えられる。

第5の要因は，観測可能性や伝達可能性である。新製品から提供される新しい性能や機能は，顧客からすれば，新しい性能や機能に加えて，新しい便益である。この新しい便益が，顧客にとってわかりやすい，見てわかる，その価値が伝わってくる，といった程度も，採用にとって重要な要因である。優れた性能や機能の便益を可視化し，その便益を顧客にきちんと理解してもらうマーケティング努力は重要である。

売上高が増加する成長期になると，複数の企業が市場に参入してくる。ただその数は，まだ多くはなく，市場は寡占状態であることが多い。その複数の参入者の1社はリーダーであり，他社は市場が成長していることから，フォロワーやニッチャーではなく，チャレンジャーである。

導入期と比較して成長期は，市場の「うまみ」が増加し，図14-5に示されたケーキのクリーム部分は増えている。このうまみ部分をねらって，リーダー対チャレンジャーの競争が行われる。その戦略課題は，差別化であり，市場に参加している各社が他社とは異なる訴求を行い，なるべく多くのうまみを得ようとする。製品の品質を改良したり，新たな製品特性を付加したり，スタイルを改善すること，さらに流通での取扱いが拡大されるような施策や新たな流通経路を開拓したりすること，そして導入期にあった製品認知型のマーケティング・コミュニケーションから製品特性を訴求したりターゲットとする顧客選好に直接訴求するようなコミュニケーションに変更したりすること，などが行われる。

この成長期における差別化戦略を行う際に，存在するトレードオフに注意する必要がある。すなわち，製品改良，流通経路開拓，広告支出の増加などの差別化戦略に投資すればするほど，優越した地位を確保できる一方で，来るべき成熟期の厳しい競争時に援用可能となる利益は縮減するという，優越地位と利益のトレードオフである。まさにこれは，第2章で論じられた戦略事業単位のポートフォリオ分析にもとづく，資源配分に関する意思決定と対応している。

SECTION 4 成熟期のマーケティング戦略

成熟期になると売上高の成長は鈍化し，低成長しか望めなくなる。ただこの時期には，ケーキの大きさにも含意されるように市場規模は大きく，多数の企業が市場に参入しており，多占状態になっている。成長期には存在しなかったフォロワーやニッチャーが，うまみを直接ねらうことなく，競争の激しいうまみ部分から離れたところに追随しながら存在したり，ケーキの特殊な一部のみを確保することで存在しえたりする。したがって成熟期の戦略課題は，各競争地位別に優位化を努力することになる。

売上は，基本的に，「顧客数×顧客1人当たり使用量」として算定することができる。したがって成熟期に売上増加を達成するには，顧客数を増やすか，使用量を増やすかによって可能となる。前者は，第1に未使用者や潜在顧客を顕在化すること，第2に新しい市場セグメントに参入すること，そして第3に競合他社の顧客を奪取することで増加させることができる。後者は，第1により多くの使用機会を創出すること，第2に各使用機会での使用量を増やすこと，そして第3に使用方法を多様化することで増加させることができる。これらは，成熟期における「市場の修正」と呼ばれることもある。

成熟期の「製品の修正」は，次の衰退期に入るのを延長させる見地から重要である。品質の改良は，製品修正の代表的なものである。百数十年前の19世紀後半にエジソンが電球を発明して以来，日本においては松下幸之助が1936年にナショナル電球株式会社を設立して以来，電球はわれわれの生活になくてはならない製品であり，明らかに成熟期を迎えている（迎えた）製品である。しかし近年になって，松下電器産業株式会社（現・パナソニック）が開発した「パルックボール プレミア」は，10Wで電球60形タイプ（54W）と同等の明るさを達成し，しかも1万時間の耐久性を実現したという品質改良によりライフサイクルを延命した一例であろう。

製品特質を改良することも，製品修正の代替策である。大きさを拡大したり，軽量化したり，素材を変更したり，付随品を増やしたりすることが多い。液晶やプラズマでない，ブラウン管のテレビはその一例である。1960年代のブラウン管テレビの大きさは，14～18インチであったが，1970年代には20インチ超に，そして1980年代には30インチ超も登場した。

品質と特質に加えて，スタイルの改良により成熟期の製品を修正することもある。四角張った無機的なデザインから，丸みを帯びた有機的なエルゴノミックスと呼ばれる人間工学的に優れた，人間にとって使いやすいデザインへと変更し，製品を修正するケースも少なくない。

また市場と製品に加えて，「マーケティング戦略の修正」も成熟期に重要な修正である。価格の切下げにより，新規顧客を獲得することができるのか，既存の流通経路で十分か新たな経路開拓が必要か，販売促進は売上増加に寄与しそして利益増加にも寄与しているか，広告支出を増加させた場合に見合う効果があるか，メッセージは適切か，などマーケティング戦略の諸側面を再検討し，必要であれば修正し，衰退期への突入の遅延を試みるべきである。

SECTION 5 衰退期のマーケティング戦略

衰退期にある業界で活発に活動している企業は，それほど多くない。需要そして顧客は減少傾向にあるため，競合企業の数も減少するが，売上は減少傾向にあり，通常，利益率も低下する傾向にある。

この期にある企業の意思決定は，現状維持か撤退か，に大別することができる。現状維持の意思決定においても，売上や利益率が減少しているので，徐々に製品開発やマーケティングに対する投資を減少させる必要がある。ただし，黙って縮減を待つわけにはいかず，マーケティング戦略上は，事業や業界の再定義，あるいは顧客や便益の再定義を行い，なんとか衰退期から脱出することを試みることも肝要である。

撤退の意思決定は，いつ撤退するか，そしてどのように撤退するか，に関連

COLUMN 14-1 ハードディスク・ドライブ産業の業界動態

今日，ノートブック・コンピュータ，パーソナル・コンピュータ，ワークステーション，サーバー，メインフレームなどすべてのコンピュータに不可欠なハードディスクは，1952〜56年にIBMによって初めて市場に導入された。ハードディスク関連の根本的な技術改善もやはりIBMによって行われてきた。たとえば，1961年にリムーバブル・ハードディスク・パックが開発され，1971年にフロッピーディスク・ドライブが開発された。以降，時間が経過するにつれ，多様な技術革新があり，また1バイト当たりのコストも低下した。ハードディスクという大きな業界で括れば，依然として成長期であるかもしれない。ただ，技術ごとにハードディスク業界を定義すれば，衰退期のものもあり，また成長期のものもある。また新規参入した企業もあれば，退出した企業も存在している。ハードディスクのサイズごとに時間変遷を追ってみよう。

まず14インチ・ドライブであるが，1970年代中ごろまでは，総ハードディスク・ドライブの売上高の，ほぼ100%を占めていた。主たる顧客は，メインフレーム・コンピュータのメーカーであり，1974年時点での一般的なディスク容量は，130 MBであった。この業界のリーダーは，先発者のIBMであった。

1978年から80年にかけて，8インチのハードディスク・ドライブが登場した。この業界への新規参入者には，シュガートアソシエイツ，マイクロポリス，プリアム，クウォンタムなどがあった。ディスク容量は，10 MBから40 MBと容量は小さくなり，ミニコンピュータのメーカーが顧客に移行した。

1980年にシーゲイト社が5.25インチのハードディスク・ドライブを発売した。そして新たな参入者として，ミニスクライブ，コンピュータ・メモリーズ，インターナショナル・メモリーズなどが登場し，ディスク容量は5 MBから10 MBといっそう小型化し，デスクトップ・パーソナル・コンピュータのメーカーならびにユーザーが顧客となった。

している。従来，製品やサービスを提供したきたセグメントのいくつかのみに対応するよう一部撤退し，ある程度の期間，この衰退業界に留まり，後に撤退する意思決定もあろう。逆に，過去の投資を早期に回収するようマーケティング戦略を構築し，収穫に徹底した後に，撤退する意思決定もあろう。あるいは極端に，資産や競争優位性を考慮せずに，他の事業単位に既存の経営資源を投下する目的から，即時撤退する場合もあろう。

そして1984年に，スコットランドの新規参入者であるロディン社が3.5インチ・ドライブを開発した。この3.5インチ・ハードディスクの容量は限定的であったが，当時成長していたポータブル・パソコン，ラップトップ・パソコン，ノートブック・パソコンのメーカーに採用され始めた。この業界の主力企業には，コナー・ペリフェラル社があった。

その後，1990年代初めに1.8インチのハードディスク・ドライブが，2003年から数年間に1.3インチ，1インチ，0.85インチのハードディスク・ドライブが開発されたが，これらはあまり成功せず，むしろ1990年代後半に開発された2.5インチのドライブは，パソコンのみならずゲーム機にも搭載され，主要ハードディスクの1つとして今日に至っている。

そして2000年初頭から，新たな半導体メモリー技術をベースとする外部記憶媒体が登場してきた。USBをインターフェイスとするフラッシュ・メモリーや，SSDと呼ばれるソリッドステート・ドライブである。

ハードディスクという大きな業界で業界の動態を検討する場合と，開発技術であるディスク・サイズごとの業界で動態を検討する場合では，参入そして退出企業，ライフサイクルのステージ，顧客次元などが，時系列変化に応じて変遷していることがわかる。ハードディスク業界の企業は，業界の動態を深遠かつ広範に検討し，第10章で紹介した市場の定義も考慮しつつ，半導体メモリのような来るべき技術や競争市場を意識して，マーケティング戦略を構築することが必要であろう。

（参考） クレイトン・クリステンセン（玉田俊平太監修・伊豆原弓訳）[2001]『イノベーションのジレンマ――技術革新が巨大企業を滅ぼすとき』翔泳社。スニル・グプタ[2009]「慶應ビジネススクール 第54回高等経営学講座」講演。

衰退期のマーケティング管理は，顧客，流通，そして供給業者なども考慮する必要があるため，慎重に行われるべきであろう。当該企業サイドのみで意思決定せず，幅広い利害関係者との関係まで含めて検討したうえで行われるべきと考える。

SECTION 6 製品ライフサイクルに関するその他の側面

業界と市場は，動態的に変化するものである。コトラーとケラーは，市場や業界の発展を4つの段階に分けている（Kotler and Keller [2006]）。第1段階は，出現期である。市場が具現化される前の潜在的な市場の状態が，この期である。したがって，顧客の選好は，非常に散在している状態である。マーケターは，自社の戦略目標や経営資源などを勘案し，単一のニッチ・セグメントをねらうのか，複数のニッチ・セグメントをねらうのか，あるいはある程度の規模に集塊された複数のセグメントをねらうのか，を検討しなければならない。そして，第2段階は成長期，第3段階は成熟期，そして第4段階は衰退期と，製品ライフサイクルと同じようなパターンで，業界や市場も発展するとされる。

競争も動態的に変化し，顧客も動態的に変化する。したがって，成熟期に競争優位性を確立するためにも，それに先立つ導入期や成長期の戦略は，先見的に行われる必要がある。図14-6は冷蔵庫業界の普及率を，そして図14-7は冷蔵庫の国内出荷数量の推移を表したものである。図14-6から，1990年代前半に冷蔵庫の容量の大型化が始まり，冷蔵庫業界全体が大型化の方向に動態的に進化していったことがわかる。この時点で，300ℓ未満の冷蔵庫は衰退期に突入し，他方300ℓ以上の冷蔵庫は成長期へと展開したことが推測される。この分岐点が始まる前の，冷蔵庫業界における成熟期の前段階で，顧客ニーズの変化による大型化に対応したマーケティング戦略と製品開発戦略に取り組むことが鍵ではなかろうか。図14-7の出荷数量の推移から察するに，1970年代終わりから1980年初頭がまさにこの戦略的意思決定をすべきタイミングであり，来るべき300ℓ以上の大型冷蔵庫への先見性を持った製品ライフサイクル戦略を設計することが，その後の勝敗を左右したといえる。

また市場にネットワーク外部性が働く業界では，ユーザー数やマーケット・シェアが，製品やサービスの魅力を規定する。ここでネットワーク外部性とは，製品・サービスのユーザー数，あるいはネットワークのサイズが増大するに従って，その製品・サービスから得られる便益が増大する性質をいう（淺羽[1995]）。したがって，**業界標準**（デファクト・スタンダード）が，個々の製品や

FIGURE 図 14-6 ● 冷蔵庫業界の普及率

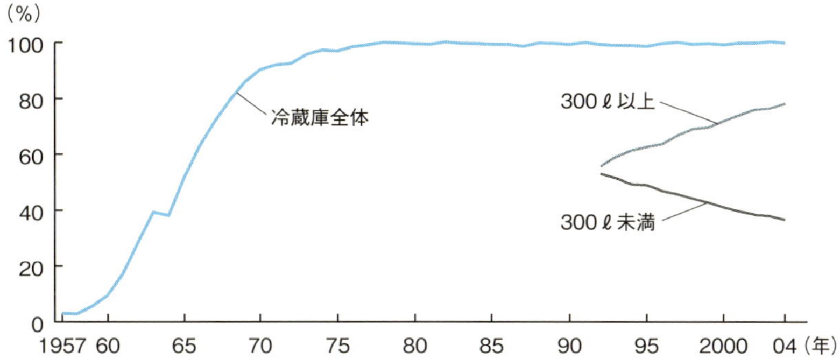

（出所） 川上［2005］，117頁（内閣府経済社会総合研究所「消費動向調査」〔2004年3月15日実施〕）。

FIGURE 図 14-7 ● 冷蔵庫の国内出荷数量の推移

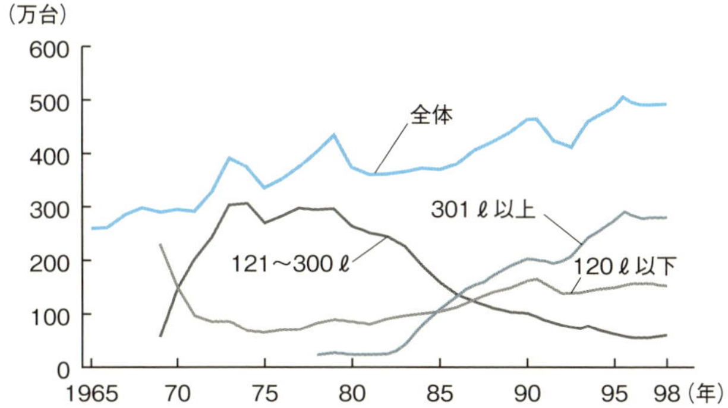

（出所） 川上［2005］，117頁（社団法人日本電機工業会家電部調査課）。

サービスの売上に影響するだけでなく，業界のライフサイクルにも影響することがある。図14-8は，LD（光学式ビデオディスク）方式とVHD（Video High Density）方式の売上台数の推移を表したものである。

ビデオディスクは，1970年代から1980年代前半にかけて，各企業が互換性のない独自フォーマットを開発し，市場導入時には競って他社に同社のフォーマットを採用するよう働きかけていた。LD は 1965 年に MCA（Music Corporation of America）社が開発し，1975 年にパイオニアが LD 方式にフォーマットを絞り，1977 年に MAC とパイオニアにより UPC（ユニバーサルパイオニア）という合弁会社が設立された。VHD は，1978 年に日本ビクターにより独自開発された。1980 年に，シャープが VHD 方式の採用を決定すると，NEC，東芝など各社が相次いで VHD 方式の採用を決め，国内でパイオニアのみが LD 方式を採用することになり，LD 陣営は圧倒的に不利な形勢である，と多数はみなしていた。

ところが，VHD 陣営はディスクの量産化に成功せず，1982 年 4 月に発売延期せざるをえなかった。この間，パイオニアは，1981 年にマニア向けの LD-1000，そして 1982 年に機能を絞った低価格の LD-600 を発売した。そして 1983 年に量産効果の効く LD-7000 を発売し，これに魅了されたソニーとティアック（TEAC）などが LD 方式の発売を決定した。VHD 陣営も低価格プレーヤーを発売し，勝負はソフトの充実にある，と見られるようになった。

LD 方式と VHD 方式との競争により拡張した市場を最終的に手中にしたのは，LD と CD のコンパチブル・プレーヤーを 1984 年に発売したパイオニアであった。1984 年に互角であった LD と VHD のシェアは，LD が 1985 年には 60%，そして 1988 年には 90% を突破し，結果として，NEC，東芝，シャープなど VHD 陣営から LD に乗り換える企業が続いた。

LD という事実上の業界標準は，各社のビデオディスクの売上に影響を与えたのみならず，ビデオディスク業界そのもののライフサイクルにも影響を与えたのである。この種の業界標準戦略も勘案し，製品ライフサイクルをマネジメントし戦略をデザインしなければならない。

最後に，本章を終えるにあたり 1 点強調したい。製品ライフサイクルのどの段階にあるかが，マーケティング戦略を規定するのではない。マーケティング戦略はプロセスであり，プロセスの管理を行うことが大切である。既存の条件や環境を所与として対応するのではなく，それらの与件をマーケティング戦略によって変えていく，先を見越した思想が大切である。マーケティング戦略で，製品ライフサイクルを変化させるのである。

FIGURE 図 14-8 ● LD 方式と VHD 方式のビデオディスクの売上台数の推移

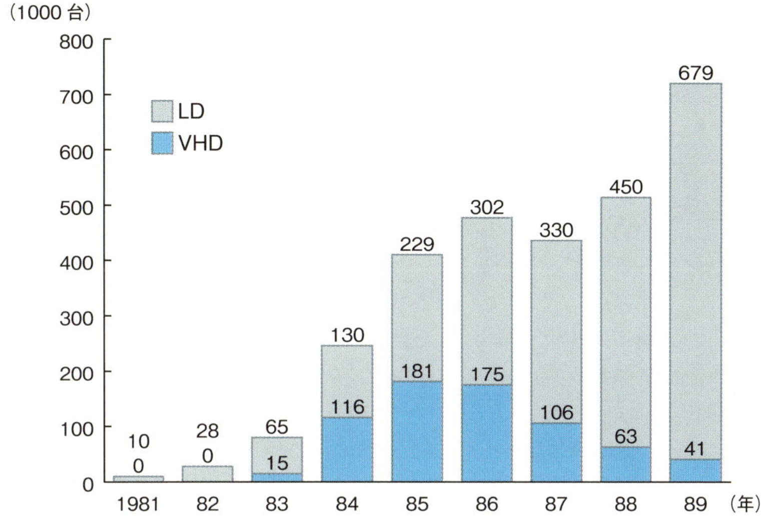

(出所) 淺羽［1995］, 35 頁。

Chapter 14 ● 演習問題 EXERCISE

❶ ある業界を期間にわたって注目し，どのような製品改良がなされていったか，どのような企業が参入しまた退出したか，どのような価格戦略，コミュニケーション戦略，そして流通戦略がとられていったかなどを，導入期，成長期，成熟期，衰退期を意識して整理してみよう。

❷ 先発優位性を保持した企業や製品の例，逆に後発者が優位性を保持した企業や製品の例を考察してみよう。またそれぞれ先発者は後発者に対して，逆に後発者は先発者に対して，どのようなマーケティング戦略で対抗したかも考察してみよう。

❸ 導入期，成長期，成熟期，衰退期というパターンとは異なる発展をしている製品や業界を取り上げ，なぜそのようなパターンとなるかを検討してみよう。

第 12 章

池尾恭一・井上哲浩［2008］『戦略的データマイニング――アスクルの事例で学ぶ』日経 BP 社。
●オフィス向け通信販売アスクルの事例を用い，データマイニングによる個別識別・個別対応のマーケティングを解説。

第 13 章・第 14 章

川上智子［2005］『顧客志向の新製品開発――マーケティングと技術のインタフェイス』有斐閣。
●優れた製品を世に出すためには，マーケティング部門と R ＆ D 部門の関係，そして顧客情報の活用は肝要である。この問題に着手した優れた研究書。
延岡健太郎［2006］『MOT［技術経営］入門』日本経済新聞社。
●技術は製品開発の中心資源である。日本企業の優れた技術力そしてものづくり能力を管理するための技術経営に関する入門書。マーケティングの見地のみならず，広く経営の見地から製品管理を学ぶことができる。
藤本隆宏＝K. B. クラーク（田村明比古訳）［2009］『製品開発力――自動車産業の「組織能力」と「競争力」の研究（増補版）』ダイヤモンド社。
●モジュラー型，すり合わせ型，製品開発の組織能力など製品開発の在り方に大きなインパクトを与えた K. B. Clark and T. Fujimoto［1991］*Product Development Performance: Strategy, Organization, and Management in the World Auto Industry*, Harvard Business School Press, の訳書（1993 年刊行）に，著者らが近年継続して研究してきた「ものづくり」分野の成果を包含し増補版とした，製品開発管理に関する最先端の研究書。
榊原清則・香山晋編著［2006］『イノベーションと競争優位――コモディティ化するデジタル機器』NTT 出版。
●優れた技術をベースとした製品開発が，利益を常に産出するとは限らず，収益性に苦しむ多くの革新的な製品が存在している。価格が低下し，同質性が高まり，いわゆるコモディティ化を避けるために，どう市場戦略を展開すべきかが論じられた優れた研究書。

第 V 部

マーケティング意思決定

第 15 章

製品政策

顧客価値のデザイン

新たな顧客価値をデザインし続けるアップル社。
アップル・ストアに展示された製品の数々。
（AFP＝時事通信社提供）

CHAPTER 15

企業が市場において存続し成長していくためには，顧客にとって価格に見合うだけの付加価値を創造することが不可欠であり，その役割を担うのが製品開発である。新製品開発のプロセスについては，すでに第 13 章で触れているので，本章では，顧客価値のデザインという観点から，製品開発の基本的枠組みや製品政策の方向性について検討していく。具体的には，機能的価値と感性的価値という顧客価値の次元や構造について整理したうえで，経験価値に着目したマーケティングの考え方を紹介し，iPod のケース・スタディをとおして顧客価値をデザインすることの意義について考える。

INTRODUCTION

KEYWORD

FIGURE

TABLE

COLUMN

EXERCISE

KEYWORD

機能的価値　感性的価値　コモディティ化　価値次元の可視性　経験価値　価値共創　カテゴリー創造

SECTION 1 顧客価値の創造と製品開発

価値創造としての製品開発

企業の提供物が製品であれ，サービスであれ，顧客が購入してもよいと判断する価格が，その生産と販売に要したコストを上回る場合に限って，企業は利益を手にすることができる。企業が存続し成長するためには，顧客にとって価格に見合うだけの付加価値を創造することが不可欠であり，その役割を担うのが製品開発である。また，さまざまな競争圧力が存在する市場においては，自らが創造した価値を常に獲得できるとは限らない。価値を獲得し維持するためには，競合他社の追随や模倣に打ち勝つだけの優位性の確立と持続化が不可欠であり，そこで大きな役割を果たすのがブランド構築である。

このように，製品政策とその延長線上にあるブランド政策は，企業の存続と成長のための必要条件・十分条件として密接に関わっており，その基本的な論理や枠組みを理解することは，企業経営上もきわめて重要である。ただ，新製品開発のプロセスについては，すでに第13章で取り上げているので，本章では，顧客価値のデザインという製品政策の中核をなすテーマを取り上げ，基本的な事柄についての整理を行う。また，次章では，ここでの議論をふまえて，ブランド構築の視点と枠組みについて論じていく。

さて，上述のように，企業が付加価値を創造し，市場で存続・成長していくためには，①顧客に認められる高い価値を提供すること，②それを低いコストで提供できること，③競合企業に対して優位性を確保していること，という3つの条件を満たす必要がある（延岡［2002］，12-14頁）。まずは，これら3つの条件を確認することから議論を始めよう。

(1)　顧客価値の創造　第1に，顧客にとっての製品の価値は，基本的には，その有用性と稀少性によって決まる。それゆえに，まずは，製品の機能や性能，利便性を高め，あるいは，それを使う楽しみや所有する喜びなどを加え，その有用性を高めて顧客に認められる価値とすること，これが製品開発上の最も基本的な課題である。

具体的には，製品の機能や性能に関わる製品属性（これを「機能的属性」と呼ぶ。自動車の例では，エンジン性能や燃費など）と製品を使用する際の情緒や気分に関わる製品属性（これを「感性的属性」と呼ぶ。同じく乗用車の例では，デザインや色，乗り心地など）とを，いかに組み合わせて1つの仕様とし，製品設計するかが問題となる（前者は**機能的価値**を生み，後者は**感性的価値**を生む）。

また，後述するように，製品をブランド化することで付加される象徴的価値（乗用車であればユーザー・イメージやステータス性など）を含めて，全体として，どのように顧客価値をデザインしていくかは，製品政策・ブランド政策の要となる。

⑵　コスト優位性の追求　　第2に，いくら顧客に認められる価値を創造しても，コストを回収できなければ企業は存続できない。それゆえに，製品開発では入念なコスト設計が必要となるし，コスト・リーダーシップの追求は重要な戦略課題である。しかし，それは提供価値の設計と十分に整合性のとれたものでなければならない。また，単に，製造コストや販売コストを削減して，顧客の購入価格を下げるだけでなく，場合によっては，顧客の購買コストや維持コストの低下を図ることも含めて，製品の実質的な価値の増大が検討される必要がある。

⑶　ユニークな特徴の付加　　第3に，市場には潜在的なものも含めて数多くの競合が存在するため，常に他社から追随・模倣される可能性がある。それゆえに，単にコスト上の優位性を築くだけでは不十分であり，価値の獲得と維持を確実にするためには，競合製品とは異なる際立った特徴を自社製品に持たせる必要がある。

また，製品の価値は単に有用性やコスト・パフォーマンスだけでなく，その稀少性とも強く結びついていることから，自社製品にユニークな特徴を持たせることは価値創造の面でも効果的である。それは貴金属のような絶対的な意味での稀少性ではなく，あくまでも相対的な稀少性にもとづく価値ではあるが，他社製品によっては代替できないユニークな価値を提供できてこそ，ブランド化も可能であり，持続的な競争優位も築けるのである。

製品開発と差別化の次元

相対的な意味での稀少性を作り出すうえでも，また，ユニークな独自の価値を作り出すためにも，何らかの形で差別化を行うことが不可欠である。

延岡によれば，製品開発において企業が取り組むべき差別化の切り口としては，①製品それ自体の差別化，②製品開発能力の面での差別化，という2つの次元（源泉）があり，それらは図15-1のような関係にあるという（延岡[2002]）。

ここで，前者は，製品開発プロセスのアウトプットに着目した差別化の切り口であり，具体的には，

① **特定機能上の差別化**：たとえば，パソコンを例とすれば，CPUの処理速度や記憶容量等での差別化など

② **機能軸自体を変える差別化**：パソコンの例でいえば，デザインに加えて音楽・動画の編集機能を強調したソニーの「VAIO」やデザインの斬新さを強調したアップル社の「iMac」「MacBook Air」など

③ **まったく新しい分野での製品開発**：たとえば，アップル社の「iPod」など

の3つのタイプに分類される。

これに対して，後者は，このようなアウトプットを生み出す製品開発の仕組みやプロセスに焦点を当てた差別化の切り口であり，

① **技術力での差別化**：競合企業が模倣できないような圧倒的な技術力によって，独自の優位性を確立する

② **組織プロセス能力での差別化**：同種の製品の開発であっても，競合企業よりも短時間かつ少ない工程数で高い品質を実現する，というような組織能力面で差別化する

③ **価値創造能力面での差別化**：新たなコンセプトを創造して潜在的なニーズを掘り起こしたり，あるいは，独自のビジネスモデルを構築するなど，高い価値創造につながる能力面での差別化を図る

という3つのタイプに分類される。

一般的にいって，前者の製品自体の差別化よりも後者の製品開発能力の面で差別化を図るほうが，模倣されにくく持続性も高いと考えられる。なぜなら，企業にとっての製品開発能力とは，製品開発を行ううえでの仕組みやプロセス

FIGURE 図 15-1 ● 製品開発における差別化の源泉

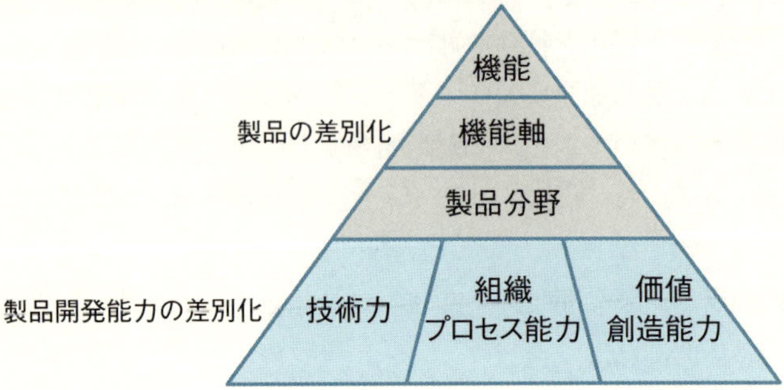

（出所） 延岡［2002］，27 頁。

に大きく依存するものであって，通常は，競合企業が外部から観察するだけでは学習できないからである。また，このような能力は，1 つの製品の開発に限定されるものではなく，開発する製品のすべてに応用可能な側面を持つ場合も多い。それゆえに，このような模倣困難な組織能力として，差別化された製品開発能力（とくに価値創造能力）を持つことこそが，持続的競争優位の源泉となると考えられる（青島・加藤［2003］）。

製品開発と仕組みづくり

上述のように，製品開発の基本的な役割は，高い価値（有用性と稀少性）と低コストを併せ持つような新製品の開発をとおして，可能な限り大きな付加価値の創造を，可能な限り少ない資源投入によって実現することである。そして，企業が市場において存続し成長していくためには，このような意味での高い競争力を持った新製品を開発し続ける必要があり，そのためには，長期的な視点に立って技術や能力を蓄積し，持続的な競争優位を構築していくことが不可欠である。

ただし，ここで蓄積されるべきものとは，単に技術やノウハウだけでなく，市場内での独自のポジションやイメージ（評判や名声を含む）など，長期的な意味で競争力を支える資産や資源のすべてである。そして，最も重要なことは，長期的な視点に立って構築されるべき組織能力を明確にすることと，蓄えられた資産や能力を効果的に利用するための仕組みづくりである（延岡［2002］，56-58 頁）。

この点，本章で取り上げる顧客価値をデザインするうえでの枠組み，あるいは，次章で論じる「売れ続ける」仕組みづくりとしてのブランド構築などは，こうした仕組みづくりの一環として捉えられるべきものである。

SECTION 2 製品開発と脱コモディティ化

市場におけるコモディティ化の進行

ある企業が競争優位性を確立すべく，製品それ自体の差別化だけでなく，製品能力面での差別化にも注力したとしても，競合他社は，そのような優位性を打破すべく，絶えず追随し模倣することで同質化を試みてくるであろう。結果として，やがて差別性は失われ，価格競争に巻き込まれていくことになる。

一般的に，差別性がなく価格競争に陥りやすい商品のことを「コモディティ」と呼び，そのような企業間での模倣や同質化の結果，製品間での差別性が失われていく状況を指してコモディティ化と呼ぶことがある。近年，数多くの市場でコモディティ化が進行するなか，そのような状況から脱却する「脱コモディティ化」のための道筋が模索されている（恩蔵［2007］）。

言うまでもなく，このようなコモディティ化は，ほとんどの企業にとって最も忌むべき状況である。なぜなら，コモディティ化による差別性の消滅と価格競争の激化は，競争の焦点をコストに収斂させるが，コスト競争とは，一元的で一方向的な競争であり，コスト競争の勝者が唯一の勝者となるからである。必然的に，それ以外の企業は，何らかの形で脱コモディティ化の道を歩まざるをえないことになる（楠木［2006］）。

もちろん，製品開発における価値創造の裏側には，多くの場合，何らかの形でのイノベーション（技術革新）が存在する。まさに製品開発のプロセスとは，消費者のニーズと技術的なシーズとをマッチングさせる場でもあり，新たな技術，新たな素材から新たな価値を持つ新製品を生み出すプロセスである。しかし，製品規格のデファクト・スタンダード化や部品のモジュール化などが進み，技術水準が高度化しつつも平準化（企業間格差が縮小）していくなかで，たとえハイテク製品であっても（ときにはハイテク製品であるほど）コモディティ化の

FIGURE 図 15-2 ● コモディティ化の促進要因

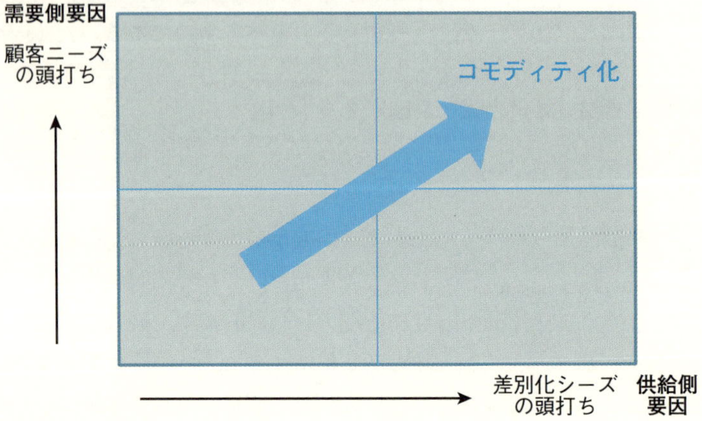

（出所） 延岡［2006a］，3 頁。

進行が速いのも事実である。

コモディティ化の促進要因

今日，さまざまな市場において進行するコモディティ化は，いったい，いかなるメカニズムによって生じているのであろうか。

図 15-2 は，コモディティ化を促進する要因を，供給側と需要側に分解して示した概念図である（延岡［2006a］）。

まず供給側の「差別化シーズの頭打ち」とは，部品のモジュール化が進むことにより，技術力を持たない企業でも比較的容易に参入でき，機能面での差別化もしにくく同質化していくことから，過当競争となりコモディティ化に陥るケースである。たとえば，デジタル家電（デジタルカメラ，薄型テレビ，DVD レコーダーなど）の市場では，近年，このような状況に陥り，価格の低下が著しい。

一方，需要側の「顧客ニーズの頭打ち」とは，たとえ差別化が実現できたとしても，実際の製品機能がすでに顧客の求める水準を超えているために，生産コストに見合う十分な対価を支払ってもらえず，結局はコスト競争となり，コモディティ化に陥るケースである。デジタル家電の分野では，機能に対する顧客のニーズは比較的すぐに満たされてしまう傾向が強く，顧客ニーズを超えた領域では，いくら差別化を実現できたとしても付加価値の創造には結びつかない。

とくに，この後者の「顧客ニーズの頭打ち」に関しては，顧客価値の源泉として，機能面だけに依存すると，顧客が求める水準を超えてしまう傾向が強いことが指摘されている（延岡［2006a］）。それゆえに，脱コモディティ化の切り口として機能的価値以外に顧客価値を拡げていく努力が必要とされる。次節以降で検討する顧客価値の次元や構造，あるいは経験価値に関する議論は，新たな顧客価値をデザインするフレームづくりを意図したものである。

製品という存在を超えて

コモディティ化の議論とやや視点は異なるが，消費者が製品に関する消費経験を蓄積し，製品の多様な側面での微妙な違いを見分けられるようになると，製品全体が醸し出す微妙な「まとまりのよさ」，メッセージの一貫性，ユーザーの生活空間へのフィットのよさ，といった首尾一貫性を要求するようになる，との指摘もある（藤本［2003］）。

つまり，かつては何か1つでも突き出たセールス・ポイントがあれば売れていた時代であったが，現代の消費者は，豊かな消費経験を通して，製品に複雑な機能や微妙な意味づけを求めるようになっており，しかも，それらさまざまな機能・メッセージ間の「まとまりのよさ」やトータル・バランスに敏感になってきている。それゆえに，このような消費者のニーズや評価能力の高度化，洗練化にともなって，製品の全体的なまとまりのよさとしての「プロダクト・インテグリティ」（Product Integrity：製品統合性）が競争上の焦点となり，製品開発における成功の鍵の1つになってきた，ということである。

先の「脱コモディティ化」への取り組みにせよ，プロダクト・インテグリティを追求する動きにせよ，そのいずれもが顧客に提供する価値の中身を捉え直し，それを洗練・高度化させていく試みである点では同一のものである。そして，それらの延長線上には，単なる製品という存在を超えて，ブランド（＝ブランド化された製品）を構築するという課題が待ち構えているのである。

COLUMN 15-1「デザイン家電」と「子育て家電」

本文中でも述べたように，家電市場はコモディティ化が進む市場の1つであるが，機能的価値以外の感性的価値を強調したり，あるいは，機能に新たな意味づけをし，それを積極的にコミュニケーションしようとする動きも出てきている。ここでは，前者の例として「デザイン家電」の動き，後者の例として「子育て家電」を紹介しておこう。

デザイン家電といえば，これまでデンマークのバング＆オルフセン（オーディオ製品）やイタリアのデロンギ（エスプレッソ・マシン，オイル・ヒーターなど）などの欧米メーカーの独壇場であったが，最近では，魅力的なデザインで高い評価を得る日本の家電製品も，ベンチャー企業の手によって生み出されている。

たとえば，世界的に有名な工業デザイナーの深澤直人が参画し2003年に設立された ±0（プラスマイナスゼロ）は，水滴をイメージしたドーナツ状の加湿器（1万9950円），白色で角に丸みがついた1枚焼きのトースター（8400円），鍵など小物を置けるお皿つきのライトスタンド（1万5750円）などで，顧客の支持を得ている。過剰ではないデザイン性，必要にして十分な機能を持たせた製品，という同社の「ありそうでなかったモノづくり」の理念が評価されてのことである。

同じくデザイナーの鄭秀和が中心となって2003年に立ち上げた「amadana」（アマダナ）も「美しいカデン」を掲げ，長く愛着の対象となるようなモノづくりを目指している。アパレルショップでの使用をイメージした電卓（6300円），本体部分に木や竹を使ったヘッドホン（1万2600円）など，多くの若者の支持を集めた。同ブランドの運営会社であるリアル・フリートは，2002年

SECTION 3 顧客価値の次元と構造

顧客価値の分類：機能的価値と感性的価値

前述のように，市場における脱コモディティ化への取り組みのためには，製品開発において機能的価値以外へも顧客価値を拡げていく努力が求められる。

に熊本浩志が東芝を退職して創業した会社である（藤川・楊・廣［2008］）。

どちらのブランドとも決して安くはない。むしろ，大量生産，低価格，短い製品ライフサイクルという従来型のビジネスモデルを否定し，新たな金型が必要になるデザイン重視の製品開発を，利幅の大きさと時間をかけて売っていくことで可能にしようとするものである。

一方，子育て家電は，松下電器産業（現・パナソニック）が，2006年の食器洗い乾燥機の拡販プロジェクトを契機に，子育て中の母親をターゲットとして想定し，家事負担を軽減し時間をプレゼントする家電としてネーミングしたものである。

具体的には，「除菌ミスト」といった他社との差別化のためのオンリーワン機能を，「熱に弱い赤ちゃん用のプラスティック製食器の除菌に便利」とわかりやすく訴求するとともに，「おやこの一日を，ほんの少し長くする新・子育て家電」と打ち出し成功した。

現在，子育て家電は，清潔（空気清浄機，掃除機），家事の軽減（ななめドラム式洗濯乾燥機），食育（オーブンレンジ，ジューサーミキサー，電気圧力なべ），スキンシップ（電動歯ブラシ，ヘアカッター）という4つの商品領域にまで拡がる。製品の機能的特徴を単純に訴求するのではなく，常に「子育て」というコトの価値と結びつけ，ブランドとマッチした世界観を創り上げようとする試みは現在も継続している。

デザイン家電にせよ，子育て家電にせよ，脱コモディティ化のための切り口は，まだまだ存在するように思われる。

ここでは，まずは議論の出発点として，顧客価値を機能的価値とそれ以外の価値とに大別したうえで，その内容や属性基盤，動機基盤について，分類・整理することから始めよう（表15-1参照）。

さて，本章の冒頭でも述べたように，顧客にとっての製品の価値は，基本的には，その有用性と稀少性によって決まる。まずは，その有用性に着目したとき，製品の機能によって得られる価値が，顧客価値の中核をなすことは言うまでもない。そして，製品の機能的価値とは，製品の機能的属性から得られる価値のことである。

TABLE 表 15-1 ● 顧客価値の分類と比較

内容・基盤・特徴	機能的価値	感性的価値
内　容	製品の機能的属性（機能・性能・組成等）から得られる価値	製品（あるいはブランド）の五感に関わる属性，イメージ等から得られる価値（自己表現的価値を含む）
基　盤	功利的（Utilitarian）動機	快楽的（Hedonic）動機 価値表出的（Value-Expressive）動機
特　徴	客観的基準での優劣判断が可能 価値の可視性（特定可能性，測定可能性，普遍性，安定性）が高い	客観的基準での優劣判断が困難 価値の可視性（同左）が低い

ここで機能的属性とは，製品の物理的な構造・組成・特性に由来し，一定の機能・性能・効果を発現する特徴のことである。

たとえば，乗用車であれば，エンジン性能，収容定員，燃費など。パソコンであれば，CPU の処理速度，メモリー・サイズ，表示性能，HDD 容量など。食品であれば，カロリー（熱量），栄養素など。これら機能的属性をベースにして，移動・運搬，文書作成，栄養補給などの機能・性能・効果が得られ，製品使用の基本的目的が達成される。つまり，これら機能的属性をベースにもたらされる機能的価値は，後述するように，製品をその製品たらしめる基本的な価値であるといえる。

一方，製品は，機能的価値以外にも，さまざまな価値を顧客にもたらす。たとえば，乗用車は，単なる移動や運搬の手段ではない。機能的価値は同じであっても，デザインのよい乗用車，ステータス性の高い乗用車に対して，顧客はより高い価値を感じるであろう。

これらの価値は，製品それ自体の五感（視覚，聴覚，嗅覚，味覚，触覚）に関わるような属性，あるいは，製品のブランド化によって付与されるその他の属性（次章で述べるネーム，ロゴ，シンボル等のブランド要素や広告コミュニケーション等によって創造されるさまざまなイメージなど）から得られる感性的価値である。

一般的に，機能的価値は，功利的（Utilitarian）動機にもとづいており，基本的に，目的を達成するための手段としての価値という側面を持ち，客観的な基準での評価や優劣判断も可能である。これに対して，感性的価値のほうは，快楽的（Hedonic）動機や価値表出的（Value-Expressive）動機にもとづくものが含まれ，それ自体が自己目的的であり，客観的基準での評価や優劣判断にはなじまない。

なお，機能的価値以外の顧客価値（すなわち，ここでは感性的価値）については，基盤となる動機（ニーズ）に着目して，さまざまな下位分類を試みることは可能であるし，また，製品やサービスのカテゴリーによって多様性も生じると考えられる。ここでは伝統的な考え方に従い，「情緒的価値」と「自己表現的価値」に区分しておく（前者は快楽的動機に対応し，後者は価値表出的動機に対応する）。

価値次元の可視性

上述のように，製品が顧客に対してもたらす価値を，機能的価値と感性的価値とに区分して考えたとき，前者の機能的価値は，多くの場合，製品の機能的属性に由来し，それらは製品特性にもとづいているがゆえに，客観的基準で評価したり優劣判断しやすい。たとえば，乗用車のエンジン性能は，諸元表（性能を数値で表した一覧表）上の総排気量，最高出力，最大トルクなどの数値で確認できる。パソコンの場合にも，スペック表を見れば，CPU の処理速度は動作周波数によって，メモリー・サイズや HDD 容量もバイト数によって確認することができる，といった具体にである。

これに対して，感性的価値については，そもそも製品属性（製品特性）の裏づけがあっても客観的基準がなかったり，あるいは，製品属性の裏づけのないイメージであったりして，客観的基準での評価や優劣判断になじまないものがほとんどである。たとえば，乗用車やパソコンの色やデザイン，あるいは，ユーザー・イメージやステータス性などは，その典型的な例である。

楠木は，こうしたさまざまな価値次元の違いを比較・整理し，戦略に結びつけるための道具として，価値次元の可視性（Visibility）という概念を提案し，その下位次元として，①特定可能性（Specifiability），②測定可能性（Measurability），③普遍性（Universality），④安定性（Stability）の 4 つを設定している（楠木［2006］）。

たとえば，パソコンとファッション衣料とを比較した場合，パソコンに対する消費者の価値次元は総じて明確であり，処理速度の速さや記憶容量の大きさなどは製品特性と結びつけて客観的に把握できるし（特定可能性），動作周波数やバイト数といった客観的単位で測定もできる（測定可能性）。また，処理速度の速さや記憶容量の大きさ，あるいはバッテリー持続時間の長さなどは，多くの消費者にとって共通した価値であり（普遍性），時間的にも価値の大きさは変化しないであろう（安定性）。一方，ファッション衣料の場合，たとえば「可愛らしさ」といった価値次元は曖昧であり，客観的なモノサシで測ることはできない。そして，同じスタイルのファッションでも人によって認める価値は異なり，時間の経過にともなってその価値も変化していくだろう。

このような価値次元の可視性という観点からすると，一般的に，機能的価値の可視性は高く，感性的価値の可視性は低い。また，多くの消費者に共通し，時間的に安定していて，明確に把握しやすく，客観的な指標でも示せる可視性の高い次元での差別化は，一見すると有効性が高いようにも思える。しかし，一方では，可視性の高い価値次元での差別化は，競合他社からの追随・模倣を受けやすいことも事実である。

楠木によれば，競争のなかで製品やサービスの価値次元の可視性が徐々に高まり，価格という最も可視的な次元に一次元化された状況，すなわち，可視性が極大化した状況こそがコモディティ化の本質であるという（楠木［2006］）。それゆえに，脱コモディティ化に取り組むにあたっては，いかにして可視性の低い価値次元（「見えない次元」）で差別化していくかが重要なのである（この点に関しては，改めて第5節で議論する）。

価値次元の階層性

顧客が製品に対して求める価値（言い換えれば，その製品を使用することによって満たそうとするニーズやウォンツ）は，決して，ただ1つということはない。通常，1つの製品に対して複数の価値が求められるが，それらの価値は同列・同等ではなく，そこには何らかの構造的特徴が存在する。

たとえば，多くの顧客は，乗用車という製品に対して，移動・運搬の手段としての機能的価値を求めるが，同時に，燃費や運転のしやすさ，乗り心地やカッコよさ，そしてステータス性やシンボル性なども求めるであろう。ただ，燃費や乗り心地が悪くてもデザインの優れた乗用車を選ぶことがあったとしても，デザインはよいが動かない乗用車を買う消費者はいない。すなわち，機能的価値が満たされてこその感性的価値（情緒的価値や自己表現的価値）なのであって，そこには階層的な構造が存在している。

FIGURE 図 15-3 ● 価値次元の階層性

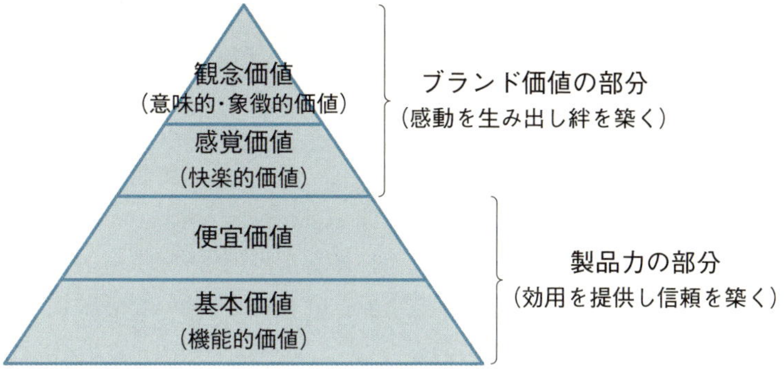

（出所）　和田［2002］にもとづき作成。

この点に関して，和田は，製品の価値を，次の 4 つの層で捉える概念モデルを提案している（和田［2002］，図 15-3 参照）。

① **基本価値**：その製品として存在しうるための基本的な品質や機能

② **便宜価値**：その製品の使用や消費にあたっての便宜性

③ **感覚価値**：製品を消費するにあたっての感覚的な楽しさや形態的な魅力

④ **観念価値**：製品コンセプトやブランドの歴史・物語性が生み出す価値

上述の乗用車の例に当てはめれば，移動のための手段としての基本的機能（機能的価値）が基本価値であり，燃費等の経済性や運転のしやすさが便宜価値，デザインや乗り心地のよさなどが感覚価値，そしてベンツや BMW といったブランドのステータス性，あるいは，その歴史や物語に裏づけられた意味性や象徴性などが観念価値，ということになろう。

また，これら 4 つの価値次元のなかでも，基本価値と便宜価値は，「効用」を生み出す製品力の源泉であるのに対して，感覚価値と観念価値は，「感動」を生み出すブランド価値の源泉になるという（和田［2002］）。すなわち，前者は，製品それ自体がもたらす価値，後者は，製品をブランド化することで付加される価値，という二元的構造による理解である。

近年，ブランドを構築するうえで，五感（視覚，聴覚，嗅覚，味覚，触覚）に訴えかけることの重要性が強調され，そのような感覚的な経験をベースに，顧客との情動的な絆（Emotional Bonding）を築くことの重要性も指摘されているが，このような価値の階層論は次に述べる経験価値に関する議論とともに，顧客価値をデザインするうえでの重要な拠り所となる。

SECTION 4 経験価値の視点と枠組み

経験価値への着目

これまで，議論を単純化するために，「製品やサービス」という表現を用いながらも，基本的には，モノとしての製品を暗黙の前提として，顧客価値の次元と構造について検討してきた。言うまでもなく，実際に市場において提供されているのは，モノとしての製品だけでなく，サービスや情報といったさまざまな形態を含む，あるいは，それらの複合体である。そして，むしろ顧客にとっての価値は，製品やサービスそれ自体から得られるというよりも，それらが生み出す「経験」から得られる，と認識すべきであろう。すなわち，経験価値という顧客価値への着目である。

パインとギルモアによれば，経済発展の歴史を振り返ったとき，「農業経済」から「商品経済」，「商品経済」から「サービス経済」へと経済システムが発展し，それにともない中心的な経済価値も変化してきた。そしていまや，「経験」を中核とした「経験経済」への移行が始まった，という（Pine and Gilmore [1999]）。

すなわち，図 15-4 のように，提供物の経済価値が「コモディティ」→「製品」→「サービス」→「経験」と進化していくなかで，差別性は増し，消費者ニーズへの適合度は高まり，より高い価格（付加価値）の設定が可能になる。だが反対に，模倣や同質化によって提供物の差別性が失われるとき，これとは逆方向の流れである「コモディティ化」が起こる。

製品であれサービスであれ，差別性が失われ「コモディティ」の状態へ陥ると，消費者はひたすら価格の安さだけを基準に選択し購買するようになる。結果的に，多くの企業が価格競争に巻き込まれ，収益性の悪化に苦しむことになる（これについては，すでに，第 2 節で検討したとおりである）。

そして，このようなコモディティ化の罠から逃れる（「脱コモディティ化」す

FIGURE 図 15-4 ● 経済システムの発展と経済価値の進化

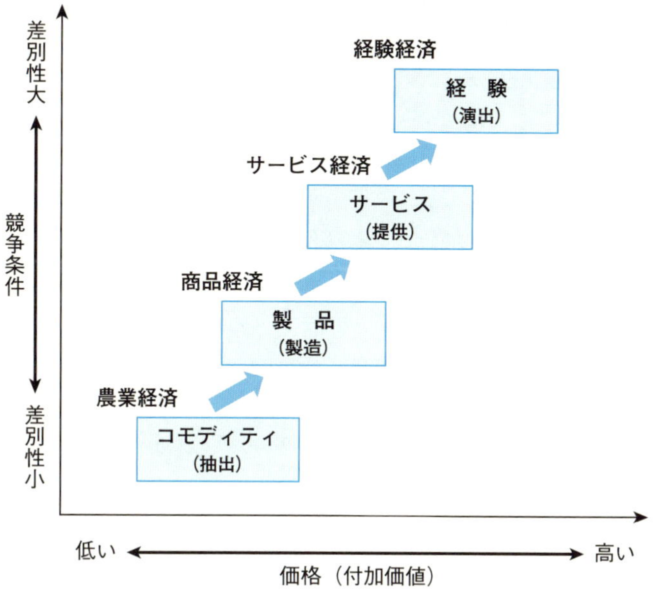

（出所） Pine and Gilmore [1999]：邦訳，46 頁を一部修正して作成。

る）ためには，機能や利便性といった低次の顧客価値ではなく，「経験」という高次の価値を体現した製品やサービスを提供するビジネスへと転換する必要がある，とパインたちは説く。

つまり，第 4 の経済価値としての「経験」は，「企業がサービスを舞台に，製品を小道具に使って，顧客を魅了する時に生じる。コモディティは代替可能，製品は有形，サービスは無形だが，経験は思い出に残るという特性を持つ。経験を買う人は，ある瞬間やある時間に企業が提供してくれる“コト”に価値を見出す」（同 28-29 頁）のだと。

また，「経験」は，感情的，身体的，知的，さらには精神的なレベルでの働きかけに応えて人の心のなかで生まれるものであり，本質的にすぐれて個人的なものである。それゆえに，企業は，製品やサービスを「経験」で包み込むことで差別化することができ，また，製品の購入，使用，所有をとおして得られる消費者の「経験」を強く訴求することによって，独自のブランド・イメージを創出することが可能になる，と彼らは強調している。

経験価値の概念と構成次元

それでは，「経験」あるいは「経験価値」を，どのような仕組みや枠組みで創り出し，提供していけばよいのか。ここでは，シュミットが提起した「経験価値マーケティング」の考え方に依拠する形で，基本的な事柄を整理しておこう（Schmitt［1999］)。

まず，基本的認識として，彼は，その著作のなかで，これまでの伝統的マーケティングは，製品を機能的特性（Features）と便益（Benefits）の束として捉える「F & B マーケティング」であり，ブランドの本質でもある「記憶に残り価値あるブランド経験から生じる感覚的，情緒的，認知的連想を見落としている」と批判する。

これに対して，彼が提唱する経験価値マーケティングは，感覚（Sense)，感情（Heart)，精神（Mind）への刺激によって引き起こされる経験価値に焦点を当てており，そのような経験価値こそが，ブランドを顧客のライフスタイルと結びつけることができるのだ，と彼はいう。そして，伝統的マーケティングは，顧客への説得のみに焦点を当てていたが，経験価値マーケティングでは，購買後や消費している間に生まれる経験価値に光を当てており，消費状況に適合した経験価値だからこそ，真の意味での顧客満足やロイヤルティが生まれるのだ，というのが彼の主張であった。

また，経験価値マーケティングでは，「経験は自発的に生み出されるものではなく，誘発されるものである」との立場に立って，マーケターをして顧客に経験をもたらす刺激の提供者と位置づける。そして，マーケターが刺激を与えることで創り出せる経験価値の領域として，次の5つを挙げている（これらは心理的な機能領域と対応づけられており，戦略的経験価値モジュール：SEM と呼ばれる)。

① **SENSE（感覚的経験価値)**：五感の刺激をとおして得られる経験価値

② **FEEL（情緒的経験価値)**：内面の感情を刺激することで生まれる経験価値

③ **THINK（認知的経験価値)**：クリエイティブな思考をとおして得られる経験価値

TABLE 表 15-2 経験価値の次元と内容

経験価値の次元	内　容	iPod での具体例
SENSE（感覚的経験価値）	五感の刺激をとおして得られる経験価値	シンプルで機能的，かつ手になじむデザインがもたらす価値
FEEL（情緒的経験価値）	内面の感情を刺激することで生まれる経験価値	アクセサリーなどでのカスタマイズによって生まれる思い入れ
THINK（認知的経験価値）	クリエイティブな思考をとおして得られる経験価値	音楽を聴くだけでなく，さまざまな活用方法を考えながら使う楽しみ
ACT（肉体的経験価値）	肉体的経験をとおしたライフスタイル変化から得られる経験価値	Nike＋でジョギングをしながら音楽を聴き，かつ走行データの管理を行う
RELATE（関係的経験価値）	準拠集団や文化との関係性を構築することで得られる経験価値	プロダクト RED バージョンを購入することで社会貢献

（出所） iPod の例については，広瀬［2008］，315-339 頁を参考にした。

④　**ACT（肉体的経験価値）**：肉体的経験をとおしたライフスタイルの変化から得られる経験価値

⑤　**RELATE（関係的経験価値）**：準拠集団や文化との関係性を構築することで得られる経験価値

たとえば，わかりやすい具体例として，アップル社の iPod で，これら 5 つの経験価値を説明するならば，次のとおりである（表 15-2 参照）。

まず，iPod のシンプルで機能的かつ手になじむデザイン，あるいは，白いイヤホンとカラー・バリエーションなどは，正に五感をとおして得られる感覚的な経験価値（SENSE）である。また，アクセサリーなどでカスタマイズしたり，あるいは，使い込むことで感じる愛着や思い入れの感情（FEEL）。単に音楽を聴くだけでなく，さまざまな活用法を考えて使うことで得られる知的な楽しみ（THINK）。また，Nike＋などとの組合せでジョギングをしながら音楽を聴いたり，さらには，走行データを管理することでライフスタイルを変えていく喜び（ACT）。そして，世界エイズ・結核・マラリア対策基金と連動したプロダクト RED バージョンの iPod を購入することでの社会貢献（RELATE）など，その経験価値は 5 つの領域に拡がっている（広瀬［2008］）。

人々の音楽の聴き方やライフスタイルを変えたといわれるiPodについては，新たな顧客価値のデザイン例として，次節で詳しくケース・スタディを行うが，単なる機能的価値の提供ではなく，まさに，多面的に経験価値を創造し提供している格好の事例であろう。

経験価値の提供手段

一方，経験価値を誘発させるために企業が提供する刺激にはさまざまなものがある。シュミットは，これを次のように7つのカテゴリーに整理し，**経験価値プロバイダー**（ExPro）と呼んでいる。また，上述の5つの経験価値領域（SEM）とこれら7つの経験価値プロバイダーとを交差させたグリッドのなかで，経験価値マーケティングの具体的な戦略プランニングを行うことを提唱している（図15-5を参照）。

① コミュニケーション（広告，PR）
② アイデンティティ（ネーミング，ロゴ，シンボル）
③ 製品（デザイン，パッケージング，陳列，キャラクター）
④ コ・ブランディング（イベント，スポンサーシップ，ライセンス供与，プロダクト・プレースメント）
⑤ 環境（オフィス，工場，店舗）
⑥ ウェブサイト
⑦ 人間（販売員，サービス提供者）

ここで重要なことは，顧客が求めているのは，自分たちの感覚（Sense）的な喜びを覚醒させ，心（Heart）の琴線に触れ，知的かつクリエイティブな形で精神（Mind）を刺激してくれるような製品であり，コミュニケーションであり，その他のプログラムである，ということである。そして，そのような経験価値の創造に向けて，上記の諸要素をいかにして組み合わせて統合していくかが，今後のマーケティングの成功の鍵となると考えられる。

ここでは紙幅の関係から，これ以上は経験価値マーケティングの詳細には立ち入らないが，顧客価値を考えるにあたって，単に提供物（それが製品であれ，サービスであれ）それ自体やその提供方法が生み出す価値だけでなく，その購買や消費のプロセス（とくに消費のプロセス）において生み出される価値も含めて，顧客価値を幅広く捉える枠組みを提供した点が，大きな貢献であると考えられる。

FIGURE 図 15-5 ● 経済システムの発展と経済価値の進化

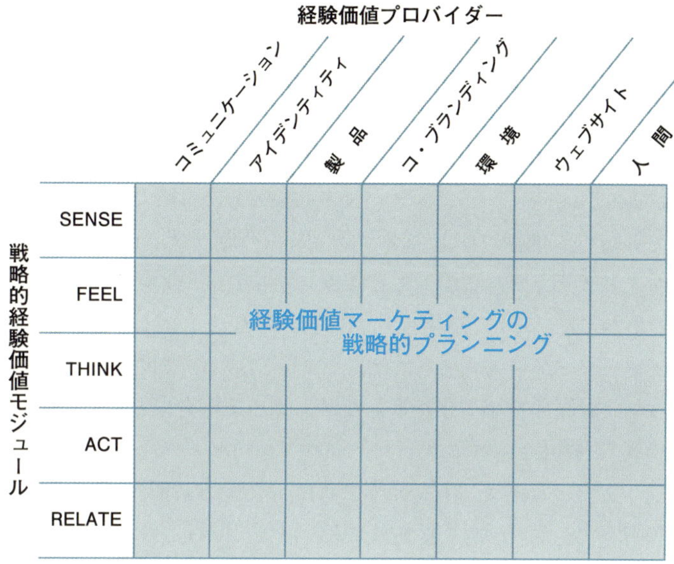

（出所） Schmitt［1999］：邦訳，103頁。

そして，そのことは，後述する「価値提供」から「価値共創」へ，というパラダイム・シフトにつながる大きな足掛かりとなるものであった。

SECTION 5 新たな顧客価値のデザイン

iPod のケース●

「経験価値」という概念は，顧客価値の問題を考えるにあたって，それが製品であれサービスであれ，提供物それ自体の価値といった固定観念からわれわれを解き放ち，たとえば，消費プロセスのなかにおいて企業をはじめ，さまざまな主体との相互作用のなかで生まれる価値（製品は1要素，あるいはきっかけにしかすぎない）をも含めて，顧客価値を捉え直す新たな視座を提供してくれる。

ここでは，2001年にアメリカで発売され，携帯音楽プレーヤーの市場を大きく変えると同時に，人々の音楽の聴き方やライフスタイルまで変化させたといわれているアップル社のiPodのケースを取り上げ，新たな顧客価値をデザインすることの意味について，掘り下げて考えてみよう。

携帯音楽プレーヤー iPodのケース

(1) iPodの登場　携帯音楽プレーヤーは，文字どおり，「携帯できて場所を選ばず手軽に音楽を再生して楽しめる」という基本価値を提供する製品である。

言うまでもなく，携帯可能な音楽プレーヤーの原点は，1979年にソニーが発売したウォークマンであるが，これはカセット・テープを使用するアナログ形式のものであった。その後，CDやMDといったデジタル形式の記録媒体を使用するプレーヤーが登場。さらには，フラッシュ・メモリや小型ハードディスクといった記録媒体の小型化が進むなか，音声圧縮方式としてMP3（MPEG Audio Layer-3）を採用したプレーヤー（MP3プレーヤー）がRiō（アメリカ）やiriver（韓国）といったブランドで発売された。これが1998年のことである。

当時のMP3プレーヤーは，32～64MBという記憶容量の制約から保存できる楽曲数は10曲程度と少なく，アルバム1枚分も入れて持ち歩けなかった。また，外出前に何が入っているかを確認したり，曲の入れ替えをしたりと手間のかかる作業が必要であった。あくまでも「パソコンの周辺機器」という位置づけであり，顧客もパソコン・ユーザーを中心とする一部のマニア層に限定されていたのである。

こうした状況を一変させたのが，2001年にアップル社が発売したiPodであった。iPodは，ハードウェア面では，東芝が開発した1.8インチ型HDD（ハードディスク・ドライブ）をはじめ，主要な部品の多くは外部調達であったが，5GBという記憶容量は約1000曲という楽曲の記録を可能にし，日常生活に音楽が欠かせないユーザーにとっては正に革命的な出来事であった。また，四角い液晶画面と円環状のスクロール・ホイールというシンプルで美しいデザインとすぐれたユーザー・インターフェイスは，美的にも操作性の面でも既存の音楽プレーヤーを圧倒するものであった。

5GBのHDDモデルからスタートしたiPodは，その後，HDDの大容量化を図り第6世代のiPod classicでは120GBで約3万曲収録可能となっている（2005年より動画ファイルの再生もサポート）。また，フラッシュ・メモリを用いて小型化・軽量化したiPod nano（2005年発売），液晶画面を廃しシャッフル再生機能に特化したiPod shuffle（2005年発売），全面タッチパネルを採用し，大画面での動画視聴や無線LANによるWebブラウズなども可能にしたiPod touch（2007年発売）など，フルライン化を推し進めて今日に至っている（2007年の日本でのシェアは50%を超えている）。

(2) iPodのコンセプト　上述のように，iPodが登場する以前の携帯音楽プレーヤー（MP3プレーヤー）は，パソコンの周辺機器にしかすぎず，技術に目のない新しいもの好きの一部のマニアしか飛びつかないような代物であった。それに対して，アップル社が目指したものは，まったく別の領域の創造であり，音楽ファンの日常に欠かせない，万人に愛される製品の開発であった。

そこでのコンセプトは，「ポケットにスッポリ収まり，ユーザーのすべての音楽コレクションを記録でき，外へ持ち出せる製品」であり，当時の開発担当者は「今の市場には抜け落ちているこのコンセプトを実現すれば，音楽ファンの心をわしづかみにできるはずだ」と思ったと述懐している。

iPodの開発は，すべてこのコンセプトを核として，製品の細部が詰められていくことになる。表15-3は，初代iPodと同時期のMP3プレーヤーとを比較したものであるが，既存のMP3プレーヤーの記憶容量が10曲程度でアルバム1枚分も楽曲を持ち歩くことができないのに対して，初代iPodは約1000曲も記録することが可能であった。

この結果，「聴きたい楽曲を選んで，カセット，MD，MP3プレーヤーで持ち出す」のではなく，「ユーザーがすべての音楽コレクションを持ち運び，その日の気分に応じて，好きな曲を選んで聴ける」，いわば「動くジュークボックス」の機能をiPodは実現した。また，カセット・テープからMDやMP3プレーヤーへの転換は音質やランダム・アクセスの向上にすぎなかったのに対して，iPodはアウトドアでの音楽の聴き方自体を変える役割を果たしたのである（山田［2008］）。

(3) ハードとソフトの融合　一方，iPodの成功要因を，ソフトの面から見てみると，何といっても操作上の複雑性を排除したユーザー・インターフェイスのよさ，そして，新しい音楽の楽しみ方の創造と提供が挙げられる。

まず，操作性の面では，初代iPodには機械式のスクロール・ホイール，第2世代からはタッチセンサー式のタッチ・ホイールが採用され，指でなぞるだ

TABLE 表15-3 初代 iPod と既存の携帯音楽プレーヤーの比較

	既存の携帯音楽プレーヤー	初代 iPod
記憶媒体	フラッシュ・メモリ →10 曲程度の記録が可能	5 GB，1.8 インチ型ハードディスク →1000 曲の記録が可能
操作デバイス	多数の操作ボタン	少ない操作ボタン スクロール・ホイール →片手で操作可能
液晶表示	小画面 →1～2 行程度の文字表示	大画面表示 →曲名・アーティスト名，経過時間を表示 高速応答 →瞬時に楽曲へアクセス可能
楽曲転送	手動 →聞きたい楽曲をパソコンで探して転送	自動 →iPod をパソコンに接続するだけ オートシンク機能 →パソコン側に追加された音楽ファイルを自動転送
転送方式	USB1.1 →最高 12 MB/s （1000 曲転送に約 5 時間必要）	FireWire（IEEE1394） →400 MB/s　アップル社独自の技術 （1000 曲転送に約 10 分）
デザイン	「パソコンの周辺機器」の位置づけ	アップル社の独自デザイン 小型でホワイト基調（イヤホンも白色を採用）

（出所）　寺本・岩崎・近藤［2007］，121 頁を一部修正して作成。

けで思いどおりの操作をすることを可能にした。また，液晶画面の視認性やパソコンからの楽曲転送作業，転送速度についても既存の MP3 プレーヤーとは格段に異なるスペックであった。とくに，iPod にパソコンから楽曲を転送する音楽管理ソフトの iTunes の使い勝手のよさは重要で，iPod をパソコンに接続するだけで iTunes が自動的に起動して楽曲を自動転送する Auto-Sync（自動更新）機能により，ユーザーは複雑なボタン操作等を行う必要がなくなった（当初，iTunes はアップル社のマッキントッシュ版のみが無償配布されていたが，2003 年にはウィンドウズ版も配布され，これを契機に iPod の普及に弾みがついた）。

一方，新しい音楽の楽しみ方としては，上述のすべての音楽コレクションを外へ持ち出して聴くことに加えて，シャッフル機能によって可能になった曲順をランダムに聴くというスタイルは，かつては考えられないものであった。また，音楽配信サイトのiTunes Music Store（2006年よりiTunes Storeと改称）との連携は，合法かつリーズナブルな価格で欲しい楽曲を手軽にダウンロードして楽しむことを可能にしたのである。

顧客価値をデザインする

(1) iPodのビジネスモデルと経験価値　ここでiPodを核とするアップル社のビジネスモデルの概要を整理すると，それは携帯音楽プレーヤーiPodと音楽管理ソフトiTunes，そしてオンライン音楽配信サービスiTunes Storeを組み合わせたモデルであり，単なるモノをとおした価値提供にとどまらず，顧客との相互作用によって顧客価値を共創していくモデルであることがわかる。

もちろん，前述のように，携帯音楽プレーヤーという製品の基本価値（その製品たらしめている価値）は，携帯できて場所を選ばずに手軽に音楽を楽しめる，という機能的価値である。また，そこには，サイズや操作性といった便宜価値，デザインといった感覚価値，さらにはブランド・イメージからくる自己表現的な価値も加わるし，先に表15-2において例示した5つの領域でのさまざまな経験価値も提供されている。

しかし，ここで注意すべきことは，少なくとも経験価値という意味においては，iPodの顧客価値は，決して固定的なものではなく，むしろ顧客がiPodを購入した後に，アップル社という企業とどのように相互作用するか（さらにいえば，他の人たちや他の企業とどのように相互作用するか）によって，価値の中身は変わっていく，ということである。

たとえば，iPodを使用するためには，まず同社が運営するウェブサイトにアクセスして音楽管理ソフトのiTunesをダウンロードしなければならないが，それによってCDからパソコンへの楽曲の取り込み（リッピング）が可能となり，プレイリストの編集をすることもできる。また，これによって連携する音楽配信サイトiTunes Storeから1曲単位で欲しい楽曲を購入することも可能になる。

つまり，単に「音楽を楽しむ経験」が一方的に提供されるのではなく，アップル社という企業と顧客がiPodを介して相互作用することにより，「音楽を楽しむ経験」が共創されているのである（藤川［2008］）。

(2) 新たな顧客価値のデザイン　ここで少し視点を変えて見てみると，iPodの場合，モノとしての価値の創造と提供という範囲を越えて，さまざま

FIGURE 図 15-6 ● 提供物における形態の可触性と価値次元の可視性

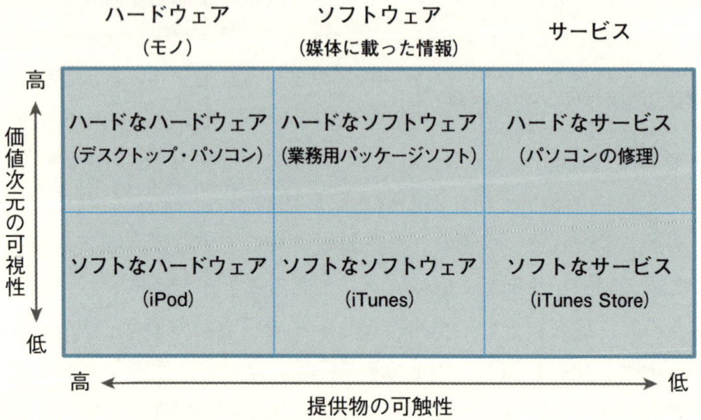

ハードウェア
（モノ）
ソフトウェア
（媒体に載った情報）
サービス
高
価値次元の可視性
低
ハードなハードウェア
（デスクトップ・パソコン）
ハードなソフトウェア
（業務用パッケージソフト）
ハードなサービス
（パソコンの修理）
ソフトなハードウェア
（iPod）
ソフトなソフトウェア
（iTunes）
ソフトなサービス
（iTunes Store）
高
低
提供物の可触性

（出所） 楠木［2006］，20 頁を一部修正して作成。

な形態で異なる顧客価値が生み出され，それらが有機的につながっており，その中心に iPod というブランドが存在することがわかる。

たとえば，図 15-6 は，縦軸に第 3 節で議論した価値次元の可視性（Visibility）をとり，横軸に提供物の可触性（Tangibility）をとって，従来のパソコン関連ビジネスと iPod のビジネスとを比較したものである（楠木［2006］）。

図中，横軸については，提供するものが有形であればハードウェア（モノとしての製品），特定のメディアに載った情報であればソフトウェア，それが無形であればサービスと区分される。だが，ここで注目すべきは，アップル社は，iPod で構想したコンセプトを核に新しいカテゴリーを構築するために，ハードだけでなく，ソフト（iTunes）やサービス（iTunes Store）も包括的に事業展開していることである。また，ハードとソフトとサービスについて，縦軸を下方向へとシフトするような「見えない次元での差別化」あるいは「経験価値化」を行った点にある。そして，次の言葉は，iPod の成功の核心を捉えている。

「iPod は，21 世紀の『ウォークマン』だと思っている。ソニーが 1979 年に発明したウォークマンは，革命的なハードウェアで，人々の音楽の聴き方を変えた。でも現在では，ハードウェアだけじゃ足りない。ハードとソフト，そしてサービスが相互に作用して出来上がるのが，デジタル時代の体験なんだ」(iPod の開発責任者)。

もちろん，単にサービス化することが重要なのではない。どんなにサービス化を推し進めても，それが価格や営業時間や対応のすばやさといった可視的な価値次元にとどまるものであれば，ハードウェアとまったく同じ論理で遅かれ早かれコモディティ化を余儀なくされる。脱コモディティ化の本質は，ハードかソフトかという形態の可触性ではなく，差別化の次元が見えるか見えないかという可視性にあるといえる（楠木［2006］)。

このように考えてくると，顧客価値のデザインとは，単に，提供物としての製品やサービスの価値次元を設定するだけではない。提供物の形態の組合せも含めて，価値次元の可視性をも設定し，かつ，顧客との価値共創の仕掛けをもデザインすることなのである。

SECTION 6 顧客との価値共創を目指して

脱コモディティ化に向けて

以上，本章においては，製品政策の最も根本的なテーマとして，製品やサービスを通して提供される顧客価値をデザインすることの意味と意義について検討してきた。

最後に，本節では，これまでの議論をふまえたうえで，脱コモディティ化に向けた顧客価値のデザインの方向性について，簡単な整理をしておこう（ここでの議論をベースに，次章では，ブランド構築の問題として，さらに掘り下げた検討を行う)。

図 15-7 は，縦軸に価値類型としての機能的価値と感性的価値を取り，横軸に既存の顕在的な価値を前提とするか，あるいは，潜在的な新規の価値の提供を考えるか，という価値前提をとって 2×2 のグリッド化をしたものである。

これまで繰り返し述べてきたように，すでに顕在化している機能的価値を前提とした製品開発は，必然的にコモディティ化を余儀なくされる。それゆえに，脱コモディティ化に向けた取り組みは，①価値の類型における軸足のシフト（機能的価値→感性的価値)，②価値の前提における軸足のシフト（既存の顕在的価

FIGURE 図 15-7 ● 脱コモディティ化の方向性

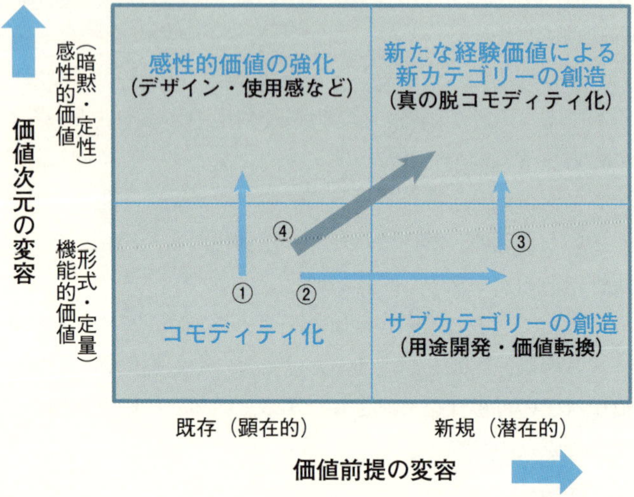

(出所) 延岡[2006b], 247頁にもとづき加筆修正して作成。

値→潜在的価値), あるいは③その両方向での軸足のシフト, という3つの方向性で考えられるべきものである。

まず脱コモディティ化に向けた第1の切り口(方向性)は, デザインや使用感の向上などに注力し感性的価値を強化していく(あるいは, 製品開発と差別化の軸足を可視性の低い価値次元へと移行していく)取り組みである(図中①の方向性)。

近年, 製品開発におけるデザインの重要性が強調されたり, あるいは, 五感に訴える形でのブランド構築への関心が高まっているのは, こうした方向性に沿うものである。

次に, 脱コモディティ化に向けての第2の切り口(方向性)は, 製品開発や差別化の軸足を機能的価値に置き続けるとしても, 機能に対して新たな意味を持たせて顧客が認める価値とする(顧客ニーズの頭打ちを回避する)取り組みである(図中②の方向性)。

たとえば, パソコンの処理速度や記憶容量は, 扱うデータが文字から画像, 静止画から動画へと変化するなかで, 要求される水準が飛躍的に増大した。これによって，音楽や動画の編集という新たな用途や顧客価値が生まれた。あるいは，iPod の例では，既存の MP3 プレーヤーに対して，記憶容量を飛躍的に増大させることにより，すべての音楽コレクションを外に持ち出すというまったく新しい価値を提供することに成功した（言うならば，用途開発をねらった前者の取り組みに対して，後者は，価値転換によるサブカテゴリーの創造ともいえる）。

最後に，脱コモディティ化に向けての第 3 の切り口（方向性）は，機能的価値領域における価値転換と感性的価値領域への価値次元の変容を同時に行い，新たな経験価値により新カテゴリーを創造する取り組みである（図中④の方向性）。

しかし，実際には，これはかなり困難な取り組みであり，iPod の成功などは数少ない例外であろう。現実的には，機能的価値領域での用途開発や価値転換によって，まずはサブカテゴリーを創造した後に，感性的価値の強化を図って新たな経験価値による新カテゴリー創造を目指すという手順を考えるべきであろう（図中の②→③の方向性）。

実際，iPod のケースでも，アップル社は，2001 年の初代 iPod の登場後，現在では iPod classic と呼ばれる機種に加えて，小型化しファッション性を高めた iPod mini（後継機は iPod nano），さらに小型化してシャッフル機能を前面に出した iPod shuffle，大画面で動画視聴や無線 LAN 対応で Web ブラウズができる iPod touch などを矢継ぎ早に市場投入し，まさに「iPod 体験」を核とした独自の世界（カテゴリー）を創り上げるのに成功したのである。

コンセプト開発とカテゴリー創造

すでに，第 1 節で差別化の次元に関連して述べたことであるが，製品開発能力における差別化，なかでもコンセプト創造力に代表される価値創造力の形成は，持続的競争優位の源泉となる。

これは，第 3 節で述べた「価値次元の可視性」の観点から見れば，新たなコンセプトの創造とは，既存の価値次元とは一対一で対応しない新たな価値次元の組合せを考え出し，価値次元の可視性を低下させて競争の土俵を変えてしまう戦略であるとも言える。また，それは製品やサービスによって，「誰が，なぜ，どのように喜ぶか」についての新しいストーリーを描くことでもあり，新しい価値の「カテゴリー」を創造することにほかならない（楠木 [2006]）。

たとえば，iPod の例では，アップル社は，まさに音楽の楽しみ方を根底か

TABLE 表 15-4 「価値提供」から「価値共創」へ

	従来の価値提供	新たな価値共創
価値創造の主体	企　業	企業と顧客
価値創造の源泉	製品や技術	顧客の経験
価値創造の発想	価値を創造するのは企業。 顧客は，企業が創造した価値を受け取るかどうか。	価値を創造するのは企業と顧客。 企業と顧客が価値を共創する。

（出所）藤川［2008］，32-43 頁。

ら変えたのであり，新しい iPod というカテゴリーを創造したのである。

このようなコンセプト開発によるカテゴリー創造戦略は，競争優位の持続性の点でも優れている。見えない次元での差別化の強みは，それが顧客による単純な比較を難しくすることにある。ひとたび新しいカテゴリーの創造に成功してしまえば，競合する製品と単純に比較されることもなく，創造した価値の獲得が長期にわたって可能になる。なぜなら，顧客は他社製品と可視的な価値次元で比較したうえで「相対的によい」と思って選択しているわけではなく，そのカテゴリー自体のコンセプトを創造したブランドであるからこそ（すなわち，それが iPod であるからこそ）選択しているのである。

そのような意味において，コンセプトとは，まさに顧客に対する提供価値の凝縮的表現（楠木［2006］）であり，それゆえに，コンセプト開発による差別化とカテゴリー創造は，脱コモディティ化の王道であると言える。

「価値提供」から「価値共創」へ

先に経験価値に関する議論の中で，iPod の事例と関連づけて部分的に触れたように，顧客価値のなかには，製品を使用するプロセスにおいて，顧客が企業あるいは製品と相互作用するなかで生み出されるものもあり，近年，そのような価値共創の重要性が説かれている。すなわち，「価値があるから製品を買う」のではなく，むしろ「消費することによって価値は生まれる」という発想の転換である（南［2008］）。

表 15-4 は，従来型の「価値提供」の考え方と新たな「価値共創」の考え方を比較したものである（藤川［2008］）。これまでの議論の流れからすれば，当然，経験価値を志向し顧客との関係性の構築につながる「価値共創」が目指さ

COLUMN 15-2 ゲーム感覚という価値変換の視点：任天堂 DS と Wii

顧客価値の共創という観点から，本文中では，アップル社の iPod を事例として取り上げた。しばしば，iPod は，音楽の楽しみ方を根底から変えたと言われているが，これと同様に，家庭用ゲーム機とゲームの概念を変えたとして取り上げられるのが，任天堂のニンテンドー DS（2004 年発売。以下，DS）と Wii（2006 年発売）である。

2002 年に岩田聡が任天堂の社長に就任し現在の体制ができて以降，ライバル企業と競争していてもゲーム人口は増えないとの考えから，同社は高画質・高機能を追い求めるゲーム機づくりとは一線を画していった。岩田社長らがこだわったのは，コアなゲーマー以外の顧客を獲得するための新しいユーザー・インターフェイスづくりと，多くの人に興味を持ってもらえるソフトづくりであった。前者は，DS のタッチペンや Wii の振るリモコンとして具現化され，後者は，通称「脳トレ」と呼ばれる脳を鍛える DS のソフトや「Wii Sports」などのテレビの前でリモコンを振って遊ぶソフトとして大ヒットすることになる。

その後，任天堂は，ゲーム無関心層を取り込むためのソフトを「Touch! Generations」シリーズとして展開，「いろんな世代に，新しいエンターテインメントを」を謳（うた）い文句に，老若男女を問わず家族でも楽しめるゲームソフトを提供していった。たとえば，DS では「えいご漬け」や「家計簿ダイヤリー」といったおよそゲームらしからぬソフトを発売，Wii でも「Wii Fit」のように体を動かしながら楽しみかつダイエットするという，まったく新しいタイプのソフトを世に出していったのである。現在，DS はパーソナル化して所有者の生活を豊かにするマシンを目指し，Wii はリビングに置かれて家族で共有されて，そのコミュニケーションを促す，と棲み分けが図られているが，DS と Wii の登場によって生活様式や家族関係も変化するのかもしれない。

元来，語学学習や家計簿，運動やダイエットは継続しにくいものだが，ゲーム感覚で「煩わしさ」や「苦痛」を「楽しみ」に変換することで新たな経験価値が生まれる。さらには，机に向かって教科書や帳面を開いて（あるいは，パソコンを立ち上げて）行う作業，フィットネス・クラブへ出かけて行う活動を，ゲーム機があればどこでも，ゲーム機があるリビングでも行える，というように「場」自体を変えてしまったのである。

こうなると，もはや，「価値があるからその商品を買う」ではなく，むしろ「消費することによって価値は生まれる」（南［2008］）。単なるハードとソフトの融合を超えて，価値を共創していくプロセスをどうデザインするかが問題となる時代なのである。

れるべきである。

顧客価値を実現するために，顧客との価値の共創を目指す。顧客との価値共創のために顧客との関係性を志向する。そして，顧客との価値共創の結果として，顧客との関係性がさらに強化される，という循環。その循環の中心にあるのはブランドである。

「make and sell」（作って売る）から「sense and respond」（感じとって対応する），そして「co-creation」（共創）へと時代とマーケティング上の課題は大きく変化してきている。その大きな流れのなかで，自ら創造した価値を獲得・維持していくために，顧客との価値共創のプロセスを，どのようにデザインし，また，ブランド構築につなげていくのか。次章で引き続き検討していくことにしよう。

Chapter 15 ● 演習問題　EXERCISE

❶ 最近，コモディティ化が進行していると思われる製品領域を事例として取り上げ，コモディティ化の促進要因を供給側と需要（顧客）側に分けて整理してみよう。

❷ あなたが興味を持っている製品を事例として取り上げ，どのような顧客価値の次元で競争が行われているか考えてみよう。

❸ 脱コモディティ化の取り組みとして，どのような経験価値を提供できるか。異なる製品やサービスの領域を取り上げ，具体的に考えてみよう。

❹ あなたが興味を持っている製品を事例として取り上げ，価値共創としてどのような取り組みや仕掛けが可能か考えてみよう。

第 16 章

ブランド政策

ブランド構築の枠組み

2009年7月にオープンした「ハーゲンダッツ ラ メゾン ギンザ」とテイクアウト商品。ブランド経験に焦点を当てた新たな展開へ。
（ハーゲンダッツ ジャパン株式会社提供）

CHAPTER 16

急速にコモディティ化が進行する今日の市場においては，従来以上に「売れ続ける」仕組みづくりとしてのブランド構築の重要性が増してきている。その本質的役割は，製品（モノ）への意味づけであり，ブランドをとおして提供する顧客価値を明確化し，それを適切な形で伝達し，顧客との間に強固な関係性を形成し維持することにある。本章では，このようなブランド構築のプロセスを，①ブランド価値構造の基本デザイン，②ブランド要素の選択と統合，③ブランド・コミュニケーションと接点管理，という3つのフェーズに区分して検討していく。また，機能的ブランド，イメージ・ブランド，経験的ブランドといったブランド類型やブランド力の活用方法であるブランド拡張の問題にも触れる。

INTRODUCTION

KEYWORD
FIGURE
TABLE
COLUMN
EXERCISE

KEYWORD

ブランド要素　ブランド構築　ブランド・アイデンティティ　ブランド・エクイティ　価値提案　ブランド拡張

SECTION 1 ブランド構築の意味と意義

「ブランド概念」再考

ブランドは，マーケティング研究や消費者行動研究における最大の関心テーマであり，これまで多種多様な視点・切り口から議論がなされてきた。とくに，1990年代にブランド・エクイティ論が登場して以降は，急速に議論が活発化したが，一方では，用語法などで混乱が生じていることも事実である。消費者の購買行動においてブランド知識が果たす役割については，すでに，第Ⅱ部で述べているが，ここではブランド構築に関する具体的な議論を始める前に，まずはさまざまな用語・概念について整理しておこう。

アメリカ・マーケティング協会（AMA）の定義によれば，ブランドとは「ある売り手の財やサービスを他の売り手のそれとは異なるものと識別するための名前，用語，デザイン，シンボル，およびその他の特徴」であるという（Bennett [1995]）。この定義を字義どおりに解釈すると，そこでは，財やサービスを識別し，差別化する手段自体がブランドとして捉えられており，その客体としての製品・サービスの位置づけ，あるいは手段と客体との関係については，必ずしも明確に規定されているとは言い難い。

この点に関して，ブランド論の分野で著名なケラーは，自社の製品を識別し，他社のそれと差別化するための手段である名前（ブランド・ネーム），ロゴ，シンボル，キャラクター，パッケージ，スローガンなどを一括して**ブランド要素**と総称したうえで，これらのブランド要素によって自社製品を識別・差別化する行為（＝ブランド化）とその結果としてブランド化される製品（＝ブランド）とを明確に区分することを提案している（Keller [1998]）。

すなわち，彼の考え方によれば，①製品は，これらのブランド要素によって識別・差別化されることで選択対象としてのブランド（＝ブランド化された製品）となる。②製品をブランド化するにあたっては，適切な形でのブランド要素の選択・統合，そして伝達が重要であり，そこでは，ブランド要素の記銘性（覚えやすさ）や意味性などが十分に吟味されなければならない。③それらのブランド要素と支援マーケティング・ミックスとが齟齬なく噛み合い，消費者の頭のなかにブランド要素を手がかりとした知識のまとまり（＝ブランド知識）が形成される。④形成されるブランド知識（とくにブランド連想）が，強固で好意的かつユニークな構造ないし内容を持つ場合には，いわゆる「強いブランド」（選ばれるブランド）の構築が可能となる（消費者のブランド知識構造については，第7章を参照のこと）。

以上のような，ケラー流の考え方をベースに，ブランドに関する諸概念の整理を行うなら，①製品を選択対象として識別・差別化する行為としての「ブランド化」(Branding)，②ブランド化の手段となる情報コードとしての「ブランド要素」(Brand Element)，③マーケティング活動の結果としてブランド要素を手がかりに形成される「ブランド知識」(Brand Knowledge)，そして④（望ましい消費者の行為・行動を生み出すような構造や内容を持った）ブランド知識の形成活動としての「**ブランド構築**」(Brand Building）といった概念上での区分が可能であろう。

なお，このような概念整理を前提として，われわれが，通常，「製品ブランド」と呼ぶものを捉え直すと，それはブランド要素によって識別・差別化され，かつ，マーケティング活動によって，その意味や価値を明確化された「ブランド化された製品」にほかならない。

「製品開発」と「ブランド構築」

上述のように，製品とブランドとは，概念的にも実体的にも同一のものではなく，したがって，製品開発とブランド構築も，（互いに重なり合う多くの部分を持ちつつも）同一の事柄ではない。そこで，ここでは，これら両者をあえて二項対立的に捉えることにより，ブランド構築の自相（独自の姿）について明らかにしておきたい。

製品開発とブランド構築とを対比させる場合，まず第1にいえることは，製品開発とは技術力をベースとした「モノの開発」（モノづくり）であり，そこでは，どのような機能の製品を，どのような品質で作り，結果的に，どれだけの市場シェアを獲得するのかが問題となる。これに対して，ブランド構築とは，

FIGURE 図 16-1 ● 製品開発 vs. ブランド構築

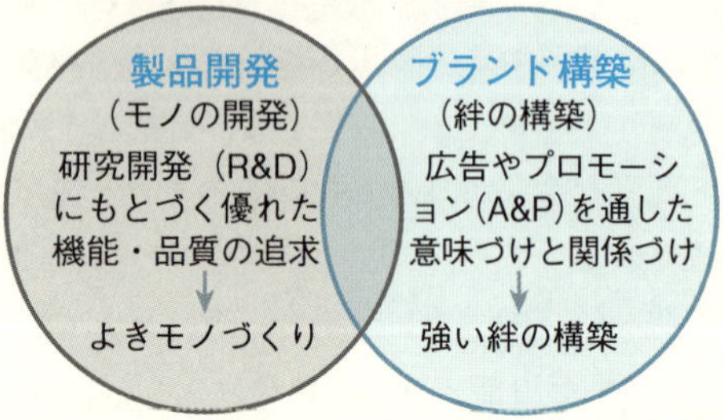

基本的には「モノへの意味づけ」であり，そこでは開発されたモノとしての製品を，消費者のどのような生活場面（使用場面）と関連づけ，どのような便益を期待してもらい，どれだけのマインド・シェア（顧客との絆）を得るかが問題となる（図16-1参照）。

言うまでもなく，市場成果としてのシェアは，消費者の評価と購買の結果としてもたらされるものであり，その意味や価値が消費者に理解されないような製品（モノ）は，いかに優れた技術によって裏打ちされ，優れた機能・品質の製品（よきモノ）であっても，高い市場成果につながるとは限らない。また，先に第15章で論じたように，機能的価値にのみに力点を置く製品開発では，コモディティ化が進行する今日の市場において価値の獲得・維持は困難である。

このように考えると，ブランド構築は，製品開発（よきモノづくり）をベースに進められるものの，必ずしも「よきモノ＝強いブランド」となるとは限らず，（消費者の生活に根差し，支持されうるという意味での）強いブランドを構築するためには，そのブランドの意味ないし価値を伝達するコミュニケーションが決定的に重要な役割を果たすのである。

ブランドのアイデンティティと価値提案

上述のように，そもそもブランド構築の本質的役割は，モノ（製品）への意味づけであり，製品開発のアウトプットとしてのモノ（製品）を消費者の生活空間のなかに位置づけ，提供する便益や価値を約束し，そして顧客との間に強固な関係性を形成・維持する行為である。それは，また，名前やロゴといったブランド要素を適切な形で選択・統合・伝達することによって，それらを手がかりに想起される強くて好ましく，かつユニークな内容のブランド・イメージ（知識構造）を作ることによって達成される。

このように，製品の脱コモディティ化を目指して行われるブランド構築において，とくに重要な役割を果たすのが，いわゆるブランドの「あるべき姿」としてのブランド・アイデンティティ（Brand Identity）である。

ブランド戦略論の大家であるアーカーによれば，ブランド・アイデンティティとは，ブランド戦略を策定するうえでの長期ビジョンの核となり，ブランド資産（ブランド・エクイティ）の重要な構成次元であるブランド連想を生み出すベースとなるものであるという。

すなわち，それは，戦略立案者が，顧客の頭（心）のなかに創造し，維持しようと意図するところの「ユニークなブランド連想の集合」のことであり，支援マーケティング・ミックスに一定の方向性を与え，その内容を規定することによって，当該ブランド独自の世界を創り出すことにも寄与するものである（Aaker［1996］）。

付言すれば，ブランドのアイデンティティとは，当該ブランドが「どのように知覚されているか」という結果としてのブランド・イメージとは異なり，むしろ戦略策定者が当該ブランドを「どのように知覚されたいか（されるべきか）」と考えるか，という目標ないし理想像（「あるべき姿」）として捉えられるべきものである（したがって，前者の「イメージ」が受動的，戦術的，かつ過去形であるのに対して，後者の「アイデンティティ」は能動的，戦略的，かつ未来形であると言える）。

また，このように，ブランド・アイデンティティを「顧客に対する約束」という側面から捉えた場合，それを価値ベースで具現化したものが，いわゆるブランドの価値提案（Value Proposition）である。

再び，アーカーによれば，それはブランドをとおした価値のポジショニングであり，ブランド構築の核となる価値提案は，機能的便益，情緒的便益，自己表現的便益という3つの次元によって規定されるが，機能的便益を強調した合理的な訴求に頼るか（例：ベンツは品質と信頼性を提供している），あるいは，情緒的便益ないし自己表現的便益を強調するか（例：ベンツは成功のシンボルである）によって，ブランドのアイデンティティはずいぶんと異なったものとなる。

いずれにせよ，ブランドの「あるべき姿」としてのアイデンティティと価値

COLUMN 16-1 ブランド・エクイティ概念の登場

近年，ブランド構築はマーケティングの最重要課題と位置づけられることが多いが，その1つの契機となったのが，1980年代のアメリカにおいて登場した「ブランド・エクイティ」(Brand Equity) の概念であった。

元来，「エクイティ」とは，財務・会計の用語であって，資産額からそれを取得するために要した負債額を差し引いた「正味資産」ないし「持ち分」のことを指し，そこから「ブランド・エクイティ」は「ブランド資産価値」などと訳されることも多い。

この概念を，マーケティングの分野において体系化したアーカーによれば (Aaker [1991])，ブランド・エクイティとは，「あるブランド名やロゴから連想されるプラスの要素とマイナスの要素との総和（差し引いて残る正味の価値)」であり，いわば「同種の製品であっても，そのブランド名がついていることによって生じる価値の差」として捉え，その主な構成次元として，①ブランド・ロイヤルティ，②ブランド認知，③知覚品質（品質イメージ)，④ブランド連想，⑤その他のブランド資産（特許，商標，チャネル関係など）の5つが挙げられている。

エクイティ論のユニークさは，何よりも，さまざまなマーケティング活動の結果として，ブランドという「器」のなかに蓄積されていく無形資産的な価値に着目し，その維持・強化と活用を提唱した点にある。その後，ブランド論における鍵概念は，「アイデンティティ」概念へとシフトしていくことになるが (Aaker [1995])，単なるマーケティングの手段としてのブランドではなく，マーケティング活動の結果としてのブランド，さらには，マーケティング活動の起点としてのブランドという認識が持たれるようになる契機となった点において，エクイティ論の意義は大きい。

提案を明確化したうえで，それを企業の組織内で共有していくことこそが，ブランド構築における最重要課題である。そして，その具体化への取り組みのなかで，結果的に顧客とブランドとの間に関係性が形成され，それが強固な顧客基盤へと発展していくことで，持続的競争優位が確立されるのである。

SECTION 2 ブランド構築のための基本デザイン

一口にブランド構築といっても，そこでの手順や手続きは，製品のジャンルにより，あるいは，ブランドの成り立ちやその置かれた状況によって大きく異なることが予想される。たとえば，耐久財と非耐久財，高関与型製品と低関与型製品，あるいは新規カテゴリーの創造を意図したブランド構築と既存カテゴリーにおけるブランド構築などでは，必然的にそのあり方は大きく変わってくるであろう。

その意味では，あくまでも一般論としての整理にすぎないが，以下では，ブランド構築における手続きの大きな流れを，①価値構造の基本デザイン，②ブランド要素の選択と統合，③ブランド・コミュニケーションと接点管理，という3つのフェーズに区分して検討していくこととしたい。

価値構造の基本デザイン

ブランド構築の大きな流れを考えた場合，まず最初のフェーズとして取り組むべきことは，当該ブランドの価値構造に関する基本的なデザインを行うことである。

すなわち，ここでいう「価値構造の基本デザイン」とは，当該ブランドが提供する価値の構造を，製品カテゴリーないし機能領域，核となる顧客層，差別化ポイントとポジショニング，という3つの側面から規定し，そのアイデンティティと価値提案を具体化していくプロセスであり，ブランド構築において基本的方向性を決定づけるものである。

(1) **領域設定**　ブランドの領域設定とは，当該ブランドが，どのような製品カテゴリー（あるいは，サブカテゴリー）に属し，どのような製品属性を有し，そして，どのような機能的価値を提供するものかを明確にすることである。言い換えれば，「それは何であるのか（何のためのブランドであるのか）」を規定する作業にほかならない。たとえば，乗用車の場合であれば，セダンやRVといったカテゴリー，排気量やABSといった製品属性，そして，それらをベースにした走行性や運転性などの機能的価値というように，製品の領域やカテゴリー，機能を絞り込んでいくなかで，当該ブランドの「核となる価値提案」（CVP: Core Value Proposition）が明確化されていく。

(2) 中核顧客層の設定　価値構造の基本デザインにおける第2のポイントは，当該ブランドの支持基盤としての「中核顧客層」(Core Customer) の絞り込みであり，「誰が買い，誰が使うブランドなのか」を明確化することである。このような中核顧客層の絞り込み（ないし明確化）は，同時に当該ブランドの領域設定のさらなる明確化にもつながり，また，次に述べるところの，当該ブランドのポジション設定に対して一定の方向性を与える。たとえば，経済的にも裕福で，社会的地位を持った中高年層をターゲットとした乗用車であることを前提とすれば，走行上の安定性や安全性，あるいは重厚感といった特徴を前面に打ち出すことが考えられるし，また，価格設定等の方向性も自ずから明らかになる。

(3) ポジション設定　当該ブランドの領域設定がなされ，中核顧客層の明確化が済んでも，それだけではブランド価値構造の設計が完了したことにはならない。なぜならば，市場には同一の顧客層に対して類似した価値提案を行う競合ブランドが常に存在しており，それらとの間で差別化ポイントを明確化する必要があるからである。したがって，これら競合ブランドとの相対的な関係を十分にふまえたうえで，カテゴリー内での当該ブランドの位置づけを明確化し，中核顧客層および価値提案の内容を再調整する必要がある。すなわち，この部分を担当するのがいわゆる「ポジショニング」(Positioning) であり，この段階を経て，ようやく当該ブランドのあるべき姿としてのアイデンティティが確定されることになる。

(4) 全体的価値提案の設定　言うまでもなく，ブランドの提供価値は，便益と価格との相対的な関係のなかにおいて決まる。また，消費者がブランドに期待する便益も1つだけとは限らない。したがって，ブランド価値構造の基本設計における最終段階では，便益と価格とのバランス関係，あるいは，複数の便益の組合せを考慮した「全体的価値提案」(Total Value Proposition) を策定する必要がある (Kotler [1999])。

ここで注意すべきは，価値提案のなかでも情緒的価値や自己表現的価値が果たす役割やブランドによる意味づけやシンボル的な価値の重要性である。すなわち，ブランドの全体的価値提案を策定するにあたって，単に機能的価値の面からのみ提供価値を明確化するだけでは不十分であり，それを使用したり所有することによって得られる情緒的な価値，あるいは自己表現的な価値につながってこそ当該ブランドの価値は高まる。

たとえば，ベンツとまったく同じ走行性能や室内空間を持った乗用車が存在したとしても，ベンツのロゴマークなくしては，消費者は決して同額を支払おうとはしないであろう。それは，彼（彼女）がベンツの走行性能のみに価値を認めているわけではなく，それに乗ること・持つことのプレステージ性にも大きな価値を認めているからにほかならない。ある意味で，ブランドが持つシンボル的な価値のほうが，機能的な価値を超えて大きな役割を果たす場合もあるのである。

ブランドのタイポロジー

ブランドの構築方法は，製品やサービスの領域によって異なるし，また，同じ製品カテゴリーにおいても，他ブランドとの競争関係をふまえたうえでの差別化ポイント，あるいは競争上の優位点をどこに置くかによって，大きく異なったものとなる。すなわち，何らかの形でのブランドの類型化が必要であり，ブランドのタイプに応じて構築方法が論じられるべきである。

この点に関して，タイボーとカーペンターは，ブランドを，①機能的ブランド，②イメージ・ブランド，③経験的ブランドの3つに大別したうえで，各タイプごとにブランドの構築方法を整理しているので，紹介しておこう（Iacobucci［2001］)。

(1) 機能的ブランド　まず最初に，機能的ブランドとは，機能的価値の提供に力点を置いたブランドのことであり，たとえば，衣服を洗濯する，痛みを和らげる，といった消費者の機能的ニーズに対応している。このタイプのブランドに対する消費者の連想イメージの多くは，物理的な製品の特徴や基本的な機能と結びついており，また，成功している機能的ブランドの多くは，消費者の心のなかで特定の製品カテゴリーと強く結びついている。たとえば，衣料用洗剤のカテゴリーでは，花王の「アタック」はスプーン一杯で驚くほどの白さをもたらし，頭痛といえば「バファリン」といった刷り込みが多くの消費者の頭のなかでなされている。

このような機能的ブランドの場合，同じような機能を提供する多数の競合ブランドとの間で差別化を図る必要があり，よりよい性能あるいは経済性を強調しなければならない。すなわち，機能的ブランドは，最も優れた機能か，最低のコスト（価格）のいずれか，あるいは，その両方を提供することで競争に勝

COLUMN **16-2 ハーゲンダッツに見るブランド構築**

1984年に設立されたハーゲンダッツジャパン株式会社（HDJ）は，「Dedicated to Perfection」（完璧を目指す）というブランドの基本理念にもとづき，徹底した「品質」と「ブランド」へのこだわりを2本柱として，日本市場へのブランドの導入と育成に取り組んできた。そして，当時，そのほとんどがレギュラー・タイプであった日本のアイスクリーム市場において，「スーパープレミアム」というカテゴリーを形成し，その代表的ブランドとしてのポジションの確立に成功したのである（柴田・青木［2000］）。

こうしたHDJの成功は，周到に練られた初期の導入計画や輸入自由化を巧みに利用した製品生産の効率化やバラエティー化，さらには，段階を踏んだ販路拡大策などの結果でもあるが，同時に，同社が「ハーゲンダッツ」ブランドの価値創造と，その維持・強化に一貫して取り組んできた点も見逃せない。

たとえば，当初，HDJは，直販店である「ハーゲンダッツショップ」などに販売チャネルを限定する戦略をとったが，この導入段階において，稀少性が話

FIGURE 図 16-2 ● ハーゲンダッツのブランド・キャンペーンの枠組み

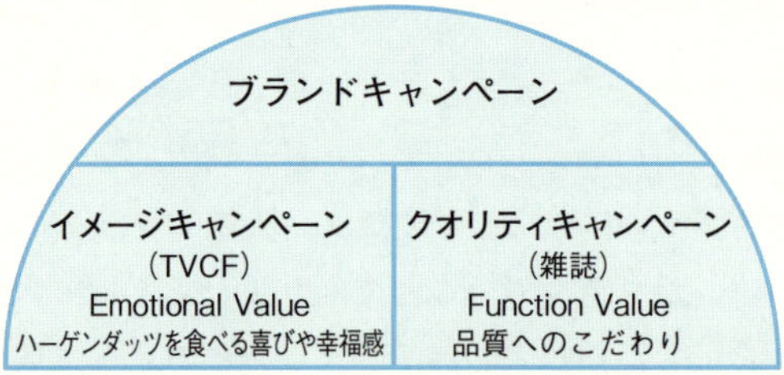

たなければならない。そして，広告の役割もまた，ブランドと製品カテゴリーとのつながりを強めたり，そのブランドの競合ブランドに対する優位性の訴求に力点が置かれ，次に述べるイメージ・ブランドの場合とは異なり，広告そのものが差別化の基礎となることはない。

結果的に，機能的ブランドの成長戦略は，新機能の追加といった製品の改良や革新，あるいは，新たなカテゴリーへのブランド拡張などが中心となる。

(2) イメージ・ブランド　次に，イメージ・ブランドとは，製品の意味的

題となり，口コミやマスコミ報道によって，比較的短期間のうちに，ブランドのプレミアム価値を形成することに成功した。

また，1990年のアイスクリームの輸入自由化を契機に，従来の直販店や百貨店，高級スーパーに限定していた販売チャネルを，コンビニや一般のスーパーにまで拡大，同時に，テレビや雑誌などのマス媒体を用いて広告活動を積極的に展開していった。

とくに，1991年からオンエアされたテレビ広告では，同社が「ハーゲンダッツ・モーメント」と呼ぶところの「ハーゲンダッツを口にした時の至福の瞬間」を官能的に描くことで，ブランドが持つ情緒的価値を徹底的に訴求し，「大人のための」最高級アイスクリームというブランド・ポジションの確立に成功した。と同時に，雑誌広告では，品質という機能的価値の訴求に力点を置き，ブランドの基本的価値のベース固めにも注力していったのである（図16-2参照）。

その後，1995年，日本独自の製品開発のために「R&Dセンター」を設立した同社は，翌96年には「グリーンティー（抹茶味）」を発売，以降，「カスタードプディング」(2000年)，「クリスピーサンド」(2001年)，「ドルチェ」(2007年）とヒット商品を投入し，2009年度の売上高で380億円のブランドにまでハーゲンダッツを育て上げた。

なお，HDJは，創業以来，直販店を「ハーゲンダッツ・モーメント」を直接顧客に提供する重要な場として捉え，ブランド構築上の顧客接点として活用してきている。2009年7月には，新たなフィロソフィーショップ「ハーゲンダッツ ラ メゾン ギンザ」をオープンし，「ブランド経験」に焦点を当てた新たなマーケティング展開に取り組み始めている。

価値や象徴的な価値の提供に重きを置いたブランドのことであり，そのユニークなブランド連想のゆえに消費者が購買・所有・使用しようとするブランドである。このタイプのブランドは，客観的な基準での品質評価が困難なカテゴリー（高級ワイン，医療やコンサルティングなどの専門サービス），あるいは，製品の所有や使用が他の人々の目に触れるようなカテゴリー（乗用車，靴，アルコール飲料等）において構築されることが多いとされる。

すなわち，このようなカテゴリーでは，消費者はブランドに付加されたイメージを手がかりに選択を行う傾向があり，イメージによる差別化が価値を生む。また，社会的視認性の高いカテゴリーでは，そのブランドを所有・使用することが，ある種の「バッジ」（ステータス・シンボル）として作用する。コモディティ化によって，ブランド間での機能的価値の差異が小さくなっている現在，このような意味的価値や象徴的価値によるブランド構築は重要なテーマである。

これまでイメージ・ブランドを構築するにあたっては，たとえば，イメージを形成しやすい特徴（たとえばデザイン）を付け加えたり，ブランドを特定のタイプのユーザーと結びつけたり（ユーザー・イメージの形成），あるいは広告コミュニケーションにより消費者とブランドの間に感情的な絆を形成する（エモーショナル・ボンディング）といった手法が用いられてきた。

なお，このタイプのブランドの価値は，機能面ではなく，ブランドを使用することの意味にあり，さらには，その意味やイメージが社会的に共有されている点が重要となる。このためイメージ・ブランドの構築には時間と資金が必要とされるが，ひとたびブランド・イメージが構築されれば競争上の優位性を発揮し，また機能的特徴とは違って模倣困難であるという利点を持っている。

(3) 経験的ブランド　最後に，経験的ブランドとは，消費者がブランドに接したときに感じとることのすべて，すなわちブランド経験の価値（経験価値）に重きを置く点で，上述の製品やブランドが何を表しているかに焦点を当てたイメージ・ブランドとは異なる。たとえば「ディズニー」や「スターバックス」などは，経験的ブランドの典型例であるが，何もサービスやエンターテインメントの領域に限定されるものではない。

経験価値の次元や提供方法については，すでに，第15章で解説したので，ここでは繰り返さない。製品の機能面での差別化が競合他社のすばやい模倣によって維持することが困難となり，また，ブランド・イメージの形成とその社会的な共有化には時間と多大な資金がかかることから，さまざまな方法を駆使した経験価値の創造により，脱コモディティ化を目指したブランド構築が求められている。

具体的には，後に述べるようにブランド要素による五感を通したブランド経験の提供，コミュニケーションや接点管理（コンタクト・ポイントの管理）を通したブランディングの「場」づくりなどが経験的ブランドの構築の課題となる。

SECTION 3 ブランド要素の選択と統合

ブランド価値の基本デザインとして，価値提案の具体的な中身が決まり，ブランド構築の方向性が定まったなら，次はブランド化すべき製品やサービスの識別性を高め，その意味や価値を伝えていくための準備作業としてのブランド要素の選択と統合の段階である。

先述したように，ケラーは，消費者が自社の製品を識別する際の手がかりとなり，他社のそれと差別化するための手段となる，ブランド・ネーム，ロゴ，シンボル，キャラクター，パッケージ，スローガンなどをブランド要素（Brand Element）と呼び，その選択と統合の仕方について論じている（Keller［1998］)。また，恩蔵と亀井らは，先行研究や日本の事例をふまえたうえで，各ブランド要素の特徴や役割について整理している（恩蔵・亀井編［2002］)。ここでは，これらの議論を参考にしながら，ブランド構築におけるブランド要素の選択と統合の問題について，簡単に整理しておこう。

主要なブランド要素とその特徴

ブランド要素の最も基本的な役割は，人間の五感のなかでも，とくに視覚，聴覚，触覚といった感覚に訴えかけ，また，言語的な意味をとおして，ブランド認知の向上やブランド・イメージの形成に貢献することである。たとえば，消費者は，ネームやロゴ，パッケージの色や形状などを手がかりに，店頭で多くのブランドのなかから特定のブランドを探し出す。あるいは，ネームやスローガンが伝える言語的な意味からブランドの機能的価値や意味的価値を推し測る。さらには，ロゴやパッケージのデザイン，キャラクターなどから感性的価値を感じ取りながら，それぞれのブランド固有のイメージを形成していくであろう。

表 16-1 は，主要なブランド要素について，ビジュアル（視覚的訴求)，サウンド（聴覚的訴求)，タッチ（触覚的訴求)，および言語性（言語的な意味訴求）の各側面での特徴を整理したものであるが，その各々の位置づけと期待される役割については，以下のとおりである（久保田［2004］)。

(1) ブランド・ネーム　ブランド・ネームは，ブランド要素のなかでも中

TABLE 表16-1 ● 主なブランド要素の特徴比較

	ビジュアル（視覚的）	サウンド（聴覚的）	タッチ（触覚的）	言語性（意味的）
ブランド・ネーム	○	○		高
ロゴ，シンボル，キャラクター	○			中
スローガン，ジングル		○		高
パッケージ	○		○	低

（出所） 久保田［2004］，144頁を一部修正して作成。

心的存在であり，多くの場合，消費者のブランド認知はネームを手がかりとしており，ブランド・イメージもネームを核にしたブランド連想の形で形成される。また，ネームには，意味を持つ言葉としての言語的側面，ロゴと一体となっての視覚的側面，発音された場合の聴覚的側面があり，とくに，優れたネーミングは消費者の製品理解を助け，ブランドの意味や価値の伝達を容易にする。さらには，商標として登録することにより，その排他的な使用が法的にも認められる。

(2) ロゴとシンボル　一般に図案化・装飾化された文字・文字列のことを「ロゴタイプ」(Logotype) ないしは単に「ロゴ」と呼ぶ。ブランド要素としてのロゴには，①独特の書体で書かれたり図案化された企業名や商品名（商標）など（これを「ワード・マーク」と呼ぶ）のほか，②非言語的な図案や記号（これを「シンボル・マーク」と呼ぶ)，③両者の組合せなどが含まれる。普通の活字でブランド・ネームが表記されるより，図案化された文字を使ったりマークと組み合わせるほうが識別性も高まるし，意味の付与やイメージ形成も可能になる。

(3) キャラクター　キャラクターとはシンボル・マークの特別なタイプであり，架空あるいは実在の人物や動物などを題材としたものである。単なるマークとは異なり，人格的特徴ないし性格的なものを有しており，ブランドにパーソナリティを持たせることを可能にし，愛着の形成にもつながる。

(4) スローガン　スローガンとは，ブランドのコンセプトや特徴を伝達する短いフレーズである。ナイキの「JUST DO IT.」やアップルの「Think different.」などはきわめて著名なスローガンである。スローガンにネームを組み込んだり，あるいはロゴとスローガンを一緒に提示することによって，ブランド認知を高めることができる。また，スローガンは，ネームと同様にブランドの意味や価値を伝えるうえで重要かつ有効な手段である。

(5) ジングル　ジングル（Jingle）は，元々はチリンチリンといった鈴の音の英語での擬音語であるが，マーケティング用語としては，CM の BGM などとして用いられる短い音楽や楽曲のことを指す。一般的には，「CM ソング（音楽）」などともいわれ，とくに企業名や商品名などにメロディをつけたものなどを「サウンド・ロゴ」と呼ぶ。セブン-イレブンの「セブン-イレブンいい気分～」などはその好例である。ジングルは耳に残って思わず口ずさむなど，記憶に刷り込まれやすいことが最大の特徴である。

(6) パッケージ　製品の容器や包装としてのパッケージも，ブランドの認知やイメージ形成に関わる重要なブランド要素である。本来は，製品の保護や保管，使用面での容易性の提供がパッケージの機能であるが，ブランド要素としては，視覚的のみならず触覚的に消費者の感性に働きかけることができる点に特徴がある。パッケージの形状，素材，意匠などを工夫することによって，ブランドの認知のみならず，その感性的な価値を高めることも可能である。

ブランド要素の選択基準

ブランド要素は，ブランド認知を高め，強くて好ましくかつユニークなブランド連想を形成するために選択され，統合されなければならない。この目的を達成するためには，次の 5 つの要件が選択基準として考えられる（Keller [1998]）。

(1) 記憶可能性（Memorability）　識別の手段としてのブランドという視点から見れば，当然のこととして，購買や消費の場面において当該ブランドの想起や再認を助成するようなブランド要素が選択されるべきである。また，単に「覚えやすい」（記銘性）だけでなく，「目を引き」「見つけやすい」（視認性）という点も重要であり，そのようなブランド・ネームやロゴタイプ等，あるいはその組合せが検討されることになる。

(2) 意味性（Meaningfulness）　ブランド要素の選択においては，単に，それがブランドの認知を高めるかだけでなく，望ましいブランド連想の形成に寄与するような固有の意味を持っているか否かも問われる。たとえば，当該ブランドが属する製品カテゴリーやその製品特徴を伝える記述的意味，あるいは，視覚的ないし言語的イメージの広がりや楽しさといった側面も検討される必要がある。

(3) 移転可能性（Transferability）　そのブランド要素は，異なる製品カテゴリーや他の地域や国においても使用可能であるかも問われる。すなわち，当該ブランド要素が製品カテゴリーを越えて使用可能であることはブランド拡張（カテゴリー拡張）のための前提条件であり，また，国や地域を越えて使用可能でなければグローバル・ブランドにはなりえないからである。

(4) 適合可能性（Adaptability）　ややもすると時の経過とともに，消費者の価値観も変わり，それに応じてブランド要素も修正や調整を余儀なくされる。そのような場合，修正や調整が可能であるといった柔軟性や，時代遅れにならないように変化していくうえでの適応性といった点も重要な選択基準となる。

(5) 防御可能性（Protectability）　ブランド要素のなかには，ブランド・ネームやロゴなどのように，商標法や意匠法などにより法的な保護が期待できるものもあるが，それ以外の場合にも，競合相手が簡単には模倣できないような工夫が必要となる。いずれにせよ，防御可能か否かも，ブランド要素の重要な選択基準である。

ブランド要素の選択と統合

上述の5つの選択基準は，構築的な基準と防衛的な基準の2つに大きくまとめられる。構築的な基準とは，ブランド要素を賢明に選択してエクイティを構築するために重要な基準であり，記憶可能性と意味性が含まれる。これに対して，防衛的基準とは，ブランドが新たな機会や制約に直面したとき，どのように活用されたり保護されたりするのかに関わるものであり，移転可能性，適合可能性，防御可能性が含まれる。

ちなみに，表16-2は，これら5つの基準に照らして，主要なブランド要素の特徴を整理したものであるが，同表から明らかなように，各要素には一長一短があり，すべての基準を満たすようなブランド要素は存在しない。その意味でも，これらブランド要素の適切な組合せが重要であり，そのための選択と統合に関する十分な検討が必要である。ただし，各要素のなかでも，ブランド・ネームは最も中心的な存在であり，ブランドの意味や価値を伝達するうえでの適切な形でのブランド・ネームの選択と，それを補完するための他の要素との

TABLE 表 16-2 選択基準ごとに見たブランド要素の比較

ブランド要素	記憶可能性	意味性	防御可能性	移転可能性	適合可能性
ブランド・ネーム	ブランドの再生（想起）と再認を高める	時として間接的ではあるが，ほとんどすべてのタイプの連想を強化する	限界はあるが一般的に有効	やや限界がある	困難
ロゴ・シンボル	一般的に，ブランドの再認に有効	時として間接的ではあるが，ほとんどすべてのタイプの連想を強化する	優れている	優れている	デザインの変更が可能
キャラクター	一般的に，ブランドの再認に有効	一般的に製品属性外のイメージやブランド・パーソナリティ形成に有効	優れている	やや限界がある	場合によってはデザインの変更が可能
スローガン	ブランドの再生（想起）と再認を高める	ほとんどすべての連想を明示的に伝達する	優れている	やや限界がある	修正が可能
パッケージ	一般的に，ブランドの再認に有効	ほとんどすべての連想を明示的に伝達する	コピーされる可能性が高い	やや優れている	デザインの変更が可能

（出所） Keller [1998], p. 166 を一部修正して作成。

組合せが模索されるべきである。

SECTION 4 ブランド・コミュニケーションと接点管理

ブランド構築の最終段階においては，ブランドの意味や価値を顧客へ伝えるためのコミュニケーション・プログラムと，ブランド一顧客間の関係性を構築・維持していくための接点管理が問題となる。すなわち，前者は，さまざまなブランド要素を手がかりとしたブランド認知の確立と，強固で好意的かつユニークなブランド連想の形成を目的とした広告等のコミュニケーション活動のことを指し，また，後者は，顧客とブランドが出会い，さまざまな経験をする接点（コンタクト・ポイント：Contact Point）を特定し，分析し，コントロールする活動のことを指している。

言うまでもなく，ブランド構築は，その実行段階において，支援マーケティング・ミックス（製品，価格，広告コミュニケーションとプロモーション，流通チャネル）によるブランド価値の具現化，表示，伝達，実現を必要とするが，ブランド構築の中核部分を消費者のブランド知識形成として捉えた場合，なかでも，広告に代表されるコミュニケーションが果たす役割はとくに大きい。

そこで，ここでは，アーカーによる整理やケラーが提示した「ブランド・ビルディング・ブロック」（または「ブランド・ピラミッド」とも呼ばれる）の考え方を拠り所として，コミュニケーションと接点管理の問題について整理しておこう。

ブランド構築上のコミュニケーション課題

ブランド構築上の課題や手順については，これまでさまざまに議論されてきたが，なかでもアーカーらは，①視認性とプレゼンスの確立，②差別化と連想イメージの形成，③顧客との関係性の構築とその維持・強化，という3つの基本的課題を指摘している（Aaker and Joachimsthaler [2000]）。

まず第1のコミュニケーション課題は，強いブランドを構築するうえでの最初の一歩として，当該ブランドの視認性を高め，市場におけるプレゼンスを確立することである。往々にして，視認性の問題は当然視されて掘り下げた検討がなされない傾向があるが，コカ・コーラのようなグローバル・ブランドの強さの源泉を考えると，そこには視認性の高さや圧倒的な存在感（世界中のいたるところで目にするロゴマークや自販機など）があり，その重要性は明白であろう。また，視認性の高さは，購買時点での想起を促し，選択の確率を高め，結果的には購買へと結びつく。とくに，トップ・オブ・マインド（まず最初に想起される）の位置を占めるブランドは，競争上の優位性を享受することができる。

第2に，ある意味で，ブランド構築活動の要ともいえる連想イメージの形成については，単に，強くて好ましいイメージづくりを目標とするだけでなく，いかにしてブランドの差別化を図っていくかが重要である。

いわゆるブランド・ロイヤルティは，当該ブランドが持つ独自の性質にもとづいて形成されるものであり，似たり寄ったりのブランドが，顧客との間で強い絆を育むことは困難である。すなわち，強いブランドを構築するうえでの重要なポイントは，アイデンティティにもとづき，強く，好ましく，かつユニークなイメージの形成なのである。

第3に，真に強力なブランドを構築するためには，視認性や差別性の獲得に加えて，顧客との関係性の構築と維持・強化が重要となる。

ハーレー・ダビッドソンほどではないにせよ，一度ブランドが，顧客の生活あるいはアイデンティティの一部となり，深いつながりが生じると，当該ブランドが提供する機能的価値，情緒的価値，ないしは自己表現的価値の評価は相対的に高いものとなる。また，顧客のロイヤルティは増大し，他者に対してブランドの長所を論じたり短所を弁護したりするといった反応も期待できるのである。

ブランド・ビルディング・ブロック

堅牢強固な建築物を造るためには，まず基礎となる土台を固め，1つひとつ部材を積み上げていくことが重要である。これと同様に，強いブランドを構築するうえでも，一連の手順と部材に該当する構成物が必要となる。このようなアナロジーを使って，ケラーがブランド構築の手順を考えるうえでの枠組みとして提唱するのが，図16-3に示された「ブランド・ビルディング・ブロック」の考え方である（Keller [2002]）。

これは，ある意味で，上述のアーカーが示した3つの基本的課題を構造化したものであり，ブランド構築のためのコミュニケーションと接点管理のための設計図とも考えられるので，簡単に紹介しておこう。

同図に示されているように，ケラーが考えるブランド構築のステップは，次のような4段階からなり，6つのブロックを積み上げていくことによって達成される。

(1) アイデンティティ（消費者によるブランドの識別・同定） まず第1段階のアイデンティティを実現するためには，セイリエンス（顕著性・突出性）を確立する必要があり，深くて広いブランド認知をいかにしてつくり出すかが課題となる。すなわち，ブランドの再認だけでなくブランドの再生，それも「トップ・オブ・マインド」（第1位再生）で想起される必要があるし，できるだけ幅広い購買状況や使用状況で想起されることが望ましい。

(2) ミーニング（当該ブランドの意味の了解） 第2段階のミーニングからは，2つの流れに分岐し，1つは機能的なパフォーマンス（性能）であり，もう1つは抽象的なイメージである。前者は，製品の特性や属性にもとづく信頼性，耐久性，サービスのよさなどによって形成され，後者は，使用者のイメージや購買・使用状況のイメージなどを内容としている。

FIGURE 図16-3 ● ブランド・ビルディング・ブロック

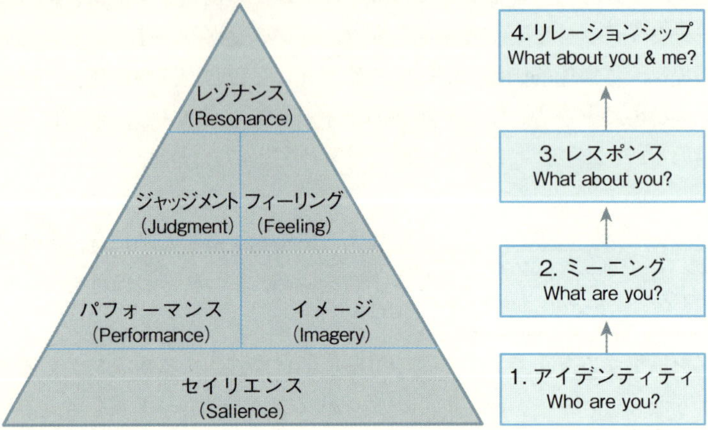

（出所） Keller［2002］, p. 99.

(3) レスポンス（適切で望ましい反応）　第3段階のレスポンスは，第2段階のミーニングの結果として引き起こされる消費者の反応であり，ここでも2つの流れを受けて，ブランドに対する顧客の個人的評価としてのジャッジメント（評価・判断）とブランドに対する顧客の感情的反応としてのフィーリングに分かれる。前者は論理的・理性的な反応（品質，信用，考慮，優位性）であり，後者は，情動的・感情的な反応（あたたかさ，おもしろさ，興奮，安心感，社会的承認，自尊心）である。

(4) リレーションシップ（消費者とブランドの関係性の構築）　最後の第4段階のリレーションシップに対応するレゾナンスは，第3段階までの2つの流れが統合した段階であり，それは顧客とブランドとが共鳴し合い，また，2つの流れの意味や反応が統合され調和した状態でもある。レゾナンスは，具体的には，ブランドへの行動上のロイヤルティや態度上のコミットメント，アタッチメント（強さの次元），コミュニティ意識や積極的な関わり合い（活発さの次元）という側面によって表される。

いずれにせよ，強いブランドを構築するためには，当該ブランドがこれら4つの段階のどのレベルにあるのか，確立されているブランド知識（ブランド認

FIGURE　図16-4　コンタクト・ポイントの輪

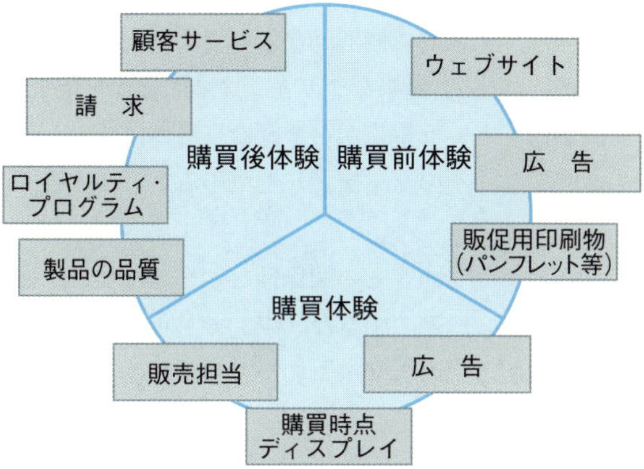

（出所）　デイビス＝ダン（電通ブランド・クリエーション・センター訳）[2004]，7頁。

知やブランド連想）の程度や内容を検討しながら，一歩一歩，着実に進めていく必要がある。

接点管理と「場」のデザイン

かつて，シュルツらによってIMC（Integrated Marketing Communication）の考え方が提唱されて以降（Schultz et al.［1993］），既存の媒体のみならず，あらゆる顧客接点を利用した統合的なコミュニケーション（具体的には，「ワンボイス・ワンルック」のメッセージ開発など）の重要性が強調されてきたが，ある意味で，その統合の核として位置づけられたのがブランドであった。

ここで顧客接点とは，消費者がブランドに接触する機会のすべてであり，たとえば，自動車を例として考えれば，路上や駐車場で見かけたり，友人や知人の車に乗ったり，テレビ広告や雑誌の記事，ニュース，ショールームの展示，ウェブサイト，カタログ，車に詳しい知人の話，セールスマンの情報，工場見学等々，さまざまな接点が考えられる（典型的な顧客接点を図16-4に示す）。

これらさまざまな消費者とブランドとの接点には，広告や販促といった「意図的に創り出されたブランド接点」だけでなく，購入・使用場面といった「本来的に備わっている接点」もあり，そこでのコミュニケーション管理も重要である。

また，最近の議論では，単に接点管理という問題を超えて，消費者がブランドを経験する「場」のデザインへの関心が高まっている。もとより，顧客のブランド経験それ自体は，個人的で個別的なものであり，それを100％デザインすることは困難だが，「経験」の場をデザインすることは可能である。そして，ブランドの「経験価値」という視点からすれば，まさに「場」のディテイルこそがブランドの命であり，そのディテイルを決めることが「場」のデザインである。

いずれにせよ，どのような顧客との関係性をベースにして，どのような次元でブランドの価値を設計し，どのような「場」で具現化・実体化していくか。企業には，ブランド価値と場のデザイン力が求められることになる。

SECTION 5 ブランドの育成・強化とブランド力の活用

これまで本章では，ブランド構築における基本問題について，とくに，新規ブランドの構築を念頭に置きつつ議論を進めてきた。もちろん，ブランド戦略上の課題は，新規ブランドの構築のみにとどまらず，きわめて広範囲にわたる。そこで，本節においては，残された諸課題のなかでも，とくに，「ブランドの育成・強化」と「ブランド力の活用」という2つの領域を取り上げ，簡単に検討しておくことにしたい。

既存ブランドの育成と強化

前述したように，一口に強いブランド，あるいはブランドの強さといっても，その捉え方は，視点や立場の違いによって多種多様である。たとえば，売上高や市場シェアなどの市場成果を問題とする立場，あるいは，ブランドの知名率やロイヤルティといった消費者の反応を重視する視点，さらには，イメージの強さや広がりといった事柄を問題とする立場等々，といった具合にである。

だが，なかでも，当該ブランドが「どれだけ長生き・長続きできるか」という観点からブランドの強さを考える場合，そこでは持続的な競争優位が問題とされることになる。言うまでもなく，多大なコストをかけて市場に出されるブランドが決して短命でよかろうはずもなく，ブランドの構築と育成における1つの理想型として，ロングセラー・ブランドが注目されるゆえんである（COL-

FIGURE　図 *16-5* ● ブランド力活用の方向性

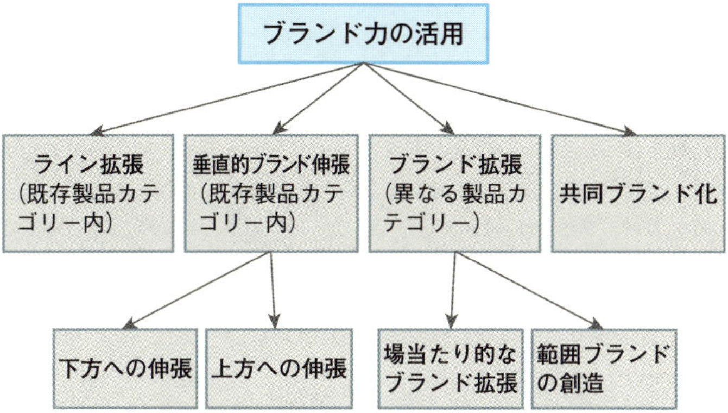

（出所） Aaker［1996］, p. 275.

UMN *16-3* 参照)。

中・長期的な視点に立った既存ブランドの育成と強化にあたっては，当該ブランドの価値基盤および支持基盤（中核顧客層）を維持・強化することが何よりも重要である。すなわち，ブランド連想を維持・強化するための継続的コミュニケーション，品質改良等をともなう適時・適切な形でのリニューアル，経時的な市場変化に対応するための再ポジショニング等々を駆使して，常に，基盤強化のための積極的取り組みが行われる必要があるのである。

ブランド力の活用とその方向性

個別ブランドの管理に関しては，新規ブランドの構築やその育成・強化だけでなく，すでに市場地位を確立したブランドの力をいかにして活用するかも大問題である。そして，その際，ブランド力活用上の重要な切り口となるのが，ブランド拡張である。

ここで**ブランド拡張**（Brand Extension）とは，すでに市場において一定の地位を確立したブランドの資産や力を活用する形で，同一の製品カテゴリー内でのライン拡張や他の製品カテゴリーへの進出のことであり，そのようなブランド力の活用にはさまざまな方向性が考えられる。

たとえば，アーカーは，ブランド力を活用するための方向性として，図 16-

COLUMN 16-3 ロングセラー化とブランド拡張

一口に「強いブランド」を構築するといっても，その方法論は「ブランドの強さ」の捉え方や立場によって大きく異なるであろう。たとえば，売上高や市場シェアでトップのブランドを目指すのか，それともブランドの知名度や知覚品質，ロイヤルティの高さを重視するのか，等々。前者は市場成果を重視する立場，後者は顧客基盤を優先する立場ともいえる。これに加えて，ブランドが「どれだけ長生き・長続きできるか」という視点，すなわち競争優位の持続性を重視する立場も考えられる。本文でも述べたように，多大なコストをかけて上市したブランドが短命でよいはずはなく，ブランド構築における理想型として，ロングセラー・ブランドが注目されるゆえんである。

これまで，ロングセラー化の条件としては，①明確なコア・ベネフィットの存在，②独自技術を基盤とした優位性，③優れたコミュニケーション，④ブランド要素の一貫性，⑤市場変化への積極的対応，などが指摘されてきた（青木[1998]）。なかでも，市場変化に積極的に対応するうえでのブランド拡張は重要である。なぜなら，どれだけ競争力を持ったブランドでも，単一のアイテムだけでは，市場の変化や多様な消費者ニーズに対応できないからである。適切なタイミングでのリニューアルやブランド拡張でアイテムを増やし，カテゴリーを拡大することによってこそ，ロングセラー化は可能になる。むしろロングセラー・ブランドのなかには，適時適切なブランド拡張によって生き残り，メガ・ブランドへと成長したものが多い。

5に示すような4つの方向性を提示しているが，なかでも，とくに議論の対象となるのが，製品カテゴリーを超えたブランド拡張である（Aaker [1996]）。

すなわち，ある製品カテゴリーにおいてすでに確立されたブランド名を用いて他の製品カテゴリーに参入するという戦略は，新規ブランドを育成する場合と比べればマーケティング費用の節約につながるし，また，それが成功した場合には，結果的に当該ブランド名が補強されることにもなる。だが，一方では，既存ブランドの力で，常に，このような拡張が可能であるとは限らず，場合によっては，かえって無理な拡張により既存ブランドのイメージが希薄化（Dilution）したり傷つけられたりもする。それゆえ，ブランド拡張に関する意思決定は，できるだけ慎重に行われなければならない。

たとえば，武田薬品工業の「アリナミン」は1954年の発売，半世紀を超える歴史を持つ正真正銘の超ロングセラー・ブランドである。シャープな薬効感でビタミンB1製剤市場での揺るぎない地位を確立したが，永らく錠剤というカテゴリーに限定されたブランドであった。若年層の錠剤離れが進むなか，1987年に「アリナミンV」でミニ・ドリンク剤分野に拡張，ブランドの再活性化に成功している（乳井・青木［1998］）。

一方，1966年に発売された江崎グリコの「ポッキー」も，菓子のロングセラーである。発売以来の「赤箱ポッキー」を核に，味の多様化（アーモンド，いちご，など），高付加価値化（アーモンドクラッシュ，つぶつぶいちご，ジャイアントなど）に取り組み，メガ・ブランドへと成長してきた。さらに，直近でも，2006年に「ポッキー〈極細〉」を発売するなど，市場変化に対応したブランド拡張に余念がない。

もちろん，過度なブランド拡張はブランド・アイデンティティの希薄化を招くとして，メガ・ブランド化に対しては否定的意見も存在する。また，明確なコンセプトやポジション，そして強固なコア・アイテムを持たないようなブランドでは拡張のしようもない。コア・アイテムを起点とし，ブランドの守るべき部分を保持したうえで，適切なブランド拡張で市場変化に適応する。「変わらずにいて，変わっていく」というのがロングセラー化の要諦なのかもしれない。

ところで，このような製品カテゴリーを超えたブランド拡張を行っていくうえで，1つの指針を提供してくれるのが，「範囲ブランド」（Range Brand）の概念である。ここでいう範囲ブランドとは，一定範囲の製品カテゴリーにまたがり，その範囲に共通するコンセプトないしはコア・ベネフィットに裏づけられたブランドのことである。

計画的なブランド拡張の結果として，コアとなる製品カテゴリーを中心に複数の製品カテゴリーにまたがる形で形成されたブランドを「メガ・ブランド」（Mega Brand）と呼ぶ。理想的なブランド拡張のパターンとは，このような範囲ブランドないしはメガ・ブランドの創造を目的としたものであるといえる。

Chapter 16 ● 演習問題

EXERCISE

❶ 機能的ブランド，イメージ・ブランド，経験的ブランドの各類型に当てはまると思うブランドを事例として取り上げ，広告表現などコミュニケーション活動を比較してみよう。

❷ あなたが興味を持っているブランドを事例として取り上げ，そのブランド要素（ネーム，ロゴ・シンボル，キャラクター，スローガン，パッケージなど）を表 16-2（429 頁）の基準に従って評価してみよう。

❸ 図 16-4（433 頁）を参考にして，いろいろな製品カテゴリーごとに，どのようなブランド接点があるか調べてみよう。

❹ 企業のホームページなど利用してブランドの発売年を調べ，あなたがロングセラー・ブランドとして評価するものを選び出し，その歴史（とくに，ブランド拡張などの歴史）を調べてみよう。

第 17 章

価格政策

細分化された標的顧客別に
価格設定を行うスーツ・ショップ。

CHAPTER 17

価格はマーケティング諸手段のなかでもきわめて重要な決定項目である。価格は，顧客が支払う対価というばかりでなく，品質に関する情報をもたらしたり，価値を生み出したりすることさえある。また，売り手にとって，価格のあり方は，他のマーケティング手段のあり方をも規定する。したがって，価格決定には，多くの要因が影響を与える。本章では，費用，需要，競争関係，マーケティング目標やマーケティング戦略といった要因が，いかに価格決定に影響を及ぼすかを検討する。

さらに，現実の企業は多様な需要に多様な製品で向かい合っているのが普通であり，そうした場合に必要とされる，セグメント別価格設定，製品ラインに対する価格設定，補完品に対する価格決定が，説明される。最後に，流通業の価格決定において重要な役割を果たす，トラフィック・ビルダーの考え方が紹介される。

INTRODUCTION

KEYWORD
FIGURE
TABLE
COLUMN
EXERCISE

KEYWORD

マークアップ　損益分岐点　規模効果　経験効果　浸透価格戦略　上澄み吸収価格戦略　需要の価格弾力性　支払意思価格　知覚価値　内的参照価格　フレーミング効果　細分化フェンス　需要の交差価格弾力性　バンドル製品　トラフィック・ビルダー

SECTION 1　マーケティングにおける価格設定の意義

製品の価格をいくらに設定するかは，マーケティングのなかでも，もとより重要な決定の１つである。

現代のマーケティングにおいては，価格競争の脅威を意識しなければならない場面は多い。また，価格が有効な訴求手段となることもめずらしくない。

企業の価格設定は，古典的には，ミクロ経済学において，限界収入と限界費用が等しくなるようになされると説明されてきた。これに対して，マーケティングでは，どちらかというと価格以外の競争手段が強調され，また，価格設定についてもより現実的な考慮が必要であることが指摘されてきた。だが，そのことは，マーケティングにおける価格設定の重要性を否定するものでは決してない。

マーケティングにおいて価格は，以下のような面で重要な役割を果たす。第1に，価格は，買い手がある特定の製品を購買する際に支払う対価であり，それゆえ，買い手は，製品の価値をこの価格と比較して，購買を決定する。第2に，価格は企業にとっての製品単位当たりの収入を規定する。種々のマーケティング費用が結局はこの収入から支払われることを考えれば，価格はマーケティング支出の水準をも規定するといえる。第3に，買い手が製品についての情報を十分に有していないときには，価格が買い手による品質判断の基準になることもある。いわゆる品質・価格関係である。これとも関連して，第4に，製品が地位の象徴としての意味を有しているような場合には，価格の高さが逆に価値を生み出すこともある。

価格の設定には，したがって，さまざまな要因が影響を与える。

SECTION 2 価格規定要因としての費用

価格の設定方法としてわかりやすく，現実にもよく見られるものの1つが，コストプラス価格設定法であろう。製品1個当たりの費用が決まっていれば，それに一定のマークアップを乗じて価格とするわけである。小売店などの場合は，仕入れ価格に一定のマークアップを乗じればよい。マークアップは経験や勘，業界の慣行などによって決められることも多い。

価格設定に影響を与える要因として誰でも思いつくのは，その製品にともなう費用である。したがって，このコストプラス法は直感的にも納得がいく。

ただ，製品にともなう費用には，生産費用，マーケティング費用などさまざまなものが考えられる。それらは大きく，固定費と変動費に分類することができる。固定費とは生産・販売数量が一定の範囲にある限りは変化しない費用であるのに対し，変動費は，生産・販売数量に応じて変化する費用である。

したがって，コストプラス法におけるコストとは変動費であり，マークアップは固定費と目標利益をカバーするものと考えることができる。では，一定のマークアップを乗じた価格を採用したとき，いったいどれだけの売上を実現すれば，固定費をカバーし，さらには目標利益を達成することができるのか。これを知るための方法が，図17-1に示されている，損益分岐点分析である。

図17-1において，総費用は固定費と変動費の合計である。固定費は数量にかかわらず一定であるのに対し，製品単位当たりの変動費は総費用線の傾きに反映されている。また，価格は売上線の傾きに反映される。価格が安くなれば，売上線の傾きは緩やかになり，売上金額が総費用と一致する損益分岐点売上数量は，右方向に移動する。逆に，価格が高くなれば，売上線の傾きは急になり，損益分岐点売上数量は左方向に移動する。

損益分岐点分析におけるように，生産・販売数量のある範囲では，製品単位当たりの変動費は通常，一定とみなしうる。したがって，この範囲で数量が増えれば，固定費が分散されて，単位当たり費用は低下する。ところが，数量がこの範囲を超えると，生産過程において機械待ちが発生したり，単価の高い残業が必要になったりして，変動費が上昇し，やがてこの変動費の上昇が固定費

FIGURE　図 17-1 ● 損益分岐点分析

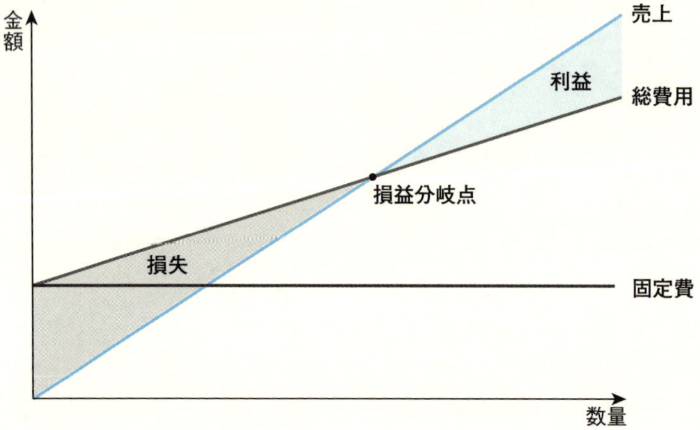

の分散の効果を上回り，結果として単位当たり費用は上昇に転じる。そのため，製品にともなう費用は多くの場合，図 17-2 のように，U 字型を描くといわれている。

規模効果と経験効果

だが，新たな設備投資が行われる場合は，事情が異なる。設備投資による操業の大規模化にともない単位当たり費用が低下していくとき，**規模効果**が働くという。規模効果は生産過程のみならず，企業活動の種々の局面で観察されるが，いずれにしてもこの効果が大きいときには，大規模操業を行う企業が費用面で有利になる。

大規模操業による費用面でのメリットは，これだけではない。よくいわれるいま 1 つは，**経験効果**である。これは，当該製品に関するその企業の創業以来の累積生産量が増大するにつれて，単位当たり費用が低下していくという効果である。たとえば，経験効果が 15% カーブに従うといえば，累積生産量が 2 倍になるごとに，費用が 15% ずつ下がるということである。累積生産量も，大規模操業を行えば，より敏速に増大していく。

規模効果や経験効果が作用する場合の 1 つの典型的戦略は，たとえば新製品の発売にあたって思い切った低価格を設定し，需要の急速な拡大をねらい，それによって可能になった規模効果や経験効果による費用の低下をいっそうの価

FIGURE 図 17-2 費用曲線

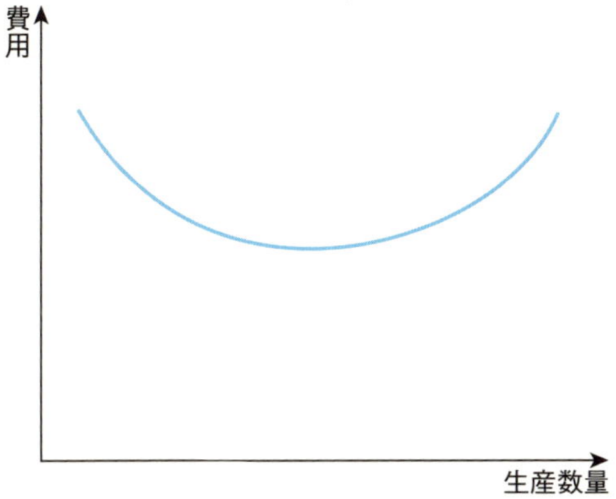

格切り下げに向け，新規参入を目指す競合企業に対し有利な費用地位を得ようとするものである。このような価格戦略を浸透価格戦略という。

ちなみに，これとは反対に，当初は高価格でスタートし，高価格でも新製品を受容する層へ販売し，その後徐々に価格を低下させ，それぞれの価格で受容する層を押さえていくというやり方は，上澄み吸収価格戦略と呼ばれる。この価格戦略のねらいは，製品開発のための投資の早期回収である。

経験効果の古典的事例は，20 世紀初頭におけるフォードのモデル T であろう。自動車は欧米ではすでに 20 世紀初頭の段階でいくつかのメーカーによって生産されていたが，それらは職人の手作業によるところが大きく，価格もきわめて高額であった。このとき，アメリカのフォード自動車は流れ作業の生産方式を導入することにより費用と価格の大幅な削減を行い，アメリカでの自動車の普及を一気に加速した。図 17-3 はフォードのモデル T の導入以来の価格と販売台数の関係を示したものであるが，これを見ても，低価格→売上増→費用低下といった図式を類推することができよう。

このように，製品にともなう費用は売上数量によっても変化すれば，経験によっても変わってくる。損益分岐点分析は，それらによって固定費や製品単位当たりの変動費の水準が与えられたなかでの，分析手法だと考えるべきであろう。

FIGURE 図 17-3 ● 1903～23年におけるモデルTの価格（1958年ドル価格基準での平均表示価格）

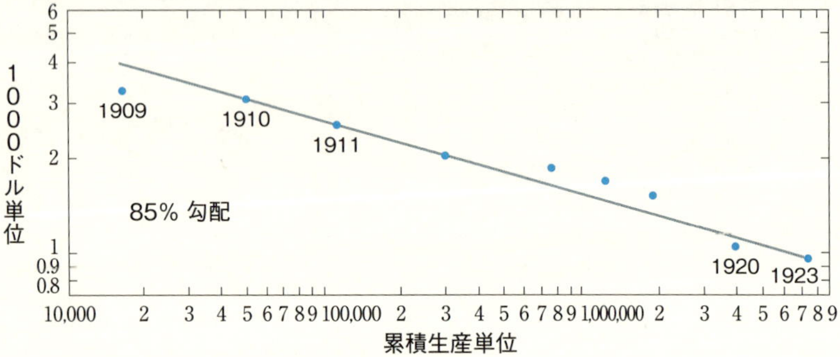

（出所） Abernathy and Wayne [1974], p. 111.

損益分岐点分析においていま1つ留意すべきは，たとえば一定の価格切り下げを行い損益分岐点売上高が右方向に移動したとき，その価格でその売上高が達成できるかである。当然それは，価格に対する需要の反応に依存する。同様に，一定の価格切り上げを行ったとき，その価格でその売上高が達成できるかも，価格に対する需要の反応に依存する。つまり，ここでのマーケティング上の関心は，価格変更のもとで需要の反応が損益分岐点の達成を可能にするか否かである。

SECTION 3 価格規定要因としての需要

企業の価格設定は，需要側の買い手，すなわち消費者やユーザーの行動によっても，規定される。

需要の価格弾力性

価格に対する消費者やユーザーの反応の特性は，**需要の価格弾力性**として表されることがある。いま，製品の価格を縦軸に，また，売上数量を横軸にとれば，両者の関係はたとえば図 17-4 (a) のように描かれる。つまり，価格が P_1 のときの売上は Q_1 であり，価格を P_2 に値上げすると売上は Q_2 に減少する。価格と売上（需要）の

FIGURE　図 17-4 ● 高価格弾力性と低価格弾力性

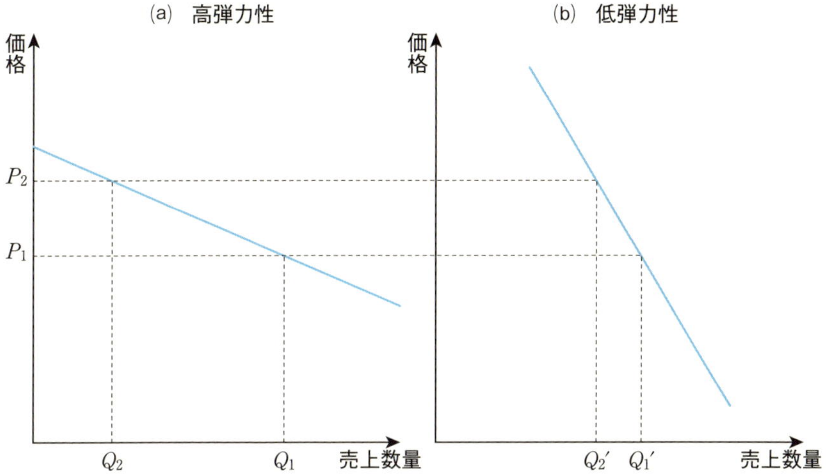

関係を表すこうした曲線（図では便宜上直線になっているが）は，需要曲線と呼ばれる。

これに対して，図 17-4 (b) も同様の関連を示しているが，需要曲線の傾きがより急なものになっているため，同じように値上げをしても，売上の減少分は $Q_1'-Q_2'$ と少ない。また，逆に値下げをした場合も，売上の増加分は，図 17-4 (a) の場合と比べ少ない。すなわち，需要曲線がより緩やかな傾きをもつ図 17-4 (a) の場合は，需要曲線の傾きがより急な図 17-4 (b) の場合と比べ，需要が価格に対して弾力的である。

需要の価格弾力性は，

$$\text{需要の価格弾力性} = \frac{\text{売上数量の変化量}／\text{売上数量}}{\text{価格変化額}／\text{価格}}$$

と計算され，その値は通常，負である。簡単のために負の符号を無視して絶対値のみを問題とすれば，この弾力性が大きく需要が価格変化に敏感であるほど低価格が，また弾力性が小さく需要が価格変化に鈍感であるほど高価格が有利になる。

FIGURE 図 17-5 ● 右上がり部分を含む需要曲線

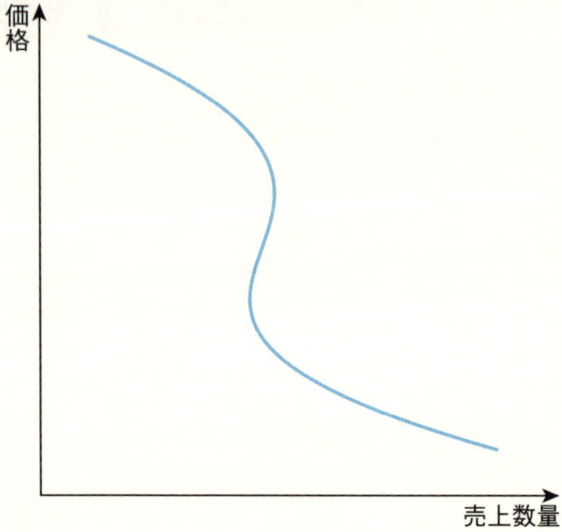

もちろん，需要には，価格以外のさまざまなマーケティング手段のあり方，競合他社の動向，一般的経済状況など多くの要因が影響を与える。需要曲線は，それらのなかで，他の条件は一定と仮定して，価格と，それに対する買い手の反応の結果としての需要の関係を取り出したものである。

価格と需要の関係を表した需要曲線は，さまざまな集計水準において想定できる。最も集計水準が低い場合，需要曲線は個々の買い手において描くことができる。この買い手単位の需要曲線を集計したもの（足し合わせたもの）として，企業全体に対する需要曲線が描かれる。

価格弾力性の大きさは，1つには，買い手が品質差をどの程度識別できるか，さらにそれをどの程度評価できるかに依存する。

また，買い手の品質評価が価格に依存したり，高価格自体が地位の象徴として価値を持ったりする場合には，一定の範囲で，価格が高いほど売上が増大して，図 17-5 のように，需要曲線が右上がりの部分を含み，価格弾力性が正になることもありうる。

たとえば，自動車を購買する場合，消費者は耐久消費財としてさまざまな機能をチェックするであろうが，それだけではなく，消費に際し他人の目に触れる機会も多く，高額ということもあって，ファッション性や自らの地位の象徴としての意味を考慮することも考えられる。

消費者はこうした地位の象徴としての意味を重視するほど，その製品の希少性，あるいはそれとも関連して価格の高さそれ自体に，価値を見出す傾向にある。つまり，価格が高いほど，それを買える人間が限られてくることによる希少性，あるいは高額製品のユーザーであることの誇らしさは，価値を増す。したがって，この場合には，より高い価格が容認されやすい。

また，消費者がファッション性を重視するときには，客観的な判断基準が確立しにくい。さらに，最近の自動車のようにエレクトロニクス化が進み製品が複雑化すると，消費者の平均的な判断力は相対的に低下する。このような状況では，消費者は他の面での判断力が低下しているだけに，ブランドや価格を判断基準として重視することになり，高価格が支持されやすくなる。

支払意思価格

需要曲線や需要の価格弾力性は，個々の顧客が支払ってもよいと考える**支払意思価格**（WTP：Willingness to Pay）を反映したものであり，それらはさらに，彼らの**知覚価値**を反映している。他方で，支払意思価格には，知覚価値とともに，**内的参照価格**が影響を与える。

内的参照価格とは，買い手がその価格が妥当かどうか判断する際に基準となる，自分の記憶のなかの価格であり，値頃感を表していると考えてよいであろう。内的参照価格も知覚価値の影響を受ける。ただ，内的参照価格には，当該製品の価値とともに，関連した他の製品の価格なども反映されている。また，価格の提示のされ方や変更履歴などによっても，内的参照価格は影響される（上田［1999］；白井［2005］）。

たとえば，従来1000円であったものが1500円に値上げされるのと，もともと1500円であったものでは，買い手の受け取り方は異なる。これは参照価格に反映される従来価格が異なるからである。このように，客観的には同じものであっても，心的構成の仕方によって異なった結果をもたらすことがある。これを**フレーミング効果**という（竹村［1994］）。

さらに，プロスペクト理論と呼ばれる理論によれば，同じ500円の違いであっても，値上げによる損のほうが，値下げによる得よりも大きい。それだけに，買い手においては，値上げへの抵抗感は強い。また，プロスペクト理論がいうように，値上げと値下げの効果が非対称的であるならば，需要曲線に描かれる価格と売上数量の関係も，より多くの制約のなかで論じなければならない。

支払意思価格は，知覚価値と，この値頃感としての内的参照価格によって規定される。いかに実売価格が内的参照価格を下回っていても，知覚価値が低ければ，支払意思価格は実売価格を下回り，購買には至らない。「価格は妥当であるけれど，自分にとってその価格を支払って買う価値はない」という状況である。逆に，いかに実売価格が知覚価値を下回っていても，実売価格が内的参照価格を上回っていれば，支払意思価格は低くなるであろう。「その価格で買う価値はあるが，ほかを探せばもっと安い価格で手に入るであろう」という状況である。

SECTION 4 競合・代替品のなかでの価格設定

競合・代替品価格との比較

価格設定において考慮されるべきいま1つの要因は，競合品や代替品の価格である。

買い手は購買決定にあたって，よりよい製品，より自分の好みにあった製品を求めるのが普通であるが，それとても価格の開きがどの程度かによる。買い手は，自分の目的を達成するさまざまな方法（製品）の価値と価格を比較し，最も割のよいと思われるものを選択する。したがって，いかに気に入った製品であっても，あまりに価格が高ければ選択しないであろうし，多少気に入らなくとも価格が安ければ買ってしまうということもあるだろう。

したがって，互いに競合する各製品の価格は，競合品・代替品と比べたそれぞれの顧客にとっての価値に応じて，相対的な位置関係を持つことになる。すなわち，競合品や代替品の価格が高ければ，それだけ高い価格設定が可能になるし，低ければそれに応じて価格を低めざるをえない。また，競合品や代替品と比べて，自社製品の品質，イメージ，特徴，サービスなどに関する買い手の評価が高いほど，設定可能価格は高くなるし，それらが低いほど，設定可能価格は低くなる。

ここで留意すべきは，当該製品にとって何が競合品であり，代替品であるかである。競合関係とは，買い手が「どちらにしようか」と考える製品間に生じるのであり，単に物理的仕様が似ているからといって，常に競合するとは限らない。

価格攻撃への対応

企業の価格設定には，このように，競合品や代替品の価格が規定要因として作用する。ということは，規定要因としての競合品や代替品の価格が変化すれば，価格の変更が必要になりうる。とりわけ価格は，マーケティング諸手段のなかでは比較的変更が容易であり，また，買い手側の識別能力も高いということもあって，競争手段として活用されることも少なくない。さらに場合によっては，「価格戦争」といった形で激しい相互行為が行われることもある。

では，競合企業からの価格攻撃を受けたとき，どのように対処すべきなのか。もちろん場合によっては，価格攻撃に応じて激しい価格戦争に向かわなければならないこともある。しかし，そうした対応が常に適切なわけではない。

ネイグルとホールデンは，価格攻撃にいかに対応すべきかを規定する条件を，図 17-6 のように，整理している（Nagle and Holden [2002]）。

図 17-6 において縦軸は，価格で反撃することの費用とメリットの関係である。すなわち，反撃の費用が，反撃によって阻止できる売上のロスよりも小さいか否かであり，小さいならばその反撃の費用は適正とみなされ，大きいならば費用は過大だとみなされる。この際，反撃の費用や反撃によって阻止される売上ロスは，当該市場における今回の反撃だけでなく，競合企業によるさらなる価格攻撃や他の市場への波及効果をも念頭に置いて推定されなければならない。

これに対して，横軸は，自社と比べた競合企業の戦略的にみた相対的競争地位である。

競合企業が相対的に劣位であるにもかかわらず，価格による反撃の費用が阻止可能売上ロスを上回っているならば，適切なオプションは，競合企業による価格攻撃を単に無視することであろう。同じように，競合企業が相対的に劣位であっても，価格による反撃の費用が阻止可能売上ロスを下回っているならば，価格での反撃が容認される。

競合企業が自社と同等もしくは自社より優位にあり，しかも反撃の費用が阻止可能売上ロスを上回っているならば，無視もできないが積極的な対応もできない。この場合の対応は，競合企業を市場に受け入れ，自らは競合企業からの

FIGURE 図 17-6 ● 価格競争への対応オプション

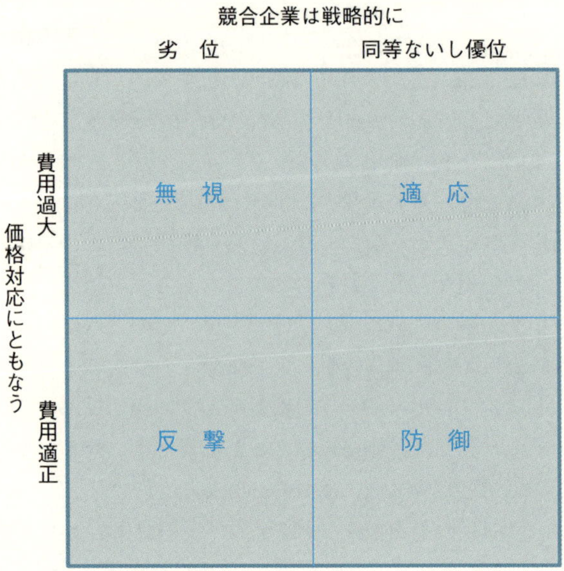

（出所） Nagle and Holden［2002］, p. 133.

影響が少ない新たなニッチな場所を探すことである。これが適応である。

最後に，競合企業が自社と同等もしくは自社より優位にあるが，反撃の費用が阻止可能売上ロスを下回っている場合は，防御ということで，競合企業による価格攻撃を効果のないものにするための対応が求められる。たとえば，競合企業の価格攻撃に常に厳密にフォローしていけば，競合企業がやがて価格攻撃の効力に見切りをつける可能性は高まる。

攻撃的価格設定

また，場合によっては，第2章で説明したコスト・リーダーシップ戦略を採用する場合のように，自社からの攻撃的な価格設定が正当化されることもある。

一般的にいって，その製品が導入期や成長期にある場合には，価格競争によって市場が拡大することも少なくない。また，先に述べた規模効果や経験効果などにより企業間にかなりの費用格差がある場合，あるいは財務的体力に格差がある場合も，攻撃的な価格設定は有効なものになりうる。さらに，後に述べるように，補完品があって，補完品での高い利益が見込める場合も，同様である。このほか，ニッチ戦略をとって，競合企業が対応している市場のなかの一部のみに自社が対応している場合には，価格競争は対応市場が広い競合企業により大きなダメージを与えるだけに，自社からの価格攻撃は効果的なものになりうる（Nagle and Holden [2002]）。

逆に，これらの条件が満たされない場合，攻撃的な価格設定は価格戦争を招く可能性が高く，対立回避の方策が模索されることになろう。

SECTION 5 価格設定の規定関係

このように，価格の設定には，さまざまな要因が影響を与える。それら諸要因と価格設定の関係は，図 17-7 のように，要約される。すなわち，ある製品に付けるべき価格は，その製品と同様の特性を持つ競合品や同様の目的に資する代替品の価格からの競争圧力を受けながら，品質，イメージ，特徴，サービスなどに関する買い手の評価が高いほど，高くなる。これに対して，競合品や代替品と比べ，品質，イメージ，特徴，サービスなどに関する買い手の評価が劣る場合は，その分だけ低い価格の設定と低い利益マージンを余儀なくされる。さらに，この利益マージン幅とも関連して，企業のマーケティング目標も価格水準に影響を与える。

企業のマーケティング目標には，イメージの向上，シェアの拡大，売上の増大，利益の向上といったものが考えられる。これらのうちいずれをマーケティング目標とするかは，当該製品の競争地位や企業全体のなかでの位置づけなどによって規定される。

企業にとってとるべき価格は，このマーケティング目標が何であるかによって変わってくる。一般に，価格は，その製品のマーケティング目標が生存や新規参入の排除にあるときにはかなり低く抑えることが求められ，それが，シェア，売上，利益，高品質イメージとなるにつれて，より高くすることが，適切になる。

しかし，これらの事情により利益マージンを圧縮しなければならないときでも，価格の下限は何らかの形で費用によって課せられる。この費用は，中長期

FIGURE 図17-7 ● 価格の規定要因

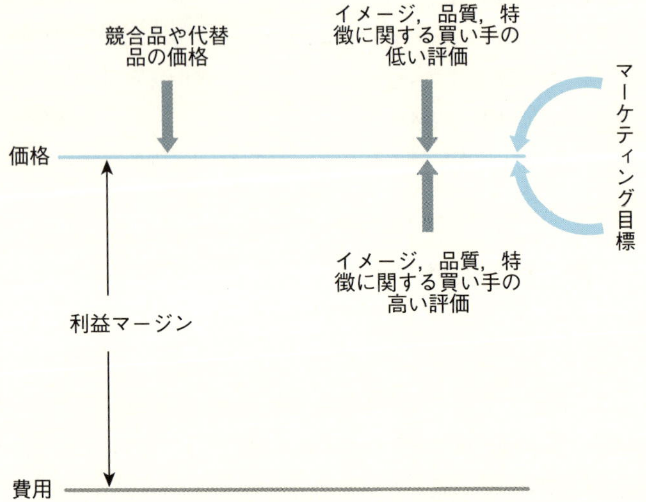

的には，固定費と変動費の合計としての，単位当たり総費用である。ただ，短期的には，価格が単位当たり変動費を上回れば，固定費への貢献が得られるため，変動費が価格の下限を規定すると見てよいであろう（Dolan and Simon [1996]）。

SECTION 6 マーケティング戦略のなかでの価格設定

これらに加え，価格設定にあたっては，さらにいくつかの要素が考慮される。その1つは，標的設定や他のマーケティング手段のあり方である。

先に述べたように，あらゆるマーケティング手段の費用は，結局はその製品の価格でカバーされなければならないがゆえに，価格水準はあらゆるマーケティング手段のあり方に関係する。それとともに，種々のマーケティング手段のあり方は買い手の価格に対する反応に影響を与える。それだけに，マーケティング・ミックスの一要素としての価格は，標的設定や他のマーケティング手段

COLUMN 17-1 日米におけるレクサスの価格設定

同一製品に関する価格設定環境の違いは，時として，政治問題の火種となることもある。1989年からアメリカと日本で販売が開始されたトヨタの高級乗用車レクサス（当時の日本名はセルシオ）の価格設定は，そうした事例であった。

レクサスに関して，標的とする顧客層やねらいとするイメージ作り，あるいは他のマーケティング手段を考えれば，国内ではかなり高めの価格が望まれた。また，国内市場のこのクラスにおける主要ライバルが，高額輸入車であることを考えても，高価格は是認された。

しかし，レクサスは，トヨタにとって日本国内だけではなく，アメリカでも重要な役割が期待される戦略製品であった。それだけに，アメリカでの販売価格も重要な意思決定であるが，アメリカでの販売価格には，同じモデルであっても国内とは異なった需要動向や競争動向が作用する。したがって，アメリカでの販売価格が国内価格と同じ，あるいは費用差だけを反映したものになる保証はない。つまり，アメリカにはアメリカなりの消費者の動向や競争環境が存在する。

レクサスの場合，アメリカでは高級車のなかでも3万ドル以上のファンクショナル・ラグジュアリー・クラスに属していたが，このクラスの競争はアメリカのほうが日本より厳しく，また，消費者もより価格に敏感であった。それゆえ，市場要因と競争要因のみを考えれば，日本国内価格よりも低いアメリカ価格が要請された。

しかし，各市場における価格は，互いにまったく無関係というわけではない。たとえば，当時話題になり，また，日米構造協議でも取り上げられた日米間における価格差は，市場ごとの価格設定に一定の制約を課す。つまり，日本国内で生産されているにもかかわらず，国内価格がアメリカ価格と比べあまりに高いというのは，アメリカにおける競争行為としても不公正であり，また，日本国内の消費者の利益にも反する。

その結果，レクサスについても，両国での価格は，許容される日米価格差を前提に，輸送費やマーケティング費用を含めた費用差をふまえて，相互関連のなかで設定されることになった。現実における価格設定には，このような配慮が働くことも少なくない。

のあり方と不可分の関係を持つ。

たとえば，マス市場を標的に製品が開発されたなら，広範な流通やマス媒体による広告，そしてマス市場が購入しうる相対的に低い価格の設定が求められよう。これに対して，限られた顧客層を標的とする高級車のような場合は，流通チャネルもそれにマッチしたものに限定されるとともに，広告は雑誌のような限定媒体に焦点が置かれる。そして，価格もこれらに対応して，高めに設定されることになる。また，標的セグメントや他のマーケティング手段が何らかの事情で変化した場合には，それに応じて価格も変更が求められる。

すなわち，マーケティング手段の１つとしての価格の設定も結局は，いかなる標的セグメントにおいていかに差別化を図るかという，マーケティング戦略のあり方に依存する。

SECTION 7 セグメント別価格設定

セグメント別価格設定への動機

マーケティング戦略を実行する種々のマーケティング手段のなかで，価格は顧客に対するきわめてきめ細かな対応が可能である。それだけに，価格においては，その規定要因に応じて，より細かな標的設定による対応が行われることも少なくない。つまり，セグメント別価格設定，極端な場合には個別対応である。

すべての顧客に対して一律の価格を設定すれば，価格設定のための費用は少なくてすむし，顧客にもわかりやすい。しかし，売り手としての企業と顧客との個々の関係においては，価格の規定要因としての需要特性も違えば，費用も違う。競争圧力やマーケティング目標も違うかもしれない。

第12章で見たように，市場細分化においては，費用と効果の大小を見比べて，マーケティング手段ごとに，細分化の程度が決められる。したがって，価格に関して，たとえば製品以上にきめ細かな形でセグメントが設定され，セグメント別の価格が設定されるというのは，決してめずらしいことではない。子どもとか学生とかいった顧客特性にもとづく顧客特性別割引，現金での支払いに提供される現金割引，大量の購入に対する数量割引や団体割引，さらには地域別価格設定や季節別価格設定など，こうした例には枚挙に暇がない。

きめ細かなセグメント別価格設定が行われる大きな理由の1つは，顧客の間での需要特性の違いである。すなわち，ある製品に対して顧客が支払ってもよいと考える支払意思価格は，顧客の間で同じとは限らない。

いま，ある企業がある製品に1000円の価格を付けたとしよう。そうすると，その製品に対する支払意思価格が1000円以上の顧客が購入するわけで，そのなかには，支払意思価格が1000円の顧客もいれば，2000円の顧客や3000円の顧客もいるかもしれない。したがって，この企業は，支払意思価格が2000円や3000円の顧客については，価格を1000円としたことで，本来手にできる収入を失ったことになる。

他方で，価格が1000円であれば，支払意思価格が900円の顧客は購入しない。仮にこの製品の単位当たり総費用が800円である場合，価格を900円に設定すれば，支払意思価格が900円の顧客も購入し，そこでも利益が生じる。つまり，価格を1000円にすると，支払意思価格が800円以上1000円未満の顧客についても，本来手にできる利益を失う。

このような場合，支払意思価格によって，顧客別価格設定とまでいわなくとも，何段階かの価格設定を行えば，企業の利益は増大する。つまり，顧客にとっての支払意思価格と価格を近づけるわけである。

細分化フェンス

しかし，同じ製品について複数の価格が存在すれば，通常は安い価格の製品に顧客は集中する。したがって，セグメント別の価格設定を行うためには，顧客が支払意思価格に応じて適切な価格を選択するように，価格と価格の間に**細分化フェンス**を設ける必要がある。

たとえば，航空会社が同じ路線の同じ飛行機において，ファーストクラス，ビジネスクラス，エコノミークラスを持つのは，まさにセグメント別価格設定である。そこでは，支払意思価格の高い顧客が，エコノミークラスではなく，ファーストクラスを選択するように，さまざまな細分化フェンスが設けられている。チェックインの際の便宜，広いシート，よりよい食事や飲み物などがそれである。

このような細分化フェンスによってセグメントの数を多くすれば，売り手にとっての逸失利益は少なくなるが，価格設定のための費用や顧客における混乱の可能性は増大する。

航空会社の例では，ファーストクラス，ビジネスクラス，エコノミークラスという製品ラインのなかで，誰がどのクラスを購買してもよい。すなわち，顧客は，細分化フェンスがあるにしても，自らの判断で選択を行っている。

ドーランとサイモンは，細分化フェンスづくりの方法として，このほかに，利用可能性によるコントロール，購買者特性による分類，取引特性による分類の3つを挙げている（Dolan and Simon [1996]）。利用可能性によるコントロールとは，過去の購買履歴とか，購買の場所や時期などによって識別された特定の顧客に対してのみ，特定の価格を提示するというやり方である。さらに，購買者特性による分類とは，年齢や身分（学生，有職者等）による分類，また，取引特性による分類とは，事前予約の有無とか，往復購入とか，購買数量といった基準による分類であり，これらの分類に従って顧客を細分化し，価格を設定するわけである。

セグメント別価格設定は，価格設定を取り巻く環境，とりわけ需要特性の違いにもとづくものである。しかし，同じもしくは類似した製品やサービスを顧客によって異なる価格で販売するというのは，顧客の間に不公平感を生む危険性もはらんでいる。それだけに，セグメント別価格設定においては，法令遵守のみならず，公正性の確保という観点も強調されるべきであろう。

SECTION 8 製品ラインの価格設定

製品ラインのなかでの位置づけ

価格設定において大きな役割を果たすもう1つの要素は，企業が有する製品ラインのなかでの当該製品の位置づけである。

今日の企業は多くの場合，1つの製品カテゴリーのなかに複数の製品を有し，これら複数の製品によって製品ラインを構成する。価格設定すべき製品がこの製品ラインに含まれるときには，製品ラインのなかでどのような立場にあるかが考慮されなければならない。

いま，単純に高級品，中級品，普及品の3つの品目からなる製品ラインを想定しよう。セグメント別価格設定の観点からは，可能な細分化フェンスを前提に，各顧客において支払意思価格と購買価格ができるだけ近くなるような価格関係が望まれる。このとき，上位品目と下位品目の価格差が大きければ，下位品目の売上が，逆に価格差が小さければ上位品目の売上が，それぞれ相対的に大きくなる傾向にある。また，とりわけ買い手の品質識別能力が低いときには，彼らは製品間の相対的価格関係で品質を評価しがちである。このような場合は，価格は市場細分化の具体的手段となるわけで，それだけに，価格差を大きくしすぎて需要を逃したり，小さくしすぎて混乱を招いたりする可能性もある。さらに，製品ラインの構成にあたっては，イメージ・リーダー，高利益品，高売上品といった位置づけがなされることがあり，その場合はこれらに応じた相対的な価格関係が求められることになろう。

需要の交差価格弾力性

上記のような例における3つの品目の間で，まったく代替関係が生じない形で細分化フェンスが設定されることも，ありえないことではない。たとえば，ビデオカメラの製品ラインに，プロ用，マニア用，家庭用の3種類しかなければ，互いの代替関係はほとんどないのかもしれない。

しかし，多くの場合は，ある程度の代替関係は存在する。したがって，仮に中級品を値下げして中級品の売上が増えたとしても，代わりに高級品や普及品の売上が減少するという事態は，十分に想定できる。つまり，ある品目の価格切り下げの効果は，その品目の売上に留まるとは限らない。品目Aの値下げが，代替関係にある品目Bの売上を減らすということもある。

こうした関係を扱うための考え方が，交差価格弾力性である。**需要の交差価格弾力性**は，

$$\text{需要の交差価格弾力性} = \frac{\text{品目 B 売上数量の変化量／品目 B 売上数量}}{\text{品目 A 価格変化額／品目 A 価格}}$$

で，計算され，品目Aの価格が変化したとき，それによって品目Bの売上がどれだけ変化するかを表す。

当然のことながら，品目Aと品目Bの間にまったく関係がなければ，交差価格弾力性の値はゼロになる。これに対して，両者の間に代替関係があれば，交差価格弾力性は正になる。逆に，用途が関連しているといったように，両者が補完関係にあれば，交差価格弾力性は負の値をとる。

あるインスタント・コーヒー・メーカーの製品ラインにAとBの2つの品目があり，品目Aの値下げを行ったとする。その結果，従来そのメーカーのインスタント・コーヒーを購買していなかった顧客を獲得するとともに，品目Bを購買していた顧客が，品目Aの価格切り下げによって，品目Aにスイッチするという事態も，想定される。もし品目Aの新規顧客の大半が，従来，品目Bを購買していて，そこからシフトしてきただけならば，当該メーカーにとって，大した売上増にはつながらない。共食いとか，カニバリ（Cannibalization）と呼ばれる現象が，これである。

逆に，上記の高級品，中級品，普及品の例の場合，高級品を値上げし，その結果，高級品を買うつもりの顧客の多くが代わりに中級品を購買することもある。また，高級品の値上げは，先に述べたフレーミング効果により，中級品や普及品の購買における内的参照価格にも影響を及ぼす。

このように，互いにある程度の代替性をもった品目が製品ラインを構成するとき，そのなかの1つの品目の価格変更が製品ライン全体の売上に及ぼす影響，すなわち製品ライン全体の弾力性には，代替効果やフレーミング効果が作用する。それだけに，製品ラインの価格設定は，細分化フェンスを念頭に，これらの要因を考慮に入れて行われなければならない。

SECTION 9 補完品やバンドル製品の価格設定

補完品の価格設定

品目間の関係は，前節で見たような代替関係だけではない。品目Aの値下げが，用途面で関連し補完関係にある品目Bの売上を拡大することもある。この場合，交差価格弾力性は負の値をとる。

たとえば，そばとそばつゆは典型的な補完関係であり，そばの価格を下げれば，そばの売上が増えるとともに，そばつゆの売上も増えるという事態は十分に考えられる。しかし，この事例では，自社のそばとともに他社のそばつゆが増えてしまうかもしれない。ただ，自社のそばとそばつゆがとくに相性がよければ，こうした事態は避けることができるかもしれない。

それが，自社のレーザー・プリンターには自社のトナー・カートリッジしか使えないといった場合には，この補完関係はより強いものになる。そうなると，仮にプリンターの価格を低く設定して利益率が悪くなっても，トナー・カートリッジの価格を高めにして，全体として利益を確保するという考え方も生まれてくる。

同様に，一眼レフカメラの交換レンズといった，オプション品においても，本体との間の補完関係にもとづいて，こうした価格設定が行われる可能性がある。

補完関係は，製品間のみに限定されるわけではない。自動車を買えば，そのあとのメンテナンス・サービスを長期にわたって購入し続けなければならず，したがって，自動車という製品とメンテナンスというサービスは補完関係にある。それだけに，製品単位の収支ではなく，ある程度長い時間軸のなかで，顧客単位の収支を考えたほうが有効な場面も生じてくる。第21章で説明される関係性マーケティングは，このような補完関係に注目している面もある。

バンドル製品の価格設定

補完品の価格設定と深い関連を有するのが，バンドル製品の価格設定である。

バンドル製品とは，複数製品を組み合わせた製品である。たとえば，マイクロソフト社のオフィスは，ワード，エクセル，パワーポイントなどのソフトウェアを組み合わせたバンドル製品である。旅行代理店は，宿泊と交通機関を組み合わせた，多くのバンドル製品を用意しているし，レストランでも，バンドル製品としてのさまざまなセットメニューをみることができる。また，携帯電話会社のなかには，本体と通信のバンドル製品を導入している例もみられる。

バンドル製品が有効になる状況として想定できる1つは，たとえば，補完関係にある製品やサービスを組み合わせることによって，費用の削減が図られる場合である。あるいは，顧客が，面倒くささや能力不足から，個々の製品についての選択を厭(いと)う場合も，あらかじめバンドル化された製品は歓迎されるであろう。

さらに，これらとともに，顧客間で支払意思価格のかなり異なる製品がいくつかあり，それらの間でバンドル化が可能な場合も，製品のバンドル化は有効である。

たとえば，ある企業が品目Aと品目Bをいずれも1000円の価格で販売していたとしよう。市場にはⅠとⅡの2つの顧客グループがあり，各顧客グループ

TABLE 表 17-1 ● 製品バンドル化の例

	単体価格	支払意思価格：顧客グループⅠ	支払意思価格：顧客グループⅡ
品目 A	1000 円	2000 円	500 円
品目 B	1000 円	500 円	2000 円

の品目Aと品目Bに対する支払意思価格が，表17-1のようになっていたとしよう。この企業が，もし品目Aと品目Bを別々に販売していたとすれば，単体価格と支払意思価格の関係から，品目Aは顧客グループⅠのみによって，品目Bは顧客グループⅡのみによって，それぞれ購買される。これに対して，品目Aと品目Bをバンドル化して，2000円の価格で販売すると，どうなるであろうか。顧客グループⅠもⅡも，このバンドル製品に対する支払意思価格は2500円である。したがって，双方の顧客グループとも，このバンドル製品を購買する。

この例におけるトリックは，消費者余剰の移転と呼ばれるものである。すなわち，顧客グループⅠが品目Aのみを購買すると，価格が1000円であるのに，支払意思価格は2000円であるから，1000円の消費者余剰が発生する。売り手企業からみれば，1000円だけ本来手にできる収入を逃している。製品のバンドル化は，この消費者余剰の一部を，品目Bをとおして回収しているとみることができるであろう（Guiltinan [1987]）。

SECTION 10 トラフィック・ビルダーの役割

商品間で需要の交差価格弾力性が負になるという状況は，小売業においてもよく見られる。

たとえば，スーパーマーケットにおけるあるインスタント・コーヒー品目の価格切り下げは，その品目の購買に影響を与える。しかし，顧客は多くの場合，そのスーパーマーケットでインスタント・コーヒーのみを単独で買うわけではない。その価格切り下げは，用途の関連性から，あるいは購買の利便性から，他の品目の購買にも影響を及ぼす。

インスタント・コーヒー品目の値下げは，当該スーパーマーケットにおけるインスタント・コーヒーの購買の増大をもたらし，それだけに，インスタント・コーヒーとともに，砂糖やクリームといった補完品の購買を誘発する可能性をもつ。このように，ある品目の価格切り下げが，補完品の売上をも押し上げるというのは，決してめずらしいことではなく，それだけに，小売業のマーケティングのきわめて重要な側面である。

しかし，インスタント・コーヒーとの交差弾力性が負の商品は，使用場面において用途が関連した補完品のみに限られるわけではない。

小売業においては，商品間に明確な用途の関連がなくとも，購買の利便性という理由から，需要の交差価格弾力性が負になることがある。たとえば，スーパーマーケットにおいて，卵を安売りして顧客を吸引し，他の商品の売上拡大を図るといった場合，卵と他の商品の間の交差弾力性が負になる。このとき，卵と一緒に購買される商品は，別に卵と用途において関連しているとは限らない。顧客は，卵と用途において関連がなくとも，購買の利便性という観点から，他の商品を一緒に購買する。

この卵のように，小売業者において，顧客吸引のために，その販路での購買価値がとくに高められている人気品目は，**トラフィック・ビルダー**と呼ばれる。

もともとこうした考えは，ロス・リーダー（目玉商品）に由来している。かつて1930年代にアメリカでスーパーマーケットが登場したとき，そのきわめて重要な特徴は，品目別のマークアップの設定にあるといわれた。それまでの小売業者が，全品目にほぼ同一のマークアップを乗じていたのに対し，スーパーマーケットでは，いわば安さを演出するために，消費者の価格イメージに大きく影響を与える品目については，消費者のそうした品目目当ての来店とそれにともなう他品目の併買を期待して，思い切った低価格が設定された。卵を特売して顧客を吸引し，ついでに他の商品も買ってもらえれば，スーパーマーケットとしては，たとえ卵の価格が原価割れであっても，マーケット・バスケット全体では元がとれる可能性が高い。このような品目は，来客数を増やして全体としては利益を拡大するために，それら自身は負のマークアップ（原価割れ）で損失を生むことさえあるという意味で，ロス・リーダーと呼ばれてきた。

しかし，コンビニエンス・ストア（以下コンビニ）のような利便性を売りものにした小売業態では，価格による集客には限界がある。現在のコンビニの顧客吸引においては，弁当の重要性が高い。つまり，弁当が来店の駆動力となっている場合が少なくない。もちろんコンビニの弁当はそれなりの価格競争力を有しているが，売りものは価格の安さではなく，むしろ味やバラエティといった中味であろう。したがって，コンビニの弁当は，ロス・リーダーということにはならない。

つまり，トラフィック・ビルダーが，価格以外の魅力を売りものにするという事態は，十分に想定できる。そのため，今日のわが国のように，多様な魅力を競い合う多様な小売業態が存在する場合には，集客の魅力を価格に限定したロス・リーダーという用語よりも，来店を駆動する品目という意味で，トラフィック・ビルダーと呼んだほうが適切であろう。

とはいえ，多くの小売業態においては，価格を魅力としたトラフィック・ビルダーの重要性は高く，こうした商品の価格設定においては，顧客がそのために来店するような，魅力的な価格設定が求められる。

価格を魅力としたトラフィック・ビルダーは，価格の安さを理由に顧客がわざわざ足を運ぶような商品でなければならない。そのためには，1回の購買金額がそれなりの大きさにのぼる商品でなければなるまい。また，来店頻度の観点からは，購買頻度の高い商品のほうが効果的であろう。

さらに，顧客が価格の安さを理由に来店するためには，彼らが価格の安さを認識しなければならず，それには内的参照価格ができるだけ明確であることが求められる。ところが，たとえばスーパーマーケット（食品スーパー）にしても，取扱品目数は数万にのぼる。通常の顧客はこれらの品目すべてについて，内的参照価格を確立するわけではない。そうなると，この面でも，ある程度の購買頻度の高い商品，また店舗間で品質差の生じにくい商品が望ましい。店舗全体の価格イメージは，こうした商品の価格を通じて形成される。

もっとも1回の購買金額が大きいとか購買頻度が高いといっても，これらの特性は顧客の間で同じではない。ある顧客においては購買頻度が高くとも，別の顧客の購買頻度は低いということは当然考えられる。したがって，価格を魅力としたトラフィック・ビルダーの条件ということになると，これらの特性も，価格に敏感な顧客層において把握されなければなるまい。

Chapter 17 ● 演習問題　EXERCISE

❶ ミネラルウォーター市場の動向を調べ，そのなかに含まれるさまざまな製品の価格の違いは何によるものなのかを検討してみよう。

❷ 自分の周囲に見られる細分化フェンスの事例を取り上げ，それがなぜ機能しているのか，またそこにはどのような問題点がありうるのかを検討してみよう。

❸ 製品バンドル化が行われている事例を取り上げ，そこでの価格設定の有効性と問題点を考えてみよう。

第18章 プロモーション政策

マス・コミュニケーションとパーソナル・コミュニケーション

顧客との直接のコミュニケーションによって購買を促進する
店頭プロモーションは重要な販売促進戦略の１つ。
（PANA 通信社提供）

CHAPTER 18

企業は，広告・プロモーションやニュースなどさまざまな手段を通じて，製品や企業それ自体についての情報を消費者に伝えようとする。製品が消費者にとって価値のあるものであることや，いかに消費者の生活において価値が実現されるかについてメッセージを送り，消費者に行動を起こさせようと努力している。

メッセージがどのように伝わるかについては，メッセージを送る側の戦略や戦術，さらに受け取る側の関心や，購買経験，あるいは生活の仕方によって，その効果に違いが見られる。消費者は企業からのメッセージだけでなく，他の消費者からも影響を受けている。本章では，企業から消費者へのコミュニケーションと，消費者間のコミュニケーションとの両方に焦点を当て，効果的なコミュニケーションが行われるための考え方や方法について説明する。

INTRODUCTION

KEYWORD
FIGURE
TABLE
COLUMN
EXERCISE

KEYWORD

コミュニケーション・プロセス　広告　人的販売　パブリシティ　販売促進　マーケティング・コミュニケーション　ブランドの試用　ブランド再生と再認　効果階層反応仮説　情報源効果　IMC（統合型マーケティング・コミュニケーション）

SECTION 1 マーケティング・コミュニケーションの考え方

コミュニケーション・プロセス・モデル

企業の市場に対するマーケティング活動のうち，製品の価値を市場に伝達する活動は，広義のプロモーション活動として捉えられる。この伝達活動は，製品に関連するメッセージを企業から消費者市場に伝えるコミュニケーション・プロセスとして考えることが可能である。コミュニケーションとは，シンボルを使うことによって，他者の特定の態度を引き出すことを目的とする，情報の処理・伝達プロセスとして定義される。たとえば，企業は新製品についてテレビやインターネットといった媒体を通じて広告宣伝を行う。消費者がその広告を目にし，製品を欲しいと思うようになり，購買に至ることが期待される。メーカーは製品を消費者に知ってもらい，購買してもらうことを望んでいるわけだが，消費者は広告を見ても必ずしも購買に至るわけではない，また，広告を見ても必ずしもその内容について理解したり，あるいは需要を喚起されるわけではない。このことは図18-1のコミュニケーション・プロセス・モデルを用いて考えると説明が可能になる。

一般に，コミュニケーション・プロセス・モデルと呼ばれるモデルは，情報源から情報の受け手に対する情報の処理・伝達プロセスを仮定する。これは，情報源がまず情報内容をメッセージとして発信することから情報伝達プロセスは始まり，メッセージは，媒体を通じて受け手によって受け取られ，受け手は何らかの態度変化もしくは行動を起こすという一連のプロセスとなっている。

広告を例にとると，メーカーは自社製品について情報源となるが，広告主として情報の送り手となり，広告代理店とともに，自社製品の訴求点について消

FIGURE　図 18-1 ● プロモーションのための一般的コミュニケーション・プロセス・モデル

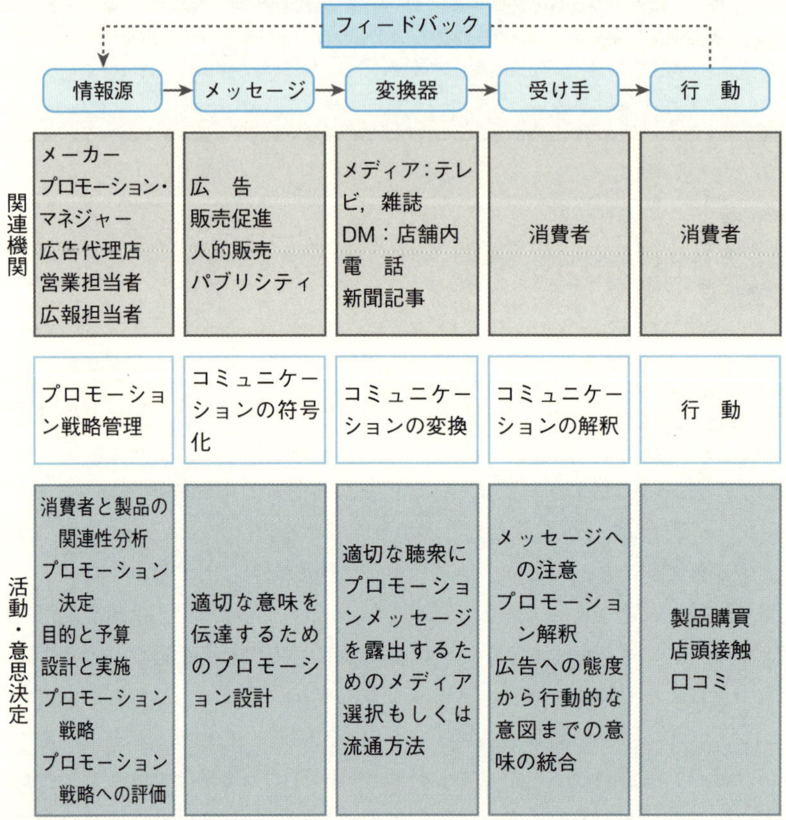

（出所） Peter and Olson［2004］，p. 432 を加工して作成。

費者に伝達すべき情報内容を考える。この内容は広告メッセージに変換される。情報内容からメッセージへの形成は，広告表現のコードに変えていくという意味で，「符号化」（encoding）という行為として表現される。メッセージは，テレビや雑誌といった媒体を通じて発信されるが，一方の情報の受け手である消費者は，メッセージの「解釈」（decoding）という作業を行う。メッセージの送り手と受け手が別の主体であるために，メッセージは送り手の意図したことを受け手の解釈により受け取られることとなる。ここで，メッセージの送り手であるメーカーは，自社製品について消費者に意図するところを伝達すべく，メッセージ戦略を策定し，コミュニケーションの方式，すなわち広告や販売促進といった方法を選択し，マス媒体やネット，販売員といった媒体を考慮し，メッセージを受け手である消費者に送ることになる。

プロモーション戦略の4つのツール

プロモーションの手段としてはさまざまなものがあるが，消費者と直接接触するかどうか，あるいはプロモーション主体自身がプロモーション活動を行っているかどうかにより特徴づけられ，広告，人的販売，パブリシティ（PR），販売促進の4つに大別される。

広告は，媒体を用いてプロモーション活動を行うという特徴を持ち，比較的，広範囲の相手に対して製品・サービスについて情報を伝達することを目的としている。用いる媒体として，テレビやラジオといった電波媒体と，新聞，雑誌といった印刷媒体とがあるが，近年では，インターネットを媒体とする広告が増加している。インターネットは情報伝達の到達度という意味では従来のマス媒体より潜在的に広いが，情報にアクセスする個人の好みや閲覧パターンにあわせて直接伝達することが可能であること，また消費者との双方向のコミュニケーションが可能であることから，媒体としては今後主力となると予測されている。

人的販売は，広告とは異なり，媒体を用いず，人自身がメッセージを伝える方式である。化粧品の店頭販売員や自動車ディーラーの営業担当者など，販売員自らが製品を説明し，推奨を行う。メッセージを伝えるべき相手に対して，相手の反応を見ながら，双方向にコミュニケーション活動を行えるということから，購買行動への説得行動がとりやすいという点で，プロモーション・ツールとして重視される。しかしながら，人的販売は，接触できる範囲が限られ，人件費という相対的に高いコストを支払うことになる。

パブリシティとは，製品のメーカーや売り手ではなく，第三者が製品について宣伝活動を行うことを指す。たとえば，あるゲーム機の発売に際し，話題が先行したり，発売日に店頭に人が溢れて社会的なニュースになったとしよう。このゲーム機については，とくに関心がなかった一般消費者も，ニュースを通じてその製品について情報を得ることになる。ニュースの媒体であるテレビや新聞はその製品について広告主から依頼されて宣伝しているわけではないが，結果として広く社会に周知していることになる。第三者による製品についての情報伝達は，消費者にとって，製品を直接的に推奨されているわけではないので，警戒感がなく，またその製品について通常から関心が必ずしも高くない消費者にも伝達できるという意味で効果がある。企業としては，偶然，第三者に自社の製品が取り上げられることを待っているわけではなく，この効果をねらってプレス・リリースの形で，常に，報道機関等に自社製品についての情報提供を広報担当者が行っている。

上記の広告，人的販売，パブリシティ以外のプロモーション活動は，総称して**販売促進**もしくはSP（セールス・プロモーション）と呼ばれる。販売促進には，店頭で行われるセールや実演販売，懸賞やコンテストなどのキャンペーン，イベント，クーポンやサンプルの配布などさまざまなものが含まれる。販売促進は製品について消費者に情報を伝えるという目的以上に，すぐに購買を促す目的で行われる。

SECTION 2 コミュニケーションの目標

マーケティング・コミュニケーションに関しては，製品・サービスについての情報伝達において，より具体的な目標設定がなされる。コミュニケーション活動を行うことにより，消費者に名前を知ってもらうということを期待している場合もあれば，その場ですぐ購買してもらうことを意図する場合もある。

この目標として，①製品カテゴリーへのニーズの認識，②ブランド知名（awareness），③ブランドへの態度，④購買意図，⑤ブランドの購買に関するさまざまな行動が挙げられる。

①製品カテゴリーへのニーズの認識とは，企業名やブランドのレベルではなく，その製品カテゴリーへの需要を喚起することを指す。たとえば，トヨタの車が欲しい，ベンツが欲しいというレベルではなく，自動車それ自体のニーズを喚起することが必要な場合がある。自動車や化粧品など，ある一定の年齢水準になり，潜在的に市場参入してくる層を識別して，製品カテゴリー自体の需要を喚起することがコミュニケーションの目的となる。あるいは，携帯電話とデジタル音楽プレーヤーとのセット製品など，これまでにないカテゴリーの新

製品であれば，まずカテゴリー自体の認知を図り，需要を作ることが重要となる。

②ブランド知名に関しては，そのブランドの機能や性能などについて詳細に知らなくても，ブランド名を知っているという状態を指し，まずはブランド名を認知しているという段階を作り出すということがマーケティング上，重要となる。なぜなら，市場競争環境のなかで，消費者は購買の際に，想起集合として思い浮かべるブランド名の集合のなかから選択し，意思決定することが通常行われるからである。ブランド名を認知させることと，③ブランドへの態度を形成すること，④購買意図を形成することは，一連の段階として考えられ，最終的な目標である当該企業の⑤ブランドの購買へと導くために，それぞれの目標に沿った効果を生み出すためのコミュニケーション戦略がとられることになる。たとえばテレビ・コマーシャルにおいて，新製品についてはカテゴリーの認知とともに，ブランド名や訴求すべき属性に強調点が置かれたメッセージ戦略がとられる。また，どこで入手できるかについての情報提供もなされる。さらに，競合他社が市場参入した段階では，当該ブランドについて好ましく思い，選好するようなメッセージ戦略が選択される。しかしながら，その製品がすでに市場において認知されており，販売テコ入れが期待されている場合は，その製品の新しい使用法や価格ディスカウントなどの情報提供に移り，購買意図を形成すべくメッセージ戦略が作り上げられる。

目標と効果について，さらに詳しく広告と販売促進とを比較すると，表18-1のように示される。広告は媒体を用い，間接的にターゲットとなる消費者を含めて情報提供するといったアプローチを行い，ブランド名を知らせることやブランドに対する態度を長期にわたり形成していくことを意図するのに対し，販売促進は，直接的に製品の購買を促すことを意図し，短期的な効果をねらったものといえる。

第14章で解説した製品ライフサイクル（PLC）の段階で考えると，広告は主として導入期にブランド知名の目的で行われ，かつ成長期に当該製品を選好させるためにブランド態度を形成させるような広告が打ち出されることになる。一方，販売促進のほうは，製品ライフサイクルの成熟期において，市場で一巡した製品需要をさらに喚起するために，さまざまな手法が講じられる性格のものとして捉えられる。

TABLE 表 18-1 広告と販売促進との比較

	広　告	販売促進
アプローチ	間接的 長期的	直接的 短期的
目　標	ブランド知名 ブランド態度	ブランド知名 ブランド態度 購買意図
PLC	導入期，成長期	成熟期
限　界	短期的露出，非ターゲット・セグメントに露出	製品・ブランド・イメージを損なう危険性

広告，販売促進は，各々の目標や効果を持つが，それぞれ別個に行われるのではなく，ラチェット効果と呼ばれるような，まずは広告によって製品のブランド知名を行っておくことが，それに続く販売促進効果を高めるといった効果が見られることや，あるいは他のコミュニケーションのツールを併用することにより，プロモーション効果を高めることが意図される。

広告，販売促進は，それぞれの強みを持つものの，ツールとして固有の限界を持っている。たとえば，広告は比較的広範囲にメッセージを到達させることができるが，ターゲットとしないセグメントにも情報伝達するために，効率性という点で低い場合がある。マス広告において，女性向けの製品や男性向けの製品を高い媒体枠で広告する場合，ターゲットとしない層にも露出しているために，コストが高くなってしまうことが指摘される。一方，販売促進は，短期的な効果をねらうものであるために，頻繁(ひんぱん)に促進的な行動をすることにより，製品・ブランド・イメージを低下させるという危険性もある。とくに価格ディスカウントに関わるプロモーションを行う場合は，マーケターには慎重な戦略が求められる。

SECTION 3 コミュニケーションの受け手の分析

コミュニケーションのターゲットと目的設定

マーケティング・コミュニケーションの効果を理解するためには，コミュニケーションの送り手と受け手について理解することが必要となる。前節においてコミュニケーションの目標について説明したが，さらにコミュニケーション目標は，より具体的な目的として策定されることになる。コミュニケーションの目的として，**ブランドの試用**（トライアル）と使用，リピート購買，ブランド・スイッチがある。

購買者は，①製品カテゴリーの新しい使用者，②ブランド・ロイヤル（忠誠者），③ブランド・スイッチャー，④他ブランドのロイヤル・ユーザー，の4つのタイプに分けることができる。プロモーション目的は，これらの購買者のタイプごとに設定されることになる。たとえば，製品カテゴリーの新しい使用者に対するコミュニケーション目的としては，ブランドの試用を促すことであり，ブランド・ロイヤルとブランド・スイッチャーへのコミュニケーション目的は，ブランドのリピート購買となる。他ブランドのロイヤル・ユーザーに対しては，ブランド・スイッチを促すようなコミュニケーション戦略がとられることになる。さらに表18-2に示すように，ブランドについて，実験的に試してみるタイプのブランド・スイッチャーもいれば，日常的に，常にブランドを変え続けるタイプの消費者もいる。また，当該ブランドについて中立的な状態のときと，すでに好意的に考えている場合か，あるいは否定的に考えているような場合もある。それらターゲットとすべき消費者のタイプを勘案して，プロモーション上の行動目的が設定されなければならない。

広告効果の測定

広告効果の測定には，売上等の業績で測るものと，情報の受け手の認知レベルで測るものとがある。前者の場合，パネルとなっている世帯に，特定広告に接触させ，後日購買したものとの照合で，広告効果を測るといった測定方法を指す。

情報の受け手の認知レベルで広告効果を測定する場合，広告された製品について，ブランド名を**再生**（Recall）できるか，あるいは製品・ブランドを**再認**

TABLE 表 18-2 ● 特定ターゲット消費者に対する行動目的

ターゲット	行動目的
否定的な新規カテゴリー使用者	試用，再試用
無意識的な新規カテゴリー使用者	試用
肯定的新規カテゴリー使用者	試用
単一ブランド・ロイヤル	リピート
複数ブランド・ロイヤル	スイッチ
実験的他ブランド・スイッチャー	試用
実験的好意的ブランド・スイッチャー	リピート
習慣的ブランド・スイッチャー	試用，（再試用）
習慣的好意的ブランド・スイッチャー	スイッチ
好意的他ブランド・ロイヤル	試用，（再試用）
中立的他ブランド・ロイヤル	試用，（再試用）
非好意的他ブランド・ロイヤル	試用，（再試用）

（出所） Rossiter and Percy［1987］を参考に作成。

（Recognition）できるかという点で効果を測定することが行われる。ブランド名を想起することができなくても，画像など何らかの手がかりとしての情報を与えられれば，製品・ブランドを認識できる場合，再認と呼ぶ。耐久消費財などで，たとえば自動車などの買回品の場合，店頭に行くまでにブランド名を再生していることが購買意思決定の前提となるが，非耐久消費財で，とりわけ最寄品の場合，店舗内で非計画購買を行うことも多く，店頭でブランドを再認できることが重要性を持つ場合が多い。

効果階層反応仮説

広告は，コミュニケーションを通じて，広告を受け取る側に効果をもたらすことを意図するものであるが，広告がもたらす効果について，AIDA モデルや AIDMA モデルと呼ばれる，1950 年代から主張されてきた古典的なモデルがある。

AIDA モデルは，広告の効果が，A（Attention：注意），I（Interest：関心），D（Desire：欲求），A（Action：行動）という階層として，つまり段階的に起こることを説明するもので，AIDMA モデルは，それに M（Memory：記憶）を加えたものである。広告の効果を段階的に捉えるというアプローチはこれら 2 つにとどまらず，よく知られたものに，コーリーによる DAGMAR モデルがある（Colley［1961］）。これは，Defining Advertising Goals for Measured Advertising Results の頭文字をとったものであるが，広告の効果を段階的に捉え，各段階における達成度を目標とし，効果を計測しようとするものである。このモデルにおいては，認知（awareness），理解（comprehension），確信（conviction），行動（action）が段階的に捉えられている。

これらのモデルは，マーケティング・コミュニケーションのプロセスの考え方と同様に，消費者の，広告への反応段階における情報処理やコミュニケーション効果を想定しているが，コミュニケーション・プロセス・モデルのように情報の送り手側と受け手側に分けずに，消費者側の反応段階1つにまとめて説明するものであり，**効果階層反応仮説**といわれている。

説得的コミュニケーション・モデル

説得とは，プロモーションを目的としたコミュニケーションにより引き起こされる，信念，態度，行動面での変化を指す。広告と態度変化については，消費者の関与水準が関係していることが明らかにされてきた。ペティとカシオッポによる，精緻化見込みモデル（ELM：Elaboration Likelihood Model）と呼ばれるモデルがよく知られている。このモデルでは，広告メッセージについての情報処理の仕方が，消費者の関与水準によって影響を受けるというものである。消費者の関与水準が情報処理への動機づけに影響を与え，関与水準が高い場合，メッセージに関する本質的な議論を処理する，中心的な経路を辿る情報処理を行い，結果として態度変化が起こり，説得されるとされる。これに対し，関与水準が低い場合，周辺的な手がかりを用いて，周辺的な経路を辿る情報処理を行い，一時的な態度変化が起こるというものである。

SECTION 4 コミュニケーションの送り手の分析

情報源効果

コミュニケーションの送り手が持つコミュニケーション効果については，コミュニケーションの情報源特性と，メッセージの表現方法についてさまざまな研究が行われてきた。

情報源の持つ特性が，情報の受け手への説得について与える効果（**情報源効果**）は，情報源の信頼性，魅力，パワーという視点から分析することができる

FIGURE 図 18-2 ● 情報源効果と説得

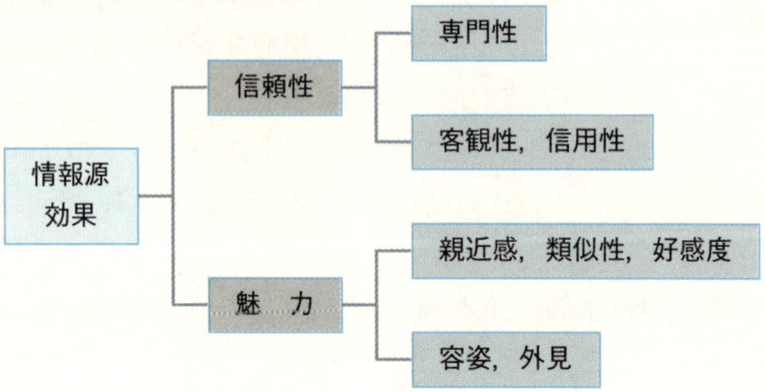

(Kelman［1961］)。情報源のパワーとは，相手に対して報酬を得るためや罰を避けるために要求を受け入れることを指す。ここでは，とくに信頼性と魅力に注目してみよう。図 18-2 に示されるように，情報源の信頼性とは，専門性と，客観性，信用性といった要素から捉えられる。情報に露出して，態度が変化する場合，メッセージの内容を理解し，自己の価値観と整合的な場合に内容を受け入れて内面化する，といったことが起こる。情報源となる相手に専門家として信用できると判断した場合，メッセージ内容に対して態度変化が起こる。たとえば，医薬部外品など，身体に直接用い，影響を与える製品を選ぶ場合に，専門の研究機関や研究者などの意見を手がかりに判断を行う場合がある。伝えられた情報について，専門家である伝え手の専門的知識に対して信頼感を持つということが起こる。あるいは，洗剤の洗浄力の効果など，第三者機関が行ったテスト結果などに消費者が影響を受けることがある。これは当事者のメーカーではなく，第三者機関がテストを実施していることに関して，客観性があるとして説得されることが起こるのである。テレビ・コマーシャル等でわざわざ白衣のプレゼンターを登場させたり，テスト結果の数値を見せたりするのはこのためである。

対人関係における魅力について，親近感，類似性，好感度の関連性において研究され，自分と類似点が多い人たちに対して人は好感を持ち，魅力を感じることが明らかにされてきた（Newcomb［1961］)。また魅力を感じる相手に対しては説得されやすいことも言われてきた。このため，テレビ・コマーシャルでは，製品のターゲット層に好感度の高いタレントをプレゼンターとして起用することはよく行われており，また，ターゲット層と近い年齢層や，何らかの共通性や親近感を持つとされるプレゼンターに製品を推奨させることになる。容姿，外見も情報源の魅力としては大きな要素であり，その説得的効果が検証されてきた（Chaiken [1979]）。際立った美しさに関しては，ハロー効果（特徴的な一面に影響を受けてしまう効果）があるとする調査結果もある。

メッセージ戦略

メッセージ戦略については，メッセージの内容，メッセージの構造，表現方法という視点から分析される。メッセージの内容とは，視覚的な内容と聴覚的な内容とに分けられる。メッセージの構造とは，メッセージの伝え方の構成のことを言う，たとえば1つの広告物，テレビ・コマーシャルや，新聞記事など，最初に結論的なメッセージを伝え，それを支持する内容を重ねて構成していくものや，導入部から結論部まで順に伝えるもの，あるいは起承転結型のものなどがある。

メッセージの表現方法としては，ユーモアのアプローチや恐怖のアプローチなどがある。ユーモラスな雰囲気を作り，広告を印象づけるのがユーモアのアプローチであり，その製品を購入，使用しないと悪いことが起こるといったメッセージを伝える手法が恐怖のアプローチである。

視覚的メッセージのうち，画像によるメッセージと言語によるメッセージとの効果について分析されてきたが，画像メッセージのほうが，記憶に残りやすいとされている。これは画像内容については，人の情報処理の仕方として，同時処理（並行処理）によるパターン認識を行うが，パターンを括るうえで言語化しているため，二重に情報処理が行われている（dual coding）とされる（Paivio [1971]）。たとえば，自動車の写真を見て，「自動車の画像である」とパターンを認識し，さらに「自動車」であると言葉で認識するため，記憶に残りやすくなるのである。一方，言語メッセージについては，聞こえる順番や読める順番に処理し，通時的に処理していくため，1回しか情報処理が行われないため，画像に比べて記憶に残りにくいとされる。テレビは視覚的，聴覚的メッセージを扱うことから，その表現の増幅性により，従来，他のメディアと比較して記憶に残りやすく，説得効果に期待されてきたが，近年では，インターネットによって，動画情報とともに，情報検索機能も利用できることから，より高い説得効果が期待されている。

COLUMN 18－1 検索連動型広告

ある商品を買いたいと思っている人に，その商品関連の広告サイトに誘導できれば，商品を購買する確率はかなり高いと見込めるだろう。そこで広告主は喜んで広告費用を支払う。この考え方を実践し，従来の広告ビジネスを変えつつあるのが「ペイドサーチ」と呼ばれる検索連動型広告である。1990年代後半より，ウェブ（World Wide Web）の利用者は消費者にも急速に広まり，2000年前後には，ウェブサイト上にバナー広告と呼ばれる広告を掲載し，広告サイトをクリックするごとに課金する仕組みも現れた。

検索連動型広告とは，消費者が情報を探すときにウェブ上に打ち込む問合せのキーワード（クエリー）に対して，短いメッセージ広告をラインアップするものである。1997年末にゴートゥー・コムの名前で設立されたオーバーチュア社は，検索に使われるキーワード自体に価値があることに気づき，ウェブ上の情報検索と広告とを連動させるビジネスを始めた。これは広告主が支払う広告料に従って，ユーザーに提示される検索結果が変わるというものである。このビジネスモデルを発展させ，検索結果とスポンサー広告とを分け，人気に連動した公平な検索表示結果に，広告を掲載する仕組みへと発展させたのがグーグルである。

グーグルの創始者である，ラリー・ペイジとサーゲイ・ブリンの2人は，1990年代半ばにスタンフォード大学大学院コンピュータ・サイエンス研究科で出会い，博士論文研究のテーマとして，ウェブの検索を選んだ。学術論文出版のランクづけの仕組みに着想を得て，ウェブ上にリンクを見つけて蓄積して分析し，誰がそのページにリンクしたかを逆に辿る仕組みを研究し始めた。彼らが当初意図したのは，技術的に究極の検索エンジンを作ることであり，商用での成功を目指すものではなかった。ペイジとブリンの検索に関する実験は評判を呼び，リソースを調達せざるをえなくなったことから，1998年9月グーグルは正式に株式会社として発足した。

ウェブでは，コンピュータ自体の違いに関わりなく，またコマンドを打たずに視覚的に情報が得られるが，ユーザー自身がウェブ上にある情報を探し出さなければならない。検索エンジンは，情報検索するときにユーザーが入力する問合せのキーワードをウェブのデータページ，つまりインデックスと呼ばれる索引情報に接続する技術を指す。グーグルの開発した「ページランク」という検索エンジンは，ウェブページ上のリンク，リンクのアンカー，別のページにリンクするページの人気を調べ，それらの要因を考慮して，問合せキーワードに一番関連するページを選び出す仕組みである。

当初グーグルは広告をサイトに掲載させることには否定的であった。検索スパムと呼ばれる，恣意的に検索結果が上位になるように操作するサイトが横行し，広告をサイトに載せることにより，検索スパムによる被害が頻繁に起こり，検索結果が損なわれると考えていたからである。しかしながら，ビジネスモデルの模索のなかで，2000 年に広告市場にテキスト広告を載せることで参入し，ゴートゥー・コムの広告ビジネスを参照しながらも，独自のアドワーズという新サービスを同年 10 月に始める。このサービスは，検索キーワードを広告に採用するペイドサーチ広告であるが，広告料金に応じた検索結果を示すものではなく，純粋に検索キーワードに対して関連性の高い検索結果を表示する検索エンジンと連動した方式であった。その後，グーグルは，ブログの内容に応じて広告を配信する，コンテンツ連動型ビジネスへとビジネスモデルを進化させていく。

検索キーワードは，サーチエコノミー（検索経済），つまりユーザーが探していることが把握できるという点で，キーワード自体に価値があるという論理で説明される。キーワード・オークションにより，キーワード自体の取引がされ，広告への課金の基礎となっている。

（参考文献）ジョン・バッテル（中谷和男訳）［2005］『ザ・サーチ グーグルが世界を変えた』日経 BP 社。

SECTION 5 販売促進戦略

販売促進戦略のタイプ

近年では，販売促進（セールス・プロモーション）戦略について関心が高まってきている。この背景には，消費者の関与水準が常に高いとは限らないため，非計画購買状態での販売促進戦略を策定することが重要性を持つとの認識があり，また，技術的に店頭プロモーションについてさまざまなことが行える環境が整備されてきているということがある。

販売促進ツールとしてはさまざまな手法があるが，販売促進の目的は，試用を促す販売促進と，利用・継続を促す販売促進との2つがある（表18-3）。試用プロモーションとは，新製品や既存ブランドの新しいターゲットとなる消費者に対して行うものであり，値下げ技術や，サンプリングなどが効果的とされる。値下げの方法としては，直接的に価格を下げるのみならず，キャッシュバックや，数量を多く購入すると割引になる，ボリューム・ディスカウントがある。加えて，製品の数量を調整することにより，実質的な値下げを行う，増量パックや，小分けにしたものなどが付くマルチ・パックがある。

利用を促し，利用頻度を上げたり，継続的利用を促すためのプロモーションとしては，増量パックやマルチ・パック，直接値下げなどの値下げ技術による販売促進のみならず，懸賞やコンテスト，プレミアム・グッズなどや，ロイヤルティ・プログラムが行われる。たとえば，飲料メーカーが頻繁に行っているように，製品に応募シールを付け，キャンペーンに応募すると，プレミアム・グッズが当たるようにするという手法がある。

値下げ技術を用いた販売促進戦略は，短期的な売上増加効果があっても，長期的視点では利益率を下げていくということがこれまでに指摘されており，販売促進の戦略的指針としては，CFB（Consumer Franchise Building：消費者愛顧確立）戦略が推奨される。これは，プロモーションにより，消費者のブランドへのロイヤルティを形成し，継続的購買を促そうというものである。具体的には，値下げ技術よりも，プレミアム・グッズなどブランドに関連するものを消費者に与えたり，あるいはロイヤルティ・プログラムにより，ブランドや店舗

TABLE 表 18-3 消費者セールス・プロモーション手段

方　法	目　的	効　果	ターゲット	CFB 戦略関連
サンプル	試　用	新カテゴリー製品誘引 優れたブランド導入	新ユーザー	ブランド知名 ブランド態度，購買意図
クーポン	試　用	新ブランド導入	新ユーザー	ブランド知名（露出強化） ブランド態度（ギフト的）
払い戻し 単一製品 複数製品	試　用	クーポンの代替手段	新ユーザー 現ユーザー	ブランド再認，再生のため コミュニケーション表現考慮
増量パック マルチ・パック（イン・オンパック）	試　用 利　用 利　用	低関与製品に有効	現ユーザー 現ユーザー	ブランド再認 購買時点の再認のみ
直接値下げ	試　用 利　用	知名ブランド新規使用者 耐久消費財等 短期地域競合状況 一時的低価格競争	新ユーザー 現ユーザー	価値を強調 （割安感，ベネフィット， 店舗推奨）
コンテスト （懸賞）	利　用	知名・再知名	特定年齢層	ブランド属性の学習効果 ベネフィットの強調 利用に関連づける
プレミアム （ノベルティ）	利　用	ブランド・ロイヤルティ	特定グループ	ブランド・ユーザーのイメージ強化 製品関連情報提供 継続購買促進
継続プログラム（スタンプ）	利　用	長期購買のための差別化	現ユーザー	長期的に報酬提供 競合者への抵抗

（出所） Rossiter and Percy［1987］を参考に作成。

への忠誠心を高めていくことが必要とされる。

店頭プロモーション

計画購買とは，店頭でそれ以前に購入を計画していた製品やブランドを購入することを指す。たとえば家庭用洗剤を購入しようと店舗に向かい，洗剤を購入する際に，洗剤ならば何でもよいという場合と，ブランドを指名して購入する場合とがある。テレビ・コマーシャル等で広告されているブランドを想起し，そのブランドを購入する場合は計画購買である。実際には，店頭で計画していたブランドの購入に至らず，異なるブランドを購入する場合も多く，また，もともと洗剤自体

FIGURE　図 18-3 ● 店頭プロモーションと広告

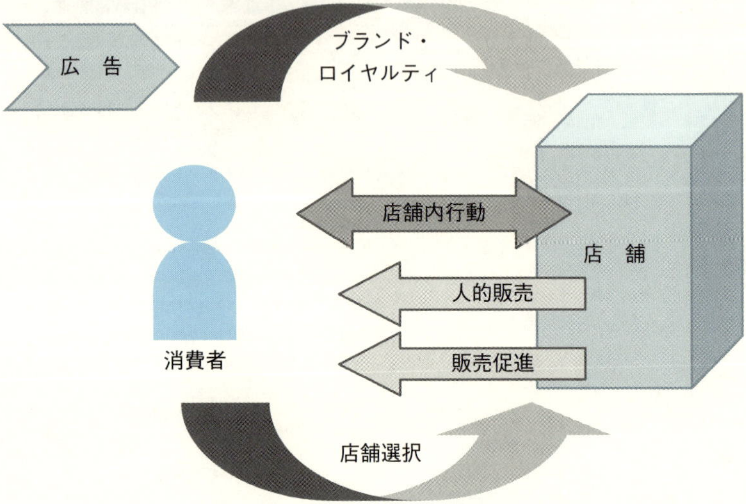

を購入することを計画していなかったのに，店頭で洗剤を購入するという場合もある。つまり，店舗に向かう以前の製品レベルでの計画と非計画，ブランド・レベルでの計画，非計画というパターンが存在することになる。

もともと計画していなかった製品を店舗で決定して購買することは非計画購買ということになるが，ブランド名を想起し，そのとおりのブランドを購入することを狭義の計画購買とすると，現実には製品レベルでは計画どおりの購入をしても，異なるブランドを購入する場合も多いため，売り手側にとっては店頭プロモーションの重要性は高いと認識されている。また，広告はブランドの認知度を高めるが，購入を意思決定させるうえで，購買を促進するプロモーションの役割の重要性は高く，メーカーと小売企業とがそれぞれにプロモーション計画を立てることや，あるいは協働して店頭プロモーションを行うことがさまざまに行われてきている。

店頭プロモーションとしては，大きく価格プロモーションと非価格プロモーションとの 2 種類に分けることができる。小売店の価格プロモーションとしては，Hi-Lo 型プロモーションと呼ばれる，特売戦略というものがある。これは，店頭での製品の価格を日によってディスカウント対象とすることにより，購買客の購入促進を図る戦略である。通常チラシによる店頭価格の広告が連動する。集客のためにロス・リーダー（目玉商品）が準備され，計画的にプロモーションが行われる。このタイプの価格プロモーションの問題点としては，集客効果が見込め，販売促進効果が大きいものの，近年では，平常時のディスカウントされていないときの購買数量が少ない，あるいは「チェリーピッカー」と呼ばれる，特売ねらいの顧客層が増えているなどの点が指摘されてきている。

価格プロモーションの問題点が認識されるにつれ，非価格プロモーションと呼ばれるプロモーション形態の関心が高まってきている。POP（Point of Purchase）と呼ばれる，商品棚に購買を促進するキャッチフレーズを表示するようなことは従来より行われてきたが，店頭のVMD（Visual Merchandising，ビジュアル・マーチャンダイジング）により，商品陳列の仕方により購買意欲を促進することが行われてきている。また，商品の値札を電子タグとし，価格調整を時間ごとに行うことが行われてきている。さらに，ロイヤルティ・カードと呼ばれる顧客の購買蓄積に対して報酬を与えるタイプの顧客カードを導入し，収集した顧客の行動パターン自体の情報をもとに，クーポン発行など，集客に結びつける手法が行われてきている。

SECTION 6 統合型マーケティング・コミュニケーション戦略

IMC（Integrated Marketing Communication：統合型マーケティング・コミュニケーション）とは，1980年代にダンカンによって初めて言及され，1990年代初頭から関心が高まってきた概念で，マーケティングにおけるさまざまなコミュニケーション機能の「戦略的統合」を意味する。マーケティング・コミュニケーションとは，広告やプロモーションなどを指すが，これら1つひとつのコミュニケーション・ツールを統合しようとする要請は，国際的な競争激化や広告代理店のM＆A，クライアント企業の知識の向上，従来メディアの効果の低下やコスト高などを背景としており，広告への投資効果を最大化するために発展してきた概念であるといえる。当初，ノースウェスタン大学のケイウッドらが広告業界におけるIMCの普及度に関する調査研究を実施してきたが，アメリカ広告業協会のサポートもあり，IMCが発展することとなった。

IMCとは，マーケティング・コミュニケーションをターゲット市場に向けて統合させることで，シナジー効果を得ようとするアプローチである。これは，各メディアを予算に応じて効率よく配分するといった計画にとどまらず，小売プロモーションのような消費者とのあらゆる接点において行われるプロモーション政策をも含め，媒体選択および媒体スケジューリングを行い，また計画遂行の成果自体を検証していくという考え方によって特徴づけられる。近年では，インターネット技術をマーケティング・コミュニケーションに統合させることの有用性が主張され，ますます統合型のマーケティング・コミュニケーション戦略の必要性は高まってきている。とりわけ，インターネット技術と他メディアの連携は「クロスメディア」と呼ばれる。

SECTION 7 パーソナル・コミュニケーション

消費者には，メーカーなどの直接的な情報源からのメッセージに直接影響を受ける消費者と，そのメッセージに関して他の消費者から間接的に影響を受ける消費者との2タイプがある。このことは，カッツとラザースフェルドのコミュニケーションの2段階モデルとして概念化されてきた。マス広告に露出して，直接的に広告メッセージに説得され，購買に至る消費者がいる一方，その消費者の消費行動や製品の推奨行動に影響を受ける消費者がいることにより，製品の市場における普及が起こる。そこで，マーケティング・コミュニケーションの送り手側は，直接的なコミュニケーション・プロセスの戦略策定をするのみならず，2段階のコミュニケーション・フローと，とりわけ消費者間のパーソナルなコミュニケーションも考慮する必要がある。

パーソナルなコミュニケーションのうち，他者に対して影響を与えるタイプの消費者はオピニオン・リーダーと呼ばれる。オピニオン・リーダーは特定分野において，自らの情報や知識について優位性を持つことをもとに，他者に対して影響力を及ぼす。コンピュータには詳しいが，ファッションには詳しくないなどといった状況は比較的よくあり，特定の分野においてオピニオン・リーダーシップを発揮することが多い。しかし複数分野にわたり，影響を及ぼす場合もある。

社会的比較理論（social comparison theory）や，社会的判断理論（social judgment theory）など，人は，社会のなかで他者の行動を観察することにより，行動面で影響を受け，社会化されていくという理論的な説明がある。社会のなかで，人の選択する行動として，適応行動が通常見られる。ただし，反適応的な行動や，非適応行動，誘導抵抗など，必ずしも他者からの期待に対して適応するわけではない。

適応行動のなかで重要性を持つのは，準拠集団影響と呼ばれるものである。準拠集団とは，行動面で準拠する集団を指す。準拠集団には，家族，職場など帰属する集団と，好きなスポーツチームや芸能関係の集団など，希求集団（あこがれ集団）と呼ばれる集団とがある。準拠集団の影響としては，情報提供的影響，功利的影響，価値表出的影響とがある。

情報提供的影響とは，準拠する集団から，情報提供を受けるために行動面で影響を受けるというものである。たとえば，テニス・サークルに入れば，ラケットの選び方など，その集団内で情報が得られるために，ブランド選択において影響を受けることになる。功利的影響とは，その集団に準拠することにより，何らかの報酬を受けたり，罰則を受けたりすることにより，影響を受けることをいう。また，価値表出的影響とは，自らの価値観を集団内に示そうとするために，行動面で影響を受けることを指す。たとえば，自らのファッション・センスを仲間内で認められたいという動機づけがあり，自分が準拠していない集団にはどう見られようとかまわないが，集団内の目を意識したブランド選択を行ったりすることになる。

パーソナル・コミュニケーションは，他者への推奨，いわゆる口コミという行動としてしばしば行われる。従来，口コミは帰属集団内で行われてきたが，近年では，ネット・コミュニティのなかで頻繁に行われ，消費者は情報収集目的や価値表示的な目的で製品やブランドについて言及するという行為が増えている。口コミ・サイトといわれるブランドについて論評することを目的としたサイトのみならず，SNS（ソーシャル・ネットワーキング・サービス）やブログ（日記）で製品やブランドについて言及することも頻繁に見られるようになっている。

ネット環境での口コミの特徴として，匿名性と，空間的な到達範囲の広さ，到達スピードの速さがあり，SNS においては，匿名性は緩和されるが，帰属する社会からの自由度の大きい環境のなかで，コメントが行われる状況がある。企業にとっては口コミのコントロールとともに，製品評価や開発への利用など，パーソナル・コミュニケーションについて関心を高め，実践しているという状況があるが，一方で，消費者側は，情報の取捨選択やネット環境でのコミュニケーション能力を高めていく必要があるといえる。

Chapter 18 ● 演習問題　EXERCISE

❶ 広告と販売促進は，どのような時にどのような効果を持つか，具体的に製品を1つ取り上げて，考えてみよう。

❷ 価格プロモーションと非価格プロモーションを実施する条件についてそれぞれ考えてみよう。

❸ 対人的な口コミの影響について，インターネット上の推奨と比較して，その効果について考えてみよう。

第19章 マーケティング・チャネル政策

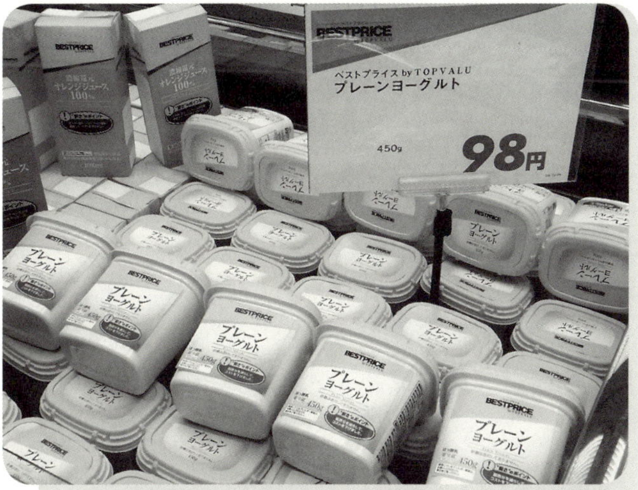

低価格を訴求したイオンのプライベート・ブランド商品，「ベストプライス by トップバリュ」。（時事通信社提供）

CHAPTER 19

スーパーマーケットやドラッグストアなど量販店に入ると，店頭には，同一製品においても実にたくさんのブランドがあり，頻繁に新製品が並べられている。わが国は，世界でも有数の，新製品の開発数や，店舗での品揃えの多さを誇る国であるが，それは常により魅力的な製品を開発し，消費者に訴求しようとするメーカーや小売業者の努力の結果であり，またメーカー間，小売業者間の競争の結果でもある。

このような環境のなかで，製品がメーカーにより生み出されてから，店頭で消費者の手に渡るまで，メーカーは自社製品についてどのように流通経路に関わろうとするのであろうか。また，メーカーと小売業者はどのような力関係にあり，またどのように協力的に消費者に対してアプローチしようとしているのであろうか。

本章では，メーカーの流通経路に関する意思決定や管理の仕方に焦点を当て，説明することにする。

INTRODUCTION

KEYWORD
FIGURE
TABLE
COLUMN
EXERCISE

KEYWORD

マーケティング・チャネル　流通経路　流通機能　社会的品揃え形成過程　情報縮約　直接流通　間接流通　垂直的流通システム　取引特殊的投資　販売依存度　購買依存度　延期　投機　POS（販売時点情報管理）

SECTION 1 マーケティング・チャネルの基本問題

マーケティング・チャネルとは何か

企業は，自社製品を販売するときに，直接販売するか，流通業者や代理店を通じて間接的に販売するか，販売ルートについていくつかの選択肢を持つが，この販売ルートのことをマーケティング・チャネルと呼ぶ。たとえば携帯電話を例にとってみると，同じ機種の製品が通信サービス会社系列の販売店や，家電量販店，ディスカウント・ショップ，オンライン・ショップで販売されている。これらの多種多様な販売ルートは，消費者に対して，製品・サービスに接する窓口を広く提供している。一方で，企業にとっては自社の正規販売店と，量販店とでは，取引の仕方や販売ルートの管理の仕方が異なることになる。

製品に新しい機能が付加されたり，性能が向上したり，デザインが刷新されても，その製品が，実際に消費者の手に渡らなければ，機能や性能，デザインは意味を持たない。販売ルートが構築され，消費者に購入され，使用されてはじめて，製品を通じて企業は消費者に価値をもたらすことができるといえる。そこで，メーカーは，生産者として，自らの製品の価値を消費者において実現するためには，自ら販売するか，卸売業者や小売業者などの流通業者を通じて販売をしてもらうかの選択をする必要がある。また，後者の場合にはどのような流通過程を経て販売をしてもらうかの意思決定が必要となってくる。

メーカーの目的は，究極的には自社製品が消費者に価値をもたらすことである。メーカーは，自社製品を卸売業者に販売することで目的が完遂されるとは考えず，最終的に消費者市場においてどのように自社製品が販売されるかにつ

FIGURE 図 19-1 ● 流通経路

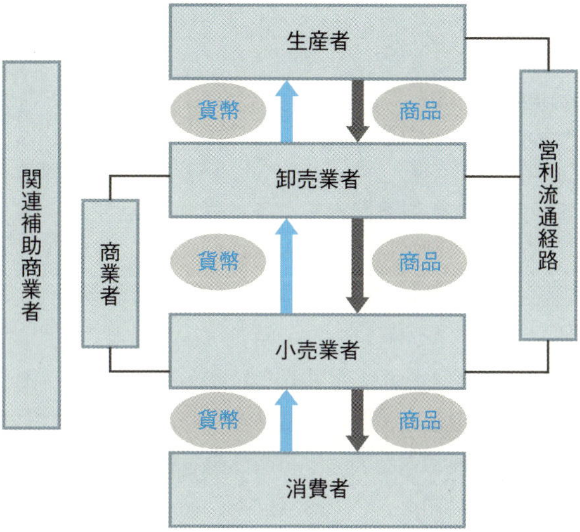

いて，自ら関与しようとする誘因がある。一方で，流通業者は，自らの競争環境のなかで，消費者にとって魅力的な品揃えや価格設定をすることで顧客を吸引し，消費者に価値をもたらし，競争に勝ち抜くことを考える。

このように，両者の目的が異なるためメーカーにとっての自社製品の価値の実現と，流通業者にとっての自社扱い製品群における価値の実現とが，必ずしも一致するとは限らない。そこで，メーカーは，生産者として，自社製品にとって望ましい販売ルートを実現しようと努力する。メーカーから見た場合の自社製品の販売ルートがマーケティング・チャネルであり，販売ルート選択と構築，管理の問題がマーケティング・チャネルの基本課題となる。

流通経路は，図 19-1 のように示される。ここで，マーケティング・チャネルとは，メーカーを起点とした場合に，卸売業者，小売業者，消費者に至るまでの流通段階を指し，通常，消費者自身は流通経路に含めない。また，生産者から小売業者までの経路を営利流通経路と呼び，メーカーを含まず，卸売業者と小売業者から成る流通段階の構成員を商業者と呼ぶ。流通段階における取引上，さまざまに関わる金融業者や倉庫業者などは関連補助商業者として位置づけられる。卸売業者と小売業者との相違とは，ともにメーカーの製造した製品を再販売するが，小売業者が消費者に再販売を行うのに対して，卸売業者は消費者への再販売は行わないことである。

流通の機能

コンビニエンス・ストアやスーパーマーケット，百貨店，オンライン・ストアも含めて，店舗には多種多様な品物が揃えられ，販売されている。店に品物が揃っていて，消費者が基本的にはいつでもそれを購入することができるという状態は，流通の機能によって作り出されている。

メーカーは，需要を予測し，あるいは需要を作り出すことにより生産活動を行う。生産過程と，個人や家計において消費を行う過程とは，受注生産でない限り，現代資本主義社会のなかでは独立したサイクルを持つ過程である。つまりメーカーは，不特定多数の消費者からなる市場に対して，需要を見込んで，製品を開発し，資材・原材料を調達，生産活動を行う。消費者にとっては，店舗におもむけば製品が品揃えされており，そのなかの選択問題として製品の購買を行うことになる。ここで，消費者が何かを欲しいと思う，その時，その場所において，すでに生産されたものが店に並べられているからこそ，消費者は時と場所を選ばずに，自ら欲しいものを手に入れることができる。

メーカーが生産を行う時間，場所，数量と，消費者が需要する時間，場所，数量には，懸隔（ギャップ）があり，これに橋渡しをするのが**流通機能**である。産地で秋に収穫された米を，産地以外の土地で1年をとおして入手することができるのも，必要なときに必要な分量だけ購入することができるのも，流通の持つ機能のおかげなのである。

流通の機能は，特定の生産者のものではなく，広く多数の生産者が生み出す財を，集め，配分することにより，最終的に店頭に並ぶ財の集合物のストック（品揃えのセット）を実現することである。この実現過程は**社会的品揃え形成過程**と呼ばれる。卸売段階と小売段階から成る商業と呼ばれる部門では，商業者がこの社会的品揃え形成の活動を行うことになる。品揃え形成活動には，財の種類に関する質的な側面と，量的な側面とがあり，また，活動の過程において，小ロットで仕入れて大ロットで販売するという収集過程と，逆に大ロットで仕入れて小ロットで販売するという分散過程の活動様式がある。これらの活動は，表19-1の表として整理される。

TABLE 表19-1 ● 流通の機能

操作様式＼操作対象	収　集（小ロット→大ロット）	分　散（大ロット→小ロット）
財の質	取揃え	仕分け
財の量	集　積	配　分

（出所） 鈴木・田村［1980］，68頁。

メーカーが生産したものを，基準にもとづいて選別し，同じクラスに分類する活動を「仕分け」という。たとえば文房具を例にとると，油性のボールペン，水性のボールペンと同じ種類のもの同士を仕分けすることができる。製品を仕分けによって分類した後，卸売段階で各メーカーのものが集められると，財は卸売段階で「集積」される。ボールペンは，種類ごとに大量に卸売段階に集まることになり，また，ボールペン以外の筆記用具や，紙製品，ファイルといった文具が大量に集まることになる。次の段階として，卸売段階から個別小売店舗への出荷にともない，量的に分散させることを「配分」という。ボールペンは，何百個，何千個単位で卸売業者と小売業者とで取引され，それが1本単位で，大学の生協購買店や，町中の文具店や百貨店内の文具売り場，コンビニエンス・ストアなどで販売されることになる。小売段階では，さまざまな種類のものが配分された結果として，多種類の，消費者が使用できうる量に小分けされた財の集合ができあがる。つまり，ボールペンだけでなく，コピー用紙や，ファイル，封筒，クリップといった製品群が店舗に集められて販売される。この活動が社会的品揃え形成である。

マーケティング・フロー

生産と消費との間にギャップがあり，それをつなぐのが流通の機能であることはすでに述べたが，生産者から消費者に至る流通の流れは，マーケティング・フロー（流れ）と呼ばれる。流通チャネルは，基本的には，取引が行われ，財貨に対する所有権の移転が行われる経路として捉えられるが，それのみならず，物的および財貨の移転，情報移転も行われる。これをフローとして捉えると，物の所有権の移転すなわち商流，物の輸送，供給させることにともなう物的なフロー，すなわち物流，さらに情報の移転に関する情報の流通，すなわち情報流が存在することになる。

商流，物流，情報流は，必ずしも同時に発生するわけではない。たとえば，消費者が，小売業者から製品を購入する際に，売買取引に関する決済を行い，製品の所有権は小売業者から消費者に移転したとしても，製品それ自体は物理的にメーカーの倉庫から発送され，物流は所有権の移転と随伴しない場合がある。また，卸売業者が小売業者に対して，商品の現物のすべてを見せることなく取引を行い，メーカーから小売業者に製品が配送される場合，情報のフローは，卸売業者から小売業者に対して存在するが，物流はともなわないことになる。

情報縮約機能と費用最適規模の相違

生産者にとっては，自らが消費者に対する直接的な商流，物流，情報流を持ちうるならば，流通過程を必要としない，すなわち商業者を必要としない，ということになる。しかし，なぜ商業者を必要とするかについては，たとえば次のように説明することができる。

まず，第11章に述べたように，商業者が，メーカーと消費者との間に入ることにより，各メーカーと各消費者がそれぞれ取引を行うよりも，取引総数が削減されるということが挙げられる。取引数の減少は，それぞれの取引に必要な発注，商品選別，注文書と商品の照合，送り状作成，必要な一切の記帳や代金回収などの作業を減少させ，取引上の費用を社会的に節約させることになる。この節約の論理によって，取引数削減原理は，商業者の社会的な存立の論拠となる。

商業者による流通費用の節約として，取引総数が削減されるだけでなく，商業者には仕入先の生産者と販売先の消費者の双方から情報が集まるという，情報縮約機能がある。メーカーの製品についての情報と，消費者需要に関する情報とを，商業者はマッチングさせることにより，需要と供給のバランスをとっていくことになる。つまり，商業者という存在がなければ，メーカーは何が最終消費者市場で需要されているか把握しないまま生産活動を行うか，あるいは自ら消費者市場に関する情報収集のコストをかけなければならないことになる。また，消費者にとっては，小売業者が存在することにより，店舗に出向くことで，さまざまなメーカーによる製品が並べられているところから選択することができ，自ら製品に関する情報を収集するコストを削減することができる。

FIGURE 図 19-2 ● 費用最適規模の相違による費用最適条件

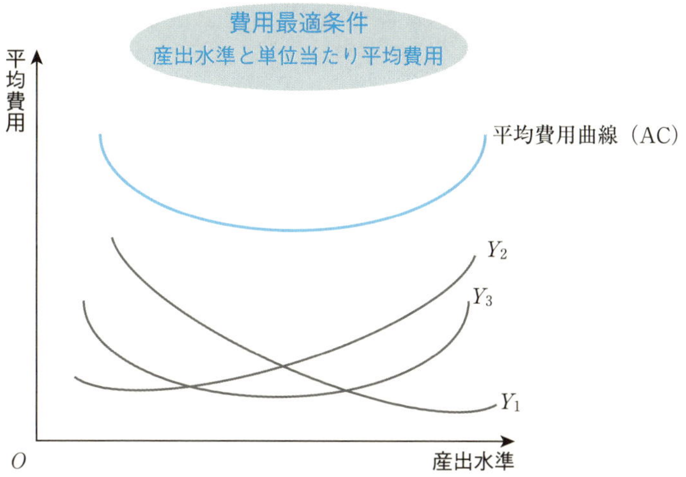

（出所） 風呂［1994］；Stigler［1951］を加工して作成。

このように商業者は，メーカーと消費者との需給をマッチングさせていくなかで，メーカーが自社製品の在庫を持つよりも，商業者が分散して在庫を持つことによる需給調整を行うことになり，メーカーが売り手としての売り損じのリスクを一手に抱えることを回避できることになる。売れ残り，売り損じのリスクを流通がプールするという原理により，商業者の存立論拠が説明される。

商業者がなぜ必要となるかについては，生産活動についての費用最適規模の相違による説明も可能である。図 19-2 に示されるように，メーカーは，生産活動のほかに性質の異なる機能的活動，たとえば調達活動，輸送，在庫活動，さらに販売活動などを同時に遂行しなければならない。しかし，それぞれの活動は，性質により，生産量の変化に対して同一パターンの費用構造を示すとは限らない。Y_1～Y_3 の曲線はそれぞれ費用構造の異なる活動の費用を表している。平均費用曲線（AC）はそれぞれの Y_1～Y_3 の費用の総和を表す。費用構造上の有利性を確保するためには，決定された生産量に対して，費用面では逓減的に変化する活動を，それに専門特化する企業にアウトソースするほうが有利となる。つまり，Y_1の費用水準を実現している企業にY_1の活動を任せたほうがよいということになる。このように，経済活動の費用最適規模が異なることを根拠として，商業者が存立することが説明される。

これらの商業者の存立の論拠については，さまざまな視点から説明することができる。ここで，要約すれば，物が生産されてから，出荷配送，店頭での品揃え，販売活動や，製品や生産者の情報提供等の機能を流通過程において誰かが担うことになるが，この機能を流通業者が果たしているために，また流通業者がその機能を果たしたほうが，効率がよい場合に，流通業者の存立基盤が存在するということになる。

メーカー・マーケティングと流通

上記のように，メーカーは，自社製品を，自ら，あるいは他者を通じて販売することを行い，いかにして効果的なマーケティング・チャネルを構築するかという点が重要な意思決定問題となる。ところが一方で，流通の本来的な機能は，特定のメーカーの製品を販売することではなく，広く社会的に品揃えを形成していくことにある。ここで，メーカーの自社製品を店舗にて優先的に取り扱ってもらいたいという意図と，流通業者の買い手に広く情報，商品を提供し，より多数の消費者を引き寄せたいという意図との間に齟齬（そご）が生まれることになる。

ここで，メーカーにとって，メーカー同士の競争環境のなかで，自ら優位性を得るためには，自社製品の小売段階での優先的な取扱いを意図して，流通段階を統合するという，垂直統合へのインセンティブが生まれる。つまり，流通段階での商人による取引から，商人らしさを取り去り，自社のコントロール化に置いていくという行動が生まれることになる。小売段階までをメーカーが自社の資本下に収め，自社自らが販売を行うのであれば，この形態は，完全垂直統合と呼ばれる。現実的には流通段階を完全に統合することには多額の資本を要することになる。

また，メーカーにとって，流通業者は流通業者としての競争状況を残しつつ，メーカーと流通業者間における売買契約において，取引における優位性を持つことへのインセンティブが生まれる。そこで，完全垂直統合によらない，流通系列化という行為が起こる。流通系列化とは，商業者である流通業者をマーケティング活動に組み込み，他のメーカーに対する競争優位を獲得しようとするメーカーの方策である。商業者はさまざまなメーカーの製品を品揃えしていくことが本来の流通の機能として社会的に求められていることであるが，メーカーは取引する流通業者を選択し，限定化することにより流通系列化を行う。ここでメーカーは，流通業者に対して，リベートやマージン等の商慣行により，報酬を与えることで流通業者の行動面でのコントロールを発揮していくことが行われる。しかしながら，商慣行にもとづくコントロールは，元来，流通業者を自社の組織として統合しているわけではなく，あくまでも他社としての流通業者に対するコントロールであるため，流通業者が，メーカーの意図する行為を継続するかどうかモニタリングするためのコストがかかることになる。

SECTION 2 マーケティング・チャネルの選択

マーケティング・チャネルの類型

マーケティング・チャネルの類型は，大きく直接流通と間接流通とに分けることができる（図19-3参照）。

直接流通には，ダイレクト・マーケティングと直接販売とが含まれ，間接流通には，市場取引システムと垂直的流通システムとが含まれる。さらに，垂直的流通システムには，管理型，契約型，企業型のタイプがある（図19-4参照）。

企業型システムとは，生産，流通段階が単一資本で統合されている組織取引により運営されるものを指す。つまり販売機能を担う組織がメーカーに所有されている形態を指す。

契約型システムとは，チャネル構成員が独立した状態のまま，契約関係を結び，共通目標のもと，関係を調整するといったタイプである。たとえば，フランチャイズ（FC）・システムやボランタリー・チェーン（VC）などがこれにあたる。コンビニエンス・ストアのチェーンの多くはフランチャイズ・システムをとっている。フランチャイズ・システムは，本部となる企業が加盟店企業に対して，経営指導や管理を行い，ロイヤルティ収入を得る形態を指し，ボランタリー・チェーンは個々の小売企業がチェーンに加盟することにより，共同仕入れや共同の物流を持つ形態を指す。

一方，管理型システムとは，マーケティング・プログラムにより，市場取引

FIGURE 図 19-3 ● マーケティング・チャネルの類型

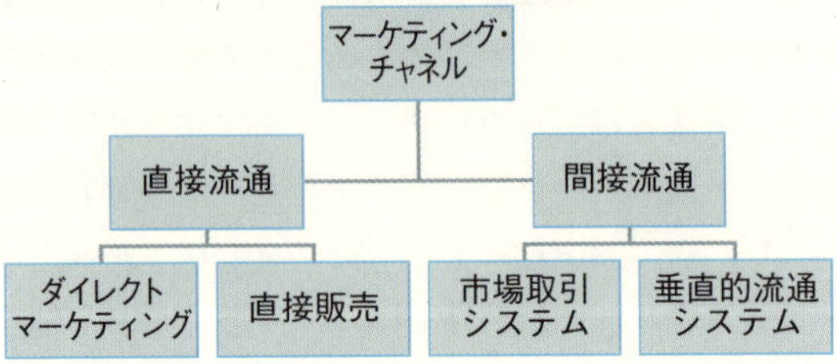

（出所） 矢作［1996］，68 頁を加工して作成。

FIGURE 図 19-4 ● 間接流通チャネル・システムの類型

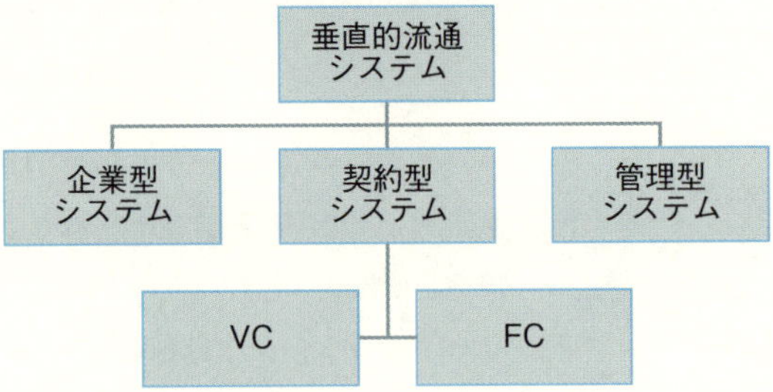

関係を管理するものを指す。所有や契約関係によらず，インセンティブを与えることで協働的な行動を引き出そうとすることで，商慣行によりチャネルを管理する，流通系列化もこれにあたる。

取引コスト

マーケティング・チャネルの選択に際し，どのように選択されるかを説明する論拠として，取引コスト概念を理解する必要がある。取引コストとは，ウィリアムソンによって広められた概念であり，市場の統治問題について，売り手と買い手との取引における諸々のコストにより説明するものである。取引には，取引のなかで，相手に対して支払いをするということ以外に，さまざまなコストを要する。たとえば，取引相手を探索するコスト，情報を収集するコスト，相手に接触するコスト，事務的なコスト，相手が契約を履行するかどうかを監視するコストなどがある。

なぜ取引コストが生まれるかについては，取引を複雑にする人間的な要因によって説明される。1つは取引当事者の情報の不完全性という要因であり，人間は，相手や取り巻く環境に関して完全な情報を取得できないという点がある。もう1つの要因は，取引当事者の機会主義的行動と呼ばれるものである。取引においては，通常売り手は高く販売しようとし，買い手は安く購買しようとするインセンティブが働く。売り手と買い手との持つ情報に偏りがあり，互いが持つ情報について相手が完全に知りえない状況が想定される。このような状況においては，相手よりも自らに有利な状況を作り出し，有利な取引状況を引き出そうとすることが想定されるが，このことは機会主義的な行動と呼ばれる。この前提のもとに，さまざまな取引にまつわるコストが発生すると説明される。取引において，高い取引コストがかからないような取引の仕方が選択されると考えるのである。ここでは，取引を行う行為者たちの情報処理能力に限界があるという仮定が置かれる。

また，取引の複雑さに影響を与える状況的要因として，取引当事者同士の活動の相互依存性，取引相手の少数性，取引状況，取引内容の不確実性が挙げられる。

このように，取引を複雑にする人間的な要因と状況的な要因により，取引コストが発生することになり，取引コストを下げることを志向して，市場取引か，組織取引かの選択が行われる。市場取引とは，市場での取引相手との1回1回の取引を指し，組織取引とは，取引相手を自社に内部化する，つまり垂直統合することを指す。市場取引と組織取引との連続帯のなかに，継続的な取引があり，どのような取引の態様が選択されるかは，取引コストによって決定されるということになる。

この取引コストを考慮するならば，メーカーは特定の流通業者を取引相手として選択し，同じ相手に継続的に販売し続けることにより，毎回，販売顧客を探し出す努力や，販売条件についての交渉を，毎回一から始めるコストを削減することができる。

取引の分析

企業間あるいは組織間の取引を分析するに際して，取引における統合性と交渉力という点から分析を行うことが重要となる。統合性とは，企業がその事業を完成させるために必要なさまざまな機能をどれだけ自社内で行うかという，内製の程度を指す。

また，交渉力とは，各企業（組織）が製品の加工過程で生じる付加価値をどのようにとるかということを指す。

ここで，統合のメリットとデメリットとを考えてみると，統合のメリットとして，まずは取引コストが抑制されるということが考えられる。自社内で取引を行うということは，他社との取引と比較して，取引の基本コストが削減される，取引の複雑さが抑制されるという点が挙げられる。つまりメーカーが販売部門を持つことや，アパレル業界における製造小売業（SPA）のように，自社で生産し，自社で販売することは，取引にまつわるコスト自体を削減できるというメリットがある。他社と取引する場合は，機会主義的な行動が起こることへの懸念や，互いの信頼関係を築くことへの努力が必要となるが，自社組織の場合は，元来，機会主義的な行動が起こることを想定する必要がなくなる。また，市場需要に対して，生産部門がフレキシブルに適応すること自体が可能になる。

一方，統合のデメリットとしては，統合の管理コストである固定費の負担がまず挙げられる。たとえばメーカーにとり，最終消費者市場に販売する小売店舗網を自ら出資して作り，設備投資し，運営することには多大なコストをともなう。また，需要の変動に対して，フレキシブルに対応できないことになる。

また，メーカーや卸売企業，小売企業のそれぞれの企業が，流通の加工段階のなかで生じる付加価値をどのようにとるかという交渉力については，それぞれのパワー関係によって決まることになる。つまりメーカーが強い場合は，自社製品の出荷価格のみならず，小売店での販売価格についても影響を及ぼそうとする。また，その中間段階での卸売業者や小売業者の取り分である利益についても，影響力を行使しようとする。一方，小売業者のほうが強い場合は，メーカーや卸売業者から仕入れる価格について交渉力が強くなり，結果としてメーカーや卸売業者の取り分である利益について影響力を行使できることになる。

流通機能統合

流通機能が統合化されている例として，図19-5に示すように，業界により統合度に差があり，また統合の様式も異なる。自動車業界は，卸売機能を自社内に統合し，小売段階を系列化している。化粧品業界では，「制度品メーカー」と呼ばれるメーカーは，卸売機能を担う「販売会社」を設立し，店会組織を通じて，小売段階への統合度を深めてきた。また，家電業界では，大手家電メーカーが自己の支配

FIGURE　図 19-5 ● 流通系列化の 3 類型

類型 段階	販社型	直販型	一貫型	組織形態
メーカー	●	●	●	
卸	●		●	販売会社
小　売		●	●	店会組織
業　種	洗剤	自動車 ピアノ，新聞	家電 化粧品	

（出所）矢作［1996］，254 頁を加工して作成。

下にある販売会社を利用し，販売会社を通じて小売段階にコントロールを行ってきた。

しかしながら，1990 年代以降，チェーン組織を持つ大手量販店の成長により，小規模な小売店から成る小売段階に対して統合度を高めるという流通系列化については，むしろ高い取引コストを招く要因となってきており，近年では，流通系列化が崩れ，メーカーと大手小売企業が拮抗しているといえる。そこで，メーカーと大手小売企業が提携関係を結ぶということが起きている。

戦略提携と取引特殊的投資

戦略提携とは，取引当事者同士が共通の目標を設定し，経営資源の結合効果を生み出すことを目的として行われる。当事者同士は，平等で互恵的であるとのルールによって特徴づけられ，両者が提携関係を結ぶことに戦略性があることが前提となる。

流通における戦略提携としては，共同での商品開発や物流面での提携などが行われており，費用節約と品揃え最適化のために，取引当事者間でのペーパーレス取引や一括受注，一括納品などが行われる。

取引当事者間でのペーパーレス取引や，受注や納品の仕組みを変えることは，メーカーと流通業者とがともに物流や情報流を改編していく投資を行うことになる。そこで，戦略提携を行うに際して，**取引特殊的投資**が注目されてきた。取引特殊的投資とは，特定の取引関係に関連する投資を指し，たとえば，取引相手と受発注データを電子的にやりとりするために，情報システム化を推進する場合，取引相手となる小売業者別専用端末機や情報システムに対して投資を行うことなどが挙げられる。この場合には，投資したシステムが，他社との取引に転用できない場合，取引特殊的あるいは関係特定的な投資を行っていることになる。

また，専用配送センターの設置や特定チェーン企業向けに商品供給の生産ライン追加を行うことなども取引特殊的投資として説明される。これらの投資は特定の取引相手に対して先行的に投資が行われることから，他に転用できないこれらの投資ゆえに，同じ相手との取引を継続する志向が生まれることも指摘されている。

SECTION 3 マーケティング・チャネルの管理

メーカー側から見て，チャネルをどのように管理するかという問題は，パワーとコンフリクト，さらに依存度という観点から説明されてきた。元来，メーカーと流通業者は，売買契約を結ぶ相手である限り，それぞれの意図，つまり相手に高く販売したい，相手から安く買いたいという意図において対立関係にある。

相手に対して，行動面で自らの意図に従わせようとする場合に行使する力は，パワーという概念により説明される。パワーを行使することにより，売買における対立関係において相手に対して優位に立とうとすることが，チャネルにおける管理の問題として捉えられてきたのである。ここでパワーの源泉とは，強制力，専門性，依存度などの概念により説明されてきた。また，取引当事者間の対立関係は，売買契約における価格面での交渉にてコンフリクト（衝突）を引き起こすが，コンフリクトを管理するものとしてパワーが考えられ，またパワーが行使されることにより，コンフリクトが生まれることが指摘されてきた。

ここで依存度とは，自己の行動が相手の意図，行動に規定される程度を指すが，チャネル管理問題においては，取引依存度と情報依存度の両面から説明されてきた。取引依存度の問題は，メーカーから見た場合に，特定販売先に販売する数量，金額が，当該メーカーの全販売数量のうちに占める割合が高い場合，メーカーはその販売先に対して**販売依存度**が高い状態にある。たとえば，メーカーから見た場合，大手量販店に対する販売が全販売数量や販売額に占める割

COLUMN 19-1 PB（プライベート・ブランド）戦略

PB（Private Brand）製品とは，小売企業の自主企画製品のことをいう。小売企業が製品の企画を行い，仕様発注をメーカーに出すことで生産し，自社ブランドで販売を行う。販売価格から仕入原価を引いたものを粗利益というが，販売するのにコストをかければこの粗利益は減ることになる。PB は，メーカーの製造する製品である NB（National Brand）製品と比較して，販売管理費の売上高に対する比率が低いため，店頭で比較的低価格で販売することができ，高い粗利益を確保することができる。また，PB の製造を行うメーカーにとっては，製造量を確保し，製造設備の稼働率を上げるというメリットがある。

1990 年代はじめの景気後退時には，店頭価格が安い商品として，PB は消費者に支持され，小売チェーンも PB 製品開発に力を入れてきた。近年では，イオンが PB に関して，低価格訴求の「トップバリュ」を中心に，PB のサブブランドを展開している。低農薬，合成添加物削減を訴求した農産物 PB である「トップバリュ・グリーンアイ」，プレミアム PB である「トップバリュ・セレクト」，リサイクル商品の PB である「トップバリュ共環宣言」，調理済み食品ブランドの「トップバリュ・レディーミール」，さらに健康訴求の「トップバリュ・ヘルシーアイ」と，PB のマルチブランド化を図っている。

小売業が自ら製造プロセスに進出するためには，製造する数量が大量に確保されないと，逆にコスト高になり，必ずしも低価格訴求の製品を製造することができない。この意味で大手小売チェーン各社が PB 製品に力を入れているのは，小売業の規模が拡大していることを意味し，小売業がメーカーに対して，相対的にパワーを増していっていることを反映しているといえる。

合が高いことが想定され，この場合，販売依存度が高いということがいえる。逆に，流通業者から見て，仕入先として，当該メーカーから仕入れる数量・金額が，全体の仕入れにおける割合のうち多くを占める場合，そのメーカーに対して**購買依存度**が高い状態にあると考える。たとえば，系列化された化粧品小売店は，仕入れのほとんどを特定メーカーに依存している状態にあり，購買依存度が高いということがいえる。

また，取引相手の持つ情報が自社の業務に与える影響が大きく，情報の面で相手に依存しているような場合，情報依存度という概念で表される。たとえば，

FIGURE　図 19-6 ● 販売依存度と購買依存度の関係

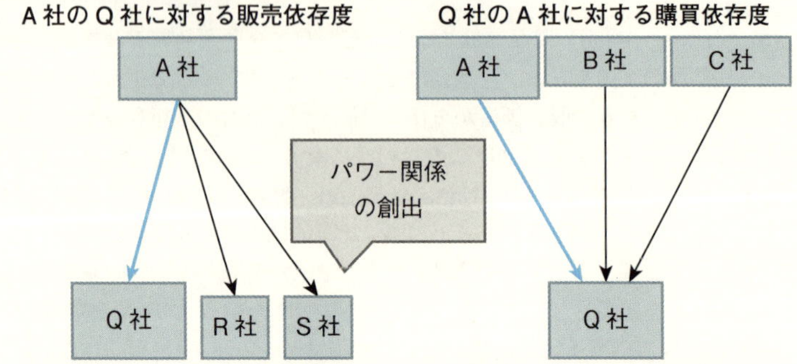

$$販売依存度=\frac{Qへの販売額}{Q\cdot R\cdot Sへの販売額}$$

$$購買依存度=\frac{Aからの購買額}{A\cdot B\cdot Cからの購買額}$$

（出所） 高嶋・南［2006］，62 頁を加工して作成。

小売企業が最終消費者の購買動向等情報を持っていて，その情報にメーカー自らが影響を受ける場合，小売企業に対して情報依存度があることになる。

ここで，依存度が高い相手に対して，パワーを受け入れるというように劣位にあると考えるのが，パワーを依存度により説明するという考え方である。

メーカーから見たチャネルの管理問題は，メーカーによる流通系列化が優勢であった時代では，リベートや割戻しといった商慣行により，小売店での商品の販売価格に対するコントロールを行っていくことが管理上，大きな問題であったが，近年のバイイング・パワーを持った大手小売企業に対する，メーカーの管理問題は変化してきている。自社製品の小売店での販売に関し，販売動向の分析データをもとに棚割り提案という形で，陳列棚に配置する商品や数量を決め，納入を行う。また，小売店がプロモーションを行う場合は，メーカーや卸売業者は協賛金を支出して，販売促進をサポートする。これらはリテール・サポートと呼ばれる管理形態である。リテール・サポートとは，メーカーと卸売業者，小売チェーンによる協働的な活動であるが，実際には 3 者のパワー関係にもとづき，棚割りやプロモーション費用が決定されていくことになる。

近年では，メーカーが小売企業を一方的に管理する，あるいはバイイング・パワーを行使する小売企業に対して対抗する，といった動きから，協働的に商品政策を実行していくことで双方のメリットを出していくという傾向も高まってきている。最終的には消費者に支持される小売店での品揃えや価格設定を実現するためには，メーカー，流通業者の協働的な活動が効率性と効果の両方において意味があると判断されてきているのである。

SECTION 4 延期と投機の理論

メーカーと流通業者との取引において，取引形態の効率化を進めることは，究極的にはマーケティング・チャネルの費用の削減につながる。バックリンは，「**延期**」と「**投機**」という概念を用いて，チャネルを構成する諸機関は，個別にとっての費用を最小化するようにではなく，チャネルの全体費用を最小化するように機能配分を達成することを理論化した（Bucklin [1966]）。ここで，延期は，チャネルを構成する機関が特定の機能活動を遂行することによって生じるリスクを他の段階にある機関に転嫁する行為を指し，投機は，逆にそれを引き受ける行為をいう。基本命題は，延期と投機が全体としてのチャネル・コストを最小化するように行われ，チャネルの各段階への活動の配分が達成される。チャネルは全体として在庫を保有しており，全体として，投機行為による在庫保有コストが延期行為によって節約される分よりも小さい限り，在庫保有の投機行為が行われることになる。

「投機」とは，製品形態の確定と製品在庫決定とを流通の早い段階で行うことであり，「延期」とは，製品形態の確定と製品在庫決定とを消費者に近い段階まで延ばすことをいう。つまり，メーカーにとっては，製品が消費者によって実際に購買されるまで，売れ残りという在庫リスクを抱えることになるが，流通業者が流通段階において，製品を仕入れ，再販売する間は在庫を保有し，そのリスクを分担することになる。投機とは，見込みにより流通在庫投資に関する意思決定を行うことであり，延期とは，できるだけ消費者に近い時点まで流通在庫投資の意思決定を先延ばしにすることであるといえる。

たとえば，小売企業が海外の生産工場から製品を大量に買いつけ，自店舗で販売するような場合，すでに販売すべき製品の形態や数量を決定し，在庫として保有しているので，投機的な流通在庫投資を行っていることになる。逆に，

COLUMN 19-2 メーカー・卸と小売業の協働型MDへの取り組み

今日ではPOS（販売時点情報管理）システムにより，小売業は店頭での商品の販売動向について情報を得ることができる。POSで，レジを通過した商品について，商品ごとの販売点数や販売金額についてのデータを日々収集，蓄積し，さらに分析することにより，小売業は，MD（Merchandising：商品政策）と呼ばれる，商品の仕入れ，企画，品揃え，価格政策，陳列に関する管理に活かすことができるのである。実際にMDを行うためには，小売業はメーカーや卸売企業（ベンダー）の小売企業担当バイヤーとの商談にもとづき，販売計画と管理を行うことになる。一方，メーカーにとっては自社製品をプロモーションし，販売していくためには小売業のMDにあわせ，自らの提案を行う必要がある。

メーカー・卸と小売業との商談においては，小売業の購買力の大きさや，メーカーの持つ商品それ自体の訴求力やプロモーションへの投資力など，パワー関係が影響することになるが，パワーにもとづく折衝に終始するのではなく，むしろメーカーと小売業でよりよいMDを実行していこうとする協働的な動きが近年起こってきている。小売業が自社店舗での商品の販売情報を商品の仕入先であるメーカーやベンダーに提供するという，POS情報開示の動きは広まりつつあり，2009年3月時点では，日本全国で60以上の小売チェーンが開示を行っている。POS情報開示は，商談上いわばお互いの手の内を見せることになり，また他企業に情報が伝わるリスクも存在するため，POS情報を開示する小売企業とメーカー・卸との間には信頼関係が前提となり，リスクを上回るメリットが共有されなければならない。

北海道を拠点とするマーケティング・サービス企業の株式会社ポイントプラスは，2007年4月，開発元である生活協同組合コープさっぽろからライセンスを受け，スーパーマーケット・チェーンのPOS情報を提供する「宝箱サービス」の運営を開始した。利用契約したメーカー，ベンダーは，インターネットを通じて指定チェーンの店別・エリア別，カテゴリー別や単品ベースでの前日までの商品売上情報を検索・照会することができ，データをダウンロードし，

アパレル企業が，直営する小売店舗での販売動向を見て，売れ筋のデザインや色の製品をシーズン内に追加製造したり，あるいは消費者からの注文を受けてから，スペックをカスタマイズしてパソコンを販売したりするようなことは，延期的な流通在庫投資を行っていることになる。

ローカルパソコンでデータ加工，分析することもできる。2008年からは，ユーザーの分析作業の負担を減らすため，ダウンロードしたデータファイルからグラフを自動作成できるマクロ・ツールを無償でユーザーに配布している。

「宝箱サービス」は，2009年9月1日時点で，有力スーパー 5チェーン6拠点のPOS情報開示を行っており，これらチェーンの年間売上総計は1兆円を超え，金額規模において最大級のデータベースの1つである。「宝箱サービス」の特色は，POS情報だけではなく，指定チェーンおよびその競合相手のチラシ・データも提供しているところにあり，これをさらに拡大し，全国の主要スーパー 62チェーンのチラシ掲載商品のデータをJANコードつきで提供する「チラシDBサービス」も，2009年3月より別サービスとして展開している。

メーカー，ベンダーと小売業とは，商品の販売分析にもとづく販売計画立案，結果検証までを協働して行うことにより，MD改善を推進する。たとえば，特定品目の売れ行きから，特売効果の検証や値ごろ感の検証を行い，プロモーションや棚割りにおける価格帯の異なる商品群の陳列に関する提案が行われている。また，定期的に特定小売チェーン企業を中心とする共同MD研究会が開催され，さまざまな協働の取組事例を当該チェーン企業のベンダー，メーカー全体に情報公開し，取引関係全体の協力体制を推進していっている。ポイントプラス社自体は，チェーン小売企業とメーカー・卸との関係支援自体を提供サービスとしている。

このように，店頭での販売情報がデータとして蓄積，分析可能となった現在，分析結果を活かして効率的に小売店でのMDを行っていくことが，取引に関わる企業全体さらには最終的な買い手である消費者にメリットをもたらすものとして，協働型のMDは注目を集めている。今後は，ポイントカード等，購買顧客を識別できるデータを統合し，より精度の高い小売品揃え形成を行うために，協働型MDの動きはますます進んでいくことになるであろう。

（出所） 株式会社ポイントプラス提供資料より。

延期と投機の相違は，需要情報をどの時点で投入するかというタイミングが異なるという点にある。実際に売れているという情報を実需情報と呼ぶとすると，それが，生産活動や流通活動に投入されるとき，その情報投入ができるだけ引き延ばされると，情報の内容が最新の需要情報となり，発注から実際の販売までの期間が短く，需要予測の精度が高まることになる。

投機においては発注情報の投入のタイミングがより前倒しされて生産活動，流通在庫投資が行われることになり，延期においては，発注情報投入のタイミングをできるだけ先送りにすることになる。ここで，投機的な見込みにともなう生産・流通活動では，規模の経済が働くが，延期的な活動においては，需要情報に応じて，生産・流通活動を小規模に微調整しつつ行うことになるので，需要予測の精度は高くなるが，規模の経済が働かないというデメリットがある。

情報技術の進展にともない，実需情報を生産活動時点にフィードバックするタイミングを早めることが可能となっている。たとえば，小売店舗での **POS**（**販売時点情報管理**）による，消費者の購買情報を企業が情報システムを通じて入手することや，小売店舗と配送センターや生産工場が情報を共有するシステムが構築されている。企業にとって，消費地点での情報を生産活動に反映させる，機動的な追加生産の仕組みの構築や，流通段階において在庫保有を最小限にするという仕組みの構築が，重要性を持つようになっている。

Chapter 19 ● 演習問題 EXERCISE

❶ 直接流通と間接流通のメリット，デメリットについて整理してみよう。

❷ 家電メーカーの系列店と家電量販店の，製品の品揃えや価格，サービスの相違について調べてみよう。

❸ 卸売企業と販売会社との相違について整理してみよう。

第15章

延岡健太郎［2006］『MOT［技術経営］入門』日本経済新聞社。

●主に技術経営（Management of Technology）の立場からではあるが，顧客価値の創造と獲得を目指す製品戦略を策定・実行するうえでの視点・枠組みが解説されている。

恩蔵直人［2007］『コモディティ化市場のマーケティング論理』有斐閣。

●コモディティ化する市場でのマーケティングのあり方が，市場参入対応，製品ブランド対応，組織課題対応という3つの側面から検討されており参考になる。

シュミット，B. H.（嶋村和恵・広瀬盛一訳）［2000］『経験価値マーケティング——消費者が「何か」を感じるプラスαの魅力』ダイヤモンド社。

シュミット，B. H.（嶋村和恵・広瀬盛一訳）［2004］『経験価値マネジメント——マーケティングは，製品からエクスペリエンスへ』ダイヤモンド社。

●顧客価値を経験価値の側面から捉えることの重要性を指摘し，経験価値を提供するためのマーケティング上の枠組みを整理した著作。

第16章

アーカー，D. A.（陶山計介・中田善啓・尾崎久仁博・小林哲訳）［1994］『ブランド・エクイティ戦略——競争優位をつくりだす名前，シンボル，スローガン』ダイヤモンド社。

アーカー，D. A.（陶山計介・小林哲・梅本春夫・石垣智徳訳）［1997］『ブランド優位の戦略——顧客を創造するBIの開発と実践』ダイヤモンド社。

アーカー，D. A. ＝ E. ヨアヒムスターラー（阿久津聡訳）［2000］『ブランド・リーダーシップ——「見えない企業資産」の構築』ダイヤモンド社。

アーカー，D. A.（阿久津聡訳）［2005］『ブランド・ポートフォリオ戦略——事業の相乗効果を生み出すブランド体系』ダイヤモンド社。

●ブランド・マネジメントに関するアーカーの四部作。

彼の著書は，わが国におけるブランド論議の発端となり，終始議論の流れを方向づけてきた。アメリカのものではあるが事例も豊富なので，まずは読むべき基本的文献である。

ケラー，K.L.（恩蔵直人・亀井昭宏訳）［2000］『戦略的ブランド・マネジメント』東急エージェンシー。

ケラー，K.L.（恩藏直人研究室訳）［2003］『ケラーの戦略的ブランディング（戦略的ブランド・マネジメント増補版）』東急エージェンシー。

●ブランド知識構造論の観点から戦略的なブランド・マネジメントを論じた体系的テキスト。原書第2版で追加されたブランド・ピラミッドの部分を中心に訳出した後者の増補版とあわせて読むことを勧める。

ロシター，J.R. ＝L.パーシー（青木幸弘・岸志津江・亀井昭宏監訳）［2000］『ブランド・コミュニケーションの理論と実際』東急エージェンシー。

●ブランドのポジショニングやコミュニケーション計画の立て方が学べる体系的テキストである。

第17章

サイモン，H. ＝R.J.ドーラン（吉川尚宏監訳）［2002］『価格戦略論』ダイヤモンド社。

●価格政策に関する代表的なテキスト。

白井美由里［2005］『消費者の価格判断のメカニズム――内的参照価格の役割』千倉書房。

●内的参照価格の多様な側面を扱った研究書。

上田隆穂［1999］『マーケティング価格戦略――価格決定と消費者心理』有斐閣。

●消費者行動の観点から価格決定のあり方を論じた研究書。

第18章

ロシター，J.R. ＝L.パーシー（青木幸弘・岸志津江・亀井昭宏監訳）［2000］『ブランド・コミュニケーションの理論と実際』東急エージェンシー。

●ブランドのポジショニングやコミュニケーション計画の立て方が学べる体系的テキストである。

カッツ，E. ＝P.F.ラザースフェルド（竹内郁郎訳）［1965］『パーソナル・インフルエンス――オピニオン・リーダーと人びとの意思決定』培風館。

●オピニオン・リーダーの概念をもとに意思決定への対人関係の影響について明らかにした古典的著作。

第19章

田村正紀［2001］『流通原理』千倉書房。

●製造業者から見たチャネルの管理的側面ではなく，流通システム全体に焦点を当て，その動態的発展の原理を体系的に解説したテキスト。

矢作敏行［1996］『現代流通――理論とケースで学ぶ』有斐閣アルマ。

●製販連携，系列下の変化など，1990 年代以降に起こってきた流通システムにおける構造上の変化に着目し，豊富な事例をもとに理論的に解説。

第VI部

マーケティング戦略の諸側面

第20章 サプライチェーン・マネジメント

市場需要創出と連動的にサプライチェーンを駆使して構築する，ファスト・ファッションのビジネスモデル。

CHAPTER 20

KEYWORD

FIGURE

TABLE

COLUMN

EXERCISE

現代社会において，消費者は欲しいものがあれば，店頭やネット上のショッピング・サイトなど自らの望む場所で，欲しいときに欲しいモノを欲しい量だけ入手することが可能になってきている。需要に対して製品の種類や数量をマッチングさせる供給側の仕組みを最適化しようとするのがサプライチェーン・マネジメントの考え方であり，近年，情報技術の進展とともに発展してきた。

サプライチェーン・マネジメントは，メーカーのチャネル・マネジメントとは異なり，1社だけでなく，メーカー，流通企業を含めた，消費者市場に至るまでの全体のモノの流れを最適化しようとする複数企業の協働的な仕組みである。本章においては，サプライチェーン・マネジメントについてマーケティング戦略との関連で説明していく。

INTRODUCTION

KEYWORD

サプライチェーン・マネジメント（SCM）　ロジスティクス　全体最適化　3PL　在庫　JIT　リードタイム　ECR（効率的消費者対応）　EDI（電子的データ交換）　CPFR（協働計画・需要予測・補充プロセス）　QR

SECTION 1 サプライチェーン・マネジメントとは

サプライチェーン・マネジメントの概念と役割

需要される商品を適材適所において提供しようとする仕組みが**サプライチェーン・マネジメント（SCM）**であり，情報技術を援用することにより，進展してきた概念であり管理手法である。メーカーが小売業から受注して，在庫確認を行い，在庫がなければ，サプライヤーに資材発注をして製造活動を行う場合，追加的に製造した製品を納入するまでに時間がかかる。そのため，メーカーにとっては小売業に指定された納期に注文製品を納入することを実現するのが難しくなる。小売業にとっては，商品が需要されるタイミングに入荷しなければ，売り損じが起こり，また商品が入荷した時点で見込んだほど需要がなければ売れ残りの在庫を抱えることになる。そこでメーカーに発注してから短い期間に商品が納入されることを望む。

つまりメーカー，小売業者にとって，最終消費者市場において需要される商品を，需要される場所で，需要されるタイミングで供給するためには，小売業，メーカーともに市場の需要予測の精度を向上させ，製品の受注や発注の待ち時間を減らす必要が出てくる。このために，小売店舗でのPOS（販売時点情報管理）を通じて得られた販売動向についての情報共有や，自動在庫補充や配送計画など，メーカー，小売企業，そして卸売企業を含んだ，供給のシステム全体の効率性を上げるための協働的な行動が増えてくることになる。

企業が問屋や販売会社などに製品を出荷し，配送するプロセスにおいて，モノの流れは物流と呼ばれる。商品を顧客に提供するにあたり，モノを配送するだけでなく，商品を受注し，サプライヤーに原材料の調達のための発注を行うことの管理も同時に行う必要性が出てくる。そこで考えなければならないのが，物流におけるモノの管理と受発注処理も含めた情報の管理との，モノと情報の流れの両者を管理するという考え方が**ロジスティクス**と呼ばれる概念である。

図 20-1 に示すように，焦点となる企業から見た場合に，製品を出荷する先へのモノと情報の管理は，販売ロジスティクスといわれる領域となり，製品をサプライヤーから調達するうえでのモノと情報の管理は，調達ロジスティクスと呼ばれる領域となる。従来，調達物流と販売物流とは別々に存在していたが，これらを統合するのがロジスティクスという概念であり，モノの素材が生産される地点から，最終消費者に至るまでのモノと情報の流れの全プロセスを対象とするのがサプライチェーン・マネジメントという概念であり，全体としての最適解を目指すことを目的としている。

物流の管理においては，当該企業と取引先，もしくは顧客企業との間の効率性のみを対象とすればよかったが，サプライチェーン・マネジメントにおいては，当該企業のみならず，他の企業との取引や調達・提供をすべて含んだ全システムとしての最適な効率性が重視されることになり，他社との協働関係が要請されることになる。

メーカーが卸売業者から製品を受注して販売し，卸売業者が小売業者に再販売を行い，小売業者が最終顧客に再販売を行う連鎖的なプロセスを想定すると，モノの流れと，受発注の注文や出荷に関する情報の流れと，決済という商いの流れとが同時に動くことになるが，情報技術の進展により，物流と情報流と商流とを切り離して管理することが可能になった。たとえば，小売業主導のサプライチェーン・マネジメントは，サプライヤーによる商品の配送先を，小売店舗ではなく，物流センターに代えることから始まった。小売段階における最終顧客（消費者）の需要データを，小売企業が購買部門を通じてサプライヤーに伝達し，サプライヤーからの出荷データを小売店舗に伝達することにより，モノの流れと商流と情報流とが切り離されて管理されることで，効率化が進むこととなったのである。さらに小売業とサプライヤーであるメーカーとの協働関係により，ロジスティクスからサプライチェーン・マネジメントと呼ばれる仕組みへと発展した。

この仕組みを成り立たせるためには，モノの流れと情報の流れを切り離すこと，さらにメーカーと卸，小売業者が情報共有をしていることが前提となり，情報技術を利用することにより，全体として効率よく最終消費者に製品を提供

FIGURE 図 20-1 ロジスティクスとサプライチェーン・マネジメント

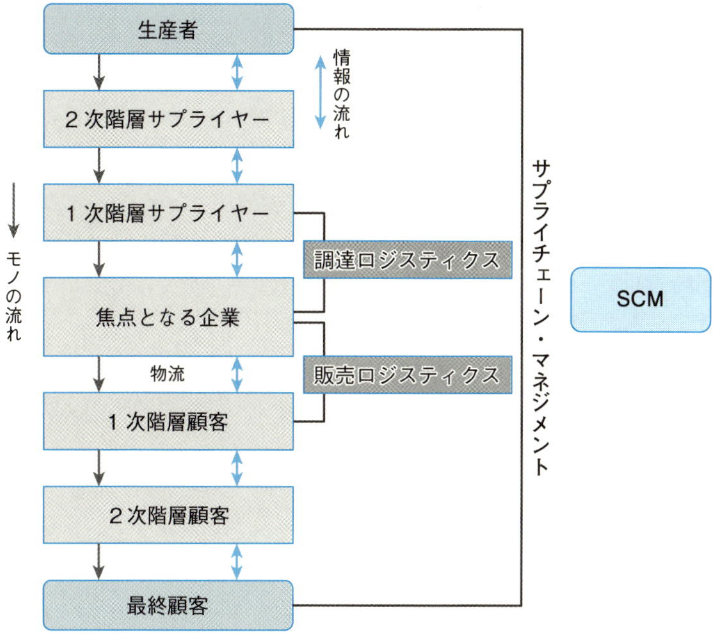

する仕組みが成立するということになる。この仕組みは，メーカーからの配送プロセスのみならず，メーカーが小売段階での消費者需要を知り，完成品の出荷計画のみならず，製造計画や実際の製造プロセスへと反映させて，調達・製造を行うことも含まれる。サプライチェーン・マネジメントは，生産から消費地点に至るまでの，すべての仕組みの効率性の向上を目指すことにより，結果として消費者にとって欲しいものが欲しいときに欲しいだけ入手できるという，効果を生み出しているのである。

マーケティング活動とサプライチェーン・マネジメントとの関係

サプライチェーン・マネジメントの究極的な目的は，適材適所に製品を供給することにより顧客サービスを向上することである。そのために各企業の活動をつなぎ合わせ，全体的な最適を図ることになる。サプライチェーン・マネジメントにおいて顧客サービスの向上を目指すためには，まずロジスティクス概念とマーケティング活動とがどのような関係にあるかを理解する必要がある。

マーケティング管理は，製品（Product），価格（Price），流通（Place），プロモーション（Promotion）という4つの活動要素から成り立ち，ターゲットとする市場に対してこれらをどう連動し，管理するかということが重要性を持つ。ロジスティクスは，これらマーケティング諸活動のうち，とくに場所／流通（Place）に関わる。ロジスティクスの目的は，場所／流通に関連する顧客サービスの向上にあり，図20-2に示されるように，そのために，ロジスティクスの諸活動のトレードオフ関係を管理し，最大限の効果を生み出すことが求められる。

ロジスティクス管理自体は，顧客からの要請に応えることを目的として，発生地点から消費地点まで，財，サービス，関連する情報の効率的，効果的な流れと貯蔵を計画し，実施し，コントロールするプロセスとして定義される（Lambert, Stock and Ellram [1998]）。ここで，ランバートらのロジスティクスについての概念枠組みを用いて，ロジスティクスとマーケティング支援について説明していくことにする。

顧客サービスの達成は，効用という，顧客自身が感じる有用性が作り出されることによって可能となる。顧客サービスに関わる効用には，形体，所有，時間，場所の4つの効用がある。それぞれについては，以下のように説明される。形体効用とは，財やサービスを作り出す，あるいは顧客が使うのに適切な形体にするというプロセスである。所有効用とは，顧客が実際に所有することができるように製品やサービスに付加する価値である。時間効用とは，必要なときにその品目を持つことによる付加価値である。場所効用とは，必要なときにその品目やサービスが入手できる手段である。この4つの効用のうち，時間と場所に関する効用が，ロジスティクスによりサポートされる。

すなわちロジスティクスは，マーケティング活動要素を支援する重要な活動と位置づけられるが，マーケティングとロジスティクスとに要請される活動にはコストの点でトレードオフ関係が存在する。図20-2に示されるように，ロジスティクスに求められるコストには，在庫取扱いコスト，輸送コスト，数量単位コスト，倉庫保管コスト，受発注と情報コストがある。

受発注処理とそれにともなう情報コストに関して，受発注処理には，企業が

FIGURE 図 20-2 ● ロジスティクス活動におけるトレードオフ関係

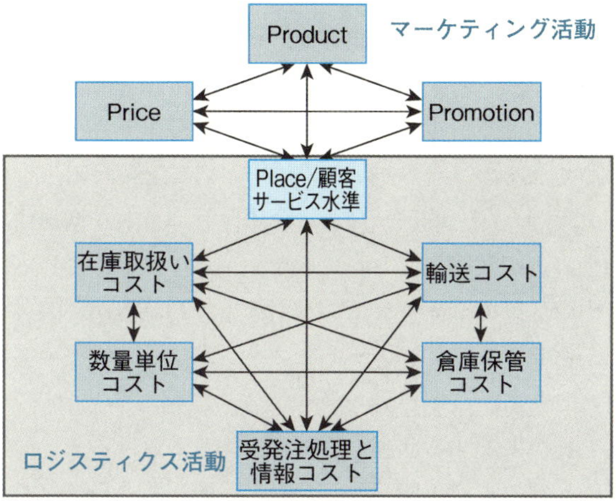

（出所） Lambert Stock and Ellram [1998], p. 13 を加工して作成。

顧客から受注し，注文の状況をチェックし，顧客に伝達することで注文に応じ，顧客が入手可能とするシステムが必要となることから，情報技術を基盤とするシステムが利用される。

需要予測は，プロモーション，価格設定，競合他社などにもとづいて行われる。

数量単位のコストに関連するのは，マテリアル・ハンドリングと呼ばれる，荷役運搬業務である。移動距離やボトルネックに応じて意思決定されるが，損失や取扱いミス，盗難，損壊といったリスクがあり，これらを最小化することが目指される。

輸送には，輸送頻度にあたるトラフィック（交通量）が増加すれば顧客サービスは向上するが，輸送コストがかかることになる。倉庫での保管業務は，製造した商品を，後の消費のために保存しておくことにより，顧客にとって時間と場所の効用をもたらすことになるが，保管コストが生じることになる。ここで，商品の輸送コストを引き下げようとすれば，倉庫保管コストがかかることになり，逆に倉庫保管コストを引き下げようとすれば，輸送コストがかかるというトレードオフが生じることになる。また，在庫管理には，高い顧客サービスを達成するためには高い在庫水準を維持する必要があるが，在庫保有をすることによりコストがかかるため，顧客サービス水準と在庫取り扱いにはトレードオフ関係がある。

同様に，輸送コストや倉庫保管コストを引き下げようとすれば，受発注処理にともなう予測のためのコストが引き上げられることになる。この予測のための情報コストを下げれば，輸送コストや倉庫保管コストが増加することになる。

つまり，活動の選択肢同士でトレードオフがあり，いかにしてロジスティクス・システム内の活動の全体のコストを引き下げられるかについて調べ，意思決定する必要があり，このロジスティクス・システムの成果水準こそが顧客サービスになるのである。

製品の調達と提供に関する活動の管理は，物流におけるモノの管理から，ロジスティクスにおけるモノと情報の管理へと発展し，さらにロジスティクスからサプライチェーン・マネジメントへと進化してきた。ロジスティクスについては，企業戦略に間接的に関わり，サポートする機能であるという認識がされてきた。マーケティング活動は，ロジスティクス機能により，サポートすべき業務の1つという位置づけである。しかしながら，ロジスティクスからサプライチェーンへと管理の範囲が組織や企業の境界を越えるに至り，サプライチェーン・マネジメントは，多組織および複数業務プロセス間の，モノと情報の流れを管理し，同期化していくという複雑な機能を担うことになった。

SECTION 2 効率的な管理システム

サプライチェーン・マネジメントの**全体最適化**を追求するなかで，さまざまな管理システムや仕組みが生まれてきている。サード・パーティー・ロジスティクス（**3PL**：Third-Party Logistics Service Providers）と呼ばれるサービス提供者も効率性に貢献するものとして台頭してきた。3PL サービス・プロバイダーとして，輸送ブローカーや，運送業者，荷主協働組合，陸・海・空一貫輸送エージェントなどが例として挙げられる。すなわち 3PL サービス・プロバイダーは，必ずしも出荷や輸送の機能を持たず，調整サービスのみに特化するものや，輸送か配送への特化した業務，小口配送業務など，さまざまな特化した業務や機能のみ担っている。さまざまな事業，業務をコストダウンの観点からアウトソーシングする傾向にあるなかで，3PLの役割は増しているといえる。

また特化した機能をサービスとして購入するだけでなく，企業は，ロジスティクス業務における個々の活動のコスト自体を評価するようになってきている。これは，ABC（Activity-Based Costing）と呼ばれる分析である。従来のコスト算出が，時間当たりの標準の人件費などで行われるのに対し，ABC分析では，事務経費，監督業務，用具，光熱費，消耗品費といったリソース別に，実際の活動，たとえば受け取りや，組立，梱包と出荷などの活動ごとにどの製品群のコストになっているか配分して算出する分析である。これは，第1段階として，特定の活動を行うのに要するリソースの量を割り当て，次の段階で，それらの活動に費やされる製品やサービスごとに活動のコストを割り当てるものである。

さらにサプライチェーン全体の最適化のための効率的な仕組みとして，クロス・ドッキングと呼ばれる集配の仕組みも行われている。これは，従来，出荷された商品は倉庫でいったん在庫されるのが通常であったのが，在庫として留めておかず，他の商品とともに，小売店向けに配送する仕組みである。

近年注目を集めているRFID（Radio Frequency Identification）と呼ばれる，電波などの近距離の通信を用いた非接触認証技術のうちの1つにICタグがある。ICタグとは，ICチップが埋め込まれそのなかに保存されているデータを，電波を使って読み取りを行う装置である。この情報の送受信技術は，サプライチェーン・マネジメントにおける管理方法の効率化を一段と進めるものとして注目されている。これは従来商品がメーカーから出荷され，小売店舗に商品が並べられる際に，バーコードにより商品の個別識別を行っていたのが，商品を積み重ねた状態でも商品の個別の識別ができるため，物流効率が上がるものとして期待されている。しかしながら，現時点では価格面でバーコードと比較して相対的に高く，採算面で課題を残している。

SECTION 3 在庫とリードタイムの管理

在庫の役割と管理

企業が倉庫や店頭に保有する商品は**在庫**と呼ばれる。在庫を保有するには，以下に挙げるような理由がある。製造面においても流通面においても，扱い数量を多くすることによって規模の経済が生まれるため，在庫を保有してでも数量を拡大させるインセンティブが働く。また，在庫により，需要と供給の調整が行われる。需要される製品の種類や量，注文サイクルには不確実性をともなうため，在庫として企業は保有する必要がある。すなわち在庫は流通経路内で，需給調整弁となり，バッファーとなる。

在庫管理は，流動資本の利用という観点から見ると，棚卸資産額を最小化してROA（総資産利益率）を向上させることにより企業の利益を向上する活動となる。在庫管理の成果としては，**JIT**（Just in Time）システムやMRP（Material Requirements Planning：資材所要量計画）を通じて原材料や部品をタイムリーに完成品メーカーに供給することにより，メーカーの調達在庫量を削減する，情報システムと在庫配置計画を通じて多様な製品注文に対する的確かつ適時の処理が可能になる，といったことが挙げられる。

在庫管理の効率性を測る指標の1つとして，在庫回転率があり，売上の原価を在庫高で除したもので求められる。在庫回転率は，たとえば小売業における経営指標としては重要なものであるが，在庫管理の目的は効率性のみではなく，顧客へのサービス向上という目的に対する効果とあわせて評価される必要がある。顧客サービス水準を上げるためには，在庫量を安定的に保有し，顧客からの急な発注に対しても応じることが顧客の満足度を上げる。しかしながら在庫量の増加は，保有する企業にとってコスト高となり，在庫を最小限にするインセンティブが働く。つまり顧客サービスの向上と在庫保有とはトレードオフの関係にあるため，このトレードオフを解決するために，顧客の注文サイクルや需要量の予測精度を上げること，さらに需要に対する対応能力において企業の能力が求められるようになってきている。

需要予測に対して，流通経路内で在庫を遍在させることは，流通システムとしての需要対応へのバッファーとなるが，一方で，流通システム内での取引量が増えることによる不経済性も生じる。そこで調達から，製造，さらに販売に至るシステム内で流通在庫をできるだけ削減する方向性，リーン（無駄のない）な在庫投資が要請されることになる。流通在庫をできるだけ持たないタイプのサプライチェーン・マネジメントは，リーン型のサプライチェーン・マネジメントと呼ばれ，量的に規模が大きい業界において，サプライチェーン・マネジメントの効果が得られる。たとえばトヨタは，このリーン型サプライチェーン・マネジメントの代表例であり，グローバルな競争環境下でのリーディング・カンパニーとしての競争優位性を確立しているのは，JIT システムによる，市場需要への生産管理面と在庫投資面での調整能力によるところが大きい。

流通在庫投資において，生産地点に近い地点（時点）で，製品のロット・仕様についての意思決定を行うことを投機的な流通在庫投資と呼び，逆に消費地点（時点）まで製品のロット・仕様に関する意思決定を先延ばしにすることを延期的な流通在庫投資と呼ぶ。延期的な流通在庫投資においては，需要情報をもとに流通在庫投資を段階的に調整するという意味において，需要に対する微調整が可能になり，結果として売れ残りや売り損じのリスクが削減される。しかしながら，扱うロットの規模の経済を考慮すると，投機的な流通在庫投資のほうが先にロットにおける意思決定をしてしまうという意味で，規模の経済が働くことになる。

在庫に関する意思決定において，在庫位置も重要性を持つ。工場と倉庫の場所に関する決定は，入ってくる原材料の輸送および完成品出荷のコストのみならず，顧客サービス水準と反応スピードに影響を与えるという点で戦略的であり，グローバルにビジネスを展開する企業において，グローバル視点で在庫位置を決定することが戦略的に重要性を増している。

リードタイム

リードタイムとは，準備時間の概念を指し，発注から配送されるまでの期間や，製品企画から出荷するまでの期間などの準備期間を表す。ロジスティクスのリードタイムには，調達リードタイム，生産リードタイム，配送リードタイムがあり，これらをすべて含めて生産時間と呼ぶ。顧客が需要する時間が，ロジスティクス・リードタイムより短い場合，このリードタイムのギャップは，供給側は在庫を持つことにより埋めるしかない。そこで，リードタイム・ギャップを埋めるため

FIGURE 図 20-3 ● リードタイムの概念

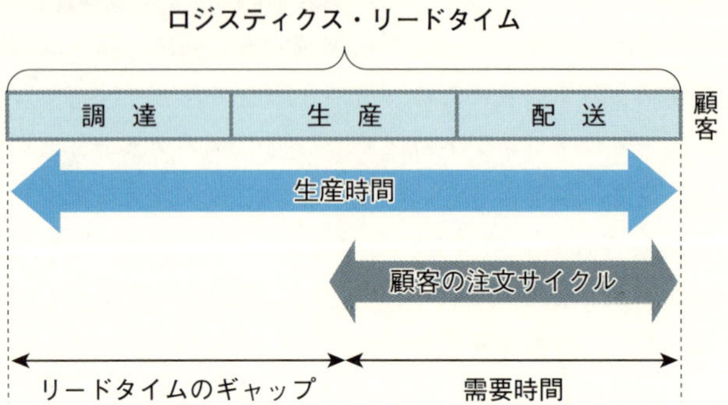

（出所） Harrison and van Hoek ［2005］：邦訳，180 頁；南 ［2009］，189 頁。

FIGURE 図 20-4 ● 倉庫の数とコストのトレードオフ関係

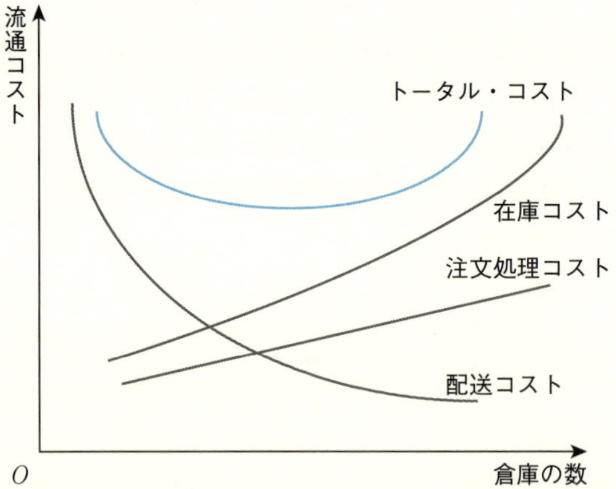

（出所） 矢作 ［1996］，94 頁を参照して作成。

には，顧客の注文サイクルを予測するか，あるいはリードタイムを短縮することを目指すことになる。

店頭品切れによる販売機会の損失を避けるために，小売業は安全在庫量を保有する必要があるが，安全在庫量は，流通チャネルの長さや，市場の不確実性，

FIGURE 図 20-5 流通センターの数とロジスティクス・コスト

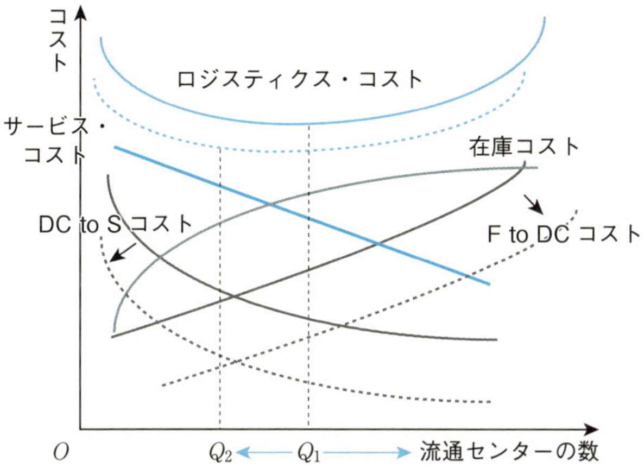

（注） F to DC：工場から流通センターまでの運送，DC to S：流通センターから小売業までのデリバリー，サービス：顧客注文への対応時間や販売機会喪失など。
（出所） 小林・南編［2004］，172 頁；Schary and Skjott-Larsen［2001］参照。

需要の不確実性により影響を受けることになる。安全在庫量の計算式は，1 日の需要において，期待される最大需要量から平均の需要量の差額に，発注リードタイムの日数を乗じたもので表される。ここで発注リードタイムの期間が短くなれば，保有すべき安全在庫量は少なくなることになり，在庫保有のコストは引き下げられることになる。

概念的には，物流拠点を増やすことにより配送リードタイムを短くし，頻繁に配送すれば，それだけ配送距離が短縮できるなど輸送コストは低下するが，在庫投資が分散してしまうために在庫コストは増加するというトレードオフ関係がある。物流拠点は，倉庫，配送センターなどさまざまであるが，ここでは倉庫で代表させると，倉庫という物流拠点の数が増加すると，在庫コストと配送コストは図 20-4 のようにトレードオフの関係になる。

しかしながら近年では，運送・配送コストが規制緩和と市場競争により相対的に低下し，また急送・定時配送も定着してきている。さらに情報技術を利用した輸配送管理により，追加的な配送コスト自体が下がっている。これらの影響を受けて，メーカーの工場から流通センターまでのコストと，流通センターから小売店舗までの配送コストは同時に下がる。図 20-5 に見られるように，流通センターの数が Q_1 から Q_2 へと減少して，在庫の数は減少するけれども，注文処理にかかる時間としての顧客サービスに要するコストも低下する，つまり顧客対応能力が増加することになる。

また，情報技術利用による情報共有のために，リードタイム自体の短縮の実現がされてきている。受発注管理システムにおいて，取引する企業同士の受発注フォーマットの標準化や電子データ交換に始まり，通信容量や速度等の進展によりリードタイムの削減が行われ，さらに受発注データ交換において情報通信技術向上の効果が見られるようになってきている。

SECTION 4 企業間協働関係

在庫に注目すると，それが流通経路におけるバッファーになっているために，逆に在庫があるために，真の需要が見えにくくなるという問題がある。図 20-6 は，小売企業が卸売企業に発注を行い，卸売企業がメーカーに発注を行うときに，在庫が安全水準を切った場合，商品の再発注を行うとすると，それぞれの異なる水準の安全在庫水準であるため，メーカーが受注する際には，最終消費者市場での需要自体が見えなくなってしまうという問題を表したものである。ここで，これら 3 者において情報共有が行われている場合には，需要予測の精度が高まり，生産計画や流通在庫への投資の意思決定の精度が上がることになる。換言すれば，需要予測や生産計画の精度を向上させるには，組織を越えて，企業間の協働関係が構築されている必要がある。

サプライチェーン・マネジメントにおいては，モノと情報の管理が，一組織の範囲を越えるため，企業間の協働関係が前提となる。当該企業とサプライヤー，企業と顧客間での情報のやりとりに加え，組織内の職能間，たとえばロジスティクス，エンジニアリング，会計，マーケティング，製造といった部門間での情報共有も必要になる。

前節で述べたように，顧客の需要時間と供給側のリードタイムにはギャップがあり，リードタイムを短縮することにより，ギャップを埋める努力をするか，あるいは顧客の注文サイクルタイムを知ることにより，問題の解決を図ること

FIGURE 図 20-6 ● 需要を隠す在庫

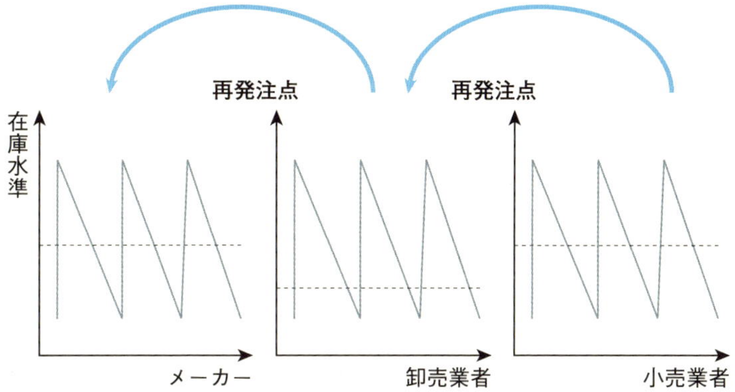

（出所） Christopher et al.［2004］，p. 7 を加工して作成。

が行われる。これら 2 つのことは近年，供給側と小売業との協働関係により実践されてきている。

サプライチェーン・マネジメントにおける協働関係の形態として，メーカー，卸売企業，小売企業による協働的な，流通効率化への取組みとして，1990 年代にアメリカの加工食品分野で始められた**ECR**（Efficient Consumer Response : **効率的消費者対応**）は，わが国に紹介され，注目を集めた。これは，メーカー，卸，小売の 3 者が情報共有することにより，品揃えや在庫補充の効率化を目指すものである。具体的には，**EDI**（Electronic Data Interchange : **電子的データ交換**）と呼ばれる，取引企業間の通信手順の共通化や，商品情報に関するファイル交換などを含んだ，電子データを用いた取引方式を導入することや，POS データにもとづき，設定水準以下になると供給側から小売業者側に自動的に在庫補充を行うなど，情報技術を用いて流通システム自体の効率性を向上させるものであり，小売業の効率性指標の 1 つである，在庫回転率が向上したことが報告されてきた。

次の段階として，CRP（Continuous Replenishment Program : 連続補充プログラム）による商品の供給体制が注目された。CRP とは，小売業者の物流センターとメーカーとをオンラインで結び，物流センターが保有する商品ごとの在庫量や，店舗ごとの出荷量，店舗の在庫量に関する情報を共有し，この情報をもとに各メーカーが需要予測を行い，店舗ごとに必要な補充量を供給するという，メーカーによる在庫管理システムである。しかしながら，メーカーから小売業までの流通システムの全体の在庫の偏在解消や，供給の効率性を向上させるという目的においては，CRP では課題を残すことになるため，近年注目されているのが **CPFR**（Collaborative Planning, Forecasting and Replenishment : **協働計画・需要予測・補充プロセス**）である。

CPFR は，ベンダー管理型の在庫方式よりも，取引企業間のサプライチェーン・マネジメントとしてより包括的なアプローチをとることを特徴とする。アメリカの VICS（Voluntary Interindustry Commerce Standards Association）の CPFR ガイドラインによれば，次のようなステップから構成される。最初のステップとして取引企業間で合意を形成し，カテゴリー・マネジメントの原則にもとづいた市場別の計画を立てる。この計画には，何を販売し，どこの市場でどの時期に，どのような商品政策と販売促進を行うのかを含む。計画の修正は合意のうえ調整可能であるが，計画にもとづき，需要予測が行われる。高い精度の予測が自動的に出荷計画となり，商品の補充が行われる。

アメリカではウォルマートや K マート等の大手小売業が CPFR を採用し，メーカー側も P & G やナビスコ等の大手メーカーが行ってきている。わが国でも，イオングループが 2005 年にヘルス・ビューティー・ケア商品分野において導入を始め，取扱い商品カテゴリーや参加企業において拡大してきている。過去の販売履歴と需要予測システムにより需要予測を行い，算出された補充計画をサプライヤー側に公開することにより，納品率の向上が図られてきている。

SECTION 5　需要変動へのマーケティング対応

ロジスティクス戦略の段階では，モノと情報の流れの管理は，マーケティング活動の支援的な位置づけであったのが，サプライチェーン・マネジメントとして進化している現在では，支援的な業務ではなく，むしろ競争戦略上の優位性を確立するものとして位置づけられている。在庫や配送・輸送の問題は，市場への反応のスピードと密接に関連し，市場需要の変動に俊敏に対応できる組織能力こそが，企業戦略の重要な部分を占めるようになってきているからである。流通在庫をリーンにしていくタイプのサプライチェーン・マネジメントと比較して，市場需要の変動に俊敏に対応するタイプのサプライチェーン・マネジメントは，アジル型サプライチェーン・マネジメントと呼ばれ，市場の多様性や，需要の変動性が高いほど，効果が期待される管理手法である。

サプライチェーン・マネジメントは，顧客にモノを提供するシステム全体の最適化を目指すものであり，目標とするのは適材を適所に適時，適量，適切な価格で供給することである。リーン型のサプライチェーン・マネジメントはこの実現のために，リードタイム，在庫水準，仕掛品の戦略的管理を行うことであるが，アジル型サプライチェーン・マネジメントでは，需要変動の激しさに対応するために，QR（Quick Response）と呼ばれる，市場需要に応じて製造調整を含み，供給する仕組みを実践する。わが国では，1990年代に前述の食品小売業におけるECRが紹介されたのと同じころに，QRは，アパレル産業において流通システムの効率化を図るアプローチとして，アメリカより政策的に導入された。

POSを通じて，最終顧客の情報を売り手が入手することは可能になってきており，変動需要に対応するタイプのサプライチェーン・マネジメントは，実売情報を実需情報として，販売と配送，ひいては生産システムにフィードバックすることにより，顧客需要に対応させる仕組みである。

顧客需要情報を期中に投入し，生産調整を行うことは，流通在庫投資の延期化を行うことになるが，生産の量的な調整のみならず，製品のラインや製品の仕様それ自体を変更することが行われている。これは開発リードタイムの圧縮につながり，製品の仕様設計の最終的な意思決定を遅らせることが可能になったため，市場での最新の需要動向，たとえばアパレルの場合ファッション動向などを追う商品の開発，生産，販売が可能になったのである。

また，生産リードタイムがさらに短縮されることにより，在庫の減少および販売状況のよい商品が季節期間中の生産によって供給されることになった。つまりアパレルという市場不確実性の高い商品について，不確実性を削減する仕組みが情報技術の利用のもとに，QRにおいて実現されているのである。

スペインのアパレル企業のInditexは，ザラのブランドで世界的に知られているが，川上，川下を垂直統合するSPA（Specialty Store Retailer of Private

COLUMN 20-1 ファスト・ファッション

「ファスト・ファッション（Fast Fashion）」とは，文字どおり，すばやく市場に導入されるアパレル・ファッション企業やそのビジネスモデルを指す。1997年ごろよりヨーロッパのジャーナリズムが使い始めたこの表現は，市場需要にすばやくレスポンス（QR）できるアパレル製造の仕組みをうまく表現しており，瞬く間に広がった。ファスト・ファッションの代表的企業として，スペインのInditexグループのザラ（Zara），マンゴ（Mango），スウェーデンのH＆M，イギリスのトップショップ（TOP SHOP）が挙げられる。とりわけInditexとH＆Mは，グローバルで売上高1兆円を達成している，アパレル4強企業に入り，アメリカのギャップ（Gap），リミテッド（Limited）とともに業界を牽引している。

ギャップ，ザラ，H＆M，わが国ではユニクロ（ファーストリテイリング）は，SPAと呼ばれる自主企画ブランドを中心に展開するアパレル製造直売専門店のチェーンであるが，それぞれのビジネスモデルは異なる。ギャップやユニクロが中国などオフショアの製造拠点を中心に，スケールメリットによる低価格型の製品訴求を行うのに対し，ファスト・ファッションであるザラやH＆Mは，需要情報を製造期間中に追加生産するQRを展開しており，アジル型のサプライチェーン・マネジメントをビジネスモデルとしている。

市場需要に対し，製品投入までのリードタイムが遅くなれば，市場での需要のピーク，つまり流行期間を逃し，陳腐化した製品を値下げにより販売することによりアパレル企業の得られる利益は低下する。しかしながら，市場需要の

Label Apparel：製造小売）形態により，市場情報を捉え，店舗内の販売店員の携帯端末から電子情報として販売時点での売れ筋動向を，本社および本国の工場に伝達している。生地の調達，染色を垂直統合化し，調達リードタイムを短縮し，裁断・縫製をモジュラー化した生産の仕組みを作ることにより，生産リードタイムを短縮，さらに配送では航空便を利用することによりリードタイムの短縮を図っている。このようにして製造2週間という，世界最速のアパレル製造・小売のビジネスモデルを戦略的に実現している。さらに，品揃えの頻繁な変更と店舗間の商品交換により，店頭在庫回転率を高めて，効率性を向上させている。

ピークに製品を投入できれば利益を確保することができる。ここで問題は市場需要のピークを知ることと，製品の追加生産をどれだけ速く行うことができるかどうかである。ファスト・ファッション型企業は，直営の小売店舗の販売時点情報を得て，製造部門にフィードバックし，売れ筋製品を短期間に製造して，出荷・販売する。すばやい製造や追加生産を可能にするのは，素材調達や染色・縫製などの製造部門の垂直統合度の高さである。

ファスト・ファッションは，ファッション（流行）という変動が激しく，すぐに消えてしまう市場を対象にしているため，売れ筋を捕まえることが何よりも重要性を持つ。しかしながら，販売動向をただ把握するのではなく，むしろ市場需要を作り出すことにより，市場のピークを形成し，コントロールしようとする。H＆Mは，ハイファッション・ブランドのデザイナーたち，たとえば，シャネルのカール・ラガーフェルドや，クロエのステラ・マッカートニー，さらにマドンナなど著名人を起用した製品ラインを毎シーズン投入しているが，初日に完売させることで話題性を高め，市場需要のピークを自ら作り出している。サプライチェーン・マネジメントにおいては，流通システムの全体最適化が効果として強調されるが，アパレル・ファッションにおいては，マーケティング戦略上の市場需要創出と連動的なサプライチェーン・マネジメントを構築することによる効果が志向されているといえる。

（参考文献）南知惠子［2009］「ザラのSPA戦略とグローバル化」向山雅夫・崔相鐵編著『小売企業の国際展開』中央経済社，第7章。

一方，同じくSPA型のビジネスモデルを持つスウェーデンのH＆M（Hennes & Mauritz）は，リードタイムが長くても，需要する側の待ち時間に許容度が高い，定番的な製品を，本国から遠いが，生産地の人件費が安い中国で生産し，ファッション性が高く需要側の時間が短い製品に関しては，ヨーロッパで生産を行っている。このようにグローバル企業は，グローバルに在庫を配置し，生産拠点とリードタイムとを戦略的に組み合わせている。この使い分けのサプライチェーン・マネジメントにより，コスト重視の顧客と，ファッション性重視の顧客とに，それぞれ顧客満足度を与えることを追求している。

リードタイムの削減化努力は，需要予測の精度を上げ，不確実性を削減していくことであり，高需要製品への開発・生産対応とあわせて，強力なビジネスモデルを確立している。

Chapter 20 ● 演習問題 EXERCISE

❶ サプライチェーン・マネジメントによって顧客企業や消費者にもたらされるサービスとは何か，考えてみよう。

❷ 在庫とリードタイムの関係について，整理してみよう。

❸ 業界によるサプライチェーン・マネジメントの相違について，具体例を挙げ，説明してみよう。

第21章 関係性マーケティング

顧客価値と，生涯にわたるロイヤルティの獲得を核に，データを駆使したCRM戦略で躍進するイギリスの食品小売業テスコ。
（EPA／時事通信社提供）

CHAPTER 21

かつて顧客志向という言葉は，企業の理念にとどまっていたが，今日のマーケティングでは，より具体的な戦略的指針を与えるものとなっている。顧客市場に対するセンシング（感度）を高め，情報収集を行い，市場へと反応していくことは，企業の活動において不可欠である。

ICTの進展は，顧客情報の収集や顧客へのアプローチという点で，マーケティングの仕方を変えつつある。競争環境のなかで，企業は投資効率を高める必要があり，より有効性の高いターゲット市場にアプローチし，維持することが必要となってきている。ICTにより，企業は顧客の製品やサービスへの探索活動や購買行動を知ることができるようになり，また自社の顧客情報も収集できるようになった。顔が見えるようになった顧客に対して，いかに継続購買を促していくかが戦略上重要性を増してきているのである。本章においては，関係性マーケティングの考え方について概説するとともに，ICT基盤の関係性マーケティングの戦略について説明していく。

INTRODUCTION

KEYWORD
FIGURE
TABLE
COLUMN
EXERCISE

KEYWORD

関係性マーケティング　リレーションシップ・マーケティング　関係的取引　関係特定的投資　信頼　コミットメント　相互作用　ロイヤルティ　顧客維持　ロイヤルティ・プログラム　CRM（顧客関係管理）

SECTION 1 関係性マーケティングが登場した背景とその重要性

関係性訴求とマーケティング

顧客との関係性を志向するマーケティングは，総称して**関係性マーケティング**，あるいは**リレーションシップ・マーケティング**と呼ばれる。近年ではとりわけ消費者市場において，継続的な取引を喚起するようなマーケティングの考え方や活動が，市場における成功をもたらし，企業の収益性を向上させるものとして注目を集めている。

まずは，航空会社のフリークエント・フライヤー・プログラム（Frequent Flyer Program）と呼ばれるマーケティング・アプローチを見てみよう。このプログラムは，搭乗回数や飛行距離（マイレージ）に応じて，顧客の当該航空会社に対する利用度に応じて報奨を与えるという考えにもとづいて設計されている。プログラムに参加するために，顧客は会員カードを取得するが，利用度に応じて会員のグレード分けが行われ，グレードに応じたサービスや特典を受けることになる。グレードの高い会員は，マイレージの加算がより多くなることから，利用度の高い会員はより優遇されるプログラムとなっている。優遇されている会員は，会員特典を保持するために同じ航空会社利用を続けるように促される。航空会社にとっては，自社に忠誠度の高い顧客を選別して，特典を与えることができ，またディスカウントを志向する顧客も識別することができる。このことは他社との直接的な価格競争を避けることにつながり，また報奨フライトや特定地域へのキャンペーン実施など，ターゲットを見定めた顧客を特定時期の特定地域に誘導することにより，利益創出のマネジメントを行うことができる。

顧客に継続的利用を促し，ターゲティングの精度を上げ，効率性と効果とを上げようとするのが関係性マーケティングである。現代のマーケティング活動においては，ICT（情報通信技術）を基盤として，顧客のプロフィールや取引をデータベース化することや，顧客へのコミュニケーション活動を行うこと，あるいは顧客間のウェブ上のコミュニケーション活動をサポートし，情報収集することなどが重要性を増してきており，これらの活動をもとにした個々の消費者へのマーケティング・アプローチが関係性マーケティングとして展開されている。

従来は，企業間の取引には関係的取引（Relational Exchange）と呼ばれる，顧客特定的かつ継続的な取引が存在することが従来注目されてきたが，近年では，ICT を基盤として積極的に顧客との関係性を構築し，その関係性をもとに取引を拡大し，また収益性を向上させようとする考え方が広まっている。とりわけ，元来，関係的取引の存在しない消費者市場においても，関係性を志向するマーケティングが重要性を増してきている。この背景には，従来のマーケティング活動の生産性に変化が生じてきていることがある。

図 21-1 は，大量生産が活発化し，マーケティングが導入された時期から現在に至るまで，生産性において，マーケティング・モードの違いにより，その効果と効率性の面でどのように変化が生じてきたかを表したものである。旧式の関係性マーケティングとは，小規模な商店を営むような経営形態での顧客との密接な関係を指す。この形態は顧客の嗜好や行動パターンを把握しているという意味で，顧客アプローチにおいて有効であったが，1970 年代のマス・マーケティングの時代には効率性を相対的に低下させてしまった。一方，標準化された製品を大量に生産し，市場に導入するマス・マーケティングは，効率性の点で有効であったが，顧客への訴求や満足度という意味では効果のうえで課題を残すものであり，現時点では，市場の多様性や変動性に適応できないものとして効果も効率性も低く評価され，著しく生産性を低下させている。

技術ベースのマーケティングの方法は，1950 年代はセルフサービスの導入などが行われたが，効率性，効果のうえで十分に生産性が高いといえない状況であった。しかしながら，現在では，インターネット技術，とりわけウェブ技術の進展により，ターゲット顧客に対して効果の高いマーケティングを展開できるようになってきている。

関係性マーケティングとは，顧客との協調的な関係構築および発展を志向す

FIGURE 図 21-1 ● マーケティング・モードの違いによる生産性の推移

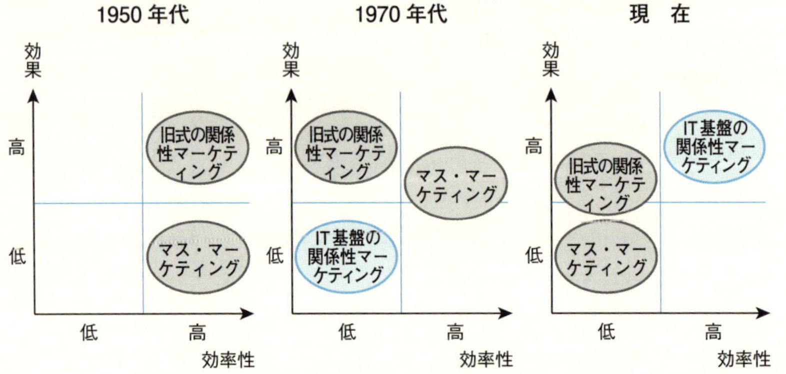

るマーケティングとして定義される。そして，効率性と効果を同時に実現する結果として，売り手企業と顧客との双方の経済的価値が向上することが関係性マーケティングの目的である。売り手企業が直接顧客や最終顧客を含め，顧客を理解することにより，顧客満足が向上することで継続的な取引が促進されることは，新規顧客開拓コストの削減や他者への推奨行動により，収益性が向上されるという考え方がある。また顧客にとっても，関係性にもとづく企業のアプローチにより，購買する製品やサービスにおける価値が向上するという考え方がある。つまり売り手と顧客とが関係性を志向することにより，価値が増大することを想定するのが関係性マーケティングの基本概念なのである。

関係性マーケティングが登場した背景

関係性マーケティングが重要視されるようになった背景には，成熟市場においてより効率的かつ効果的に顧客にアプローチする方策として，顧客との継続的取引を生み出す仕組みへの関心が高まっていることがまず状況として挙げられる。さらに ICT や，データベース技術などの進展が関係性マーケティングの活動に貢献していることも強調される。しかしながら，関係性マーケティングという考え方自体は近年になって初めて登場したわけではない。顧客との継続的な取引を重視し，関係性をマーケティングの中心概念とするマーケティング・アプローチは四半世紀も前からさまざまに議論されてきた。

理論としての関係性マーケティングは，いくつかの異なるマーケティング理論の文脈から発生し，発展してきた。関係性マーケティング（relationship marketing）という言葉は，1983年にベリーによって初めて用いられ，サービス・マーケティングの文脈においてその重要性が強調された。しかしながら，広い意味で顧客との関係性に注目する研究は，それ以前から関心を集めてきた。

関係性マーケティングの理論的源流は，1970年代終わりごろから1980年代初頭にかけて形成された，下記の潮流に求めることができる。

① アーントによる内部化市場（domesticated market）議論。

② フィンランドのグロンルースおよびグメソンらによるノルディック（NR）・スクールと呼ばれる，サービス・マーケティング・アプローチによるリレーションシップ・マーケティングの系譜。

③ スウェーデンのホーキャンソンを中心とするIMP（Industrial Marketing and Purchasing）グループによる，産業財マーケティングの系譜。

関係性マーケティングは，産業財マーケティングやサービス・マーケティングといった，それまでのマーケティング理論とは異なる，固有のマーケティングの説明論理を必要とする分野において，概念形成がなされ，独自の発展を遂げてきたということができる。

北欧諸国に起こった関係性マーケティング概念の源流は，系譜としては2つの方向性に分かれて発展した。1つはフィンランドの研究者を中心とするサービス・マーケティング研究から起こってきた関係性を志向するマーケティング・アプローチである。そしてもう一方は，スウェーデンのホーキャンソンを中心とするIMPグループによる，産業財の企業間取引のネットワークに焦点を当てた一連の研究である。これらの研究は，必ずしも関係性概念について明示的に表現していないが，後の関係性マーケティング研究の発展に貢献してきた。

北欧からアメリカに渡ったアーントは，現実に行われている継続的な取引関係は，アメリカ流の市場取引の概念からは乖離したものであると指摘し，すでに取引関係にある企業群のなかでの取引を市場の内部化として説明した。この内部化市場の概念は，その後IMPグループの研究者たちに影響を与えることになった。

サービス・マーケティングの文脈で関係性を強調する理論的立場と，産業財マーケティングの視点から関係性を強調する立場とは，ともに売り手と買い手との相互作用を核となる概念として捉えながらも，相互作用および関係性に対する考え方はかなり異なっている。IMP グループは，産業財マーケティングの視点からサプライヤーとメーカー間の取引に注目し，これらの企業間取引には，経済取引のみならず，取引に前後して，技術供与や社会的なつながりを含めたやりとりがあり，取引相手間に関係性が存在するということに着目した。つまり，製品の企画や仕様を決めるのに，サプライヤーとメーカーが情報共有し，共同して製品開発に関わることが多い産業財では，サプライヤーとメーカーとの，相手を特定化した相互作用はマーケティング活動において必須であり，経済的な売買の取引のみならず，企業間に継続的な関係が存在すること自体の重要性が明らかにされたのである。

一方，ノルディック・スクールと呼ばれる，サービス取引の文脈に注目する研究者たちは，サービス・プロバイダー（提供者）と顧客との 2 者間の相互作用への注目を起点として，相互作用が連鎖的に起こることに注目し，関係性概念へと発展させた。サービス取引自体が製品の取引とは異なり，プロセスとして捉えられ，サービス・プロバイダーと顧客との生産と消費とが不可分であることを，両者の相互作用であると考える。サービス・プロバイダーと顧客との取引は，電話をかける，接客するといった一連の活動が相互作用プロセスから成り立っており，1 つひとつの取引が継続していくことが関係性として捉えられる。

これらの関係性の捉え方は異なるものであり，産業財の取引関係における関係性に注目するアプローチをネットワーク・アプローチと呼び，サービス取引に源流を置く関係性へのアプローチをリレーションシップ・アプローチと呼んで，区別する立場もある（Mattsson [1997]）。関係性マーケティングをネットワーク・アプローチと区別する立場では，ネットワーク・アプローチは，企業が複雑な取引関係に埋め込まれていることへの注目度が高く，関係性マーケティングは，むしろ関係を積極的に作り上げ，管理していこうとする志向が強いものと説明する。

企業間関係に注目する研究潮流はその後，アメリカにおけるチャネル・システムのなかでチャネル構成員間の関係性に注目する研究領域へと発展を遂げた。一方，サービス・マーケティングの系譜を引く研究潮流は，イギリスとオーストラリア研究者による，AA（Anglo Australian）アプローチ，もしくはUKアプローチと呼ばれる研究と親和性が高く，そこで発展していくことになった。

マーケティング・チャネルの構成員間の関係性に注目する立場では，メーカーと流通業者間の関係性を対象とし，信頼やコミットメントといった概念に焦点を当て，これらの概念がどのように関係的取引に影響を与えるかについて実証的な研究が行われてきた。

一方，サービス・マーケティング・アプローチとTQM（Total Quality Management）とを統合させた，関係性マーケティングを主張するのがAAアプローチである。彼らは，アメリカ流マーケティングで想定する市場概念よりも，広く市場を捉えており，顧客市場を含む6つの市場に注目する。この6つの市場とは，最終顧客の市場に加え従業員などの内部市場，サプライヤーとの提携市場，リクルート市場，影響市場（ファイナンシャル・アナリスト，株主，業界紙，政府，消費者団体等），照会市場（サプライヤーの推薦や，証券会社など）である。この立場では，関係性マーケティングを実現していくための，組織内部におけるマネジメントの重要性が強調される。

上記に説明してきたとおり，関係性マーケティング分野は研究焦点やアプローチにおいて多岐にわたって発展していくことになり，近年では上記にさらにデータベース・マーケティングにもとづくマーケティング研究群を関係性マーケティングの1つの潮流に含める立場もある。このような状況のなか，2000年以降，シェスとパーベティアーやイーガンとハーカーによる関係性マーケティングの論文集（Sheth and Parvatiyar [2000]; Egan and Harker [2005]）の編纂により，関係性マーケティング研究の総括および再定義が試みられてきている。

表21-1は，関係性マーケティングにおけるさまざまな研究アプローチを，対象とする領域，たとえば2者間かそれ以上の関係か，あるいは企業間か，対消費者かの区別や，あるいはアプローチする研究方法別に整理したものである。研究分野においてはこれらの研究潮流を融合させる動きもあるが，ICTを利用することにより，消費者に対する継続的購買を促すアプローチの有効性が増したため，ICT利用の消費者市場での関係性を訴求するタイプの関係性マーケティングが注目を浴びることが多い。マーケティングの実際の活動としては，後述するようにCRM（顧客関係管理）と統合して発展を遂げてきている。

TABLE 表 21-1 関係性マーケティング分野におけるアプローチ比較

	IMP 北欧・欧州	NR フィンランド	AA（UK） イギリス・オーストラリア	NA アメリカ
研究対象領域	産業財 B to B	サービス B to B，B to C	サービス B to C	チャネル B to B，B to C
分析単位	ネットワーク	２者間	２者間	２者間
目　的	企業間の関係性の記述	プロバイダーと顧客の関係性管理	関係性管理と品質管理	関係的取引の因果特定
方法論	事例分析	事例分析	事例分析	実証的

（出所） Möller and Halinen［2000］を参考に作成。

SECTION 2 関係性マーケティングの概念定義と説明論理

関係性マーケティングが対象とする関係の範囲

関係性マーケティングは，異なる系譜から概念形成されて発展してきたため，立場により，対象とする関係の範囲が大きく異なる。2者間の関係を扱うか，より広い，ネットワーク化された関係を扱うかの相違に加えて，対象とする関係性を，直接顧客や最終顧客との関係に限定し，取引関係のある場合を対象とする立場と，必ずしも取引関係にない協働関係を持つ企業や，内部の部門間関係をも関係性マーケティングの対象範囲に含める立場とがある。

近年では，関係性マーケティングの概念整理の動きにおいて，関係性マーケティングの適用範囲を明確にし，そのなかで捉えるべき関係性の対象として，企業とその顧客との関係に限定し，多様な関係性のうち，とくに協調的，協働的な関係に限定するという定義が一般的であるといえる。

関係的取引

産業財取引や，メーカーと卸売企業や小売企業との取引関係において，企業同士がなぜ関係的取引に入るのかについては，いくつかの説明論理がある。そのうち主要なものとして，取引コスト概念がある。取引コストとは，ウィリアムソンによって展開された概念で，これによりさまざまな売り手と買い手との取引態様が説明される。取引におけるコストとは，単なる売買にともなう金額的なコストを指すのではなく，取引を行う際に支払うコスト全体を指す。たとえば，取引相手を探索するコスト，相手が契約を履行するかどうかたしかめるためのモニタリング・コストなどである。売り手と買い手との対立構造のなかで，互いが所有する情報について完全に知りえない状況においては，相手よりも有利な交渉をするために駆け引きを行うなどの機会主義的行動が誘発されるという考え方がある。この立場に立てば，取引相手に対して，1回1回の取引において取引コストを支払うよりも，継続的に同じ相手と取引することにより取引コストを削減できるということになる。

つまり，企業間の取引において，取引コストが高いと認識される場合は，市場取引を選択せず，取引自体を自身の組織内に内部化する誘因が生まれる。つまり他企業との市場における取引を行わず，必要な財を内製することのほうが取引コストがかからないことになる。企業間の取引においては，1回限りの市場取引と，内部取引という両極端の取引の仕方があるなかで，同一相手との継続的取引や，パートナー関係，戦略的提携など，関係にもとづくさまざまな取引形態が存在することになる。たとえば，メーカーと大手小売業者がなぜ戦略的提携関係を結ぶかということを検討するとき，取引コストの考え方によれば，相手との取引に際して，ともに情報収集やモニタリング行動の負荷が高く，機会主義的な行動を避けたいと思っている場合には，最初に提携関係を結んで信頼関係を確立しておいたほうが，取引コストが削減されることになるからである，と説明されることになる。

特定の相手との取引において，その取引にしか利用できないような投資を行うことや，資産形成をするようなことがある。たとえば，メーカーと小売企業が特定の受発注システムを開発し，使用しているような場合である。この場合，この投資行動は，**関係特定的投資**とみなされ，資産が他に転用できず，取引相手との関係において特定的ということになる。

消費者市場においても，消費者が特定企業から製品購買やサービス利用を継続的に行っていて，他社へのスイッチ（切り替え）を考えるとき，他社の製品やサービスについて探索するコストが高い場合には，現在の企業の顧客としてとどまることが想定される。

信頼とコミットメント

企業間関係において，特定の相手との継続的な取引関係を行う誘因については，信頼とコミットメントといった，行動科学的な概念によって説明しようとするアプローチがある。企業が協調的な行動をとる際には，相手企業への信頼やコミットメントなどが誘因になることが想定され，信頼やコミットメントという概念が相互にどう関連し合うかについて特定しようとする実証研究が，1990年代に盛んに行われた。

たとえば，メーカーと流通業者とのパートナーシップ関係において，企業間の協調的行動が信頼形成につながるというモデルの検証が行われ，逆に信頼が関係的コミットメントへとつながるというモデルも検証されている。

信頼とコミットメントといった行動科学から導き出された概念を用いて関係的な取引を説明しようとする立場は，取引コスト概念を用いる経済学的なアプローチでは不十分であるという見解を持ち，とくにチャネル構成員間の取引関係にともなう依存関係や，戦略的提携などの同等の関係構築などを対象として，理論的，実証的に説明を行ってきた。

相互作用

取引における関係性の説明論理として，サービス・マーケティングの文脈からアプローチする立場では，サービス取引における相互作用が取引当事者同士の関係性が形成される根拠になる。この立場では，サービス・マーケティングにおいては，サービスの消費が，製品といった成果物ではなく，サービスの生産されるプロセスが消費されることを強調する。サービスの生産と消費のプロセスにおいて，サービスのプロバイダーとその顧客は常に直接的な接触を持つことになる。

サービスでは生産と消費が不可分であり，顧客とプロバイダーとの協働行動が求められることから，サービス・マーケティング・アプローチにおける関係性マーケティングの説明においては，サービスのプロバイダーと顧客との相互作用が，関係性を説明する中心的な概念となる。

資源依存と企業間関係

企業間の関係性を説明する理論として，資源依存理論と呼ばれる考え方がある。ここで，資源依存理論は，企業は自らにとって必要であるが保有していない資源や能力を持つ他組織と提携するという考え方を持つ。すなわち資源の補完性をベースとして提携関係形成の動機が説明されるとする。

資源依存理論とは，フェッファーとサランシックにより提唱された分析視角である（Pfeffer and Salancik [1978]）。この考え方においては，組織はネットワーク化されたオープン・システムとして捉えられ，組織間の関係はその相互依存と拘束との産物として理解される。資源依存理論においては，企業が提携関係やアウトソーシングを行うのは，他の組織の資源を補完的に獲得する必要性があるからであるとされる。この前提として，組織の行動や選択は諸関係のうちに埋め込まれたものであり，相互依存関係にあるとする。この立場では，企業は初期の段階では自社の戦略に関連する資源に比較的恵まれない状態に置かれているとし，戦略を施行するためのほとんどの資源は，環境から獲得されなければならないとする。

戦略的提携に入る誘因についても，取引コストのみならず，資源の補完性という立場で説明することが可能である。企業間の提携関係にはさまざまな形態があるが，各々の企業が独立しつつ共有している活動があり，資本的な統合すなわちM＆Aにまで至っていない状態は提携関係とみなされ，戦略的提携と総称される。この戦略的提携関係が形成される動機として，製品ラインの拡張や，新しい製品ー市場ドメインへの参入，将来の競合の潜在的脅威の削減といった動機づけに加え，資源拡張が戦略的提携関係に入る動機の1つとなると考えられる。たとえば，グローバルな市場参入に際し，参入市場における市場開発のスピードアップや，開発コストの削減，特定技術の取得のために，企業間が提携関係を結ぶことはしばしば行われている。

顧客維持

既存顧客を維持し続けることが企業にとって収益性につながるということが，ライクヘルドとサッサーによって，サービス業界における経験的なデータをもとに主張されたが（Reichheld and Sasser [1990]），この主張はマーケティング研究や活動に影響を与えていくことになった。顧客の離反を避けることができれば，新規顧客開拓のコストを下げることができることや，満足度の高い優良顧客の口コミによるプロモーション効果が得られること，長らくサービスを利用しているロイヤルティの高い顧客は，価格弾力性が低いことなどが，顧客維持が収益性をもたらす根拠となる。この考え方を発展させれば，長期にわたり維持している顧客の存在自体が，企業にとって収益性に貢献できる資産であるという考え方，カスタマー・エクイティ（customer equity）という考え方になる（Blattberg and Deighton [1996])。

これと関連して，顧客生涯価値（LTV : Life Time Value）の概念が産業界において知られるようになった。顧客生涯価値は，1回の取引で購買客がその企業にどのような収益性をもたらすのかではなく，顧客がその企業の顧客である期間に企業にもたらす価値の合計を表す。

企業が顧客を維持しようとする誘因は，顧客維持による収益性向上によって説明されるが，顧客維持や資産の思想には，顧客価値の数値化や顧客獲得と維持のバランス，追加販売の最適化といった，管理的側面が色濃く，顧客側の愛顧的なロイヤルティや関係構築につながる部分の主張が希薄なため，関係性マーケティングとは関連する概念ではあるものの，顧客維持＝関係性マーケティングとはみなされないのが通常である。

SECTION 3 関係性マーケティング戦略

顧客のタイプに応じた関係性マーケティング・プログラム

具体的に関係性マーケティングがどのように展開されているかについては，顧客が流通業者などの直接顧客か，組織的な購買者か，あるいは消費者かによって異なる。表 21-2 に示すように，関係性マーケティングのプログラムも，継続性に関わるマーケティング，顧客選別的なタイプのマーケティング，さらに協働的なマーケティングといった分類が可能である。

継続性マーケティング・プログラムについては，消費者を対象とする場合，ロイヤルティ・プログラムという継続的購買を促すタイプのマーケティングになる。流通業者や小売業者など，メーカーからみた直接顧客に対するマーケティング・プログラムは，たとえば，自動継続補充の仕組みを顧客企業と作ることや，顧客起点の効率的消費者対応（ECR : Efficient Consumer Response）といった，最終消費者市場のデータをもとに，共同して品揃えや補充の計画と実行を行うことが挙げられる。産業財の取引においては，MRP（Material Requirements Planning）や，JIT（Just in Time）システムに典型的に見られるように，顧客企業と共同で効率的な供給体制をとることが，顧客を維持し，長期にわたる特別なサービス供与により，パートナー企業との双方にとって価値を生み出

TABLE 表21-2 関係性マーケティング・プログラムのさまざまな類型

プログラムのタイプ	顧客タイプ		
	消費者	流通業者／小売業者	B to B 購買者
継続性マーケティング	ロイヤルティ・プログラム	自動継続的補充とECRプログラム	JIT などの供給体制
個別マーケティング	データ・ウェアハウスとデータ・マイニング	顧客ビジネスのサポート	重要顧客管理
協働マーケティング／パートナリング	提携ブランディング	協働的マーケティング	共同開発および共同マーケティング

（出所） Parvatiyar and Sheth［2000］, p. 19.

すことになる。

個々の顧客に対するマーケティング・プログラムについて，消費者に対しては，購買データを蓄積し，高度なアルゴリズムに従った分析を行うことにより，個々の消費者の嗜好について予測性の高いマーケティングを展開することが目指される。特定の小売業者や流通業者に対しては，顧客企業に特化したチームを形成し，顧客のための市場分析が行われる。B to B の取引においては，大口の重要顧客に対する特別な営業体制や管理手法を用いたマーケティングが展開されることになる。

協働マーケティングやパートナリングに関して，消費者に対しては，マーケティングを行う企業が他の企業との提携関係を結ぶことにより，最終消費者により価値を生み出すことを行う。たとえば，フリークエント・フライヤー・プログラムにおいて，自社だけでなく，提携の航空会社を増やし，ホテルでの宿泊や小売店での買物もポイント加算できるように提携企業を増加させることが行われる。流通業者が顧客の場合は，ロジスティクスや在庫管理のうえで協働的な行動をとる。あるいはB to B の取引の場合には，製品の共同開発やマーケティング活動自体を共同で行ったりすることがパートナリングの例となる。

顧客との良好な関係を志向し，双方に価値をもたらすマーケティングという意味では，関係性マーケティングは，顧客関係に応じてさまざまに展開されているのである。

ロイヤルティ・マーケティング

消費者を対象とする関係性マーケティングのプログラムとして，ロイヤルティ・マーケティングが近年盛んになってきている。ロイヤルティ・マーケティングとは，**ロイヤルティ・プログラム**を使ったマーケティングで，消費者の購買の蓄積に対して報奨を与えるという概念にもとづいている。ロイヤルティ・プログラムとは，顧客の購買履歴を収集することにより，顧客との継続的な取引を誘引しようとする方法で，前述の航空会社のフリークエント・フライヤー・プログラムや，ポイント制と呼ばれる，商品やサービスの購買ごとにポイントがつき，次回購入時にディスカウントを受ける，あるいは現金の割戻しを受けるという仕組みを指す。

ロイヤルティ・プログラムは，1970年代後半にアメリカン・エアウェイ航空のフリークエント・フライヤー・プログラムによって始められた。同一会社のサービス利用を運行マイレージ換算することで，報奨を与え，次回利用を促すという仕組みは成功を博し，その後，航空業界のみならず，カード業界，ホテル業界が追随することとなり，急速に広まった。近年ではとりわけ小売業界によってロイヤルティ・プログラムが導入されてきている。

ロイヤルティ・プログラムは，顧客への報奨を与える仕組みであるが，報奨の与え方には，①単純な現金割戻し，②顧客自身によるプレゼント商品の選択，③購買したものと同一の製品やサービスの無料提供，などがある。報奨を与えることにより，継続的購買を促すインセンティブを与えることを意図しているが，同一製品やサービスの提供だけでは購買喚起に限界があるため，他社製品やサービスとの交換自体も提供されている。たとえば，航空会社利用のマイレージが，提携百貨店の購買によってポイント加算される，あるいは逆にクレジット・カード利用のポイントを航空会社のマイレージに変換できるといった仕組みである。これは，企業間の提携により実現されるが，アフィリエイト・プログラムと呼ばれる。

このようにロイヤルティ・プログラムは顧客に報奨を与えること，つまり何らかの価値を与えることにより購買インセンティブを作り出すことが求められるが，ロイヤルティ・プログラムの価値として，①金銭的価値，②ステイタスの向上感，③割戻しオプションの選択肢があること，④顧客にとって関連がある製品やサービスであること，⑤顧客にとって利便性があること，が挙げられる（O'Brien and Jones [1995]）。

ロイヤルティ・プログラムは，顧客との購買蓄積を確認するために，個々の顧客のプロフィールと購買データを必要とするため，データベース・マーケティングと連動することになる。換言すれば，データベース技術が向上したことによって，単に購買蓄積に対して報奨を与えるのみならず，どの顧客が継続的に購買しているかを識別することが可能になったため，より精度の高いロイヤルティ・マーケティングを実施できる環境が整備されたということができる。

ロイヤルティという名前のごとく，ロイヤルティ・プログラムは顧客の当該企業に対するロイヤルティの向上を追求することを目的とするが，顧客の継続的な購買を促すプロモーションとしての側面と，顧客データを収集することによるマーケティング計画の向上との2つの側面を持つ。しかしながら，企業がロイヤルティ・プログラムに参入する背景には，競争環境のなかで，他社が採用しているために，ロイヤルティ・プログラムを採用せざるをえない状況もよく起こる。このため，ロイヤルティ・プログラムにおいて戦略性がなく，他社に追随して価格ディスカウントとしてポイントを出すことは，企業にとって損失を招くという状況が生まれることになる。そこで，ロイヤルティ・プログラム自体をCRM（顧客関係管理）の手法とうまく連動させ，戦略性を持たせる必要が出てくる。

ロイヤルティという概念には，リピート購買をするといった行動的な次元と，製品や企業に忠誠心を持つといった態度的な次元との両方がある。たとえば，ある店舗を継続的に利用している場合，行動的ロイヤルティがあるとみなされるが，同じ商圏に他の店舗が出店することにより，店舗をスイッチしてしまうということが現実にはある。この場合，その店舗を習慣的に利用しているからといって，店舗に対する愛顧心や感情はなかったとみなすことができ，このような状況においても継続的購買を促すためには，企業は自社への愛顧的な態度を形成することが必要になってくる。逆に，携帯電話の契約プログラムのように，契約期間内に解約すると違約金をとることにより，他社にスイッチしないように顧客を囲い込む戦略もとられることがある。これは，スイッチング行動へのバリア（障壁）を，違約金やあるいは解約手続きの煩雑さという，消費者にとってのコストを引き上げることによって，態度的なロイヤルティよりも，行動的ロイヤルティを引き出す戦略をとっているといえる。

SECTION 4 CRM

CRM（Customer Relationship Management：顧客関係管理）は，1990年代半ばごろから，IT業界に登場した顧客関係管理のためのソリューション・テクノロジーである。しかしながら，コンサルティング業界の唱道もあり，特定のシステム構成を指すという狭義の概念から，株主への価値創出を導く経営管理概念に至るまで，幅広い概念を包含するようになった。顧客との関係管理に関わる概念であり，手法であることから，マーケティング分野では，2000年以降にとりわけ関係性マーケティングとの関連で論じられ，また関係性マーケティングを体現するものとして注目されてきた。

CRMはデータベース技術にもとづくロイヤルティ・プログラムであるため，データベース・マーケティングや，また顧客の継続的購買を促進するという点において顧客維持とも関連する。しかしながら，それらと比較して，顧客との関係構築や顧客の選別性という点で，特徴づけられるものである。また，CRMは単なる愛顧的なロイヤルティを引き出すものではなく，関係構築による継続購買を引き出すことが企業に収益性という成果をもたらすという議論がなされてきた。このように，CRMはさまざまな概念を内包するものであるが，ボウルディングらは，*Journal of Marketing* 誌の2005年のCRM特集号のなかで，CRMについて，マーケティング理論と，データ分析，技術，異なる組織形態との統合の革新的な成果として捉え，単なる既存マーケティング理論の焼き直しでも，パラダイム・シフトのようなものでもないと論じている（Boulding, Staelin, Ehret and Johnston [2005]）。

本章においては，CRM概念を，ITを基盤とする関係構築プログラムとして捉え，顧客の選別性と収益性志向によって特徴づけられるものと定義する。図21-2は，ペインとフロウによる，企業がとるべきCRMの戦略について，管理上のフレームワークとして整理したものである（Payne and Frow [2005]）。CRMは，ITを基盤としつつ，営業や電子商取引など，顧客との接点をどう統合するかという重要な課題を持つ。

CRMは，導入する企業の実行領域として，マルチチャネルの顧客接点に関

FIGURE 図 21-2 ● CRM 戦略の概念フレームワーク

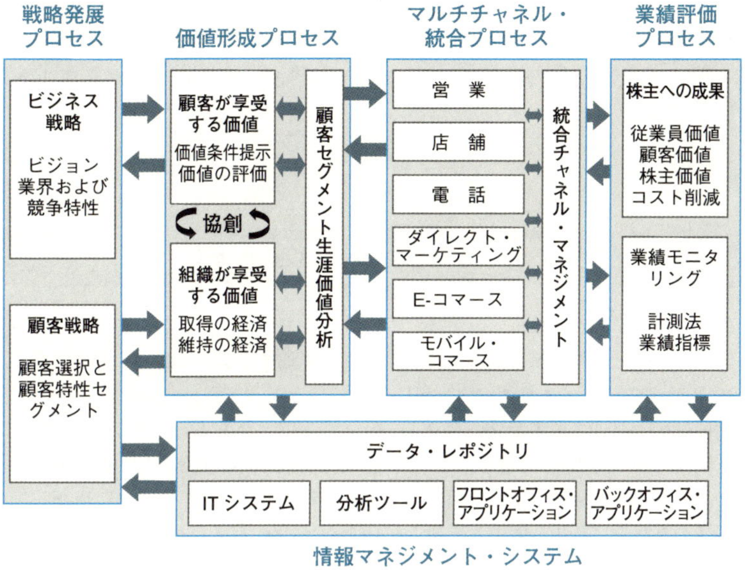

（出所） Payne and Frow [2005], p. 171 より作成。

わる，コラボレーティブ CRM と呼ばれる領域と，受発注等の基幹業務に関わる，オペレーショナル CRM と呼ばれる領域と，データ・マイニング等，顧客データについて高度な分析を行う，アナリティカル CRM と呼ばれる領域とに分けることができる。

また，導入する企業の業種により CRM の直接的な目的も異なる。たとえばサービス業界では，金融サービスに代表されるように，CRM 導入の効果を，優良顧客の識別やプロモーション効果による収益性向上に求める場合が多いが，小売業の場合は，ロイヤルティ・マーケティングとあわせて導入することにより，顧客識別と購買履歴に関するデータ入手を行い，集客や品揃えに活かしていくことが目標として掲げられる。一方，メーカーにとっては，会員登録やコールセンター等の顧客接点を通じて，顧客プロフィール・データの収集が行われることになる。

CRM 戦略として，各領域の CRM を導入目的に沿って統合することや，顧客にとって魅力のあるロイヤルティ・マーケティングと連動させる必要がある。企業のCRM導入に際して，近年ではウェブ上のオンデマンド・サービスとして利用可能となったことから導入コストが低下している。これによって，顧客データ分析を企業全体の戦略性にどのように関連づけていくかがますます問われていくことになるだろう。

COLUMN 21-1 イギリス食品小売業テスコのCRM戦略

テスコ（Tesco PLC）は，アメリカのウォルマート，フランスのカルフールに続き，売上高世界第3位に位置する，近年躍進めざましい食品小売業である。1919年代にジャック・コーヘン卿によってロンドンで創業されたが，1990年代半ばにイギリス国内でマーケット・シェア1位となるまで，ながらくイギリス国内で競合のセインズベリー（J. Sainsbury PLC）の後塵を拝する業界2位の小売企業であった。1990年代半ば以降の業績向上には，積極的な店舗業態開発やグローバル出店戦略が貢献しているが，1995年にCRM戦略を採用したことが，その後のテスコの戦略的な方向性を決めたといえる。

イギリスは世界でも有数の，食品小売業の寡占化が進行している国であり，テスコと，セインズベリー，アズダ，ウィリアム・モリソンズの業界上位の4社の売上高シェア合計が業界の70％近くを占める。商圏内での競合状況も激しく，店舗では，EDLP（Everyday Low Price）とHi-Lo型戦略と呼ばれる特売中心のプロモーションによる価格競争が熾烈に行われている。特売型の価格プロモーションに陥らない戦略として，ロイヤルティ・プログラム戦略があるが，テスコは「クラブカード」導入によるロイヤルティ・プログラムを1995年に導入すると同時に，カード保持者から入手できる顧客データをもとに，本格的なCRM戦略に参入した。

テスコのロイヤルティ・プログラムは，カードにもとづく顧客データ収集と，郵送による四半期ごとのキャッシュバックや割引クーポンによるポイント還元から成り立つ。レジでポイント還元を行わず，クーポンやバウチャーを受け取った顧客が店頭に向かわせることで，支出を促すというプログラムは導入当初から意図されていた。ポイント還元の仕方として，ポイント還元率の異なるものや，ポイント還元を金券やテスコ店頭商品以外のものに交換する方式も導入されている。ポイント還元率の大きい「クラブカード・ディールズ」（Clubcard Deals）や，女性をターゲットにした美容製品やファッション製品に交換できる「クラブカード・ミー・タイム」（Clubcard Me Time），無期限で，旅行製品に交換できる「テスコ・フリー・タイム」(Tesco Free Time）などである。個人宛のクーポン自体がセグメンテーションされており，プロモーション効果が計算されている。

それではプロモーション反応率を上げるためのセグメンテーションについて，テスコはどのような分析を行ってきたのだろうか。データ分析については，データ分析会社のダンハンビー社にアウトソースされた。当初はすぐに購買データ量をすべて分析することは不可能であったため，1週間に1度，カード会員顧客の10% がサンプルとして分析に使われ，分析結果が残り90% に適用された。テスコは分析力を高めるために，1997年には，ダンハンビー社とテスコのIT部門とで「顧客インサイト・ユニット」という，クラブカード・チームを作った。

分析手法として，最初はRFV（Recency, Frequency, Monetary Value）分析が採用された。これは，購買の最新性，頻度，金額について分析する手法である。RFV分析だけでは，CRM戦略として分析が不十分であることがわかると，次の段階として，顧客のショッピング・バスケット分析に移行した。しかしながら，この分析も不十分だとして，次に顧客のライフスタイルにもとづくクラスター分析へと転換することになる。クラスター分析とは，ある顧客のショッピング・バスケットに含まれているものから，製品間の重要な組合せをみつけ出すという分析である。テスコとしては，ダイレクト・メールでのクーポンの反応を見るだけでなく，増えつつあった新しい購買層，すなわちグルメ志向や，オーガニックやダイエット志向の消費者に対応するための品揃えを創出していく必要があった。つまり，誰が何をいつどれくらい買っているか以上に，なぜその製品を買うのかについて知る必要があり，購買する製品間の組合せに意味を見出す必要があった。

新世代のE-POSシステムにおいて，クラブカード保有者全員の全アイテムのレジ精算時のデータが自動的に処理できるようになった段階で，当初，製品アイテムのうち，8500アイテムが選ばれ，そこから当初80のクラスター（製品のまとまり）が抽出された。クラスターはさらに27にまで絞り込まれ，それがテスコにとって，最初の顧客セグメントになった。このクラスター分析にもとづくライフスタイル・セグメンテーションは，1998年まで行われていた。

ITシステムの全アップグレードを経て，テスコは全店舗，全購買客の全買物出向の全データを分析する準備ができた段階で，購買客を製品のクラスターにマッチングさせるという，これまでの方法に限界を感じ，ある属性を持つ製品を選び出し，次に誰がそれらの製品を買っているかに注目，それからこれらの顧客がほかに同時に何を買っているかを分析することにした。各々の製品に対して，一連の適切な属性を当てはめ，その製品が顧客に象徴しているのは何であるかを理解しようとする試みで，購買製品がその購買者の何かを語っているという考え方にもとづく。新しいテスコのライフスタイル・セグメンテーションは，さらに購買した製品のみならず，家族形態，頻度，購買時間すなわち買い物習慣により顧客をプロファイリングすることに成功し，最も有効なセグメンテーションを作り出したのである。

テスコは，入手した顧客データの分析をもとに，パーソナル・ファイナンス分野にも進出し，またインターネット通販事業にも進出して成功を収めている。2001 年には，ダンハンビー社を子会社化し，テスコの取引先であるメーカーに，匿名の消費者の購買習慣についてのクラブカード情報にアクセスする権利を与えることとなった。つまり，サプライチェーン自体にも影響を及ぼし始めたのである。

テスコの CRM 戦略は，データ帝国と呼ばれるほど，徹底したデータ分析戦略を採用したことが特筆されるが，何よりも躍進の原動力となっているのは，「顧客に価値を作り出し，生涯にわたるロイヤルティを得ること」をビジネスの核として掲げる，まさしく CRM の思想である。

（参考文献） 南知惠子［2006］『顧客リレーションシップ戦略』有斐閣。

Chapter 21 ● 演習問題　EXERCISE

❶ ICT の進展により，企業と消費者の関係がどのように変化したか，例を挙げて説明してみよう。

❷ 企業間取引における関係性と，企業と消費者との関係性とはどのような相違があるか整理してみよう。

❸ ロイヤルティ・マーケティングの例を調べてみよう。

第22章 ビジネス・マーケティング

展示会における商談のシーン。ビジネス・マーケティングでは，プロモーションから商談打合せまで行える重要な機会である。
（PANA 通信社提供）

CHAPTER 22

食品や日用雑貨品，衣類，家電など，一般消費者向けの製品が開発，製造，販売されている一方で，それらの製品を製造するために，企業間で原材料や部品の取引がされている。マーケティングは通常，消費財の取引を対象とするため，企業間の取引それ自体を対象とする，企業向けのマーケティング活動への注目はそれほど高いといえない。しかし，実際には，消費財製造のために多数の企業間取引が行われるため，産業規模としては企業対象の取引のほうが圧倒的に大きい。

企業向けの取引においては，相対的にマーケティングの必要性が認識されてこなかったといえるが，市場需要を作り出し，取引相手に対して価値を形成していくという意味で，企業間の取引においてもマーケティングは重要である。むしろ今日では，産業界を形成している個々の企業がマーケティング活動を行うことにより，経済全体に与える効果に期待が集まっている。本章では，企業を対象とするビジネス・マーケティング分野について解説を行う。

INTRODUCTION

KEYWORD
FIGURE
TABLE
COLUMN
EXERCISE

KEYWORD

ビジネス・マーケティング　生産財マーケティング　汎用品　購買意思決定プロセス　ソリューション　調達購買　QCD　産業広告　営業戦略

SECTION 1 ビジネス・マーケティングの定義と分類

ビジネス・マーケティングの定義

一般消費者を対象とするのではなく，企業や行政機関などの組織に対するマーケティング活動を総称してビジネス・マーケティングと呼ぶ。消費財が市場で消費者に購入されるまでには，産業界においてさまざまな取引活動が行われる。自動車産業を例にとると，自動車は非常に多くの部品から構成されている製品であるが，大まかに分類しても，エンジン，ボディー，シャシー，駆動系と分かれ，さらにまた，そのうちの駆動系ならば，クラッチ，ホイール，タイヤと，またそのなかで多数の部品から組み立てられている。また制御装置に関わる電子部品群やシステムの設計など，自動車のパーツのみならず，動かす仕組みもまた多数の部品から成り立っている。自動車の組立のために，これらの部品やコンポーネントの取引が行われることになる。こうした部品サプライヤーや，コンポーネントのサプライヤーは，単に組立メーカーからの注文を待つのではなく，開発，生産にあたって，組立メーカーに対してアプローチを行い，販売を行うことになる。

サプライヤーによる組立メーカー企業へのアプローチは，生産財マーケティングと呼ばれる。また，組立に使用される資材や部品のみならず，組み立てるための機械の開発・製造や販売，工場の設置自体も企業間で取引され，産業用の市場を形成している。企業間の取引であっても，自動車を販売する際に，組立メーカーからディーラーへのアプローチは，生産財マーケティングとは呼ばず，メーカーから商業者への市場活動として，トレード・マーケティングに分類される（図 22-1 参照）。

一方，メーカーは，部品や機械を調達・購買するだけではなく，事業を行う

FIGURE 図 22-1 ● 企業・組織を対象とするマーケティング

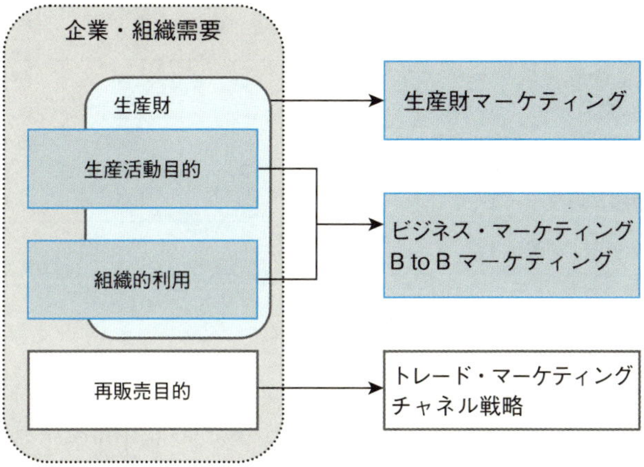

（出所） 高嶋・南［2006］，2 頁。

ために必要な製品やサービスの購入も行っている。たとえばオフィス家具や事務用機器などを購入したり，展示会設営のための什器（じゅうき）を業者からレンタルする。また，広告宣伝のために，広告代理店から広告企画やマーケティング戦略立案といった専門的なサービスを購入したり，あるいは派遣社員を活用するために人材派遣会社と契約したりする。

また，自動車のような多くの部品から構成される製品でなくても，消費財はさまざまな部品や素材から成り立つ。それらの財が消費者市場に投入されるときに，それに先立って部品取引市場やビジネス・サービスといった各々の市場が形成され，多数の関連する取引活動が行われていることに注意を向ける必要があるであろう。このような市場活動は，消費者との取引ではなく，企業を含めた組織を対象とする取引という意味で，ビジネス・マーケティングと呼ばれる。

ビジネス・マーケティングの分類

ビジネス・マーケティングは，買い手側組織の目的によって，2 種類のマーケティング活動に分類することが可能である。1 つは，購入した財を生産活動に用いる，あるいは再加工して販売するような場合である。これ

TABLE 表 22-1 産業財の分類

	部　品	原材料	機械・設備	業務用供給品	サービス
購買頻度	高	高	低	高	低～高
価格帯	低～中	低～中	高	低	低～高
供給者数	少数～多数	少数	少数	多数	少数～多数
顧客適応の程度	低～中	低	高	低	高
受注生産の程度	低～中	低	高	低	高

（出所） 高嶋・南［2006］，4頁。

には，部品や原材料を調達して製造する，メーカーに対するサプライヤーのマーケティング活動があてはまる。また，製造するための機械類を販売するサプライヤーの活動もこれにあてはまる。もう1つは，組織が購入した財を生産活動に用いることなく，業務遂行のための組織的利用として購入するような場合の，サプライヤーから買い手企業へのマーケティング活動を指す。たとえば，オフィス家具メーカーが企業にオフィス什器を販売したりするような場合である。

またビジネス・マーケティングは，買い手組織の購買目的だけではなく，扱っている財の特性により，表 22-1 に示されるようにさらに細かく分類することができる。生産活動のために取引される部品や原材料のような，そのプロセスにおいて取引される財や，生産活動を成り立たせるために購入される機械・設備のような資本財という分け方である。また，生産活動に直接関わらず，通常業務に必要とされる文具や燃料などの業務用供給品に加えて，情報システムや輸送のようなサービス形態を取る財もビジネス・マーケティングに含まれる。これらの財は，それぞれ財の特性に応じて取引形態や取引相手の数が大きく異なる。

メーカーに対してサプライヤーが自社製品である部品や資材を供給する場合，メーカーの組み立てる製品仕様にあわせて，カスタマイズした製品を納入することになる。部品や原材料には**汎用品**（標準品）として販売されるものも少なくないが，機械や設備は特定の生産目的のためにカスタマイズされる製品である。カスタマイズされる財は，少数のサプライヤーにより供給されるが，部品などの汎用品は，通常多数のサプライヤーによって供給されており，こうした取引の環境や形態が，取引の性質に影響を与えることになる。たとえば，カスタマイズされる製品の場合は，供給サプライヤーの数も限定され，取引する企業同士の関係が強くなる。

SECTION 2 ビジネス・マーケティングの特徴と購買意思決定モデル

ビジネス・マーケティングの特徴

生産活動に直接投入する財の場合も，それを支える財の場合も，ビジネスに用いられるために取引される状況においては，売り手企業は販売先である買い手企業の需要と無関係にマーケティング活動を行うことはできない。買い手側の企業は，特定の生産活動のため，あるいは業務のためという目的に従って財を需要する。目的に沿って製品が購入されるということが，ビジネス・マーケティングの第1の特徴である。

消費財に関しては，消費者は製品やサービスを目にして，用途や必要性とは無関係に需要が喚起されることが多々ある。しかしながら，ビジネス・マーケティングにおいては，財の取引は目的に沿うという，合目的性によって特徴づけられる。また，企業や組織は自らの生産活動や業務活動を継続して行っていくために，一度購入を決めると，通常は反復的に，もしくは継続的に取引が行われる。むしろ部品や原材料などが安定的に提供されないと生産活動に支障をきたすために，継続的取引が，取引を開始するための条件として重視されることになる。つまり取引の継続性という点が，ビジネス・マーケティングを特徴づける第2の点となる。

財をサプライヤーから購入する企業や組織にとっては，生産活動や業務上の目的で購入しているために，自らの活動をサプライヤーに依存することになる。その一方で，サプライヤー企業も，顧客企業の需要を前提に，生産・提供活動を行うために，ビジネス・マーケティングにおいては，売り手企業と買い手企業とが相互に依存し合っている関係が想定される。このことは，サプライヤーの提供する財が，最終完成品の途中段階で用いられるというだけでなく，サプライヤーも取引関係のあるユーザー企業が購買するという前提がなければ，自らの技術への開発投資を行うことができないことを意味する。

つまり，ビジネス・マーケティングの取引には，合目的性，継続性，相互依存性という特徴が存在することになる。加えて，ビジネス・マーケティングは企業や組織が購買者であるために，取引における組織性が特徴として存在する。企業や組織が購買活動を行うのは，資材調達部門や購買部門と呼ばれる部署であるが，購買に際し，当該部門や担当者だけが意思決定しているわけではない。その財を必要とする製造部門や品質管理部門など，使用する部署も関わることになり，共同で購買に際して意思決定を行う。ビジネス・マーケティングにおける取引は，個人による消費財の売買とは異なり，必ず組織として関与することになる。ここで企業を対象とするビジネス・マーケティングの特徴は，製品の使用者と購買者が異なる組織に対してアプローチすることになり，営業活動も組織による購買意思決定にあわせて行われることになる。

ビジネス・マーケティングが消費財マーケティングと異なる点は，消費財においては，メーカーが市場需要を予測し，開発・生産を行い，市場に製品を導入するのに対して，ビジネス・マーケティングでは，取引される財が組織の目的に沿って需要されるために，市場需要に関する情報収集と開発活動が不可分であり，買い手企業と共同で製品の開発活動を進めていくことになるという点である。

ビジネス・マーケティングのうち，とりわけサービス取引においては，顧客の業務を理解し，顧客の需要情報の収集が，サービス財の開発において不可欠であり，顧客との相互作用にもとづく，サービス財の開発が求められる。近年では，顧客の業務や経営上の課題に対して解決策（ソリューション）を提供するという考え方にもとづいたサービス開発が志向されている。企業や組織に対するサービス提供方法として，提供側も組織化されたアプローチが要請され，サービス提供のプロジェクト・マネジメントが重要性を持つようになってきている。情報システムや事務用機器などを提供するビジネス・サービス分野においては，プロジェクト型のサービス提供形態が広まっている。

また，機械・設備等の大型生産財の取引においても，顧客にソリューションを与えるという考え方のもと，機械・設備のハード本体の販売のみならず，それに付随する保守・運営といったサービスの取引を重視している。

FIGURE　図22-2 ● 購買意思決定プロセス・モデル

```
┌─────────────────────┐
│     問題認知         │
└─────────┬───────────┘
          ↓
┌─────────────────────┐
│ 必要品目の特徴・数量の決定 │
└─────────┬───────────┘
          ↓
┌─────────────────────┐
│ 必要品目の特徴・数量の記述 │
└─────────┬───────────┘
          ↓
┌─────────────────────┐
│   サプライヤーの探索   │
└─────────┬───────────┘
          ↓
┌─────────────────────┐
│    見積取得・分析     │
└─────────┬───────────┘
          ↓
┌─────────────────────┐
│ 見積評価・サプライヤー選択 │
└─────────┬───────────┘
          ↓
┌─────────────────────┐
│   発注手続きの選択    │
└─────────┬───────────┘
          ↓
┌─────────────────────┐
│ 成果のフィードバック・評価 │
└─────────────────────┘
```

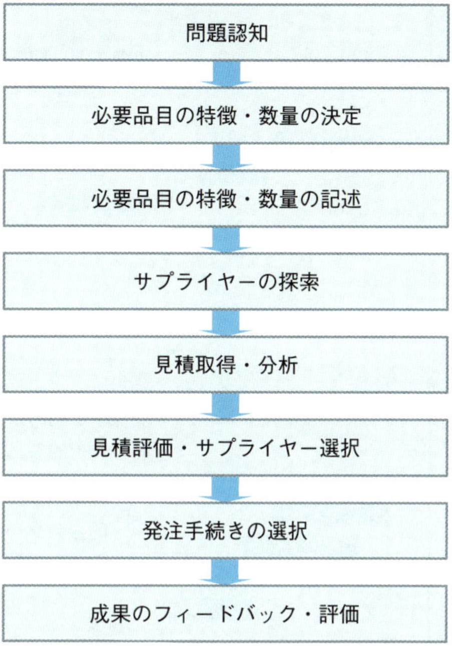

(出所)　高嶋・南 [2006], 24頁；Robinson, Faris and Wind [1967], p.14の図を加工して作成。

購買意思決定プロセス・モデル

　ビジネス・マーケティングにおける買い手企業の購買は，まず継続的に購買される状況か，新規に購買するのかにより，**購買意思決定プロセス**は異なることになる。新規に製品を購買する状況では，図22-2に示されるような，組織の購買担当者による意思決定プロセスとして考えられてきた。購買する企業にとっての問題，すなわち，どのような財が必要であり，調達する必要があるのかという問題が認知されることに始まり，調達すべき財の仕様が決められ，それを提供するサプライヤーの探索と評価というプロセスをたどって購買が決定される。

　消費財のマーケティングにおいても，購買すべき財の選択肢において想起される財の集合が想定され，そのなかから何らかの評価ルールに従って決定され

FIGURE 図 22-3 ● コンカレント・エンジニアリングにおける開発工程

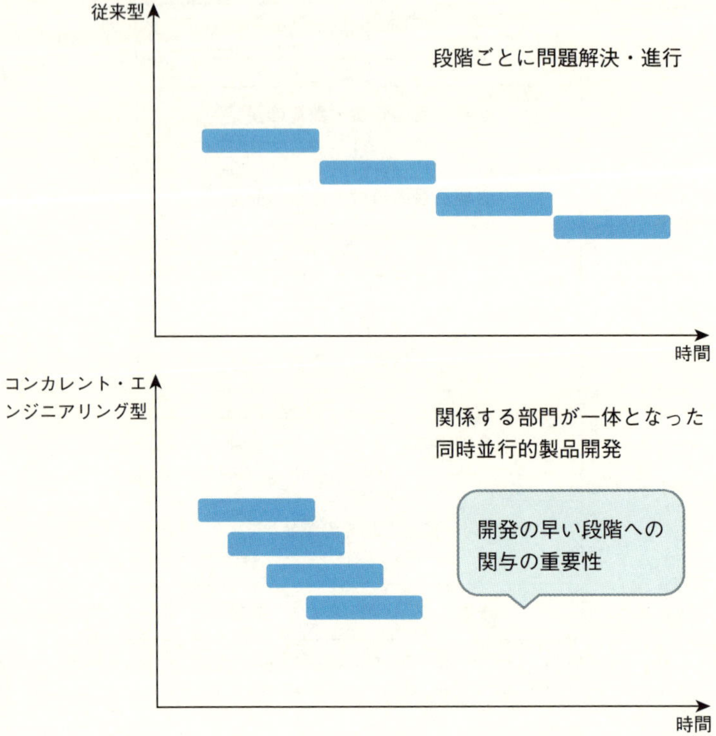

るという購買意思決定の考え方がある。ビジネス・マーケティングの場合は，必要な財が認識され，それを提供してくれるサプライヤー自体の選定において，そのサプライヤー企業の製品が，自社の必要としている基準を満たすという製品の仕様承認の段階があり，提供技術や安定的な供給能力の確認も含め，サプライヤーの選定が製品の選択と同時に重要性を持ち，評価自体も複数部門により行われるという複雑さがある。

生産財の**調達購買**に関しては，近年では，コンカレント・エンジニアリング (concurrent engineering) もしくは開発購買という取り組みが増加してきている (図 22-3)。コンカレント・エンジニアリングとは，製品の開発において，設計，実験，評価といった開発に必要な段階を同時並行的に進めることを指す。これにより，開発がスピードアップされるというメリットがある。グローバル競争環境下で，部品や資材の調達から開発，生産に至るまでをスピードアップさせることにより，調達・生産リードタイムを短縮化しようとする動きが起こっており，サプライヤーは早い段階で組立メーカーの開発工程に参加することが必要になってきている。開発購買とは，このコンカレント・エンジニアリングのプロセスのなかで，開発の早い段階で，必要な技術を識別し，サプライヤーの選定を行い，サプライヤーと組立メーカーが共同で開発していくことを指す。また，トヨタの原価企画の取り組みに代表されるように，共同の利益目標を掲げ，サプライヤーと組立メーカーとが調達・製造コスト削減に努力していくことが実践されてきている。

こうした環境を背景にして，消費財製造をはじめとする組立メーカーにとって，グローバルに市場を拡大していくなかで，サプライチェーン・マネジメントを行うことへの要請が増加してきている。サプライチェーン・マネジメントとは，調達リードタイムと販売リードタイムを統合し，最適な製品の流れを調整することであるが（→第20章），調達リードタイムに関わる購買プロセスにおいてもスピード化の要請が起こることになる。また，グローバル競争環境のもとで価格においても競争が激化している。

サプライヤー企業にとっては，組立メーカーに対して，従来どおり，QCD（Quality, Cost, Delivery）の各要素において価値の高い供給をすることが求められていると同時に，最終消費者市場において何が需要されていて，また次にどのようなものが需要されるのかについても早く情報収集し，市場に関する感度を高くしていくことがマーケティング上必要となってくる。組立メーカーの購買戦略においては，コストや技術面での要求のみならず，共同での製品・技術開発において他社に対してリードできるようなパートナー選定を視野に入れていくことが必要になる。

また，インターネット環境の整備にともない，e-marketplace と呼ばれる，生産財の取引のための電子市場が発展してきている。組立メーカーがサプライヤーを組織化するといったクローズドな形態のものと，第三者によるメーカーとサプライヤーとの取引を促進するといったオープンな形態のものとがある。購買する側の企業にとっては，長期的な関係を築いているサプライヤーから部

FIGURE 図22-4 ● 電子市場（e-marketplace）の利用による購買戦略

購買方法 ＼ 購買品目	業務上の必要製品	製造上の必要製品
仕組みとしての調達	MRO	カタログ
スポットでの調達	商品価格調整による利益創出	市場取引

（出所） Kaplan and Sawhney [2000], p. 99 を加工して作成。

品や資材を調達購買するのみならず，e-marketplace の利用も増えてきている。図 22-4 は，購買品目の用途（業務上か製造上か）と，購買方法によって，e-marketplace をどのように購買戦略に利用すべきか考え方を示したものである。たとえば MRO（Maintenance, Repair and Operation）といった消耗品や補修用品は，e-marketplace 上のサプライヤー各社による統合カタログといった仕組みで提供される。

SECTION 3 技術と製品開発

製品開発と情報収集のタイプ

ビジネス・マーケティング，とりわけ生産財マーケティングの製品開発においては，次のような特徴が挙げられる。完成品メーカーの生産計画と資材・部品調達のタイミングにあわせ，先行して開発投資を行うこと，さらに技術開発を完成品メーカーの開発とすり合わせて行うという点である。これらの点において，製品開発には顧客との関係性のなかで行われることが要請される。その一方で，汎用品（標準品）を多数の顧客に販売するような場合は，製品開発に際し，必ずしも顧客との協働的関係を必要としない。しかしながら，たとえ汎用品の販売であっても，汎用品を組み合わせてサービス・パッケージとして提供するようなビジネス・サービスの場合，サービスとしてカスタマイズすることが求められる。

そこで，生産財のマーケティングにおいては，製品開発に必要な情報収集は，市場ベースの情報収集と関係ベースの情報収集とに大きく分けられる。

市場ベースの情報収集

製品を需要する企業が多数あると考えられ，顧客企業に対してカスタマイズを行わないような場合，製品開発における情報収集は，市場ベースで行われる。すなわち，特定の顧客に，開発した製品がニーズに合っているか（受容性）を1社ごとに確認できないため，潜在的な顧客市場の受容性を調査することになる。ここで，当該製品の機能や技術についての需要が，どの顧客にどの程度あるのかについて調査を行うことが必要となる。しかし，消費財の受容性調査の場合は，ターゲットと想定する消費者をサンプリングし，調査を実施した結果をターゲット全体に当てはめて開発することは可能であるが，生産財の場合，製品の仕様それ自体が顧客企業の生産活動に適合しなければならないため，通常はサンプリングのような形での受容性調査は行われない。そこで，潜在的顧客市場のなかで，需要についての情報を吸引することが必要となってくる。つまり，顧客のほうから問い合わせを受けることにより，顧客側にどのような技術や製品についての需要があるのかについて知るという方法をとる。

買い手企業は市場における技術上のトップクラスの企業に問い合わせを行うため，顧客からの情報を吸引するためには，技術面において優位性を確立しておく必要がある。換言すれば，業界トップの企業には情報が集まることになるため，市場セグメントでの優位性を確立するためには，資源を集中させ，ニッチであってもトップをねらうことが必要となる。

また，近年のインターネット環境下では，自社のウェブサイトを通じて，買い手企業側が求めるであろう技術や製品について，相手を特定せず，市場に向けて公開するということも行われている。

関係ベースの情報収集

自社技術がターゲットとする潜在的な顧客市場が比較的限定されているような場合は，製品開発に際し，関係ベースの情報収集が行われる。顧客との関係を基盤として，顧客の開発計画にあわせた開発投資を行い，技術開発を行っていくことになる。継続的な取引関係において，情報収集が行われるが，関係ベースの情報収集を効果的に行っていくには，顧客担当営業組織を形成していること，営業部門が収集した情報を開発部門，生産部門が共有するための組織的な仕組みがあること，さらに営業部門にとどまらず，全社的な関係性構築・維持がトップ・マネジメント・レベルにおいて合意されていること，などが必要条件となってくる。

ただし，特定顧客のみに特化して技術開発を行うことは，顧客に適応する水準を高めすぎることにより，取引関係にない革新的技術がほかからもたらされるときに，対応できないという問題をもたらすリスクがある。また，完成品市場の需要が，たとえば景気の影響を受けて急速に減少するような場合など，特定の顧客への情報面での依存度が高すぎるために，業績のうえで多大な影響を受けるというリスクを生じることになる。

そこで，重要な顧客との関係を深めつつ，一方で関係にもとづく情報以外の業界情報収集が必要となってくる。完成品メーカーの側は，サプライヤーと戦略的な提携関係を結ぶこともあるが，多くの場合は少数競合者に競わせるという関係を築き，関係性をコントロールする傾向にある。

製品開発の技術面において，製品間のインターフェースが標準化され，モジュール化しているような場合は，必ずしも関係性をベースとする情報収集を必要としない。一方で，インターフェースにおいてすり合わせが要請される技術を扱う場合，顧客企業との詳細な情報共有が必要となり，製品開発に際し，関係ベースの情報収集が必須となる。

SECTION 4 関係性コントロールと顧客関係構築戦略

関係構築の戦略的意味

前述したように，企業間の取引においては，とくに消費財の組立メーカーと部品サプライヤーの関係などにおいては，製品の開発プロセスにおいて，早い段階で両者が共同して開発を進めていくことが重要性を増してきている。そこでビジネス・マーケティングにおいては，いかにして顧客との関係を築き，強固なパートナーシップを作るかが戦略的に求められることになる。

必ずしもコンカレント（同時並行的）な開発を志向しなくても，長期にわたる安定的な関係を維持している顧客が存在することにより，サプライヤーは開発に関してリスクを持たずに投資することができる。技術開発への投資のみならず，量産化においても，設備投資を進めることが可能になる。つまり，関係的な取引が存在することで，サプライヤー企業にとってはメリットが生じることになる。また，メーカーにとっても，共同して開発を進められることは開発のスピードアップや需要する製品のパフォーマンス向上という意味において，競争上優位に立つことができる。たとえば最終消費者市場をターゲットとするゲーム・メーカーにとって，継続的に取引を行うサプライヤーが提供する技術を基盤として，新奇性のあるゲーム機開発が進むことになる。

サプライヤー側に生じるデメリットやリスク

ここで，特定顧客に対して関係性を深めていくことによってサプライヤー側にとくに生じるデメリットやリスクとしては，次のようなことがある。デメリットとしては，開発工程で顧客企業と共通の利益目標を持つような場合など，コスト削減目標を両者ともに掲げることになり，結果としてメーカーにサプライヤーは自らのコスト情報を知られることになり，利益を最大限に確保する機会が制限される。また，顧客メーカーに対して販売や情報における依存度が高すぎると，顧客に対してパワー関係において劣位の状況となり，価格交渉力や納期などにおいて不利な立場になることが考えられる。あるいは，特定業界の特定顧客との販売依存度を高めすぎると，顧客メーカーの製品が不況に陥った場合，共倒れになるリスクがともなう。

たとえばエレクトロニクス製品において，資材サプライヤーは，完成品である消費財の販売が好調であれば，売上面において非常に大きな機会に恵まれるが，ひとたびその製品が不調になれば，調達した部材，製造工程の変更や生産調整にすぐ入れないために，かなりの損益を被ることになる。

そこでサプライヤー側は，特定メーカーへの依存からの脱却を図り，関係性をコントロールする必要が生じる。全体の売上に占める，特定顧客への販売の割合を，他顧客への販売量・額を増加させることによって低下させ，リスクをヘッジする努力が必要となってくる。しかしながら，業界においてリーダー的な顧客需要を維持するためには，他社への販売にシフトすることは困難をともなう。そこで自らの技術資源を他の領域に展開し，他業界への参入などの努力が求められることになる。

COLUMN 22-1 企業間（B to B）取引におけるブランディング

ブランドやブランディング（商標化）は，消費財に特化した考え方であると捉えられがちであるが，近年，B to B 取引においてもブランディングの考え方や戦略の必要性が主張されてきている。B to B 取引においてブランドが重視されてこなかった理由として，部品や資材などは，生産目的で調達されるものなので，購買意思決定が技術的なスペックや供給能力に対する合理的判断にもとづくという点と，取引自体が長期にわたり継続的に行われるために，あえてブランドという，製品の差別化，付加価値化のための戦略を必要としなかったことが挙げられる。

しかしながら，近年わが国の B to B 取引においてもブランディングが注目されている背景には，企業を取り巻く事業環境の変化がある。グローバル化した競争環境下では，コストの面で優位性を持つ中国をはじめとするアジア諸国と，B to B マーケティング戦略に長けた欧米企業との間で，わが国の企業が明確なポジショニングをとりづらい状況がある。

また，産業のバリュー・チェーンにおいて，組立を行うメーカーではなく，川上に位置する部品メーカーや，最終顧客に近い営業や保守サービスが相対的に多くの付加価値を得るという，いわゆる「スマイル・カーブ現象」が指摘されている。部品の組立において，部品のインターフェースの標準化を進める，モジュール化といわれる生産管理方法は，製品製造のコスト・ダウンを進める一方で，製品のコモディティ化現象をもたらしている。つまりバリュー・チェーンにおけるプロフィットの取り方が変化してきているなかで，チェーンのなかにいる企業それぞれが自社の技術や製品に付加価値をつけ，さらには企業自

SECTION 5 営業戦略

営業の役割

一般にマーケティング活動において，製品のプロモーション活動として，広告，人的販売（販売員による推奨），パブリシティ，セールス・プロモーションがあるが，ビジネス・マーケティングにおいては，営業担当者の人的販売活動が製品のプロモー

体の価値を示す必要に迫られてきているのである。

たとえば，B to B における技術のブランディングの考え方では，訴求しようとする技術が完成品の基幹的なものであるのか，あるいは付加機能として業種横断的に展開可能かによって，それに応じた，ブランド化すべき技術のユニット化（まとまりとしてのパッケージ化）と，ブランディング・プロセスが展開される。最終的には，潜在的な顧客から技術がブランド化されることにより，識別され，問い合わせ効果を呼ぶことで新たな市場需要につながることが主張される。

企業間取引でのブランディングにおいて，消費財ブランディングよりも強調される考え方とは，顧客企業への直接的な効果を意図するのみならず，従業員や投資家へのブランド効果を想定することであろう。つまり，ブランドを通じてどのような価値を提供するかは，企業が社会においてどのような企業として位置づけられたいかを示すことになる。マーケティング戦略において，最終市場における顧客のみならず，株主や従業員といったステイクホルダーとの関係を考慮することがいっそう求められてきているなかで，B to B 企業のブランディングは，取引相手企業や顧客企業に対する訴求のみならず，投資家，さらには企業内で働く従業員にとっても，企業が価値を作り出すプロセスを共有するという意味において，重要性を持つのである。

（参考文献）余田拓郎・首藤明敏編［2006］『B 2 B ブランディング――企業間の取引接点を強化する』日本経済新聞社。

ション活動において非常に重要な役割を果たす。ビジネス・マーケティングの特徴が，消費財マーケティングと比較して，需要情報の収集と製品開発とが分化していないという点にあることより，顧客企業との接触，相互作用が重要性を持つ。つまり営業担当者は，製品情報を顧客に提供し，販売活動に従事する際に，製品の内容や特性について顧客に情報提供を行い，販売促進活動をするのみならず，顧客との接点を持つために，顧客からの情報収集を行う役割も求められるのである。

近年ではとくに，顧客企業の経営上の問題解決策を提案することが営業活動において求められるようになってきており，営業担当者個人の販売能力それ自体よりも，営業体制や営業プロセスに戦略性が求められるようになってきている。

営業のプロセス

営業活動には，顧客への事前アプローチ，顧客との商談および契約の締結，顧客への製品納入後のアフターフォロー，という活動プロセスがある。第1段階として，潜在的顧客のリストアップを行い，顧客企業についての情報収集活動を行う必要がある。これが事前アプローチである。既存顧客へのアプローチに関しては，顧客需要についての情報収集活動から始まることになる。いずれの場合においても，まず企業もしくは事業部としての市場分析が前提となり，当該製品もしくは技術，あるいはサービスの市場需要を識別し，市場セグメンテーションを行う必要がある。ビジネス・マーケティングにおける市場セグメンテーションの方法としては，海外／国内，エリア別，企業規模別，用途別に市場を分けることがよく行われる。

顧客との商談段階においては，製品説明，見積提示や顧客による製品評価を受けた後，契約締結に入る。さらに製品納入後も保守・運用などを含め，アフターフォローを行う。

営業活動の管理体制

営業体制とは，市場セグメントごとにどのような営業編成を行うかを指す。通常はエリア別と企業規模別にセグメンテーションを行う場合が多く，たとえば，とくに規模の大きい顧客を重点顧客として識別して，担当の営業部門を置き，それ以外の営業を地域エリアごとに配備するといった体制が取られる。またエリアごとの支部と支店の配置など，営業担当者が市場をどのようにカバーするかといった視点で体制が決められ，資源配分されていくことになる。ここで，重点顧客企業に対しては，関係性を志向する営業体制が組まれ，顧客担当営業が組織化され，継続的に顧客企業の需要に対して対応的な営業や，提案型の営業が行われることになる。また，関係性を志向しない新規顧客を獲得することにより，エリアにおけるカバレッジを増やしていきたい場合には，人海戦術的な営業体制が取られることになる。

しかしながら近年では，インターネット環境の整備により，潜在顧客の情報収集を，営業活動ではなくウェブ上で行うことが可能になり，また当該企業のウェブ上で潜在顧客の引き合いを受けることも行われるようになった。つまり，人的販売に投資していた資源をネットを活用することにより，効率よくエリア面でもカバーすることが可能になってきたため，営業体制においても効率よくできるようになったといえる。

近年の製品の技術的な進化による複雑性や，あるいはソリューション志向により，営業担当者のみが顧客企業に対してアプローチするのではなく，技術担当者との協働において多面的な営業活動が展開されるようになってきている。営業体制として，営業部門が中心となり，状況に応じて技術営業的な職能を持つ者を同行させる営業活動の仕方や，あるいはシステム・インテグレーション・サービスのように，営業担当者のみならず，コンサルタントやシステム構築のプロジェクト・マネジャーが広い意味での営業活動に関わることが，組織として確立されているような場合もある。

営業担当者が個人単位で活動し，評価を受けるのではなく，営業部門内で複数の営業担当者が特定顧客企業に対してチームを組んで営業する場合がある一方で，営業担当者と技術担当者とを含めた，部門を越えた営業活動を行う場合がある。両者ともに組織型営業と呼ばれるが，組織型営業体制をとった場合に，部門間の情報共有を促進させる仕組みや，営業活動を他の事業部の顧客へと水平的に展開させる仕組みなどが模索されてきている。

また営業体制に関わる問題として，営業担当者への評価や報奨システムも重要性を持つ。営業活動の管理体制として，基本的に売上等の業績，つまりアウトプットで管理し，評価するという考え方と，営業活動のプロセスに応じて，たとえば顧客の情報収集活動や推奨活動など，行動レベルに応じて管理し，評価するという考え方がある。成果を上げるためにどのような活動プロセスが必要かが明らかでないような場合は，アウトプット管理を行い，逆にアウトプット管理が行いにくいような場合は行動レベルでの管理が適切であると主張されてきた。たとえば，案件規模が大きく，長期にわたるような場合，営業担当者個人の業績として売上等の指標を使うことは難しい。このような場合は，どの段階でどのような活動を行ったかを評価するほうが適切であると考えられる。

顧客へのソリューションを志向するような業界，企業においては，売上といった業績のみならず，顧客側の評価等も，たとえば満足度評価などを行うことにより，営業担当者の評価に反映させようとする動きがある。

SECTION 6 コミュニケーション活動

ビジネス・マーケティングにおいては，製品や企業のコミュニケーション活動において，人的な営業活動が非常に大きな比重を占める。しかしながら，人的販売のみが重視されているわけではなく，表22-2に見られるように，ビジネス・マーケティングにおいてはむしろ多くのコミュニケーション手段が存在する。

製品と企業レベルで，名前を潜在顧客に認知させる，製品知識を与える，製品や企業に対する好ましい態度を形成する，他社製品よりも選好させる，購買へと説得するといった，コミュニケーション活動の目的があるが，広告や対面営業等，それぞれの手段において果たす役割が異なる。たとえば**産業広告**では，広く企業イメージを社会的に，あるいは業界全体に伝えることを主たる目的として，必ずしも直接購買へと促さない広告も行う。これは消費財の広告が，たとえばテレビ広告など，消費者に直接販売促進を起こさせることを意図するような場合があるのと対照的である。その意味においてビジネス・マーケティングでは，広告は営業支援的な位置づけとして考えられてきた。近年ではネット利用により，製品に関する情報提供は，ウェブ・サイトがよく利用されるようになってきている。製品カタログも紙媒体のみならず，ウェブ上でダウンロードできるものが利用されてきている。

ビジネス・マーケティングにおいて，プロモーション目的として重要な意味を持つのが，展示会である。これは業界全体で行う場合や，特定顧客企業を組織化して行う場合などがある。展示会により製品や企業の認知度を高めると同時に，商談打合せまで行えるというメリットがある。

また，ビジネス・マーケティングにおいて，特徴的かつ顕著に見られるコミュニケーション戦略としては，スポーツ・イベントやコンサート等のスポンサー活動である。企業自体の屋外広告も多いが，一般消費者，一般社会との接点を多く作り出し，企業名の認知度を高め，よいイメージを作り出していこうとする努力が行われている。このことは，リクルートとしての効果も見込めるが，何よりも，企業の社会的な認知度を高めることが前提となって，具体的に営業

TABLE 表22-2 ● ビジネス・メディアとコミュニケーションの目的

目的	認知	知識	態度	選好	説得	購買
パブリシティ	○					
広告	○	○	○			
Fax	○	○				
e-mail	○	○	○			
DM		○	○	○		
カタログ			○	○	○	
オンライン	○	○	○	○	○	○
見本市				○	○	
販売促進				○	○	○
テレマーケティング					○	○
対面営業					○	○

（出所） Lichtenthal and Eliaz［2003］, p. 10 を加工して作成。

活動が実践されるという2段階のコミュニケーション戦略として捉えることができる。

Chapter 22 ● 演習問題 EXERCISE

❶ 消費財のマーケティングと比較したときの，ビジネス・マーケティングの特徴を整理してみよう。

❷ インターネットの普及により，営業戦略はどのように変化しているかを説明してみよう。

❸ 産業用の広告の例をいくつか取り上げ，誰を対象にどのような効果をねらったものであるかについて分類してみよう。

第23章 サービス・マーケティング

顧客との接点で多様な対応が必要となるサービスの提供。
ホテル業でも，顧客満足の高揚がロイヤルティ獲得につながる。

CHAPTER 23

サービスは，ホテルや飲食，鉄道利用など，形のないものに料金を支払う財として認識されてきた。近年では，家計における消費支出も，交通・通信や，娯楽・教養といったサービスへの消費が占める割合が増え，約４割がサービスに対する支出となっている。また，サービス産業の拡大のみならず，あらゆる産業でサービス化が進行するという状況が起こっている。

企業にとっては，製品の機能や性能といった物的特性のみならず，どのように顧客に製品の価値を提供するかということを考えるときに，製品の提供プロセス全体をサービスと捉えるという発想の転換が求められてきている。企業のマーケティング活動が，顧客に価値を実現することであると考えると，目に見えるモノだけで価値を生み出すというより，モノを含めたすべての供給物，すなわちサービス全体で価値を提供するという考え方に向かっているといえる。本章では，まずサービスとは何か，どのような特徴を持つのかについて説明し，サービスの管理やマーケティング戦略について解説していく。

INTRODUCTION

KEYWORD
FIGURE
TABLE
COLUMN
EXERCISE

KEYWORD

無形性　生産と消費の不可分性　サービス・デリバリー・システム　サービス・エンカウンター　知覚品質　SERVQUAL　顧客満足　期待不確認モデル　スイッチング・コスト　顧客離反　サービス・ドミナント・ロジック

SECTION 1 サービス財の特徴

サービスとは何か

教育，医療，交通，通信，金融など，第一次産業（農林水産業）および第二次産業（製造業等）に分類されない第三次産業のことをサービス産業と呼ぶ。サービスとは一般に形がないもので，何らかの活動結果により便益や満足がもたらされるものとして捉えられているが，サービスをどのように定義するかは1960年代からさまざまに議論されてきた。触知できないもの，形がないものというように，無形であることに注目する立場や，有形の資産の所有権が売り手から買い手に移らないということに注目する立場，モノではなく「行為」や「活動」というように捉えられる立場があり，サービスとは何であるか，またモノの取引とどのように異なるかが注目されてきた。

サービスは，一般にはサービス産業によって生み出されるものと捉えられることが多いが，実際にはサービスは特定の業種や機関によって提供されるものにとどまらない。職場でコンピュータ関連機器や事務機器を購入すれば，設置やメンテナンス・修理などが必要となり，マンションを購入する場合には，不動産売買の仲介業務が必要となる。つまり，コンピュータやマンションといった目に見えるモノだけでなく，修理や仲介といった，形のない行為がセットとなって売買契約が交わされることになる。さらに近年では，サービス取引が増加しているという現状があり，サービス経済化への注目も高い。

サービスとモノとの相違を厳密に識別しようとするよりも，むしろモノという有体財と，形のない無体財の部分とが不可分であり，これら2つの組合せをサービスと捉えるほうがサービス・マーケティングを理解しやすい。本章では，

TABLE 表 23-1 サービス行為の本質と分類

サービス行為の本質	サービスの直接の受け手	
	人	所有物
有形の行為	人の身体に向けられるサービス 旅客輸送 ヘルスケア／医療 宿　泊 ビューティー・サロン ボディ・セラピー フィットネス・センター レストラン／バー ヘアカット 葬祭サービス	物理的な所有物に向けられるサービス 貨物輸送 修理・保全 倉庫・保管 建物・施設管理サービス 小売流通 クリーニング 給　油 植栽／芝の手入れ 廃棄／リサイクル
無形の行為	人の心・精神・頭脳に向けられるサービス 広告／PR 芸術や娯楽 放送・有線放送 経営コンサルティング 教　育 情報サービス コンサート サイコセラピー 宗　教 電　話	無形の財産に向けられるサービス 会　計 銀　行 データ処理 データ変換 保　険 法務サービス プログラミング 調　査 債券投資 ソフトウェア・コンサルティング

（出所） Lovelock and Wright［1999］：邦訳，40 頁を加工して作成。

サービスを，何かが生み出された結果ではなく，その活動それ自体や生み出すプロセスに関わることであることに着目し，モノ（有体財）と無体財とを組み合わせて行う取引プロセスとして定義し，説明していくことにする。

サービスの分類

上記のように，サービスを形のあるモノと形のないものとを組み合わせて行う取引のプロセスとして捉えた場合，形のあるモノのうち何を対象とするか，あるいは取引プロセス自体が目に見えるか，見えないかにより，サービスを分類することが可能である。表 23-1 は，サービス行為をサービスの直接の受け手が人か所有物か，またサービス行為が有形か無形かにより分類を行ったものである。人が受け手となるサービスにおいても，医療は人の身体に対して有形の行為を行うものであるのに対し，教育は人の頭脳や精神，心に対して，無形の行為を行うものである。所有物においても触知できるものとできないものを対象にするサービスがあり，たとえば所有する衣服をクリーニング・サービスに出せば，衣服は汚れを落とされ，アイロンがかけられ，物理的な変化が目に見えるが，金融機関での預金や運用などのサービスは，直接的に目に見える行為ではなく，利益を得ることなど，サービスの行為の結果について便益や満足感を得ることになる。

サービスの特徴

サービス財の特徴として，①**無形性**（intangibility），②**生産と消費の不可分性**（inseparability of production and consumption），③**バラツキ性**（heterogeneity），④**消滅性**（perishability）が挙げられる（Zeithaml, Parasuraman and Berry [1985]）。これらサービスに特有な性質が，サービス・マーケティングを行ううえで影響を与えると主張されてきた。

サービス財の無形性については，目に見えたり，触ったりすることができないという点が，モノと区別される第１の点として主張されてきた。サービスの無形性という特徴としては，わかりやすく顧客に見せたりすることができず，また価格設定も難しいという点が指摘されてきた。このことから，サービス・マーケティングの視点として，体感できる手がかりを強調したり，イメージを訴求することや，また口コミを使うことなど，コミュニケーションの重要性が主張され，また価格設定のための原価計算の必要性がいわれてきた。

また，サービス財の重要な特徴として，サービスを生産することと，顧客によって消費されることとが切り離せない点が着目される。たとえば医療サービスでは，医者が患者に診療をするという行為と，患者が診察を受けるという行為とは切り離して行われるわけではない。むしろ患者は医療サービスを受けるために，医者の診療に協力し，サービス生産に自ら能動的に参加していくことが求められることになる。このことは，サービスの質に対して，サービスを受ける側の顧客の知覚が重要なものとなり，顧客の参加や，直接サービスを受けていないが，その場に参加している顧客の存在もサービス形成において影響を与えることになる。また，工業製品の生産のように，集中的かつ効率的に大量生産体制をとることができないという問題が生じる。そこで，マーケティング視点からは，サービスに従事するスタッフの選別やトレーニングなど人的資源の管理が強調される一方，顧客をうまく管理する手法への注目度が高まってきた。

サービスの提供者のみがサービス提供の仕方をコントロールできるのであれば，サービス財の品質は標準化し，安定することになるが，サービスの生産と消費が不可分であり，サービスの受け手側の能動的な関わりが余儀なくされると，サービスの内容それ自体が顧客側の参加の仕方に委ねられる部分が出てくる。たとえば，医者や病院側がよいサービスを保持しようと努力しても，患者が診察に協力しなかったり，処方された薬を飲まなかったり，待ち時間の順番を無視したら，医療サービス自体の質は保たれない。ここまで極端な例でなくても，サービス提供者と受ける側との共同でサービスが生産される限り，サービスの品質がばらつくことは避けられない。いかにサービスの品質を一定に保つかという品質コントロールの問題は，サービス・マーケティングにおいて主要な問題となってきた。

また，いかによいサービスが生み出されるとしても，サービスは提供者と顧客との共同参加活動のプロセスであることを考えると，これらの活動は消滅してしまうという特徴がある。つまり，いったんサービスを生み出し，それを在庫しておくということは不可能である。形のない活動やプロセス自体を在庫しておき，必要に応じて提供することはできないのである。在庫ができないという問題は，工業製品と比較して，サービス・マーケティングにおいては需要変動をどうコントロールするかという問題がいっそう重要性を持つことになる。

SECTION 2 サービスのマネジメント

サービス・デリバリー・システム

サービス財の持つ特徴から生じる課題を考慮すると，サービスを提供する企業は，サービスに特化したマネジメントを行う必要が出てくる。サービスの提供は，顧客の参加を前提に，プロセスとして成り立つが，そのプロセスをいかにしてマネジメントするかについては，サービス・システムという視点から概念化される。

FIGURE 図 23-1 ● サービス・デリバリー・システム

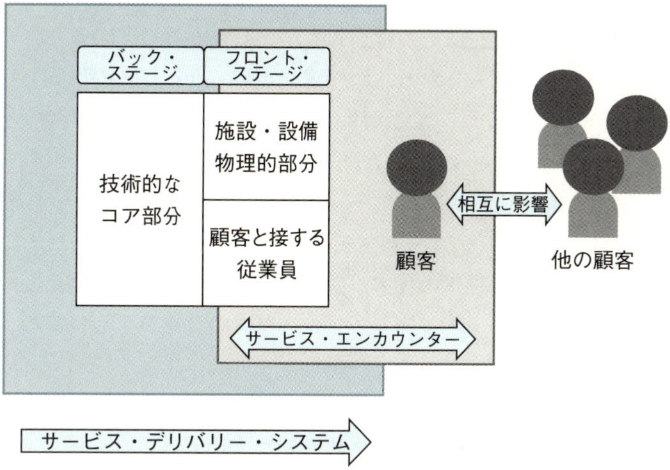

（出所） Lovelock and Wright [1999]：邦訳，61 頁を加工して作成。

サービス・デリバリー・システムという概念は，顧客への価値を提供する全体としての仕組みを意味する。図 23-1 に示すように，サービス・システムは，技術的なコア部分と，施設・設備等の物理的部分，従業員といった，それぞれの要素から構成されており，サービスのオペレーションは，各要素の組立が行われ，そこから生み出される成果物がサービス・プロダクトとして顧客にデリバリー（提供）されることになる。

サービス・デリバリー・システムのうち，顧客に見えない部分はバック・ステージと呼ばれ，顧客に見える部分はフロント・ステージと呼ばれる。フロント・ステージは，施設や設備といったハード的（物理的）な面と，顧客と接する従業員とから成る。

このうち，フロント・ステージにおける顧客との接点は，サービス・エンカウンターと呼ばれ，サービス・デリバリー・システムのなかで重要な働きをする。また，サービスにおいては，直接サービス提供を受ける顧客のみならず，その場に居合わせる顧客も考慮する必要がある。ホテルや飲食店など，顧客と従業員との接触だけでなく，他の顧客のふるまいや印象がサービスを消費するうえで影響を受けることになる。

サービス・エンカウンター サービス提供者と顧客との相互作用における接点は，両者が出会うところ，つまりサービス・エンカウンターとして捉えられる，が顧客にとってサービスの価値を判断するポイントである，という意味で重要性を持つ。ノーマンは，顧客にとっての「真実の瞬間」(Moment of Truth）と呼び，サービス・エンカウンターが，サービス提供側にとってリスクにもチャンスにもなりうることを明確にした(Norman [1984])。つまり，サービス・エンカウンターは，サービスの差別化や品質管理，サービスの提供の仕方，顧客のサービスに対する満足度に多大な影響を与える，サービス・デリバリー・システムの効果が1点に集約されているポイントだということができる。

サービスは無形のものが提供されるために顧客にとってはサービスの品質を評価することが難しいという問題がある。そこで顧客は，サービス・デリバリー・システムのフロント・ステージに当たる，顧客にとって見える部分を評価対象とする。とりわけ人をベースとするサービス分野においては，従業員との対人的な相互作用がクローズアップされる。たとえば顧客は，ホテルにチェックインするときに，従業員の対応を通じてホテルの提供するサービスの印象を形成したりする。また，客室のインテリアの趣味や質，さらに洗面室やリネンの清潔さをチェックする。

従業員との接触がサービス評価につながるという点では，サービスが顧客の参加によって成り立つ相互作用プロセスであるために，提供側の研修や管理面が注目されるが，サービス・エンカウンターについて，ソロモンらは，役割期待の理論をもとにしてマネジメントすることを提唱した（Solomon et al. [1985]）。役割期待とは，その立場にいる者の持つ権利や責務，義務から成り立っている。適切な役割に沿った行動について，サービス提供者と顧客とは共通の期待を持つことになっているが，これらの期待はエンカウンターのなかで異なっていたり，両者の特質や知覚によって和らげられたりする。この役割期待と実際の提供されるサービスの水準にギャップがあると，問題が生じることになる。すなわち，期待と比較してサービスの水準が劣っていればいるほど，顧客の不満足感はより大きくなることになる。そこでサービスの予測可能性や個別対応の程度が顧客にとって及ぼす影響が問題となってくるが，過度の個別対応が必ずしも顧客の満足感につながらないという，調査にもとづく主張もある。したがって，サービス・エンカウンターをどのように管理するかについて，従業員の役割を定義することや，適切に認識させるための従業員教育が重要性を持つことになるが，それとともにエンカウンターを含む，サービスを提供する仕組み全体をどのように設計し，管理していくかという視点が必要となる。

サービス・エンカウンターという顧客接点を効果的に設計するために，サービス提供のバック・ステージを管理し，全体としてサービスをいかに提供するかというデリバリー・システムを作っていくことが重要となる。たとえば，電話での問合せの応対について，顧客にとって満足度の高い応対を実現するためには，その背後にある人員の配置や問合せ内容のみならず，問合せのタイミングや頻度に対応できる仕組みづくりが求められるのである。

サービス・デリバリーにおけるギャップ分析

サービスの提供の仕組みを設計し，管理していくうえで重要な視点は，その提供プロセスに共同して参加している顧客側の知覚を意識するということと，さらに提供側と顧客側に起こるさまざまなギャップに注意することである。サービス・デリバリーにおいて提供側と顧客との間に，①知識ギャップ，②スタンダード・ギャップ，③デリバリー・ギャップ，④内部コミュニケーション・ギャップ，⑤知覚ギャップ，⑥解釈ギャップ，⑦サービス・ギャップ，の7つのギャップが存在し，これらを最小化していくことが顧客によるサービスの品質評価を向上させるために重要なこととなる（Lovelock and Wright [1999]）。

知識ギャップとは，顧客が実際に抱いているニーズ・期待とサービス提供者側が考える顧客のニーズ・期待との間のギャップ，つまり提供者側の顧客に対する知識のギャップを指す。スタンダード・ギャップとは，サービス提供者側が考える顧客のニーズ・期待と，提供されるべく設計されたサービス内容とのギャップ，つまり顧客ニーズ・期待をサービスとして実現化するうえでのギャップを意味する。デリバリー・ギャップとは，設計されたサービス内容と，組織が実際にデリバリーできるサービス内容とのギャップを指す。内部コミュニケーション・ギャップとは，サービス提供者側が広告や販売員を通じて伝えるサービス製品の特徴，性能や品質と，実際にデリバリーできるサービス内容とのギャップを指す。知覚ギャップとは，実際に提供されたサービス内容と顧客

FIGURE 図23-2 ● 顧客の不満足につながるサービス品質ギャップ

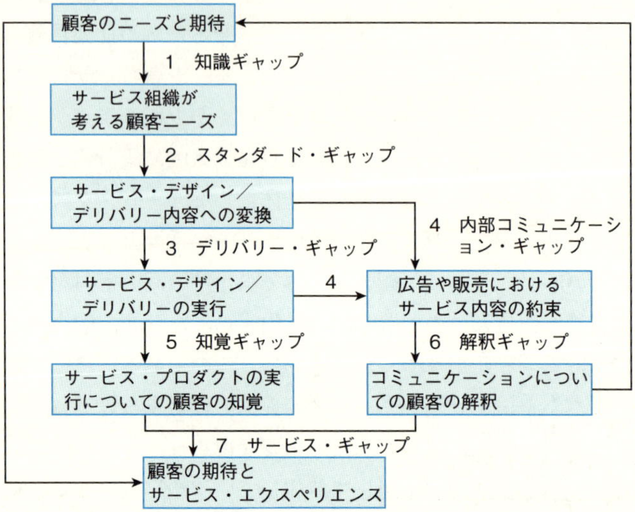

（出所） Lovelock and Wright［1999］：邦訳，111頁より加工。

が受けたと知覚するサービス内容とのギャップを指す。また，解釈ギャップとは，サービス提供者がコミュニケーション手段を通じて約束するサービス内容について，顧客がこれらのコミュニケーションを解釈するサービス内容とのギャップを指す。さらにサービス・ギャップとは，顧客が受けることができると期待するサービス内容と，実際に提供され知覚されたサービス内容とのギャップを指す。

サービスは，生産・消費プロセスにおいて顧客との共同参加が必要とされるために，顧客側の知覚，とりわけ顧客の期待をいかにコントロールするかが，提供側に求められることになる。顧客とのこれらのギャップが起こりうることを考慮しつつ，サービスを提供するプロセスを設計し，管理することが必要となってくる。

SECTION 3 サービスの知覚品質と評価尺度

サービスの知覚品質

サービスは，生産と消費とが不可分であり，顧客の能動的な関わりによって成り立つプロセスであるという点に注目すると，サービスの品質自体がサービスの生産・消費に関わっている顧客側の知覚に委ねられるということになる。工業製品のように，製品の品質を提供側が調査設計したり，コントロールするのとは異なり，サービスの品質評価自体が顧客側によってなされ，サービスの提供者はこの顧客の知覚をコントロールすることが求められるのである。

顧客側のサービスに対する品質評価は，顧客自身の内にある基準によって影響を受ける。顧客の内的な基準は，顧客自身がサービスを受ける前に形成する期待水準によって形成される。顧客はそのサービスを受けるに先立って，これまでの経験や，あるいは広告や口コミによって期待を形成しており，この期待の水準によって当該サービスの品質が判断され，評価されることになるのである。

顧客の期待は，顧客自身がそれぞれの経験にもとづいて形成する部分が多いため計測することが難しいが，サービスの**知覚品質**を計測するための基準や手法がパラスラマンらにより開発されてきた（Parasuraman, Zeithaml and Berry [1988]）。彼らは，サービス品質自体を，顧客の期待と知覚とのギャップとして捉え，期待と知覚の両者をバランスさせることが質の高いサービスを提供することになるという視点を打ち出した。彼らの開発した，顧客がサービス品質を評価する尺度は，**SERVQUAL**（サーブカル）という名称で知られる。

サービスの評価尺度

SERVQUALは，**触知性**（tangibles），**信頼性**（reliability），**反応性**（responsiveness），**保証性**（assurance），**共感性**（empathy）という5つの次元において尺度化され，点数化される。触知性とは，物理的な設備，装置や従業員の外見を意味する。信頼性とは，約束したサービスを，確実に，かつ適切に遂行する能力を指す。反応性とは，顧客を助け，迅速なサービスを行う準備や意欲をいう。保証性とは，従業員自身の知識や礼節，信頼や自信を吹き込む能力を指す。さらに共感性とは，当該企業が顧客に提供する気遣いや個別の注意を指す。保証性や共感性といった次元は，コミュニケーションや信用性，保証，顧客に対する理解，能力や顧客へのアクセスといった要素に関わっている。

SERVQUAL は，導入する企業にとって競合他社と比較して当該企業への顧客の知覚品質を定期的に計測したり，企業内で各次元の知覚品質の次元やトータルな品質評価を行ったり，あるいは顧客自身を点数によって分類するといった用途を意図して設計されている。

SECTION 4 サービス財のマーケティング戦略

需要変動マネジメントとセグメンテーション

サービス提供において，顧客の知覚品質に考慮し，期待をコントロールすることの必要性をすでに述べたが，サービスを提供する組織は限られた資源をもとにサービス提供を行うことになる。ここで，組織としての資源に応じたサービス提供を行うために，誰に，どのようにサービスを提供するかという，セグメンテーションにもとづくターゲット選定が必要となってくる。つまり，サービス提供側と顧客との間には，さまざまなギャップが生まれることを考慮すると，ギャップを生じさせない，あるいはギャップを埋めることにより，サービスの品質を確保し，組織としての生産効率性を追求する必要が出てくる。

サービスは在庫することが不可能であることからも，需要変動に関してはモノ以上にコントロールすることが求められる。市場セグメンテーションを適切に行い，自社の組織的な能力に適合するセグメントを組み合わせ，ターゲット・セグメントのそれぞれに適切な水準のサービスを提供していくことが求められる。

たとえば医療施設が収容できる患者のベッド数を考慮せず入院患者を受け入れたり，専門医がいない疾病領域について患者を引き受けると，提供するサービス水準を下げることになるという例を認識すれば，自社の供給能力を見定めることの重要性は明白である。最初から供給能力にあった提供すべきサービスを識別し，それに適合するターゲットを特定化することにより，サービスの品質水準が保たれることになる。

また，季節的な要因によってサービスの需要が変動することが予測される場合は，供給側の人員やサービスを調整することも考慮せねばならない。サービス提供が人的資源の管理に密接に関わるため，需要変動と人的資源管理を適合させることが重要になる。さらにサービス・デリバリーの運営自体も需要変動に応じて調整されることになる。季節や時間帯の繁忙の程度に応じて，従業員の数や配置を変えることは当然であるが，サービスの提供内容自体を，たとえば顧客への対応について繁忙期には標準化する，簡略化するといったことが必要になってくる。これらの需要変動に応じた運営と人的資源の管理自体は，組織としてのマネジメントの問題であるが，市場需要に対して自社の供給能力を考えた適切なターゲット・セグメントを識別し，それに対応的な行動をとるということは，サービス・マーケティングの戦略性に関わることになる。

サービス・プロセスの標準化とカスタマイゼーションの程度

適切なセグメントに向けて，サービス・デリバリーを設計していくことが重要となるが，需要変動に対して供給能力を調整する際に，もう1つ重要な視点として，顧客セグメントに対してどの程度サービス提供のプロセスを標準化するかという問題がある。サービスには無形性や，品質についてバラツキがあるという特徴があるが，サービスをあたかも工業製品であるかのように，提供プロセスを標準化することで，サービスの工業化という概念を示したのは，レビットである（Levitt [1972]）。

サービスをどの程度標準化するか，あるいはカスタマイズするかという問題は，提供する側の組織としての供給能力と，顧客の知覚品質および満足度に関連する。カスタマイズされたサービスを対価を支払ってでも受けたいというセグメントに対しては，カスタマイゼーションの程度を上げることによって顧客の満足度を向上させることになる。

ここで，顧客へのカスタマイゼーションの程度とサービス提供のプロセスの標準化の程度によって，サービス・マーケティング戦略が分類できる（図23-3）。

①サービス提供のプロセスの標準化の程度が高く，顧客カスタマイゼーションの程度も高いサービス（Ⅰ象限），②サービス提供のプロセスの標準化の程度が高く，顧客カスタマイゼーションの程度が低いサービス（Ⅱ象限），③サービ

FIGURE 図 23-3 ● サービス・マーケティング戦略におけるターゲット分類

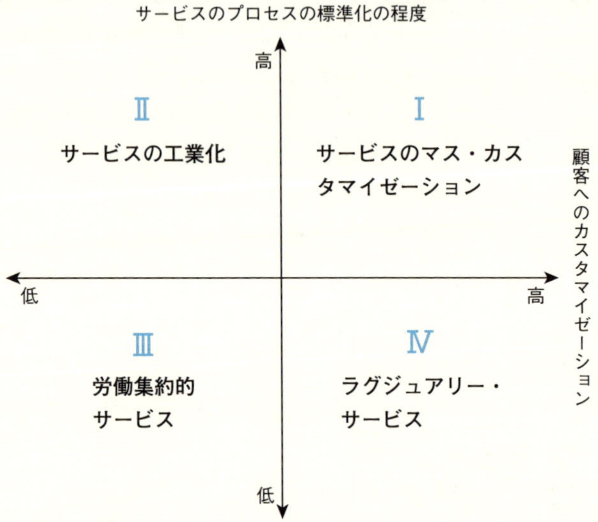

ス提供のプロセスの標準化の程度が低く，顧客カスタマイゼーションの程度が高いサービス（Ⅳ象限），④サービス提供のプロセスの標準化の程度が低く，顧客カスタマイゼーションの程度も低いサービス（Ⅲ象限），という 4 類型に分けることができる。

サービス提供のプロセスの標準化の程度が高く，顧客へのカスタマイゼーションの程度が低いサービスとして，たとえばファストフードのサービス提供が挙げられる。この類型においては，サービス提供のプロセスをどの程度まで標準化し，工業化できるかが成功のポイントとなる。

あるいは，サービス提供のプロセスの標準化の程度が低く，顧客カスタマイゼーションの程度が高いサービスは，ラグジュアリー・サービス戦略と呼ばれる。これは超高級ホテルによるバトラー（執事）・サービス，富裕層に対する金融サービスのコンサルティングのようなサービスが例として挙げられる。

サービスのプロセスの標準化を行うことにより効率性を追求し，かつ顧客へのカスタマイゼーションの程度を向上させることにより，顧客満足度という効果を同時に追求する戦略は，サービスにおけるマス・カスタマイゼーション戦略となり，情報技術を援用することにより可能になる。たとえばインターネットを利用した，顧客自身による新幹線や航空機予約の仕組みは，予約サイトへのアクセスや手順等はプロセスが標準化されており，乗車や搭乗直前まで顧客が自由に時間や席など予約内容を変更できることは，顧客の希望に応じてカスタマイゼーションを高くしている例であるといえる。

一方，サービスのプロセスにおける標準化の程度が低く，またカスタマイゼーションの程度が低い場合は，人海戦術を用いた労働集約的なサービスとなる。この場合は，効率性と効果のうえで課題が多く残されることになる。

組織の供給能力から，どの類型セグメントをターゲットとするかという戦略と同時に，各セグメントごとに対応するサービス提供プロセスのカスタマイゼーションの程度を変化させることがマーケティング戦略上重要となる。具体的には，たとえば金融サービスにおいて，上記の富裕層のようなセグメントに対しては，カスタマイゼーションの程度を上げることが顧客満足につながるが，一方で，コストをかけられない，より広いセグメントに対しては，ATM での対応や，インターネットによる情報提供など，サービス提供のプロセスの標準化をうまく行っていくことが戦略上重要となる。

また，セグメントごとにすべての提供プロセスの標準化を平行して進めるのではなく，たとえばホテル業においては，予約サービス部分についてインターネットによる標準化を図り，カウンターでの接客部分では人的な対応により標準化の程度を下げ，フレキシビリティを残したほうが満足度につながることも考えられる。必ずしも，チェックインや領収書作成部分を機械化し，標準化してしまうことが適切なサービス提供であるとは限らない。セルフサービスの技術を導入する場合は，導入により顧客の機械への抵抗をどう取り除くか，またセルフサービス導入により，余力ができた従業員をどう配置するかも考慮する必要がある。つまり，サービス・デリバリーにおいて，どのプロセスをどの程度標準化させるのかといったオペレーションの設計が重要性を持つのである。

近年では，サービスの業務自体をシステム概念で要素として分割し，生産性の上がるサービス・システム設計を目指す，サービス工学の領域が関心を集めている。

SECTION 5 インターナル・マーケティング

インターナル・マーケティングとは，文字どおり企業という組織の内部にいるメンバーに対して行うマーケティングという考え方である。通常，マーケティング活動は，企業の外部にいる顧客企業や最終消費者に対して行われるものであるが，企業の内部に向けてマーケティングを行おうという考え方はサービス・マーケティング特有の考え方であり，比較的新しいものである。

インターナル・マーケティングの考え方としては次の2通りある。1つは，顧客との相互作用を重視し，関係を構築していくために，組織内部に顧客志向の考え方を共有させていくというものである。従業員すべてが顧客との直接的な接点を持つものではないが，顧客への価値提供を第一に考えるという顧客志向を職能や部門を越えて共有し，顧客への対応のナレッジを共有していくために，人的な資源配分や管理をどのようにして行っていくかということが重要となり，組織内部にマーケティング思考を広めていくことがインターナル・マーケティングとして捉えられる。

2つ目は，効果的にサービス提供するために，従業員満足こそが重要であるとする考え方である。顧客へのサービス提供は従業員によって行われており，サービス・エンカウンターで顧客に知覚されるのは従業員の態度や行動である。従業員自身によるサービス提供への動機づけが低ければ，サービス提供の質が低下することが予測される。そこで，従業員の職務への満足度が注目されることになり，満足度を増加させるためには，従業員に向けて，マーケティングを展開しなければならない。従業員をターゲットとするマーケティングは，組織の外に向けた通常のマーケティングの考え方が適用され，ターゲティングやセグメンテーションというマーケティング活用要素が従業員に対して実施されることになる。

両者の考え方に共通するのは，顧客に対して効果的にサービス提供を行うためには，組織内部の管理が重要であるという視点である。さらに，両者の違いをわかりやすく表現すれば，前者のほうは「組織すべてのメンバーがマーケターである」という考え方であり，後者は「組織すべてのメンバーが顧客である」という考え方である。いずれにせよ，サービス提供には，人的資源の管理という側面が強調され，最終顧客へのサービス提供のために，組織の人員に対してどのようにマーケティング活動に携わらせていくかという意味で，インターナル・マーケティングは重要性を持つのである。

SECTION 6 サービス・マーケティングと収益性

サービスに対する顧客満足

サービスに対する顧客満足はサービス・マーケティングにおいて大きな関心を占めてきた。サービスの品質に対する期待と顧客満足との関係については，オリバーによる期待不確認モデル（Expectation-Disconfirmation Model）にもとづいて説明されることが多い（Oliver [1980]）。この考え方は，満足の形成プロセスを，事前期待と実際の経験との関係において説明するもので，実際の経験が期待を下回れば不満足になり，超えるものであれば満足感を感じるというものである。一方で，サービス提供側の失態の後の対応で，顧客満足度が向上するという，サービスの評価におけるリカバリーの問題も注目されてきた。

サービス分野では，消費財の購入時と比較して，サービス提供者と顧客との直接的な接触や，サービス購入の継続性があることから，顧客満足と顧客維持との関連性についても関心を集めてきた。サービスへの顧客満足が顧客維持へとつながり，企業に収益性をもたらすという，サービス・プロフィット・チェーンの考え方が近年台頭している。これは，図 23-4 に示されるように，サービス提供側の社内で，従業員満足とサービスのパフォーマンスが循環的に起こり，それが提供するサービスの価値を高め，さらにサービスへの顧客満足が顧客の継続的購買（ロイヤルティ）につながることで，企業に業績上の効果をもたらし，それがまた企業のサービス・デリバリー・システムに還元される，という一連の連鎖を経験的データにもとづいて主張するものである。

サービスの品質が企業に収益性をもたらす因果関係には 2 通りの連鎖を考えることが可能である。図 23-5 に示されるように，サービスの品質が顧客維持につながり，顧客維持が新規開拓コストの削減や口コミにつながるといった，防御的なマーケティングを想定し，企業の収益性向上のための因果の連鎖を想

FIGURE 図 23-4 ● サービス・プロフィット・チェーンの概念

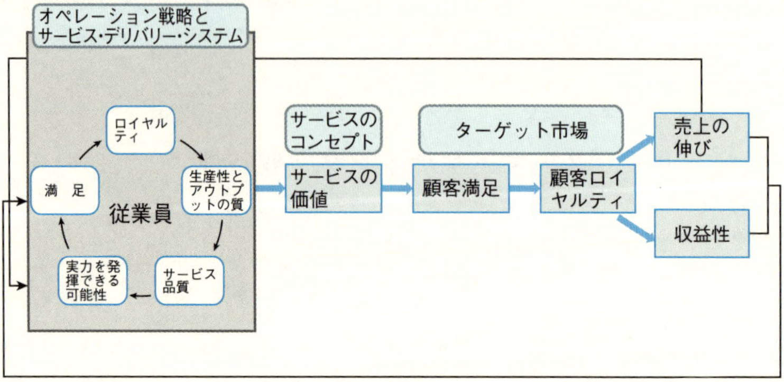

（出所） Heskett, Sasser and Schlesinger［1997］：邦訳，24-25 頁を加工して作成。

FIGURE 図 23-5 ● サービス品質と収益性の概念モデル

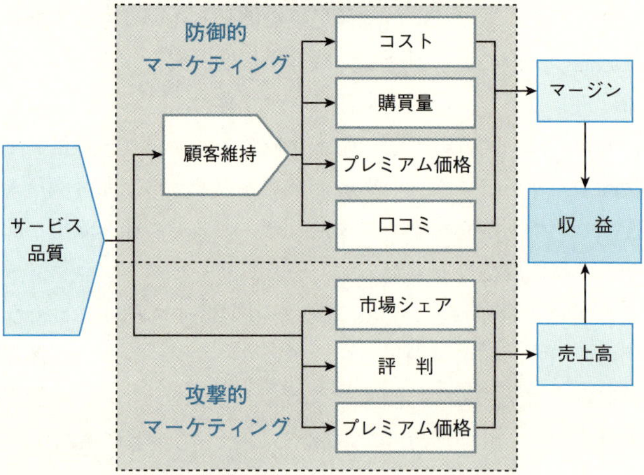

（出所） Zeithaml［2000］，p. 74 より作成。

定する場合と，サービスの品質を向上させることにより，市場シェアや評判を向上させ，プレミアム価格設定を行うことにより，売上高を増加させるといった攻撃的なマーケティングと，企業にとっては 2 通りのサービス・マーケティ

COLUMN 23-1 サービス産業における顧客満足度指数開発への取り組み

消費者の製品やサービスに対する顧客満足について，体系的にデータ収集し，指数化することにより，広く産業界や社会に役立てようという動きが世界的に広まっている。

アメリカでは1994年に，顧客満足度を測るための標準化した計測手法を開発し，製品やサービスのユーザーへの満足度調査を実施してきている。この調査は，ACSI（American Customer Satisfaction Index）として知られ，サービス業，製造業を含めた10セクター，45業種を対象とし，アメリカ経済の約3分の1をカバーしている。モデル開発にはミシガン大学が関わったが，総合的な顧客満足度を測るに際し，顧客満足度を形成する関係を，顧客の事前期待と，知覚品質，知覚価値から成るものとして捉え，かつ顧客満足はロイヤルティや不満の表出へとつながるという一連の因果プロセスとして捉えている。電話アンケート調査により使用経験のある回答者からデータ収集し，因果モデルを構築して分析を行っている。つまり単なる顧客満足度の評点によるランキング調査を行うのではなく，満足度の形成プロセスを検証したうえで，総合的な満足度を指数化しようという意図がある。

アメリカに続き，韓国ではNCSI（National Customer Satisfaction Index）が導入され，欧州でもEPSI（Extended Performance Satisfaction Index）が導入された。日本では，2006年に政府により経済成長戦略大綱が出され，サービス産業の生産性向上が目標として掲げられたことを受け，翌年の経済財政諮問会議にて顧客満足度指数導入が決定され，サービス産業生産性協議会が発足した。導入目的は，異なる事業者間や異なるサービス分野の間でも比較が可能となるような横断的ベンチマークを整備することにより，サービス産業の振興を図ることにある。その後協議会での日本版CSIのモデル開発および数回にわたる予備調査を経て，2009年秋に本格導入された。参加業種は2009年時点で22業種である。先行する各国のCSIを参考にしつつ，データ収集については日本の実情にあった調査手法としてインターネット調査パネルを採用し，日本の産業構造を考慮した指数開発が目指された。

各国において，客観性，信頼性の高い調査モデルを構築し，運営していこうとする試みの背景には，企業経営に対する評価指標として，財務的な業績のみならず，異なる次元から企業の成果を測ろうとする意図があり，製品やサービスの直接ユーザーである消費者の顧客満足度を，企業のパフォーマンスを測る1つの評価対象次元とする動きは，経済社会システムの成熟度を示すものであろう。

ング戦略をとることが可能になる。

サービスへの満足度が取引継続へとつながることは経験的にも知られるが，顧客維持には，スイッチング・コストという概念が関連する。これは取引を行う相手をスイッチ（代替）することにより不利益を被るという考え方である。通常，スイッチング障壁という，他社に乗り換えるのを防ぐ障壁として，代替的選択肢の有無や，顧客の習慣，規制などが存在する。

顧客にとって知覚するスイッチング・コストが大きい限り，他のサービス提供者を選択することは行わないが，サービス業においては比較的スイッチング・コストが低いという見解がある。サービスを提供する企業側からすると，顧客離反の問題は，新規顧客に対してプロモーションするコストが新たにかかることになり，収益性に影響を与える問題として認識すべきことになる。

またロイヤルティのある顧客は，価格弾力性が低い（価格プロモーションに反応しない），他の消費者に推奨をしてくれるという点で，企業に対して収益性の高い顧客になるという点が注目される。そこで，顧客維持が収益性につながるということについて研究が急速に蓄積され，顧客維持のための方策について関心が持たれている。

サービスの提供側にとっては，すでに継続的に取引をしている顧客層，プロモーション対応などで継続性を強化できそうな顧客層，あるいはまったく断続的にしかサービス利用のない層など，サービス購買履歴を見ることにより，顧客セグメントを識別することが可能である。そこで，各セグメントに対してどのようなサービス水準や，内容を提供していくか，顧客との取引関係に応じたセグメントのポートフォリオを形成していくことが必要となってくる。継続性を高めるために，継続的取引のインセンティブとなるような方策，たとえばポイント・プログラムなどがよく用いられるが，顧客にとってのスイッチング障壁を作り，顧客への理解を深めていくことが重要となる。

SECTION 7 サービス・ドミナント・ロジック

サービスに関連する議論として近年注目を集めているのがヴァーゴとラッシュによりアメリカの *Journal of Marketing* 誌に発表されたサービス・ドミナン

ト・ロジックという考え方である（Vargo and Lusch［2004］）。これは，サービス・マーケティングの一部の議論ではなく，むしろサービスという概念を拡張することにより，マーケティングの理論的枠組みを捉え直そうという議論である。

サービス・ドミナント・ロジックにおける第1の主張は，企業が交換するのはモノではなく，サービスでなければならないというものである。この場合のサービスの捉え方は，いわゆるサービス産業におけるサービス財ではなく，無形であり，スキルやノウハウに相当するものである。サービスという概念を使う場合に，servicesという複数形を用いず，単数形のserviceという言葉を用いて，サービス財ではなく，より抽象化された，専門能力やナレッジとしての概念であることが強調される。

マーケティングにおける価値形成という問題に対し，彼らは企業と顧客は，価値のあるものを交換するのではなく，価値は企業と顧客とが共同して作り上げるものであるとし，企業は，価値を直接作り出したり，提供する存在ではなく，顧客が使用を通じて価値を形成できるように価値を提案したり，働きかけるべきであることを主張する。

サービス・ドミナント・ロジックは，いくつかの基本的な前提（Fundamental Premise）により成り立ち，これらの前提を論点として，研究学会や学術誌上で討議を行うことにより理論的に深化させることを意図している（表23-2を参照）。関係性マーケティングの立場や，ネットワークを主張する立場からの論戦や支持に加え，ポストモダン的なマーケティングを唱道する立場や，マーケティング理論自体への貢献を志向する立場の論者たちを巻き込み，議論が活性化している。また，サービス・ドミナント・ロジックは，アメリカにとどまらず，ヨーロッパやオセアニアでの学会，フォーラムで盛んに取り上げられ，論点の明確化やロジックの拡張が試みられてきている。

TABLE 表 23-2 サービス・ドミナント・ロジックの大前提：オリジナルと追加修正版

前提	オリジナル版（2004 年）	修正版	解　説
FP 1	専門的能力とナレッジが交換の基本的な単位である。	サービス（service）は交換の基本的原理である。	オペラント・リソース（ナレッジとスキル），すなわち S-D ロジックで定義される「サービス」（service）は，あらゆる交換のための基礎である。サービスはサービスと交換される。
FP 2	間接的な交換が交換の基本的な単位を隠してしまう。	間接的な交換が，交換の基本的原理を隠してしまう。	サービスはモノ，金銭，機関の複合体として提供されるため，交換の基礎がサービスであることは常に明白であるとは限らない。
FP 3	モノはサービスの提供のための流通メカニズムである。	モノはサービスの提供のための流通メカニズムである。	モノ（耐久および非耐久消費財）は使用を通じてその価値，つまり提供するサービスを生み出す。
FP 4	ナレッジは競争優位の根本的な源泉である。	オペラント・リソースが，競争優位の根本的な源泉である。	望ましい変化を引き起こす，相対的な能力が競争を促進する。
FP 5	あらゆる経済はサービス経済である。	あらゆる経済はサービス経済である。	サービス（service）は，専門化とアウトソーシングの増加にともない，ようやく顕著になってきている。
FP 6	顧客は常に共同生産者である。	顧客は常に価値の共同創造者である。	価値創造は相互作用的であることを意味する。
FP 7	企業は価値を提案するにすぎない。	企業は価値を提供することはできず，価値の提案をするのみである。	企業は価値創造のために適用されるリソースを提供すること，および協働して（相互作用的に）価値を作り，価値提案を受け入れてもらうことのみできるが，独立して価値を作り出したり，提供することはできない。
FP 8	サービス中心的な見方は顧客志向であり，関係的である。	サービス中心的な見方は，本質的に顧客志向であり，関係的である。	サービスは，顧客が決める，顧客のベネフィットという点において定義され，協働されるものであるので，本質的に顧客志向であり，関係的である。
FP 9	組織は，微細に専門化された能力を，市場で需要されるサービスの複合体として，統合変換するために存在している。	すべての社会的，経済的行為者はリソースの統合者である。	価値創造の文脈は，複数のネットワークのネットワーク（リソースの統合）であることを意味する。
FP 10		価値は，常にそれを受けるものによって唯一無比に，また現象学的に決定される。	価値は恣意的で，経験的，文脈的であり，意味が含まれているものである。

（注）オリジナル版とは，Vargo and Lusch［2004，2006］を指し，青字表記は修正版（Vargo and Lusch［2008］）での改訂部分である。FP：Fundamental Premise の略。
（出所）Vargo and Lusch［2008］，p. 7 より作成。

Chapter 23 演習問題

EXERCISE

❶ サービスの特徴について整理してみよう。

❷ サービス産業のうち，1つ企業を取り上げて，サービス・エンカウンターについて調べてみよう。

❸ 需要変動の大きいサービス業種を取り上げ，どのようなマーケティング戦略を策定，実践しているか調べてみよう。

第24章 インターネット・マーケティング

ICT の発展と普及は，人々の相互作用を強め，
マーケティング・ミックスの各要素における
意思決定へも，大きな変化を与えている。
（Lehtikuva/PANA 通信社提供）

CHAPTER 24

インターネットは，電話線や電線と同様に，現代社会における１つのインフラである。このインターネットという情報通信網インフラを介して生成され，相互作用的に交換され加工される情報は，量として膨大であるだけでなく，マーケティング計画に多大な影響を与えてきた。情報の活用の重要性は増し，顧客の重要性は増し，インターネットの存在を無視したマーケティング計画は，もはやありえない時代となりつつある。本章では，インターネットとマーケティングの関係を，主として，相互作用と情報に注目して紹介したうえで，今後の展望についても議論しよう。

INTRODUCTION

KEYWORD
FIGURE
TABLE
COLUMN
EXERCISE

KEYWORD

IT　情報通信技術（ICT）　コミュニティ　電子商取引（EC）　相互作用　プロシューマー　インターネット調査　バイアス　傾向スコア　ソーシャル・ネットワーキング・サービス（SNS）　ブログ　脱中間業（者）　情報中間業（者）　電子マネー　クロスメディア戦略　情報過負荷　メディア性

SECTION 1 情報通信技術の発展とマーケティングへの影響

インターネットは，情報通信のネットワークである。ブラウザを用いてヴァーチャル空間を回遊する行為を「インターネット」ということもあるが，本章では，インフラである情報通信網として，インターネットを考える。

インターネットの発展と拡大

当初 IT（Information Technology：情報技術）として政策を論じた総務省が2004年に ICT（Information and Communication Technology：情報通信技術）と概念を拡大したことからも，そして情報通信網そのもの，およびその周辺に関わる技術の発展は目覚しいことがうかがえる。この情報通信技術の発展がマーケティング戦略に与えてきた影響を，まず順に紹介しよう。

インターネットの研究は，ハンソンによれば，1969年にカリフォルニア大学ロサンゼルス校とスタンフォード大学間で ARPA（Advanced Research Project Agency，アメリカ国防総省の国防高等研究計画局）ネットをベースに稼動したことに端を発する（ハンソン［2001］）。その後インフラ，プロバイダー，コンテンツ，ソフトウェアなど諸側面での技術発展を経て，アメリカを中心に世界レベルでインターネットが普及している。

日本におけるインターネットの歴史を語る際，ニフティ株式会社（1986年当時，エヌ・アイ・エフ株式会社）のフォーラムを忘れてはならない。1980年代，パソコン通信と呼ばれるテキストをベースとしたコミュニケーションが行われていたコミュニティが存在しており，その時代に圧倒的なマーケット・シェアを保有していたのがニフティ・フォーラムである。このニフティ・フォーラムはマーケティングのみならず社会学や経済学の見地からも研究されており，池尾や石井と厚美によって示されたケースにあるように，今日でも大きな影響をもっているといっても過言ではない（池尾編［2003］；石井・厚美編［2002］）。他方メインフレーム・コンピュータのネットワークとして，JUNET（Japan University Network）と呼ばれる大学間で接続されていたネットワークも，1980年代半ばには存在していた。JUNETはまず，東京大学，東京工業大学，そして慶應義塾大学間でネットワークが構築され接続され，その後全国にある大学へと展開されていった。

インターネットの第1ブレイクは，1994, 95年ごろであり，ウィンドウズ95というパソコンのオペレーティング・ソフト（OS）が発売された時期と考えることができる。ウィンドウズ95発売前夜の行列騒動を記憶している方も少なくないだろう。それ以降，新しいOSがマイクロソフトから発売される度に，行列が話題となっている。それまでのMS-DOSやPC-DOSというテキスト・コマンド・ベースのOSから，ユーザービリティの優れたGUIのOSへと変わったのみならず，ネットワーク接続が容易になったのが大きな要因であった。

第2のブレイクは，1997, 98年のインターネット・ブームである。ネット・バブルとも呼ばれたこの当時，電子商取引（EC）やITベンチャーなどのドット・コム企業と称される企業が多数登場し，またプロバイダーの数も急増した。それまでアメリカにおいては，クリスマス・シーズンの数週間前にショッピング・リストを持って百貨店に買い物に行っていたスタイルから，家庭で電子商取引サイトからクリックしてクリスマス・ギフトを決めて発注するというスタイルに変わったり，このeクリスマスと呼ばれた現象は，非常に印象深かった。

そして第3のブレイクは，2001年ごろから始まったブロードバンドの普及である。ADSLを主としたブロードバンドと呼ばれる高速通信網の普及である。従来のモデム接続の場合は接続時間をベースとした従量課金制であったが，ブロードバンド接続になり，何時間接続しても一定という月額固定制へと料金体系が移行した。その結果，ユーザーは24時間インターネットに常時接続するようになった。これらの高速通信と常時接続という2大特性は，それまでのインターネットの活用方法を大きく変化させ，情報，通信，放送，商業などの融合を加速することになる。高速通信によりテレビ番組や映画や動画などの容量の豊かなコンテンツをインターネットを介して視聴することができるようにな

FIGURE 図 24-1 ● 3 つの相互作用

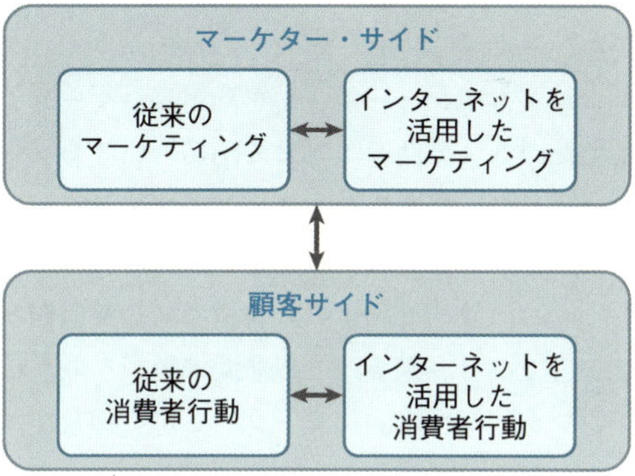

り，JAVA や Flash などを用いて豊かに表現され実物と変わらない，また自由に色や形を変更しシミュレーションできる製品やサービスのサイトなど，インターネット上のコンテンツは日々発展している。そしてこの発展は，FTTH (Fiber To The Home) と呼ばれる ADSL より高速の光ファイバー接続が 2005 年ごろから普及し，さらに加速されている。

1990 年代中盤のインターネットの第 1 ブレイク時は，インターネットは情報技術とみなされ，マーケティングでの活用は，ホームページか検索ポータルサイトでのバナー広告程度であった。しかし第 2 そして第 3 のブレイクの時期になると，情報通信技術の発展がマーケティング戦略に影響を与えるようになり，その源泉である 3 つの**相互作用**（インタラクション）が生成されるようになってきた（図 24-1）。

マーケター・サイドの相互作用

1997, 98 年の第 2 のブレイク時には，流通戦略，販売促進，CRM など幅広くマーケティング計画において，インターネットが活用されるようになった。脱中間業などが叫ばれたのも，この時期である。しかし当時，企業において，インターネットを活用したマーケティングを担う組織と，従来のマーケティングを担う組織が融合している，という状況ではほとんどなかった。前者は情報関連部門が，後者は市場・製品・広告企画部門が，やや独立に運営していた組織が多数であった。したがって，この時代のインターネットを活用したマーケティング活動には，やや従来からのマーケティング活動と独立性が感じられるものが多かった。

従来のマーケティングとインターネットを活用したマーケティングが本格的に相互に関連し始めたのは，今世紀に入ってからの第3のブレイク以降である。次に述べる2つ目の相互作用である顧客サイドのブレイクが，高速通信と常時接続を可能にしたブロードバンドにより発生した。それは，インターネットが特別なインフラでなく，一般的な高速で大容量の情報通信網として多数の人々に活用され始めたからである。企業内で組織間の垣根を取り払い，従来型とネット型マーケティングを相互作用的にマーケターが管理しなければ，マーケティング効果が期待されなくなってきたのである。

顧客サイドの相互作用

顧客が製品やサービスを契約したり購入したりするのは，その顧客が直面している問題を解決するためである。たとえば，のどが渇いている問題を解決するために清涼飲料水を購入したり，マーケティング情報を効率的に検索する問題を解決するために情報システムを更新したりするのである。

顧客が問題解決するためには情報収集が必要である。従来は，店頭，広告やパンフレット，店員や営業担当者が情報源であったが，ブロードバンドが企業そして家庭に普及し，いまやインターネット上の無数のサイトが初めに探索される情報源となっている。ネット上のサイトで収集した情報を確認し，補完するために，従来の店頭や営業担当者が相互作用的に活用されているのである。

この情報収集は，製品やサービスの特性や機能に関する情報にとどまらない。ある企業の製品をその企業のホームページで検索して情報収集し，他の企業の製品に関しても情報収集することで，顧客が店頭の販売員や営業担当者に聞かなくても，顧客自身で比較することができるようになった。さらには，さまざまな製品やサービスを比較した情報を提供する比較サイトが登場してきた。その結果，顧客は容易に比較し，各製品やサービスに対する態度をインターネット上で構築することができるようになった。インターネット上では製品やサービス比較に加えて，価格も比較できるサイトが存在するようになってきた。その結果，事前にインターネット上で態度を形成し，そして価格比較サイトで選択対象の製品やサービスを最安値で提供する電子商取引サイトを決定し発注する，あるいは最安値で提供する店舗に出向し購買する，というインターネット上で大部分の購買行動が完結することもできるようになった。

マーケターと顧客の相互作用

第1と第2の相互作用は独立ではなく，自然に第3のマーケターと顧客の相互作用を創出することになった。**プロシューマー**と呼ばれる卓越した知識を持つユーザーや，アルファブロガーと呼ばれる多数の消費者にコミュニケーション効果を持つ消費者を無視して，マーケターがマーケティング戦略をデザインすることが困難になってきており，マーケターと顧客の相互作用を考慮してマーケティング戦略が構築されているのである。

これら情報通信技術の発展に起因する3つの相互作用において留意しなければならない側面は，情報流である。この点に関しては，後節にて述べることにする。

次節では，インターネットがマーケティング・リサーチに与えた影響を紹介し，第3節以降で，4Pと呼ばれるマーケティング・ミックスの各要素（製品政策，流通政策，価格政策，コミュニケーション政策）に与えた影響を紹介し，最後に情報通信技術がさらに進展した環境下でのマーケティング戦略の課題について述べることにする。

SECTION 2 マーケティング・リサーチへの影響

インターネット調査

マーケティング・リサーチ，市場調査は，マーケティングの体系において，古くから存在していたサブ領域の1つである。調査員による訪問調査や該当調査，リクルーターをともなうCLT（Central Location Test）と呼ばれる会場調査といった調査デザインが，その歴史において中心的に用いられてきた。そのマーケティング・リサーチ業界そしてリサーチを活用するクライアント実務に，インターネットは多大な影響を与え，**インターネット調査**という新分野を創出した。

インターネット調査は，上述の伝統的な調査であるリアル調査と比較して，いくつかの優れた点をマーケターに提供している。第1に，インターネット調査の場合，調査コストが安価である。たとえば，あるインターネット調査企業の場合，2009年時点で，200サンプルで5問の場合，約10万円で可能となっている。この調査コストに関する限り，従来のリアル調査のコストよりきわめて低コストで，マーケターはインターネット調査を活用することができる。

第2に，調査の実査ならびにデータの納品が速い。ほとんどのインターネット調査企業が，標本数や標本選出条件にもよるが，24時間以内に納品可能である。そして納品形態は，通常，CSVなどのデジタル・ファイルであるため，集計ソフトや統計分析ソフトにそのまま読み込み，即座に分析を行うことができる。

第3に，調査設計をシステム化することができ，定点調査など定期的に同じ調査を行う場合は同じシステムを活用することができるため，このシステム化の便益はさらに高くなる。また同じ調査を行う際に，さらに低価格で調査を請け負うインターネット調査会社もある。その他にシステム構築プログラムによっては，提示する商材や質問項目をその都度発生させて乱数にもとづきランダム化することもできる。

第4に，音声や動画などを活用することができ，従来はCLTが中心だった広告のテストなどもインターネットで調査可能となり，調査の幅が広がった。またインタラクティブな調査も行うことができるため，追跡調査も容易になり，さらには同一調査内で回答条件に応じて以降の調査内容を変更するという複雑な調査も可能となっている。

第5に，被験者の立場からも，好きな時間に回答できる，インターネットにアクセス可能な場所であれば好きな場所で回答できる，という利点がある。インターネット調査は，調査サイトにアクセスして行う場合もあれば，登録している電子メール・アドレスに調査サイトへリンクするURL（Uniform Resource Locator；http://www. で通常始まるインターネット上のサイト情報）が記載されたメールが送られ，そのリンクにクリックしてアクセスする，という2つの方法がある。いずれの場合にせよ，インターネット調査に応えるには，インターネットにアクセスできる環境のみで十分な場合がほとんどである。

インターネット調査のバイアス問題

他方，インターネット調査にはいくつか問題点がある。年齢や性別を偽るといった，回答者の虚偽やなりすましの問題は，その1つである。そして最も注意が必要な問題点は，代表性の問題である。インターネット調査企業の被験者であるパネルに登録するには，パソコンを保有し，ADSLや光ファイバーなどのブロードバンド環境にあることが必要である。この条件を満たす消費者に対して，高い情報収集性向があり，高い情報発信性向があり，情報処理能力も高い，といった傾向を否定することは容易でない。この種の性向を保有する消費者は，新製品に対する受容度も高いかもしれず，イメージ型より説得型の広告を好むかもしれない。したがって，インターネット調査のパネルから収集された回答には，元来バイアスが存在する可能性がある。加えて，統計学の見地から，母集団が不明瞭である，多変量正規分布のベースとなる中心極限定理が適用されるのに必要な無作為抽出が困難である，などといった指摘もされ，総じてこれらを反映したバイアスの存在が論点となっているのである。

この問題に対応する方法にはさまざまなものがある。たとえば，バイアスに影響する要因を多変量回帰分析の独立変数に特定化しその影響度を考慮する方法や，従来の方法によるサンプル群とインターネット調査によるサンプル群をさらに詳細なサブサンプル化し，その各サブサンプル群内で比較する方法がある。

そしてもう1つ，傾向スコアと呼ばれる方法があり，これが最も頻繁に用いられている方法である。星野と森本は，傾向スコアを用いて有意抽出による調査から抽出の偏りの少ない確率抽出標本調査の結果を予測する方法を開発し，それを適用した（星野・森本［2007］）。具体的には，従来の調査方法かインターネットを活用した調査方法かという2値変数を従属変数として，バイアスに影響する多数の要因を独立変数に特定化し，ロジスティック回帰やプロビット回帰を用いて推定することで，モデルの予測値から各回答者の傾向スコアを求めることができる。それをインターネットを活用した調査の予測確率として，従来の調査方法によるものと比較しバイアスが小さくなるように調整することになる。イメージを図示したものが図24-2である。

このように傾向スコアと呼ばれるバイアスを補正するウェイトを推定し，傾向スコアをインターネット調査パネルに適用して，バイアスを補正する手法は，実務における適用も見られるようになってきた。ただし，直接分析に着手する前に，傾向スコアを推定するためにワンステップ必要とするため，まだ実務での適用は初期の段階にあるといえる。ただ，補正なしのデータに対する分析から導出された含意のリスクを考えれば，ワンステップ投じるコストは比較に値

FIGURE　図 24-2 ● 傾向スコアのイメージ

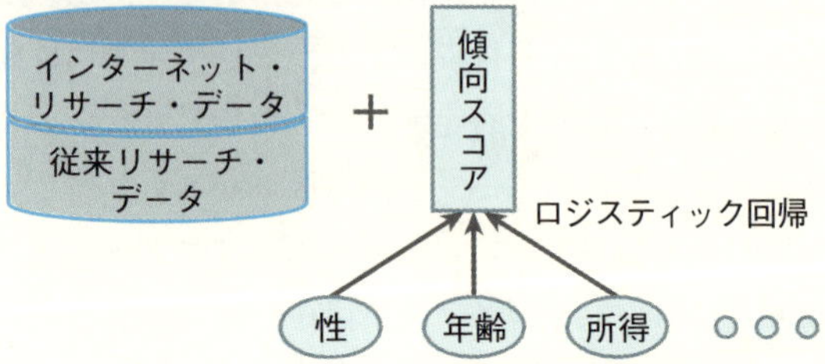

しない感があり，バイアス補正を行うことを，まず強く推奨したい。

マーケティング・リサーチにおけるその他のバイアス

統計学上，マッチングの問題として捉えることができる傾向スコアは有用であるが，もう少し大きな視点に立ってバイアスの問題を考察したい。第8章で述べたように，マーケティング・リサーチの有用性は，リサーチの結果から得られる情報に求められる。解決すべきマーケティング問題に対して効果的な追加情報を提供できるほど，そのマーケティング・リサーチの有用性は高くなる。つまり，解決すべきマーケティング問題に対して，検証すべき調査仮説を効率的に検証できる効果的な追加情報をマーケティング・リサーチから得ることが鍵である。そのためには，本源的問題として，解決すべき問題が正しく特定化されているか否かが肝要である。

言い換えれば，インターネット調査の安価性や時間効率性が過度に強調され，容易にマーケティング・リサーチを行う傾向に対する警鐘である。つまり，解決すべきマーケティング問題を注意深く特定化することなく，安易にインターネットを活用してマーケティング・リサーチしても，そこから得られる情報の有用性は低い可能性を否めない。便利なインターネットを活用する前に，いったん，立ち止まって本源的なマーケティング・リサーチの有用性，そしてマーケティング問題の所在を熟考することを，改めて強調したい。

またバイアス構造は，複雑であり異質的である点にも触れたい。井上と大西は，株式会社ビデオリサーチが，1982年12月より毎月実施し，有償で提供しているサービスの1つ，「テレビコマーシャルカルテ」を活用し，バイアス構造の識別を試みている（Inoue and Ohnishi [2001]）。質問紙のみによる従来型調査グループ，インターネットのみによる調査グループ，そして両方を用いた調査グループ間で比較を行い，3つのインターネット調査技術要因（音声，画像，インタラクティブ性）の効果そして平均構造におけるバイアスと共分散構造におけるバイアスを検討している。構造方程式モデリングにおける2つの調査手法間の平均および共分散構造の同質性・異質性検定，すなわち同質平均構造同質共分散構造，同質平均構造異質共分散構造，異質平均構造同質共分散構造，異質平均構造異質共分散構造の4つのモデルを統計的検定する方法を用いて検証が行われた。

その結果，観測変数の平均構造はインターネット調査のほうが従来型調査よりも高く推定されていることがわかり，インターネット調査において，クリエイティブ項目やイメージ項目に対するベースが高いことが示される。ところが，一連のモデル比較検定の結果，測定構造は調査手法間で同質であり差がないことが明らかになった。一般に，われわれが意思決定する際に，平均構造にもとづいて平均の値の高低を比較し意思決定することもあるが，他方，共分散構造である，回帰係数などの変動係数にもとづき変化量の高低を比較し意思決定することも多々ある。つまり，単純にインターネット調査と従来型調査には差がある，バイアスがあると結論づけるのではなく，どの部分に差があるかを慎重に検討することが必要である。インターネット調査と従来型調査では共分散構造には差がないことがこの検証結果により示されたことで，変動に注目して意思決定する場合のインターネット調査の価値は，諸々のバイアス問題を超越し，その有用性が示唆された。

インターネット調査の活用上の注意

インターネット調査は，非常に有用な調査方法である。本節の主旨は，この点を強調するものである。ただし，安易に用いるのではなく，インターネット調査のさまざまな特性，すなわち，バイアスやマーケティング・リサーチの本源的貢献，そして異質的構造などを考慮したうえで，マーケティング意思決定に活用しなければならないことも，本節のもう1つの主旨である。さもなければ，インターネット調査自体の価値が低減しかねないといえよう。真の問題は，インターネット調査の「安易な」活用にある。

SECTION 3 製品政策への影響

本節以降は，マーケティング・ミックスの各要素，すなわち製品政策，流通政策，価格政策，コミュニケーション政策それぞれにインターネットが与えた影響を紹介したい。まずは，製品政策への影響を取り上げる。

顧客と企業間ネットワークによる情報の対称化

上述した民間への最初の開放ネットである大学間通信 ARPA ネットがさらに開放され，企業間のネットワークそして顧客と企業間のネットワークへのマーケティング活用が普及したのは，ロジスティクス管理を主たる目的としてインターネットを活用した1980年代を経てからであり，実質的には1990年代に入ってからであろう。それ以前は，いわゆる顧客と企業の間に情報の非対称性が存在していた。つまり供給側の企業が保有する情報と需要側の顧客が保有する情報の乖離が大きかった。顧客と企業のネットワーク形成は，その後，大きなインパクトを，マーケティングに与えることになる。

生産財の場合，顧客が保有する情報は，自社の発注や使用にもとづくものが主であり，それ以外は取引先や関係企業といった一部の身近な企業が保有する情報を共有するにとどまっていた。消費財の場合，自らの消費経験にもとづくものが主であり，それ以外は家族や友人，ご近所の方や職場の方の消費経験情報が，顧客が保有する情報であった。つまり企業間ネットが普及する以前は，企業が保有する情報と比較して，顧客が保有する情報は限られたものであった。

1990年代前半からホームページやヴァーチャル・コミュニティ，SNS と略されるソーシャル・ネットワーキング・サービスなどを，顧客に対するコミュニケーションや広報の場として，企業がインターネットを活用して利用するようになった。この顧客と企業間のネットワークが構築されたことで，供給側企業が管理していた情報に顧客が容易にアクセスできるようになり，それ以前には存在していた情報の非対称性の程度が縮減されてきた。また積極的に企業そして自社の製品やサービスの情報を提供する傾向が起こり，非対称化の軽減そして対称化の促進が展開されていくようになった。

FIGURE　図 24-3 ● エレファントデザインが運営する空想生活サイト

About CUUSOO　　空想生活について／初めての方へ

空想生活へようこそ！あなたの「ほしい」をかなえるサイトです。

きっかけ

本当に欲しいものほど
売っていなかったりする。
世の中にないのなら
自分たちでつくってしまえば
いいんじゃないか？

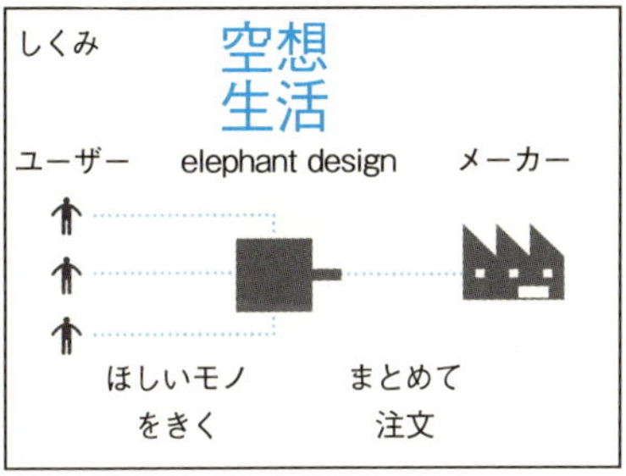

（出所）　エレファントデザイン，空想生活ホームページ（http://www.cuusoo.com/）。

プロシューマーの出現

この対称化を一因として，「プロフェッショナル：専門的」という語と「コンシューマー：消費者」という語が合成された「プロシューマー」と呼ばれる，専門的な高い知識を保有する顧客が出現してきた。このプロシューマーの出現により，顧客であるプロシューマーと企業が，積極的な相互作用を行うことで製品を開発するという，従来になかった新しい製品開発の方法が創出された。あるパソコンの主要オペレーティング・ソフトの開発では，ベータ版と呼ばれるリリース前のオペレーティング・ソフトをリード・ユーザーであるプロシューマーに配布し，試用してもらい，フィードバックを得るという積極的な相互作用の仕組みを通じて，製品改良に反映し，最終的なリリース版を開発し市場に導入するという試みを行っている。

また，プロシューマーのようなハイエンド顧客にアプローチする以外にも，普通の消費者が会員となっているソーシャル・ネットワーキング・サービスを活用し，プロシューマーでない一般会員から商品のアイデアを募集し，企業がそのアイデアを採用し商品開発する例もある。エースコックは，ミクシィで2007年6月に公募し，同年12月に2種類の商品を発売しており，さらに第2弾を2008年4月に行っている。

良品計画やエレファントデザインのような非製造業が，開発してほしい商品

COLUMN 24-1 日産自動車：TIIDA

1999 年 3 月に日産とルノーのアライアンスが締結された。そして 2006 年時点で，日産が約 350 万台そしてルノーが約 240 万台のグローバル販売実績を上げ，合算すると市場シェア 9%，世界第 4 位の地位を構築している。その日産の TIIDA（ティーダ）は，2007 年上期販売台数実績において約 21 万台を記録し，ティーダのハッチバックとセダンそして北米のヴァーサと東南アジアのラティオを含めて，世界で一番売れている日産車となった。このティーダのブランドの由来は，英語で「自然の調和・潮流」を意味する「TIDE」からの造語であり，読み方は，沖縄の言葉で「太陽」を意味する「ティーダ」から取られている。

日産は，顧客価値をブランド・バリュー，プロダクト・バリュー，セールス・バリュー，マーケティング・バリューと捉えており，2 つ目のプロダクト・バリューをさらに，物理的価値として測ることができるフィーチャー・バリューと，数値に置き換えられないノンフィーチャー・バリューに類型化している。ティーダの場合，後者が多く，シートに丁寧に縫い込まれたダブル・ステッチ，やわらかいけれどホールド感のあるシートの座り心地，座ったときのフロント・インストルメント・パネルとの間の絶妙な距離感など，顧客に伝わりにくい価値を，いかに訴求しマーケティングしてきたかという点に関して，マーケティングのエクセレンスが豊富である。

「コンパクト・ミーツ・ラグジュアリー」というコピーに代表される「高級コンパクトカー」が，ティーダのキーワードである。そのコンセプトは，一貫したマーケティング戦略により伝達された。「上質で広いキャビンをもったコンパクトカー」というポジショニング，「クラスを超えた上質で広い室内と躍動感あるエクステリア」というベネフィット，「既成概念にとらわれず，新し

のアイデアを消費者から募集し，そのアイデアに対してある程度の数の消費者の賛同を得れば，同社が仲介役となって製造業者を探し，適切な製造業者に製品開発を依頼し，同社のサイトで開発商品を販売する場合もある（図 24-3）。この製品開発過程は，消費者が開発に参画しているという新規性に加えて，第 19 章で紹介された投機と延期の視点からも興味深い。すなわち，良品計画にせよエレファントデザインにせよ，一定数の潜在顧客が顕在化しアイデア賛同されるまで生産発注を行わないため，在庫リスクが低い。また同社から製造を

いモノを自分のライフスタイルを視点に選ぶポスト・ファミリー」というターゲット，そして新聞からインターネットまで多様なメディアを効果的に組み合わせる「深くて広い」タッチ・ポイントが仕掛けられた。

「コンパクト・ミーツ・ラグジュアリー」をコンセプトに，断層世代に人気の雑誌で，高品質なカメラ・高級家具・オーディオのブランド品をティーダと対比させることで「深い」訴求をしつつ，Charと小西真奈美をキャスティングしたウェブ・ドラマ「DUAL FEEL」などによる「広い」タッチ・ポイントの拡大が試みられた。

ウェブ・ドラマは，累計100万件以上のアクセスを記録し，購買層とネット・メディアの親和性が確認され，ビジネス・ブログ「ティーダブログ」が誕生した。これは，「日産自動車の山本です。」で軽快に始まる，ビジネスに活用したおそらく最初のブログである。ブログは，従来のホームページと異なりフォームやリンケージの共通性が高いため，感想や出来事を日記風に記録している，多くは個人によって管理されるインターネット上のホームページの1つの形式である。したがって，ビジネス・ブログは，視聴者とやや距離があるマスメディアと異なり，パーソナル性が高く知覚され親近感が高いメディアである。伝わりにくい価値を伝えるには，低い抵抗の伝わりやすいメディアの活用も重要であっただろう。

発売からわずか2週間で1万台突破をしたティーダのマーケティング戦略は，豊富なエクセレンスに満ちている。

（参考文献）新発想マーケティング研究会［2008］『なぜ，ティーダは世界で一番売れている日産車になりえたのか？』幻冬舎。「日産自動車株式会社」ホームページ。

依頼される製造業も受注生産なので，在庫リスクが低い。アイデアに賛同した消費者も，製品特性を理解したうえで発注するので，取得リスクが低い。企業と顧客の相互作用を通じて，企業サイドでも顧客サイドでもリスクの低い，投機的でも延期的でもない生産の意思決定過程が発生しているのである。

顧客間の相互作用

プロシューマーの出現は，企業サイドのみならず顧客サイドにも影響を与えている。日経産業地域研究所が2007年12月に行った調査によると，温泉やレジャー施設，旅行や観光スポット，ゲームなどに関しては，インターネット上での書き込みである「口コミ」の影響を購買時に受けた消費者が，約20～35％存在していることが示されている。インターネット上で口コミが発生するサイトは多数あるが，日記形式のホームページであるブログが一般的であろう。ブログは，ウェブログ（Weblog）の略であり，様式が統一されているため容易に自分の意見や考えなどをブログというホームページに掲載することができる。またブログには，他者がコメントを書き込む機能や，他者に自動送信するトラックバック機能があり，情報の相互伝播を促進する構造が内包されている。このブログを介して，口コミの流通が促進されるようになった。そして，多数の他者にアクセスされ，コメントされ，時にはトラックバックされる有名ブログ管理者，すなわちアルファブロガーと呼ばれる消費者が出現するようになった。近年では，このアクセス数が多いアルファブロガーの情報を活用して製品開発したり，マーケティング・コミュニケーションしたりするマーケティング計画も出現するようになってきた。インターネットの普及による3つの相互作用は，製品開発のアイデア情報源も顧客サイドにあり，そしてコミュニケーション・メディアも顧客サイドにある，というこれまでにないマーケティング環境を創造しているのである。

SECTION 4 流通政策への影響

製造された製品が消費者に届けられるまでの流通構造であるマーケティング・チャネル構造は，製造業者，流通業者，消費者，そして倉庫や保険などのサービス業者と政府・公共機関から構成されるが，単純化すると，製造業者，中間業者，消費者にまとめることができる。この流通チャネル構造にもインターネットは，大きなインパクトを与えてきた（図24-4）。

脱中間業

インターネットがビジネス分野に普及し始めた1990年代中ごろに頻繁に聞いた言葉の1つに，「脱中間業＝ディスインターメディエーション」がある。つまり，製造業者がインターネットを介して，ホームページなどで電子商取引を直接行うようになり，中間業者が不要となる，という論点である。

FIGURE 図 24-4 ● 流通チャネル構造の変化

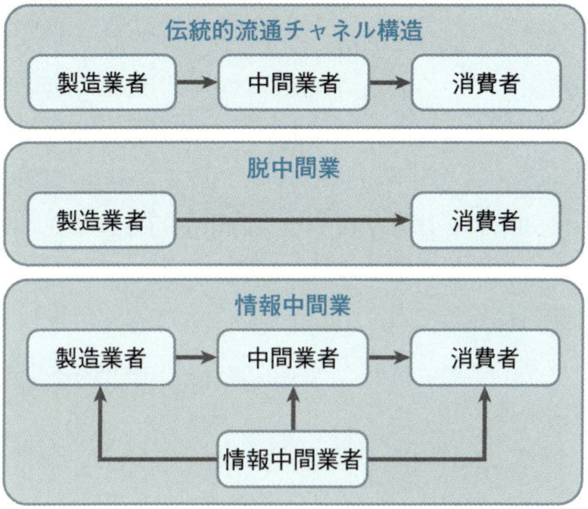

もちろん，脱中間業が市場を席巻するような事態に至っていないことは，今日の状態から明らかである。しかし経済産業省が毎年行っている電子商取引に関する市場調査の 2008（平成 20）年度版によれば，インターネットのみによる商取引に限定した狭義の企業間 B to B 電子商取引の2006（平成 18）年市場規模は 148 兆円，2007（平成 19）年には 162 兆円，そして 2008（平成 20）年は 1.7% 微減の 159 兆円となっている。VAN や専用回線も含む広義の企業間 B to B 電子商取引市場規模は，2006（平成 18）年度が 231 兆円，2007（平成 19）年度が 252 兆円，そして 2008（平成 20）年度が 1.5% 微減の 248 兆円と推計されている。そして製造業者の構成比率は 2006（平成 18）年度が約 56%，卸売業者の比率は約 30% から，2008（平成 20）年度には製造業者の構成比率は約 57%，卸売業者の比率は約 31% となっている。この構成比率をもって，主体がどの組織かに注目する脱中間業の程度を議論することも可能であるが，組織主体よりむしろインターネットの活用の仕方に焦点をあてるほうが有用かもしれない。

情報中間業

この見地からすれば，本章で何度も述べてきたインターネット活用の本質である「情報」に注視することになり，「情報中間業＝インフォメディエーション」が鍵となる。インターネットが出現する以前から中間業者は，売り手と買い手の間に立って需給整合を行っており，情報を活用してマッチングを行っていた。ただ，もっぱら中間業者が取引している需給情報が，その活用情報の範疇であった。インターネットという開放ネットワークにより，組織取引を越えオープンとなり，個（人あるいは物）レベルで，幅広く，そして詳細に利用可能になり，この情報のみを活用し中間業者として存在する「情報中間業者＝インフォメディアリー」が出現した。この情報中間業者は，消費者に対してのみ情報を提供するわけでない。製造業者に対しても，中間業者に対しても，情報を提供する。すなわち，すべての流通チャネル構成メンバーに対して情報を提供し，流通効率性を高めているのである。

最たる例が，価格.com（http://kakaku.com/）である。価格.comでは，所有権フローをともなう売買は行われない。物的フローをともなう物流も発生しない。存在するのは情報流のみである。この情報流にのみもとづくサイトの2009年9月時点の総ページビューは月間約2000万人，週当たり約500万人，1日当たり約70万人のユーザーがこのサイトを利用している。おそらく，これだけの数の来店者数を1店舗で計る小売店舗は，日本には存在しないであろう。商流（売買）も物流もともなわない情報流のみにもとづき存在する中間業者，インフォメディアリーの存在はインターネットが可能ならしめたといって過言ではなかろう。そしてこの情報中間業者により，価格.comを利用する消費者のみならず，製造業者も，そして卸売業者や小売業者などの中間業者も，経営の効率性を達成しているといっても過言ではなかろう。

流通チャネルとインターネットの相互作用

商流や物流をともなう消費者向けB to C電子商取引市場についても，顕著な傾向がある。上述の2008（平成20）年度経済産業省調査によれば，B to C電子商取引の規模は日本では約5兆円強であり，アメリカの約18兆円強と比較して，まだ成長の余地があると考えることができる。現在では総合小売や情報通信関連が額としては大きいが，前年比にもとづけば，食品小売や衣料・アクセサリーそして医薬化粧品が30％以上の成長をしている。その理由として，物流インフラの整備にともない参入障壁が小さくなったこと，製品の差異に関する判断が難しいことなどが考えられるが，加えて，従来の流通チャネルを代替するのみならず補完している点も大切であろう。

中間業者のみならず製造業者を含むすべてのチャネル・システム構成主体は，流通の側面における情報の重要性に対応する流通戦略を構築することが必須である。製造業者もインターネットを介しての流通や物流チャネルを，中間業者は代替あるいは補完手段としてインターネットを介したチャネルを，そして顧客はインターネットを介して享受することができる情報流を活用し，顧客にとって効率的な行動を行うことを，製造業者と中間業者は勘案しマーケティング戦略を計画しなければならない。

SECTION 5 価格政策への影響

企業の価格政策と電子マネー

情報通信網としてのインフラであるインターネットにおいて，ここ数年間で価格政策に大きな影響を与えてきた情報通信技術の1つが**電子マネー**である。

電子マネーのうち，2009年9月末現在（表24-1），利用可能個所数約12万カ所以上という最大の加盟店数を誇るのが，ビットワレットが運営しているEdy（エディ）であり，約5200万枚が発行されている。そして次に発行枚数が多いのが，JR東日本が運営するSuica（スイカ）であり，約2400万枚が発行され，約12万カ所で利用可能となっている。電子マネーは発行主体が多様である。Suica同様に鉄道系では，首都圏の私鉄が中心となっている株式会社パスモが運営するPASMO（パスモ）がある。流通企業が主体となって発行している電子マネーには，セブン&アイ・ホールディングスが運営するnanaco（ナナコ）とイオンが運営するWAON（ワオン）がある。nanacoは累計発行枚数が900万枚であり，2009年9月末の決済件数が3500万件と決済では最大規模である。WAONの累積発行枚数は1130万枚でnanacoを上回っおり，同月決済件数も約2500万件と，Edyとほぼ同規模の決済規模を計上している。クレジット会社も電子マネーを運営しており，JCBはQUICPayを，三菱UFJニコスはSmartplusを，そしてVISAはVISA Touchをそれぞれ発行している。また通信事業を主たる業務としているNTTドコモはこれらクレジット会

TABLE 表 24-1 ● 電子マネーの利用状況

	名　称	運営主体	2009年9月末 決済件数（万）	2009年9月末 累計発行枚数（万）
流通系	ナナコ	セブン＆アイ	3500	900
	ワオン	イオン	2530	1130
交通系	スイカ	JR東日本	2837	2735
	パスモ	関東の私鉄・バスなど	1228	1342
その他	エディ	ビットワレット	2500	5200

（出所）『日本経済新聞』2009年10月27日付に加筆修正して作成。

社と提携し携帯電話での後払いの電子マネー・サービスであるiDを運営している。おサイフケータイであるEdyは前払いのプリペイド・チャージ式でありiDとは異なる電子マネーであり，また携帯端末によっては両機能を保有するものも少なくない。

そして特筆すべきは，銀聯（ぎんれん）である。銀聯は，厳密には電子マネーではなく，中国の各銀行が発行したキャッシュカードによる決済サービスである。しかし，クレジットカードの普及率が低い中国では，実際には電子マネーに近い性質を帯びていると考えることができる。銀聯が注目に値するのは，中国国内での利用の現状に加えて，日本において急速な普及をしているからである。2006年6月まではほとんど利用可能な加盟店が日本国内にはなかったが，2009年1月時点で加盟店数は1万2000を超えた。加盟店は，空港免税店，百貨店，量販店，ホテル，レジャー施設，商店街など業種や業態を問わず伸張している。さらに，日本国内での決済金額は，2006年8億円，2007年40億円，そして2008年には100億円を超える見込みである。この急成長の原因として，来日が急増している中国からの観光客にとって，銀聯で決済すれば消費税が非課税になる便宜性があるからである。

価格比較サイトの影響

しかしながら，銀聯に限らず，さまざまな日本の電子マネーにおいても，企業が価格政策を計画する際，興味深い現象が生じていると考えられる。それは，本章第1節の顧客サイドの相互作用にて述べた価格比較サイトの存在である。企業サイドからすれば，価格統制力が低下傾向にあるといえる。同じ型番の製品であれば，その製品の機能そして品質は同水準であり，顧客はどこの店舗で購入しても同じ品質の製品を入手できるため，顧客はより安い店舗や電子商取引サイトへと選好を形成するようになり，小売業間の価格競争は激しく，ひいては製造業者も小売や卸売からの圧力から低価格化しなければならなくなっている。

消費者サイドにおいては，価格感度が高くなっているといえる。価格比較サイトである価格.comにて網羅されている製品やサービスは，2009年6月時点で約4万点あり，非常に多くの製品やサービスに関して，ある程度の価格比較できるようになっている。事前に製品やサービスに対して態度形成をしているにせよ，態度が未形成にせよ，価格比較サイトをアクセスし価格情報を入手することは，態度形成に影響を与えることになる。すなわち，価格情報を参照することにより，価格感度が自然と高くなる効果を与えているのである。

情報通信技術としての電子マネーに加えて，インターネットを介して得ることのできる価格情報によって，消費者の購買行動そして価格感度は変化し，よって企業のマーケティング活動，とくに価格政策は，多様化する情報通信技術環境に対応したものでなければならなくなっている。

SECTION 6 マーケティング・コミュニケーション政策への影響

マーケティング・コミュニケーション政策は，広告，販売促進，広報，人的販売をミックスして行われる。販売促進ツールも多様化しICTが活用される文脈も増え，人的販売においても情報ベースの営業活動など，インターネットの影響は多大である。これらのうち，予算規模や市場規模の見地から最大のものは，広告市場であり，本節では広告市場に焦点を当てることにする。

広告市場の変化とクロスメディア戦略

広告政策の多くは，テレビ，新聞，雑誌，ラジオから構成されるマス4媒体を介して計画されてきた。しかし電通資料によれば，2004年にインターネット広告費がラジオ広告費を抜いた。同社は2005年に，同年のインターネット費の総額を約3600億円と推計し，2009年には5000億円に成長すると予測していた。だが2007年にはすでに，その市場規模は6000億円に達

FIGURE 図 24-5 ● 各メディアの受信契約数と利用世帯数

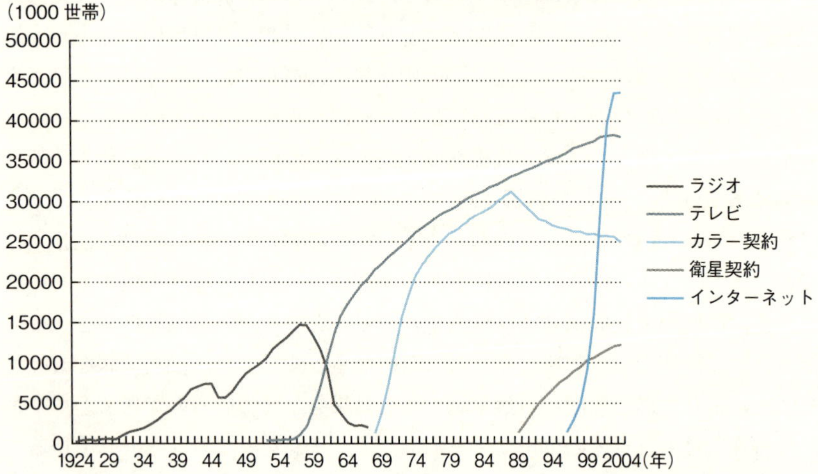

(注)「カラー契約」「衛星契約」は「テレビ受信契約」の内数。ラジオ受信契約は 1968 年に廃止された。

(出所) 受信契約数：日本放送協会「放送受信契約数統計要覧」，インターネット利用世帯数：総務省「通信利用動向調査」，「住民基本台帳に基づく人口，人口動態及び世帯数」をもとに計算。

し，この時点で雑誌広告費を抜き，第 3 番目のマス媒体としてインターネット広告は成長するに至っている。なお，この 6000 億円には制作費も含まれている，という点に注意が必要であるが，その急成長は疑う余地がなく，同社資料では 2008 年のインターネット広告費の総額は，約 7000 億円にまで成長してきた。

インターネット広告市場の成長とともに，**クロスメディア戦略**という概念が台頭してきた。クロスメディア戦略には明確な定義が確立されていないが，多様なメディアを相互に活用したコミュニケーション戦略である，といえる。インターネット広告は，1990 年代の GIF 技術をベースとしたバナー広告から大きく発展し，フラッシュなどを用いて非常にリッチなコンテンツが提供されてきた。カンヌ国際広告祭でもサイバー部門として，独自領域が承認され 10 年が経とうとしており地位が確実に向上している。テレビ CM の 15 秒や 30 秒という時間制約，テレビや新聞の媒体費の制約，自社ホームページなどでは自社で管理できるという媒体性など，インターネット広告は便宜性が高いことが一番の理由であろう。

これらの広告市場からインターネットを検討することに加え，日本放送協会と総務省資料から各メディアの利用世帯数を示したのが図 24-5 である。ラジオは普及のピークを迎えるのに約 35 年要し，カラーテレビは 20 年要した。インターネットの普及の速度は，すでに 4500 万世帯が利用していることから，やや減衰することが予想されるが，ここ 10 年での普及の速度は，ラジオやテレビと比較して，特筆に値することは明らかである。

メディア性を考慮したコミュニケーション戦略へ

多様化するメディアを活用したコミュニケーション政策を計画することは当然の成り行きである。しかし，2 つの警鐘をあえて鳴らしたい。第 1 は，クロスメディアとマルチプルメディアは異なるという点である。多様なメディアを複数活用するだけならばマルチプルメディアであり，ICT のインパクト以前から存在しているアプローチである。ICT は情報通信ネットワークであり，相互作用性やオープン性が大きな特徴である。マルチプルでないクロスなメディア計画を意識する必要がある。

第 2 の警鐘は，受け手側に関するものである。ICT により世の中に流通している情報量はかつてないほどに増加した。受け手である消費者において，情報過負荷が生じていることは明らかであろう。これまで以上にメディアに対して「ながら」接触が多いこと，ナンバーワンやランキング情報といった「要約情報」の効果が増加していること，マスメディアをベースとする情報より口コミなどの「パーソナルなメディア」に注視して「信頼性があると思われる」情報が収集されていること，などいずれも情報過負荷を原因とする現象であると考えている。図 24-6 は，総務省が発表したメディア別の情報消費率と情報受信率のプロット図である。携帯電話や書籍は，情報受信率も高く情報消費率も高いが，本章で焦点を当てているインターネットは，多くの情報を受信しているにもかかわらず，その消費は低くとどまっている。これは情報過負荷の 1 つの根拠となろう。

マーケティング・コミュニケーション政策の大目標は，伝えたいことを標的オーディエンスにきちんと伝えること，である。情報過負荷の環境下で，この

FIGURE 図 24-6 ● メディア別の情報消費率と情報受信率（2007 年度）

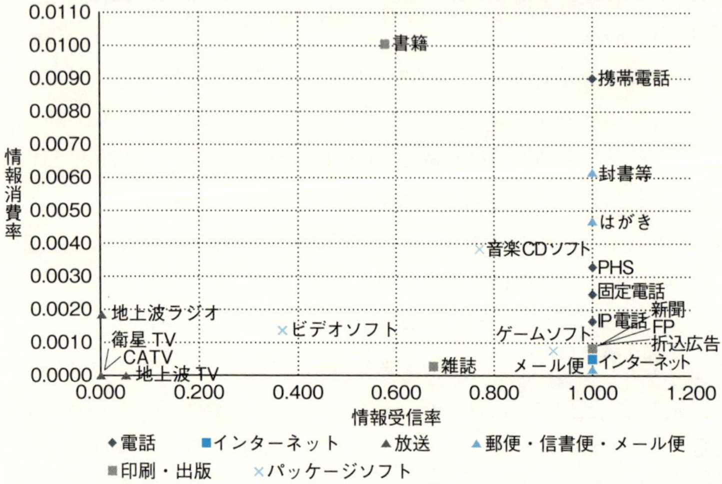

大目標を達成することは容易ではなかろう。これを遂行するために，筆者はオーガニック・コミュニケーション・ミックス戦略を提案しており，メディアそしてオーディエンスを有機的に認識して媒体計画を行うのが鍵と考えている。そこでは，知識構造化をコミュニケーション目標として据え，構造化の促進要因であるソサイアタル性と共感を首尾よく戦略に取り入れていくことが，ブランド広告に加えてブランド広報が大目標を達成するのに有効であると考えている。

マーケティング・コミュニケーション政策は，いっそう，受け手を勘案して計画しなければならなくなってきている。その際に，表現も，クリエイティブも，より受け手志向にならざるをえないであろう。そしてメディア計画においては，多様化するメディアの**メディア性**を考慮し，再び受け手志向で行われなければならないであろう。

SECTION 7 今後の方向性

日本において第一次産業革命が起こってから現在まで，約100年強である。そして情報通信技術が民間に広く開放されて，たかだか20年弱である。過去100年のうち直近20年間のICT環境がマーケティング戦略に与えてきた影響を，本章で論じてきた。今後のマーケティング戦略構築において，ICTはさらに鍵となる可能性は高い。だがあえて，マーケティングの本質は不変であることを，第1に述べたい。

ICT環境がマーケティング戦略に与えてきた技術的側面のみが，ややもすれば特筆される傾向にあるが，技術に加えて，情報の側面を軽視してはいけない。マーケティング戦略構築に影響を与え必要とされる情報，戦略構築を支援する情報，戦略そのものを統制や修正する情報など，ICTの発展により戦略構築の際に活用する情報の量も質も，さらにマーケター・サイドや顧客サイドを問わずスコープも，膨大に拡張した。この多大な情報の活用方法が多様化したため，局所に注目すれば，ある技術の先進性のみが特筆されよう。しかし，マーケティングに関わる情報の活用方法の本質は不変である。競合他社も同様に，情報を活用可能であるがゆえに，情報をより正しく活用することが鍵となる。この正しい情報活用に指針を与えてくれるものが，マーケティング知識そしてマーケティング力そのものである。デジタルであるがゆえに，アナログであるマーケティングに関する知識と力が効果的に機能するのであり，ゆえにマーケティングの本質は不変と考えられるのである。

ただ本質は変わらないだけではない。マーケティング意思決定に要求されるスピードは，確実に速くなっていく。これが留意すべき第2の方向性である。ICTの発展スピードにかげりはみられない。ハードウェア，ソフトウェア，ネット・ミドルウェアなど常にどこかで何かが進展している。これらICT環境の展開に加えて，その活用環境も変化している。これらに比較して，組織の意思決定の速度はどうであろうか。むしろ，意思決定スピードが速くなっている組織と，以前と同じ程度のスピードのままの組織とに分化していると感じている。この組織の負の慣性を破壊しなければ，本来組織が活用すべきICTから大きく乖離してしまい，ICT から組織が相手にされない環境が生じる可能性がある。

最後に ICT 環境下では，3 つの相互作用（マーケター・サイド間，顧客サイド間，そしてマーケターと顧客間）の情報を管理することが肝要である。いずれもマーケティング競争優位性の源泉に溢れた情報源である。これらを管理しなければ，環境対応は困難である。

Chapter 24 ● 演習問題 EXERCISE

❶ 興味のある企業を取り上げ，その企業のコミュニケーション政策，流通政策，製品政策などのマーケティング活動において，どのようにインターネットが活用されているかを考えてみよう。

❷ ある業界の企業数社を取り上げ，各社のホームページを比較し，それぞれのホームページの特徴を考察してみよう。

❸ インターネットを活用し企業が得ることのできる情報を，どのようにマーケティング戦略に用いることができるかを議論してみよう。

❹ 顧客の立場から必要とされる情報を，どのようなマーケティング活動によってどのように提供されたいかを検討してみよう。

第25章 マーケティングにおける社会性と倫理性

たくさんのぬいぐるみを世界中のこどもたちに贈る，
フェリシモのハッピートイズ・プロジェクト。
中国四川省のこどもたちへ贈られた際の写真。
（株式会社フェリシモ提供）

CHAPTER 25

今日，企業は経済活動を行ううえで，社会のなかで責任を果たし，貢献を行っていくことが求められている。社会倫理に反する行動を行う企業は存続を許されず，一方で事業の範囲を越えて社会に広く貢献している企業は尊敬を勝ち得ている。顧客，競合企業に関心を寄せるだけでなく，社会的な視野を持つことが企業にとっていっそう重要性を増しているのである。

マーケティングという活動が生まれ，理論的なアプローチが始まって以来，1世紀を経て，企業のマーケティング活動は新たな局面を迎えている。顧客に価値を生み出し，需要創造を行ううえで，限りある資源を尊重し，地球環境のなかで他者と共生していくという意識を持つこと，世の中に真の価値を形成していくために，持続可能な社会の実現とマーケティング活動との両立を目指していくことが今後ますます望まれている。

INTRODUCTION

KEYWORD
FIGURE
TABLE
COLUMN
EXERCISE

KEYWORD

CSR　コーズ・プロモーション　コーズ・リレーテッド・マーケティング　持続可能性　コーズ（社会的主張）　消費者主権　コンシューマリズム　ソーシャル・マーケティング　フィランソロピー

SECTION 1 企業の社会的責任とマーケティング

マーケティングは，市場における価値形成を行い，市場需要を創出していく活動であるが，現代社会をとりまく環境では，無制限に市場需要を創り出すことを目指して活動できるわけではない。社会環境のなかで企業として置かれた立場を認識し，社会とのつながりのなかで活動をしていくことがますます必要となってきている。企業は自己の営利のみを追求することは許されず，自社の活動や製品が，環境に対して負荷を与えたり，あるいは地域社会の雇用状況を変化させたり，消費者の健康状態に影響を与えたりするという可能性を常に自覚し，そのことに対して責任を持つことが求められている。

自社の活動や製品が社会に対して持つ影響力を自覚するのみならず，企業は社会のなかで他者と共存し，社会の一員としての責務を果たさなければならないという考え方がある。企業は社会に対して，問題を起こさないことや悪い影響を与えないように努力することに加えて，より積極的に貢献をすることをも求められるのである。企業が社会に対して責任を負っているという考え方は，企業の社会的責任，**CSR**（Corporate Social Responsibility）として概念化されている。

一方で，社会的な関心に対して企業が対応していくというスタンスのみならず，社会的関心を企業としての活動に関連させ，さらにはそれを戦略的に利用することで企業にとっての利益を追求するという立場も台頭してきている。これは，**コーズ・プロモーション**（Cause Promotion），および**コーズ・リレーテッド・マーケティング**（Cause Related Marketing）と呼ばれる活動である。

つまり，企業にとっての社会との関わりは，社会市民としての企業の立場を理解し，行動するという義務的な側面と，社会的関心の戦略的利用という，企業としてのプロモーション的な側面との，大きく2つの志向があることになる。

これまで，マーケティングと社会とのつながりにおいて，反社会的もしくは反倫理的な行為，たとえば，公共性に反する暴力行為や麻薬などの違法行為など，反社会的行動をマーケティングの手法を使ったキャンペーンで抑止していく活動は盛んに行われてきており，企業が地域社会に対して寄付やボランティアなどの人的資源を提供することによって貢献するということもしばしば行われてきた。近年では，マーケティングの重要な課題として，**持続可能性**（sustainability：サステイナビリティ）問題がある。現代のマーケティング活動のなかで，持続可能な社会を実現していくために，需要創出や価値形成においてどのように考え，実行しなければならないかは，限りある地球環境の資源問題を考慮して，近年重要性を増した課題として認識されている。

つまり，マーケティングを行う企業は，社会的な要請として，社会的な課題に対してマーケティングの枠組みやテクニックを利用して対応してきたという経緯と実績があり，今後もこの必要性は増えていくと考えられている。

社会的な関心は，**コーズ**（cause：**社会的主張**）として表現されることが多いが，コーズを社会的にさらに普及させていくために，マーケティングによるアプローチが利用されることがある。また，逆に，前述のとおり，コーズを利用して自社製品やサービスをプロモーションしていくという行動も昨今多く見られるようになってきている。前者はコーズ・プロモーションと呼ばれるコーズを普及するマーケティング活動であり，後者は，コーズ・リレーテッド・マーケティングと呼ばれるコーズをプロモーション的に用いる考え方，スキームである。企業として社会的な義務を果たすのみならず，社会的な関心をプロモーションとして利用し，効果を得ようとする戦略である。近年では，地球環境問題として，持続可能性問題に加え，貧困や経済格差等，社会的関心が高い問題があり，それらの問題に対して企業として積極的に取り組み，消費者から賛同を得ること自体をマーケティングのプログラムに組み込むという方法がとられている。

本章では，企業がマーケティング活動を行うにあたって，社会との関わり方についてどのような点を考慮して計画を立て，戦略を実行していく必要があるのかについて解説することにする。

SECTION 2 コンシューマリズム

マーケティングは企業や組織が行う活動であるが，その活動がターゲットとする消費者にとって必ずしも利益とならないことがある。企業の廃棄物が大気や土壌を汚染し，消費者の健康被害を招くことや，企業の生み出した欠陥製品のために消費者が損傷を負うこと，企業が自社の利益のみを優先し，消費者が商品に対して不当に高い支払いをせざるをえないこともある。企業と比較して消費者の立場は弱く，それが理由で不利益を被ることはあってはならず，市場において消費者が主体的に企業や製品を選択し，利益を得る権利があるという考え方を**消費者主権**と呼び，消費者主権を主張する立場から行う活動は**コンシューマリズム**と呼ばれる。これは消費者の権利の保護・強化を図ることを目的とするものであり，政府，企業，独立団体そして消費者自身の活動を含む。

コンシューマリズムは，1960 年代の半ばから，北米を中心に起こった。アーカーとデイは，1970 年代半ばまでを第 1 段階の時期，それ以降を第 2 段階の時期として区別し，1970 年代半ばまではコンシューマリズムの活動範囲は拡大したが，1980 年代以降は，運動としては弱体化したことを指摘している (Aaker and Day [1982])。

1960 年代にコンシューマリズムが起こった契機として，科学者，レイチェル・カーソンの著作『沈黙の春』を通じた環境汚染に対する警鐘や，弁護士のラルフ・ネーダーによる自動車の安全性の調査にもとづく告発行動が社会的に広く知られている。また，ケネディ大統領がアメリカにおいて消費者の 4 つの権利を示したことが，消費者運動が隆盛する直接的な契機となった。この 4 つの権利とは，「安全である権利」「知らされる権利」「選択できる権利」「意見を聞かれる権利」であり，後のコンシューマリズムの考え方に大きな影響を与えた。

コンシューマリズムは，アメリカだけでなく，ヨーロッパやわが国の社会や政治にも，影響を与えてきた。展開としては，1970 年代の比較的初期の段階では，コンシューマリズムの概念自体への関心が高く，その後関心は，①消費者の利益の確認と提示，②諸制度の役割と有効性，③実施上の問題，④消費者の権利と他の権利とが抵触する場合に生じる費用と利益とのトレードオフに移行していった（Aaker and Day [1982]）。

わが国では，消費者の運動としては，大正時代の米の価格高騰に対して主婦が起こした「米騒動」など，消費者が暴動を起こした事件もあるが，消費者が自らの主権を守るために組織化されていくのは，1960年ごろの，高度経済成長期に入って以降のことである。有害な食品添加物による安全性の欠如や，価格不当表示問題，欠陥製品や薬害事件，さらに大気汚染などの公害が社会問題となり，企業倫理が大きく問われることとなった。

わが国の消費者問題への取り組みとして，1968年に消費者保護基本法が制定され，1970年の国民生活センター設置や，消費者センター設置など，行政による消費者の安全や利益を守ることを目的とした，消費者行政と呼ばれる活動が各自治体によって行われてきた。自治体は，消費者保護条例を制定し，その地域に合った政策を具体的に展開してきた。

消費者側の運動の担い手としては，生活協同組合や，主婦連（主婦連合会），日本消費者連盟などが挙げられる。消費者自ら，会議や組合に参加し，商品の実験や価格調査を行ったり，またそれをもとに商品の開発を行ったり，企業への提案を行うことなどが行われてきた。行政側の主催する消費者問題の会議に団体として参加し，商品の利用や特定の問題を取り上げて，調査報告を行うことや，意見交換を行うことなどにより，消費者啓発行動が行われてきている。

消費者問題の対象となる問題も，欠陥商品や食品安全性の問題など，身体の安全に関わる問題から，近年の割賦販売にともなう契約トラブル，不当表示など，消費者が受ける被害も変化しつつある。1994年にはPL法（製造物責任法）が制定され，製造業者には製造物に関する損害賠償責任を問われることとなった。2009年には，消費者の利益の擁護と推進を図る目的で，消費者庁が発足した。消費者問題において多岐にわたる問題を，情報面において一元化して対応していくことが目指されており，消費者問題が複雑化するなかで，消費者行政への関心も再び高まっているという状況となっている。

SECTION 3 ソーシャル・マーケティング

ソーシャル・マーケティングとは

ソーシャル・マーケティングとは，公衆衛生・治安・環境・公共福祉の改善を求めて，企業あるいはNPOが行動改革キャンペーンを企画，あるいは実行するための支援手段のことであると定義される（Kotler and Lee [2005]）。たとえば，電車内の車内マナー広告は，よく目にする典型的な例であろう。車内での携帯電話の通話や音楽視聴が迷惑行為になることの注意を喚起し，抑止効果をねらっている。コピーを含めた広告表現には，ターゲットとする人々の選別が明確であり，変更させるべき行動目的が設定されていることが明確に含まれる。広告表現の背景には，状況分析や行動改革という目的遂行のための課題や障害，利益が認識されることがあり，マーケティングの手法が用いられることになる。

コトラーとザルトマンは，1971年にソーシャル・マーケティングについての論文を発表し，社会的な主張（コーズ）自体を製品と同じく浸透させることについて提起した（Kotler and Zaltman [1971]）。この背景には，非営利組織の増加にともない，マーケティングの考え方を組織としての目標を広めるために用いることが注目され始めたことがある。ソーシャル・マーケティングとは，マーケティングの手法を社会的な活動に適用し，望ましい反応を引き出すために，より効果的に設計し，コミュニケーションを行うことであり，社会の変化を計画し，実行するための確実な枠組みであることが唱道された。

ソーシャル・マーケティングにおいて，通常のマーケティングの製品に当たるものが，新しいアイデアや行動を採用することである。コトラーとロベルトは，ソーシャル・マーケティングにおける「社会的プロダクト」にはアイデア，習慣，有形の対象物という3つのタイプがあるとしており，「アイデア」は，信念，態度，価値観といった形態をとるということを説明している（Kotler and Roberto [1989]）。信念とは，客観的事実についての人々の認識を指し，態度とは，人々や対象に対する肯定的，否定的な評価である。価値観は，ものごとの正しさに関する考え方のことをいう。たとえば「早期発見でがんは予防で

FIGURE 図 25-1 社会的プロダクトの分類

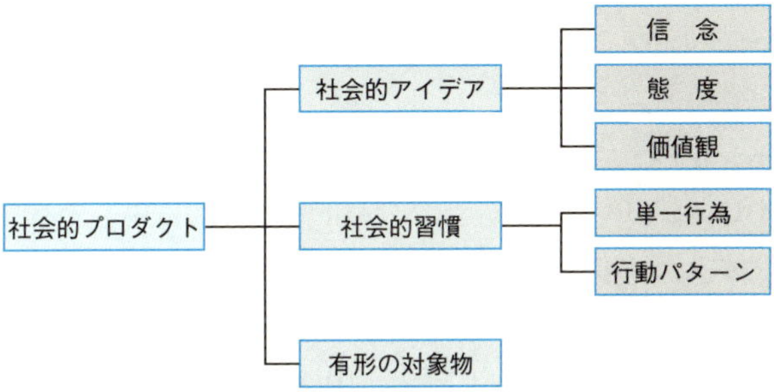

（出所） Kotler and Roberto［1989］：邦訳，28 頁より作成。

きる」という標語は信念を表し，ソーシャル・マーケティングではアイデアを普及させ，さらに社会的習慣をも広めようとして，最終的には人々の行動を変革させようとする。

また，プロダクトとして，「社会的習慣」を広めるということも行われ，健康診断を受ける，禁煙をする，ということがその例として挙げられる。「有形の対象物」とは，社会的習慣を普及させるために用いられる物的なツール，キャンペーン・グッズのことを指す（図 25-1）。

ソーシャル・マーケティングの対象となるテーマは，エイズ予防や禁煙など，公衆衛生に関わる抑止を起こさせるものから，シートベルトの着用など，交通安全を向上させようとするもの，骨髄バンクへの提供の促進，選挙や献血への行動促進など，多岐にわたる。これらは厚生労働省や国土交通省など関係省庁や，NPO といった，政府，公共セクターに属する専門家により計画され，実行される。社団法人 AC ジャパン（旧社団法人公共広告機構）といった民間団体が放映している公共広告などは，広告表現により社会事象の喚起を呼びかけることを意図したもので，社会的に認知度も高い。

ソーシャル・マーケティングのマネジメント

ソーシャル・マーケティングでは，企業と公共機関，あるいは企業と非営利団体といったパートナーシップが組まれ，マーケティングの枠組みを適用し，行動目的を決定し，ターゲットとする層を選定すると，キャンペーン戦略の企画と実行が行われる。たとえばエイズ撲滅キャンペーンは，世界的な規模でさまざまな立場から実施されており，エイズ予防を目的として，社会的にこの問題への関心を高めるためのコンサートや，街頭でのグッズの配布などが行われている。

企業がソーシャル・マーケティングを実施することになる契機は，企業が提案する課題や目的が，マーケティングの目的に合致する場合である。また，取り組みを支援するための予算が主にマーケティング部門から拠出されていて，マーケティング・コミュニケーションに集約できる状態にあるとき，すなわち当該行動が企業の製品と連動しており，4P を統合できるときに実施されることになる。

たとえば，ピンクリボンという乳がん啓発キャンペーンがあるが，これはピンクのリボンをディスプレーしたり，ピンク色のライトアップをすることなどで社会的な関心を呼ぶことにより，啓発の強化をするものである。このキャンペーンは，がん領域の製品を持つ製薬企業，生命保険会社，化粧品会社，女性下着メーカーなど，さまざまに，行動変革のターゲット層に関わりのある企業がそれぞれキャンペーンを実施している。

社会的な関心事と企業名や製品とを同時に想起させることにより，消費者にとっての接触機会や認知度向上の機会を増やすことができる。消費者にとってよい社会的主張を連想させるならば，企業の製品と好ましい活動を支援する企業の姿勢とがフィットする場合の売上高向上が期待されることになる。反対に，企業にマッチしない社会的な課題を取り上げても，ソーシャル・マーケティングの効果は得られないということになる。

企業が，資金，物資，その他のさまざまな企業資源を寄付することにより，自らの社会的主張に対する人々の意識や関心を高め，この主張のための資金調達，人々の参加，ボランティアの人材募集を支援することは，前述したようにコーズ・プロモーションと呼ばれる。ターゲット層への行動変革のための説得的コミュニケーションを行うことが主な活動であり，メッセージ開発やメディアの選択が効果的に行われる。

ソーシャル・マーケティングのマネジメント・プロセスは，マーケティング環境の分析，ターゲットとなる採用者集団の調査，問題と機会の明確化，戦略の立案，マーケティング・ミックス・プログラムの計画，マーケティング活動

FIGURE　図 25-2 ● ソーシャル・マーケティングと戦略的プランニングの関係

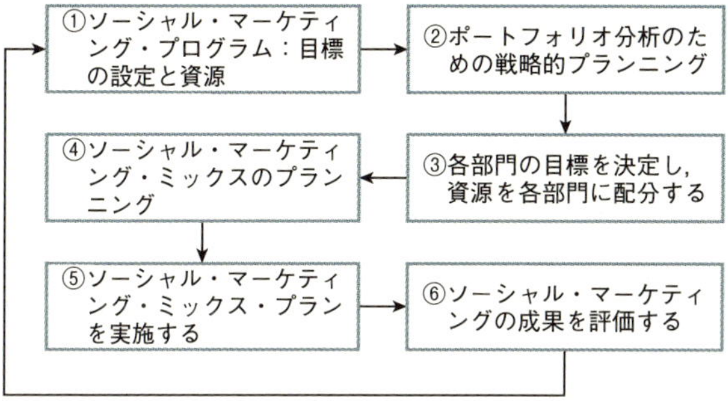
①ソーシャル・マーケティング・プログラム：目標の設定と資源
②ポートフォリオ分析のための戦略的プランニング
③各部門の目標を決定し，資源を各部門に配分する
④ソーシャル・マーケティング・ミックスのプランニング
⑤ソーシャル・マーケティング・ミックス・プランを実施する
⑥ソーシャル・マーケティングの成果を評価する

（出所） Kotler and Roberto［1989］：邦訳，43 頁。

の組織化・実行・管理・評価などが含まれる。特徴として，ソーシャル・マーケティングを行う組織では，マーケティング担当者やマーケティング活動が 1 つの部門に集中しておらず，複数部門に分散していることが多いと指摘されている。ソーシャル・マーケティングを戦略的に計画し，実行していくためには，ソーシャル・マーケティング・プログラムを担当する部門が，部門目標とその達成のための資源要求を戦略企画部門に提出し，戦略企画部門は各部門の目標を決定し，資源を各部門に配分し，担当部門がマーケティング・ミックスを行っていくという，戦略企画と実行との調整関係の必要性が主張されている（Kotler and Roberto［1989］）。

コーズ・リレーテッド・マーケティング

先述したように，コーズ・リレーテッド・マーケティングとは，コーズという特定の目的に結びつけられたマーケティングを行うことを指し，製品の売上を通じて実現される社会貢献である。売上の一部を寄付することにより，消費者に，企業の活動や方針を認知させる効果があり，またキャンペーンとして行われるため，マーケティング戦略と連動する。たとえば，ダノン社は，ミネラル・ウォーター製品であるボルヴィックについて，「1 ℓ for 10 ℓ」キャンペーンを行い，ボルヴィックの売上の一部をユニセフへ寄付する活動を通じて，発展途上国の井戸の採掘に貢献し，購入量 1 リットル当たり 10 リットルの水を生み出すというプロジェクトを行っている。消費者は，キャンペー

TABLE 表 25-1 ● コーズ・リレーテッド・マーケティングの管理の次元

企業関連の目的	企業，ブランドイメージの向上 売上，利益の増加
コーズ関連の目的	顧客からの売上向上を刺激することによるコーズのための基金の創出 一般社会からのコーズへの直接的な貢献を促進
関係性	企業とコーズのつかず離れずの関係 企業とコーズの間の緊密な相互関係
プログラムの期間	長期，中期，短期
参加組織の数	単一ブランド，単一のコーズ 単一ブランド，複数のコーズ 当該企業内のマルチブランド，単一のコーズ 当該企業内のマルチブランド，複数のコーズ 複数企業間のマルチブランド，単一のコーズ 複数企業間のマルチブランド，複数のコーズ
企業とコーズの間の関連レベル	組織的レベル 製品ライン・事業レベル ブランド・レベル
サポートされるコーズの特徴	プロモーション製品のイメージが一致 プロモーション製品の特徴が一致 当該企業のターゲット市場の人口動態と一致
プログラムの地理的な範囲	全国的レベル，広域レベル，地域的レベル 全国的，広域的，地域的コーズ
利用の性質	戦略的ツール 疑似戦略的ツール 戦術的ツール
評　価	実行前（便益，スポンサーの一貫性，プログラム） 実行後（プログラムの効果，寄付による基金の効率的使用）

（出所） Varadarajan and Menon [1988]，p. 63 を加工して作成。

ンの趣旨に賛同して製品を購買し，社会活動に参加することが促される。

バラダラジャンとメノンは，企業による社会的な事象への関わりが，社会的な責任としてボランタリーな活動に関わってきた経緯から，さらに戦略的な投資へと変化していることを指摘し，コーズ・リレーテッド・マーケティングは，寄付行為を中心とするフィランソロピーとは異なり，当該企業のビジネスそれ自体に関連づけられる点を特徴として述べている（Varadarajan and Menon

[1988])。つまり，コーズ・リレーテッド・マーケティングとは，価値のあるコーズの支援をすると同時に，企業の業績を上げるという，2つの目的を達成するためのマーケティング・プログラムとして説明される。

コーズ・リレーテッド・マーケティングとは，顧客が組織や個人の目的を満足させるべく，購買行動を行うときに，特定のコーズに対して目標額に達することを目指して，企業がマーケティング活動を定式化し，実行するプロセスであると定義づけすることができる。目的としては，売上増加，企業のステイタスの向上，ネガティブなパブリシティへの対抗や和平工作，市場への参入の促進が挙げられる。コーズ・リレーテッド・マーケティングを管理するための次元については，表 25-1 に表される。

コーズ・リレーテッド・マーケティングについては，企業から見た管理上の問題のみならず，実際に消費者がいかに知覚しているかについての関心も高く，効果を明らかにしようとする研究が行われている。コーズに対する態度がブランドへの態度と購買意図に影響を与えるか，あるいは購買のインセンティブとして，チャリティを使うことの効果などが問われてきた。ブランドとコーズとの一致度，あるいは寄付の仕方，製品価格や製品タイプ，寄付の大きさなどの点において，効果の検証が行われてきている。

SECTION 4 フィランソロピー

フィランソロピーとは，企業が慈善団体や NPO 法人などに対して行う，直接的な寄付による支援のことを指す。動物愛護や教育，美術品の所有，環境保全など，何らかの社会的関心に対して寄付を行う。寄付行為は，現金の場合もあれば，製品による寄付やサービス提供の場合もある。サービス提供には，時間や労力の提供も含まれる。つまり，直接的に資金や労力を寄付するということにより，企業のビジネスそれ自体に関連しないという点で前述のコーズ・リレーテッド・マーケティングとは概念的に区別される。しかし，わが国ではより広く企業の公益活動を指して，フィランソロピーと呼ぶことが多い。わが国では 1980 年代のバブル期に，余剰蓄積されたキャッシュが寄付行為に向けられることが顕著に行われた。

COLUMN 25-1 フェリシモのハッピートイズ・プロジェクト

ダイレクト・マーケティング企業であるフェリシモは，毎年クリスマス時期に，神戸市内の本社の前の巨大クリスマス・ツリーに，顧客から寄せられたぬいぐるみや編みぐるみを飾りつける。道行く人々を楽しませた後，これらのぬいぐるみや編みぐるみは，国内の都道府県の保育所や児童施設，海外の子どもたちに寄付される。寄付する先は，インド，インドネシア，カンボジア，スリランカ，中国，ネパール，バングラディシュ，フィリピン，ベトナム，ミャンマー，ラオス，台湾，アメリカ，コロンビア，ホンジュラス，コソボ自治州，イラン，シリア，ウガンダ，ケニア，ザンビア，南アフリカ，ルワンダ，ブルキナファソ，ベナン，モンゴル，アフガニスタン，タジキスタン，パレスチナ，ヨルダン，レバノン（2009年時点）である。これらのぬいぐるみや編みぐるみは小さな親善大使として，子どもたちに贈られるのである。

「ハッピートイズ・プロジェクト」と呼ばれるこのプロジェクトは，1997年に始められた。どこの家でも使われずに余っている端切れを使って，ぬいぐるみを作り，子どもたちにプレゼントしようという企画である。当初は，家で使われずに余っている布（10×10センチ）を寄付してもらい，それを使って「ハッピーベア」と呼ばれる熊のぬいぐるみを作ってくれるスタッフを募集することから始まった。3万枚も集まった布から1100匹以上のぬいぐるみが作成され，最初の寄付が行われた。翌年にはさらに4万枚集まり，1225名の製作スタッフが募集に応じて集まり，今度は「フレンドリードッグ」というぬいぐるみがお披露目としてクリスマスツリーに飾りつけられた。1999年に活動記録が出版されたことから，反響を呼び，多数のボランティアの製作スタッフを集めることとなった。同時多発テロが起こった2001年には，ニューヨークとアフガニスタンに寄付を行った。

社会的に意義があっても，自らの存続のために利益を生み出せない事業や活動は少なからずある。これらの事業活動を行う団体は，企業による寄付により支援されているといえる。企業によっては，毎年寄付額を一定額として決め，寄付すべき対象者をその都度選定し，寄付を行っている場合もあれば，事業の目標と関連した社会的関心とに結びつけ，特定の目的や団体に例年寄付を行う場合もある。たとえば，女性をターゲットとする化粧品を製造・販売している企業が，女性研究者のみに研究費を寄付しているような場合，女性に対して望現在はプロジェクトの形態として，ぬいぐるみや編みぐるみの製作を顧客に呼びかけ，年ごとにキャラクターを決め，説明書つきの型紙や編み図のセットや，材料つきのセットを販売している。このプロジェクトに参加する消費者が，自ら作った作品を，送料を自ら負担してフェリシモに送付する。これをフェリシモでは，12月上旬からクリスマスまで，クリスマス・ツリーの飾りつけをはじめとして，お披露目展示会を行う。展示会終了後に作品は国内外に寄贈され，その様子はブログ形式で配信され，公開されている。寄付協力として，セーブ・ザ・チルドレン・ジャパン，日本ユネスコ協会連盟，日本国際ボランティアセンター，日本イラク医療支援ネットワークが支援している。国内では，あしなが育英会や，日本児童家庭文化協会，メイク・ア・ウィッシュ・オブ・ジャパンなど，さまざまな都道府県の施設がサポートしている。

コーズ・リレーテッド・マーケティングでは，製品・ブランドを購買するごとに，一定額が寄付されるという仕組みになっているが，消費者は購買をすることのみを通じて，企業の寄付金を募る趣旨に対して賛同の意思を示すことになる。ところが，「ハッピートイズ・プロジェクト」は購買だけでなく，寄付行為において消費者の参加の仕方をより広く，楽しめるものにしているところに意味がある。「ともにしあわせになるしあわせ」を中核価値とするフェリシモにとって，このプロジェクトは，ダイレクト・マーケティングという事業形態や販売製品にマッチしているだけでなく，コーズ・リレーテッド・マーケティングの枠組みを越えて，自らの理念を体現するプロジェクトに進化しつつある。

（参考）フェリシモ，公式ホームページ。

ましい社会活動を行っている，女性に対する理解のある企業として社会的に認知されることになる。

フィランソロピーは，寄付の予算額を前年度の収益にもとづいて決定するなど，余剰な資源を他団体への寄付行為に充てるために，景気の変動や企業の業績に左右されることになる。そのため株主利益の追求と，事業を遂行する地域への社会的責任のバランスが重視され，自らの利益を守りたい株主からのプレッシャーに対応するために，企業は寄付の対象について，より注意深く多くの社会的課題のなかから焦点を当てるべき範囲を決定し，事業の目標や目的にフィランソロピー活動を結びつける傾向が高まっている。

このようにフィランソロピーの課題は，事業を行っている地域への社会的責任を遂行することと，株主の利益追求とのバランスを考慮することであり，社会的な課題と事業の目的との結びつきが重視される。つまり企業にとって重要な社会的な関心事や課題を選択し，寄付の方法や寄付の対象者を選定することに戦略性が求められるようになってきている。ポーターとクラマーは，社会貢献コストは戦略的な優位性を生み出すことを主張し，フィランソロピーを通じた戦略について提唱している（Porter and Kramer [2002]）。

企業の寄付行為は，現金に限らず，マイクロソフト社がソフトウェアの提供を行ったり，IBM が教育事業を行ったりと，自社の資源を社会において提供していくという展開が近年行われている。

フィランソロピーの企業にとってのベネフィットとは，顧客や従業員に対して，当該企業のイメージや関心を高めるという役割を果たす。イメージ向上の結果として，ブランド力の向上やポジショニングを強固にするという間接的な効果も見込めるが，企業が自ら寄付行為を宣伝することは，本来の寄付行為の趣旨に反することになり，逆効果になりうる。たとえ周知されにくい活動であっても企業がフィランソロピーを行うことの動機づけや意義は，フィランソロピーを通じて，当該企業が地域や広く社会のなかで，名声や評判を高め，尊敬を集めることにある。

たとえば，ハンバーガーチェーンのマクドナルドは，「ドナルド・マクドナルド・ハウス」という難病の子どもが入院した場合に付き添う家族のための滞在施設を運営している。ファストフード業界は，高カロリーな食品を提供するとして，消費者団体から批判的に見られることが多いが，反社会的な製品を生み出すのではなく，むしろ社会的に尊敬される企業となるために，さまざまな努力が続けられているといえる。

SECTION 5　地域貢献

企業の地域貢献については，社員自身の活動を通じての貢献や，直接的な寄付行為がある。たとえば，社員による地域の公園の清掃や食料供給活動などが挙げられる。肉体労働に限らず，社員による専門知識やアイデアが提供されるということもある。地域コミュニティに貢献し，社会的な課題について支援するために，自らの時間を進んで提供するという取り組みである。専門知識に関しては，たとえば，企業が事業を行っている地域の大学に対して寄付講座を設け，社員が学生に対して講義を行うといったことが行われている。あるいは，IBM のように，地域ごとに有識者会議を開催，運営し，地域コミュニティに対して社会的課題を共有し，貢献していくという趣旨のものもある。

地域貢献は，企業が存在する地域コミュニティに対して，協力的な関係を構築していくことを志向するものであるが，従業員の労働力を提供するという形態の活動であるため，非常にコストがかかることになる。また地域貢献がビジネス上どのような利益をもたらすか，地域との関係構築の成果など，取り組みとその結果やプロセスを把握することが難しいという問題はあるが，企業市民としてコミュニティに認められ，本来のビジネス活動を続けていくためには重要な活動として位置づけられている。

SECTION 6 環境保全のマーケティング

地球環境問題への対応

環境問題を中心課題とするマーケティングは，環境マーケティング，エコロジカル・マーケティング，グリーン・マーケティングなどの呼称で呼ばれてきた。1970 年代ごろは，企業が生み出す有害物質が環境を汚染するという，公害問題が大きな社会問題となり，環境保全についての意識が高まった。この時代には，問題となる企業の行動を抑止することで解決を図ってきたが，近年では問題が複雑化しており，より高い社会的関心を引き起こしている。

地球環境問題とは，地球温暖化やオゾン層の破壊，酸性雨，砂漠化，生態系の変化などの現象を指し，これらは相互に関連し合い，公害のような局所的な問題ではないとされる。人類の行っている資源利用や活動自体が複雑な因果関係のなかで，地球環境に対して負荷をかけていると認識されるようになった。有限な資源を枯渇させることなく，地球環境を保全していくことに対する意識が世界的に高まっている。このことは企業に対して，有害物質の大気や土壌への廃棄の禁止や，製造物の再利用といった，環境負荷を引き下げる行動を要請するのみならず，消費者自身にも環境負荷を削減する行動へと促すことになってきている。

地球環境問題は，資源循環型社会経済システムへの転換として捉えられ，マーケティングも資源循環型マネジメント・システムの一環として位置づけ直すべきであり，具体的には環境との共生を視野に入れて，環境負荷と資源循環を考慮した企業活動と消費者との行動が，環境保全のマーケティングの考え方の枠組みとなる（西尾［1999］）。

グリーン・コンシューマー

環境問題を中心課題とするマーケティング分野においては，環境負荷の問題に関して，消費や廃棄行動における，消費者の環境配慮的行動への影響要因を明らかにすることに研究上の大きな関心が寄せられてきた。西尾は，消費者の省エネやリサイクル行動，環境配慮型製品の購入を，消費者のエコロジー行動として捉え，従来，デモグラフィックな属性やパーソナリティ属性とエコロジー行動との関連が議論され研究されてきたものの，一貫した因果関係が見出せないことを指摘した。そして，「環境問題に対する認知・社会的責任感」「エコロジー知識」といった変数，さらに行動実践が環境問題の解決に有効であると知覚する「有効性認知」，環境保全行動を実践することに要するコストと期待される効果との「コスト・ベネフィット評価」，そして「社会的規範」が消費者の環境保全に対する態度に与える影響要因であると主張した（西尾［1999］）。

環境配慮的な行動を行う消費者は，「グリーン・コンシューマー」と呼ばれ，環境保全に関する消費者の行動や態度に対する関心が高い一方，近年では，製品を生み出す企業や，販売する流通業の環境配慮行動をいかに循環型経済システムへと転換させていくかについて，法規制や，企業自体の意識改革や行動規範も変わってきている。

わが国では，2001年には「家電リサイクル法」や「グリーン購入法」が施行され，企業側は，リサイクル可能な製品開発や部品調達など，環境保全的な行動を進めてきた。近年の主要国首脳会議において地球温暖化が世界的に取り組む問題として取り上げられ，温室効果ガス排出の削減目標が掲げられたことの影響を受け，世界的に企業の活動自体が環境配慮型の活動へとシフトしている。CO_2 ガス削減目標のために，クリーン・エネルギーのコンセプトのもと，ガソリンと電気エネルギーのハイブリッド車や電気自動車など，エコ製品と呼ばれる環境対応型製品の開発が進められ，バイオ燃料への関心も高まっている。また2009年10月現在では，政府がエコ製品に対する税補助の措置を行っていることから，消費者の環境対応型製品への購入が促進されているという実態がある。

流通業の取り組み

メーカーによる製品開発における環境対応のみならず，流通業における取り組みもさまざまに行われている。店舗運営自体を省エネルギー化することや，リターナル瓶や，量り売りの利用によるパッケージの廃棄削減，食品トレイなどパッケージ自体の改善や，小売業におけるトレイ，パックの回収などが行われている。さらに，グリーン・ロジスティクスという概念にもとづき，ガソリン排出量が多いトラックを輸送に用いず，鉄道利用に切り替えるなどの活動が注目を集めている。商品の供給自体を，持続可能型サプライチェーン・マネジメント（Sustainable Supply Chain Management）や，リバース・サプライチェーン・マネジメント（Reverse Supply Chain Management），さらにグリーン・サプライチェーン・マネジメント（Green Supply Chain Management）という考え方のもとに，環境保全型に作り変えていくという試行が広まってきている。

リバース・サプライチェーンとは，図25-3に示されるように，製品の調達・供給から製造，流通・販売に至る供給体制において，一方向的な製品の流れではなく，製品や製品の一部が修復されたり，分解されることで循環し，再利用や再製造される流れを示す。リバース・ロジスティクスとグリーン・ロジスティクスは，概念的に異なり，図25-4に示されるように，グリーン・ロジスティクスは，循環的に財を利用していくことではなく，当初から再利用可能なパッケージにすることや，環境に負荷の高い活動自体の削減行動を指す。

図25-5は，スリバスタバによる，グリーン・サプライチェーン・マネジメントと呼ばれる，循環型経済システムと環境負荷削減とを取り込んだ，環境保全型の製品の供給の仕組みと構成要素を表したものである（Srivastava［2007］）。グリーン・サプライチェーン・マネジメントは，まずこの仕組み自体の重要性を主張することと，グリーン・デザインと呼ばれる環境配慮型の設計領域と，グリーン・オペレーションと呼ばれる，環境配慮型の業務プロセスに関わる領

FIGURE 図 25-3 ● リバース・サプライチェーン

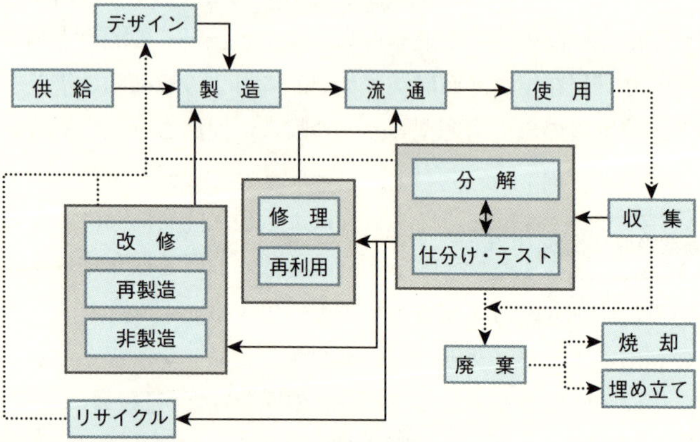

（出所） Sasikumar and Kannan [2008a], p. 155.

FIGURE 図 25-4 ● リバース・ロジスティクスとグリーン・ロジスティクス

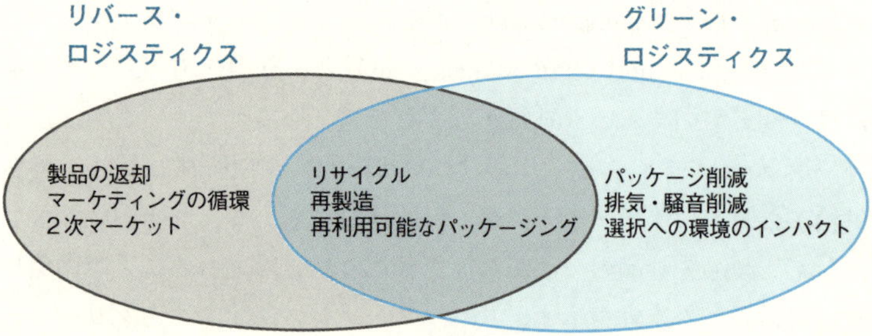

（出所） Rogers and Tibben-Lembke [2001], p. 131.

域から成り立つ。

グリーン・サプライチェーン・マネジメントの重要性について，企業として規制に沿って，義務として環境への負荷を下げていく行動を志向するアプローチと，企業として，積極的に ISO 規格への準拠など，国際標準化機構が認証する環境マネジメント規格を満たしていることを社会にアピールし，戦略的に企業としての先進性を周知させることを手段とするアプローチも行われてきて

FIGURE 図25-5 ● グリーン・サプライチェーン・マネジメント

```
                    グリーン・サプライチェーン・マネジメント
        ┌──────────────────┬──────────────────┐
  グリーン・サプライチェー    グリーン・デザイン    グリーン・オペレーション
  ン・マネジメントの重要性     ┌────┬────┐
                           LCA   ECD
        ┌───────────────────┬──────────────────────┐
  グリーン製造&再製造    リバース・ロジスティクス       廃棄マネジメント
                        ネットワーク・デザイン
  ┌──┬──┬──┬──┬──┐  ┌──┬──┬──┬──┐  ┌──┬──┬──┐
  削  リ  再  在  製      収  検  前  立      原  汚  廃
  減  サ  製  庫  造      集  査  加  地      材  染  棄
      イ  造  管  計          仕  工  流      料  防
      ク      理  画          分      通      削  止
      ル                      け              減
          ┌──┬──┐
          製  再
          品  利
          リ  用
          カ
          バ
          リ
          ー
        ┌──┬──┐
      修理・修繕  分 解
                ┌──┬──┐
              分解  分解過程計画
              平準化
```

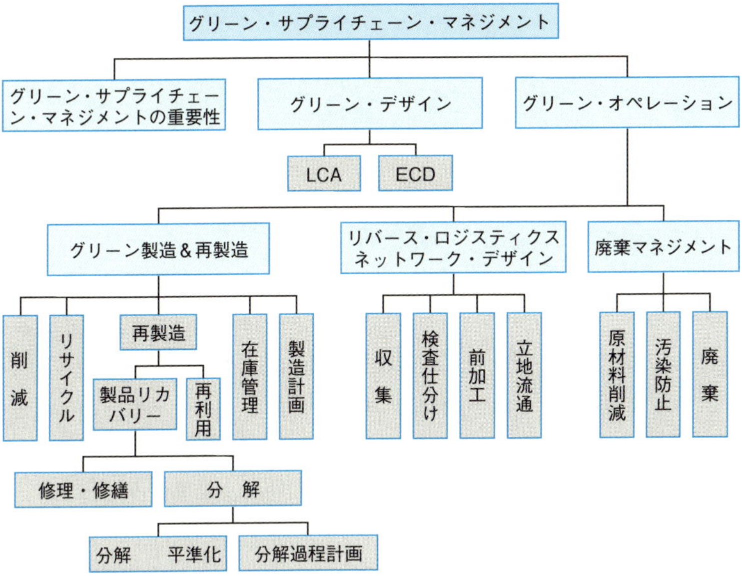

（出所）Srivastava [2007], p.57 より作成。

いる。

　図25-5 に出てくる ECD（Environmentally Conscious Design）とは，環境配慮型デザインを意味し，LCA（Life-Cycle Assessment/Analysis）は，製品のライフサイクルの評価と分析を意味する。製品のデザインや設計自体が環境への負荷に影響を与えるという認識があり，可能な限り，製品組立に利用されている部品や資材が分解可能で，再利用可能であり，再生品として製造可能になるよう，設計段階から志向されることになる。潜在的に環境に対して汚染を引き起こすと考えられる材料の使用や製造プロセス自体は避けられるのが通常である。製品のライフサイクル評価や分析は，1つの製品の，存在している期間のすべての局面を通じて，環境的に，あるいは業務的な健全性において，資源に関連して引き起こされる結果という観点において，評価を行うプロセスを指す。

　このように，環境保全に関わるマーケティング概念は，今日では持続可能性

(sustainability) 問題として一元化され，企業の取り組みがさまざまに増えてきている。

SECTION 7 マーケティングに求められる新たな役割

マーケティングは，社会に価値を生み出すべく，市場需要創出の活動を行うことに本質的な意義があるが，本章においては，まず，マーケティングを行う企業と社会との関わりにおいて，マーケティングの需要創出の考え方の枠組みやテクニックは，社会的に関心をもたれている課題について，社会的な認知を高めるために適用されるということを述べてきた。また，企業自体も社会的な存在として，社会において責任を果たすべきであること，そのためにはどのような方策やアプローチがあるかについても説明してきた。

近年では，地球環境における持続可能性の問題が，企業のみならず，人類に共通する問題として優先課題化しているという現実がある。マーケティングという概念や活動が出現してから100年経ち，マーケティングの世の中における役割も変化してきている。無制限な資源を用いた市場需要創出を行うことがマーケティングの本来の目的ではなく，世の中に真の価値を形成していくために，持続可能な社会の実現とマーケティング活動との両立をめざしていくことが今後ますます望まれている。マーケティング分野においてこれまで発展してきた理論や技術が，循環型社会，持続可能性を保持した社会において貢献できるように，新たな発展が目指されている。

Chapter 25 ● 演習問題　EXERCISE

❶ 公共広告を取り上げ，誰をターゲットとして，どのような行動変革の目的のもとに作られているかについて，分析してみよう。

❷ コーズ・プロモーションとコーズ・リレーテッド・マーケティングの違いについて整理し，それぞれが消費者に与える影響について考えてみよう。

❸ 持続可能な社会実現のために，企業は何をすべきか討議してみよう。

第 20 章

クリストファー，M.（田中浩二監訳）［2000］『ロジスティクス・マネジメント戦略』ピアソン・エデュケーション。

●戦略的なロジスティクス管理について，顧客サービスとサプライチェーン・マネジメントの視点からアプローチし，豊富な事例を交えながら理論的に解説したテキスト。

ハリソン，A. ＝ R. ファン フック（水嶋康雅・浦上忠之訳）［2005］『ロジスティクス経営と戦略』ダイヤモンド社。

●ロジスティクスとサプライチェーンの相互の関連について解説し，経営戦略的視点から解説したテキスト。

小林哲・南知恵子編［2004］『流通・営業戦略』有斐閣アルマ。

●生産から消費に至るまでの流通プロセスにおける各企業間の活動の連鎖を，関係性管理の視点から理論的にアプローチしたテキスト。とくにサプライヤー管理や生産管理，物流管理等，流通論のテキストで十分カバーされていない領域に焦点を当てている。

田村正紀［2001］『流通原理』千倉書房。

矢作敏行［1996］『現代流通――理論とケースで学ぶ』有斐閣アルマ。

第 21 章

南知恵子［2005］『リレーションシップ・マーケティング――企業間における関係管理と資源移転』千倉書房。

●企業間取引における関係的取引とりわけサービス財に焦点を当て，関係性に焦点をおくさまざまな理論的系譜についての整理を行い，ソリューション・ビジネスについての事例研究を行った研究書。

南知恵子［2006］『顧客リレーションシップ戦略』有斐閣。

●情報システムと顧客関係管理の関連に焦点を当て，概念的，手法的な進化に着目した，関係性マーケティング戦略についての研究書。

フォード，D. ＝ IPM グループ（小宮路雅博訳）［2001］『リレーションシップ・マネジメント――ビジネス・マーケットにおける関係性管理と戦略』白桃書房。

●IMP グループにより書かれた，企業間関係のマネジメントと戦略に焦点を当てた研究書であるが，実務的示唆に富む。

第 22 章

小林哲・南知恵子編［2004］『流通・営業戦略』有斐閣アルマ。

高嶋克義・南知恵子［2006］『生産財マーケティング』有斐閣。

●企業間の取引のうち，とくに生産財分野に焦点を当て，体系的に解説したテキスト。市場分析と購買意思決定に注目するアメリカの生産財マーケティングへのアプローチと，企業間の関係性に注目するヨーロッパのアプローチとを統合，解説したものである。

余田拓郎・首藤明敏編［2006］『B2B ブランディング――企業間の取引接点を強化する』日本経済新聞社。

●企業を対象とするマーケティングにブランディングを導入することの意義と戦略性について解説した書。

第 23 章

ヘスケット，J. L. ＝ W. E. サッサー，Jr. ＝ L. A. シュレシンジャー（島田陽介訳）［1998］『カスタマー・ロイヤルティの経営――企業利益を高める CS 戦略』日本経済新聞社。

●顧客満足追求についての概説にとどまらず，顧客ロイヤルティを収益に結びつけ，組織的にサービス戦略を企業戦略へと高める方策について事例をもとに論じた書。

近藤隆雄［2007］『サービス・マネジメント入門――ものづくりから価値づくりの視点へ（第 3 版）』生産性出版。

●サービスの特徴の解説とともに，サービスの管理の考え方と手法について平易に解説したテキスト。

ラブロック，C. ＝ L. ライト（小宮路雅博監訳）［2002］『サービス・マーケティング原理』白桃書房。

●サービス・マーケティング分野の標準的，体系的なテキスト。

第 24 章

ハンソン，W.（上原征彦監訳）［2001］『インターネット・マーケティングの原理と戦略』日本経済新聞社。

●インターネット環境下でのマーケティング戦略のあり方を体系化した優れた書。インターネットの進展の速さから，いくつか過去の事例もあるが，依然，全体的構成はすばらしく，インターネット・マーケティング戦略を考える際，最初に読むべき書の 1 つ。

井上哲浩・日本マーケティング・サイエンス学会編［2007］『Web マーケティングの科学――リサーチとネットワーク』千倉書房。

●インターネット環境下でのマーケティングを考える際，ややもすれば新しい情報通信技術に傾注しがちであるが，客観的に理論的見地からインターネット・リサーチとネットワーク性を分析した研究書。統計的に高度なところもあるが，時代に流されないためにもエッセンスは必読。

第25章

コトラー，P. ＝ N. リー（恩藏直人監訳）［2007］『社会的責任のマーケティング――「事業の成功」と「CSR」を両立する』東洋経済新報社。

●マーケティング分野における企業の社会的責任とその取り組みについて，実務家を対象として豊富な事例をもとに体系的に解説したテキスト。

参考・引用文献一覧

第1章

秋山学［1997］「消費者の動機付けと感情」杉本徹雄編著『消費者理解のための心理学』福村出版，133-147頁。

森下二次也［1959a］「Managerial Marketingの現代的性格について」『経営研究』第40号，1-29頁。

森下二次也［1959b］「続Managerial Marketingの現代的性格について」『経営研究』第41号，1-28頁。

Chandler, A. D. Jr.［1964］*Giant Enterprise*, Harcourt, Brace & World.（内田忠夫・風間禎三郎訳［1970］『競争の戦略――GMとフォード：栄光への足跡』ダイヤモンド社。）

Chandler, A. D. Jr.［1977］*The Visible Hand: The Managerial Revolution in American Business*, Harvard University Press.（鳥羽欽一郎・小林袈裟治訳［1979］『経営者の時代――アメリカ産業における近代企業の成立』東洋経済新報社。）

Drucker, P. F.［1974］*Management: Tasks, Responsibilities, Practices*, Butterworth-Heinemann.（上田惇生編訳［2001］『マネジメント――基本と原則』ダイヤモンド社。）

Kotler, P. and K. L. Keller［2006］*Marketing Management*, 12th ed., Peason Education.（恩藏直人監修［2008］『コトラー＆ケラーのマーケティング・マネジメント』ピアソン・エデュケーション。）

Levitt, T.［1962］*Innovation in Marketing*, McGraw-Hill Book Company.（土岐坤訳［1983］『マーケティングの革新――未来戦略の新視点』ダイヤモンド社。）

Levitt, T.［1969］*The Marketing Mode*, McGraw-Hill Book Company.（土岐坤訳［1971］『マーケティング発想法』ダイヤモンド社。）

Maslow, A. H.［1970］*Motivation and Personality*, 2nd ed., Harper and Row.（小口忠彦訳［1987］『人間性の心理学――モチベーションとパーソナリティ（改訂新版）』産業能率大学出版部。）

第2章

石井淳蔵・奥村昭博・加護野忠男・野中郁次郎［1996］『経営戦略論（新版）』有斐閣。

Abell, D. F.［1980］*Defining the Business: The Starting Point of Strategic Planning*, Prentice-Hall.（石井淳蔵訳［1984］『事業の定義――戦略計画策定の出発点』千倉書房。）

Abell, D. F. and J. S. Hammond［1979］*Strategic Market Planning*, Prentice-Hall.（片岡一郎・古川公成・滝沢茂・嶋口充輝・和田充夫訳［1982］『戦略市場計画』ダイヤモンド社。）

Ansoff, H. I.［1965］*Corporate Strategy*, McGraw-Hill.（広田寿亮訳［1969］『企業戦略論』産業能率短期大学出版部。）

Barney, J. B.［2001］*Gaining and Sustaining Competitive Advantage*, 2nd ed., Prentice-Hall.（岡田正大訳［2003］『企業戦略論――競争優位の構築と持続（上：基本編，中：事業戦略編，下：全社戦略編）』ダイヤモンド社。）

Hamel, G. and C. K. Prahalad［1994］*Competing for the Future*, Harvard Business School Press.（一條和生訳［1995］『コア・コンピタンス経営――大競争時代を勝ち抜く戦略』日本経済新聞社。）

Henderson, B. D.［1979］*Henderson on Corporate Strategy*, Abt Associates.（土岐坤訳［1981］『経営戦略の核心』ダイヤモンド社。）

Levitt, T. [1962] *Innovation in Marketing*, McGraw-Hill Book Company.（土岐坤訳 [1983]『マーケティングの革新——未来戦略の新視点』ダイヤモンド社。）

Porter, M. E. [1980] *Competitive Strategy: Techniques for Analyzing Industries and Competitors*, Free Press.（土岐坤・中辻萬治・服部照夫訳 [1995]『競争の戦略（新訂版）』ダイヤモンド社。）

Porter, M. E. [1985] *Competitive Advantage*, The Free Press.（土岐坤，中辻萬治，小野寺武夫訳 [1985]『競争優位の戦略——いかに高業績を持続させるか』ダイヤモンド社。）

Porter, M. E. [1996] "What is Strategy?," *Harvard Business Review*, November-December.（中辻萬治訳 [1997]「戦略の本質」『DIAMOND ハーバード・ビジネス』3 月号。）

第 3 章

青木幸弘 [2005]「消費者行動分析枠組の再構築——その射幅と射程の拡大を目指して」『商学論究』（関西学院大学商学研究会）第 52 巻 4 号，97-126 頁。

阿部周造 [1978]『消費者行動——計量モデル』千倉書房。

井関利明 [1974]「消費行動」富永健一編『経済社会学』東京大学出版会，45-82 頁。

片平秀貴 [1987]『マーケティング・サイエンス』東京大学出版会。

小島健司 [1984]「多属性態度と行動意図モデル」中西正雄編著『消費者行動分析のニュー・フロンティア——多属性分析を中心に』誠文堂新光社，27-76 頁。

杉本徹雄 [1997]「消費者行動とマーケティング」杉本徹雄編著『消費者理解のための心理学』福村出版，10-23 頁。

中西正雄 [1984]「個人選択行動モデルの展開」中西正雄編著『消費者行動分析のニュー・フロンティア——多属性分析を中心に』誠文堂新光社，217-286 頁。

堀内圭子 [1997]「文化的要因と消費者行動」杉本徹雄編著『消費者理解のための心理学』福村出版，238-251 頁。

間々田孝夫 [2000]『消費社会論』有斐閣。

三浦俊彦 [1992]「消費者行動」及川良治編著『マーケティング通論』中央大学出版部，41-92 頁。

南知惠子 [1998]『ギフト・マーケティング——儀礼的消費における象徴と互酬性』千倉書房。

Belk, R. W. [1974] "An Exploratory Assessment of Situational Effects in Buyer Behavior," *Journal of Marketing Research*, Vol. 11, pp. 156-163.

Belk, R. W. [1975] "Situational Variables and Consumer Behavior," *Journal of Consumer Research*, Vol. 2, pp. 157-164.

Bettman, J. R. [1979] *An Information Processing Theory of Consumer Choice*, Addison-Wesley.

Blackwell, R. D., P. W. Miniard and J. F. Engel [2005] *Consumer Behavior*, 10th ed., South-Western.

Engel, J. F., D. T. Kollat and R. D. Blackwell [1968] *Consumer Behavior*, Holt, Rinehart and Winston.

Howard, J. A. [1977] *Consumer Behavior: Application of Theory*, Richard D. Irwin.（八十川睦夫ほか訳 [1982]『消費者行動——理論の応用』新評論。）

Howard, J. A. and J. N. Sheth [1969] *The Theory of Buyer Behavior*, John Wiley & Sons.

Hoyer, W. D. and D. J. MacInnis [2009] *Consumer Behavior*, 5th ed., South-Western.

Kotler, P [1980] *Marketing Management*, 4th ed., Prentice-Hall.

Lilien, G. L. and P. Kotler [1983] *Marketing Decision Making: A Model-Building Approach*, Harper & Row.

Massy, W. F., D. B. Montgomery and D. G. Morrison [1970] *Stochastic Models of Buying Behav-*

ior, The MIT Press.
Nicosia, F. M. [1966] *Consumer Decision Processes: Marketing and Advertising Implications*, Prentice-Hall.（野中郁次郎・羽路駒次訳［1979］『消費者の意思決定過程』東洋経済新報社。）
Wilkie, W. L. [1986] *Consumer Behavior*, John Wiley & Sons.

第4章

青木幸弘［1989］「店頭研究の展開方向と店舗内購買行動分析」田島義博・青木幸弘編著『店頭研究と消費者行動分析――店舗内購買行動分析とその周辺』誠文堂新光社，49-80頁。
青木幸弘［1992］「消費者情報処理の理論」大澤豊責任編集『マーケティングと消費者行動――マーケティング・サイエンスの新展開』有斐閣，129-154頁。
青木幸弘［1993］「スキャナー・パネル・データと消費者行動分析」小川孔輔・法政大学産業情報センター編『POSとマーケティング戦略』有斐閣，182-210頁。
飽戸弘［1994］「政治経済心理学と深層心理アプローチ」飽戸弘編著『消費行動の社会心理学』福村出版，249-273頁。
阿部周造［1978］『消費者行動――計量モデル』千倉書房。
阿部周造［1984］「消費者情報処理理論」中西正雄編著『消費者行動分析のニュー・フロンティア――多属性分析を中心に』誠文堂新光社，119-163頁。
池尾恭一編［2003］『ネット・コミュニティのマーケティング戦略――デジタル消費社会への戦略対応』有斐閣。
石井淳蔵［1993］『マーケティングの神話』日本経済新聞社。
奥田和彦・阿部周造編著［1987］『マーケティング理論と測定――LISRELの適用』中央経済社。
小島健司［1979］『消費者情報処理モデル――消費者広告情報処理モデルを志向して』吉田秀雄記念事業財団助成研究論文。
片平秀貴［1987］『マーケティング・サイエンス』東京大学出版会。
岸志津江［1993］「広告効果測定における心理学の応用――情報処理アプローチと感情研究の接点を中心として」小嶋外弘・林英夫・小林貞夫編著『広告の心理学』日経広告研究所，284-311頁。
桑原武夫［2006］「ポストモダン消費者研究」田中洋・清水聰編『消費者・コミュニケーション戦略』有斐閣，203-230頁。
島田一男［1984］「モチベーション・リサーチ再考」『消費者行動の社会心理学』（年報社会心理学，第25号），勁草書房，37-52頁。
清水聰［1999］『新しい消費者行動』千倉書房。
堀内圭子［2001］『「快楽消費」の追究』白桃書房。
宮田加久子［2000］「インターネットを通じた消費者間コミュニケーション過程」竹村和久編『消費行動の社会心理学』北大路書房，81-94頁。
宮田加久子・池田謙一編著［2008］『ネットが変える消費者行動――クチコミの影響力の実証分析』NTT出版。
Aaker, D. A. [1991] *Managing Brand Equity: Capitalizing on the Value of a Brand Name*, The Free Press.（陶山計介・中田善啓・尾崎久仁博・小林哲訳［1994］『ブランド・エクイティ戦略――競争優位をつくりだす名前，シンボル，スローガン』ダイヤモンド社。）
Bagozzi, R. P. [1980] *Causal Models in Marketing*, John Wiley & Sons.
Bass, F. M. [1969] "A New Product Growth Model for Consumer Durables," *Management Science*, Vol. 15, pp. 215-227.
Bauer, R. A. [1960] "Consumer Behavior as Risk Taking," in R. S. Hancock (ed.), *Dynamic Marketing for a Changing World*, American Marketing Association, pp. 389-398.
Bearden, W. O. and M. J. Etzel [1982] "Reference Group Influence on Product and Brand Pur-

chase Decisions," *Journal of Consumer Research*, Vol. 9, pp. 183-194.

Bettman, J. R. [1970] "Information Processing Models of Consumer Behavior," *Journal of Marketing Research*, Vol. 7, pp. 370-376.

Bettman, J. R. [1979] *An Information Processing Theory of Consumer Choice*, Addison-Wesley.

Bettman, J. R. and M. Sujan [1987] "Research in Consumer Information Processing" in M. J. Houston (ed.), *Review of Marketing 1987*, American Marketing Association, pp. 197-235.

Blattberg, R. C. and S. K. Sen [1976] "Market Segments and Stochastic Brand Choice Models," *Journal of Marketing Research*, Vol. 13, pp. 34-45.

Bourne, F. S. [1957] "Group Influence in Marketing and Public Relations," in Likert, R. and S. P. Hayes (eds.), *Some Applications of Behavioral Research*, UNESCO, pp. 207-255.

Brown, G. H. [1952-53] "Brand Loyalty: Fact or Fiction," *Advertising Age*, Vol. 23 (June 9), pp. 53-55; (June 30), pp. 45-37; (July 14), pp. 54-56; (July 28), pp. 46-48; (August 11), pp. 56-58; (September 1), pp. 44-48; (September 22), pp. 80-82; (October 6), pp. 83-86; (December 1), pp. 76-79; Vol. 24 (January 25), pp. 75-76.

Cheskin, L. [1951] *The Modern Commercial Color Handbook*, Liveright.

Cheskin, L. [1954] *Color Guide for Marketing Media*, MacMillan.

Chestnut, R. W. and J. Jacoby [1977] "Consumer Information Processing: Emerging Theory and Findings," A. G. Woodside, J. N. Sheth, and P. D. Bennett (eds.), *Consumer and Industrial Buying Behavior*, North-Holland, pp. 119-133.

Clark, L. H. (ed.) [1954] *Consumer Behavior, Vol. 1: The Dynamics of Consumer Reaction*, New York University Press.

Clark, L. H. (ed.) [1955] *Consumer Behavior, Vol. 2: The Life Cycle and Consumer Behavior*, New York University Press.

Clark, L. H. (ed.) [1958] *Consumer Behavior, Vol. 3: Research on Consumer Reactions*, Harper & Row.

Copeland, M. T. [1923] "Relation of Consumers' Buying Habits to Marketing Methods," *Harvard Business Review*, Vol. 1, pp. 282-289.

Copeland, M. T. [1924] *Principles of Merchandising*, A. W. Shaw.

Cunningham, R. M. [1956] "Brand Loyalty: What, Where, How Much?," *Harvard Business Review*, Vol. 34, pp. 116-128.

Davis, H. L. and B. P. Rigaux [1974] "Perception of Marital Roles in Decision Processes," *Journal of Consumer Research*, Vol. 1, pp. 51-62.

Dichter, E. [1947] "Psychology in Market Research," *Harvard Business Review*, Vol. 25, pp. 432-443.

Dichter, E. [1960] *The Strategy of Desire*, Doubleday.

Dichter, E. [1964] *Handbook of Consumer Motivations: The Psychology of the World of Objects*, McGraw-Hill.

Engel, J. F., D. T. Kollat and R. D. Blackwell [1968] *Consumer Behavior*, Holt, Rinehart and Winston.

Farley, J. U. and L. W. Ring [1970] "An Empirical Test of the Howard-Sheth Model of Buyer Behavior," *Journal of Marketing Research*, Vol. 7, pp. 427-438.

Farley, J. U., J. A. Howard and L. W. Ring [1974] *Cosuemer Behavior: Theory and Applications*, Allyn and Bacon.

Festinger, L. [1957] *A Theory of Cognitive Dissonance*, Row, Peterson. (末永俊郎監訳 [1965]

『認知的不協和の理論――社会心理学序説』誠信書房。）
Haire, M. [1950], "Projective Techniques in Marketing Research," *Journal of Marketing*, Vol. 14, No. 5, pp. 649-656.
Hirschman, E. C. and M. B. Holbrook [1982] "Hedonic Consumption: Emerging Concepts, Methods, and Propositions," *Journal of Marketing*, Vol. 46, pp. 92-101.
Holbrook, M. B. and E. C. Hirschman [1982] "The Experiential Aspects of Consumption: Consumer Fantasies, Feelings and Fun," *Journal of Consumer Research*, Vol. 8, pp. 132-140.
Holloway, R. J. [1967] "An Experiment on Consumer Dissonance," *Journal of Marketing*, Vol. 31, pp. 39-43.
Howard, J. A. [1963] *Marketing Management: Analysis and Planning*, 2nd ed., R. D. Irwin.
Howard, J. A. and J. N. Sheth [1969] *The Theory of Buyer Behavior*, John Wiley & Sons.
Jacoby, J., D. E. Speller and C. A. Kohn [1974] "Brand Choice Behavior as a Function of Information Load," *Journal of Marketing Research*, Vol. 11, pp. 63-69.
Kassarjian, H. H. [1982] "Consumer Psychology," *Annual Review of Psychology*, Vol. 33, pp. 619-649.
Katona, G. C. [1953] "Rational Behavior and Economic Behavior," *Psychological Review*, Vol. 60, pp. 307-318.
Katona, G. C. and E. Mueller [1953] *Consumer Attitudes and Demand: 1950-1952*, Survey Research Center, Institute for Social Research, University of Michigan.
Katona, G. C. and E. Mueller [1956] *Consumer Expectations: 1953-1956*, Survey Research Center, Institute for Social Research, University of Michigan.
Katz, E. and P. F. Lazarsfeld [1955] *Personal Influence: The Part Played by People in the Flow of Mass Communications*, The Free Press.（竹内郁郎訳［1965］『パーソナル・インフルエンス――オピニオン・リーダーと人びとの意思決定』培風館。）
Keller, K. L. [1998] *Strategic Brand Management: Building, Measuring, and Managing Brand Equity*, Prentice-Hall.（恩藏直人・亀井昭宏訳）［2000］『戦略的ブランド・マネジメント』東急エージェンシー。）
Lipstein, B. [1959] "The Dynamics of Brand Loyalty and Brand Switching," 5th Annual Conference Proceedings, Advertising Research Foundation.
MacInnis, D. J. and B. J. Jaworski [1989] "Information Processing from Advertisements: Toward an Integrative Framework," *Journal of Marketing*, Vol. 53, pp. 1-23.
MacInnis, D. J., C. Moorman and B. J. Jaworski [1991] "Enhancing and Measuring Consumers' Motivation, Opportunity, and Ability," *Journal of Marketing*, Vol. 55, pp. 32-53.
Martineau, P. [1958] "Social Classes and Spending Behavior," *Journal of Marketing*, Vol. 23, pp. 121-130.
Massy, W. F., D. B. Montgomery and D. G. Morrison [1970] *Stochastic Models of Buying Behavior*, The MIT Press.
Mitchell, A. A. [1978] "An Information Processing View of Consumer Behavior," in S. C. Jain (ed.), *Research Frontiers in Marketing: Dialogues and Directions*, American Marketing Association, pp. 188-197.
Newell, A. and H. A. Simon [1972] *Human Problem Solving*, Prentice-Hall.
Nicosia, F. M. [1966] *Consumer Decision Processes: Marketing and Advertising Implications*, Prentice-Hall.（野中郁次郎・羽路駒次訳［1979］『消費者の意思決定過程』東洋経済新報社。）
Packard, V. [1957] *The Hidden Persuaders*, David McKay（林周二訳［1958］『かくれた説得者』ダイヤモンド社。）

Peterson, R. A. and V. Mahajan [1978] "Multi-Product Growth Models" in J. N. Sheth (ed.), *Research in Marketing*, Vol. 1, JAI Press, pp. 201-231.

Petty, R. E. and J. T. Cacioppo and D. Schumann [1983] "Central and Peripheral Routes to Advertising Effectiveness: The Moderating Role of Involvement," *Journal of Consumer Research*, Vol. 10, pp. 135-146.

Petty, R. E. and J. T. Cacioppo [1986] *Communication and Persuasion: Central and Peripheral Routes to Attitude Change*, Springer-Verlag.

Rogers, E. M. [1962] *Diffusion of Innovations*, The Free Press.

Schmitt, B. H. [1999] *Experiential Marketing: How to Get Customers to Sense, Feel, Think, Act, Relate*, The Free Press.（嶋村和恵・広瀬盛一訳［2000］『経験価値マーケティング——消費者が「何か」を感じるプラスαの魅力』ダイヤモンド社。）

Schmitt, B. H. and A. Simonson [1997] *Marketing Aesthetics: The Strategic Management of Brands, Identity and Image*, The Free Press.（河野龍太訳［1998］『「エスセティクス」のマーケティング戦略』プレンティスホール出版。）

Scott, W. D. [1903] *The Theory of Advertising*, Small, Maynard.

Scott, W. D. [1908] *The Psychology of Advertising*, Small, Maynard.

Sheth, J. N., D. M. Gardner and D. E. Garrett [1988] *Marketing Theory: Evolution and Evaluation*, John Wiley & Sons.（流通科学研究会訳［1991］『マーケティング理論への挑戦』東洋経済新報社。）

Sheth, J. N. and S. P. Sethi [1977] "A Theory of Cross-Cultural Buyer Behavior," in A. G. Woodside, J. N. Sheth and P. D. Bennett (eds.), *Consumer and Industrial Buying Behavior*, North-Holland, pp. 369-386.

Swayer, A. G. [1977] "Repetition and Affect: Recent Empirical and Theoretical Developments," in A. G. Woodside, J. N. Sheth and P. D. Bennett (eds.), *Consumer and Industrial Buying Behavior*, North-Holland, pp. 229-242.

Webster, F. E. and Y. Wind [1972] "A General Model for Understanding Organizational Buying Behavior," *Journal of Marketing*, Vol. 36, pp. 12-19.

Wilkie, W. L. [1974] "Analysis of Effects of Information Load," *Journal of Marketing Research*, Vol. 11, pp. 462-466.

Wilkie, W. L. and E. A. Pessemier [1973] "Issues in Marketing's Use of Multi-Attribute Attitude Models," *Journal of Marketing Research*, Vol. 10, pp. 428-441.

Wright, P. L. [1973] "Use of Consumer Judgment Models in Promotion Planning," *Journal of Marketing*, Vol. 37, pp. 27-33.

Wright, P. L. [1975] "Consumer Choice Strategies: Simplifying vs. Optimizing," *Journal of Marketing Research*, Vol. 12, pp. 60-67.

Zajonc, R. B. [1980] "Feeling and Thinking: Preferences Need No Inferences," *American Psychologist*, Vol. 35, pp. 151-175.

Zaltman, G. [2003] *How Customers Think*, Harvard Business School Press.（藤川佳則・阿久津聡訳［2005］『心脳マーケティング——顧客の無意識を解き明かす』ダイヤモンド社。）

第 5 章

青井和夫［1971］「生活体系論の展開」青井和夫・松原治郎・副田義也編『生活構造の理論』有斐閣，139-180 頁。

青木幸弘［2005］「消費者行動分析枠組の再構築——その射幅と射程の拡大を目指して」『商学論究』（関西学院大学商学研究会）第 52 巻 4 号，97-126 頁。

青木幸弘・女性のライフコース研究会編［2008］『ライフコース・マーケティング――結婚，出産，仕事の選択をたどって女性消費の深層を読み解く』日本経済新聞出版社。

飽戸弘［1999］『売れ筋の法則――ライフスタイル戦略の再構築』ちくま新書。

飽戸弘・松田義幸編著［1989］『「ゆとり」時代のライフスタイル――7タイプにみる生活意識と行動』日本経済新聞社。

井関利明［1969］「消費者行動の社会学的研究」吉田正昭・村田昭治・井関利明編『消費者行動の理論』丸善，113-178頁。

井関利明［1974］「消費行動」富永健一編『経済社会学』（社会学講座8），東京大学出版会，45-82頁。

井関利明［1979］「ライフスタイル概念とライフスタイル分析の展開」村田昭治・井関利明・川勝久編著『ライフスタイル全書――理論・技法・応用』ダイヤモンド社，3-41頁。

岡本祐子・松下美知子編［2002］『新 女性のためのライフサイクル心理学』福村出版。

柏木惠子［2003］『家族心理学――社会変動・発達・ジェンダーの視点』東京大学出版会。

小島健司［1985］『成熟型消費市場のマーケティング――市場創造と競争の戦略』日本経済新聞社。

坂井素思［1992］『家庭の経済――家計と市場をめぐるひとつの解釈』放送大学教育振興会。

嶋崎尚子［2008］『ライフコースの社会学』学文社。

中村雅子［1994］「消費者行動のライフスタイル・アプローチ」飽戸弘編著『消費行動の社会心理学』福村出版，56-76頁。

御船美智子［1996］『家庭生活の経済――生活者の視点から経済を考える』放送大学教育振興会。

矢野眞和編著［1995］『生活時間の社会学――社会の時間・個人の時間』東京大学出版会。

Becker, G. S. [1965] "A Theory of the Allocation of Time," *Economic Journal*, Vol. 75, pp. 493-517.（「時間配分の理論」宮澤健一・清水啓典訳［1976］『経済理論――人間行動へのシカゴ・アプローチ』東洋経済新報社。）

Blackwell, R. D., P. W. Miniard and J. F. Engel [2006] *Consumer Behavior*, 10th ed., South-Western.

Elder, G. H., Jr. [1978] "Family History and the Life Course," T. K. Hareven (ed.), *Transitions: The Family and the Life Course in Historical Perspective*, Academic Press, pp. 17-64.

Etgar, M. [1978] "The Household as a Production Unit," J. N. Sheth (ed.), *Research in Marketing*, Vol. 1, JAI Press, pp. 79-98.（青木幸弘訳［1987］「生産単位としての家計――家計生産関数アプローチから見た消費行動」『流通情報』流通経済研究所，9月号，36-44頁；10月号，33-40頁。）

Kahle, L. R. (ed.) [1983] *Social Values and Social Change: Adaptation to Life in America*, Praeger.

Kahle, L. R., S. E. Beatty and P. M. Homer [1986] "Alternative Measurement Approaches to Consumer Values: The List of Values (LOV) and Values and Life Style (VALS)," *Journal of Consumer Research*, Vol. 13, pp. 405-409.

Linder, S. B. [1970] *The Harried Leisure Class*, Columbia University Press.（江夏健一・関西生産性本部訳［1971］『時間革命――25時間への知的挑戦』好学社。）

Mitchell, A. [1983] *The Nine American Lifestyles: Who We are and Where We're Going*, Macmillan (or Warner).

Mitchell, A., J. Ogilvy and P. Schwartz [1986] *The VALS Typology: A New Perspective on America*, SRI International.（吉福伸逸監訳［1987］『パラダイム・シフト――価値とライフスタイルの変動期を捉えるVALS類型論』TBSブリタニカ。）

Murdock, G. P. [1949] *Social Structure*, Macmillan.（内藤莞爾監訳［1978］『社会構造――核家族の社会人類学』新泉社。）

Novak, T. P. and B. MacEvoy [1990] "On Comparing Alternative Segmentation Schemes: The

List of Values (LOV) and Values and Life Style (VALS)," *Journal of Consumer Research*, Vol. 17, pp. 105-109.
Plummer, J. T. [1974] "The Concept and Application of Life Style Segmentation," *Journal of Marketing*, Vol. 38, pp. 33-37.
Wells, W. D. [1975] "Psychographics: A Critical Review," *Journal of Marketing Research*, Vol. 12, pp. 196-213.
Wells, W. D. and D. J. Tigert [1971] "Activities, Interests and Opinions," *Journal of Advertising Research*, Vol. 11, pp. 27-35.
Wilkie, W. L. [1986] *Consumer Behavior*, John Wiley & Sons.
Ziff, R. [1971] "Psychographics of Market Segmentation," *Journal of Advertising Research*, Vol. 11, pp. 3-10.

第 6 章

阿部周造［1984］「消費者情報処理理論」中西正雄編著『消費者行動分析のニュー・フロンティア――多属性分析を中心に』誠文堂新光社，119-163 頁。
青木幸弘［1989］「店頭研究の展開方向と店舗内購買行動分析」田島義博・青木幸弘編著『店頭研究と消費者行動分析――店舗内購買行動分析とその周辺』誠文堂新光社，49-80 頁。
池尾恭一［2000］「消費者行動と小売競争」石原武政・池尾恭一・佐藤善信『商業学（新版）』有斐閣，93-139 頁。
印南一路［2002］『すぐれた意思決定――判断と選択の心理学』中公文庫。
竹村和久［1996］『意思決定の心理――その過程の探究』福村出版。
竹村和久［2007］「意思決定過程の心理学」子安増生・西村和雄編『経済心理学のすすめ』有斐閣，45-68 頁。
中西正雄［1983］『小売吸引力の理論と測定』千倉書房。
Assael, H. [1987] *Consumer Behavior and Marketing Action*, 3rd ed., Kent.
Bettman, J. R. [1979] *An Information Processing Theory of Consumer Choice*, Addison-Wesley.
Blackwell, R. D., P. W. Miniard and J. F. Engel [2006] *Consumer Behavior*, 10th ed., South-Western.
Davis, H. L. and B. P. Rigaux [1974] "Perception of Marital Roles in Decision Processes," *Journal of Consumer Research*, Vol. 1, pp. 5-14.
Howard, J. A. [1963] *Marketing Management: Analysis and Planning*, 2nd ed., Richard D. Irwin.
Howard, J. A. and J. N. Sheth [1969] *The Theory of Buyer Behavior*, John Wiley & Sons.
Peter, J. P. and J. C. Olson [2005] *Consumer Behavior and Marketing Strategy*, 7th ed., McGraw-Hill/Irwin.
Wright, P. L. [1975] "Consumer Choice Strategies: Simplifying vs. Optimizing," *Journal of Marketing Research*, Vol. 12, pp. 60-67.

第 7 章

青木幸弘［2004］「製品関与とブランド・コミットメント――構成概念の再検討と課題整理」『マーケティング・ジャーナル』第 92 号，25-51 頁。
青木幸弘［1989］「消費者関与の概念的整理――階層性と多様性の問題を中心として」『商学論究』（関西学院大学商学研究会）第 37 巻 1・2・3・4 号合併号，119-138 頁。
青木幸弘［1993］「『知識』概念と消費者情報処理――研究の現状と課題」『消費者行動研究』第 1 巻

1号，1-18頁。
井上淳子［2009］「ブランド・コミットメントと購買行動との関係」『流通研究』（日本商業学会）第12巻2号，3-21頁。
太田信夫編［1988］『エピソード記憶論』誠信書房。
太田信夫・多鹿秀継編著［2000］『記憶研究の最前線』北大路書房。
岡直樹［2000］「意味記憶」太田信夫・多鹿秀継編著『記憶研究の最前線』北大路書房，67-97頁。
恩蔵直人［1995］『競争優位のブランド戦略——多次元化する成長力の源泉』日本経済新聞社。
川崎惠理子［1995］「長期記憶Ⅱ——知識の構造」高野陽太郎編『記憶』（認知心理学2）東京大学出版会，117-143頁。
清水聰［1999］『新しい消費者行動』千倉書房。
清水聰［2006］『戦略的消費者行動論』千倉書房。
高橋雅延［2008］『認知と感情の心理学』岩波書店。
竹村和久［2005］「態度と態度変化」唐沢かおり編『社会心理学』朝倉書店，67-88頁。
棚橋菊夫［1997］「消費者の知識と記憶」杉本徹雄編著『消費者理解のための心理学』福村出版，104-117頁。
土田昭司［1994］「消費者行動の意思決定過程モデル」飽戸弘編著『消費行動の社会心理学』福村出版，77-95頁。
中西正雄［1984］「消費者行動の多属性分析」中西正雄編著『消費者行動分析のニュー・フロンティア——多属性分析を中心に』誠文堂新光社，2-26頁。
新倉貴士［2005］『消費者の認知世界——ブランドマーケティング・パースペクティブ』千倉書房。
堀啓造［1997］「消費者の関与」杉本徹雄編著『消費者理解のための心理学』福村出版，164-177頁。
丸岡吉人［2000］「消費者の価値意識」竹村和久編『消費行動の社会心理学——消費する人間のこころと行動』北大路書房，26-38頁。
森敏昭［2004］「記憶——過去を記録する心の働き」無藤隆・森敏昭・遠藤由美・玉瀬耕治『心理学』有斐閣，79-102頁。
Aaker, D. A. [1996] *Building Strong Brands*, The Free Press.（陶山計介・小林哲・梅本春夫・石垣智徳訳［1997］『ブランド優位の戦略——顧客を創造するBIの開発と実践』ダイヤモンド社。）
Alba, J. W. and J. W. Hutchinson [1987] "Dimensions of Consumer Expertise," *Journal of Consumer Research*, Vol. 13, pp. 411-454.
Amine, A. [1998] "Consumers' True Brand Loyalty: The Central Role of Commitment," *Journal of Strategic Marketing*, Vol. 6, pp. 305-319.
Bagozzi, R. P. and U. Dholakia [1999] "Goal Setting and Goal Striving in Consumer Behavior," *Journal of Marketing*, Vol. 63, Special Issue, pp. 19-32.
Bettman, J. R. [1979] *An Information Processing Theory of Consumer Choice*, Addison-Wesley.
Bloch, P. H. and M. L. Richins [1983] "A Theoretical Model for the Study of Product Importance Perceptions," *Journal of Marketing*, Vol. 47, pp. 69-81.
Brisoux, J. E. and M. Laroche [1980] "A Proposed Consumer Strategy of Simplification for Categorizing Brands," in J. D. Summey and R. D. Taylor (eds.), *Evolving Marketing Thought for 1980*, Southern Marketing Association, pp. 112-114.
Brisoux, J. E. and E. J. Cheron [1990] "Brand Categorization and Product Involvement," in *Advances in Consumer Research*, Vol. 17, pp. 101-109.
Celsi, R. L. and J. C. Olson [1988] "The Role of Involvement in Attention and Comprehension Processes," *Journal of Consumer Research*, Vol. 15, pp. 210-224.

Collins, A. M. and E. F. Loftus [1975] "A Spreading Activation-Theory of Semantic Processing," *Psychological Review*, Vol. 82, pp. 407-428.

Collins, A. M. and M. R. Quillian [1969] "Retrieval Time from Semantic Memory," *Journal of Verbal Learning and Verbal Behavior*, Vol. 8, pp. 240-247.

Cushing, P. and M. Douglas-Tate [1985] "The Effect of People/Product Relationships on Advertising Processing," in L. F. Alwitt and A. A. Mitchell (eds.), *Psychological Processes and Advertising Effects*, Erlbaum, pp. 241-259.

Engel, J. F., D. T. Kollat and R. D. Blackwell [1968] *Consumer Behavior*, Holt, Rinehart and Winston.

Gutman, J. [1982] "A Means-End Chain Model Based on Consumer Categorization Processes," *Journal of Marketing*, Vol. 46, pp. 60-72.

Howard, J. A. [1963] *Marketing Management: Analysis and Planning*, 2nd ed., Richard D. Irwin.

Hoyer, W. D. and D. J. MacInnis [2008] *Consumer Behavior*, 5th ed., South-Western.

Kassarjian, H. H. [1978] "Presidential Address, 1977: Anthropomorphism and Parsimony," H. K. Hunt (ed.), *Advances in Consumer Research*, Vol. 5, pp. xiii-xiv.

Keller, K. L. [1998] *Strategic Brand Management: Building, Measuring, and Managing Brand Equity*, Prentice-Hall.（恩蔵直人・亀井昭宏訳［2000］『戦略的ブランド・マネジメント』東急エージェンシー。）

Krugman, H. E. [1965] "The Impact of Television Advertising: Learning without Involvement," *Public Opinion Quarterly*, Vol. 29, pp. 349-356.

Laaksonen, P. [1994] *Consumer Involvement: Concepts and Research*, Routledge.（池尾恭一・青木幸弘監訳［1998］『消費者関与――概念と調査』千倉書房。）

Lastovicka, J. L. and D. M. Gardner [1978] "Components of Involvement," in J. C. Maloney and B. Silverman (eds.), *Attitude Research Plays for High Stakes*, American Marketing Association, pp. 53-73.

Miller, G. A. [1956] "The Magical Number Seven, Plus or Minus Two: Some Limits on Our Capacity for Processing Information," *Psychological Review*, Vol. 63, pp. 81-97.

Olson, J. C. [1978] "Theories of Information Encoding and Storage: Implications for Consumer Research," in A. A. Mitchell (ed.), *The Effect of Information on Consumer and Market Behavior*, American Marketing Association, pp. 46-60.

Olson, J. C. and T. J. Reynolds [1983] "Understanding Consumers' Cognitive Structures: Implications for Advertising Strategy," in L. Percy and A. Woodside (eds.), *Advertising and Consumer Psychology*, Vol. 1, Lexington Books, pp. 77-90.

Park, C. W. and B. Mittal [1985] "A Theory of Involvement in Consumer Behavior: Problems and Issues," in J. N. Sheth (ed.), *Research in Consumer Behavior*, Vol. 1, JAI Press, pp. 201-231.

Peter, J. P. and J. C. Olson [1987] *Consumer Behavior: Marketing Strategy Perspectives*, Richard D. Irwin.

Peter, J. P. and J. C. Olson [2005] *Consumer Behavior: Marketing Strategy Perspectives*, 7th ed., McGrow-Hill/Irwin.

Petty, R. E. and J. T. Cacioppo and D. Schumann [1983] "Central and Peripheral Routes to Advertising Effectiveness: The Moderating Role of Involvement," *Journal of Consumer Research*, Vol. 10, pp. 135-146.

Petty, R. E. and J. T. Cacioppo [1986] *Communication and Persuasion: Central and Peripheral*

Routes to Attitude Change, Springer-Verlag.
Reynolds, T. J. and J. Gutman [1988] "Laddering Theory, Method, Analysis, and Interpretation," *Journal of Advertising Research*, Vol. 28, pp. 11-31.
Reynolds, T. J. and J. C. Olson [2001] *Understanding Consumer Decision Making: A Means-End Approach to Marketing and Advertising Strategy*, Lawrence Erlbaum Associates.
Ryle, G. [1949] *The Concept of Mind*, Hutchinson.（坂本百大ほか訳［1987］『心の概念』みすず書房。）
Sherif, M. and H. Cantril [1947] *The Psychology of Ego-Involvement*, John Wiley & Sons.
Sherif, C. W. and M. Sherif [1967] *Attitude, Ego-Involvement and Change*, John Wiley & Sons.
Traylor, M. B. [1981] "Product Involvement and Brand Commitment," *Journal of Advertising Research*, Vol. 21, No. 6, pp. 51-56.
Tulving, E. [1983] *Elements of Episodic Memory*, Oxford University Press.（太田信夫訳［1985］『タルヴィングの記憶理論——エピソード記憶の要素』教育出版。）
Walker, B., R. Celsi and J. Olson [1987] "Exploring the Structural Characteristics of Consumers' Knowledge," in M. Wallendorf and P. Anderson (eds.), *Advances in Consumer Research*, Vol. 14, pp. 17-21.
Winograd, T. [1975] "Frame Representations and the Declarative-Procedural Controversy," in D. G. Bobrow and A. Collins (eds.), *Representation and Understanding: Studies in Cognitive Science*, Academic Press.（淵一博監訳［1978］『人工知能の基礎——知識の表現と理解』近代科学社。）

第8章

髙田博和・上田隆穂・奥瀬喜之・内田学［2008］『マーケティングリサーチ入門』PHP研究所。
Churchill, G. A. Jr. and D. Iacobucci [2004] *Marketing Research: Methodological Foundations*, South-Western College.
Goodman, L. A. [1961] "Snowball Sampling," *Annals of Mathematical Statistics*, Vol. 32, pp. 148-170.
Malhotra, N. K. [2004] *Marketing Research: An Applied Orientation*, Pearson, Prentice-Hall.（小林和夫監訳［2006］『マーケティング・リサーチの理論と実践（理論編）』同友館。三木康夫・松井豊監訳［2007］『マーケティング・リサーチの理論と実践（技術編）』同友館。）

第9章

朝野熙彦［2008］「新しいマーケティング・リサーチ」『流通情報』第470号，4-11頁。
上田拓治［2008］『マーケティングリサーチの論理と技法（第3版）』日本評論社。
上田隆穂・黒岩祥太・戸谷圭子・豊田裕貴編［2005］『テキストマイニングによるマーケティング調査』講談社。
大谷信介・木下栄二・後藤範章・小松洋・永野武編著［2005］『社会調査へのアプローチ——論理と方法（第2版）』ミネルヴァ書房。
酒井隆［2005］『マーケティングリサーチハンドブック——リサーチ理論・実務手順から需要予測・統計解析まで』日本能率協会マネジメントセンター。
橋本家利・稲垣久木［1972］『マーケティング測定法』中央大学出版部。
本多正久・牛澤賢二［2007］『マーケティング調査入門——情報の収集と分析』培風館。
丸岡吉人［1997］「ラダリング法によるブランド調査」青木幸弘・小川孔輔・亀井昭宏・田中洋編著『最新ブランド・マネジメント体系——理論から広告戦略まで』日経広告研究所。

山本浩一［2008］「ニューロマーケティング」朝日新聞広告局『Web 広告月報』（http://adv. asahi. com/modules/keyword/index. php/content0016. html）。
Aaker, D. A.［1996］*Building Strong Brands*, The Free Press.（陶山計介・小林哲・梅本春夫・石垣智徳訳［1997］『ブランド優位の戦略――顧客を創造する BI の開発と実践』ダイヤモンド社。）
Dillon, W. R., T. J. Madden and N. H. Firtle［1993］*Essentials of Marketing Research*, Richard D. Irwin.
Gutman, J.［1982］"A Means-End Chain Model Based on Consumer Categorization Processes," *Journal of Marketing*, Vol. 46, pp. 60-72.
Lehmann, D. R.［1989］*Market Research and Analysis*, Richard D. Irwin.
Malhotra, N. K.［2004］*Marketing Research: An Applied Orientation*, Pearson, Prentice-Hall.（小林和夫監訳［2006］『マーケティング・リサーチの理論と実践（理論編）』同友館。）
Zaltman, G.［2003］*How Customers Think*, Harvard Business School Press.（藤川佳則・阿久津聡訳［2005］『心脳マーケティング――顧客の無意識を解き明かす』ダイヤモンド社。）

第 10 章

池尾恭一・井上哲浩［2008］『戦略的データマイニング――アスクルの事例で学ぶ』日経 BP 社。
石井淳蔵・栗木契・嶋口充輝・余田拓郎［2004］『ゼミナール マーケティング入門』日本経済新聞社。
井上哲浩・中西正雄［1990］「異質性を組み入れた競争市場構造分析」『マーケティング・サイエンス』第 35 巻，9-17 頁。
井上哲浩［2003］「競争市場構造分析モデルの現状」『オペレーションズ・リサーチ』第 48 巻 5 号，373-379 頁。
嶋口充輝・和田充夫・池尾恭一・余田拓郎［2004］『ビジネススクールテキスト マーケティング戦略』有斐閣。
Day, G. S., A. D. Shocker and R. K. Srivastava［1979］"Customer Oriented Approaches to Identifying Product Markets," *Journal of Marketing*, Vol. 43, pp. 8-19.
Kotler, P.［2000］*Marketing Management: millennium edition*, 10th ed., Prentice-Hall.（恩藏直人監修［2001］『コトラーのマーケティング・マネジメント（ミレニアム版）』ピアソン・エデュケーション。）
Myers, J. H. and E. Tauber［1977］*Market Structure Analysis*, American Marketing Association.
Porter, M. E.［1980］*Competitive Strategy: Techniques for Analyzing Industries and Competitors*, The Free Press.（土岐坤・中辻萬治・服部照夫訳［1995］『競争の戦略（新訂版）』ダイヤモンド社。）
Porter, M. E.［1985］*Competitive Advantage: Creating and Sustaining Superior Performance*, The Free Press.（土岐坤・中辻萬治・小野寺武夫訳［1985］『競争優位の戦略――いかに高業績を持続させるか』ダイヤモンド社。）
Urban, G. L., P. L. Johnson and J. R. Hauser［1984］"Testing Competitive Market Structures," *Marketing Science*, Vol. 3, pp. 83-112.

第 11 章

田村正紀［2001］『流通原理』千倉書房。
矢作弘・瀬田史彦編［2006］『中心市街地活性化 三法改正とまちづくり』学芸出版社。
Hollander, S. C.［1960］"The Wheel of Retailing," *Journal of Marketing*, Vol. 24, pp. 37-42.（嶋口充輝訳［1979］「小売の輪仮説について」『季刊消費と流通』第 3 巻 1 号，99-104 頁。）

Hollander, S. C. [1966] "Notes on the Retail Accordion," *Journal of Retailing*, Vol. 42, pp. 29-40, 54.
McNair, M. P. [1958] "Significant Trends and Developments in the Post-War Period," in Albert B. Smith (ed.), *Competitive Distribution in a Free High Level Economy and Its Implications for the University*, University of Pittsburgh Press, pp. 1-25.
Nielsen, O. [1966] "Development in Retailing," in M. Kjaer-Hansen (ed.), *Readings in Danish Theory of Marketing*, North-Holland, pp. 101-115.

第12章

池尾恭一［1999］『日本型マーケティングの革新』有斐閣。
池尾恭一［2006］「購買利便性強調型流通業のイノベーション」『マーケティング・ジャーナル』第100号，4-9頁。
Abell, D. F. [1980] *Defining the Business: The Starting Point of Strategic Planning*, Prentice-Hall.（石井淳蔵訳［1984］『事業の定義――戦略計画策定の出発点』千倉書房。）
Anderson, C. [2006] *The Long Tail: Why the Future of Business is Selling Less of More*, Hyperion Books.（篠森ゆりこ訳［2006］『ロングテール――「売れない商品」を宝の山に変える新戦略』早川書房。）
Wedel, M. and W. A. Kamakura [2000] *Market Segmentation: Conceptual and Methodological Foundations*, 2nd ed., Kluwer Academic.

第13章

片平秀貴［1987］『マーケティング・サイエンス』東京大学出版会。
髙木晴夫・井上哲浩［2007］「トヨタはどうやってレクサスを創ったのか――プレミアム車開発とブランド・マーケティングの組織横展開」『慶應義塾大学ビジネススクール・ケース』。
水野由多加［2006］「超ファーストサイクル化したマーケティング・コミュニケーション――テレビスポット広告の送り手，媒体，受け手，三者における構造的課題」『マーケティング・ジャーナル』第102号，80-99頁。
Bass, F. M. [1969] "A New Product Growth for Model Consumer Durables," *Management Science*, Vol. 15, pp. 215-227.
Kotler, P. [2003] *Marketing Management*, 11th ed., Prentice-Hall.
Urban, G. L. and J. R. Hauser [1993] *Design and Marketing of New Products*, 2nd ed., Prentice-Hall.
von Hippel, E. [1988] *The Sources of Innovation*, Oxford University Press.

第14章

淺羽茂［1995］『競争と協力の戦略』有斐閣。
石井淳蔵・栗木契・嶋口充輝・余田拓郎［2004］『ゼミナール マーケティング入門』日本経済新聞社。
川上智子［2005］『顧客志向の新製品開発――マーケティングと技術のインタフェイス』有斐閣。
嶋口充輝・和田充夫・池尾恭一・余田拓郎［2004］『ビジネススクールテキスト マーケティング戦略』有斐閣。
和田充夫・恩蔵直人・三浦俊彦［2006］『マーケティング戦略（第3版）』有斐閣アルマ。
Carpenter, G. and K. Nakamoto [1989] "Consumer Preference Formation and Pioneering Advantage," *Journal of Marketing Research*, Vol. 26, pp. 285-298.
Golder, P. N. and G. J. Tellis [1993] "Pioneer Advantage: Marketing Logic or Marketing Legend?," *Journal of Marketing Research*, Vol. 30, pp. 158-170.

Kotler, P. [2003] *Marketing Management*, 11th ed., Prentice-Hall.
Kotler, P. and K. L. Keller L. K. [2006] *Marketing Management*, 12th ed., Prentice-Hall.（恩藏直人監修［2008］『コトラー&ケラーのマーケティング・マネジメント』ピアソン・エデュケーション。）
Lieberman, M. B. and D. B. Montgomery [1988] "First-Mover Advantages," *Strategic Management Journal*, Vol. 9, pp. 41-58.
Shoemaker, R. W. and F. R. Shoaf [1975] "Behavioral Changes in the Trial of New Products," *Journal of Consumer Research*, Vol. 2, pp. 104-109.
Silk, A. J. and G. L. Urban [1978] "Pre-Test Market Evaluation of New Packaged Goods: A Model and Measurement Methodology," *Journal of Marketing Research*, Vol. 15, pp. 171-191.

第 15 章

青島矢一・加藤俊彦［2003］『競争戦略論』東洋経済新報社。
恩藏直人［2007］『コモディティ化市場のマーケティング論理』有斐閣。
楠木建［2006］「次元の見えない差別化――脱コモディティ化の戦略を考える」『一橋ビジネスレビュー』第 53 巻 4 号，6-24 頁。
寺本義也・岩崎尚人・近藤正浩［2007］『ビジネスモデル革命（第 2 版）』生産性出版。
延岡健太郎［2002］『製品開発の知識』日経文庫。
延岡健太郎［2006a］「意味的価値の創造――コモディティ化を回避するものづくり」『国民経済雑誌』（神戸大学経済経営学会）第 194 巻 6 号，1-14 頁。
延岡健太郎［2006b］『MOT［技術経営］入門』日本経済新聞社。
延岡健太郎・伊藤宗彦・森田弘一［2006］「コモディティ化による価値獲得の失敗――デジタル家電の事例」榊原清則・香山晋編著『イノベーションと競争優位――コモディティ化するデジタル機器』NTT 出版，14-48 頁。
広瀬盛一［2008］「経験価値マーケティング」戦略研究学会編集，原田保・三浦俊彦編著『マーケティング戦略論――レビュー・体系・ケース』芙蓉書房出版，315-339 頁。
藤川佳則［2008］「サービス・ドミナント・ロジック――「価値共創」の視点からみた日本企業の機会と課題」『マーケティング・ジャーナル』第 107 号，32-43 頁。
藤川佳則・楊佩綸・廣瀬文乃［2008］「リアル・フリート――美しいカデン「amadana」が目指すデザイン・イノベーション」『一橋ビジネスレビュー』第 55 巻 4 号，128-147 頁。
藤本隆宏［2003］『能力構築競争――日本の自動車産業はなぜ強いのか』中公新書。
南知恵子［2008］「顧客との価値共創――サービス・ドミナント・ロジックをてがかりに」『マーケティング・ジャーナル』第 107 号，2-3 頁。
山田英夫［2008］『デファクト・スタンダードの競争戦略（第 2 版）』白桃書房。
和田充夫［2002］『ブランド価値共創』同文舘出版。
Pine, B. J. and J. H. Gilmore [1999] *The Experience Economy: Work is Theater & Every Business a Stage*, Harvard Business School Press.（岡本慶一・小高尚子訳［2005］『［新訳］経験経済』ダイヤモンド社。）
Schmitt, B. H. [1999] *Experiential Marketing: How to Get Customers to Sense, Feel, Think, Act, Relate*, The Free Press.（嶋村和恵・広瀬盛一訳［2000］『経験価値マーケティング――消費者が「何か」を感じるプラス α の魅力』ダイヤモンド社。）
Schmitt, B. H. [2003] *Customer Experience Management: A Revolutionary Approach to Connecting with Your Customers*, John Wiley & Sons.（嶋村和恵・広瀬盛一訳［2004］『経験価値マネジメント――マーケティングは，製品からエクスペリエンスへ』ダイヤモンド社。）

第 16 章

青木幸弘［1998］「ロングセラー・ブランド化の条件と課題」『マーケティング・ジャーナル』第 69 号，43-61 頁。

恩蔵直人・亀井昭宏編［2002］『ブランド要素の戦略論理』早稲田大学出版部。

久保田進彦［2004］「ブランド要素戦略」青木幸弘・恩蔵直人編『製品・ブランド戦略』有斐閣アルマ。

柴田典子・青木幸弘［2000］「ブランド価値創造への挑戦――『ハーゲンダッツ』にみる統合的ブランド・コミュニケーション」『マーケティング・ジャーナル』第 78 号，66-80 頁。

嶋口充輝・石井淳蔵［1987］『現代マーケティング』有斐閣。

ディビス，S. M. = M. ダン（電通ブランド・クリエーション・センター訳）［2004］『ブランド価値を高める コンタクト・ポイント戦略』ダイヤモンド社。

乳井瑞代・青木幸弘［1998］「メガ・ブランド化への挑戦――『アリナミン』にみる市場変化への対応戦略」『マーケティング・ジャーナル』第 69 号，84-100 頁。

Aaker, D. A. ［1991］ *Managing Brand Equity*, The Free Press.（陶山計介・中田善啓・尾崎久仁博・小林哲訳［1994］『ブランド・エクイティ戦略――競争優位をつくりだす名前，シンボル，スローガン』ダイヤモンド社。）

Aaker, D. A. ［1995］ *Building Strong Brands*, The Free Press.（陶山計介・小林哲・梅本春夫・石垣智徳訳［1997］『ブランド優位の戦略――顧客を創造する BI の開発と実践』ダイヤモンド社。）

Aaker, D. A. and E. A. Joachimsthaler ［2000］ *Brand Leadership*, The Free Press.（阿久津聡訳［2000］『ブランド・リーダーシップ――「見えない企業資産」の構築』ダイヤモンド社。）

Bennett, P. D. ［1995］ *AMA Dictionary of Marketing Terms*, 2nd ed., McGraw-Hill.

Iacobucci, D. (ed.) ［2001］ *Kellogg on Marketing*, John Wiley & Sons.（奥村昭博・岸本義之監訳［2001］『マーケティング戦略論』ダイヤモンド社。）

Keller, K. L. ［1998］ *Strategic Brand Management: Building, Measuring, and Managing Brand Equity*, Prentice-Hall.（恩蔵直人・亀井昭宏訳［2000］『戦略的ブランド・マネジメント』東急エージェンシー。）

Keller, K. L. ［2002］ *Strategic Brand Management: Building, Measuring, and Managing Brand Equity*, 2nd ed., Prentice-Hall.（恩藏直人研究室訳［2003］『ケラーの戦略的ブランディング（戦略的ブランド・マネジメント増補版）』東急エージェンシー。）

Kotler, P. ［1999］ *Kotler on Marketing*, The Free Press.（木村達也訳［2000］『コトラーの戦略的マーケティング』ダイヤモンド社。）

Schultz, D. E. and B. E. Barnes ［1999］ *Strategic Brand Communication Campaigns*, NTC Business Books.

Schultz, D. E., S. T. Tannenbaum and R. F. Lauterborn ［1993］ *Integrated Marketing Communications: Putting It Together & Making It Work*, NTC/Contemporary.（有賀勝訳［1994］『広告革命 米国に吹き荒れる IMC 旋風――統合型マーケティングコミュニケーションの理論』電通。）

Stobart, P. (ed.) ［1994］ *Brand Power*, New York University Press.（岡田依里訳［1996］『ブランド・パワー――最強の国際商標』日本経済評論社。）

Tedlow, R. S. ［1990］ *New and Improved: The Story of Mass Marketing in America*, Basic Books.（近藤文男監訳［1993］『マス・マーケティング史』ミネルヴァ書房。）

第 17 章

上田隆穂［1999］『マーケティング価格戦略――価格決定と消費者心理』有斐閣。

白井美由里［2005］『消費者の価格判断のメカニズム――内的参照価格の役割』千倉書房。
竹村和久［1994］「フレーミング効果の理論的説明――リスク下での意思決定の状況依存的焦点モデル」『心理学評論』第 37 巻 3 号，270-293 頁。
Abernathy, W. J. and K. Wayne [1974] "Limits of the Learning Curve," *Harvard Business Review*, Vol. 52, pp. 109-119.
Dolan, R. J. and H. Simon [1996] *Power Pricing: How Managing Price Transform the Bottom Line*, The Free Press.（吉川尚宏監訳［2002］『価格戦略論』ダイヤモンド社。）
Guiltinan, J. P. [1987] "The Price Bundling of Services: A Normative Framework," *Journal of Marketing*, Vol. 51, pp. 74-85.
Nagle, T. T. and R. K. Holden [2002] *The Strategy and Tactics of Pricing*, 3rd ed., Prentice-Hall.

第 18 章

Colley, R. H. [1961] *Defining Advertising Goals for Measured Advertising Results*, Association of National Advertisers.（八巻俊雄訳［1966］『目標による広告管理』ダイヤモンド社。）
Chaiken, S. [1979] "Communicator Physical Attractiveness and Persuasion," *Journal of Personality and Social Psychology*, Vol. 37, pp. 1387-1397.
Kelman, H. C. [1961] "Processes of Opinion Change," *Public Opinion Quarterly*, Vol. 25, pp. 57-78.
Newcomb, T. M. [1961] *The Acquaintance Process*, Holt, Rinehart and Winston.
Paivio, A. [1971] *Imagery and Verbal Processes*, Holt, Rinehart and Winston.
Peter, J. P. and J. C. Olson [2004] *Consumer Behavior and Marketing Strategy*, 7th ed., McGraw-Hill.
Rossiter, J. R. and L. Percy [1987] *Advertising and Promotion Management*, McGraw-Hill.

第 19 章

鈴木安昭・田村正紀［1980］『商業論』有斐閣新書。
高嶋克義・南知惠子［2006］『生産財マーケティング』有斐閣。
風呂勉［1994］『マーケティング・チャネル行動論（第 7 版）』千倉書房。
矢作敏行［1996］『現代流通――理論とケースで学ぶ』有斐閣アルマ。
Bucklin, L. P. [1966] *A Theory of Distribution Channel Structure*, University of California.（田村正紀訳［1977］『流通経路構造論』千倉書房。）
Stigler, G. J. [1951] "The Division of Labor is Limited by the Extent of the Market," *Journal of Political Economy*, Vol. 59, pp. 185-193.

第 20 章

小林哲・南知惠子編［2004］『流通・営業戦略』有斐閣アルマ。
南知惠子［2009］「ザラの SPA 戦略とグローバル化」向山雅夫・崔相鐵編著『小売企業の国際展開』中央経済社。
矢作敏行［1996］『現代流通――理論とケースで学ぶ』有斐閣アルマ。
Christopher, M., R. Lowson and H. Peck [2004] "Creating Agile Supply Chains in the Fashion Industry," *International Journal of Retail and Distribution Management*, Vol. 32, pp. 367-376.
Harrison, A. and R. I. van Hoek [2005] *Logistics Management and Strategy*, 2nd ed., Pearson Education.（水嶋康雅・浦上忠之訳［2005］『ロジスティクス経営と戦略』ダイヤモンド社。）

Lambert, D., M. J. R. Stock and L. M. Ellram [1998] *Fundamentals of Logistics Management*, Irwin/McGraw-Hill.

Schary, P. B. and T. Skjott-Larsen [2001] *Managing the Global Supply Chain*, Copenhagen Business School Press.

VICS [1998] *CPFR Voluntary Guidelines*, The Voluntary Interindustry Commerce Standards Association. (流通経済研究所訳 [2000]『CPFR ガイドライン』流通経済研究所。)

第 21 章

Arndt, J. [1979] "Toward a Concept of Domesticated Markets," *Journal of Marketing*, Vol. 43, pp. 69-75.

Blattberg, R. C. and J. A. Deighton [1996] "Manage Marketing by the Customer Equity Test," *Harvard Business Review*, Vol. 74, pp. 136-144. (有吉昌康訳 [1997]「カスタマー・エクイティによる顧客構造の再構築」『DIAMOND ハーバード・ビジネス』5 月号。)

Boulding, W., R. Staelin, M. Ehret and W. J. Johnston [2005] "A Customer Relationship Management Roadmap: What Is Known, Potential Pitfalls, and Where to Go," *Journal of Marketing*, Vol. 69, No. 4, pp. 155-166.

Egan, J. and M. J. Harker (eds.) [2005] *Relationship Marketing*, Vol. 1-3, Sage.

Mattsson, L.-G. [1997] "'Relationship Marketing' and the 'Markets-as-Networks Approach': A Comparative Analysis of Two Evolving Streams of Research," *Journal of Marketing Management*, Vol. 13, pp. 447-462.

Möller, K. and A. Halinen [2000] "Relationship Marketing Theory: Its Roots and Direction," *Journal of Marketing Management*, Vol. 16, pp. 29-54.

O'Brien, L. and C. Jones [1995] "Do Rewards Really Create Loyalty?" *Harvard Business Review*, Vol. 73, pp. 75-82.

Parvatiyar, A. and J. N. Sheth [2000] "The Domain and Conceptual Foundations of Relationship Marketing," in J. N. Sheth and A. Parvatiyar (eds.), *Handbook of Relationship Marketing*, Sage.

Payne, A. and P. Frow [2005] "A Strategic Framework for Customer Relationship Management," *Journal of Marketing*, Vol. 69, pp. 167-176.

Pfeffer, J. and G. R. Salancik [1978] *The External Control of Organizations: A Resource Dependence Perspective*, Harper & Row.

Reichheld, F. F. and W. E. Sasser, Jr. [1990] "Zero Defections: Quality Comes to Services," *Harvard Business Review*, Vol. 68, pp. 105-111.

Sheth, J. N. and A. Parvatiyar (eds.) [2000] *Handbook of Relationship Marketing*, Sage.

第 22 章

小林哲・南知恵子編 [2004]『流通・営業戦略』有斐閣アルマ。

高嶋克義・南知恵子 [2006]『生産財マーケティング』有斐閣。

余田拓郎・首藤明敏編 [2006]『B2B ブランディング——企業間の取引接点を強化する』日本経済新聞社。

Kaplan, S. and M. Sawhney [2000] "E-Hubs: The New B2B Marketplaces," *Harvard Business Review*, Vol. 78, pp. 97-103.

Lichtenthal, J. D. and S. Eliaz [2003] "Internet Integration in Business Marketing Tactics," *Industrial Marketing Management*, Vol. 32, pp. 3-13.

Robinson, P. J., C. W. Faris and Y. Wind [1967] *Industrial Buying and Creative Marketing*,

Allyn & Bacon.
Webster, F. E. Jr. [1991] *Industrial Marketing Strategy*, 3rd ed., John Wiley & Sons.

第23章

Heskett, J. L., W. E. Sasser, Jr. and L. A. Schlesinger [1997] *The Service Profit Chain*, The Free Press.（島田陽介訳［1998］『カスタマー・ロイヤルティの経営——企業利益を高めるCS戦略』日本経済新聞社。）

Levitt, T. [1972] "Production-Line Approach to Service," *Harvard Business Review*, Vol. 50, pp. 41-52.

Lovelock, C. and L. K. Wright [1999] *Principles of Service Marketing and Management*, Prentice-Hall.（小宮路雅博監訳［2002］『サービス・マーケティング原理』白桃書房。）

Norman, R. [1984] *Service Management*, John-Wiley & Sons.

Oliver, R. L. [1980] "A Cognitive Model of the Antecedents and Consequences of Satisfaction Decisions," *Journal of Marketing Research*, Vol. 17, No. 4, pp. 460-469.

Parasuraman, A., V. A. Zeithaml and L. L. Berry [1988] "SERVQUAL: A Multiple-Item Scale for Measuring Consumer Perceptions of Service Quality," *Journal of Retailing*, Vol. 64, pp. 12-40.

Solomon, M. R., C. Surprenant, J. A. Czepiel and E. G. Gutman [1985] "A Role Theory Perspective on Dyadic Interactions: The Service Encounter," *Journal of Marketing*, Vol. 49, pp. 99-111.

Vargo, S. L. and R. F. Lusch [2004] "Evolving to a New Dominant Logic for Marketing," *Journal of Marketing*, Vol. 68, pp. 1-17.

Vargo, S. L. and R. F. Lusch [2006] "Service-Dominant Logic: What It Is, What It Is Not, What It Might Be," in R. F. Lusch and S. L. Vargo (eds.), *The Service-Dominant Logic of Marketing: Dialog, Debate, and Directions*, M. E. Sharpe.

Vargo, S. L. and R. F. Lusch [2008] "Service-Dominant Logic: Continuing the Evolution," *Journal of the Academy of Marketing Science*, Vol. 36, pp. 1-10.

Zeithaml, V. A., A. Parasuraman and L. L. Berry [1985] "Problems and Strategies in Services Marketing," *Journal of Marketing*, Vol. 49, pp. 33-46.

Zeithaml, V. A. [2000] "Service Quality, Profitability and the Economic Worth of Customers: What We Know and What We Need to Learn," *Journal of the Academy of Marketing Science*, Vol. 28, pp. 67-85.

第24章

池尾恭一編［2003］『ネット・コミュニティのマーケティング戦略——デジタル消費社会への戦略対応』有斐閣。

石井淳蔵・厚美尚武編［2002］『インターネット社会のマーケティング——ネット・コミュニティのデザイン』有斐閣。

ハンソン，ワード（上原征彦監訳）［2001］『インターネット・マーケティングの原理と戦略』日本経済新聞社。

星野崇宏・森本栄一［2007］「インターネット調査の偏りを補正する方法について——傾向スコアを用いた共変量調整法」井上哲浩・日本マーケティング・サイエンス学会編『Webマーケティングの科学——リサーチとネットワーク』千倉書房。

価格.comホームページ。

株式会社電通ホームページ。

Inoue, A. and H. Ohnishi [2001] "Study for Examining the Potentials of Web-based Survey Compared to Regular Paper-based Survey," INFORMS Marketing Science Conference 2001 Proceedings, University of Mainz.

第25章

西尾チヅル［1999］『エコロジカル・マーケティングの構図――環境共生の戦略と実践』有斐閣。

Aaker, D. A. and G. S. Day (eds.) [1982] *Consumerism: Search for the Consumer Interest*, 4th ed., The Free Press.（谷原修身・今尾雅博・中村勝久訳［1984］『コンシューマリズム――消費者の利益のために（第4版）』千倉書房。）

Banomyong, R., V. Veerakachen and N. Supatn [2008] "Implementing Leagility in Reverse Logistics Channels," *International Journal of Logistics: Research and Applications*, Vol. 11, pp. 31-47.

Kotler, P. and N. Lee [2005] *Corporate Social Responsibility*, Wiley.（恩藏直人監訳［2007］『社会的責任のマーケティング――「事業の成功」と「CSR」を両立する』東洋経済新報社。）

Kotler, P. and E. L. Roberto, [1989] *Social Marketing: Strategies for Changing Public Behavior*, The Free Press.（井関利明監訳［1995］『ソーシャル・マーケティング――行動変革のための戦略』ダイヤモンド社。）

Kotler, P. and G. Zaltman [1971] "Social Marketing: An Approach to Planned Social Change," *Journal of Marketing*, Vol. 35, pp. 3-12.

Porter M. E. and M. R. Kramer [2002] "The Competitive Advantage of Corporate Philanthropy," *Harvard Business Review*, Vol. 80, pp. 56-69.

Rogers, D. S. and R. S. Tibben-Lembke [2001] "An Examination of Reverse Logistics Practices," *Journal of Business Logistics*, Vol. 22, pp. 129-148.

Sasikumar, P. and G. Kannan [2008a] "Issues in Reverse Supply Chains, Part I: End-of-Life Product Recovery and Inventory Management-An Overview," *International Journal of Sustainable Engineering*, Vol. 1, pp. 154-172.

Sasikumar, P. and G. Kannan [2008b] "Issues in Reverse Supply Chains, Part II: Reverse Distribution Issues-An Overview," *International Journal of Sustainable Engineering*, Vol. 1, pp. 234-249.

Srivastava, S. K. [2007] "Green Supply-Chain Management: A State-of-the-Art Literature Review," *International Journal of Management Reviews*, Vol. 9, pp. 53-80.

Varadarajan, P. R. and A. Menon [1988] "Cause-Related Marketing: A Coalignment of Marketing Strategy and Corporate Philanthropy," *Journal of Marketing*, Vol. 52, pp. 58-74.

事項索引 MARKETING

● アルファベット

あ　行

か　行

さ　行

た　行

な　行

● は　行

● ま　行

● や　行

● ら　行

● わ　行

アルファベット

あ　行

か　行

さ 行

た 行

な 行

は 行

● ま 行

● や，ら，わ行

マーケティング　New Liberal Arts Selection

Marketing: Consumer Behavior and Strategy

2010年4月30日　初版第1刷発行
2025年6月10日　初版第5刷発行

著　者　池尾恭一（いけお きょういち）
青木幸弘（あおき ゆきひろ）
南　知惠子（みなみ ちえこ）
井上哲浩（いのうえ あきひろ）

発行者　江草貞治
発行所　株式会社 有斐閣
郵便番号 101-0051 東京都千代田区神田神保町 2-17
https://www.yuhikaku.co.jp/

印刷・製本　大日本法令印刷㈱

★定価はカバーに表示してあります。

ISBN 978-4-641-05373-1